L'OPTION

Maquette de la couverture

GAÉTAN FORCILLO
Maquette intérieure et conception graphique

MICHEL BÉRARD

DISTRIBUTEURS EXCLUSIFS:

- Pour le Canada
AGENCE DE DISTRIBUTION POPULAIRE INC.,*
955, rue Amherst, Montréal H2L 3K4, (514/523-1182)
*Filiale du groupe Sogides Ltée

- Pour l'Europe (Belgique, France, Portugal, Suisse,
Yougoslavie et pays de l'Est)
OYEZ S.A. Muntstraat, 10 — 3000 Louvain, Belgique
tél.: 016/220421 (3 lignes)

- Ventes aux libraires
PARIS: 4, rue de Fleurus; tél.: 548 40 92
BRUXELLES: 21, rue Defacqz; tél.: 538 69 73

- Pour tout autre pays
DÉPARTEMENT INTERNATIONAL HACHETTE
79, boul. Saint-Germain, Paris 6e, France; tél.: 325 22 11

Jean-Pierre Charbonneau
Gilbert Paquette

L'OPTION

LES ÉDITIONS DE L'HOMME *

CANADA: 955, rue Amherst, Montréal H2L 3K4
EUROPE: 21, rue Defacqz — 1050 Bruxelles, Belgique

* Filiale du groupe Sogides Ltée

Bibliothèque nationale du Québec
Dépôt légal — 4e trimestre 1978

ISBN-0-7759-0620-4

Au peuple québécois qui, s'il le veut vraiment, s'appartiendra bientôt.

Préface

Sur le plan politique autant que professionnel, les co-auteurs de cet ouvrage constituent la preuve vivante d'une vérité paradoxale, à savoir que plus on est occupé et plus on s'occupe! L'un et l'autre, à des carrières jeunes mais déjà remarquablement fécondes de journaliste et de pédagogue et, dans chaque cas, d'écrivain, ajoutent depuis 1976 une assiduité exemplaire à l'Assemblée nationale complétée par un rôle des plus actifs dans leurs "caucus" régionaux respectifs.

Et maintenant ce livre.

Un livre qui, en ce dixième anniversaire de la fondation, montre bien que le Parti québécois n'a rien perdu de sa vitalité productive.

A un moment stratégique, alors que va s'activer comme jamais le débat national sur l'avenir du Québec, on y trouvera une double synthèse, impressionnante par son ampleur autant que sa rigueur: celle d'abord de nos aspirations et des obstacles qu'elles rencontrent; puis celle également des millions d'heures de réflexion et de travail de milliers de militants qui ont mis au point la seule option politique qui puisse nous assurer à la fois la sécurité et la pleine liberté collectives.

9

Au long de cette décennie aussi riche qu'exigeante, individuellement, en groupes, ou encore, tous ensemble à l'occasion de nos congrès, nous avons publié plus de choses qu'aucune autre formation politique de l'histoire du Québec: manifestes, versions successives de notre programme, livres, brochures, innombrables articles. Exceptionnelle fécondité qui n'est sûrement pas sans rapport avec le fait que le Parti québécois est aussi celui qui, plus que tout autre, s'est efforcé de vivre à plein la démocratie interne et son fourmillement d'idées que, seule, la discipline de l'action a le droit de canaliser.

De tout ce cheminement fécond, de toutes les avenues qu'il nous a ouvertes, des divers horizons qu'il lui reste à explorer et des questions qui se posent, nos amis Paquette et Charbonneau ont tiré une somme pas mal extraordinaire, qui se double d'une analyse serrée et rationnelle du connu et des éventualités les plus logiques.

Aux membres de notre parti, cela permettra de faire le point, en effectuant aussi bien un "retour aux sources" qu'une excellente prospective pour la suite.

Quant aux autres lecteurs, ils y trouveront, du moins faut-il l'espérer, une contribution étonnamment sereine, à la réflexion qu'il leur faudra s'imposer avant l'heure du choix qui sonnera bientôt.

Ce sont non pas deux partisans butés, mais deux Québécois à l'esprit ouvert et chaleureux qu'on rencontre dans ces pages. Deux hommes dont l'"'approche"', tout en étant nourrie de conviction inébranlable, sait demeurer tolérante et fraternelle.

Je leur souhaite non seulement beaucoup de lecteurs, mais également, sur ce dernier point, beaucoup d'imitateurs!

René Lévesque

Avant-propos

Avant d'être une réalisation tangible, un livre est d'abord une idée qui mijote puis qui, peu à peu, prend vie. Dans le cas du présent ouvrage, l'idée nous trottait dans la tête depuis on ne sait trop combien de temps lorsqu'un midi, au cour du printemps, une discussion au restaurant du Parlement commença à lui donner un souffle de vie.

Chacun de notre côté, nous avions développé le goût et senti le besoin de dire des choses, d'expliquer des faits, de clarifier des situations. Le contact avec de nombreux compatriotes, avec les militants de la cause et aussi avec des étrangers amis ou hostiles nous avait convaincu qu'il manquait quelque chose, une synthèse explicative capable de permettre aux gens d'avoir une perception juste, et surtout complète, des tenants et aboutissants de la crise politique actuelle et de notre démarche. Nous avions la nette impression que plus le temps s'écoulait et que les échéances approchaient, plus un besoin immense de savoir, de comprendre, de clarifier se manifestait. Aujourd'hui nous croyons que c'est encore plus vrai qu'hier.

Beaucoup de choses ont été dites depuis un certain 15 novembre mais aussi, il faut savoir, depuis *des décennies. Des dizaines, en fait plutôt des centaines de livres et d'articles ont été écrits et un nombre incalculable de propos ont été tenus sur le sujet.*

Engagés dans l'action et dans le combat concret, nous avons vite senti le besoin de renforcer nos connaissances. Cela nous a amené, comme beaucoup d'autres d'ailleurs, à reprendre des lectures et à en faire de nouvelles. Outre l'enrichissement profond que nous en avons retiré, certains faits nous sont vite apparus évidents. D'abord, rien ne rassemblait le meilleur et le plus significatif de ce que tant de gens s'étaient efforcés de coucher sur papier. Puis, il manquait un schéma d'analyse simple et logique permettant d'assimiler facilement une matière abondante de faits historiques et contemporains et d'en tirer ainsi des conclusions solides et logiques.

D'autre part, nous nous sommes rendu compte qu'il fallait également rendre très concrète cette alternative au fédéralisme qu'est le confédéralisme ou, si l'on veut, la souveraineté-association. Nous avons enfin cru qu'il était important de confronter sans complaisance, tant du point de vue québécois que de celui des autres citoyens du Canada, les principales options politiques qui s'offrent maintenant, et cela, en tenant compte des aspirations des divers groupes humains constituant l'ensemble canadien.

Sans prétention, nous nous sommes dit qu'il serait bon pour nous et pour les autres peut-être que nous tentions de combler ces lacunes. Nous nous sommes alors mis à l'oeuvre.

Notre premier travail a été de mettre au point le schéma d'analyse. Pour élaborer le plan nous avons travaillé en étroite concertation, corrigeant et remaniant les idées et les suggestions de l'un et de l'autre. Une fois cette tâche complétée, nous nous sommes réparti le travail selon nos goûts et nos préoccupations. Jean-Pierre Charbonneau a choisi d'approfondir les concepts et les aspirations de base ainsi que les causes de la crise politique et les motifs d'insatisfaction populaire tandis que Gilbert Paquette s'est attaché, sur la base de principes découlant de l'analyse de cette réalité, à préciser la nature des changements de structures politiques nécessaires à la solution du problème canadien et les moyens d'y parvenir dans le contexte du référendum québécois qui approche.

Cette façon de procéder explique à la fois la structure dualiste du livre et les différences de style et de méthodes que l'on y retrouve. D'une certaine façon, la production de ce livre a été une expérience stimulante d'association de deux "souverainetés" individuelles. Malgré cela, nous nous sommes efforcés d'unifier l'essentiel, tant du point de vue des idées et de leur formulation que du point de vue de la présentation.

Certains pourront dire qu'une telle approche aurait dû aboutir plutôt à deux ouvrages distincts, d'autant plus que le résultat présent est fort volumineux. En cours de route, nous avons envisagé cette possibilité, mais nous l'avons finalement écartée en vue de mieux atteindre l'un des objectifs premiers de l'entreprise, la synthèse de l'Option tout en améliorant la compréhension de l'une et l'autre partie.

Nous croyons que l'importance de la question, à ce moment-ci de l'histoire du Québec et du Canada, mérite que l'on s'y attarde suffisamment en profondeur. Il y a d'ailleurs des limites à partir desquelles on ne peut plus réduire l'ampleur d'un ouvrage comme celui-ci sans courir le risque de perpétuer l'incompréhension par l'imprécision et par la perte de certaines dimensions et nuances essentielles.

En analysant le produit de notre travail, nous espérons qu'il pourra aider à atteindre les objectifs suivants:

- *améliorer la compréhension des Québécois et des Canadiens à l'égard des véritables enjeux du grand débat politique de l'heure, notamment par une clarification des concepts, des réalités, des options ainsi que du langage en cause;*

- *permettre à tous ceux qui militent pour le peuple québécois d'approfondir leur argumenta-*

13

*tion pour mieux la maîtriser et surtout l'ex-
pliquer;*

- *amener les adversaires de l'indépendance à
préciser eux aussi leurs options et les forcer, du
moins certains d'entre eux, à quitter le terrain
de la démagogie, des demi-vérités, des faux arguments ou même du terrorisme verbal;*
- *élever le niveau général du débat;*
- *engager un dialogue sincère et constructif avec
les autres citoyens du Canada et amener les
plus ouverts et les plus progressistes de ceux-ci
à pousser plus loin leurs réflexions sur la forme que devra prendre bientôt la coexistence
inévitable avec les Québécois.*

*Un travail comme celui que nous vous présentons
maintenant a bien sûr nécessité l'aide de plusieurs
personnes. A cet égard, nous tenons particulièrement à remercier Messieurs Michel Brunet,
historien, Robert Maheu, démographe, Guy
Rocher, sociologue, Pierre Harvey, Fernand Potvin
et René Fortin, économistes, Henri Laberge, de
l'Office de la langue française, André Morel,
juriste, de l'Institut de recherche en droit public de
l'Université de Montréal, ainsi que les membres du
comité de préparation du VIIième Congrès du Parti
québécois. Leurs conseils, leurs commentaires et
leurs critiques nous ont été fort précieux. La
collaboration précieuse des cabinets des ministres
Bernard Landry, Développement économique,
Claude Morin, Affaires intergouvernementales,
Jacques Parizeau, Finances et Revenu, Rodrigue
Tremblay, Industrie et Commerce, Camille Laurin,
Développement culturel, Pierre-Marc Johnson,
Travail et Main d'oeuvre, Guy Tardif, Affaires
municipales et Jacques Couture, Immigration,
mérite également d'être soulignée.*

*En terminant, nous désirons adresser un merci
spécial à Gilberte Boilard, Denis Kronstrom et
Maurice Champagne des services de la référence et
de la recherche de la Bibliothèque de l'Assemblée
nationale du Québec sans lesquels la production de*

ce livre dans les délais requis n'aurait pu être possible. Merci à tous ces gens et à bien d'autres que nous n'avons pas nommés.

VOLUME I

Les fondements du problème canadien

PREMIÈRE PARTIE

Partir de la réalité

Chapitre 1

La crise politique

1. Le sens du 15 novembre

Le 15 novembre 1976. Il est 20 h 40, Radio-Canada annonce la victoire du Parti québécois. Pour la première fois de son histoire, le Québec vient de se donner un gouvernement indépendantiste. L'événement est historique et aussitôt sujet à interprétation. Les heures, les jours, les semaines et les mois qui suivent sont l'occasion pour plusieurs hommes politiques, analystes et simples citoyens de commenter l'événement et de tenter d'en dégager la signification profonde.

En pleine euphorie de la victoire, René Lévesque déclare au Centre Paul Sauvé de Montréal:

> "Politiquement cette soirée est probablement la plus belle et la plus grande soirée de l'histoire du Québec... Une fois pour toutes, le Québec a secoué ses chaînes ancestrales... Nous ne sommes pas un petit peuple, mais quelque chose comme un grand peuple."

"Après tout ce temps où on nous a diminués, ce soir, nous sommes grandis", reprend en écho, à Québec, Claude Morin, devant la foule délirante rassemblée au Pavillon des congrès.

De son côté, exprimant l'avis que la victoire du Parti québécois en est une sur la peur, la petitesse et la mesquinerie, Camille Laurin ajoute:

> "Le peuple du Québec a montré qu'il avait confiance en lui-même et qu'il est conscient de son identité. Nous avons vaincu la peur, le manque de confiance en nous-mêmes. Nous allons donner aux Québécois le gouvernement qu'ils attendent depuis 250 ans. L'histoire vient de

changer au Québec et on fera du Québec ce que nos ancêtres avaient rêvé.''

"Nous, on a l'impression ce soir, s'exclament Louis Laberge et Fernand Daoust, président et secrétaire général de la Fédération des Travailleurs du Québec, qu'un vent de changement, de liberté et de responsabilité extraordinaire déferle sur le Québec.''

"On peut dire que l'heure des débats fondamentaux a sonné'' et "qu'un immense effort collectif semble enfin possible ici'', commente quant à lui Norbert Rodrigue, président de la Confédération des syndicats nationaux, encore abasourdi par le blitz du Parti québécois.

Un citoyen de Laval, Guy Milot, affirme dans une lettre ouverte publiée le 26 novembre, dans Le Soleil:

"Les résultats de l'élection du 15 novembre et l'avance marquée du Parti québécois sont des signes de santé pour la nation du Québec. C'est la plus sûre garantie de son émancipation définitive à court ou long terme, dans le mouvement absolument irréversible de la souveraineté d'un peuple qui a atteint sa maturité. C'est le commencement de la fin des peurs viscérales de l'inconnu. (...) Il y a à peine 10 ans, rien de tout cela ne pouvait nous laisser même entrevoir un si grand espoir dans un moment aussi historique. (...) Le vote du 15 novembre, bien qu'il soit l'aube d'un temps nouveau, n'est qu'une étape mais tous les espoirs sont permis quand une nation décide comme elle vient de le faire de prendre en main son destin. (...) Un vent frais qui a l'odeur de la souveraineté se répand doucement sur le Québec et il fait bon de le respirer depuis le 15 novembre.''

Un autre citoyen, Marc Barrière, de Montréal, écrit dans Le Devoir les jours qui suivent:

"Nous vivons des heures historiques. Et l'histoire n'est jamais facile. La date du 15 novembre restera marquée à jamais dans l'histoire du Québec. Le Québec a franchi une étape décisive vers l'objectif de l'indépendance. Qu'elle se fasse ou non, le Canada n'existera jamais plus comme avant le 15 novembre.''

Dans un manifeste, les poètes et écrivains Hubert Aquin, Michèle Lalonde, Gaston Miron et Pierre Vadeboncoeur déclarent que "la victoire du 15 novembre a comme illuminé la population, qui n'a pas ressenti cette victoire comme celle d'un parti mais comme la sienne propre''. L'événement du 15 novembre est pour eux, avant tout, le début de la mise en chantier d'un pays nouveau qui est de nature à libérer l'homme d'ici de ses entraves séculaires. Victor-Lévy Beaulieu souligne que l'ambiguïté du "pas possible'' a été levée et ajoute:

"Accédant au pouvoir, le Parti québécois, même s'il ne devait rien changer, se trouve toutefois à tout modifier. (...) Cet acte politique "libère une énergie qui était devenue circulaire et mollement fatiguée", tout en représentant "une énorme possibilité."

En tournée en France, Félix Leclerc s'exclame en apprenant la nouvelle:

"Le Québec est un géant qui dormait depuis deux à trois siècles et qui s'est réveillé".

Puis, au dos d'un menu de restaurant, il écrit:

"L'arrivée de l'enfant a été dure pour la mère. Enfin il est là. Bien portant, vigoureux, déjà il rue, il crie, il veut vivre. Ses yeux sont bleus avec du vent dedans. Et je le vois puissant, calme, raisonnable et, surtout, poli. (...) Enfin, le fils est là. (...) Lui reste à se pencher sur celui qui demande et à se redresser devant celui qui donne. (...) Il fera face aux coups, dénoncera le fourbe. Trop de temps, trop longtemps, la terre fut aux lâches, aux oisifs, aux tricheurs. Qu'il la prenne, lui mon fils, qu'il la prenne à son tour, chacun son tour. Elle est belle, elle est là, elle est sienne et que la peur de vivre soit rayée à jamais."

Le 15 novembre est tout autant une cause qu'un effet pour le sociologue Fernand Dumont de l'Université Laval. Dans une entrevue accordée au magazine L'Actualité et publiée en mars 1977, il explique:

"On s'aperçoit que ça crée un tout autre climat... Je pense à des petits phénomènes de rien: je constate, par exemple, qu'un grand nombre de jeunes se sont remis à travailler comme jamais et se disent que ça vaut la peine maintenant de bâtir. Il y a aussi ces gens, des gens sérieux, d'un certain âge, qui ont voté pour le Parti québécois pour s'opposer au pourrissement qu'incarnait le régime Bourassa sans être indépendantistes, et qui sont en train de le devenir. Ils ont le sentiment qu'ils avaient franchi un pas.

— Allons-nous voir apparaître une nouvelle sorte de Québécois?

— Oui, pour plusieurs raisons, dit Dumont. La première est assez simple. On a beau dire aux gens: soyez plus audacieux, la seule façon d'être audacieux, c'est de poser des gestes. Même si on les fait avec un certain déchirement, on a l'impression d'avoir fait un pas. De ce point de vue, j'ai l'impression que le vote du 15 novembre sera décisif, non seulement pour l'indépendance, mais pour beaucoup d'autres choses."

Pour François-Albert Angers, président du Mouvement du Québec français et de la Ligue d'action nationale:

"L'arrivée du Parti québécois au pouvoir vient combler les aspirations et les espoirs non pas partisans mais patriotiques au sens le plus vital du mot, de plusieurs générations d'hommes qui ne se sont jamais courbés sous le joug créé par la Conquête, qui se sont refusés à collaborer avec l'occupant sous quelque forme que ce soit, si atténuée qu'elle ait pu être en façon de compromissions ou de compromis. (...)

De 1837 jusqu'au 15 novembre 1976 nous n'avions plus eu de politique nationale vraiment à nous. (...) René Lévesque donne en somme la main à Louis-Joseph Papineau par-dessus 140 ans d'histoire morne et divagante, pour reprendre la marche vers la libération là où la faillite de la "rebellion" de 1837 l'obligea à entrer dans le dilemme de la résistance ou de la collaboration. Nous nous retrouvons maintenant en quelque sorte comme en 1830, avec un parti bien à nous face à des partis qui sont plus ou moins des partis d'Anglais (qui étant français d'expression courtisent par-dessus tout le vote anglophone)."

Observateur attentif de l'actualité religieuse et humaine, le père Bernard Lambert, dominicain, a pour sa part écrit dans Le Devoir du 3 décembre 1976:

"Il est clair que la brusque accélération de l'histoire du Québec qui s'est produite le 15 novembre dernier constitue un signe des temps que seuls les aveugles peuvent ignorer. Et quelle que soit l'issue d'un ou de plusieurs référendums, quel que soit le sort éventuel du nouveau gouvernement au pouvoir, il demeurera vrai que ce jour-là une part importante de l'âme québécoise se sera une pour ainsi dire officialisée, libérée. Elle aura obtenu la parole, une parole retenue depuis 1760. Et cette parole, elle n'entend pas la ravaler."

Bien sûr, les opinions québécoises ne vont pas toutes aussi loin, mais même les fédéralistes avoués reconnaissent la grande portée de l'événement. En tête de liste vient Pierre Elliott-Trudeau lui-même. Dans la soirée du 24 novembre, à l'occasion d'un message radio-télévisé sur la situation inédite créée par la victoire du Parti québécois, il déclare:

"Le scrutin du 15 novembre au Québec a fait naître chez les uns beaucoup d'inquiétude, et chez les autres beaucoup d'espoir. (...) La question qui se pose maintenant aux Canadiens est beaucoup plus profonde et l'enjeu beaucoup plus considérable (que l'unique partage des pouvoirs). (...) La seule question qui importe, c'est la suivante: qui du Canada ou du Québec peut le mieux assurer l'épanouissement des Québécois dans la liberté et l'indépendance? Or, cette question brutale, il faut que les Canadiens y répondent dès maintenant. (...) La victoire du Parti québécois ne permet plus de repousser le problème d'une génération sur le dos des écoliers d'aujourd'hui, et dans ce sens, la crise est présente, le défi immédiat."

Claude Ryan, alors éditorialiste en chef et directeur du Devoir, et depuis avril 1978, nouveau chef du Parti libéral du Québec, parle le soir même du 15 novembre d'une "étape décisive":

"Le résultat de l'élection est le plus important événement politique à survenir au pays depuis le dernier conflit mondial en raison des perspectives nouvelles qu'ouvre la victoire du P.Q. sur le plan constitutionnel. Ce l'est autant au plan de la politique intérieure québécoise. L'arrivée au pouvoir du Parti québécois signifie l'avènement d'un personnel politique presque entièrement nouveau. Il en découlera une grande injection de sang nouveau dans la vie québécoise."

De son côté, quelque jours après l'événement, l'éditeur de La Presse, Roger Lemelin, parle d'une "seconde révolution tranquille", et son éditorialiste en chef, Marcel Adam, signale que "le Québec a pris un tournant historique majeur". Dans la vieille capitale, penché sur sa machine à écrire, Claude Beauchamp, rédacteur en chef du quotidien Le Soleil, note dans les heures qui suivent l'élection:

"Le Québec vient de franchir une étape majeure dans ce long processus ininterrompu depuis 1760, d'affirmation politique, économique et culturelle de la nation française en terre d'Amérique. Il en est des peuples comme des individus; ils évoluent en escalier, par coups, par bourrées, plutôt qu'en progression régulière. L'accession au pouvoir du Parti québécois (...) apparaît donc comme un de ces bonds qui font sauter plusieurs marches à la fois, à la condition qu'on puisse garder son équilibre après un tel saut. Le Québec, en ce lendemain d'élection historique (...) n'est plus le même car il a pris le plus gros risque en même temps que le plus gros défi de son existence. Ce défi est double car le gouvernement que les électeurs québécois viennent de se donner est dédié à deux grands objectifs: celui de la souveraineté politique de l'Etat du Québec et celui de la "social-démocratisation". (...) Or, en ce qui concerne ces grands objectifs, l'élection d'hier marque le signal de départ et non un point d'arrivée. (...) L'élection d'hier marque une nouvelle étape, majeure, dans l'évolution du Québec. Mais les étapes décisives, du sens d'étapes qui donneront au Québec un nouvel équilibre, une stabilité productive, restent à venir."

Doyen de la section de droit civil de la Faculté de droit de l'université d'Ottawa et nommé par la suite membre de la Commission d'enquête sur l'unité canadienne, Gérald A. Beaudoin est catégorique:

"L'accès du Parti québécois au pouvoir, à la suite du scrutin du 15 novembre, revêt une portée plus grande que l'avènement de M. Honoré Mercier en 1887, de M. Maurice Duplessis en 1939 et de M. Jean Lesage en 1960. Il constitue plus qu'un changement de régime parce que l'article fondamental du nouveau parti ministériel est l'indépendance du Québec. Quelques semaines après la Confédération en 1867, la Nouvelle-Ecosse avait élu un parti qui, par le truchement des canaux constitutionnels, fit une demande à Londres pour que l'Acte constitutionnel de 1867 ne s'applique pas à cette province. La demande a été finalement rejetée mais donna lieu à un réajustement sur le plan des subventions prévues par la Constitution.

A cause de l'importance du Québec dans la Fédération canadienne, à cause du fait que les francophones en constituent la très grande majorité, l'événement du 15 novembre 1976 est plus significatif sur le plan constitutionnel."

Pour Serge Joyal, député libéral fédéral de Maisonneuve-Rosemont, l'élection du Parti québécois n'est pas qu'un simple changement et encore moins un simple accident de parcours:

"C'est plutôt l'aboutissement, au niveau des institutions politiques, du grand mouvement de réforme illustré par la "Révolution tranquille", mais dont les éléments sont apparus dans la société québécoise dans les années 45 à 60."

Moins d'une semaine après la victoire du Parti québécois, le politicologue Léon Dion écrit:

"Il n'en reste pas moins que l'élection provinciale du 15 novembre fut celle de l'espoir, une heure d'ivresse pour un million de Québécois."

Du côté anglophone, les interprétations sont tout aussi significatives.

Joe Clark, chef du Parti progressiste-conservateur du Canada, voit dans l'élection du Parti québécois le début de "la plus grave crise politique à laquelle le pays ait eu à faire face". Néanmoins, il indique malgré tout qu'il s'agit là "d'une autre étape vers une "nation" unie, désirée par la grande majorité des Canadiens et des Québécois".

La plupart des premiers ministres des provinces anglophones ne minimisent pas non plus l'importance de l'événement même si tous cherchent rapidement à le dissocier de toute expression d'opinion sur l'avenir du pays. La plupart croient que cette élection marque pour le Canada le début d'une ère nouvelle où il faudra compter avec la présence d'une province pour laquelle il conviendra peut-être de modifier l'organisation du pays.

"Il ne s'agit plus d'un nouveau chapitre dans l'histoire canadienne. C'est le début d'un nouveau siècle", déclare notamment Alex Campbell, de l'Ile du Prince-Edouard, tandis que son collègue de l'Ontario, William Davis, y voit un nouveau défi pour le pays:

"Le temps est venu, dit-il, de reconnaître le facteur central et le plus fécond de l'histoire canadienne, une méfiance saine de la concentration du pouvoir à un seul niveau de gouvernement. Parler au Québec en le considérant comme un groupe gouvernemental belliqueux et amer signifierait perdre l'initiative du jeu et fermer la porte à de nouvelles solutions." (Traduction des auteurs)

Allan Blakeney, de Saskatchewan, estime pour sa part que l'idée de l'indépendance pourrait bien faire son chemin et prendre de l'ampleur au Québec. Richard Hatfield, du Nouveau-Brunswick, voit d'ailleurs dans le mandat qui vient d'être confié à René Lévesque un processus de séparation qu'il convient impérieusement de désamorcer en rapatriant au plus vite la Constitution pour mieux être en mesure de l'amender. Pour Gerald Reagan, de la Nouvelle-Ecosse, en regard des négociations constitutionnelles, "c'est un nouveau départ".

En avril 1977, commentant pour la Presse canadienne l'élection du 15 novembre, Bill Bennett, de Colombie britannique, déclare pour sa part que l'événement "a eu pour résultat de mettre davantage en évidence certaines des plaintes et des préoccupations des divers gouvernements, dans diverses régions, au cours des dernières années".

Du côté des éditorialistes, l'attitude est semblable. La plupart des porte-parole des grands quotidiens anglophones, même s'ils insistent beaucoup plus sur le fait que l'élection du Parti québécois ne peut d'aucune façon être considérée comme une position en faveur de l'indépendance, n'en soulignent pas moins le caractère particulier.

Pour le Toronto Sun, "ce n'est pas la fin du Canada mais plutôt un nouveau départ pour le Québec". "Les jours à venir vont être les plus difficiles que nous ayons connus", pense pour sa part le Globe and Mail tandis que le Daily Herald, de Prince Albert, estime que la victoire péquiste met à jour l'un des problèmes clé du pays et que la menace implicite de l'indépendance permettra au gouvernement québécois d'obtenir davantage d'Ottawa. The Province, de Vancouver, signale de son côté le début d'un changement d'attitude nécessaire à l'endroit des aspirations des Canadiens français.

Si la majorité des opinions émises par les Canadiens anglais portent surtout sur les conséquences d'une éventuelle et redoutée sécession du Québec, certaines sont cependant plus explicites quant à la signification même à donner à l'élection du Parti québécois.

Le Dr. John Evans, président de l'université de Toronto, a indiqué dans une entrevue au Montreal Star:

> "Il y a une plus grande conscience de la question nationale depuis le 15 novembre, et c'est ce qui change tout. Si le séparatisme était une question purement académique pour la plupart des gens avant l'élection du Parti québécois, elle ne l'est plus maintenant. C'est un sujet qui pourrait les toucher à l'heure actuelle personnellement." (Traduction des auteurs)

Historien réputé, Ramsay Cook, de l'université York, de Toronto, est encore plus explicite dans une entrevue similaire publiée elle aussi en mai 1977:

> "Je crois que la date du 15 novembre est déjà inscrite dans les livres d'histoire et, ce, pour diverses raisons.

Je pense que c'est le 15 novembre que nombre de Canadiens anglais ont pris le Québec au sérieux pour la première fois. Jusque-là, ils appliquaient la théorie suivante: les Québécois criaient fort, mais ils finissaient toujours par mettre de l'eau dans leur vin. Le 15 novembre, les Canadiens anglais se sont rendu compte du sérieux de la situation. D'une certaine manière, c'est plutôt positif... Une certaine catégorie de gens qui étaient ouvertement hostiles aux Canadiens français avant le 15 novembre — ceux qui avaient hué le français au Maple Leaf Gardens durant la série mondiale de hockey et ceux qui avaient pro-testé énergiquement durant la grève des contrôleurs aériens — je crois que ces gens-là ont été acculés au silence. Maintenant, je ne sais pas s'ils ont changé d'avis, mais ce qui est sûr, c'est qu'il était devenu de bon ton d'être anti-Québécois au Canada l'été dernier et que ce ne l'est plus maintenant.
Cette crise tourne autour du pouvoir, et je crois que les Canadiens anglais devront se rendre compte que le partage des pouvoirs ne sera plus jamais le même au Québec. Il change depuis 15 ans et il continue-ra de changer jusqu'à ce que les Canadiens français aient en main la majorité des pouvoirs dans cette province. Je crois que les Canadiens anglais devront reconnaître et comprendre ce fait.
Je pense que cette crise est très grave, c'est la plus sérieuse que nous ayons jamais eue. Je ne crois pas que l'expression soit trop forte."
(Traduction des auteurs.)

De tous ces propos, auxquels pourraient s'ajouter plusieurs au-tres, on peut certes conclure que le 15 novembre 1976 a été un événement majeur pour l'ensemble de la collectivité canadienne. Citoyens de toutes origines ethniques s'entendent pour le reconnaî-tre. Il s'agit à n'en pas douter du début d'une phase importante dans l'évolution de la société politique que constitue le Canada d'au-jourd'hui.

Cependant, même s'il ne fait aucun doute que la situation a pris depuis cette date l'allure d'une crise, il ne faut pas se mépren-dre. Cette crise n'est pas née le soir du 15 novembre 1976, quels que soient le sens et la portée que l'on puisse attribuer à cet événement. D'ailleurs, une crise n'est qu'une phase grave dans l'évolution des choses, des événements, des idées, un moment d'une maladie carac-térisé par un changement subit et généralement décisif.

Dans cette optique, il devient donc important de situer l'événe-ment dans son contexte et de chercher à comprendre la nature et l'origine de la maladie qui s'est soudainement transformée en crise. Cela est d'autant plus important qu'à cause même de sa nouvelle nature de crise, la maladie, ou si l'on préfère le problème, devient tout à coup soluble.

2. Des concepts de base à définir

La politique c'est, fondamentalement, la fonction, l'art même d'assurer le bien commun d'une société humaine. Les structures étatiques qui sont mises au point pour atteindre cet objectif ne doivent donc pas être des absolus puisque ce n'est pas d'abord le bien de celles-ci qui importe, pas plus d'ailleurs que celui des seuls groupes dirigeants. Le bien commun, le bien public à réaliser est celui de la collectivité dans son ensemble.

Cela dit, il devient évident que le problème canadien, accentué et révélé avec plus d'acuité depuis le 15 novembre 1976, est fondamentalement politique. Il est en effet lié à l'organisation même du bien commun de la société humaine vivant sur le territoire appelé Canada. C'est d'ailleurs à cause de cela que nous avons cru important de commencer le diagnostic du problème canadien par une analyse de la réalité humaine. A notre avis, les discussions et les débats autour de la crise politique canadienne ne pourront conduire à une véritable solution du problème que si, au préalable, on s'entend sur cette réalité humaine.

Par ailleurs, pour que cela soit possible, il importe de préciser le vocabulaire. Dans tout débat comme dans toute analyse sérieuse qui vise à une meilleure compréhension des problèmes, il est indispensable de s'entendre au préalable sur la signification des mots et des termes. C'est à travers ceux-ci que se fait la perception de la réalité. En les définissant clairement, apparaîtront déjà les principaux enjeux de la crise canadienne comme les fondements même du problème qui nous préoccupe.

a) La culture

Les humains en vivant en groupe développent des modèles de comportement, un langage, des moeurs, des coutumes, des habitudes, des usages, des rôles qu'ils partagent, qu'ils ont en commun. Groupés, structurés, unifiés afin de satisfaire les besoins sociaux de base, ces modèles de comportement deviennent ce que l'on appelle des institutions. La configuration totale, le tissu, la matrice, le réseau des institutions qu'un groupe de personnes ont en commun, c'est leur culture, c'est-à-dire leur mode particulier de penser, de sentir, de vivre, de parler et d'agir. Chaque individu naît et grandit dans un groupe humain ayant une culture distincte. L'environnement culturel est sans doute la plus forte influence particulière qui

29

s'exerce sur le comportement social de la grande majorité des gens. Même dans l'isolement, une personne pense et agit suivant les modèles de comportement dans lesquels elle a grandi. Les institutions de sa culture ont formé sa personnalité et ont fait d'elle le genre de personne qu'elle est.

b) L'ethnie

Des individus possédant certaines caractéristiques culturelles et linguistiques communes appartiennent à une ethnie. Il ne s'agit cependant pas d'une entité collective réelle. L'ethnie, en tant qu'héritage partagé par des individus, est sans doute un indice d'origine commune, plus ou moins lointaine. Elle n'indique pas que les personnes se rattachant à la même ethnie participent aux mêmes entreprises collectives. L'ethnie peut certes constituer un facteur qui influence le regroupement des individus en sociétés plus ou moins homogènes, mais elle ne suffit pas à elle seule à déterminer l'existence d'un projet collectif, ni à engendrer automatiquement une volonté de vivre en commun.

c) La nation

Lorsqu'une communauté humaine, le plus souvent établie sur un même territoire, possède une langue, une histoire et une culture communes, a conscience de sa spécificité et est animée d'un vouloir vivre en commun, d'une volonté de durer en tant que communauté distincte et de se prolonger dans l'histoire, lorsqu'elle est organisée autour d'aspirations communément ressenties, de projets collectifs et d'une même conception générale de la vie, cette communauté constitue alors une nation. Le terme peuple est également fréquemment utilisé dans le même sens, ce qui fait qu'il est généralement considéré comme un quasi-synonyme du mot nation. La charte des Nations unies l'emploie d'ailleurs dans ce sens lorsqu'elle parle du droit des peuples à disposer d'eux-mêmes. Signalons que plusieurs spécialistes utilisent également le terme de société comme synonyme des mots nation et peuple. La Commission Laurendeau-Dunton sur le bilinguisme et le biculturalisme a accrédité cet usage. Pour notre part, nous croyons préférable de réserver le mot société pour désigner l'ensemble des individus habitant un territoire politiquement et juridiquement délimité.

Il importe d'ajouter d'autre part qu'il ne faut pas confondre peuple ou nation et groupe ethnique. On doit noter de plus que le développement et la vie de la nation favorisent en retour la participation de tous ses membres à certains caractères culturels et qu'en conséquence les réalités ethniques et les réalités nationales se recoupent. Il est naturel qu'il en soit ainsi, qu'il y ait, pour la majorité des personnes, une véritable interpénétration entre l'ethnicité, héritage historique principalement transmis par la famille, et la nationalité, dynamisme collectif tourné vers l'avenir. Mais, à aucun moment de l'histoire et dans aucun pays, il n'y a concordance parfaite et absolue entre ces deux réalités. Aucune nation n'est parfaitement homogène du point de vue ethnique. Aucune nation, aucune communauté nationale n'est à proprement parler une communauté ethnique.

Avec la nation, il y a la patrie. C'est le sol, la terre, le territoire, l'espace physique où vit et grandit une nation. Tout comme une famille ne se conçoit guère sans une maison, un foyer qui l'abrite, ainsi la nation, pour subsister, a besoin d'une terre qui la reçoive et où elle s'enracine. Patrie et nation sont deux réalités qui se complètent et s'entremêlent au point de se confondre. L'attachement à l'une ou l'autre de ces réalités conduit au nationalisme et au patriotisme, deux autres mots qui inclinent à se confondre.

d) L'Etat

Ces concepts étant précisés, il est nécessaire maintenant d'établir la distinction entre la nation et l'Etat. Alors que la nation est un phénomène socio-culturel, une réalité naturelle, l'Etat est un phénomène juridico-politique, relié à l'organisation du bien commun sur un territoire donné. L'Etat est une réalité artificielle. C'est un instrument créé par des groupes d'humains en vue de réaliser certaines fins communes dont la plupart sont d'ordre matériel et notamment socio-économique. L'Etat s'attache à l'organisation du pouvoir, à l'autorité constituée et structurée juridiquement, à l'ordre public, à l'organisation du bien commun. On peut considérer l'Etat comme étant l'ensemble des institutions, des rouages politiques, administratifs et judiciaires en lesquels se concentrent et s'organisent, dans une société humaine parvenue à un certain niveau d'évolution, la direction et le pouvoir de contrainte.

Au Canada, la stérilité du débat politique constitutionnel est en bonne partie attribuable au fait qu'un grand nombre de citoyens, surtout ceux de langue et de culture anglo-saxonnes (et cela pour différentes raisons, dont nous ferons état au cours de l'ouvrage), confondent consciemment ou inconsciemment la nation et l'Etat. Ainsi, pour eux, la nation désigne l'organisation politique qui "chapeaute" l'ensemble de la population. En somme, selon leur interprétation étroite, la nation est la personne juridique formée par l'ensemble des individus régis par une même constitution. Cette définition est rejetée par la majorité des meilleurs spécialistes des sciences humaines.

Distinguer nation et Etat, c'est aussi par ailleurs distinguer nationalité et citoyenneté. Le premier terme désigne la qualité de celui qui appartient à une nation et le second décrit l'état juridique du ressortissant d'un Etat généralement souverain.

On est citoyen d'un Etat, mais enfant d'une nation. Il faut se rendre compte que des individus de nationalités différentes peuvent vivre sous la juridiction d'un même Etat souverain et partager en conséquence la même citoyenneté sans se reconnaître membres de la même nation. En somme, il peut y avoir sur un territoire donné plusieurs nations ayant chacune une patrie mais formant ensemble une société humaine encadrée politiquement et juridiquement par un même Etat souverain.

Ces concepts précisés, voyons maintenant la réalité humaine du Canada.

Chapitre 2

La réalité humaine

1. L'entité physique

Pris globalement, le Canada tel qu'il est délimité politiquement aujourd'hui est d'abord une entité géographique, un immense morceau de terre, presque un continent entre trois océans. De l'Atlantique au Pacifique, il s'étend sur une longueur de 5 187 kilomètres (3 223 milles) et sa superficie atteint 9 976 139 kilomètres carrés (3 851 809 milles carrés). Il comprend des régions d'aspects très divers tant du point de vue climatique que géographique.

Toutefois, si imposant qu'il soit et si diversifié qu'il puisse être dans sa composition, cet espace physique est malgré tout une entité indivisible. Seules les îles de Terre-Neuve et du Prince-Edouard sont des territoires physiquement séparés. Les autres composantes politiques forment une pièce géographique unifiée qui, en conséquence, amène une cohabitation obligatoire des humains l'occupant. Cela peut paraître simpliste mais, pourtant, il s'agit là d'une dimension importante de la réalité socio-politique qui mérite d'être soulignée dès le début.

2. Les premiers habitants

Quant les Européens ont pris contact avec ce vaste territoire au 16ième siècle, il était habité par une population disséminée en groupes plus ou moins restreints sur différents points de son étendue. On estime à quelque 220 000 le nombre d'Indiens et d'Inuits habitant à ce moment-là le Canada. D'après la communauté d'origine et de langue, ils se répartissaient en sept principaux groupes ethno-culturels, groupant chacun plusieurs peuplades et tribus.

3. *Les français s'installent*

Entre 1534 et 1543, des expéditions françaises dirigées par Jacques Cartier découvrent, au profit de la France et de l'Europe, la nature et la valeur du milieu physique canadien. Ce n'est toutefois qu'une soixantaine d'années plus tard, au début du 17ième siècle, que commence réellement l'époque coloniale européenne au Canada.

Donnant suite aux découvertes de Cartier, ce sont d'abord des colons français, avec Samuel de Champlain à leur tête, qui s'installent en terre canadienne. Ils le font dans deux régions précises: l'Acadie qui comprend les territoires actuels des provinces de la Nouvelle-Ecosse, du Nouveau-Brunswick et de l'Ile du Prince-Edouard et la vallée du Saint-Laurent, fondement du territoire québécois actuel.

Entre 1603 et 1660, quelque 1 200 Français s'installent en terre d'Amérique. Ils viennent très majoritairement des provinces du centre-ouest et du nord-ouest, presque identiques de moeurs et les plus françaises de la France comme l'indiquait l'historien Gérard Filteau.

En 1663, La population d'origine française est d'environ 2 500 habitants. La moitié provient de l'immigration et le reste de l'accroissement naturel. Sous l'intendance de Jean Talon, plus de 2 500 Français émigrent alors au Canada et s'intègrent au groupe compact que forment déjà les premiers arrivants. La population de la colonie double en sept ans: de 3 000 qu'elle est en 1666, elle passe à 6 700 en 1672. Puis, grâce à la haute natalité, ce nombre monte à 10 000 dix ans plus tard, en 1682.

A ce moment, ceux qui sont nés en Nouvelle-France sont devenus plus nombreux que ceux qui sont nés en France. Cette majorité de Canadiens* sur les métropolitains ne cessera pas de croître jusqu'à la fin du régime français.

---

* Les Québécois, à cette époque, s'appellent eux-mêmes Canadiens alors que les autres sont des Français. Nous reviendrons sur cette question de désignation à la fin du présent chapitre.

En 1713, la colonie française d'Amérique du Nord compte environ 18 500 habitants dont 90% vivent dans la vallée du Saint-Laurent. Vingt-cinq ans plus tard, en 1739, la population d'origine française est de 43 000 et en 1759, à la veille de la conquête anglaise, cette population compte quelque 70 000 habitants dont la très grande majorité est née au Québec.

Après la Conquête de 1760, compte tenu des pertes subies au cours du conflit et des départs pour la France, il demeure dans la vallée du Saint-Laurent un petit peuple de 65 000 âmes. A ce moment, ces gens ne sont plus des Français et surtout, ils le savent, ils se sont acclimatés. Ils ont entrepris de dompter un nouvel habitat; ils ont développé de nouvelles techniques, des formes originales d'organisation économique et sociale; leur manière de penser n'est plus la même que celle des Français de la même époque, avec lesquels ils sont d'ailleurs fréquemment en opposition. Ils se désignent différemment. Ils sont devenus peu à peu des habitants québécois avec une âme commune leur donnant un sens collectif, une cohésion nationale. L'arrivée en force d'étrangers ne fait d'ailleurs que renforcer la prise de conscience de cette spécificité commune. Les institutions françaises ont de leur côté été modifiées; les différentes habitudes, les comportements français ont été adaptés au contact d'un environnement différent; une autre mentalité est née. Un autre type humain possédant son identité propre, son esprit et sa psychologie propres, sa culture propre, sa tradition propre est apparu. Une nation nouvelle a pris racine en terre québécoise.

Il en va également de même, à bien des égards, pour les Français qui se sont établis à l'Est, en Acadie. Malheureusement, en 1755, ils ont dû subir une terrible hémorragie par la déportation massive de milliers des leurs.

4. Au tour des Anglais

Avec la conquête de la Nouvelle-France, commence par ailleurs un autre système de colonisation au Canada. Ce système est en quelque sorte le prolongement d'un processus parallèle à celui de la France amorcé ailleurs sur le continent, en terre américaine.

En 1760, sur la côte atlantique des Etats-Unis d'aujourd'hui, entre l'Acadie et la Floride espagnole (alors), 1 610 000 habitants d'origine britannique ont organisé une nouvelle société humaine. Politiquement, il y a 13 colonies anglaises mais, culturellement, il y a là aussi une nouvelle nation en émergence. De la même façon et dans le même temps que les Français sont devenus Québécois, ces Britanniques sont devenus petit à petit Américains.

Avec la capture de la Nouvelle-France, l'Angleterre va entreprendre de coloniser et de peupler, à son tour, la vallée du Saint-Laurent, pourtant déjà patrie des Québécois. Pour l'Angleterre, la *Province of Quebec* est un nouveau centre de colonisation en Amérique du Nord qui s'ajoute aux 13 autres déjà en place.

Dans les années qui suivent la capitulation, les immigrants anglais ou américains qui viennent au Canada ne sont que quelques centaines, des marchands et des hommes d'affaires pour une bonne part qui s'établissent surtout à Montréal et à Québec. La situation change cependant radicalement avec l'arrivée à partir de 1776 des loyalistes, ces colons des 13 colonies qui préfèrent l'exil à la participation à une société américaine politiquement indépendante de l'Angleterre.

Les ressortissants américains — sujets britanniques — se répartissent dans trois zones de peuplement. Un premier groupe — 35 000 environ — s'installe en Acadie et précipite la formation de trois colonies distinctes, sans compter le district de l'Ile du Cap-Breton.

Un second noyau prend pied au nord des lacs Ontario et Erié, région depuis peu intégrée juridiquement à la *Province of Quebec* et appelée Pays-d'en-Haut par les Québécois. Ces loyalistes, au nombre d'environ 3 000, s'affirment eux aussi rapidement et, en 1791, leurs revendications autonomistes vis-à-vis des lois françaises régissant la province conduisent à la formation d'une entité politique autonome, le Haut-Canada, future province d'Ontario.

Le territoire québécois pour sa part reçoit environ 3 000 loyalistes en provenance des divers établissements de frontières. L'existence du régime seigneurial, qui modèle la répartition spatiale des Québécois hors des villes, oblige les nouveaux venus à s'installer dans la région frontalière des Cantons de l'Est où ils se regroupent en *Townships**. Quelques familles s'établissent aussi en Gaspésie. Ils deviennent le noyau initial d'une colonisation agricole anglaise dans la vallée du Saint-Laurent.

---

* On désigne ainsi les communautés ou les villages anglophones du Québec.

En 1790, outre les Amérindiens, Indiens et Inuits, le Québec est peuplé par deux groupes humains: les Québécois d'origine française au nombre de 140 000 et une dizaine de milliers d'habitants d'origine britannique. Il s'agit de deux mondes séparés qui vont se développer socialement, culturellement et même géographiquement de façon distincte. Dans l'ensemble canadien, les gens d'origine anglaise sont 70 000; 50 000 habitent les Maritimes.

L'accroissement et le développement des deux groupes ethniques d'origine européenne continuent de s'accélérer. L'apport de la natalité joue un rôle de premier plan, surtout pour les Québécois qui ne bénéficient presque pas de l'immigration; celle-ci grossit cependant les rangs des Britanniques en passe de se distinguer progressivement de leur nationalité d'origine comme l'ont fait avant eux les Américains.

En 1820, la population des colonies britanniques en Amérique du Nord dépasse les ¾ de million. Les Québécois sont au nombre de 340 000 alors qu'au Québec les habitants d'origine britannique sont 80 000. Au total, les Britanniques du *British North America* dépassent donc en nombre le peuple québécois.

Et cette majorité anglaise va rapidement s'amplifier par une colonisation intense, bien organisée et stimulée par une volonté avouée de noyer le peuple francophone du Bas-Canada.

De 1820 à 1850, près d'un million d'émigrants quittent les îles Britanniques pour le Canada où ils s'intègrent aux communautés anglophones en place. Parmi eux, on retrouve un grand nombre d'Irlandais que la misère a chassés de leur pays. L'immigration de ceux-ci est d'ailleurs sans précédent. Dans la seule année 1847, 90 000 d'entre eux arrivent au Canada.

Il n'y a cependant pas que des Britanniques. En moins grand nombre, d'autres Européens émigrent aussi au Canada. Ils sont surtout alors Allemands, Hollandais, Norvégiens, Suédois ou Américains déçus des conditions de vie de la nouvelle république.

La plupart de tous ces nouveaux arrivants s'installent dans l'Ontario agricole où la population déjà anglophone et l'abondance des bonnes terres les attirent. Ceux, moins nombreux, qui choisissent le territoire québécois se fixent dans les régions anglophones de Montréal et des Cantons de l'Est; si bien que le caractère français de la zone seigneuriale n'est pas altéré et que l'homogénéité du peuple québécois n'est pas affectée.

Au lendemain du recensement de 1851, le Canada — *British North America* — compte 2 millions et demi d'habitants dont

696 000 Québécois. Le groupe anglophone du Québec représente près du quart de la population de ce territoire.

5. Une hémorragie dramatique

Durant ces années où prend forme et s'affermit en terre canadienne une nouvelle nation d'origine britannique, le peuple québécois de son côté connaît une effroyable hémorragie. Les premiers symptômes du mal se manifestent dans les années qui suivent le soulèvement de 1837. A partir de 1844, le mal tourne à la catastrophe. Ils sont des milliers de Québécois à s'expatrier aux Etats-Unis, en Ontario, dans l'Ouest canadien et même en Australie. Cette saignée dûe à la stagnation économique est ressentie vivement durant une cinquantaine d'années, mais elle se prolonge dans le temps. Elle semble atteindre un sommet entre 1871 et 1900 alors qu'au moins 410 000 Québécois quittent leur patrie pour aller tenter leur chance ailleurs, surtout aux Etats-Unis.*

En 1940, on estime à 1 000 000 le nombre de Québécois qui ont dû s'exiler. Seulement aux Etats-Unis, l'émigration nette en provenance du Québec, depuis 1840, est de 900 000.

Une bonne partie d'entre eux, particulièrement ceux installés hors du Canada, cesseront progressivement, surtout avec l'abandon de leur langue, d'être des Québécois d'origine française. Ils deviendront Américains, Australiens ou *Canadiens;* tout comme le sont devenus les immigrants d'autres origines nationales et ethniques.

Quant aux autres qui décideront de conserver leur langue et leurs principaux traits culturels, ils formeront des poches de peuplement d'ethnie franco-québécoise et des noyaux d'affirmation du fait français hors Québec.

Malheureusement, les milieux ambiants où ils s'installeront ne favoriseront pas leur épanouissement et leur expansion. En fait, malgré une résistance parfois héroïque, ils ne parviendront pas à endiguer l'érosion au profit de la nation *canadienne* anglophone. Le recensement de 1971 révèlera que sur 1 071 285 personnes d'origine française habitant l'Ontario, le Manitoba, la Saskatchewan, l'Alberta et la Colombie britannique, 60.74%, soit 658 725, déclareront

---

* En 1900, on estimait à 400 000 le nombre de Canadiens français de naissance vivant aux Etats-Unis sans compter leurs descendants.

le français comme langue maternelle et seulement 41.28%, soit 442 205, indiqueront avoir le français comme langue d'usage.

TABLEAU 1
Emigration nette vers les Etats-Unis
en provenance du Québec, 1840-1940

Période	Effectifs en milliers	Période	Effectifs en milliers
1840-1850	35	1900-1910	100
1850-1860	70	1910-1920	80
1860-1870	—	1920-1930	130
1870-1880	120	1930-1940	—
1880-1890	150		
1890-1900	140	1840-1940	900

SOURCE: Lavoie, Yolande, "Les mouvements migratoires des Canadiens entre leur pays et les Etats-Unis au XIXe et au XXe siècles: étude quantitative", *La population du Québec,* éd. par Hubert Charbonneau, Montréal: Boréal Express, 1973.

6. Déjà deux nations

Au moment de l'adoption de l'Acte de l'Amérique du Nord britannique, en 1867, on retrouve déjà la configuration de base, au plan socio-culturel, qui caractérise aujourd'hui la réalité humaine canadienne.

Il existe deux communautés humaines dominantes dont les caractéristiques, surtout dans le cas des Québécois ici depuis beaucoup plus longtemps, font qu'elles sont devenues petit à petit plus que des magmas ethniques, plus que de simples agrégats de colons et d'immigrants plus ou moins fusionnés.

En partageant une langue commune, en développant des modèles semblables de comportement, en cheminant à travers les mêmes institutions, en participant de plus en plus à la même histoire nouvelle, les membres des deux communautés devenues autre chose que des particules de peuplement ont acquis chacun à leur façon une conscience de former un groupe humain spécifique, particulier, uni-

39

que, et ils ont développé une volonté de vouloir durer en tant que communauté distincte.

A l'aube de la formation d'une nouvelle entité politique en Amérique, deux nouvelles nations, deux nouveaux peuples figurent sur l'échiquier ethno-national mondial.

Comparées l'une à l'autre, ces deux nations, la québécoise et la *canadian,* présentent des degrés d'homogénéité et de maturation différents, facilement explicables. A l'instar de l'historien Gérard Filteau, le sociologue Marcel Rioux a souligné avec justesse l'homogénéité du peuplement français dans le Nouveau-Monde.

"Les 5 000 premiers colons qui viennent s'établir sont originaires de Normandie et du centre-ouest, régions assez semblables entre elles et qui ont des traits communs avec le pays qu'ils trouvent en Amérique. Seuls les catholiques sont admis en Nouvelle France. L'influence de ces premiers colons du 17ième siècle sera déterminante; ils contribueront pendant ce siècle à former un type social auquel les 5 000 autres immigrants qui viendront se joindre à eux au 18ième siècle n'auront qu'à s'adapter. Ce qui veut dire qu'il se produit une homogénéisation culturelle entre les différents éléments des provinces françaises — homogénéisation qui anticipe sur celle de la France elle-même.

"Plusieurs facteurs, parmi lesquels le regroupement territorial et la Conquête, viennent renforcer cet isolement et cette homogénéité. Obligés de s'isoler en milieu rural pour survivre, surtout à cause d'impératifs socio-économiques — le commerce et l'administration leur ayant échappé et les villes de Québec et de Montréal demeurant en majorité anglophones jusqu'au milieu du 19ième siècle — les Québécois s'arc-boutent au sol pendant des années et des années et développent un type social bien particularisé; c'est pendant ce long hivernement qu'ils deviennent Québécois pour de bon, tout en gardant la langue française et la religion catholique qu'ils avaient apportées de France. Ils deviennent Québécois dans le temps où les Anglais deviennent Américains."

Quant aux Britanniques, malgré une langue anglaise commune et des traits culturels semblables, leur homogénéisation en terre américano-canadienne est plus lente et plus difficile.

Leurs origines nationales sont différentes: anglaise, écossaise, irlandaise, galloise, américaine; leurs religions aussi: anglicane, presbytérienne, méthodiste, baptiste, catholique, etc. Entre également en ligne de compte leur étalement sur un territoire plus vaste que celui habité par les Québécois, ce qui complique grandement les communications et les échanges entre les différents noyaux *canadiens,* tout en développant des diversités régionales. Et à cela s'ajoute un sentiment d'attachement assez prononcé à ce qu'ils appellent *The Mother Country*, à ses institutions, à ses emblèmes, à son mode de vie. Cela sert à la fois l'intégration des nouveaux arrivants, l'homogénéisation de la nouvelle société anglophone mais, parallèlement, cela ralentit le processus d'enracinement psychologique et d'affirmation d'une nouvelle personnalité nationale distincte.

On ne peut passer sous silence enfin la proximité physique et la proche parenté socio-culturelle avec la jeune mais vigoureuse et dynamique nation américaine. La forte personnalité de celle-ci et son rayonnement déjà envahissant ne facilitent pas l'affirmation aussi rapide qu'au Québec d'une âme commune.

A propos de la force numérique de chacune des deux nations, les données statistiques insuffisantes et la complexité du phénomène des transferts d'ethnie et de nationalité rendent difficile une évaluation.

Disons néanmoins que le recensement de 1871 indique que, sur une population de 3 485 761, 60.5% sont d'origine ethnique britannique et 31% d'origine ethnique française (cela inclut les Acadiens et les autres Franco-Canadiens). En somme, 91.5% des habitants du Canada sont alors de l'une ou l'autre de ces deux ethnies.

Quant à la répartition spatiale des deux peuples, elle est pour sa part assez simple. Les Québécois habitent les bords du fleuve Saint-Laurent et de ses principaux affluents. Cette région a été, dès le début, l'épine dorsale de la Nouvelle-France tant au point de vue démographique, que politique, administratif, économique, culturel et religieux. Politiquement, le territoire sur lequel ses lois françaises s'appliquent est plus vaste. Il englobe tout le Bas-Canada, c'est-à-dire le Québec d'aujourd'hui. Ce territoire, c'est la patrie des Québécois. Depuis leurs origines, il fut leur territoire national, leur chez-soi. Il le demeure même pour ceux qui ont choisi d'aller tenter leur chance ailleurs, surtout à l'Ouest de l'Outaouais.

Les *Canadiens,* eux, même si plusieurs habitent le Québec, ont leur chez-eux avant tout ailleurs, cela de la volonté même de la couronne britannique. Dans la patrie des Québécois en effet la loi fondamentale pour tout ce qui concerne la propriété et les droits civils est française. Mais ailleurs, sur les autres territoires conquis, ce sont les lois du Royaume-Uni et de l'Empire britannique qui s'appliquent. C'est en Ontario, dans les Maritimes et progressivement dans l'Ouest que les *Canadiens* mettent au point leur société selon leur propre génie.

Pour deux nations, deux patries.

7. Les minorités

Les nations québécoise et *canadienne* ne sont cependant pas les seules communautés ethniques à habiter l'espace physique canadien en 1867. Bien que durement affectés par la colonisation européenne, les groupes indiens et inuits fortement minoritaires — ils ne sont plus qu'environ 120 000 en 1871 — continuent d'habiter différents territoires où ils réussissent tant bien que mal à conserver leurs caractéristiques propres et à lutter contre l'assimilation. Pris globalement, les Amérindiens constituent une minorité ethnique d'un type particulier puisqu'ils descendent des premiers habitants du continent.

Il y a également des Acadiens qui, malgré leurs affinités ethniques et leur proche parenté avec les Québécois d'une part, et les agressions anglaises d'autre part, ont réussi à développer une personnalité collective originale. Il est difficile de dire s'ils forment ensemble une nation ou une partie seulement du Canada français, mais ils se caractérisent eux aussi par une volonté de durer comme groupe distinct, refusant au départ l'assimilation et s'accrochant avec obstination à leur coin de terre.

Aux Acadiens comme groupe minoritaire d'ethnie française, s'ajoutent les groupes d'origine québécoise, (auxquels se sont joints des Acadiens) qui habitent, à l'extérieur du Québec, différentes régions où dominait déjà, sinon où était en voie de s'imposer, la nation *canadienne*.

C'est le cas notamment des Québécois qui vont s'installer en Ontario où sont fortement majoritaires les *Canadiens;* c'est aussi le cas de ceux qui s'exilent dans les Prairies. Dans la région qui deviendra plus tard le Manitoba, les habitants d'origine québécoise et les métis francophones formaient avant 1870 une communauté de poids; mais rapidement, en quelques années, la situation est renversée au profit des Britanniques et des immigrants qui s'intègrent à eux. Les francophones comptaient pour la moitié de la population du Manitoba en 1870; 20 ans plus tard, ils sont moins de 10%. Bientôt, dans tout l'Ouest canadien, la communauté *canadienne* exercera une force d'attraction dominante et imposera son mode de vie et sa loi. L'anglicisation rapide et les transferts ethno-nationaux affectent considérablement ces poches de peuplement franco-québécois, comme en témoignent les chiffres déjà évoqués.

On retrouve enfin, dispersés un peu partout, des petits groupes d'importance variable d'origines ethno-nationales diverses. Ce sont les immigrants fraîchement arrivés et non encore intégrés. Ils se trouvent à appartenir encore à leur nation et à leur ethnie d'origine tout en étant en phase d'adopter petit à petit, comme l'ont fait les autres avant eux, l'une des deux nations du Canada et plus souvent qu'autrement la nation *canadienne* devenue majoritaire et dominante partout sauf au Québec.

En 1871, le Canada politique qui s'étend déjà d'un océan à l'autre est donc un pays de plus de 3 500 000 habitants présentant l'image de deux majorités nationales et de divers groupes ethno-culturels minoritaires.

En somme, il s'agit d'un pays binational et multiculturel.

8. *La marée immigrante*

Dans le monde occidental, les 19ième et 20ième siècles sont des périodes de migration presque sans précédent dans l'histoire. On assiste durant plusieurs décennies à des débordements de flots humains surtout de la vieille Europe vers les jeunes pays d'Outre-Atlantique. Famines, révolutions, guerres, persécutions, goût de l'aventure, appât du gain, quête de la liberté, des grands espaces, d'une vie neuve, sollicitations des compagnies de navigation ou d'agents d'immigration, autant de propagandes qui opèrent dans tous les pays européens. Rien qu'en Amérique du Nord, plus de 40 millions d'hommes, de femmes et d'enfants viendront fonder, comme le disait l'historien Lionel Groulx, "une nouvelle section de la race blanche".

De ce flot, le Canada reçoit sa très large part, d'autant plus que l'immigration est sollicitée et encouragée par le nouveau gouvernement central et les gouvernements provinciaux, surtout celui de l'Ontario. Pour favoriser la venue d'immigrants, les nouveaux dirigeants s'entendent dès 1868 sur un partage des responsabilités. Cependant, devant des résultats modestes et des problèmes financiers, le gouvernement central se verra confier en 1875 l'entière responsabilité de la propagande de l'immigration.

Comme l'a expliqué Lionel Groulx, l'immigration vers les territoires canadiens peut se partager en quatre phases:
- une première, de 1881 à 1902;
- une seconde, de 1903 à 1914;

- une troisième, de 1920 à 1934;
- une quatrième, de 1945 à 1952.

Les deux dernières phases s'apparentent aux mêmes causes: malheurs du vieux monde au lendemain des deux guerres, déplacements de populations par suite de partages de territoires, fièvre d'évasion, de fuite devant la menace affolante de nouvelles catastrophes, en particulier devant l'expansion appréhendée du communisme russe. Les deux premières phases, époque de l'immigration sollicitée, stimulée en particulier par le gouvernement Laurier, correspondent aussi à l'appel de l'Ouest canadien ouvert par le rail. A ce propos, l'abbé Groulx a écrit:

"Les quatre phases ont ceci de commun que l'on y voit fonctionner une méthode d'immigration massive, parfaitement désordonnée. De 1881 à 1902, 1 320 000 immigrants entrent au Canada, soit une moyenne de 60 000 par année. Quantité qui se double dans la phase suivante: 2 667 000 arrivants, soit, pour ce coup, une moyenne annuelle de 223 000. La troisième phase offre des statistiques à peine moins inquiétantes avec près de deux millions d'immigrants (1 868 000) et une moyenne annuelle de 102 000. Immigration désordonnée, disions-nous, qui dépasse audacieusement tout ce que le Brésil, l'Argentine, les Etats-Unis eux-mêmes, à quelque moment que ce soit de leur histoire, aient osé se permettre. Alors, par exemple, qu'en 1911, les Etats-Unis ouvrent leurs portes aux immigrants dans une proportion de 9.5 par 1 000 habitants, le Canada, lui, en accueille 43.5 pour le même nombre d'habitants. Alors que dans la période de 1901 à 1911, les Etats-Unis en reçoivent pour un onzième de leur population, le Canada en reçoit pour un peu plus d'un quart. Dans le même temps (1907-1912), le Brésil et l'Argentine, l'un de 21 millions et demi d'habitants, l'autre d'un peu plus de 7 millions, accueillent moins de la moitié d'immigrants qu'il n'en vient au Canada. "A l'heure présente, "pouvait écrire Georges Pelletier, dans sa brochure, l'*Immigration* "*canadienne,* parue en 1913, plus d'un quart de la population cana- "dienne est entrée au pays depuis moins de quinze ans."

"Interrompu pendant la crise de 1929, puis dans les premières années de la seconde Grande Guerre, le mouvement a repris de plus belle. De la fin de la dernière guerre à 1951, le nombre des immigrants s'est élevé à 630 754 et le flot continue de déferler. Il apportait 79 194 expatriés en 1947-1948; il en apporte 125 603 en 1949; 194 131 en 1951. Tous ces nouveaux venus, les recensements décennaux ne le démontrent que trop, ne restent pas au Canada. Le coulage traditionnel vers les Etats-Unis se poursuit. De 1891 à 1941, par exemple, le Canada est censé avoir reçu au moins cinq millions d'immigrants. Sa population de 5 371 315 à la première date, en demeure cependant à 11 506 655 à la seconde. Autant dire que le pays ne s'est guère peuplé qu'au taux habituel de ses naissances."

9. Les effets de l'immigration

Ces migrations massives ne sont pas sans effets, en particulier pour la jeune nation *canadienne* sur laquelle se greffent la très grande majorité des nouveaux arrivants qui ne présentent plus comme auparavant la même parenté ethnique.

Au recensement de 1871, le groupe d'origine britannique représente 60.5% de la population canadienne, les gens d'ethnie française 31.07%, les Amérindiens 0.6% et les citoyens d'autres origines ethniques 7.7%.

En 1951, le pourcentage de ces derniers est passé à 19.86% alors que celui des individus d'ethnie française est de 30.83%, que le groupe britannique est descendu à 48.12% et que les Amérindiens représentent 1.18% de la population.

En 1971, année du dernier recensement général, les citoyens canadiens déclarés d'origine britannique représentent 44.6%, ceux d'origine française 28.7%, les Amérindiens 1.5% et les autres 25.2%.

Si l'on considère également qu'en 1971, 60.15% des 21 568 310 habitants du Canada sont de langue maternelle anglaise et que 66.97% utilisent le plus souvent cette langue à la maison, comparativement à 22.19% et 22.56% pour le français québécois, on peut affirmer que la nation *canadienne* a réussi à intégrer en son sein la majorité des nouveaux arrivants qui progressivement se sont assimilés ou sont en voie de le faire.

Même si l'intégration des immigrants au groupe *canadien* s'est faite sans remettre en question les caractéristiques essentielles de celui-ci, il ne fait aucun doute que cet apport nouveau et diversifié a transformé la personnalité du peuple *canadien,* l'enrichissant et l'affaiblissant à la fois.

Sa conscience commune, son vouloir-vivre collectif, sa cohésion, encore jeunes et fragiles, notamment à cause de sa dispersion territoriale, ont été mis à rude épreuve par ces injections massives de nouvelles recrues n'appartenant pas au départ à l'ethnie britannique et pas attachées aux mêmes valeurs socio-culturelles. Le type de distribution des immigrants de la première et de la seconde phase n'a pas été elle aussi de son côté, sans affecter l'évolution de la nation *canadienne.*

Pendant qu'aux Etats-Unis on procédait avec une certaine sagesse, peuplant d'est en ouest par tranches successives et contiguës, en faisant précéder en général les immigrants par des noyaux de la population des vieux Etats en vue de les encadrer et de les "américaniser", au Canada, on a laissé le mouvement se dérouler sans ordre. Ainsi, les vagues d'immigrants ne touchent qu'à demi les anciennes provinces.

C'est dans les Prairies, en des espaces presque déserts, que les flots vont s'abattre. Des 2 521 000 immigrants débarqués au Canada de 1900 à 1913, plus de la moitié se sont établis au Manitoba, en Saskatchewan, en Alberta et en Colombie britannique. Les bonds prodigieux qu'on relève alors dans le peuplement de trois de ces provinces indiquent, à eux seuls, la part excessive que leur a fournie l'immigration. De 1901 à 1911, la population de la Saskatchewan passe en effet de 91 279 à 492 432, celle de l'Alberta bondit de 73 022 à 374 295 tandis qu'en Colombie britannique on va de 179 000 à 393 000.

Heureusement, l'urbanisation et l'industrialisation alliées à une mobilité de population relativement grande, du moins en comparaison de celle des Québécois, ont joué en faveur de l'intégration, et de l'homogénéisation *canadienne*. Ce processus est d'ailleurs loin d'être terminé, comme en font foi les tiraillements du nationalisme *canadien*.

Pour la nation québécoise, la venue des immigrants n'a pas affecté d'une façon particulière sa personnalité et son homogénéité.

Les raisons de cet état de chose sont en fait assez simples: l'immigration d'une part a été moins prononcée en territoire québécois qu'ailleurs au Canada et, d'autre part, une proportion toujours importante des arrivants a continuellement choisi de s'intégrer à la minorité *canadienne* du Québec, soit à cause d'affinités ethniques de départ, soit à cause de la position socio-économique dominante des Anglo-Québécois, soit encore à cause des deux facteurs ensemble.

Toutefois, cela ne signifie pas que des immigrants d'autres origines ethniques que française n'ont pas choisi de joindre les rangs de la nation québécoise francophone. Jusqu'en 1931, par exemple, les transferts linguistiques de personnes d'autres groupes ethniques se faisaient au Québec vers le français, donc vers le peuple québécois, dans une proportion de 52%. En 1971, 16.5% des personnes d'origine ethnique britannique habitant le Québec déclaraient être de langue maternelle française sans compter 49 060 personnes de langue maternelle anglaise qui ont le français comme langue d'usage. Certes la force d'attraction est du côté de la minorité *canadienne* mais là n'est pas la question.

10. La réalité canadienne d'aujourd'hui

Il faut donc voir que l'arrivée massive de milliers d'immigrants de nationalités diverses et pour une bonne part d'ethnies autres que française et anglaise, n'a pas fondamentalement changé la configuration ethno-nationale du Canada.

Il y a toujours en présence deux nations, deux peuples d'ethnie différente qui, par rapport à ce qu'ils étaient il y a cent ans, ont cependant évolué et se sont transformés. D'ailleurs, on l'oublie trop souvent ou on l'ignore tout simplement, une nation peut se transformer, s'éloigner de ses valeurs originelles et demeurer substantiellement la même. Ce qui compte avant tout, c'est qu'on retrouve dans les collectivités concernées les éléments objectifs d'une nation, une culture et une conscience communes ainsi qu'une volonté de durer comme groupe distinct.

Reste les minorités qui refusent l'assimilation, tant bien que mal pour la plupart d'ailleurs: les francophones hors Québec et les Acadiens, les *Canadiens* anglophones du Québec et les Amérindiens. Au total, ils représentent aujourd'hui, selon la langue d'usage et l'origine ethnique (dans le cas des Indiens et des Inuits), 8.1% des habitants du Canada.

Voilà la réalité humaine canadienne.

Par la nature même du milieu physique, cohabitent donc, pour le meilleur ou pour le pire sur ce presque-continent, deux nations et plusieurs minorités ethno-nationales comme il en existe d'ailleurs ainsi dans tous les pays du monde.* Si l'on voulait simplifier la configuration, on pourrait dire deux majorités se partageant l'ensemble de l'espace physique pan-canadien et trois minorités historiques réparties dans l'un ou l'autre des deux territoires nationaux. Et ces minorités, ce sont d'abord la minorité regroupant les Indiens et les Inuits installés tant en territoire québécois qu'en territoire *canadien,* puis la minorité des Franco-Canadiens et celle des Anglo-Québécois.

Partons maintenant de cette réalité.

Comme le lecteur l'aura constaté, les termes Québécois, Acadiens, Canadiens, Canadiens français, francophones hors Québec et

---

* Cette cohabitation a entre autres particularités de se faire sur seulement 11% de l'espace physique pan-canadien puisque le reste du territoire n'est pas habité en permanence.

Franco-Canadiens ont été utilisés dans un sens parfois différent de celui qu'ils prenaient dans le passé ou qu'ils pourraient prendre dans l'avenir.

Le tableau suivant résume le vocabulaire que nous utiliserons, sauf indication contraire fournie par le contexte, pour désigner les deux majorités et les trois minorités historiques qui constituent l'ensemble canadien actuel. Ces termes nous semblent ceux qui sont le plus largement utilisés par les intéressés eux-mêmes et qui, tout en étant compatibles entre eux, respectent un souci de logique et de clarté que nous croyons essentiel.

Ces termes n'ont pas toujours été utilisés de la même façon. Afin de bien se comprendre, précisons quelque peu à la lumière de l'histoire:

- Au temps du Régime français, les Québécois s'appelaient eux-mêmes Canadiens pour se distinguer des Français d'Europe, les métropolitains, qui passaient quelque temps dans la colonie. Les Québécois avaient d'ailleurs donné le nom de Canada à leur pays, ce qui le distinguait notamment de l'Acadie. Après la Conquête, la proclamation royale de 1763 utilisa l'expression *Province of Quebec* pour désigner le Canada. En 1791, avec la division de la Province en deux et la formation de la province anglophone du Haut-Canada, le terme Canada cessa d'être l'apanage exclusif des Québécois.
  Après le soulèvement de 1837-38 et la formation du Canada-Uni, alors que leur nation prenait progressivement forme, les descendants des Britanniques ont commencé à se désigner comme *Canadians* et à appeler les Québécois *French Canadians,* ce qui avec la traduction est devenu Canadiens français. L'exil massif de plusieurs de ces derniers à partir de 1844 et l'union de toutes les colonies britanniques d'Amérique du Nord, en 1867, désignées sous le nom de Dominion du Canada, ont fait en sorte que le terme "Canadiens français" a cessé d'avoir une correspondance parfaite avec le territoire du Québec. C'est vers le début des années 1960, avec la renaissance du nationalisme progressiste que les Canadiens français du Québec ont entrepris de se désigner préférablement comme Québécois, terme correspondant depuis longtemps déjà au nouveau nom consacré de leur patrie.
- L'expression "Canadiens français" a maintenant pris deux sens: au sens large, de nature ethno-linguistique, il s'applique à tous les habitants francophones d'origine française, citoyens du Canada actuel; au sens restreint, de nature historique et

TABLEAU 2
Termes utilisés pour désigner les groupes constituant l'ensemble canadien actuel.

Subdivision politique / Subdivision socio-culturelle	Résidents du Québec — membres de la société québécoise	Résidents des autres provinces et territoires du Canada fédéral — membres de la société *canadienne* (canadian)	
Francophones citoyens de l'Etat canadien actuel — Canadiens français	Québécois	Franco-Canadiens	francophones hors Québec*
			Acadiens
Anglophones citoyens de l'Etat canadien actuel — Canadiens anglais	Anglo-Québécois	*"Canadiens"* (Canadians)	
Indiens et Inuits citoyens de l'Etat canadien actuel	Indiens et Inuits du Québec	Indiens et Inuits du Canada (anglais)	

---

* L'expression "francophones hors Québec" désigne pour la Fédération du même nom l'ensemble des francophones non québécois, y compris les Acadiens. Cependant, ces derniers n'ont jamais accepté cette désignation n'étant pas, contrairement aux autres communautés francophones, originaires du Québec. Nous croyons préférable de respecter la volonté des Acadiens d'autant plus que les autres groupes francophones se définissent eux à la fois par rapport au Québec (leur patrie d'origine) et par rapport à leur condition ethno-linguistique. Ainsi, ces francophones hors Québec sont Franco-Ontariens, Franco-Manitobains, Franco-Albertains, etc...

nationale, il désigne tous les descendants des anciens colons du Canada original, ce qui ne comprenait pas l'Acadie. Aux fins de cet ouvrage, nous avons choisi d'utiliser le sens large. Nous parlerons de Franco-Canadiens pour désigner tous les francophones hors Québec et les Acadiens.

- Nous ferons de même pour l'autre nation: le terme "Canadiens anglais" désignera tous les anglophones citoyens de l'Etat canadien actuel, y compris les Anglo-Québécois qui sont les membres de l'autre nation résidant au Québec. Quant aux Canadiens anglais des autres provinces, nous croyons raisonnable de leur céder le nom de *Canadiens,* traduction du terme *Canadian* qu'ils utilisent généralement eux-mêmes.*

La belle symétrie Québécois-Franco-Canadiens Anglo-Québécois-*Canadiens* est facile à retenir; elle correspond presque à l'usage habituel et, surtout, elle invite à l'égalité des groupes correspondants. Enfin, elle est conforme à l'usage international courant. Par exemple, les citoyens italiens francophones du Val-d'Aoste ne se sentent pas moins Italiens du simple fait que tout le monde les désigne sous le nom de Franco-Italiens ou Italiens francophones. Ils sont membres à part entière de la société italienne mais souhaitent également que l'on note "la différence".

C'est ainsi que nous espérons l'avenir pour les Anglo-Québécois et les Franco-Canadiens.

---

* Ce terme étant le seul qui diffère de l'usage courant au Québec, nous utiliserons une typographie différente afin d'éviter toute confusion. Il est à noter également que certains historiens, notamment Michel Brunet, utilisent l'expression anglaise plutôt que sa traduction française.
D'autre part, beaucoup d'anglophones du Québec se considèrent encore d'abord comme *Canadians* plutôt que comme *English Quebekers,* mais ce dernier terme est de plus en plus utilisé avec sa traduction française: Anglo-Québécois.

Sources bibliographiques

ARÈS, Richard, *Notre question nationale,* tomes 1, 2 et 3, Editions de l'Action nationale, Montréal, 1943, 1945, 1947.

BAILLARGEON, Mireille et Claire BENJAMIN, "La dimension démographique du débat linguistique", *Le Devoir,* 6 juillet 1977.

BROSSARD, Jacques, *L'accession à la souveraineté et le cas du Québec,* Les Presses de l'Université de Montréal, Montréal, 1976.

BRUNET, Michel, *Notre Passé, le présent et nous,* Editions Fides, Montréal, 1976.

CANADIAN POLITICAL SCIENCE ASSOCIATION AND SOCIAL SCIENCE RESEARCH COUNCIL OF CANADA, *Historical Statistics of Canada,* The Macmillan Company of Canada Ltd, Toronto, 1965.

CASTONGUAY, Charles et Jacques MARION, "L'anglicisation du Canada", *L'Action nationale,* Volume LXIII, Numéros 8 et 9, avril-mai 1974

CASTONGUAY, Charles, "Comment interpréter l'accroissement du poids relatif des francophones du Québec", *Le Devoir,* 11 avril 1978.

DUCHESNE, Louis et le groupe ad hoc concernant les aspects démographiques du projet de loi 101, "La situation démolinguistique du Québec", Gouvernement du Québec, Ministère d'Etat au développement culturel, Québec, 1977.

FÉDÉRATION DES FRANCOPHONES HORS QUÉBEC, *Les Héritiers de Lord Durham,* Avril 1977.

FICHTER, Joseph-H., *La sociologie, notions de base,* Editions universitaires, Paris, 1965.

FILTEAU, Gérard, *La naissance d'une nation,* Editions de l'Aurore, Montréal, 1978.

FREUND, Julien, *Qu'est-ce que la politique?,* Editions du Seuil, Paris, 1965.

GARIGUE, Philippe, *L'option politique du Canada français,* Les Editions du Lévrier, Montréal, 1963.

GOUVERNEMENT DU QUÉBEC, *Annuaire du Québec* (1974), Ministère de l'Industrie et du Commerce, Bureau de la statistique du Québec.

GROULX, Lionel, *Histoire du Canada français,* Tomes 1 et 2, Editions Fides, Montréal, 1960.

LABERGE, Henri, *Rapport politique critique sur la IVième conférence des communautés ethniques de langue française,* Conseil de la langue française du Québec, Québec, 1978.

MINISTÈRE DE L'INDUSTRIE ET DU COMMERCE DU CANADA, *Annuaire du Canada 1976-1977,* Statistique Canada, Ottawa, 1977.

MORIN, Rosaire, *L'Immigration au Canada,* Editions de l'Action nationale, Montréal, 1966.

RIOUX, Marcel, *Les Québécois,* Editions du Seuil (Collection "Le temps qui court"), Paris, 1974.

RIOUX, Marcel, *La Question du Québec,* Editons Seghers, Paris, 1969.

VAUGEOIS, Denis et Jacques LACOURSIÈRE, *Canada-Québec: synthèse historique,* Editions du Renouveau pédagogique, Montréal, 1977.

LA LIGUE D'ACTION NATIONALE, *La langue française, L'Action nationale,* Volume LXIII, Numéros 8 et 9, Avril-mai 1974.

DEUXIÈME PARTIE

Ce que veulent les Québécois

Introduction

What does Quebec want? Que veulent les Québécois?

Voilà une question qui est revenue souvent dans le débat politique canadien depuis plusieurs années. Bien que le temps et les discussions stériles l'aient considérablement usée, elle demeure toujours fondamentale. Cependant, dans l'optique d'une recherche d'une solution politique qui tienne compte de la réalité canadienne, elle devrait être formulée plus largement.

Que veulent individuellement et collectivement les 23 millions de femmes et d'hommes qui habitent cette entité géographique et politique qu'est le Canada?

Cette question rejoint ainsi la nécessité de faire porter les structures politiques sur des fondations solides: les aspirations premières des habitants du Canada.

On l'a vu dans la partie précédente, le milieu humain canadien n'est pas homogène. Pourtant, malgré leurs différences même considérables, les personnes en cause partagent globalement les mêmes besoins, les mêmes désirs.

Ceux-ci peuvent facilement être regroupés autour de trois buts majeurs tant individuels que collectifs qui ne sont chacun que des dimensions de l'aspiration de tout être humain au bonheur:

- la volonté d'être et de demeurer, de conserver son identité et d'épanouir sa personnalité;

- le désir d'avoir un chez-soi, de le garder et d'y être libre et maître de son avenir;
- le besoin d'atteindre et de conserver une certaine sécurité, un bien-être matériel.

Cela dit, comme ce sont les Québécois qui, principalement, remettent en question les structures politiques canadiennes, il est nécessaire que l'on illustre ces besoins, d'abord et avant tout, à partir de leurs aspirations fondamentales. On y retrouve bien sûr celles des aspirations *canadiennes* qui viennent en contradiction avec les aspirations québécoises, tout en s'inspirant de motivations parfois analogues.*

---

* Une analyse des aspirations des *Canadiens* (ou des Canadiens-anglais) et des minorités sera faite au premier chapitre de la première partie du volume II, p.p.

Chapitre 1

Garder leur identité

Il est bien difficile de dire à quoi tiennent le plus les Québécois, mais chose certaine, ils ont pour la plupart une forte volonté de demeurer ce qu'ils sont. En s'attardant un peu à leur histoire, on constate que depuis fort longtemps, ils ont manifesté une volonté ferme de conserver leur langue et leur culture. En fait, l'histoire des Québécois (et des Franco-Canadiens) est en bonne partie l'histoire de leurs nombreuses batailles politiques pour survivre, pour préserver leur identité de l'assimilation étrangère et, plus globalement, pour éviter leur disparition comme peuple distinct. Il s'agit en quelque sorte de la dimension collective de l'aspiration individuelle à la vie, aspiration de base parmi toutes.

1. Les premières luttes

Les premières manifestations de cette volonté de conservation de l'identité québécoise se sont produites dès les lendemains de la Conquête de 1760. Pendant que la présence anglaise en sol québécois n'est encore qu'une occupation militaire et marchande, plusieurs Québécois réagissent aux dispositions humiliantes et restrictives de la Proclamation royale de 1763 qui attaque tout ce qui fait la structure interne de la culture et de la nation québécoises. En effet, cette loi constitutionnelle ne fait aucune mention des lois, coutumes et usages du pays conquis, n'offre aucune garantie linguistique et n'accorde la liberté de demeurer catholique qu'à condition que le permettent les lois de la Grande-Bretagne où les papistes sont encore hors-la-loi.

Les démarches et les tractations se multiplient alors pour obtenir le maintien de l'organisation religieuse, le respect de la croyance et de la langue ainsi que le rétablissement des lois françaises. Bien sûr, ce sont surtout les élites du clergé et de la noblesse qui prennent en charge ces revendications dans le but plus ou moins avoué de maintenir et de consolider leurs intérêts et leurs privilèges sociaux plus durement menacés que tout autre. Néanmoins, l'ensemble de la collectivité québécoise est affecté et se montre solidaire dans ce combat dont l'enjeu est l'assimilation, ou l'anéantissement culturel complet qui semble inévitable.

L'Acte constitutionnel de Québec en 1774 est l'aboutissement victorieux des premières démarches protectionnistes québécoises contre la politique d'assimilation britannique. Cette loi du parlement de Londres, véritable charte des droits, reconnaît en effet la libre pratique de la religion catholique et abolit le serment du Test, permettant la participation des catholiques aux charges publiques. L'Acte de Québec rétablit aussi les lois civiles françaises assurant ainsi aux Québécois la possession de leurs propriétés avec coutumes et usages qui les régissaient avant la Conquête. Il permet également aux Québécois d'être jugés au civil selon leurs lois françaises et dans leur langue, de pouvoir accéder à des postes de jurés et de juges et, enfin, de pouvoir se défendre dans leur langue.

Voilà en somme un événement majeur pour la survie de l'identité québécoise. Ce geste du Parlement anglais constitue une reconnaissance formelle et constitutionnelle du caractère spécifique du peuple québécois, de ses institutions, de sa langue et de son territoire. C'est la liberté et le droit pour le peuple québécois de rester lui-même. Plus d'un juriste (de même que les deux gouverneurs anglais de l'époque) reconnut la volonté féroce des Québécois de résister à toute tentative d'assimilation. Non seulement insistèrent-ils sur ce caractère inassimilable, mais encore firent-ils ressortir l'attachement presque "fanatique" des Québécois à leurs traditions. La proclamation de l'Acte de Québec ne fit d'ailleurs que renforcer cette volonté acharnée de préserver les caractères nationaux distinctifs.

Comme l'a fait remarquer l'historien Lionel Groulx, la vitalité et la persévérance ont même permis "d'établir pratiquement le bilinguisme officiel dans la vie politique" alors que la langue française n'avait pas encore à cette époque de statut légal. En somme, grâce à leur détermination, les Québécois réussissaient même à imposer leur langue aux conquérants.

Ces victoires ne marquent cependant pas la fin des luttes protectionnistes. En fait, aussitôt l'Acte de Québec voté à Londres, il faut reprendre le combat pour contrer les tentatives des Britanniques des colonies et de la métropole qui demandent la révocation de la nouvelle Loi, assez exceptionnelle, il faut le dire, pour l'époque.

2. L'outil parlementaire comme levier

A partir de 1791, les Québécois ont en main un nouvel instrument de défense de leur identité collective. Le parlement d'Angleterre, voulant satisfaire les loyalistes, divisent sa colonie "française" en deux et chapeaute les deux nouvelles entités politiques d'institutions parlementaires. Les Québécois perdent un territoire qu'ils n'ont en fait jamais vraiment occupé, mais ils gagnent une assemblée législative représentative qui, bien que soumise à l'autorité du Conseil législatif et du gouverneur, est utilisée dès le début pour défendre leurs droits collectifs et leurs caractéristiques ethniques et nationales.

A la première session du Parlement québécois, en janvier 1793, on discute pendant trois jours pour savoir en quelle langue doit être rédigé le texte officiel des lois. Les Québécois envisagent un moment la possibilité de décréter le français seule langue officielle, mais devant le refus acharné des députés d'origine britannique, ils se rabattent sur le bilinguisme. A la fin, l'usage des deux langues est accepté mais seul l'anglais a le caractère officiel. Le français est admis comme langue de traduction!

Plusieurs autres questions d'intérêt "national" amènent les députés québécois à utiliser le régime parlementaire comme instrument de défense de leur identité collective. Figurent en tête de liste l'instruction sous contrôle anglais et l'immigration. Dans le premier cas, ils s'opposent avec vigueur à une tentative anglophone de créer un système d'instruction publique visant la mise sur pied d'écoles gratuites animées par des enseignants anglais payés par le gouvernement. Ils voient avec raison dans ce projet le moyen d'assimiler les leurs en modifiant graduellement les sentiments politiques et religieux des générations montantes. Ils réussissent ainsi à apporter des modifications qui assurent l'indépendance des écoles confessionnelles et privées et lient la création d'écoles dans les paroisses à la volonté de la population. Globalement, la loi visant l'introduction d'enseignants anglophones connaît peu de succès et elle reste pratiquement sans résultat.

Majoritairement dominée par les représentants québécois, l'Assemblée législative s'oppose aussi farouchement à l'immigration qui est essentiellement britannique. Conscients des effets assimilateurs de cette immigration orchestrée contre eux pour réduire leur prépondérance démographique et politique, les députés québécois bataillent durement contre la colonisation dans les *Townships*. Refusant même de les considérer comme partie intégrante de leur territoire, ils vont jusqu'à refuser de voter les fonds pour y développer un système routier et s'opposent à ce que la population de ces régions soit représentée à l'Assemblée. En somme, les députés québécois ont recours à toutes les mesures en leur pouvoir et à toutes celles que leur suggère leur imagination pour décourager les immigrants britanniques qui songent à s'établir dans le Bas-Canada.

Devant ces attitudes franchement hostiles à leur endroit et devant également les efforts québécois en vue d'acquérir une autonomie maximum, plusieurs leaders britanniques du Québec ne se gênent pas pour proposer ouvertement l'assimilation des Québécois et l'amendement de l'Acte constitutionnel de 1791.* Conscients qu'ils sont de plus en plus nombreux, ils proposent le regroupement des forces anglaises et l'union des deux colonies. Afin de s'assurer immédiatement une majorité parlementaire, ils optent pour fausser la représentation tout en favorisant l'immigration. Les pétitions qui circulent dans le milieu anglo-québécois sont claires: elles affirment leur opposition à ce que les Québécois demeurent "un peuple distinct" et continuent de se "regarder comme une nation". "Faire du pays une colonie britannique par le fait comme il l'est de nom", "défranciser cette province déjà beaucoup trop française pour une colonie anglaise", voilà textuellement leur position. Celle-ci va jusqu'à s'incarner dans des projets écrits d'union présentés au parlement d'Angleterre où l'anglais serait la seule langue acceptée tant pour les débats que pour les textes de loi.

Bien sûr, les Québécois s'opposent avec véhémence à ces projets. Pour eux, l'existence de deux colonies indépendantes l'une de l'autre est une garantie de stabilité et une protection pour chaque peuple en cause.

---

* Nous reparlerons plus en détail dans le prochain chapitre de ces luttes politiques pour l'autonomie.

Malheureusement, les événements vont jouer une nouvelle fois contre eux. La crise socio-politique des années 1830 et suivantes, dont le point culminant est le soulèvement avorté de 1837-38, permet aux *Canadiens* et aux Britanniques de concrétiser enfin en bonne partie leurs visées dominatrices et assimilatrices.

3. A nouveau l'assimilation

L'Acte d'Union de 1840 fusionne d'abord les deux colonies, le Bas-Canada et le Haut-Canada, et les place sous l'autorité d'un gouvernement non responsable et d'une Assemblée législative représentative où siègeront 42 députés de chaque colonie initiale, cela même si la population du Québec est toujours plus nombreuse. Placés en minorité dans un parlement déjà majoritairement anglophone, les Québécois ne conservent que leur système de lois. La langue française, tolérée dans les débats, est exclue pour les textes écrits. L'anglais est la seule langue officielle des organes gouvernementaux et, pour consacrer ce principe, le premier président de l'Assemblée est unilingue anglais.

L'Acte d'Union de 1840 marque le retour officiel à une politique agressive d'assimilation. Les volontés assimilatrices, mises en branle par la Proclamation de 1763 et refrénées quelque peu ensuite mais jamais complètement rétractées en fait, éclatent dans un sursaut qui prétend tout emporter: désormais il n'y aura plus qu'un seul Etat, qu'une seule langue officielle, qu'une seule nationalité. La nation québécoise n'aura plus droit de vie.

La majorité des Québécois appuyaient leurs représentants et pour eux l'Acte d'Union est un choc terrible. Les sentiments nationalistes et patriotiques de plus en plus vigoureux et revendicateurs qui s'étaient développés au sein du peuple font place alors à un profond désespoir. Certains sont tellement découragés qu'ils vont jusqu'à prôner ouvertement à leurs compatriotes d'abandonner la défense de leur nationalité, de leur identité, et de se fondre dans le grand tout *canadien*.

Heureusement, ces appels "à la raison" sont peu écoutés. Retranchés à nouveau sur eux-mêmes, les Québécois décident néanmoins de poursuivre la lutte. Leur résistance perd pour le moment son allure dynamique et libératrice, mais elle n'en conserve pas moins son objectif initial de conservation des traits distinctifs de la personnalité collective, c'est-à-dire alors la langue française et la religion catholique.

Les batailles politiques qui suivent l'Acte d'Union permettent aux représentants québécois, grâce à des alliances tactiques avec des esprits ouverts de la communauté *canadienne,* d'obtenir peu à peu, à force de stratégies, le rétablissement de certains de leurs droits nationaux. Ainsi, dès 1849, le français est-il à nouveau admis dans l'enceinte parlementaire.

La langue des Québécois est même reconnue officiellement et le gouverneur prononce le discours du trône dans les deux langues.

Dans les années qui suivent, d'autres efforts aboutissent: introduction des lois françaises dans les Cantons de l'Est, écoles séparées pour les catholiques minoritaires du Haut-Canada, etc.

Il faut bien le dire cependant, toutes ces batailles n'ont pas le même éclat qu'auparavant. La direction de la nation a changé de mains. Le clergé a remplacé les leaders laïcs et progressistes d'avant le soulèvement et son action est plus conservatrice et beaucoup moins revendicatrice. Son idéologie peut d'ailleurs se résumer ainsi: rien ne doit changer. Pour conserver les caractéristiques nationales, il faut unir le peuple derrière l'Eglise et s'occuper avec elle du salut national et céleste. Les autres s'occuperont du reste. La seule ambition possible et acceptable devient "la survivance française en Amérique".

Il y a aussi de plus en plus de place pour la collaboration, tant de la part du clergé que des élites laïques. Les leaders politiques québécois qui, encore au début de l'Union, faisaient front commun, ce qui inspirait à plusieurs la crainte de la *French Domination,* abandonnent progressivement leur esprit de solidarité nationale. Celui-ci est remplacé, comme l'a dit Lionel Groulx, par l'esprit de parti:

"Peu à peu, l'on verra les passions de parti, l'idolâtrie du parti et des chefs de partis, éclipser les intérêts supérieurs de la nationalité. Le souci ou l'esprit national ne domineront plus, et encore sans parfaite unanimité, qu'aux heures de crise, sous la secousse de vigoureux mouvements d'opinions ou sous l'empire de chefs à puissante personnalité."

4. La Constitution de 1867

C'est dans ce contexte particulier que survient en 1867 le nouvel acte constitutionnel. Bien qu'insatisfaisant dans son ensemble, comme nous le verrons plus loin, celui-ci représente néanmoins un autre gain pour les Québécois. Par rapport à la volonté affirmée des *Canadiens* et des Britanniques de mettre fin à ce qu'ils appelaient la domination d'une nationalité et d'une religion étrangères en procédant à une union législative des forces anglophones de l'Amérique du Nord britannique, les Québécois réussissent en effet à imposer un régime à caractère fédéral qui leur redonne la possession de l'Etat qu'ils avaient avant 1840 et qui leur permet de mieux assurer la sauvegarde de leur particularisme culturel et religieux.

Sans doute, les *Canadiens* ont-ils en fait ce qu'ils voulaient: un parlement central détenant les principaux pouvoirs dont celui de désavouer des lois provinciales et consacrant la subordination des Québécois devant la majorité anglophone. Néanmoins, le partage des compétences laissant aux Etats provinciaux une responsabilité entière sur des sujets très importants comme l'enseignement, les droits civils et la propriété, l'administration de la justice, la célébration des mariages et les institutions municipales, sociales, familiales, amène les Québécois, après un moment d'hésitation, à se dire satisfaits par rapport au régime précédent qui risquait de plus en plus d'être utilisé contre eux. D'autant plus que la nouvelle constitution reconnaît le caractère binational du parlement central où les Québécois et les autres francophones ont les mêmes droits linguistiques que leurs concitoyens *canadiens*.

Tout cela ne signifie pas que les Québécois auraient accepté cette forme d'association avec les *Canadiens* s'ils avaient eu vraiment le choix. Mais, dans l'optique d'une volonté de préserver leur identité nationale, l'Acte de 1867 était présenté et perçu comme une autre victoire contre l'assimilation.

Cependant ce n'est pas encore la fin des batailles protectionnistes. Toutefois, à partir de ce moment, les luttes nationalistes québécoises seront axées autour non plus d'un pôle idéologique mais de deux. Toute la question va maintenant être de savoir si la survie et l'épanouissement de la nation seront mieux assurés par les institutions politiques centrales, où les Québécois sont minoritaires, ou par les institutions provinciales du Québec contrôlées majoritairement par les Québécois.

Au début, ces derniers se montrent généralement favorables à l'idée que le Parlement fédéral peut leur être efficacement utile, ce qui amène plusieurs élites politiques québécoises à développer l'idée que l'ensemble du territoire canadien, et non plus uniquement le Québec, peut servir de patrie aux Canadiens français.* Cette idée veut même générer un patriotisme pan-canadien fondé sur l'égalité des deux nations fondatrices.

Attrayante, généreuse et cadrant très bien avec l'esprit et les entreprises messianiques de la survivance franco-catholique en Amérique, cette idée se heurte cependant assez vite à la volonté de toujours des *Canadiens* de bâtir un pays d'une seule langue et d'une seule culture. Plusieurs événements viennent concrétiser cette volonté impérialiste:

1864 — la fermeture sur ordre gouvernemental des écoles françaises des Acadiens de la Nouvelle-Ecosse;

1871 — l'abrogration des droits scolaires coutumiers des Acadiens catholiques du Nouveau-Brunswick et la prohibition de l'enseignement du français dans cette province;

1877 — le banissement du français et de la religion catholique dans les écoles de l'Ile du Prince-Edouard;

1885 — les injustices et la répression fédérale contre les Métis francophones du Manitoba et l'exécution de leur chef Louis Riel;

1890 — la suppression des écoles confessionnelles françaises du Manitoba;

1892 — le retrait de l'appui financier de l'Etat aux écoles séparées francophones des Territoires du Nord-Ouest qui regroupent à ce moment-là l'Alberta et la Saskatchewan;

1900 — l'engagement du Canada dans la guerre des Boers dénoncée par les francophones de tout le Canada;

1905 — la réduction au minimum des droits des écoles confessionnelles des nouvelles provinces de Saskatchewan et d'Alberta;

1912 — le refus des écoles séparées et l'élimination du français au Keewatin;

1915 — l'imposition de l'anglais comme seule langue de l'enseignement en Ontario;

1916 — l'interdiction de l'enseignement du français à tous les niveaux au Manitoba;

---

* C'est surtout à partir de ce moment que le terme Canadiens français commence vraiment à prendre son sens large désignant l'ensemble des habitants francophones d'origine française du nouveau pays.

1917 — la conscription forcée qui mène à une répression militaire violente dans la ville de Québec;

1930 — la prohibition de l'enseignement du français, même en dehors des heures de classe, en Saskatchewan;

1942 — la conscription forcée malgré un référendum qui permet aux Canadiens français d'exprimer massivement leur opposition.

Autant d'événements qui amènent les Québécois et les Franco-Canadiens à batailler dur puis à comprendre qu'ils se sont trompés et que le Parlement fédéral n'est pas là pour faire respecter l'égalité de leurs droits.

5. Le repli vers Québec

Chacun de ces combats retentissants conduit les Québécois à abandonner le rêve pan-canadien, à se retrancher progressivement dans une attitude provincialiste et à vouloir utiliser de plus en plus leurs propres institutions politiques québécoises pour assurer la survivance et l'épanouissement de leur personnalité nationale. Le Parlement québécois retrouve ainsi le caractère national qu'il avait avant 1840 et, peu à peu, la plupart des gouvernements qui l'animent sont incités à reconnaître leurs responsabilités face à l'avenir de la seule nation francophone des Amériques.

Malheureusement, les gestes originant des élus du peuple sont peu nombreux. A part une loi votée en 1910 obligeant les entreprises de services publics à s'adresser en français à leurs clients et un projet de loi retiré en 1938 voulant accorder au texte français du Code civil la priorité dans l'interprétation des lois et règlements du Québec, on ne retrace guère d'efforts tangibles venant du Parlement québécois après 1867 jusqu'à tout récemment. Plutôt que de défendre leur peuple, les députés préfèrent le patronage et la "politicallerie" de comté.

C'est d'ailleurs ce qui a fait dire à l'historien Michel Brunet que le Québec a connu, à partir de l'Acte fédératif, des gouvernements "nationalement neutres" qui avaient peur de gouverner et qui ignoraient même ce que c'était. "Les intérêts privés s'étaient montrés plus forts que les exigences du bien commun de la population québécoise".

Heureusement des citoyens vigilants veillaient. Les événements précités ayant provoqué une remontée du sentiment nationaliste parmi le peuple québécois, on assite à un brassage intellectuel fébrile qui contribue, notamment grâce à plusieurs publications et associations nationalistes, à maintenir la volonté populaire de conserver la personnalité nationale quelque soit le cadre politique proposé par les définisseurs d'opinions.

Après la Seconde Guerre mondiale, le gouvernement fédéral dirigé par Louis Saint-Laurent institue une Commission d'enquête sur les arts, les lettres et les sciences dont les conclusions l'amènent au début des années 1950 à entrer dans les domaines de la culture et de l'éducation. Ce geste donne suite aux revendications des nationalistes *canadiens* éclairés qui redoutent l'influence grandissante de la culture américaine et qui voient dans le gouvernement central leur véritable instrument de protection nationale.

Pour les Québécois, l'attitude fédérale produit au contraire une profonde impression de rejet. Grâce à plusieurs esprits éveillés, ils réalisent une fois de plus que les institutions politiques centrales sont entre les mains des *Canadiens* qui n'ont aucune préoccupation de leurs caractéristiques culturelles et nationales, bien au contraire. Ils comprennent que la Commission royale des relations entre le Dominion et les Provinces (Commission Rowel-Sirois) avait raison de dire dans son rapport en 1940:

"Lorsque les intérêts et les aspirations des Canadiens de langue française et ceux de langue anglaise n'étaient pas identiques, les pouvoirs fédéraux étaient à la disposition de la majorité."

En réplique, le gouvernement du Québec crée en 1953 une Commission d'enquête sur les problèmes constitutionnels. Cette enquête (Commission Tremblay) est pour toute la collectivité québécoise l'occasion d'un examen et d'une prise de conscience. Jamais auparavant les Québécois ne s'étaient interrogés avec un tel effort de lucidité sur eux-mêmes et sur leurs problèmes collectifs, dit l'historien Michel Brunet.

Dans son rapport, en 1956, la Commission d'enquête se penche longuement sur les problèmes de l'identité québécoise et franco-canadienne et met en évidence l'importance de l'Etat québécois comme instrument de protection et d'épanouissement national, instrument jusqu'alors peu utilisé concrètement et efficacement.

L'attitude fédérale et la riposte québécoise marquent une étape déterminante dans la genèse de la pensée nationaliste québécoise, étape qui est à l'origine des événements des 20 dernières années au Québec.

6. Le nationalisme de libération

A partir de ce moment, la lutte se poursuit mais prend une allure et un style nouveaux. Deux séries de transformations se produisent alors et ont des répercussions importantes comme l'ont particulièrement souligné les politicologues Guy Bouthillier et Jean Maynaud dans leur livre *Le choc des langues*. On note d'abord le rejet par de nombreux groupes de l'esprit, des thèmes et des modalités de la défense linguistique et culturelle traditionnelle. On assiste également à une modification assez profonde des conditions et des dimensions de la lutte.

Ces transformations s'accompagnent de changements dans la liste des groupes de citoyens qui participaient jusqu'alors à la bataille: des groupes anciens entrent en décadence ou modifient leur conception du problème tandis que de nouveaux venus apparaissent dans la lutte (groupes de formation récente ou groupes plus anciens comme les syndicats qui jusqu'alors s'étaient tenus à l'écart de cet affrontement). En fait, cela coïncide avec la montée et l'entrée en scène de nouvelles élites comme les professeurs, les jeunes cadres, les travailleurs de services, les syndicalistes et les étudiants. La scolarisation de plus en plus généralisée, la présence vite répandue de la radio et surtout de la télévision et les idées nouvelles sur la décolonisation à travers le monde font leurs oeuvres.

On s'oppose aux positions traditionnelles. On constate notamment un profond décalage entre la gravité croissante des maux observés et la faiblesse des remèdes proposés. On s'en est trop souvent tenu à l'aspect superficiel des phénomènes linguistiques et culturels sans remonter aux racines du mal et en allant même jusqu'à les glorifier dans bien des cas. La contestation des positions anciennes marque un tournant décisif en ce que, pour la première fois depuis le soulèvement de 1837-38, le nationalisme québécois abandonne son allure défensive, traditionnaliste, restrictive et conservatrice pour redevenir offensif, ouvert et progressiste.

Avec l'abandon des positions traditionnelles, des morceaux entiers du discours ancien tombent en désuétude notamment celui de la survivance conjointe de la religion et de la langue. L'une des divergences les plus considérables par rapport au passé est par ailleurs le rejet de la dualité linguistique comme principe de base du régime des langues au Québec. Alors qu'auparavant de nombreux défenseurs de l'identité québécoise s'accommodaient de la domination exercée par la minorité anglophone, dorénavant les combattants revendiquent rien de moins qu'une situation de normalité, la primauté de la langue de la majorité. Pour eux, le système de la dualité linguistique provoque nécessairement une dégradation de la langue française et risque d'amener, à plus ou moins brève échéance, son écrasement final et par voie de conséquence la disparition de la nation. La bataille pour la primauté du français, pour l'unilinguisme constitutionnel, va plus loin; elle met également en cause tout le rapport des forces dans la société québécoise en revendiquant un élargissement et un renforcement substantiels de l'influence exercée par la majorité française dans tous les secteurs de la vie collective, y compris au niveau des entreprises *canadiennes* et américaines.

Parmi les facteurs qui suscitent les prises de position en faveur de l'unilinguisme figure en tête de liste la prise de conscience des risques qu'entraîne pour les Québécois l'anglicisation massive des immigrants. C'est cette prise de conscience de plus en plus vive qui conduira, en 1968, les commissaires d'écoles de Saint-Léonard à décréter le français seule langue d'enseignement dans les écoles primaires de cette municipalité de la banlieue montréalaise, où vit une partie importante de la colonie italienne du Québec. Ce geste qui représente la première tentative pour renverser le courant d'anglicisation fait histoire. A partir de là, le domaine de l'éducation ne cessera d'être au centre des discussions sur le statut des langues, et les législations linguistiques viendront par la suite.

Un autre thème prend également une importance grandissante dans la bataille linguistique: celui de la langue du travail. Il s'agit pour les travailleurs québécois d'avoir la possibilité d'utiliser leur propre langue dans l'ensemble des relations de travail, de gagner leur vie sans être obligés, à certains moments, de passer par la langue de la minorité. Revendication fondamentale qui n'avait pourtant jamais vraiment préoccupé les défenseurs du français d'esprit traditionnel. Désormais cette question se trouve aussi au premier plan des revendications nationalistes d'autant plus qu'elle constitue un élément significatif de la lutte contre la domination économique des Québécois par la minorité anglophone. Au Québec, le grand capitalisme parle anglais, et les discriminations linguistiques qui en résultent pour les travailleurs sont autant d'incitations supplémentaires à le contester.

Le durcissement et l'élargissement de la revendication linguistique s'accompagnent par ailleurs chez les groupes intéressés d'un changement dans le style d'action. La manifestation de foule devient, comme l'ont souligné les professeurs Bouthillier et Meynaud, l'une des techniques privilégiées d'affirmation et de promotion linguistique tandis que poètes et chansonniers multiplient les dénonciations et exaltent la fierté retrouvée. Voilà des comportements qui diffèrent radicalement des conduites anciennes.

A cela, il faut également ajouter l'abandon de l'esprit messianique et du rêve pan-canadien qui incitaient les militants d'autrefois à étendre leurs revendications à travers l'ensemble du Canada. Le nouveau nationalisme québécois concentre ses efforts sur le point essentiel: le foyer national, le bastion dont l'érosion entraîncrait à plus ou moins brève échéance la disparition de la langue et de la culture françaises en Amérique du Nord ou la réduction de celles-ci au rang de phénomène folklorique touristique comme en Louisiane.

A partir de ce changement, les Québécois commencent progressivement à se désigner comme tels plutôt que comme Canadiens français.

Ce rétrécissement de l'horizon géographique de la bataille linguistique et culturelle n'est cependant pas marqué d'une volonté d'isolement. Bien au contraire. Plus uniquement préoccupés de sauvegarder leur personnalité, les Québécois veulent l'épanouir, l'enrichir. Une ouverture considérable vers le monde extérieur, surtout la francophonie internationale, marque l'action tant des individus et des groupes que des gouvernants.

7. Interventions gouvernementales

En ce qui concerne ces derniers, on note un changement majeur d'attitude qui se caractérise par une tendance à attribuer de plus en plus d'importance à la promotion de la langue et de la culture françaises et, en conséquence, à multiplier les interventions.

Du côté fédéral d'abord, où on s'en était jusqu'alors tenu à une politique de petites concessions plus symboliques qu'effectives, les autorités sont amenées à réagir. Soucieuses de contrer la montée des idées indépendantistes qui resurgissent avec vigueur dans le mouvement nationaliste au Québec, elles décident, pour la première fois dans l'histoire du Canada, de se saisir de l'ensemble de la question linguistique et d'engager une action de promotion du français valable pour le Canada tout entier. Cette politique débute en 1963 par l'institution de la Commission royale d'enquête sur le bilinguisme et le biculturalisme.

Tout en contribuant à la généralisation de la prise de conscience des Québécois vis-à-vis de leur situation de défavorisés, les travaux de la Commission Laurendeau-Dunton* amènent le gouvernement fédéral à pousser plus loin ses efforts, notamment en proclamant par législation, en 1969, le caractère officiel du français au palier central.

Les efforts d'Ottawa pour se donner un visage français se prolongent même sur le plan international. Bien qu'il s'agisse là de gestes de réaction face à un Québec qui accentue de plus en plus sa présence à l'étranger, Ottawa décide de montrer aux autres pays que le Canada est aussi un Etat francophone!

Au niveau du gouvernement québécois, le début des années soixante marque la concrétisation des recommandations de la Commission Tremblay, laquelle avait justement souligné l'importance de l'Etat du Québec comme instrument de protection et d'épanouissement national. Dès lors, toutes les équipes gouvernementales qui se succèdent à la tête de l'Etat québécois posent des gestes ou énoncent des orientations qui renforcent l'identité culturelle nationale et la volonté de survie et d'épanouissement national.

Qu'il suffise ici d'énumérer les principaux actes posés:**

1960 — création d'une commission royale d'enquête sur l'enseignement (Commission Parent);

— création du ministère des Affaires culturelles, de l'Office de la langue française et du département du Canada français d'outre-frontières;

1961 — ouverture officielle de la Maison du Québec à Paris. Amorce de contacts avec les autorités françaises;

---

* Les présidents de cette Commission d'enquête étaient deux anciens journalistes, MM. André Laurendeau (ex-directeur du Devoir) et Davidson Dunton.

** Nous ne mentionnerons ici que les gestes à caractère spécifiquement culturel, étant entendu toutefois que d'autres gestes à caractère socio-économique ou plus spécifiquement politique ont également eu des effets positifs sur l'identité québécoise. C'est le cas notamment de toutes les mesures de "nationalisme économique" de la période de la "révolution tranquille".

1962 — décision de franciser certains termes de la toponymie du Québec;

1964 — création du ministère de l'Education et du Conseil supérieur de l'Education;

— signature de la première entente franco-québécoise de coopération technique;

— la Maison du Québec en France acquiert le statut de Délégation générale devenant ainsi la première mission diplomatique de l'Etat du Québec;

1965 — publication par le ministère des Affaires culturelles du Québec de la "Norme du français écrit et parlé au Québec";

— signature à Paris d'une entente sur la coopération franco-québécoise dans le domaine de l'éducation;

— mise au point du premier livre blanc gouvernemental sur les affaires culturelles voulant étendre l'action de l'Etat aux domaines du cinéma, des métiers d'art, des biens culturels, des sciences, etc.;

1967 — création du ministère des Affaires intergouvernementales;

— visite officielle au Québec du président de la République française, le général Charles de Gaulle qui, à Montréal, termine une allocution au cri de: "Vive le Québec libre";

— seconde Biennale de la langue française à Québec;

— encouragement à la tenue des "Etats généraux du Canada français" qui optèrent finalement pour l'indépendance du Québec;

1968 — conférence annuelle des ministres des pays francophones à Libreville, au Gabon. Le Québec y est représenté, mais non le Canada qui n'a pas reçu d'invitation;

— création du ministère de l'Immigration;

— création de la Commission d'enquête sur la situation du français et des droits linguistiques au Québec (Commission Gendron);

1969 — participation du Québec à la Conférence internationale de la francophonie à Niamey, au Niger;

1970 — rencontre entre le premier ministre et une cinquantaine de chefs d'entreprises sur les moyens à prendre pour faire du français la langue du travail;

— sanction de la Loi 64 facilitant l'exercice de certaines professions par des immigrants non naturalisés mais disposant d'une connaissance d'usage de la langue française;

1971 — adoption du règlement no 6 qui tend à assurer une connaissance d'usage du français aux élèves des cours primaire et secondaire à qui l'enseignement est donné en langue anglaise;

— création au sein de l'Office de la langue française d'une équipe d'intervention chargée d'implanter le français dans l'entreprise;

1973 — dépôt du rapport de la Commission Gendron. Les deux premières recommandations tracent les grandes lignes de ce que devrait être la politique linguistique. On propose que le gouvernement du Québec fasse du français la langue commune officielle de la société québécoise et qu'il maintienne l'anglais comme langue d'enseignement dans les écoles anglophones et comme l'une des deux langues de communication des individus avec l'Etat;

1974 — adoption de la Loi 22 proclamant le français langue officielle du Québec. Ambigüe et difficile d'application, jugée extrémiste par les uns, trop timide par les autres, cette loi réussit à mécontenter tout autant la majorité francophone que les minorités anglophone et allophones. Néanmoins, il faut admettre que cette loi découlait d'une prise de conscience amenée par les réactions virulentes des actions gouvernementales précédentes dans le domaine linguistique (projet de loi 85 et Loi 63). On reconnaît aujourd'hui, qu'elle était un pas en avant plus qu'un pas en arrière et qu'elle a psychologiquement préparé le terrain aux interventions futures;

1976 — publication du second document gouvernemental sur la politique culturelle. Le Livre vert essaie de donner le plus large contenu possible au concept de souveraineté culturelle;

— mise sur pied d'un groupe de travail sur l'opportunité d'établir un Institut d'histoire et de civilisation du Québec.

Toutes ces actions gouvernementales sont à bien des égards le prélude de l'arrivée au pouvoir, le 15 novembre 1976, du premier gouvernement indépendantiste de l'histoire du Québec. Héritier direct du nouveau nationalisme québécois progressiste, le gouvernement du Parti québécois consolide et réoriente les gestes posés par ses prédécesseurs. Mentionnons principalement dans le domaine culturel:

1976 — nomination d'un ministre d'Etat au développement culturel et création d'un Comité ministériel permanent du développement culturel, rattaché au Conseil exécutif. Ces mesures visent à redonner à la culture son véritable sens, ses assises les plus fondamentales, et à coordonner et pousser en avant l'action gouvernementale dans tout ce qui concerne la vie nationale;

1977 — présentation et adoption d'une véritable et vigoureuse politique québécoise de la langue française. Après un Livre blanc, vient la Loi 101 qui proclame l'unilinguisme français au niveau de l'Etat, l'abolition du libre choix de la langue d'enseignement pour les nouveaux immigrants et le caractère prépondérant du français comme langue du travail, de l'affichage et de la communication sociale. Cette loi établit formellement le droit de tous citoyens québécois de travailler et d'être servis en français;

— publication d'un Livre vert sur une politique québécoise du loisir et du sport;

— publication d'un Livre vert sur l'enseignement primaire et secondaire au Québec, ainsi qu'une remise en question de l'enseignement collégial et une commission d'étude sur les universités et leur rôle dans la société québécoise;

— l'enseignement de l'histoire du Québec devient obligatoire au niveau secondaire;

— préparation d'une politique québécoise de la recherche scientifique qui couvrira les secteurs de la recherche gouvernementale, universitaire et industrielle;

1978 — entente entre le gouvernement du Québec et le gouvernement fédéral sur la sélection des ressortissants étrangers qui souhaitent s'établir au Québec;

— publication de la politique québécoise du développement culturel. Troisième livre gouvernemental sur le sujet depuis 1965, le document est un monument de fierté, de prise de conscience et de défi. En s'attardant aux genres de vie, à la création et à l'éducation, le Livre blanc propose de fournir aux Québécois les instruments indispensables pour concrétiser d'une façon définitive leur volonté de conserver et d'épanouir leur identité collective.

Au moment où ces lignes sont écrites, plusieurs comités de travail sont à l'oeuvre pour appliquer les divers éléments de cette politique;

— publication d'un Livre blanc sur l'enseignement collégial dans lequel on annonce l'intention du gouvernement de rendre obligatoire l'étude de l'Histoire et des institutions québécoises.

A ces gestes significatifs, doivent être greffés ceux posés sur la scène internationale parmi lesquels on peut mentionner au plan culturel:

- le voyage spécial du Premier ministre René Lévesque à New York, le 25 janvier 1977, à l'occasion duquel le chef de l'Etat québécois réaffirme devant l'Economic Club de New-York le caractère spécifique de la personnalité québécoise et son orientation vers une plus grande affirmation de soi;
- la Conférence des ministres de l'Education des pays d'expression française à Bruxelles, en mars 1977;
- la réunion des ministres de la Jeunesse et des Sports à Lomé, en septembre 1977;
- la Conférence sur la sécurité et la coopération en Europe, à Belgrade, à l'automne 1977. On discute notamment de coopération culturelle et scientifique;
- le voyage officiel du Premier ministre Lévesque en France, au début de novembre 1977. Au cours de ce voyage, le leader de la nation québécoise consolide d'une façon magistrale les liens ethno-culturels unissant les peuples français et québécois;
- la VIème conférence générale de l'Agence de coopération culturelle et technique à Abidjan, en décembre 1977.

A la fin de cette genèse, peut-on douter que les Québécois aspirent massivement à demeurer ce qu'ils sont? Qu'ils ont choisi d'être plutôt que de ne pas être, pour paraphraser le célèbre mot de Shakespeare. A cet égard, qu'il suffise de souligner ici que les sondages d'opinion révèlent un appui de près de 75% des citoyens francophones du Québec envers la politique linguistique du gouvernement indépendantiste du premier ministre René Lévesque.

Quant à ceux qui la désapprouvent totalement ou partiellement, peu d'entre eux peuvent être classés dans la catégorie des résignés pro-assimilateurs que le père Richard Arès, membre de la Commission Tremblay, décrivait en 1943 comme étant ceux qui croient que la lutte pour la survie est vaine et folle puisqu'elle est vouée d'avance à un échec inéluctable. Ce sont plutôt, pour une bonne part, des optimistes irréductibles qui refusent de voir le danger et les faits, en croyant que la constitution de 1867 a tout réglé, et qu'en conséquence il est inutile d'en faire plus. Ce sont encore des indifférents qui ne sont pas sans remarquer la grandeur du péril, mais qui se refusent à toute réaction parce que, à leur avis, cela ne les regarde pas.

Chapitre 2

Etre maîtres chez eux

1. La patrie des Québécois

On a déjà dit qu'une nation, tout comme une famille, ne se conçoit guère sans un chez-soi, une maison, un foyer qui l'abrite. Elle a besoin d'une terre qui la reçoive et où elle s'enracine, vit et grandit à sa façon. Pour les Québécois, cette terre existe et, depuis le début, elle n'a cessé d'être la même. Juridiquement parlant, le territoire d'un peuple c'est la portion de l'espace terrestre où ses règles internes de fonctionnement, son droit s'appliquent et prévalent. Depuis le début, les Québécois ont utilisé les lois civiles françaises pour organiser et façonner leur vie collective et privée dans la vallée du Saint-Laurent et de ses affluents.

A partir de cette constante, il est relativement facile de démontrer que non seulement les Québécois vivent sur un territoire mais qu'ils en sont aussi les propriétaires depuis fort longtemps. L'espace territorial qu'ils habitent et qui correspond globalement au cadre physique actuel de l'Etat du Québec leur appartient en propre. C'est leur chez-eux, leur patrie.

Pour parler de ce territoire, de ses frontières, de la patrie qu'il constitue, on peut utiliser beaucoup de mots et s'étendre longuement en explication. Mais, il est à la fois plus simple et plus logique d'utiliser, pour ce propos, l'image cartographique. En regardant attentivement les illustrations qui suivent, nous aurons une idée juste de la demeure qui est celle des Québécois et qui a toujours été la leur.

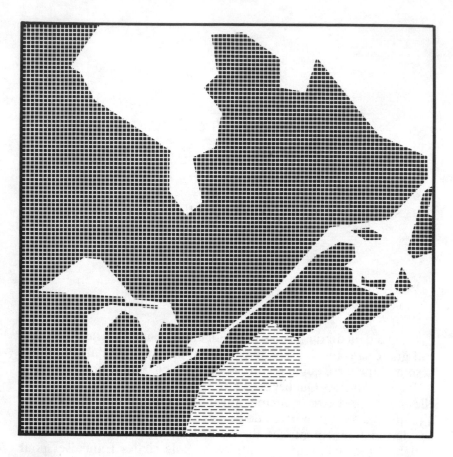

 Nouvelle-France

 Possession britannique

1697: Traité de Ryswick mettant fin à la guerre 1689-1697

 Acquisition britannique

Nouvelle-France

1713: Traité d'Utrecht mettant fin à la guerre 1701-1713

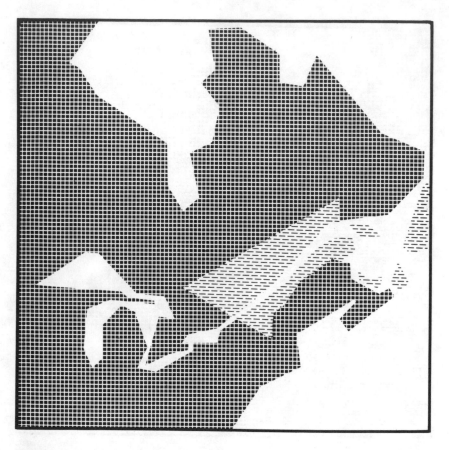

 Acquisition britannique

 Province of Quebec

1763: Traité de Paris ratifiant la fin de la guerre 1756-1760

1774: L'Acte de Québec

1791: Loi constituant le Haut et le Bas-Canada

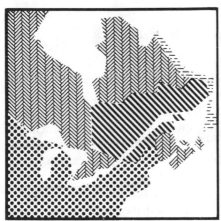

1898: Lois fédérales sur le territoire annexé au Québec

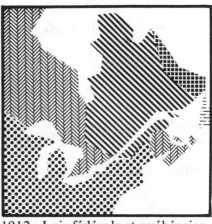

1912: Lois fédérale et québécoise sur l'élargissement des frontières

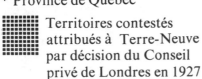
Etats-Unis

Amérique britannique
* Province de Québec

Territoires contestés attribués à Terre-Neuve par décision du Conseil privé de Londres en 1927

SOURCE: Almanach 1978.

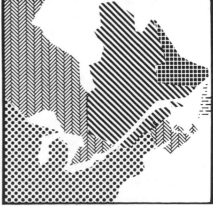

1927: Décision du Conseil privé de Londres au sujet du Labrador

L'histoire n'établit pas uniquement que les Québécois ont une patrie. Elle démontre aussi qu'ils y sont attachés, qu'ils ont toujours eu le désir de la garder et que pour cela ils n'ont pas hésité, à différentes reprises, à se battre, à prendre les armes pour la préserver. Qu'il suffise ici de rappeler à la mémoire les luttes armées que les Québécois ont menées contre les Anglais et contre les Américains, en particulier en 1813 lorsque ces derniers ont envahi le Bas-Canada pour s'emparer de Montréal.

On pourrait détailler abondamment chacune de ces luttes mais il n'est pas vraiment utile d'en ajouter plus pour établir d'une façon incontestable que le peuple québécois a une patrie, que c'est le Québec, et qu'il entend la garder.

2. L'aspiration à l'indépendance

Les mots servant à exprimer les réalités et les idées, il est important de toujours bien les définir si l'on souhaite une communication harmonieuse et productive. La langue française fournit essentiellement quatre mots de base qu'il importe de situer avec précision si l'on veut analyser correctement la volonté profonde des Québécois. Ces mots sont liberté, indépendance, autonomie et souveraineté.

Les dictionnaires de la langue française indiquent que ces mots recoupent la même notion, la même idée positive, le même concept et qu'ils sont à ces égards synonymes. Les deux premiers mots veulent surtout parler du pouvoir de faire et d'agir sans contrainte, de la pleine et entière jouissance de ses droits, de l'absence de dépendance vis-à-vis d'autrui, de l'exemption de toute influence extérieure non désirée. Le mot autonomie pour sa part, dérivé du grec *autos*, soi-même et *nomos*, loi, implique aussi l'idée de liberté parce qu'il s'applique au droit de se gouverner soi-même.

Quant à la souveraineté, il s'agit d'un concept juridique lié à l'idée d'autorité suprême. Elle est la faculté pour une société d'humains peuplant un territoire donné de déterminer elle-même son avenir collectif via ses gouvernants et l'instrument collectif qu'est l'Etat. Une société ou une nation dont l'Etat est reconnu souverain est une collectivité qui est propriétaire de son territoire, qui jouit dans les limites de celui-ci d'une autonomie entière, et dont les gouvernants ont une compétence exclusive, discrétionnaire et totale en tout ce qui a trait à sa législation, à son administration et à l'exercice du pouvoir juridictionnel. Les gouvernants ont également le droit au nom de cette société d'entretenir des relations officielles avec la société internationale et avec les autres sociétés étatiques. La souveraineté signifie en somme qu'une société humaine n'est subordonnée à aucune autorité au monde autre que la sienne et qu'elle jouit d'une indépendance de fait. L'indépendance politique, c'est la souveraineté.*

Appliqués à la réalité québécoise, ces mots, ces concepts permettent de bien évaluer la volonté profonde des Québécois. L'aspiration à la liberté tant au niveau individuel qu'au niveau collectif est aussi présente et ancrée chez les Québécois que chez les autres groupes humains. Voyons un peu à cet égard ce que nous enseigne l'Histoire.

a) *Avant 1760*

On a déjà souligné que, bien avant la Conquête, les Québécois se différenciaient des Français et qu'ils formaient déjà une nation originale. Individuellement, ils se caractérisaient alors par un esprit de liberté et d'indépendance qui faisait dire aux métropolitains qu'ils étaient difficiles à gouverner, qu'ils aimaient trop leur indépendance pour vouloir s'assujettir à servir, qu'ils formaient "le peuple le plus indocile et le plus indépendant". Leur grand défaut, le grand crime, aux yeux des Français, c'était l'amour de l'indépendance, a même écrit l'historien Gérard Filteau. Animés du goût de la terre bien à eux, de la vie libre sur leur lot, les Québécois avaient développé, à mesure qu'ils cessaient d'être Français, le désir d'être dirigés et gouvernés par les leurs. C'est ainsi qu'à la veille de l'arrivée en force des Anglais l'administration civile et militaire de la Nouvelle France était en bonne partie entre les mains de Québécois sans compter que depuis 1717 une institution représentative embryonnaire fournissait une voix au chapitre aux citoyens.

Bien sûr, le Québec d'alors était une colonie, et l'autorité suprême résidait en France; mais dans les faits, l'absolutisme monarchique n'était pas oppressif. Et, dans cet état de douce dépendance surgissaient déjà des formes originales d'organisation économique, sociale et politique constituant la base d'un processus d'acquisition de l'autonomie.

---

* L'indépendance politique, la souveraineté se vivent néanmoins partout au monde dans des contextes d'indépendance inévitable où sont présentes les contraintes et les influences des grandes puissances.

b) La Conquête et ses suites

Engagé dans la voie tranquille et plus ou moins lointaine de l'accession à la souveraineté, le peuple québécois subit un véritable choc psychologique quand les soldats anglais envahissent son territoire et que ses structures étatiques passent entre les mains des conquérants qui les transforment à leur guise. Cette domination nouvelle et étrangère en tous points ne fait cependant pas disparaître l'esprit d'indépendance des Québécois. Nombreux sont alors les citadins qui préfèrent retourner à l'agriculture afin d'être au moins maîtres de leur petit chez-eux et propriétaires de leur lopin de terre. En fait, à l'exception des élites religieuses et civiles qui collaborent plus facilement avec les vainqueurs, pour différentes raisons, la plupart des Québécois ne manifestent pas un enthousiasme débordant à l'égard des conquérants et de la nouvelle situation coloniale. Réagissant bien normalement, ils vivent plutôt dans un état permanent de résistance passive, allant même jusqu'à contester ouvertement le comportement de leurs anciens dirigeants civils et religieux.

Quand vient la révolution américaine, en 1775, la plupart des Québécois se réjouissent. L'appui de la France à la cause de l'indépendance du peuple américain les remplit d'espoir et les fait rêver à un renversement de la situation chez eux qui finirait par les favoriser. Sans compter que les idées véhiculées alors par les Américains les séduisent et font vibrer en eux des cordes toujours sensibles. Comme pour témoigner leur adhésion à ces principes de liberté et d'indépendance et pour réaffirmer leurs propres sentiments intérieurs, la grande majorité des Québécois refusent de collaborer militairement avec les Anglais lors de l'invasion de 1775 et cela, malgré les exhortations de l'aristocratie et du clergé. On préfère plutôt une bienveillante neutralité qui va même jusqu'à la collaboration avec l'"ennemi".

Vingt ans plus tard, au moment de la révolution française, on retrouve la même attitude de satisfaction, d'espoir et d'hostilité envers les élites locales. Majoritairement, les Québécois adhèrent aux idées nouvelles voulant que les hommes aient le droit de se gouverner eux-mêmes et que le peuple, par ses représentants, soit le souverain.

Ironiquement, en 1791, le gouvernement britannique fournit au peuple québécois le moyen d'asseoir sur des bases solides ses aspirations d'indépendance. Déjà, en 1774, avec l'Acte de Québec, il avait reconnu le droit d'existence distincte à ce petit peuple d'irréductibles. En divisant la colonie en deux et en octroyant une assemblée représentative fondée sur le principe du suffrage populaire, il accorde aux Québécois une certaine autonomie et leur donne une arme de reconquête politique.

Comme l'a souligné l'historien Lionel Groulx, en assignant au Bas-Canada le domaine entier des anciennes seigneuries, la nouvelle constitution octroie officiellement à ce territoire l'individualité géographique et politique et, du même coup, sanctionne le droit du peuple québécois à un foyer national, plus que cela, confère à la petite nation quelque chose de la personnalité juridique de l'Etat.

Bien sûr, la constitution de 1791 est loin de satisfaire complètement les intéressés, Québécois et Britanniques. En fait, elle ne donne à tout le monde que le goût d'en obtenir plus.

Pour les Québécois, ce plus signifie vite d'abord le contrôle du gouvernement anglophone représenté par le gouverneur et un Conseil législatif non élu par leurs représentants majoritaires à l'Assemblée, puis l'acquisition de leur propre gouvernement, d'un gouvernement responsable et redevable devant l'Assemblée des députés. Ils désirent une administration québécoise de sentiment, québécoise d'intérêt, québécoise même de préjugés. Ils entendent se donner, par le moyen de leurs représentants, la régie exclusive de toutes leurs affaires locales.

Engagés dans ce processus de revendication, les Québécois et surtout leurs chefs politiques, Louis-Joseph Papineau en tête, sont conscients de mener une lutte de libération nationale devant aboutir tôt ou tard à l'indépendance politique, à la souveraineté. Le Bas-Canada est déjà pour eux un Etat national en devenir, ils veulent aussi en faire un Etat souverain.

Ce désir d'autonomie n'est cependant pas aveugle. Rendus plus conscients des dangers de l'américanisation par la seconde invasion de leurs voisins du Sud en 1812, les Québécois préfèrent procéder par étape! Ils ne voient l'aboutissement ultime de leurs efforts que beaucoup plus tard, 50 ou 100 ans après. Entre temps, ils sont prêts à se contenter d'une quasi-indépendance, d'un statut de protection qui leur donnerait l'autonomie intérieure mais qui continuerait de les rattacher nominalement à la couronne britannique. A leur avis, chacune des parties en cause, le peuple québécois et l'Empire britannique, y trouverait son compte.

Les relations entre le Bas-Canada et l'Angleterre demeureraient amicales tant que durerait le lien colonial et, si la suite des temps amenait des relations nouvelles, les deux pays demeureraient alliés. Voilà ce que l'on disait en 1831-32.

Peut-on douter de l'adhésion majoritaire du peuple à cette aspiration à l'indépendance? Non. En 1834, les chefs du Parti patriote, s'inspirant sans doute de la pratique des Etats généraux et des cahiers de doléances qui précédèrent la Révolution française, présentent au Parlement un manifeste politique regroupant 92 résolutions qui résument en quelque sorte leurs revendications et leurs griefs. Les premières résolutions confirment la volonté de loyauté envers l'Angleterre, mais les résolutions 50 et 86 précisent la détermination d'obtenir gain de cause en menaçant de sécession en cas de refus.

La présentation de ces résolutions au Parlement québécois puis britannique est suivie d'une élection générale.

Le peuple québécois soutient très majoritairement — 95% des voix — ses porte-paroles et le Parti patriote fait élire 77 députés sur 88. Les dissidents sont battus ou n'osent pas se présenter. Que peut-on dire de plus?

La suite des événements ne permet malheureusement pas au peuple québécois de concrétiser ses aspirations. Bien au contraire. Le soulèvement armé de 1837-38, provoqué par la réponse négative de Londres (les résolutions Russell qui rejettent les revendications des Patriotes) et par l'action précipitée de plusieurs chefs nationalistes qui vont jusqu'à proclamer immédiatement la République, conduit à une nouvelle catastrophe, peut-être pire, à certains égards, que celle de 1760.

c) Après le soulèvement

Pour les Québécois, l'épisode du soulèvement marque un recul à la fois psychologique et politique. Découragés et humiliés par l'échec, apeurés par la répression brutale des Britanniques et des *Canadiens,* plusieurs en viennent à se reprocher d'avoir cru à la liberté.

Alors qu'après la Conquête de 1760, on avait conservé l'espoir de se débarrasser un jour de la domination étrangère et d'acquérir la maîtrise de son destin collectif, après la défaite de 1837-38 on devient pessimiste et complexé. Graduellement, une mentalité de minoritaires et d'incapables se développe. Rares sont ceux qui, dans ce contexte déprimant, conservent la foi en un avenir collectif autonome. L'objectif à atteindre ne peut plus être, en est-on convaincu, de devenir un peuple indépendant, d'accéder à la souveraineté; mais peut-être est-il possible d'éviter l'assimilation et l'anglicisation. De dynamique et émancipateur qu'il était auparavant, le nationalisme devient essentiellement défensif. Il faut au moins conserver son identité, sa religion, sa langue, sa culture. Déjà ce sera une victoire considérable. La dimension culturelle prend donc le dessus sur la dimension politique. Les idées conservatrices et modérées s'imposent progressivement aux tendances progressistes et plus radicales. Commence alors une très longue période de soumission, de modération, de collaboration, de refoulement, d'impuissance collective, une période de grande noirceur.

Politiquement, les lendemains de l'insurrection voient s'imposer l'Union législative du Haut et du Bas-Canada tant combattue par les Patriotes mais tant désirée par les Britanniques et les *Canadiens*. Dorénavant, les Québécois sont minoritaires au milieu d'anglophones. Cette nouvelle constitution les confirme dans une infériorité politique d'abord et économique ensuite. L'espoir de se gouverner soi-même un jour est ainsi recouvert d'un voile épais. Les Québécois reconnaissent qu'ils ont perdu leur liberté collective.

Malgré cette situation désavantageuse et leur traumatisme psychologique, ils ne renoncent pas pour autant à l'avenir. Leur aspiration de fond est toujours là mais avec l'espoir en moins.

Dans les années qui suivent l'Acte d'Union de 1840, tandis qu'une poignée d'irréductibles dirigés par Papineau continuent la lutte en dénonçant le nouveau régime constitutionnel et en réclamant le retour à un Bas-Canada distinct, habité et gouverné par les Québécois, les chefs politiques modérés dirigés par Louis-Hippolyte Lafontaine acceptent de participer au régime afin peut-être de le transformer, mais aussi surtout pour se tailler une place afin de minimiser, autant que possible, le naufrage politique de 1840. Ils s'allient particulièrement aux leaders progressistes *canadiens* pour obtenir pour le Canada-Uni une plus grande autonomie vis-à-vis du gouvernement de Londres. C'est le début d'une longue lutte, qui durera près d'un siècle, pour l'abolition du lien colonial.

Minoritaires mais détenant la balance du pouvoir, vis-à-vis des *Canadiens* divisés, les hommes politiques québécois en viennent à accepter une dépendance sans doute définitive. Ils acceptent la perte de toute direction autonome afin de faire triompher la cause du gouvernement responsable et de faire pencher l'équilibre politique en faveur des principes démocratiques. La bataille est dure, mais elle finit par porter ses fruits. En 1848, le Parlement anglais concède le gouvernement responsable au Canada-Uni. Le spectre de voir se réaliser une union révolutionnaire des partisans de Papineau et des ouvriers d'origine irlandaise au moment même où, en Europe, la France et l'Irlande vivent des contestations dramatiques, n'est pas étranger à la décision de Londres. On sait très bien par ailleurs que le cadre institutionnel et la conjoncture excluent toute possibilité d'hégémonie politique des Québécois.

Tout au plus, ceux-ci pourront-ils développer la "saine" illusion d'une situation améliorée par rapport à leur désir d'autonomie, cela à cause de leur participation — bien minoritaire — aux tâches gouvernementales.

Outre cette victoire, d'autres développements surviennent, développements qui ont des répercussions importantes tant au niveau politique que psychologique. Ainsi, dès 1841, l'union législative, conçue pour minoriser et assimiler les Québécois, est amenée à fonctionner comme une fédération fondée sur le principe de l'égalité des deux peuples représentés. En réclamant et obtenant une égalité de représentation des deux provinces, malgré le fait qu'elle était moins nombreuse au départ, la population *canadienne* du Haut-Canada fournit un double avantage aux Québécois: elle leur permet d'une part, de faire fonctionner l'Union d'une façon dualiste, ce qui leur redonne leur individualité politique et, d'autre part, elle les amène à développer l'idée de l'égalité des deux nations à partir de l'égalité de représentation territoriale. Si l'aspiration à l'indépendance devait être refoulée, elle pouvait dorénavant être remplacée par l'aspiration à l'égalité.

Bien sûr, cette égalité est largement une illusion. Les Québécois sont en effet en minorité, dans le gouvernement comme à l'Assemblée, à l'égard de toutes les grandes questions qui intéressent l'ensemble de l'Union, particulièrement les finances publiques. Qui plus est, ils sont presque absents de l'administration.

Cependant, les Québécois tiennent beaucoup à l'illusion (ou à l'espoir?) de l'égalité car elle leur paraît constituer alors une garantie pour l'avenir. Et puis, ils en ont besoin psychologiquement. Pour ne pas tout abandonner, ils doivent s'accrocher désespérément à tous les signes qui semblent favorables.

Placés dans la perspective historique, ces développements sont à la fois négatifs et positifs. Ajoutée à la réaffirmation de la présence officielle des Québécois comme peuple, l'implantation de l'idée de l'égalité reconnue des deux nations va servir d'une façon dynamique au nationalisme québécois en lui fournissant un nouvel objectif politique.

A partir de cette époque en effet, une bonne partie des efforts et des énergies politiques des Québécois seront consacrés à obtenir concrètement l'égalité qu'ils ont cru leur avoir été reconnue par l'application de l'Acte d'Union.

Cependant, se développe aussi à partir de cette période une autre illusion, celle que grâce au fédéralisme, les Québécois ont obtenu non seulement l'égalité politique mais aussi une autonomie politique suffisante pour parfaire, s'ils le veulent, leur autonomie économique, sociale et culturelle. Même si les faits vont constamment contredire ce credo politique, les promoteurs de l'idée fédéraliste répliqueront toujours que ce n'est pas le fédéralisme qui est mauvais pour les Québécois mais son application canadienne.

Quoi qu'il en soit, pour le moment on peut dire que les Québécois, hostiles au début à l'Union, en viennent à s'accommoder assez bien de ce régime qu'ils ont réussi à modeler un peu en fonction de leurs exigences et c'est pourquoi ils se montrent réticents quand viennent les discussions sur un nouveau changement de régime vers 1865.

d) L'Acte de l'Amérique du Nord britannique

Ce sont en fait les *Canadiens* et les Britanniques qui forcent la main aux changements constitutionnels de 1867. Pour eux, l'égalité de représentation est devenue intolérable car, incluse dans l'Acte d'Union pour la protection de la population ontarienne, elle protège désormais les Québécois devenus minoritaires vers 1850. De plus, du point de vue *canadien,* l'Union constitue un obstacle à l'expansion territoriale, à la construction des chemins de fer et à la défense des colonies britanniques face aux Etats-Unis.

Devant la volonté avouée des *Canadiens* de créer un Etat unitaire, véritable union législative avec représentation proportionnelle afin d'imposer définitivement leur suprématie et abolition du principe de l'égalité de représentation des deux provinces, les Québécois voient une dangereuse menace à l'égalité politique et à l'autonomie suffisante qu'ils croient maintenant détenir, ainsi qu'à la position politique qu'ils ont conquise depuis 1840. Mais ils n'ont pas le choix. La pression exercée par la majorité *canadienne* en faveur du changement est telle que les chefs québécois doivent prendre leur parti. Le rapport de force étant à l'avantage des *Canadiens,* les Québécois sont portés à chercher à contrecoeur un compromis du côté de l'Union fédérale qui paraît assurer une certaine continuité avec le régime existant. En hommes pratiques, ils sauvent ce qu'ils peuvent du naufrage de l'Union. S'ils deviennent minoritaires dans les institutions centrales, du moins deviennent-ils majoritaires dans la législature locale où doivent se discuter les sujets concernant la nationalité, sans compter qu'ils retrouvent ainsi la possession de l'Etat et du territoire qu'ils avaient perdu après le soulèvement.

Même s'ils deviennent définitivement minoritaires dans le grand tout pan-canadien, les Québécois n'en perdent pas pour autant leur croyance en l'égalité des deux peuples associés et dans le droit de choisir librement leur avenir. Cependant, en ce qui concerne leur cohésion nationale autour d'une pensée politique commune ou du moins très largement endossée, l'élaboration et l'adoption de l'Acte de l'Amérique du Nord britannique marquent, un point tournant néfaste.

Auparavant, on peut dire que, malgré les divergences de vue entre définisseurs d'opinion, il existait un concensus national autour de l'articulation politique des aspirations de base à l'autonomie et à l'égalité. Cela était d'ailleurs largement facilité par le fait que les leaders politiques de la nation québécoise devaient oeuvrer au sein d'une seule et unique institution politique.

Mais, avec l'entrée en vigueur de l'Acte de 1867, la pensée politique québécoise, déjà grandement affectée par le virus de la "politicallerie", se dualise pour devenir une interrogation et une alternative permanente entre deux écoles de pensée: faut-il défendre l'égalité collective dans les institutions politiques centrales où les nôtres sont minoritaires ou dans les institutions québécoises où nous sommes majoritaires?

e) L'école canadianiste

La pensée politique propagée par cette école est celle de Georges-Etienne Cartier, de Henri Bourassa, de Louis Saint-Laurent, de Pierre Elliot-Trudeau et de leurs supporters respectifs. Bien simplement, elle repose sur la nouvelle réalité géographique et politique issue de la Constitution. Le Canada, et non plus le Québec, constitue la patrie des Québécois, le foyer national des francophones d'Amérique du Nord britannique. Le même territoire est aussi la patrie des *Canadiens,* des anglophones.

Sur la base de l'égalité entre les individus, qu'ils soient francophones ou anglophones, il s'agit de bâtir non seulement un pays, mais une nouvelle nationalité faite de deux cultures (plus tard on dira de plusieurs cultures mais de deux langues). La magie des mots étant utile pour aider à concrétiser le rêve, la nation c'est maintenant la population pan-canadienne dans son ensemble, et c'est aussi l'Etat fédéral lui-même.

L'union vise à former une nationalité politique indépendante de l'origine ethno-nationale et de la religion des individus. Le Canada est la nation à aimer et à servir d'abord, non seulement avant tout pays étranger, mais même avant toute région particulière, avant tout groupe ethnique composant. Une nation canadienne, fondée sur le respect mutuel de deux peuples (on diluera cette notion plus tard), sur le maintien et l'épanouissement des cultures anglaise et française, sur la promotion du biculturalisme puis surtout du bilinguisme.

Il faut favoriser la création d'une nouvelle identité collective, l'identité canadienne. Pour cela, le fédéralisme est indispensable. Il devient d'ailleurs un absolu politique sur lequel se fonde tout le rêve canadien.

Quant au pouvoir politique, il réside et doit continuer de résider à Ottawa. Bien plus, la logique d'un gouvernement "national" fort veut que ce pouvoir s'accroisse.

A propos de leur aspiration autonomiste, les Québécois doivent la canaliser et la diluer dans le grand tout canadien. La tradition de Louis-Hippolyte Lafontaine est relancée. L'indépendance dont on doit parler maintenant, c'est celle du Canada; il faut libérer le pays du lien colonial avec la Grande-Bretagne, faire du Canada un Etat souverain, une nation autonome qui aura sa place sur la scène internationale.

L'adhésion des Québécois à cette école de pensée a varié dans le temps depuis 1867, à la fois en fonction de la force illusionniste de ses promoteurs, du pouvoir relatif qu'ils pouvaient occasionnellement détenir à Ottawa et de l'ambiguïté et des contradictions qu'ont véhiculées certains propagantistes dont le plus important, Henri Bourassa lui-même.

On peut néanmoins affirmer qu'au début du nouveau régime, les Québécois, après s'être montrés réticents au projet, se montrent généralement favorables à la thèse de l'égalité dans les institutions fédérales et à la présence active et en force des leurs au sein de ces institutions comme meilleur moyen de défense de leurs intérêts nationaux. Ils croient sincèrement alors en la possibilité d'un patriotisme pan-canadien fondé sur l'égalité des deux peuples fondateurs.

Malheureusement pour les promoteurs de cette école, plusieurs événements dont il a déjà été fait mention dans le précédent chapitre viennent révéler assez vite aux Québécois et à l'ensemble des francophones du pays les véritables intentions des *Canadiens*. Ils comprennent qu'ils sont les seuls à vraiment croire au principe de l'égalité et que le gouvernement d'Ottawa n'est pas là pour faire respecter les droits égaux auxquels ils prétendent. Les événements dont ils sont victimes un peu partout au Canada, et dont nous avons déjà parlé, sapent à la base le rêve canadien des Québécois et des autres francophones, rêve qui voulait et qui veut encore qu'ils puissent être et qu'ils soient chez eux partout au Canada.

Aujourd'hui, on peut affirmer sans se tromper que la majorité des Québécois ne partagent pas cette pensée politique. Tous les sondages démontrent que la grande majorité de ceux-ci s'identifient d'abord au gouvernement du Québec et qu'ils se perçoivent comme Québécois plutôt que comme Canadiens. Leur patrie est le Québec d'abord et avant tout.

f) L'école québécoise

Les coups de bélier au rêve canadien, au principe de l'égalité, amènent progressivement les Québécois à se replier sur leur patrie de toujours et à répudier de plus en plus la subordination que voulait (et veut encore) imposer aux provinces le gouvernement central. Dans la mesure où le principe de l'égalité collective est nié dans les autres provinces canadiennes, et dans la mesure où le fondement politique contractuel de l'Acte de l'Amérique du Nord britannique tel que compris par les francophones est mis en doute, les Québécois choisissent psychologiquement puis politiquement le Québec.

Le dualisme issu de l'Acte d'Union de 1840 étant bien mort avec la Constitution de 1867, il reste aux Québécois la possibilité d'en créer un nouveau en s'appuyant sur leurs institutions provinciales. D'ailleurs, c'est ce que leur ont fait valoir clairement nuls autres que les premiers maîtres à penser de l'école canadianiste — Cartier et ses compagnons — lorsqu'ils ont voulu les convaincre des avantages de la Constitution de 1867. Ceux-ci n'ont pas cessé de leur promettre sur tous les tons la liberté de se gouverner eux-mêmes par le moyen d'une assemblée adaptée à leurs coutumes et à leur particularisme et donc la maîtrise de leur législation particulière. Cela implique le droit et le pouvoir d'organiser, sur le territoire de leur province, une vie familiale et sociale conforme à leur idéal, à leur mentalité catholique et française, sans entrave, sans danger de voir leurs efforts contrecarrés par une majorité parlementaire adverse.

Les idées politiques de l'école québécoise ne sont pas uniformes. En réalité, elles se partagent en deux courants traditionnels qui se recoupent à bien des égards: l'autonomisme et l'indépendantisme.

1) Le courant autonomiste

Avec comme point de départ et d'arrivée la nation québécoise (canadienne-française*)et sa volonté séculaire de s'émanciper, de se libérer toujours davantage de la tutelle britannique et de s'épanouir dans un ordre social et politique qui lui est propre, le courant autonomiste peut se résumer ainsi: si l'on veut conquérir l'égalité, il faut assurer la plus grande autonomie possible du Québec dans tous les domaines pour mieux y construire une société à l'image de notre nationalité.

Comme toute communauté humaine caractérisée par une culture particulière, le Canada français a besoin d'un territoire où il puisse librement s'exprimer, bâtir ses propres structures constitutionnelles, et développer son génie propre. La province de Québec est la seule partie du pays où cette faculté demeure possible, où il peut gérer ses affaires et se développer dans la ligne de sa culture et de ses aspirations propres, où il peut vraiment former une société distincte, apte à vivre et à engendrer un type humain à son image.

En conséquence, le Québec est le centre politique par excellence du Canada français, le point d'appui, le foyer, la mère patrie de tous les francophones du Canada. L'Etat québécois devient, ou plutôt redevient, l'Etat national des Canadiens français, et son gouvernement, le seul où vraiment ceux-ci peuvent agir en profondeur sur leur destin collectif.

L'histoire ayant montré que les droits des francophones ont été violés partout à l'extérieur du Québec non pas contre mais avec l'appui du sentiment populaire anglophone, il faut abandonner l'idéalisme et le rêve impossible de l'école canadianiste. Le réalisme commande de ne pas croire que nous allons durer et prospérer par le seul fait qu'un texte de loi (la Constitution) nous protège ou plutôt nous tolère. Il faut être fiers et forts en face des *Canadiens anglais*.

Les efforts doivent porter d'abord et avant tout à Québec où il est possible, si la volonté existe, d'organiser un véritable Etat

---

* Incluant ou excluant les Acadiens selon leur propre volonté.

francophone qui protègera toutes les minorités et fera rayonner notre culture. Par conséquent, seul le gouvernement québécois peut assumer la responsabilité de l'épanouissement de la culture francophone au Canada. Dans la hiérarchie des sentiments patriotiques, le premier et le plus haut sentiment d'amour doit donc aller à la province de Québec.

Cette vision des choses ne veut pas à priori remettre en cause l'existence du Canada fédéral. Les tenants de ce courant de pensée, l'abbé Lionel Groulx en tête, ses disciples, et la plupart des premiers ministres du Québec à partir d'Honoré Mercier (1887-91) jusqu'à Robert Bourassa (1970-76), en passant par Alexandre Taschereau, Maurice Duplessis, Jean Lesage, Daniel Johnson et Jean-Jacques Bertrand, prônent et pratiquent, bien sûr avec une intensité variable, l'autonomie provinciale et revendiquent des modifications substantielles à la Constitution pour augmenter les pouvoirs du Québec et freiner la tendance impérialiste et centralisatrice d'Ottawa. Tous s'accordent pour un rapatriement de pouvoirs d'Ottawa vers Québec. Les nuances sont dans le pourcentage à récupérer et dans les moyens de le faire. Il y a sûrement moyen croient-ils, d'être maîtres dans un Québec qui demeurerait à l'intérieur de la fédération.

Cela dit, la logique de ce courant n'a pu faire autrement qu'amener plusieurs de ses promoteurs à adhérer à l'autre courant de la pensée québécoise. Poussant à la limite la voie autonomiste, après le "maître chez nous" de Jean Lesage, Daniel Johnson revendique en 1965 "l'égalité ou l'indépendance" et proclame tout haut son accord avec le droit des Québécois à l'autodétermination. Bien avant, d'autres autonomistes avaient flirté avec l'indépendance, à commencer par le grand porte-parole de la doctrine de ce courant, l'abbé Lionel Groulx.

2) Le courant indépendantiste

Sur le fond, le nationalisme des indépendantistes ne diffère pas de celui des autonomistes. Le désaccord est principalement sur l'opposition des aspirations à l'égalité ou à l'indépendance. Héritiers du combat des Patriotes, les indépendantistes fournissent la réponse suivante aux autonomistes fédéralistes: toute l'histoire du Canada depuis la Conquête est la négation de l'égalité des deux peuples, et c'est une illusion de croire que l'Acte de 1867 soit fondé sur ce principe. L'égalité est impossible à l'intérieur de l'Etat fédéral, tant sur le plan politique que sur le plan économique, parce que tous les leviers de commande importants sont entre les mains du pouvoir central, lequel n'obéit qu'à la majorité *canadienne* anglophone.

Les Canadiens français se sont leurrés d'un vain espoir et tout le mal vient précisément de l'idée d'égalité qui leur a été tendue comme un piège. La prétendue égalité ne sera jamais que théorique dans le contexte fédéral. Quoique l'on fasse, nous serons toujours la minorité obligée de subir la pression politique et économique, normale en démocratie, d'une majorité *canadienne*. La vie normale des Québécois et des Franco-Canadiens a été une longue parenthèse historique qu'il convient désormais de fermer.

La seule égalité possible est celle qui viendra de l'autonomie complète, qui permettra aux Québécois d'être comme les *Canadiens,* les premiers maîtres de leur vie collective, les seuls maîtres de leur foyer national. Rien ne peut remplacer le fait d'être gouverné par soi.

Est-ce à dire qu'il faille se séparer et détruire l'association qui existe depuis 1840? Non, répondent les indépendantistes. Si l'association a été modifiée une fois en 1867, pourquoi ne pourrait-elle pas l'être encore mais, cette fois, sur la base d'une véritable égalité politique entre les deux nations partenaires? Les indépendantistes se battent pour une association dans la justice et, pour l'obtenir, ils entendent exercer leur droit à l'autodétermination.

La thèse indépendantiste ou souverainiste, si l'on préfère, n'est pas nouvelle, contrairement à ce que plusieurs pensent. Non seulement elle est l'héritière directe de la pensée patriotique d'avant 1840, mais elle est mise de l'avant depuis les débuts du régime fédéral de 1867. Ainsi, dès 1886, un journaliste de renom, Jules-Paul Tardivel, propriétaire du journal La Vérité, se fait le défenseur acharné de l'indépendance du Québec. Pendant un quart de siècle, il est le plus farouche défenseur de la nation québécoise. Au début des années 1920, des disciples déçus tant de Henri Bourrassa que de Lionel Groulx continuent la lutte. Le courant se maintient en vie grâce aussi, au cours des années 1930, aux efforts d'un groupe de penseurs, Paul Bouchard, Dostaler O'Leary, P. Chaloult et A. Pelletier, dont le principal organe est le journal La Nation. C'est leur pensée surtout qui est reprise et relancée à la fin de la décennie 1950 et qui inspire les indépendantistes québécois contemporains.

g) L'école québécoise prédomine

De tout cela, une chose devient incontestable: autonomistes ou indépendantistes se retrouvent autour d'une certaine idée du Québec fondée sur l'évidence que le Québec est une société distincte, différente des autres provinces canadiennes, au delà des régionalismes qui distinguent les neuf provinces anglophones entre elles. Qui plus est, cette idée est aujourd'hui partagée par la majorité des Québécois. A l'instar du politicologue Louis Balthazar, on peut même dire, sur la base des gouvernements qu'ils élisent régulièrement et surtout sur celle des multiples sondages d'opinion, que la majorité des Québécois aspirent d'une manière très nette à la souveraineté du Québec et qu'ils refusent de se percevoir comme appartenant à une pseudo-nation canadienne.

Le sondage scientifique publié en 1978 par la Société Radio-Canada sur "Les Québécois et la dualité fédérale-provinciale" reprend les résultats des études précédentes. Il révèle, particulièrement au chapitre de l'option constitutionnelle préférée, que 83% des citoyens francophones du Québec refusent le statu quo que prône l'école de pensée canadianiste et optent pour des options (fédéralisme renouvelé, souveraineté-association et indépendance sans association) correspondant à l'école de pensée québécoise. D'autres sondages avaient déjà établi auparavant qu'une forte majorité des Québécois étaient en faveur de confier des pouvoirs accrus à leur gouvernement provincial plutôt qu'au gouvernement fédéral. Et le même sondage de juin 1978 révèle que 71% des francophones du Québec sont prêts à donner au gouvernement indépendantiste du premier ministre Lévesque le mandat de négocier un nouvel arrangement constitutionnel qui serait à l'avantage du pouvoir québécois.

Devant de telles attitudes, il reste maintenant à savoir pourquoi 46% de Québécois (francophones) préfèrent une forme de fédéralisme renouvelé et n'osent pas aller au bout de leurs aspirations autonomistes, alors que 37% d'entre eux y sont déjà parvenus en prônant une forme ou l'autre de souveraineté politique. A cet égard, le prochain chapitre devrait apporter des éléments de réponse fort significatifs.

TABLEAU 1
L'Option préférée

Parmi les options constitutionnelles suivantes, le statu quo (ne rien changer aux pouvoirs actuels au sein de la fédération), un fédéralisme renouvelé (plus de pouvoirs au Québec), la souveraineté-association (indépendance politique du Québec accompagnée d'une association économique avec le Canada) ou l'indépendance (indépendance politique et économique complète du Québec), à laquelle êtes-vous le plus favorable?

	Population totale %	Francophones %	Non-francophones %	Sélection Crop. Août 77	Radio-Canada Nov. 77
Statu quo	17	17	27	14	18
Fédéralisme renouvelé	44	46	62	42	42
Souveraineté-association	21	27	8	21	19
Indépendance	8	10	3	10	11
Ne sais pas/pas de réponse	10			12	10

SOURCE: Sondage Radio-Canada, juin 1978

Chapitre 3

Acquérir bien-être et sécurité

1. En quête de bien-être

L'aspiration à la vie est naturelle et aussi vieille que la vie elle-même. La mort est cependant une réalité tout aussi naturelle, en ce qu'elle pose à la vie un danger, une menace. L'existence des êtres vivants, des humains qui nous concerne au premier chef, est une perpétuelle lutte pour préserver la vie. Cette lutte consiste à la fois à agir pour satisfaire les besoins vitaux et à écarter ou surmonter les obstacles, les dangers qui menacent l'existence. En somme, les humains sont fondamentalement en quête de bien-être et de sécurité.

Lorsque l'on parle de nations, de peuples, la recherche du bien-être et de la sécurité est liée en tout premier lieu à un désir collectif de préserver la culture, puisque c'est celle-ci qui fait qu'une nation, qu'un peuple existe comme unité distincte, comme personnalité collective vivante. Quand nous avons parlé de la volonté du peuple québécois de conserver son identité, nous avons en quelque sorte parlé de sa recherche et de son besoin de bien-être et de sécurité culturels devant la menace d'assimilation et de disparition de sa vie nationale.

Pris individuellement, les Québécois aspirent aussi au bien-être et à la sécurité. Ce sont des désirs et des besoins aussi ancrés chez eux que chez les autres humains. Toute leur histoire, comme celle des autres peuples d'ailleurs, est marquée au coin des efforts qu'ils ont déployés pour maîtriser leur milieu physique, pour en extraire l'essentiel des ressources nécessaires à leur subsistance, pour défendre leur vie et leurs biens contre les attaques extérieures, pour se prémunir contre de nouvelles agressions.

Par ailleurs, de tout temps la recherche du bien-être et de la sécurité a poussé les humains à faire reculer les frontières de la connaissance et par là, celles de leur condition matérielle. Le minimum vital n'a jamais cessé d'augmenter au rythme des progrès technologiques et scientifiques.

Au Québec, à l'époque du Régime français, les besoins physiques, matériels des habitants étaient déjà passablement diversifiés. Les valeurs culturelles des colons, à ce moment-là, faisaient en sorte que le niveau de bien-être qu'ils considéraient comme essentiel était beaucoup plus considérable que le bien-être désiré par les Amérindiens qui avaient des valeurs culturelles différentes. Avec les années et les décennies, au rythme de l'évolution accélérée, de l'industrialisation, de l'urbanisation, de l'essor des communications, de la publicité, les Québécois sont entrés dans l'ère de la société de consommation et du confort généralisé. Ce qu'il faut aujourd'hui aux Québécois pour vivre et bien vivre n'a pas de commune mesure avec ce qu'il leur fallait il y a deux siècles. Leurs besoins sociaux et économiques sont énormes et ne cessent d'ailleurs de s'accroître.

On a parlé du minimum vital mais il y a aussi le bien-être idéal. Il s'agit d'une notion qui, à bien des égards, peut être amenée à se confondre avec la première. Comme celle-ci, elle est en perpétuelle évolution. Dans les sociétés avancées, la notion de bien-être maximum a beaucoup changé; elle est devenue considérablement étendue et s'est également généralisée et universalisée. Pour les Québécois d'aujourd'hui, elle correspond à peu de chose près au summum de l'*american way of life*. C'est leur objectif général de bien-être à atteindre.

A ce propos, on peut souligner que l'on retrouve au Québec comme ailleurs les mêmes querelles idéologiques quant aux meilleures façons d'arriver à l'objectif recherché. Certains voient le libéralisme économique et le capitalisme comme les seules avenues possibles tandis que d'autres considèrent que la voie du marxisme ou du socialisme est la plus appropriée pour permettre à l'ensemble des citoyens d'atteindre le niveau de bien-être souhaité et désirable. D'autres encore proposent des solutions mitoyennes tentant de concilier les éléments positifs des deux pôles idéologiques majeurs. Mais, d'une façon ou d'une autre, c'est fondamentalement le même but, le même bien-être que l'on cherche à atteindre.

Le fait par ailleurs que les Québécois aspirent en général au même bien-être ne veut bien sûr pas dire qu'ils l'ont tous atteint ni qu'ils en sont tous également rapprochés. Un simple coup d'oeil sur la situation socio-économique des Québécois révèle les disparités de niveau de vie et de bien-être. On peut résumer brièvement la réalité québécoise à cet égard de la façon suivante:

- Une majorité de Québécois sont loin de jouir du bien-être maximum souhaité. Nombreux sont ceux qui vivent encore sous ou juste au-dessus du seuil de la pauvreté. Selon les normes gouvernementales, plus de 30% des familles québécoises peuvent être qualifiées de pauvres. Le taux de chômage est élevé depuis toujours au Québec et le nombre de personnes dépendantes des mesures de sécurité sociale est considérable. En 1975, 56.4% des familles du Québec avaient un revenu inférieur au revenu moyen établi à $15 273.00 et 29.7% des familles disposaient de moins de $10 000.00 annuellement. Par ailleurs, 69% des personnes hors famille, vivant généralement seules, avaient un revenu inférieur à $7 000.00. En 1971, 52.6% des citoyens québécois vivaient dans des logements loués et 76.2% des gens de la région métropolitaine de Montréal habitaient des immeubles à logements multiples. En avril 1978, l'Association coopérative d'économie familiale de Montréal démontrait que 34% des Québécois vivent dans la pauvreté étant soit assistés sociaux, retraités, chômeurs soit travailleurs touchant le salaire minimum.

- Une large minorité, sans avoir atteint l'objectif visé en est assez proche. En 1975, 32% des familles du Québec avaient un revenu se situant entre $15 000.00 et $25 000.00 tandis que 11.5% des personnes hors famille avaient un revenu variant entre $10 000.00 et $15 000.00.

- Une petite minorité a atteint un niveau de fortune permettant de dire que le bien-être souhaité par l'ensemble leur est en grande partie accessible. Seulement 11.7% des familles du Québec disposaient en 1975 d'un revenu supérieur à $25 000.00 alors qu'à peine 5% des personnes hors famille gagnaient plus de $15 000.00 par année.

- Parmi les citoyens québécois, les francophones qui forment environ 81% de la population ont un revenu moyen inférieur à la moyenne générale des revenus québécois. En 1961, le revenu moyen des francophones était inférieur de 37% à celui des Anglo-Québécois. Dix ans plus tard, selon des études des universités de l'Etat de New-York et de Montréal, ainsi que du Conseil économique du Canada, la situation était sensiblement la même. En 1971, les citoyens québécois d'origine ethnique française avaient un revenu salarial moyen de $6 009.00 alors que les citoyens d'origine britannique disposaient eux de $7 909.00, comparativement à $3 185.00 et $4 940.00 pour 1961. En 1973, le revenu familial moyen était de $10 700.00 en Ontario, de $9 600.00 dans l'ensemble du Canada et de $9 200.00 au Québec.

- Malgré tout, la très grande majorité des Québécois possèdent un niveau de vie supérieur à celui qu'ils avaient il y a à peine quelques décennies, et l'incidence de la pauvreté au Québec s'est substantiellement résorbée. Le revenu moyen des familles québécoises atteignait $15 273.00 en 1975, soit environ le triple par rapport aux $5 294.00 de 1961. En 1946, le revenu personnel par habitant au Québec était de $660.00; il était passé à $6 253.00 en 1976. Même en dégonflant ces chiffres à l'aide de l'indice d'augmentation des prix, on peut affirmer que le revenu personnel par habitant a triplé par rapport au dollar constant de 1946.

- Le niveau de vie des Québécois est également supérieur à celui de bien d'autres peuples. L'Annuaire statistique 1976 des Nations unies indique, au chapitre des estimations du revenu national disponible par habitant, que le Canada se classe au cinquième rang parmi une liste de 167 pays. L'Hudson Institute pour sa part établit qu'en 1970 le Canada se situait au onzième rang pour 17 pays industrialisés. Considérant que le revenu par Québécois (francophone) est égal à 81.3% du revenu moyen au Canada, cela place le niveau de vie des Québécois au douzième rang. L'Hudson Institute prévoit par ailleurs que le revenu par habitant au Canada passera du onzième rang au huitième en 1985.

Ces dernières données font dire à plusieurs que les Québécois forment la nation annexée la mieux entretenue au monde, qu'ils sont des colonisés bien nourris, d'une espèce différente de la plupart des autres groupes humains encore en quête d'indépendance. Malgré leur condition de dominés, ils véhiculent toutes les illusions du consommateur dans le continent le plus riche du monde et vivent depuis longtemps sous le signe de la facilité malgré leurs petites et grandes misères.

Quoi qu'il en soit, la situation socio-économique des Québécois au chapitre de leur niveau de vie peut être considérée à la fois com-

TABLEAU 1
Répartition des familles québécoises selon certaines tranches de revenu

	Moins de $5 000	$5 000 à 9 999	$10 000 à 14 999	$15 000 et plus	Total	Revenu moyen	Revenu médian
	%	%	%	%	%	$	$
1967	31,0	48,5	14,5	5,9	100	8 438	7 579
1969	27,1	44,4	19,0	9,6	100	8 459	7 372
1971	22,8	38,5	24,7	14,0	100	9 713	8 532
1973	15,2	31,2	28,8	25,0	100	11 799	10 535
1975	9,0	41,14	26,7	43,7	100	15 273	13 812

SOURCES: — Statistique Canada, *Revenus des familles,* Cat. 13,208 (annuel); Cat. 13,546 (hors série) et Cat. 13,534F (hors série).
— Conseil des Affaires sociales et de la Famille du Québec, *La situation des familles québécoises*, Québec, 1978.

TABLEAU 2
Familles époux-épouse selon le nombre et le lien de parenté des bénéficiaires d'un revenu Québec 1971

Nombre et lien de parenté des bénéficiaires	Total	%	Revenu moyen ($)
Familles époux-épouse avec ou sans enfant	1 222 175	100	
Familles sans bénéficiaire d'un revenu	3 185	0,3	9 636
Familles avec bénéficiaires d'un revenu	1 218 985	99,7	
Un seul bénéficiaire d'un revenu			
Chef	514 500	42,10	7 770
Epouse	3 325	0,27	3 788
Enfant	525	0,04	4 006
Famille avec un seul bénéficiaire	518 355	42,41	7 740
Deux bénéficiaires d'un revenu			
Epoux et épouse	437 230	35,77	9 938
Père et enfant	96 490	7,90	10 376
Mère et enfant	460	0,04	7 546
Deux enfants	160	0,01	7 242
Familles avec deux bénéficiaires	534 345	43,72	10 015
Trois bénéficiaires d'un revenu ou plus			
Père et mère bénéficiaires d'un revenu	102 605	8,40	14 459
Père ou mère bénéficiaire d'un revenu	63 605	5,20	14 116
Ni père ni mère bénéficiaires d'un revenu	75	0,01	14 475
Familles avec plus de deux bénéficiaires	166 285	13,61	14 328

SOURCES: — *Recensement du Canada 1971,* Cat. 93,725, vol. II, 1975, et Cat. 93,711. Tableau III.
— Conseil des Affaires sociales et de la Famille du Québec, *La situation des familles québécoises*, Québec, 1978.
N.B. Les totaux ont été arrondis séparément et ne sont donc pas toujours égaux à la somme des chiffres individuels arrondis dans la distribution.

TABLEAU 3
Amélioration de la situation de l'habitation

Année	Logements ayant besoin de réparations majeures	2 familles vivant dans le même logement
1945	594 000	382 000
1951	453 000	321 000
1961	255 000	236 000
1970	118 000	120 000

SOURCES: — Société centrale d'hypothèques et de logements, *L'Habitation au Canada, 1946-1970*, Supplément au 25e Rapport annuel.
— Conseil des Affaires sociales et de la Famille du Québec, *La situation des familles québécoises*, Québec, 1978.

TABLEAU 4
Indice d'encombrement des logements au Québec

Nombre de personnes par pièces	1961	1971
	%	%
1,0 et moins	78,2	87,6
1,1 — 1,5	15,4	9,7
1,6 — 2,0	5,0	2,2
2,1 et plus	1,4	0,5

SOURCES: — Office de planification et de développement du Québec, *Les caractéristiques sectorielles interrégionales, Cahier IV — Les équipements et les services*, Québec, mai 1976.
— Conseil des Affaires sociales et de la Famille du Québec, *La situation des familles québécoises*, Québec, 1978.

TABLEAU 5
Eléments de confort dans l'habitation, Québec 1961 et 1971

% de logements	1961	1971	Taux de variation
avec eau courante, chaude et froide			
rural	56	81,8	46,0
urbain	85,3	96,4	13,0
avec usage exclusif de la salle de bain			
rural	48,1	77,4	60,9
urbain	88,6	95,2	7,4
avec usage exclusif des toilettes			
rural	75,8	93,2	23,0
urbain	94,5	98,4	4,1
avec réfrigérateur			
rural	73,5	97,1	22,1
urbain	95,2	99,4	4,4

SOURCES: — *Annuaire du Québec 1975/1976*.
— Conseil des Affaires sociales et de la Famille du Québec, *La situation des familles québécoises*, Québec, 1978.

TABLEAU 6
Nombre de récepteurs de radio et de télévision, Québec 1966 et 1974

	1966	1974
	Estimations en milliers	
Total des ménages	1 300	1 721
Total des ménages possédant		
un récepteur de radio	687	604
deux ou plus	566	1 088
un récepteur de télévision	1 062	1 061
deux ou plus	187	619

SOURCES: — *Annuaire du Québec 1975/1976.*
— Conseil des Affaires sociales et de la Famille du Québec, *La situation des familles québécoises*, Québec, 1978.

TABLEAU 7
Nombre de machines à laver et de sécheuses vendues au Québec, 1970-1974

	1970	1971	1972	1973	1974
Machines à laver	106 903	114 042	128 543	137 241	119 142
Sécheuses	61 491	74 966	90 112	101 040	89 083

SOURCES: — *Annuaire du Québec 1975/1976.*
— Conseil des Affaires sociales et de la Famille du Québec, *La situation des familles québécoises*, Québec, 1978.

me satisfaisante et insatisfaisante, selon les points de comparaison. Pour les Québécois, sa compréhension conduit globalement à deux attitudes. D'abord, il s'agit de conserver ce qui a été acquis, de maintenir le niveau de bien-être déjà atteint. Puis, il faut poursuivre la marche vers le progrès, vers le but qui n'est pas encore atteint. De ces deux attitudes qui s'entremêlent et qui se superposent, on peut d'autre part déjà déduire que l'aspiration au bien-être de la majorité des Québécois est forte. Elle l'est d'autant plus que la plupart sont bien en mesure de constater l'écart qui les sépare encore des mieux nantis et qu'ils sont soumis quotidiennement aux pressions considérables de la publicité de consommation qui leur rappelle sans cesse l'objectif de bien-être à atteindre. Le publicitaire Jacques Bouchard a parlé ainsi de ce phénomène:

> "Les Québécois n'ont d'ailleurs pas besoin d'un cousin aux "Etats" pour comparer leur standard de vie avec celui de leurs voisins: les messages publicitaires américains "traduits", à la télévision, leur permettent de souffrir la comparaison tous les jours."

2. Des aspirations en opposition

Une des meilleurs façons de mesurer la force de l'aspiration au bien-être et à la sécurité des Québécois est de voir quelle place elle occupe par rapport aux deux aspirations de base que nous avons précédemment mises en lumière. A ce propos, on peut dire à prime abord, sans se tromper, qu'il y a opposition et tiraillement chez plusieurs Québécois entre leur besoin de bien-être et de sécurité et leurs désirs profonds de conserver leur identité culturelle et de devenir maîtres de leur destin. On peut également ajouter que, chez un grand nombre de Québécois, l'aspiration au bien-être l'emporte sur les deux autres. Tout cela se vérifie bien facilement à la fois par les sondages d'opinions et par le succès des arguments de terreur utilisés par les opposants aux options indépendantistes.

Commençons par ces arguments. En voici quelques-uns fort éloquents:

> "L'option souverainiste ne peut être attrayante que pour les jeunes et pour les biens nantis que n'effraie pas une baisse du niveau de vie... Car c'est le peuple qui paierait les pots cassés, qui serait le plus atteint et qui ferait les frais de l'aventure."
> — Pierre Elliott-Trudeau,
> 10 octobre 1967.

"Le taux de chômage est plus élevé au Québec que dans les autres régions du Canada; ceci est dû au climat économique incertain créé par le mouvement séparatiste".

> — A.-Emile Beauveau, président de
> Donohue Ltée, 15 septembre 1969.

"L'indépendance amènerait au Québec un dérèglement de tous les rouages économiques. Une baisse inévitable du niveau de vie en résulterait. L'indépendance nous rayerait de la carte de la prospérité nord-américaine. Elle nous ferait perdre les quelques atouts qui nous restent et les bénéfices que nous en tirons".

> — La Chambre de commerce de
> la province de Québec, 1969.

"Qu'adviendrait-il si la province de Québec se séparait de la Confédération? Il y aurait d'abord une grande fuite de capitaux... Et il adviendrait aussi que le marché des obligations du Québec accuserait une baisse, ce qu'il a déjà commencé à faire. En somme, ce serait la mort du Québec".

> — Roland Dugré, présidentde la
> Chambre de commerce de
> la province de Québec,
> le 20 octobre 1967.

"Peut-être aussi faudrait-il prévoir un certain exode de maisons d'affaires, de raisons sociales et même d'industrie vers l'Ontario."

> — Jean-Charles Harvey, 1962.

"Le séparatisme a la nostalgie des sécurités tribales au sein desquelles il n'est guère question de la personne et de la liberté. Sa pauvreté, il tente de la masquer en politisant tout, à l'exemple des fascismes qu'à ses origines il a tant admirés."

> — Marc Lalonde,
> le 11 décembre 1969.

"Les Canadiens français n'accepteraient pas les sacrifices économiques qu'exigerait un Etat indépendant. Ces sacrifices économiques entraîneraient une dictature fasciste."

> — Maurice Lamontagne,
> 25 septembre 1969.

"Si le Québec se sépare du reste du Canada, les conditions économiques au Québec seront extrêmement dures et notre niveau de vie diminuera sensiblement (...). Il lui arriverait ce qui arriva à plusieurs pays d'Afrique qui jouissent de l'indépendance politique sans pour autant posséder l'indépendance économique."

> — Jean Lesage, 1969.

"S'il fallait que la séparation arrive demain, ce serait la fin de l'essor économique du Québec et la dégringolade de la classe ouvrière."

> —Bernard Pinard, 26 mai 1966.

"Je refuse le désordre indépendantiste qui menace la stabilité économique du Québec, au nom des petits, des mal nantis qui seront encore

les premiers à payer pour les pots constitutionnels que nous aurons cassés."
— Solange Chaput-Rolland, 1969.

"Non seulement l'indépendance chasserait les capitaux, mais aussi les compétences (...). Je crains qu'en nous exposant à une chute de notre niveau de vie, nous ne nous exposions, par voie de conséquence, à une diminution sensible de nos libertés fondamentales."
— Claude Ryan, 1967.

"Les Québécois sont trop attachés à leur niveau de vie qui serait clairement mis en danger. Déjà, la Loi 22 nous fait perdre des investissements. Qu'arriverait-il si nous allions à l'indépendance? Et je ne parle pas des effets économiques immédiats; un milliard et demi de dollars au titre de la péréquation et un milliard en vertu des ententes sur le pétrole!"
— Robert Bourassa, janvier 1976.

"Les coûts de la séparation sont énormes, essentiellement en raison de la longue période d'incertitude qu'elle provoquerait. Les capitaux abhorrent l'incertitude et ils fuiraient comme ils ont toujours fait dans des cas semblables. La main d'oeuvre deviendrait excédentaire et on assisterait à une augmentation du chômage."
— André Raynauld, novembre 1976.

"Il n'est pas prouvé que la formule socialiste et l'indépendance favoriseraient un meilleur niveau de vie."
— Raymond Garneau,
novembre 1976.

Ces citations ne représentent qu'un bien petit échantillon de la masse des arguments alarmistes avec lesquels on martèle la conscience des Québécois depuis des années, sinon des générations, en fait chaque fois que des gens, à travers l'histoire, ont prôné l'indépendance du Québec ou une forme poussée d'autonomie. Bien sûr, tous ces terroristes verbaux n'apportent aucune preuve à leurs affirmations. Peut-on affirmer que l'indépendance ait nui à l'essor économique des Etats-Unis ou du Japon? Cependant, en discutant avec les Québécois ou en analysant les sondages, on constate que ces arguments frappent dans le mille et rejoignent les préoccupations de beaucoup de gens pour qui mieux vaut vivre moins libre et vivre bien que d'être indépendant et vivre dans la pauvreté, surtout si cette pauvreté peut affecter la vie familiale, ce à quoi tiennent par-dessus tout les Québécois, comme le démontre un sondage du Centre de recherches de l'opinion publique, publié en octobre 1976.

La plupart des sondages d'opinion des dernières années ont démontré également que les difficultés socio-économiques figuraient en tête de liste des soucis premiers des Québécois. Le sociologue Gérald Fortin a pour sa part noté que l'amélioration continue du niveau de vie est devenue, à mesure que les Québécois passaient à une société de consommation, l'un des buts principaux de l'individu et de la famille. Concernant la question de l'indépendance politique, on a déjà vu qu'une majorité de Québécois n'étaient pas encore prêts à laisser libre cours à leur aspiration profonde. Toutefois, la thèse du maintien éventuel des liens économiques avec le reste du Canada a fait progresser considérablement l'option indépendantiste en offrant un élément important de sécurité.

En juillet 1977, un sondage scientifique effectué dans un comté "baromètre" a même été jusqu'à confirmer que la majorité des Québécois opteraient pour la souveraineté si l'on pouvait leur garantir l'association économique et, par là, le maintien de leur bien-être matériel.

TABLEAU 8

Supposons qu'un Québec indépendant puisse entretenir des liens économiques avec le Canada. Alors, dans un référendum, voteriez-vous pour ou contre l'option d'un Québec souverain économiquement associé avec le Canada?

	Total	Langue		Région	
	(en %)	Français	Anglais	Urbain	Rural
Pour	47.9	50.5	19.1	49.6	41.2
Contre	30.7	28.5	59.4	29.2	37.4
Refus de répondre	5.6	4.9	11.9	4.9	8.1
Ne sais pas*	14.7	15.3	9.5	15.1	13.2

SOURCE: *Le Devoir*, 18 juillet 1977.

---

* En faisant l'extrapolation des indécis, les chercheurs — Pagé, Roy et Associés — arrivent à conclure que 60% des gens répondraient oui à la question.

C'est donc dire que les Québécois tiennent beaucoup à leur bien-être et à la sécurité. Nombreux sont ceux qui perçoivent difficilement la relation qui peut exister entre le concept de développement, la croissance économique, le progrès et la souveraineté. Ils comprennent mal les avantages socio-économiques de l'indépendance; ils saisissent mal ou pas du tout la source essentielle de dynamisme collectif, de stabilité et de continuité qu'elle peut représenter.

Devant cette confusion, ils ressentent de l'inquiétude qui les amène à refouler certaines de leurs aspirations les plus profondes.

Cette inquiétude, cette peur n'est pas nouvelle chez les Québécois. On peut dire qu'elle fait partie des traits de caractère qui sont transmis de génération en génération. Son origine se situe dans une série d'événements et de situations qui se sont accumulés à travers l'histoire et qui ont engendré beaucoup d'insécurité, de difficultés matérielles et d'humiliations. Qu'il suffise ici de nommer quelques-uns de ces événements:

- la guerre de 1756-1760 qui s'est achevée par la Conquête du Québec suivie d'un profond marasme économique, d'une domination étrangère et d'une décapitation de la classe des dirigeants industriels et commerciaux québécois de l'époque. La misère et la pauvreté sont alors généralisées à travers le pays;

- la crise économique aigüe qui sévit au cours des années 1830. Les années 1833-36 sont particulièrement pénibles. Les terres rendent mal; les récoltes sont ravagées. La détresse règne partout et est durement ressentie par les paysans qui forment la majorité de la population. De 1815 à 1851, tout le monde occidental doit d'ailleurs subir les effets d'une longue récession économique caractérisée par la sous-production et la hausse des prix;

- la crise politique des années 1830 qui est marquée par des bouleversements sociaux graves. L'élection partielle de 1832 donne lieu à de violentes manifestations. Les troupes britanniques chargent la foule et tuent trois Québécois. La campagne électorale de l'automne 1834 est témoin de nombreux actes de violence. Puis vient l'année 1837 qui commence par des assemblées populaires tenues un peu partout mais surtout dans la région de Montréal. L'agitation populaire atteint son apogée au mois de novembre alors qu'à la suite d'une série d'incidents, le soulèvement est déclenché. Surviennent alors assez vite les défaites armées puis la répression brutale et sauvage, laquelle conduit à d'autres incidents l'année suivante. Encore une fois, la répression s'abat sur les Québécois, plus barbare encore que la première. Des villages sont mis à sac et brûlés. Près d'un millier de personnes sont jetées en prison, soit deux fois plus qu'en 1837, et 99 sont condamnées à mort. Finalement, une soixantaine sont déportées et 12 sont exécutées. La défaite est complète et profite à l'annexion politique. Encore une fois la misère est répandue et, dès 1844, elle amène un exode de milliers de gens qui va se poursuivre pendant plus d'un demi-siècle. Cette période est la plus sombre et la plus traumatisante de toute l'histoire des Québécois;

- les années qui précèdent la formation de la Fédération canadienne en 1867 se déroulent sous le signe de nombreuses difficultés économiques durement ressenties par la population québécoise. On déplore une absence de planification en agriculture, un secteur commercial hypertrophié, une faible industrialisation et peu de débouchés pour la main-d'oeuvre. Le taux de croissance est nettement inférieur à celui de l'Ontario;

- l'année 1873 marque dans le monde entier le début d'une autre longue période de récession économique. Le Québec est frappé durement à partir de 1874. La crise accentue les malaises sociaux qui sévissent tant dans les villes qu'à la campagne. Alors que dans le milieu urbain, les mouvements ouvriers naissent et s'agitent, allant jusqu'à des affrontements meurtriers avec la police, en milieu rural, le cultivateur doit abandonner sa ferme ou changer de production. C'est la période d'industrialisation où la dignité humaine des ouvriers compte peu, sinon pas du tout. L'exploitation humaine est généralisée et la misère est le lot quotidien de la majorité des Québécois;

- le soulèvement des Métis francophones du Manitoba et l'exécution de leur chef Louis Riel en 1885 donnent lieu à une indignation généralisée au Québec;

- la conscription forcée de 1917 provoque une fois de plus l'agitation populaire. La violence éclate le 28 mars 1918 à Québec et, durant quatre jours, les émeutes font rage. La répression des militaires se fait encore une fois sentir violemment. On assiste à des charges à la baïonnette et au sabre et à l'utilisation de fusils et de mitrailleuses;

- une nouvelle récession économique suit au Québec la fin de la Première Guerre mondiale. En 1919, le chômage se généralise et le coût de la vie augmente considérablement. Le marasme socio-économique se poursuit jusqu'en 1922;

- le 24 octobre 1929, la bourse de New-York s'effondre: c'est le début de la grande crise économique. Le Québec n'y échappe pas et une fois de plus le chômage et la misère s'installent;

- les années 1960, dont les débuts s'accompagnent d'une récession économique commencée en 1957, sont le théâtre d'attentats terroristes qui aboutissent, en octobre 1970, à l'enlèvement d'un diplomate anglais et du ministre québécois du Travail, lequel trouve d'ailleurs la mort à cette occasion. Le gouvernement fédéral prétextant une soi-disant insurrection appréhendée proclame la Loi des mesures de guerre et l'armée occupe le Québec. Plus de 500 personnes sont arrêtées et emprisonnées pour une période allant de deux jours à sept mois et plus de 6 000 autres sont l'objet de perquisitions sans mandat. Durant cette décennie, plusieurs manifestations de foule ont lieu notamment à l'occasion de la fête nationale et de la crise linguistique et certaines dégénèrent en violence dans les rues;

- les années 1970 voient une détérioration du climat social à l'occasion de conflits ouvriers difficiles. En 1974, une nouvelle crise économique mondiale affecte le Québec. Le taux de chômage grimpe à 10% durant l'hiver 1974-1975, puis à 12% au cours de l'hiver 1978.

Tous ces événements ont d'abord incrusté dans la mentalité des Québécois une peur innée de la violence dont ils ont conclu qu'elle ne pourrait jamais jouer que contre eux. Superposés à leur infériorité socio-économique constante par rapport aux *Canadiens* et à la domination étrangère tout aussi constante (et dont on reparlera plus loin) dans les grands secteurs industriels, financiers et commerciaux de leur économie, ces nombreux événements ont contribué, chacun à leur tour, à enraciner une bonne partie du peuple dans une mentalité défaitiste, craintive et résignée.

Petites gens longtemps soumis, humiliés, anxieux, vaincus tolérés, "nés pour un petit pain", beaucoup de Québécois craignent de perdre ce qu'ils ont acquis de peine et de misère. Ce n'est pas pour rien que l'on parle souvent de leur mentalité de "bas de laine" et de leur tendance à multiplier les assurances-vie. Le publicitaire Jacques Bouchard dans un livre traitant des cordes sensibles des Québécois a bien fait remarquer cela. Craintifs, plusieurs Québécois appréhendent la réaction des *Canadiens,* surtout les possédants du milieu des affaires, tout comme celle des grands "boss" américains. Ils savent bien que c'est d'eux, de leur bon vouloir, de leurs initiatives, que dépend en bonne partie le bien-être matériel dont ils jouissent aujourd'hui. A maintes occasions, on ne se gêne d'ailleurs pas pour le leur rappeler. Les Québécois redoutent des sautes d'humeur violentes, des représailles, un refus catégorique de maintenir les liens et d'accepter une nouvelle association, une baisse de leur niveau de vie; une dégradation de leur état de dominés.

Chez les mieux nantis, chez ceux qui profitent d'une façon ou d'une autre des avantages que donne le régime tel qu'il est, un grand nombre ont de la difficulté à imaginer un nouvel ordre des choses qui puisse leur assurer autant de bénéfices. Ils préfèrent ne pas prendre de risque. La peur du risque est d'ailleurs bien ancrée chez les Québécois pour qui le passé est là pour rappeler ce que cela peut donner comme conséquences négatives. Les inquiets préfèrent les valeurs sûres, même périmées ou partielles, aux valeurs nouvelles présentant de l'incertitude et pouvant constituer à leurs yeux des risques. La stabilité prend ainsi souvent l'allure de l'immobilisme et du conservatisme. Ne rien changer, ne rien bouger au cas où tout s'effondrerait.

N'est-il pas significatif de constater que les hésitations et les oppositions à l'idée d'indépendance viennent surtout, selon les sondages d'opinion, des gens plus âgés, moins instruits, des femmes au foyer plutôt que des hommes; des industriels, des financiers, des commerçants plutôt que des ouvriers spécialisés ou des professeurs. Il est toujours plus facile d'intimider les plus faibles, les moins instruits ou ceux qui croient avoir beaucoup à perdre.

Héritiers de leur passé, beaucoup de Québécois ont en réalité peur d'eux-mêmes, comme l'a dit avec justesse André d'Allemagne. N'ayant jamais goûté vraiment la liberté, ignorant ce qu'est l'indépendance, ils la redoutent comme on redoute l'inconnu. Ils veulent être maîtres chez eux, mais ils ne se sentent pas mûrs pour le pouvoir, pas prêts pour la liberté, surtout que la situation de tutelle dont il faut se départir revêt des formes effacées, feutrées, agréables mêmes pour certains, sinon pour plusieurs.

Voilà d'ailleurs l'une des dimensions importantes du dilemme. Non seulement les Québécois, comme une bonne portion de l'humanité, aspirent à l'*american way of life,* mais comme beaucoup d'autres ils sont aussi atteints du virus du matérialisme qui, en refoulant les valeurs humanistes au profit de la vie individuelle, les pousse à la recherche effrénée des jouissances et des biens matériels, en même temps qu'au moindre effort. Cette recherche prend tellement de place dans la hiérarchie de leurs valeurs qu'ils en viennent même, pour plusieurs d'entre eux, à accepter consciemment de perdre à tout jamais leur identité et leur liberté. Le luxe, le confort, la facilité sont devenus leur unique credo au profit duquel le reste peut être sacrifié. Le bonheur se limite, pour de plus en plus de gens, à gagner beaucoup d'argent et à bien vivre.

De tout cela, on peut sans peine conclure que l'aspiration au bien-être et à la sécurité est très forte chez les Québécois. Elle ne fait pas disparaître les autres aspirations de base mais les concurrence sérieusement tout en provoquant un pénible tiraillement moral et psychologique. Dans un autre sens, sur le plan politique, elle pose aux Québécois un défi de taille, un défi qu'aucun peuple jusqu'à ce jour n'a vraiment eu à relever: conserver son identité menacée et conquérir son indépendance dans une séduisante atmosphère de richesse relative d'une société de consommation. D'une façon simplifiée qui laisse de côté toute la question de la remise en cause des principes et des valeurs de la société de consommation, nous pouvons dire que le véritable défi des Québécois consiste en somme à répondre à toutes leurs aspirations de base sans en abandonner aucune en cours de route.

Sources bibliographiques

D'ALLEMAGNE, André, *Le devenir politique du Québec,* dans 10ième session des Cours de formation politique, fédération des Sociétés St-Jean-Baptiste du Québec.

D'ALLEMAGNE, André, "La société québécoise vit en marge de notre temps", dans *Le Devoir,* Montréal, le 17 juin 1978.

ARÈS, Richard, *Notre question nationale,* Tomes 1, 2 et 3, Editions de l'Action nationale, Montréal, 1943, 1945 et 1947.

BALTHAZAR, Louis, "Le nationalisme au Québec", dans *Le Canada et le Québec: bilan et prospective, Etudes internationales,* volume VIII, numéro 3, juin 1977, Centre québécois de relations internationales.

BARBEAU, Raymond, "Le Québec souverain: un pays normal", *Ici Québec,* volume 2, numéro 14, juin-juillet-août 1978.

BERNARD, André, *What does Quebec want?,* James Lorimer & Company, Publishers, Toronto, 1978.

BILODEAU, Rosaire, Robert COMEAU, André GOSSELIN et Denise JULIEN, *Histoire des Canadas,* Editions Hurtubise HMH, Montréal, 1971.

BOUCHARD, Jacques, *Les 36 cordes sensibles des Québécois,* Editions Héritage, Montréal, 1978.

BOUTHILLIER, Guy et Jean MEYNAUD, *Le choc des langues au Québec, 1760-1970,* Les Presses de l'université du Québec, Montréal, 1972.

BROSSARD, Jacques, *L'accession à la souveraineté et le cas du Québec,* Les Presses de l'Université de Montréal, Montréal, 1976.

BROSSARD, Jacques, Henriette IMMARIGEON, Gérard V. LAFOREST et Luce PATENAUDE, *Le territoire québécois,* Les Presses de l'Université de Montréal, Montréal, 1970.

BRUNET, Michel, *Notre passé, le présent et nous,* Editions Fides, Montréal, 1976.

EMOND, Philippe, "Psychologie de l'Indépendance", dans la revue *Liberté,* numéros 47 et 48, Montréal, 1966.

FILTEAU, Gérard, *La naissance d'une Nation,* Les Editions de l'Aurore, Montréal, 1978. (1ère édition: 1937).

FRÉCHETTE, René, R. JOUANDET — BERNADAT et J.P. VÉZINA, *L'Economie du Québec,* Editions HRW Ltée, Montréal, 1975.

FREUND, Julien, *Qu'est-ce que la politique?,* Editions du Seuil, Paris, 1965.

GAGNON, Henri, *La confédération, y'a rien là,* Les Editions Parti pris, Montréal, 1977.

GARIGUE, Philippe, *L'option politique du Canada français,* Les Editions du Lévrier, Montréal, 1963.

GOUVERNEMENT DU QUÉBEC, *La politique québécoise de la langue française,* Editeur officiel, Ministère d'Etat au Développement culturel, Québec, avril 1977.

GOUVERNEMENT DU QUÉBEC, *La politique québécoise du développement culturel,* volumes 1 et 2, Ministère d'Etat au Développement culturel, Editeur officiel, Québec, juin 1978.

GRAND-MAISON, Jacques, *Vers un nouveau pouvoir,* Editions Hurtubise HMH, Montréal, 1976.

GRAND-MAISON, Jacques, *Nationalisme et religion,* tome 1, Librairie Beauchemin Ltée, Montréal, 1970.

GROULX, Lionel, *Histoire du Canada français,* tomes 1 et 2, Editions Fides, Montréal, 1960.

JORON, Guy, *Salaire minimum annuel $1 million, ou la course à la folie,* Les Editions Quinze, Montréal, 1976.

LAURIN, Camille, *Le français langue du Québec,* (Discours à l'Assemblée nationale du Québec au sujet du projet de Charte de la langue française au Québec), Editions du Jour, Montréal, 1977.

MINISTÈRE DE L'INDUSTRIE ET DU COMMERCE DU CANADA, *Annuaire du Canada 1976-1977,* Statistique Canada, Ottawa, 1977.

MONIÈRE, Denis, *Le développement des idéologies au Québec (des origines à nos jours),* Editions Québec-Amérique, Montréal, 1977.

MORIN, Jacques-Yvan, *Le fédéralisme canadien et le principe de l'égalité des deux nations,* Rapport présenté à la Commission royale d'enquête sur le bilinguisme et le biculturalisme, Montréal, mai 1966.

MOUVEMENT NATIONAL DES QUÉBÉCOIS, *Le territoire du Québec, l'Action nationale,* volume LXVI, numéro 8, Montréal, avril 1977.

NATIONS UNIES, *Annuaire statistique 1976,* Département des Affaires économiques et sociales, O.N.U., New-York, 1977.

O'NEIL, Louis, "Indépendance et développement", dans la revue *Maintenant,* numéro 125, Montréal, avril 1973.

Rapport de la Commission royale d'enquête sur les problèmes constitutionnels. (Commission Tremblay), volumes 1 et 2, Province de Québec, 1956.

RIOUX, Marcel, *La question du Québec,* Editions Seghers, Paris, 1969.

RIOUX, Marcel, *Les Québécois,* Editions du Seuil (Collection "Le temps qui court"), Paris, 1974.

ROBERT, Paul, *Le Petit Robert — Dictionnaire alphabétique et analogique de la langue française,* Société du Nouveau Littré, Paris, 1976.

ROCHER, Guy, *Le Québec en mutation,* Editions Hurtubise HMH, Montréal, 1973.

SÉGUIN, Maurice, *L'idée d'indépendance du Québec (genèse et historique),* Editions Boréal — Express (collection "17/60"), Montréal, 1977.

SOCIÉTÉ RADIO-CANADA, *Les Québécois et la dualité fédérale-provinciale,* Sondage d'opinion, juin 1978.

STATISTIQUE CANADA, *Comptes nationaux des revenus et des dépenses 1962-1976,* Catalogue 13-201, Ottawa, 1977.

STATISTIQUE CANADA, *Revenus des familles 1975,* Catalogue 13-208, Ottawa, 1977.

TREMBLAY, Rodrigue et collaborateurs, *L'économie québécoise,* Les Presses de l'université du Québec, Montréal, 1976.

VAUGEOIS, Denis et Jacques LACOURSIÈRE, *Canada-Québec: synthèse historique,* Editions du Renouveau pédagogique, Montréal, 1977.

TROISIÈME PARTIE

Le régime fédéral et les insatisfactions des Québécois

Introduction

En passant en revue les aspirations fondamentales des Québécois, on a pu se rendre compte qu'ils ont constamment, au cours de leur histoire, témoigné beaucoup d'insatisfaction. Déjà plusieurs causes de ce mécontentement ont été mises en lumière. Mais ce n'est pas tout. En rapport avec la crise politique actuelle, il importe de s'attarder plus longuement sur les motifs d'insatisfaction en regard du régime politique en vigueur depuis maintenant 111 ans. Peut-être comprendrons-nous alors mieux l'ampleur du défi politique qui se pose à nous aujourd'hui.

Introduction

Chapitre 1

Pas maîtres chez nous de notre avenir

En rapport avec la question qui est maintenant posée, il n'est pas inutile de souligner d'abord qu'une nation est une personne collective vivante et, au même titre qu'un individu, elle a besoin pour survivre et se développer d'outils de travail, d'instruments d'action. C'est ce que sont, à l'égard d'une société humaine, les institutions gouvernementales et les pouvoirs étatiques.

Une personne peut être autonome ou dépendante d'autrui. Dans un cas, elle est propriétaire de sa demeure, elle conduit son existence à sa guise en choisissant ses instruments d'action et en les manipulant elle-même; dans l'autre cas, la conduite de l'existence dépend d'une façon variable d'une ou de plusieurs volontés extérieures, étrangères, qui exercent un contrôle sur les instruments de développement de la personne dominée ou qui imposent à celle-ci leurs propres outils de travail. On ne parle plus alors de propriétaire mais de locataire.

Il en va de même pour les peuples et l'on parle dans leur cas de colonialisme et d'impérialisme quand on traite de leur dépendance, de leur soumission à autrui. Le colonialisme et l'impérialisme sont d'ailleurs des attitudes et des doctrines expansionnistes de certains peuples ou Etats aux dépens d'autres. Il en résulte toujours une dépendance politique ou économique, sinon les deux à la fois.

Il n'est pas difficile de comprendre que la domination extérieure, le contrôle étranger des instruments collectifs de développement d'un peuple engendrent toujours beaucoup de frustrations et d'insatisfaction chez une majorité des gens concernés, surtout si, au surplus, l'utilisation étrangère de ces outils de travail se fait injustement, au désavantage des colonisés.

On en arrive maintenant à poser la question du Québec. On a vu, en analysant leur aspiration à l'indépendance, que les Québécois ont toujours vécu sous une domination extérieure plus ou moins grande et qu'ils ont toujours cherché à la restreindre au maximum, sinon à l'abolir complètement. En conséquence, et surtout à partir de 1760, ils ont toujours démontré des signes de frustration et d'insatisfaction à l'égard des régimes politiques qu'ils ont connus. Encore aujourd'hui, et plus que jamais, les Québécois sont insatisfaits. Pas moins de 83% des francophones du Québec refusent le statu quo constitutionnel issu de l'Acte de l'Amérique du Nord britannique de 1867.

Avant de voir les raisons profondes de l'insatisfaction des Québécois à l'égard du régime politique actuel, il est intéressent de noter que la remontée du nationalisme au Québec, au début des années soixante, coïncide avec une prise de conscience de l'importance de l'Etat et une valorisation de celui-ci. Auparavant, à cause d'une peur morbide du socialisme et du communisme bien entretenue par certains groupes et à cause d'une méfiance face à l'Etat fédéral majoritairement anglophone, les Québécois étaient réfractaires à l'intervention gouvernementale, au renforcement de l'Etat. Ils ont progressimement changé d'opinion au cours des années d'après-guerre et particulièrement à partir de 1960, quand un gouvernement aux idées modernes prit charge de l'Etat québécois. C'est d'ailleurs au tout début des années soixante que l'on commença pour la première fois à employer à juste titre l'expression "l'Etat du Québec".

Une fois comprise et acceptée la notion d'Etat comme instrument de construction et de reconstruction de la société, comme levier pour mouvoir cette société, comme appareil moteur pour guider et orienter positivement les forces communautaires vers le bien général, il était inévitable que le nationalisme québécois retrouve sa dimension politique qu'il avait perdue en 1840. Avec la valorisation du rôle de l'Etat dans la vie de la collectivité se ravivait avec plus de vigueur que jamais l'idée d'un véritable pouvoir politique québécois. Cela allait de pair avec le fait que le Québec était devenu le milieu politique fondamental du Canada français.

Comme l'a indiqué le politicologue Louis Balthazar, dans un texte sur le nationalisme au Québec publié en juin 1977, le jour où les Québécois se sont décidés à agir positivement au niveau du seul gouvernement qu'ils contrôlent vraiment, il était inévitable qu'ils prennent conscience de leurs différences, de leur originalité, de leur responsabilité nationale et, doit-on ajouter, de la menace du pouvoir central. Quant aux gouvernants québécois eux-mêmes, dès le moment où ils devenaient perméables à la contestation du traditionalisme et qu'ils prenaient conscience de leur force, il était aussi inévitable qu'ils se cabrent et s'affirment en face du gouvernement fédéral. Il n'est donc pas surprenant que, depuis, le débat constitutionnel ait été ramené à l'avant-scène politique et porté à son paroxysme.

1. L'Acte de 1867, une constitution colonialiste

L'insatisfaction des Québécois envers le régime politique actuel trouve ses racines dans le texte juridique même qui en est le fondement et dans le contexte politico-historique qui a entouré son élaboration et son adoption.

Concernant d'abord le texte de la Constitution qui était en quelque sorte un nouveau contrat d'association entre les deux nations du pays, deux aspects sont à considérer: la situation politique minoritaire des représentants québécois et francophones hors Québec et le partage des pouvoirs au profit de la majorité *canadienne*.

a) La situation de minoritaires

La Constitution a instauré un régime fédéral, c'est-à-dire une structure étatique à deux niveaux de gouvernement fondée sur la représentation proportionnelle de la population. En 1867, il y a quatre gouvernements provinciaux à la tête de quatre Etats fédérés et un gouvernement central dirigeant l'Etat fédéral. Au niveau des provinces, les francophones sont partout fortement minoritaires, à l'exception du Québec. Au Nouveau-Brunswick et en Nouvelle-Ecosse, selon le recensement de 1871, les Acadiens représentent 11.5% de la population, soit 44 907 sur 285 574 au Nouveau-Brunswick et 32 835 sur 387 800 en Nouvelle-Ecosse; en Ontario, les francophones d'origine québécoise ou acadienne sont 75 383 sur une population totale de 1 620 851, soit 14.14%.

Quant aux Québécois, au nombre de 929 817, ils représentent 78.2% de la population de leur territoire qui se chiffre alors à 1 191 516.

Au total, la population du nouveau Canada est de 3 485 761 et les francophones, qui ne sont que 1 082 940, représentent une portion de 31.07%. Les Canadiens français du Québec seuls ne sont que 26.6% de l'ensemble humain du Canada fédéral de 1867.

Il n'est pas difficile de voir l'implication politique de tels chiffres et de la représentation proportionnelle. Dans les premières législatures des cinq Parlements en cause, il n'y a que 99 députés francophones contre 402, soit 49 sur 181 au palier fédéral (27%), 1 sur 35 au Nouveau-Brunswick, 1 sur 38 en Nouvelle-Ecosse, 48 sur 65 au Québec et 0 sur 83 en Ontario.

Quand on sait que dans une démocratie, c'est la règle de la majorité qui s'applique et qui fait force de loi, on peut comprendre facilement l'insatisfaction des Québécois et des autres francophones profondément attachés au principe de l'égalité des deux peuples partenaires.

b) Le partage des pouvoirs

En accord avec la volonté des *Canadiens,* le partage des pouvoirs s'est fait nettement au profit du gouvernement fédéral devant être dominé par la majorité anglophone. C'est d'ailleurs un Etat unitaire et une union législative que désiraient les porte-paroles *canadiens,* John A. MacDonald en tête. Il a fallu beaucoup de ténacité et d'insistance au chef politique québécois Georges-Etienne Cartier et à ses supporters pour obtenir un système à caractère fédéral. Voici à ce propos, l'une des déclarations faites en 1865 par John A. MacDonald:

> "Quant aux avantages comparatifs d'une union législative et d'une union fédérale, je n'ai jamais hésité à dire que si la chose était praticable, une union législative eut été préférable. J'ai déclaré maintes et maintes fois que si nous pouvions avoir un gouvernement et un parlement pour toutes les provinces, nous aurions eu le gouvernement le meilleur, le moins dispendieux, le plus vigoureux et le plus fort. Mais... ce système... ne saurait rencontrer l'assentiment du peuple du Bas-Canada, qui sent que, dans la position particulière où il se trouve comme minorité, parlant un langage différent, et professant une foi différente de la majorité du peuple sous la Confédération, ses institutions, ses lois, ses associations nationales, qu'il estime hautement, pourraient avoir à en souffrir. C'est pourquoi il a été compris que toute proposition qui impliquerait l'absorption de l'individualité du Bas-Canada ne serait pas reçue avec faveur par le peuple de cette section."

Même s'ils ont dû faire des concessions aux représentants québécois, les *Canadiens* ont malgré tout imposé l'essentiel de ce qu'ils désiraient, ce qui a d'ailleurs fait dire à MacDonald:

> "Je suis heureux de croire que nous avons trouvé un plan de gouverne-

ment qui possède le double avantage de nous donner la puissance d'une union législative et la liberté d'une union fédérale, une protection enfin pour les intérêts locaux. (...) Nous avons déféré à la législature générale toutes les grandes questions de législation. Nous lui avons conféré, non seulement en les spécifiant et détaillant, tous les pouvoirs inhérents à la souveraineté et à la citoyenneté, mais nous avons expressément déclaré que tous les sujets d'intérêt général, non délégués aux législatures locales, seraient du ressort du gouvernement fédéral, et les matières locales, du ressort des gouvernements locaux. Par ce moyen, nous avons donné de la force au gouvernement général (...).''

Une brève analyse du partage des pouvoirs rend évident le caractère du régime mis sur pied en 1867 et ses conséquences pour les Québécois minoritaires ainsi que pour les Acadiens et les francophones hors Québec. Ainsi, selon le texte constitutionnel, les compétences législatives sont ainsi définies:

- compétences fédérales:
  — pouvoir de dépenser:
    le commerce interprovincial et international, les postes, la défense du pays, les pêcheries, le recensement et la statistique, la monnaie, les banques, les lettres de changes, l'intérêt de l'argent, les faillites, les droits d'auteur et les brevets d'invention, les poids et mesures, la citoyenneté, le mariage et le divorce, les Amérindiens, le droit criminel, les pénitenciers, la navigation, les travaux publics interprovinciaux et le transport par eau;
  — pouvoir d'imposer:
    le prélèvement par tous modes ou systèmes de taxation, particulièrement les douanes et les accises. En somme, un pouvoir illimité de taxer;
- compétences provinciales:
  — pouvoir de dépenser:
    les prisons, les hopitaux, les institutions municipales, la célébration du mariage, la propriété et les droits civils, l'administration de la justice, l'éducation, les travaux publics locaux, la propriété des terres et des ressources naturelles et de façon générale, toutes les matières qui, dans la province, sont d'une nature purement locale ou privée;
  — pouvoir d'imposer:
    toutes contributions directes en vue de prélever des revenus pour la province ainsi que les revenus des permis et licences;
- compétences partagées entre les deux ordres de gouvernement:

— agriculture et immigration.

Par ailleurs, le gouvernement fédéral est investi de certains autres pouvoirs importants découlant directement du texte constitutionnel:

- les pouvoirs résiduaires: cela signifie que le gouvernement fédéral a compétence pour tout ce qui n'est pas explicitement défini et réservé aux provinces et pour tout ce qui n'a pas été prévu par l'Acte de 1867, par exemple les communications et le transport aérien;

- le pouvoir de désaveu: la Constitution permet au gouvernement fédéral de déclarer une loi provinciale anticonstitutionnelle et de la rendre ainsi invalide;

- le pouvoir de nomination: la responsabilité de nommer le chef du pouvoir exécutif d'une province, le lieutenant-gouverneur, et les magistrats et juges les plus importants dans les provinces revient exclusivement au gouvernement central;

- le pouvoir prépondérant: s'il arrive qu'une loi provinciale soit en conflit avec une loi fédérale portant sur des domaines similaires, la loi fédérale peut avoir prépondérance. C'est clairement le cas en agriculture et en immigration;

- le pouvoir déclaratoire: il s'agit du droit du Parlement fédéral de décider unilatéralement que des entreprises sont de l'avantage général du Canada et que, par conséquent, elles relèvent d'Ottawa plutôt que des provinces;

- le pouvoir général de légiférer: la Constitution permet au Parlement fédéral de faire des lois pour la paix, l'ordre et le bon gouvernement. C'est une responsabilité générale envers le bien commun, ce qui permet au gouvernement central d'intervenir s'il juge cela dans l'intérêt "national";

- le pouvoir de dépenser: disposant de toutes les sources de revenus possibles et d'un droit de législation et d'intervention considérable, le gouvernement fédéral a, en somme, le pouvoir absolu de dépenser son argent comme il l'entend;

- le pouvoir d'urgence: grâce à la compétence exclusive sur la défense militaire et au pouvoir de légiférer pour la paix et l'ordre, le gouvernement fédéral peut, lorsqu'il croit qu'un état d'urgence existe, légiférer dans tous les domaines à la place des provinces;

- le pouvoir implicite: Ottawa peut s'acquitter de certaines responsabilités connexes à celles qui lui sont dévolues par la

Constitution en envahissant le champ des provinces s'il le juge nécessaire.

Précisons également au chapitre des revenus qu'au moment de l'adoption de la Constitution, les taxes indirectes (douanes et accises) représentent environ 80% de l'assiette fiscale globale alors que le reste provient de l'octroi des permis de coupe de bois, de licences pour les cabarets et les boutiques et la vente des terres de la couronne. Quant aux taxes directes, comme elles sont alors très impopulaires, on préfère les laisser pour le moment aux provinces pensant que celles-ci n'oseront jamais les utiliser.

Il importe enfin de souligner que ce partage des compétences n'est pas clair et qu'il laisse place à passablement d'interprétations notamment parce qu'il crée de nombreuses "zones grises" en ne prévoyant pas toutes les compétences nécessaires à un Etat moderne. Quoi qu'il en soit, on peut dire sans se tromper que les grands leviers politiques touchant l'économie et la technique relèvent du fédéral alors que ce qui concerne la culture et le développement social, à quelques exceptions près (mariage et divorce, droit criminel, Amérindiens, pénitenciers et hôpitaux militaires), est laissé aux provinces.

Comme l'a indiqué la Commission Tremblay, le gouvernement central se voit confier les grands services généraux, militaires, administratifs et techniques, mais on réserve aux provinces tout — sauf les exceptions mentionnées plus haut — ce qui concerne l'organisation sociale, civile, familiale, scolaire, municipale, tout ce qui touche le plus à l'humain et qui influe davantage sur la manière de vivre du citoyen.

Toutefois, on ne peut nier que l'Acte de 1867 confie une partie importante des instruments collectifs de développement des Québécois à des étrangers, à un gouvernement, un Parlement et une administration publique majoritairement dominés par des gens d'une autre nationalité, d'un autre génie. Il s'agit, en définitive, bel et bien d'un contrôle extérieur sur le peuple québécois dont l'une des dimensions importantes est qu'il ne jouit même pas juridiquement de l'intégrité de son territoire.

A ce propos, les recherches du juriste Jacques Brossard démontrent qu'indépendamment de la réalité fédéraliste du partage de la compétence étatique, l'intégrité du territoire québécois est singulièrement affectée par le texte de l'Acte de 1867. Celui-ci octroie en effet à l'Etat fédéral des droits de propriétés privilégiés sur les territoires provinciaux. Ainsi, l'Etat fédéral est pleinement propriétaire au Québec des canaux, des ports publics, des phares, des quais, des chemins de fer, des routes militaires, des maisons de douane, des bureaux de postes, des arsenaux et des dépôts militaires. De plus, grâce à son pouvoir déclaratoire, à son pouvoir général d'agir pour les besoins publics et généraux et à son pouvoir d'urgence, le gouvernement central jouit de droits très étendus d'expropriation à l'encontre des terres et des immeubles appartenant à l'Etat du Québec ou situés sur son territoire. A la limite, n'importe quelle propriété provinciale peut être "prise" par le fédéral en toute légalité.

Au contraire, le gouvernement québécois ne peut pas exproprier les terrains et immeubles appartement à l'Etat fédéral, ni reprendre ainsi ceux qui échappent à l'exercice de ses compétences en vertu de lois fédérales valides.

Quant aux compétences législatives, elles sont bien sûr nettement à l'avantage du pouvoir fédéral. La législation fédérale est ainsi prioritaire à l'égard de toutes les propriétés du gouvernement central, y compris dans les domaines de compétence provinciale, et elle peut s'appliquer quelles que soient les dispositions des lois québécoises ou des règlements de ses municipalités. Cette priorité s'applique aussi sur les vastes portions du territoire québécois théoriquement propriété du Québec, mais sur lesquelles le gouvernement fédéral exerce des compétences exclusives comme les affaires amérindiennes, la navigation et les pêcheries. Tout cela affecte nécessairement les droits de propriétaire du Québec; non seulement sa compétence territoriale est diminuée mais l'exercice de ses pouvoirs peut être paralysé, comme par exemple en matière d'urbanisme ou d'aménagement du territoire, dans le voisinage des aéroports ou des ports publics.

Le Québec ne peut enfin légiférer sur son propre territoire, même dans les domaines de sa compétence, qu'en l'absence de toute loi fédérale ou de façon compatible avec celle-ci. C'est donc dire que son autonomie interne réelle est passablement amputée et que sa dépendance de l'extérieur est très grande.

c) Les réactions des Québécois

Une analyse des documents de l'époque et des recherches des historiens permet d'affirmer que le régime adopté en 1867 ne correspondait aucunement aux voeux de la majorité des Québécois, lesquels craignaient par-dessus tout l'assimilation et l'absorption de l'individualité du Bas-Canada.

Bien brièvement, leurs voeux se résumaient à deux conditions fondamentales: que l'union soit fédérative et même confédérative plutôt que législative unitaire et que, dans cette union, non seulement ils soient reconnus comme groupe national distinct, placé sur un pied d'égalité avec l'autre peuple, mais que le Bas-Canada jouisse de toute l'autonomie nécessaire à la conservation et à l'épanouissement de sa vie nationale propre. En somme, pour les Québécois, le principe du fédéralisme voulait dire d'abord et avant tout la possibilité d'être maîtres chez eux et d'organiser leur vie nationale comme ils l'entendaient. En d'autres mots, ils désiraient une déconcentration réelle des pouvoirs politiques déterminants.

C'est ce qu'exprimait le chef de file des opposants à la constitution de 1867, le député Antoine-Aimé Dorion, lorsqu'il déclarait dans un manifeste adressé à ses électeurs du comté d'Hochelaga, à Montréal:

> "Mais pour qu'il y ait Confédération, il faut que les différents états liés entre eux pour les mesures d'intérêt général conservent leur indépendance propre pour tout ce qui concerne leur gouvernement intérieur. Or, quelle indépendance les différentes provinces réunies sous la constitution proposée conserveront-elles, avec un gouvernement général exerçant une autorité souveraine, non seulement sur les mesures d'intérêt général, mais encore sur la plupart des questions de régie intérieure, et un contrôle direct sur tous les actes des législatures locales! Quelle indépendance conserveront-elles, si elles sont privées en droit de régler leurs lois criminelles, leurs lois commerciales, et si elles ne peuvent modifier leurs lois civiles et municipales, les lois concernant l'instruction publique et autres questions semblables, qu'avec l'approbation du gouvernement général (...) si elles n'ont pas même le droit de déterminer la constitution de leurs tribunaux et de nommer les juges qui doivent veiller à l'exécution de leurs lois?

> "Ce n'est donc pas une Confédération qui nous est proposée, mais tout simplement une Union législative déguisée sous le nom de confédération, parce que l'on a donné à chaque province un simulacre de gouvernement sans autre autorité que celle qu'il exercera sous le bon plaisir du gouvernement central."

Connaissant assurément la différence entre les mots fédération et confédération*, Antoine-Aimé Dorion voulait pour les siens "une confédération réelle, donnant les plus grands pouvoirs aux gouvernements locaux et seulement une autorité déléguée au gouvernement général". Une sorte de souveraineté-association!

On ne peut douter que cette idée particulière de l'union entre les deux peuples rencontrait les vues de la majorité des Québécois et des autres francophones surtout quand cette confirmation vient de

---

* Ces termes sont clairement définis dans le chapitre 5 de la première partie du volume II.

la bouche même d'éminents *Canadiens*. Ainsi, dans un discours prononcé le 15 février 1865, M. Sanborn, conseiller législatif, déclarait:

"Je regarde comme certain que les sujets britanniques d'origine franco-canadienne généralement entretiennent des sentiments de cette nature; c'est-à-dire qu'ils désirent d'amples pouvoirs pour les gouvernement locaux; de fait, ils voudraient que les gouvernements locaux fussent les véritables gouvernements, et que la Fédération ne fût que nominale, pour des fins mineures, et n'eut que de faibles pouvoirs dans le gouvernement central."

Le lieutenant-gouverneur du Nouveau-Brunswick pour sa part indiquait dans un rapport au secrétaire aux colonies:

"Une union fédérale, selon que l'entend un habitant du Bas-Canada, veut dire, d'ordinaire, l'indépendance de sa province des influences anglaises et protestantes."

Face à une telle conception du régime politique devant prévaloir au Canada, on peut se demander pourquoi les Québécois et les autres francophones ont finalement accepté, après des protestations et des dénonciations non équivoques, l'Acte de l'Amérique du Nord britannique. La réponse, en fait, est assez simple.

D'abord, comme peuple, ils n'avaient pas le choix. La puissance du nombre et de la force politico-économique jouait contre eux moins de 30 ans seulement après le soulèvement avorté de 1837-38 et la répression sauvage qui avait suivi. Puis, il faut dire qu'ils n'ont pas été consultés. On a refusé la tenue d'un référendum réclamé par Antoine-Aimé Dorion. Enfin, les élites de la nation étaient partagées tant à cause de leurs intérêts particuliers (de parti, de classe ou d'affaires) qu'à cause de leurs perceptions différentes de la signification et de la portée du projet. Sur les 48 députés francophones qui se sont prononcés, 26 ont approuvé le projet et 22 l'on rejetté. La plupart de ceux qui ont appuyé la nouvelle constitution l'ont fait en étant convaincus que le nouveau régime répondait aux attentes et aux exigences de leurs compatriotes. D'ailleurs, les principaux promoteurs québécois du nouveau régime, Cartier, Langevin, Taché, Belleau, n'ont cessé de le présenter ainsi tant avant qu'après 1867. Comme l'a signalé dans son rapport la Commission Tremblay, "ils rediront (sans cesse): soyez sans crainte pour l'avenir. Le régime fédératif que nous avons obtenu équivaut à une séparation des provinces, et par là le Bas-Canada conservera son autonomie avec toutes les institutions qui lui sont si chères et sur lesquelles il pourra exercer la surveillance nécessaire pour les préserver de tout danger. C'est l'argument dont se serviront à satiété, pour vaincre la résistance de leurs compatriotes, tous les chefs canadiens français".

Pourtant, l'histoire montre qu'ils ont eu tort et les événements se sont chargés rapidement de le démontrer d'une façon éclatante tout en ranimant et en accentuant l'insatisfaction première.

2. L'accroissement du contrôle extérieur

Du point de vue québécois, ce n'est pas tout d'établir que la constitution de 1867 était (et est encore) insatisfaisante tant sous l'angle de la force politique réelle que sous celui de l'autonomie effective. Reste encore à voir si la situation de départ a évolué de façon à stabiliser ou renforcer le contrôle extérieur sur le peuple québécois. A cet égard, voyons ce qu'il en est par rapport à sa force numérique et son autonomie.

a) La centralisation avant 1937

Si certains, au-delà de l'évidence, veulent voir dans le texte même de l'Acte de l'Amérique du Nord britannique un document instituant un fédéralisme authentique, surtout à cause de l'interprétation pro-provinciale qu'en a faite à plusieurs reprises le Comité judiciaire du Conseil privé de Londres, la pratique gouvernementale confirme, elle, d'une façon éclatante, le caractère centralisateur et unitaire du régime en vigueur depuis 1867 ainsi que son aspect colonialiste et impérialiste du point de vue québécois.

A l'instar de la Commission royale d'enquête sur les problèmes constitutionnels (Commission Tremblay), divisons l'analyse de cette pratique gouvernementale en quatre périodes dont les trois premières se situent avant 1937.

1) Première période: 1867 à 1896

Les premiers dirigeants politiques qui se trouvent placés à la tête du pouvoir fédéral lors de l'entrée en vigueur du nouveau régime sont ceux-là même qui l'ont mis sur pied. John A. MacDonald est premier ministre. Dès le début, il impose sa conception qui veut qu'envers les gouvernements locaux, le gouvernement général occupe exactement la même position que le gouvernement impérial à l'égard des colonies. En somme une politique impérialiste visant à donner aux *Canadiens* un véritable gouvernement national fort, par le biais d'une union législative.

Inspiré par la pensée de MacDonald, le gouvernement fédéral travaille durant les premières années à asseoir sa domination. Non seulement prend-t-il la direction des affaires dans le domaine économique mais il manifeste, dans ses relations avec les provinces, beaucoup de l'ancien paternalisme hautain qui imprégnait les mesures du parlement impérial durant les belles années de l'ère coloniale. Il prétend, entre autres, contrôler les gouvernements provinciaux au moyen des instructions données au lieutenant-gouverneur et par la menace du désaveu des mesures provinciales. Parmi les mesures centralisatrices dignes de mention, citons:

- l'institution en 1875 de la Cour suprême malgré les objections des députés québécois qui y voient une menace pour l'avenir des lois civiles françaises;

- la destitution en 1878 du lieutenant-gouverneur de la province de Québec, M. Letellier de Saint-Just;

- l'usage fréquent du pouvoir de désaveu. En dix ans, le gouvernement fédéral réserve 39 lois provinciales et en désavoue 29 pour divers motifs.

2) Deuxième période: 1896 à 1920

Alors qu'au cours des premières années du nouveau régime, le gouvernement fédéral avait agi d'une façon brutale et rustre envers les provinces, provoquant ainsi des mouvements d'affirmation d'autonomie provinciale, durant le début du 20ième siècle, il procède plus habilement par le biais des besoins financiers accrus des provinces. Profitant du fait que celles-ci n'osent pas utiliser la taxation directe et cherchent à faire augmenter les subventions qu'il leur verse annuellement depuis 1867, le gouvernement fédéral instaure le principe des subventions conditionnelles. Ainsi, Ottawa accepte non seulement d'augmenter les subventions prévues par la Constitution mais il en offre d'autres à condition toutefois d'avoir un droit de regard, et parfois même de contrôle, sur leur utilisation et cela même s'il s'agit de domaines de compétence provinciale comme l'instruction agricole (1913), l'organisation des bureaux provinciaux de placement (1918), l'enseignement technique (1919), la construction de routes (1919) et la lutte aux maladies vénériennes (1919).

Sur le terrain social, le gouvernement fédéral fait ses premières tentatives. En 1907, il fait adopter la loi des enquêtes en matière de différends industriels qui tend à réglementer le droit de grève. Le conseil privé désavouera cette législation. En 1908, il établit une sorte de système de pensions de vieillesse, système libre et volontaire appelé "rentes sur l'Etat", et, en 1919, après le programme de lutte aux maladies vénériennes, il crée un ministère de l'Hygiène publique ayant pour mission de coordonner les diverses activités des gouvernements en matière de santé.

Toutes ces conquêtes fédérales durant cette période sont toutefois éclipsées en éclat par une opération menée sur le front fiscal. En 1914, survient la Guerre mondiale. Pressé alors à son tour par de nouveaux besoins financiers, le gouvernement fédéral s'introduit dans le champ d'impôt direct, jusque là occupé uniquement par les provinces et devenu avec les années la plus rentable source de revenus publics. La guerre est en fait l'occasion idéale pour les dirigeants fédéraux de laisser libre cours à leur volonté centralisatrice et impérialiste. Au début, cela devait être une mesure provisoire mais le conflit terminé, elle devient permanente. Plus grave encore: non seulement Ottawa reste-t-il dans le champ de l'impôt sur le revenu mais il y occupe rapidement tellement de place que les provinces en sont pratiquement évincées, ce qui réduit à peu de chose leur autonomie fiscale, et cela en dépit de leurs pressants besoins financiers au temps de la crise économique de 1929 et en dépit aussi de la lettre et de l'esprit de la Constitution.

Cette seconde période s'achève avec une tentative vite avortée d'Ottawa de contrôler tous les emprunts des provinces.

3) Troisième période: 1920 à 1937

Les années qui suivent la Première Guerre mondiale apportent une certaine prospérité économique et une accalmie sur le front constitutionnel. Il y a cependant une exception: la politique fédérale des subventions conditionnelles s'amplifie durant cette période pour atteindre un sommet en 1927 avec la loi sur les pensions de vieillesse, une intrusion directe, claire et nette du domaine social, compétence exclusive des provinces. Cet envahissement fédéral est digne de mention car jamais auparavant une telle action n'avait eu un caractère aussi permanent. Même la Chambre de commerce de la province de Québec ne peut s'empêcher de dénoncer le fait.

La situation des premières années d'après-guerre ne dure pas longtemps. La crise économique mondiale de 1929 ne tarde pas à faire sentir ses effets néfastes au Canada. Aux prises avec une situation socio-économique qu'ils n'avaient jamais connue, beaucoup de *Canadiens* sont amenés à croire que seule l'intervention vigoureuse du pouvoir fédéral permettrait d'obvier aux difficultés économiques et à l'inégale répartition du fardeau. Nombreux sont les intellectuels *canadiens* qui réclament tout haut un retour à la politique de Mac-Donald et qui cherchent à convaincre les dirigeants fédéraux qu'ils doivent prendre l'initiative sans se laisser arrêter par des considérations de respect de l'autonomie des provinces.

Il n'en faut pas plus pour convaincre les conservateurs qui, en 1930, reprennent le pouvoir de revenir à leur politique traditionnelle. Le gouvernement central entreprend d'abord de venir en aide aux provinces par le biais de subventions aux travaux publics. Puis, pour faire face à la révolte sociale qui gronde particulièrement dans l'Ouest, Ottawa décide de lancer un nouveau programme économique et social. En 1934, il crée la Banque du Canada et l'année suivante, s'inspirant de travaux étrangers élaborés au Bureau international du travail, il fait adopter une série de lois sociales nettement anticonstitutionnelles se rapportant au repos hebdomadaire dans les établissements industriels, au salaire minimum, à la journée de huit heures, au placement et aux assurances sociales (dont l'assurance-chômage). Une fois de plus, le fédéral profite de ses énormes sources de revenus pour s'introduire dans une sphère de juridiction provinciale.

On peut également noter que cette période voit se produire la centralisation de l'administration des ports par la suppression des commissions locales (1936) et la création (1932) de la Commission canadienne de la radiodiffusion, après une décision défavorable du Conseil privé à l'endroit du Québec qui, dès 1929, avait pourtant adopté sa propre législation. Toutefois, en contre-partie, le Conseil privé clôt cette période en condamnant l'intrusion fédérale dans le domaine social. Ainsi, en janvier 1937, il déclare anticonstitutionnelle la loi fédérale sur le placement et les assurances sociales et rejette la prétention d'Ottawa voulant que la signature d'une entente internationale lui donne le droit de légiférer en toute matière, y compris de juridiction provinciale, pour la faire appliquer.

b) La centralisation depuis 1937

Lorsqu'il prend le pouvoir en 1935, le chef libéral Mackenzie King, fidèle à la tradition de son parti, se montre prudent à l'égard de l'intervention de l'Etat et de la centralisation. Cependant, assez rapidement, le Parti libéral change d'orientation et reprend à son compte l'idéal macdonaldien avec même plus d'énergie et de détermination que tous ses prédécesseurs. C'est le début de l'ère du "nouveau fédéralisme canadien" dont l'objectif principal est d'assurer au gouvernement central pleine liberté d'action et prépondérance dans le triple domaine économique, social et fiscal, cela au nom des exigences pratiques de théories économiques et sociales toutes prometteuses de prospérité. On peut identifier quatre causes profondes au changement d'orientation qui marque cette période:

- des pressions plus fortes que jamais de l'élite intellectuelle *canadienne* qui ne cesse de réclamer l'action énergique du gouvernement fédéral dans les domaines social et économique;
- la publication en 1936 par un célèbre économiste anglais, Lord John-Maynard Keynes, d'un livre à succès prônant, dans le cadre d'un régime capitaliste, l'intervention vigoureuse des gouvernements dans l'économie et, par voie de conséquence, la centralisation des principaux pouvoirs de direction. Les disciples de Keynes sont nombreux dans l'entourage du gouvernement fédéral et ils ne manquent pas de faire passer leurs idées dans les projets qu'ils lui suggèrent ou qu'ils lui recommandent;
- l'action de la Commission royale Rowell-Sirois chargée en 1937 d'examiner les bases sur lesquelles repose le pacte fédératif du point de vue financier et économique ainsi que l'attribution des pouvoirs législatifs à la lumière des développements économiques et sociaux depuis 1867. En créant cette commission, l'intention du gouvernement fédéral est claire. On peut lire dans son décret qu'il serait nécessaire d'attribuer aux provinces "de nouvelles sources de revenu ou de réduire leur responsabilité constitutionnelle..., à moins qu'il ne soit usé des deux méthodes". Déposé en 1940, le rapport de la Commission est explicite: il faut concentrer encore davantage entre les mains du gouvernement central les pouvoirs fiscaux, ne laissant aux provinces que les droits de moindre importance. Notamment, le gouvernement fédéral devrait recevoir le droit exclusif de percevoir les impôts successoraux et l'impôt sur le revenu des personnes aussi bien que des sociétés, car c'est lui qui doit être le premier et grand maître d'oeuvre en matière économique et sociale et cela, selon le rapport, du désir même des Pères de l'Acte de 1867. Comme le dira plus tard la Commission Tremblay, "c'est une solution en plein conforme aux idées de John-A. MacDonald, puisqu'elle a pour résultat immédiat d'assurer non seulement la prépondérance, mais l'omnipotence du gouvernement central dans le domaine fiscal et financier". La centralisation devient justifiée par la nécessité d'atteindre l'efficacité administrative et la

prospérité socio-économique. Le rapport Rowell-Sirois est capital puisqu'il formule pour la première fois la thèse centralisatrice du fédéral, du moins sous son aspect historique et juridique;

- les difficultés économiques d'avant-guerre et la Deuxième Guerre mondiale elle-même.

La nouvelle politique impérialiste du gouvernement fédéral à partir de 1937 se fait sentir sur plusieurs fronts que l'on peut regrouper sous trois catégories principales: le partage fiscal, les amendements à la Constitution et les dépenses pour fins provinciales. Cependant, avant de passer en revue l'action du gouvernement central sur ces fronts, précisons ici que durant cette période, les années 1960-68 ont été les témoins d'un certain ralentissement de l'avance fédérale en terrain provincial et en particulier québécois. La présence au pouvoir, à Québec, durant ces années, d'équipes gouvernementales plus fortes, plus modernes et plus conscientes de leurs responsabilités nationales a donné lieu à plusieurs efforts de reconquête des domaines provinciaux déjà occupés ou sur le point de l'être par le fédéral. Toutefois, l'arrivée au pouvoir à Ottawa et à Québec du tandem libéral formé de Pierre Elliot-Trudeau, en 1968, et de Robert Bourassa, en 1970, s'est soldée par une contre-offensive fédérale faisant en sorte que les résultats obtenus au cours des années précédentes n'ont pas eu la portée qu'ils auraient pu avoir. La centralisation s'est en fait accrue d'une façon inégalée jusqu'alors. L'élaboration et la publication en 1968 d'un Livre blanc fédéral, *Le fédéralisme et l'avenir*, a été à ce propos le coup d'envoi de la nouvelle offensive visant à faire du gouvernement du Canada un gouvernement moderne et fort dont les principaux domaines de responsabilité devaient être la politique économique, l'égalité des chances, le développement technologique et culturel et les affaires étrangères. Face à cette situation, Claude Morin, actuel ministre québécois des Affaires intergouvernementales et ancien sous-ministre du même ministère de 1963 à 1971, déclarait dans un livre en 1972:

"On a parfois pu avoir l'impression que depuis 1960, le gouvernement du Québec avait réussi, par négociation avec Ottawa, à étendre le champ de ses compétences. En réalité, la plupart des "gains" québécois considérés comme significatifs à l'époque ont été réalisés non pas dans des domaines jusque-là fédéraux, mais dans des secteurs provinciaux qu'avec le temps et avec l'aide de son pouvoir de dépenser Ottawa avait fini par occuper ou qu'il s'apprêtait à contrôler. Dans cette perspective, il s'est donc moins agi d'une "avance" québécoise en terrain fédéral que de la suspension temporaire et partielle, de 1964 à

1968 environ, d'un mouvement de centralisation vers Ottawa des leviers gouvernementaux de commande. Toutefois, tous les "gains" québécois effectués pendant cette courte période, et généralement à l'occasion de crises entre le fédéral et les provinces, ont été provisoires sauf ceux qui corrigeaient partiellement la répartition des ressources fiscales et financières et qui valaient d'ailleurs pour toutes les provinces. Ces gains ne comportaient en effet aucune garantie de permanence. Par la suite, notamment à compter de 1970, Ottawa a donc pu systématiquement tenter de les réduire en s'efforçant de la sorte de confirmer des pouvoirs "fédéraux" qui avaient un moment été mis en cause. Il résulte de tout cela que depuis une dizaine d'années, non seulement les "gains" québécois n'ont pas valu au Québec d'accroissement substantiel de sa force politique, mais les problèmes qui se posent entre Ottawa et Québec demeurent plus nombreux que jamais."

La prise en charge du pouvoir québécois par un gouvernement indépendantiste, le 15 novembre 1976, a permis un renforcement de la position du Québec et la reprise du combat contre la centralisation. Celui-ci est cependant loin d'être gagné. Voyons maintenant les gains fédéraux depuis 1937.

1) Le partage fiscal

De toutes les recommandations que comporte le rapport Rowell-Sirois aucune n'est plus alléchante aux yeux d'Ottawa que celle qui lui attribue le monopole d'imposition et de perception des impôts sur le revenu des particuliers et des corporations, de loin les sources de revenus les plus importantes. Dès le dépôt du rapport, Mackenzie King convoque ses homologues provinciaux pour étudier et adopter si possible les recommandations de la Commission d'enquête. Il veut profiter du temps de guerre pour faire adopter sa position. La conférence a lieu en janvier 1941 dans la capitale fédérale mais elle aboutit vite à un échec, trois provinces dont le Québec refusant de discuter du rapport Rowell-Sirois.

Pour le gouvernement, ce n'est cependant que partie remise. Avec ou sans le consentement des provinces, il est décidé à poursuivre la politique financière de guerre qu'il juge nécessaire, en s'appuyant sur la Loi des mesures de guerre et sur son pouvoir illimité de taxer. Quelques mois plus tard, il revient donc à la charge mais cette fois en limitant son projet pour la durée de la guerre.

Moralement tenus à participer à l'effort de guerre et rassurés par la promesse de la durée limitée, les gouvernements provinciaux acceptent tous l'offre fédérale. En mai 1942, le parlement du Québec adopte la "Loi concernant une convention entre le gouvernement fédéral et la province pour la suspension de certaines taxes en temps de guerre". Une fois de plus, les Québécois acceptent un compromis dangereux sur la base d'une illusion. La plus grande part de leur assiette fiscale passe sous le contrôle d'un gouvernement extérieur.

La guerre n'est pas encore terminée quand, au mois d'août 1945, s'ouvre à Ottawa la conférence dite "du rétablissement", réunissant les gouvernements fédéral et provinciaux. Le gouvernement central s'y était longuement préparé et présente aux premiers ministres provinciaux un plan détaillé de politique d'après-guerre non seulement d'ordre financier mais aussi d'ordre économique et social. Bien entendu, fidèle à lui-même, le gouvernement fédéral, après avoir été l'unique auteur de cette *New National Policy,* entend en être le principal réalisateur.

Pour ce faire, il a besoin de ressources financières considérables. Aussi propose-t-il aux gouvernements provinciaux d'accepter de continuer à lui laisser l'exclusivité des impôts sur le revenu des particuliers, sur les sociétés commerciales et les successions en échange de subventions annuelles plus généreuses. De la même façon qu'en 1941, la conférence aboutit à un échec mais, comme précédemment, Ottawa n'abandonne pas la partie. Au début de 1947, il revient à la charge avec un nouveau projet de subventions proposant deux formules pour déterminer le montant du minimum annuel garanti aux provinces.* Cette fois l'opération réussit et bientôt huit provinces sur 10 abdiquent une part importante de leur autonomie fiscale. Seul l'Ontario et le Québec, qui qualifient l'affaire du "plus odieux marchandage de l'histoire canadienne", demeurent en dehors de la nouvelle structure financière. Cependant, lors des nouveaux arrangements fiscaux de 1962, le Québec se retrouve seul et pour de bon, car depuis, tous les cinq ans, les autres provinces canadiennes reconduisent l'entente intervenue avec le fédéral.

---

* La première formule établissait ce montant grâce aux trois éléments suivants:
1. un versement de \$12.75 par tête, établi en conformité du chiffre de la population de chaque province en 1942;
2. la moitié des recettes de la province provenant de l'impôt sur le revenu des particuliers et des sociétés pendant l'année financière dont le terme est le plus rapproché du 31 décembre 1940, conformément aux accords fiscaux du temps de guerre;
3. la somme des subventions statutaires payables en 1947. La seconde formule accordait à une province le droit de toucher une indemnité annuelle garantie égale au total des subventions statutaires payables en 1947, plus un montant de \$15.00 par habitant, calculé selon le chiffre de la population de la province en 1942.

A la suite de ce coup de maître qui oblige depuis les gouvernements du Québec à un perpétuel quémandage pour récupérer des revenus suffisants sans pénaliser outrancièrement les citoyens, Ottawa consolide sa position. A partir de 1967-68, il freine les transferts fiscaux ou financiers aux provinces, et surtout au Québec, afin d'augmenter ses propres recettes pour pouvoir ainsi être en mesure de s'engager à plein dans le contrôle absolu des destinées canadiennes. En 1970, le gouvernement du Québec ne contrôle encore que 20% de l'impôt sur le profit des compagnies et il dispose de façon inconditionnelle de moins de 20% de l'impôt total sur le revenu des particuliers.* L'une des plus spectaculaires actions fiscales vient ensuite en 1978, lorsque le ministre fédéral des Finances tente de forcer une abolition partielle de la taxe de vente provinciale en échange d'alléchantes subventions. Encore une fois, le Québec est seul à réagir et à cause de cela il se voit une fois de plus pénalisé financièrement. Le conflit qui se produit alors est même l'occasion pour le gouvernement fédéral de suggérer au Québec l'abolition pure et simple de son ministère du Revenu!

2) Les amendements à la Constitution

Le temps de guerre donne lieu aussi à une offensive fédérale sur le front constitutionnel. La question concerne surtout la modification de la Constitution et la méthode pour y arriver. Dans le passé, cette question s'était posée à plusieurs reprises au Parlement fédéral et spécialement lors des conférences réunissant les gouvernements fédéral et provinciaux de 1927, de 1931 et de 1935. A chaque fois, Ottawa s'était heurté à l'opposition des provinces à toute modification de l'Acte de 1867 sans leur consentement. Pour les provinces, la Constitution était le résultat d'un contrat, d'un traité entre elles et en conséquence, il fallait un consentement unanime pour la modi-

---

* Jusqu'aux "arrangements fiscaux" de 1972-77, la masse fiscale de base correspondait à 100 points pour l'impôt sur le revenu des particuliers. En 1970, le gouvernement du Québec dispose de 50 points dont seulement 24 lui ont été cédés d'une façon inconditionnelle par Ottawa. En tenant compte du fait que, dans les 100 points de base, il y a des impôts fédéraux sur le revenu des particuliers qui ne sont pas considérés (exemple: impôt sur la sécurité de la vieillesse), on constate que le Québec dispose de moins de 20% de l'impôt total sur le revenu des particuliers. Depuis 1972, ce système de correspondance et d'abattement ou de transfert fiscal est aboli. L'univers fiscal d'un gouvernement n'est plus déterminé en fonction de celui de l'autre. Chaque gouvernement établit la fiscalité qui lui convient et est complètement autonome dans ses décisions. Cela n'a pas réglé le problème de la répartition fiscale en regard des juridictions et des responsabilités mais il ne se pose plus de la même façon.

fier. Jusqu'au début des années trente, ce point de vue prévalait à tous les niveaux. Mais, par la suite, le gouvernement fédéral entreprend de le répudier.

En 1943, se pose le problème du réajustement obligatoire de la représentation à la Chambre des communes. Le gouvernement fédéral propose d'attendre après la guerre mais le Québec, particulièrement affecté par le retard du remaniement de la carte électorale, s'y oppose. Ottawa expose alors sa thèse qui peut se résumer ainsi: lorsque leurs pouvoirs et leurs privilèges ne sont pas en cause dans tout amendement constitutionnel que recherche le gouvernement fédéral, les gouvernements provinciaux n'ont besoin ni d'être consultés ni de donner leur assentiment.

En conséquence, Ottawa s'adresse directement au Parlement britannique et il obtient gain de cause.

La question n'est cependant pas définitivement réglée. En 1946, elle rebondit lorsque le gouvernement fédéral décide de transformer les bases mêmes du système de la représentation à la Chambre des communes. Pour cela, il faut modifier l'article 51 de la Constitution qui prévoit que le Québec doit avoir un nombre fixe de 65 députés. Comme la première fois, le Québec proteste avec énergie mais en vain. Le Parlement britannique, ne se reconnaissant aucun droit d'intervenir dans les problèmes internes canadiens, accepte à nouveau la demande d'Ottawa qu'il considère d'ailleurs comme une pure formalité.

Cette fois la route est bien ouverte à la légalisation de la thèse fédérale, ce qui se produit à peine trois ans plus tard. A l'automne 1949, le parlement de Londres accepte d'amender l'Acte de 1867 pour permettre au parlement du Canada de modifier la Constitution "quant aux affaires ne relevant pas de la compétence des législatures des provinces et ne touchant pas aux droits et privilèges constitutionnels des provinces, ni aux droits et privilèges actuels en matière d'éducation, ou relatifs à l'usage des langues française et anglaise". Avec cette victoire, le parlement d'Ottawa obtient ce qu'aucun autre parlement fédéral n'a ailleurs dans le monde.

Depuis lors, se poursuivent sans succès des négociations entre le gouvernement fédéral et les gouvernements provinciaux sur une méthode d'amendement à la Constitution dans les matières intéressant à la fois les autorités centrales et les autorités provinciales. Une entente sur une méthode générale d'amendement est la condition fédérale au retrait de son amendement de 1949. Or, cette entente n'est toujours pas intervenue, surtout parce que le Québec n'a jamais accepté de se voir imposer, par une majorité de voix obtenue sans lui, des amendements qui affecteraient son autonomie non seulement politique mais aussi culturelle, c'est-à-dire son pouvoir d'organiser lui-même sa vie sociale selon sa propre conception de l'homme et de la vie en société.

C'est la raison pour laquelle la conférence constitutionnelle de 1950 avorta et que l'accord intervenu en 1964 autour de la formule Fulton-Favreau fut finalement rejeté par le Québec au début de 1966. Cet accord, comme l'expliquait François-Albert Angers dans l'Action nationale de septembre 1965, instituait une formule double d'amendement où la règle de l'unanimité étant limitée et restreinte, on transformait un droit contractuel en une protection marginale des droits de la minorité. D'autre part, la règle générale aurait été l'amendement à la majorité des provinces sans tenir compte de l'existence des "deux" majorités dont parle même la Commission fédérale sur le bilinguisme et le biculturalisme. La formule Fulton-Favreau modifiait substantiellement la Constitution en permettant des aménagements pratiques et cela, sans le consentement de la "majorité" francophone. Elle concrétisait en quelque sorte la minorisation du pouvoir des provinces au profit du Parlement fédéral. En somme, la formule Fulton-Favreau soumettait carrément l'évolution politique du Québec au bon vouloir des autres provinces et du gouvernement central.

En 1971, à l'occasion de la conférence de Victoria groupant Ottawa et les provinces, le gouvernement fédéral proposa un texte de charte constitutionnelle qui comprenait une formule d'amendement; cette dernière stipulait que les principaux points garantis dans la Constitution ne pourraient être modifiés qu'avec l'assentiment du Parlement fédéral, des Assemblées législatives de deux provinces de l'Atlantique, de l'Ontario, du Québec et de deux provinces de l'Ouest représentant au moins 50% de la population de cette partie du pays. Le refus du Québec d'accepter en bloc la Charte fédérale empêcha cette formule d'être mise en vigueur.

C'est finalement l'amendement de 1949 qui amène le gouvernement central, en juin 1978, à déposer un nouveau projet de modification de la Constitution prévoyant une action unilatérale fédérale dans les secteurs de sa compétence exclusive comme la modification de la composition du Sénat et de la Cour suprême. Quant à la formule d'amendement, le gouvernement fédéral présente quatre options possibles: les deux anciennes formules ou deux nouvelles faisant intervenir le mécanisme de la consultation populaire référendaire.

Au chapitre des amendements à la Constitution, on peut par ailleurs inclure la décision unilatérale du gouvernement d'Ottawa d'abolir, en 1949, les appels en matière constitutionnelle au Comité judiciaire du Conseil privé de Londres qui, jusqu'alors, avait plutôt favorisé les vues des provinces. Dorénavant, c'est la Cour suprême du Canada (dont les membres, naturellement majoritairement anglophones, sont nommés uniquement par le fédéral) qui a la tâche de trancher les litiges constitutionnels. Bien vite, ce tribunal devient un précieux allié du gouvernement fédéral en faveur duquel il règle la plupart du temps les querelles constitutionnelles. La plupart des juristes les plus sérieux concèdent que les décisions de la Cour suprême favorisent la centralisation des pouvoirs et des ressources de l'Etat fédéral.* Le projet de réforme constitutionnelle de 1978 ne change en rien cette situation puisque le gouvernement fédéral continuerait de nommer seul les membres de ce tribunal.

3) Les dépenses fédérales dans le secteur social

Avant la Deuxième Guerre mondiale, le gouvernement fédéral, par divers moyens, avait déjà commencé à pénétrer dans le domaine

---

* En octobre 1978, le gouvernement québécois rendait publique une volumineuse étude de 400 pages sur *La Cour suprême et le partage des compétences 1949-1978*. Réalisée par un juriste de renom, Me Gilbert L'Ecuyer, cette étude indique clairement que, dans l'ensemble, les jugements rendus par la Cour suprême depuis son institution ont favorisé la centralisation des pouvoirs entre les mains du gouvernement fédéral. "Il ressort donc des jugements rendus par la Cour suprême depuis 1949 qu'ils ont été, au total, plus favorables au pouvoir fédéral que ne l'étaient les décisions antérieures, particulièrement celles du Comité judiciaire du Conseil privé" écrit Me L'Ecuyer.

Fait à noter l'auteur de l'étude estime qu'il est erronné de faire porter par la Cour suprême la tendance centralisatrice des dernières années puisque cette Cour, en définitive, a correctement interprété le texte constitutionnel. Selon Me L'Ecuyer, c'est l'Acte de 1867 lui-même qui est de nature centralisatrice par son libellé et l'intention de ses auteurs, et les décisions de la Cour suprême participeront nécessairement à cette tendance tant que le texte constitutionnel lui-même sera de cette nature.

"Suivant cette voie, précise Me L'Ecuyer, le Parlement (fédéral) pourra toujours invoquer ses pouvoirs généraux pour vider de leur substance des catégories de sujets par ailleurs attribués exclusivement aux provinces. Les pouvoirs généraux comme le pouvoir de légiférer pour la paix, l'ordre et le bon gouvernement, le pouvoir de dépenser, le pouvoir déclaratoire, le pouvoir ancillaire, le pouvoir d'empiéter et la prépondérance absolue des législations fédérales offrent un arsenal plus que suffisant à cet effet.

"En pratique, conclut l'auteur, on peut percevoir dans l'esprit qui préside à la répartition des compétences législatives au Canada, une étrange application du principe des vases communicants qui permet au Parlement central, malgré une énumération des matières dans le domaine exclusif provincial, de vider littéralement des compétences de leur contenu pour les faire passer dans le domaine fédéral prépondérant."

des affaires provinciales. A partir du moment où, d'une part, l'opinion publique *canadienne* le réclamait et, d'autre part, que ses revenus dépassaient les besoins relevant de sa juridiction propre, il était inévitable qu'il se laisse aller à ses vieux penchants impérialistes. La guerre 1939-1945 ne change pas cette orientation. Au contraire, elle ne fait qu'accroître et accélérer la dimension et le rythme du mouvement. Celui-ci prendra d'ailleurs une impulsion particulière à partir de 1967 alors qu'Ottawa plus que jamais interviendra sur le territoires des provinces et dans les secteurs qui, jusque-là, faisaient partie des zones grises de juridiction.

Commencée en 1907, l'intrusion fédérale dans les domaines de la santé et des services sociaux avait d'abord connu un premier coup de force en 1927 par l'adoption d'une loi sur les pensions de vieillesse. En 1935, avaient suivi six lois à caractère socio-économique dont l'une portait spécifiquement sur l'assurance-chômage et devait être désavouée par Londres en 1937. Cette défaite marque toutefois l'amorce de la nouvelle offensive fédérale.

Sans perdre de temps, Ottawa propose en effet dès 1937 un amendement constitutionnel l'autorisant à établir seul un régime pan-canadien d'assurance-chômage. En mai 1940, le rapport Rowell-Sirois, qui se prononce contre l'idée de plans provinciaux, lui fournit le coup de pouce nécessaire pour rallier toutes les provinces. Au Québec, les libéraux d'Adélard Godbout, qui ont pris le pouvoir l'année précédente, font preuve de mollesse devant les libéraux fédéraux de Mackenzie King.

En 1944, Ottawa poursuit sa marche en avant dans les services sociaux en mettant sur pied d'une façon unilatérale, sans se soucier de conclure une entente avec les provinces, un régime d'allocations familiales mensuelles pour tous les enfants de moins de 16 ans. Considérant que la loi fédérale attaque les droits exclusifs des provinces dans les domaines de la vie familiale, de l'éducation et du droit civil, Québec proteste avec véhémence mais rien n'y fait. Prétextant que sa loi ne veut nullement régir un secteur de juridiction provinciale, le gouvernement fédéral revendique le droit de dépenser à sa guise ses revenus et de le faire à ses conditions. Cette loi sur les allocations familiales sera modifiée en 1973.

L'année 1944 est également marquée par la création du ministère fédéral de la Santé "nationale" et du Bien-être social. Avec ce puissant outil d'intervention, Ottawa est en mesure de continuer sa progression. Au chapitre de la sécurité de la vieillesse, le gouvernement québécois avait attendu neuf ans avant d'adhérer au plan à frais partagés du fédéral. Maurice Duplessis n'avait cédé que pressé par l'opinion publique et fatigué de s'entendre répéter que son manque de collaboration faisait perdre des millions de dollars à la population de la province. Les Québécois étaient tombés dans le piège fédéral, tendu avec astuce, et, une fois dedans, Duplessis revenu au pouvoir n'ose pas entreprendre à nouveau la bataille pour s'en libérer. En 1951, il accepte donc un amendement constitutionnel faisant des pensions pour la sécurité de la vieillesse une juridiction partagée plutôt qu'exclusive aux provinces. L'entente est valide aussi pour l'assistance aux aveugles et aux invalides et rapidement trois lois fédérales viennent concrétiser les gains obtenus.

Par la suite, le gouvernement fédéral consolide sa position en créant en 1963 un régime universel et obligatoire de retraite. Cette fois, cependant, le Québec résiste et réussit à mettre sur pied son propre régime de rentes. Trois ans plus tard, Ottawa lance son programme général d'assistance sociale publique à frais partagés visant à soutenir l'intégration et l'amélioration des programmes d'assistance provinciaux et municipaux et à promouvoir le développement et l'extension des services de bien-être. Déjà en 1962, le fédéral avait créé un programme de subventions "nationales" au bien-être ayant pour mission de développer et de consolider des services de bien-être social.

Dans les années qui suivent, le ministère fédéral de la Santé et du Bien-être développe différents autres programmes d'assitance dans le domaine des loisirs pour personnes âgées, de la planification familiale, des situations d'urgence, de l'adoption, de la garde de jour et de la réadaptation.

Toute l'intervention fédérale en matière de services sociaux amène en 1969 la publication d'un Livre blanc *(La sécurité du revenu et les services sociaux au Canada)* et le dépôt, en mai 1978, d'un projet de loi établissant un nouveau système de financement des services sociaux au Canada.

Par ailleurs, dans le domaine de la santé, la création du ministère de la Santé et du Bien-être avait été précédée en 1943 par une loi sur l'aptitude physique "nationale", qui mettait sur pied différentes subventions conditionnelles.

A l'occasion de la conférence dite "du rétablissement", en 1945, Ottawa, fort des recommandations du rapport Rowell-Sirois, propose un ambitieux programme de sécurité sociale comportant, entre autres mesures, un projet d'assurance-santé, des subventions aux services de santé et une aide financière pour la construction d'hôpitaux. Les provinces refusent cette intrusion fédérale mais, en

1948, Ottawa réussit à faire adopter un vaste programme à frais partagés d'assistance financière dans le domaine de l'hygiène et de la santé dont l'administration est confiée au nouveau ministère.

Neuf ans plus tard, en 1957, c'est l'adoption de la loi fédérale de l'assurance-hospitalisation et des services diagnostiques et en 1962, la mise sur pied d'une Commission royale sur les services de santé en prévision de l'établissement d'un plan "national" d'assurance-santé. En 1966, vient la loi fédérale sur les soins médicaux, une nouvelle mesure tombant comme la Loi de 1957 dans la catégorie des subventions conditionnelles. En 1974, Ottawa publie un Livre blanc, *Les perspectives de santé au Canada,* qui est suivi en 1977 d'une nouvelle loi sur le financement des programmes de santé par laquelle le fédéral modifie mais maintient solidement sa présence dans le domaine de la santé.

4) Les dépenses fédérales dans le secteur culturel

Avant 1937, le gouvernement fédéral avait multiplié ses interventions en matière culturelle sans qu'il n'y paraisse trop. Il avait néanmoins assez bien réussi notamment par la création des Archives publiques en 1872, la mise sur pied de la Galerie "nationale" et de l'Académie royale des arts du Canada en 1880, la formation de la Commission des lieux et monuments historiques en 1911, le financement de l'enseignement agricole en 1913, puis de l'enseignement technique à partir de 1919, la fondation du Conseil "national" de recherches au cours de la Première Guerre mondiale, précédé par la création du Conseil "national" de l'éducation en 1919 et suivi de la Loi de l'enseignement professionnel en 1931, ainsi que de la formation de la Commission canadienne de la radiodiffusion en 1932.

Par la suite, la pénétration fédérale dans le domaine culturel se fait plus vigoureuse et plus ouverte. Le premier coup est donné en 1939 par la création de l'Office "national" du film dont la fonction consiste à entreprendre et favoriser la production et la distribution cinématographique dans "l'intérêt national". L'organisme sera réorganisé en 1950 et sera renforcé en 1967 par la création de la Société de développement de l'industrie cinématographique canadienne.

Par la suite, après une loi sur la coordination de l'enseignement professionnel en 1942, Ottawa constitue en 1949 une commission d'enquête sur les arts, les lettres et les sciences. La Commission Massey a principalement le mandat de définir les responsabilités en matière de radiodiffusion et de télédiffusion, le travail des agences fédérales dans le domaine culturel, la participation du gouvernement central aux relations internationales concernant les activités culturelles et le rôle d'appui et de support du gouvernement fédéral aux groupes de citoyens engagés dans les secteurs culturels.

Dans son rapport, qu'elle remet en 1951, la Commission cautionne entièrement l'intrusion fédérale. Distinguant subtilement entre l'éducation académique et l'éducation générale, extra-scolaire ou la "culture", elle soutient le droit et le devoir du gouvernement fédéral de s'occuper du bien commun culturel. Spécifiquement, elle recommande une aide financière fédérale aux universités, la création de bourses d'études pour les étudiants et les chercheurs, la mise sur pied d'un Conseil pour développer et favoriser l'étude et la jouissance des arts, des lettres, des humanités et des sciences sociales, organisme qui oeuvrerait à l'élaboration d'une politique culturelle canadienne et veillerait aux relations avec les organismes internationaux dont l'UNESCO; la Commission conseille aussi au gouvernement fédéral d'accroître son soutien aux groupes et aux particuliers engagés dans les différentes formes d'activités culturelles.

Un tel rapport est tout ce qu'il fallait au gouvernement fédéral pour entreprendre une vaste opération de centralisation culturelle. A peine le rapport est-il déposé qu'Ottawa met sur pied un programme de subventions aux universités. On doit dire cependant qu'il n'avait pas attendu le rapport pour investir le domaine de l'enseignement général supérieur. Les premières subventions directes aux universités avaient débuté à la fin de la guerre par le biais de l'aide à la réhabilitation des anciens combattants. En 1957, un Conseil des arts semblable à celui proposé voit le jour avec un budget annuel de $50 millions et un autre fonds de $50 millions pour venir en aide aux universités. En 1960, on assiste à la création du Conseil médical de recherches. Un pas majeur est ensuite franchi en 1963 par le regroupement de tous les services fédéraux intéressés aux affaires culturelles sous la responsabilité du secrétariat d'Etat qui devient ainsi un véritable ministère de la Culture. Dans les années qui suivent, celui-ci s'engage dans une ambitieuse offensive culturelle et éducative qui l'amène à soutenir financièrement de très nombreuses entreprises artistiques et une multitude de groupes de citoyens qui, par le biais de programmes temporaires de dépannage (Canada au Travail, Initiatives locales, Horizons nouveaux, etc.), s'engagent dans des activités à caractère culturel. Le secrétariat d'Etat se voit également confié la responsabilité de la politique linguistique et du programme de promotion du multiculturalisme lancé en 1971.

Parallèlement, en 1964, le gouvernement fédéral décide de garantir les prêts bancaires faits aux étudiants du niveau post-secondaire et d'établir un régime d'allocations scolaires à l'intention des jeunes de 16 et 17 ans. La réaction du Québec l'oblige cependant à faire des arrangements. En 1966, c'est l'institution d'un programme général de soutien financier en vue de répondre aux besoins urgents de formation du personnel sanitaire. En 1967, c'est au tour du secteur de l'éducation permanente via un programme de formation professionnelle des adultes. Puis viennent des manifestations d'intention d'investir le champ de la radio-télévision éducative et enfin la mise sur pied en 1970 de programmes d'aide aux provinces en vue de favoriser l'enseignement de l'anglais et du français. Signalons ici que toutes les interventions fédérales dans le secteur de l'éducation se regroupent dans l'une des trois catégories suivantes:

- celles se rattachant à certaines compétences exclusives ou partagées (Amérindiens, pénitenciers, défense, agriculture et immigration) qui comportent des dimensions éducatives;
- celles qui sont impliquées dans les activités d'organismes fédéraux (Radio-Canada, Office "national" du film);
- celles qui prennent la forme de subventions ou d'octrois en vertu du pouvoir de dépenser.

En 1973-74, les dépenses fédérales au titre de l'enseignement se sont élevées à $985 millions sans compter les sommes versées aux provinces en vertu de la loi sur les arrangements fiscaux entre les gouvernements et le coût de l'instruction dans les forces armées. Environ 66 ministères et organismes fédéraux participent d'une manière ou d'une autre au financement de l'enseignement. Pour l'année 1975-76, le gouvernement fédéral estime lui-même sa dépense totale en éducation à $2.7 milliards.

Par ailleurs, en 1966, le gouvernement fédéral ajoute une autre dimension à son intervention dans le secteur de la recherche. Il crée le Conseil des sciences du Canada qui doit, entre autres, voir à l'application de la science et de la technologie aux problèmes économiques et sociaux; puis, en 1971, il institue le ministère d'Etat aux sciences et à la technologie.

Dans le domaine des loisirs, par ailleurs, le fédéral avait commencé à manifester son intérêt dès 1961. Par le biais du sport amateur, puis par celui des activités de plusieurs organismes et ministères comme le secrétariat d'Etat, les parcs "nationaux", Environnement-Canada, le ministère de l'Expansion économique et régionale, le gouvernement central s'implique progressivement dans le développement des loisirs. Vers 1968, dès que le gouvernement du Québec manifeste son intention d'assumer une responsabilité directe en matière de loisir, dès qu'il devient évident que le loisir est beaucoup plus qu'une question d'épanouissement individuel, on assiste à un envahissement massif du fédéral. Pour la seule année 1975-76, Ottawa dépense au Québec plus de $70 millions au chapitre du loisir, sans compter les montants dépensés par la Direction des Affaires culturelles du ministère des Affaires extérieures, par Héritage Canada, par les Musées "nationaux", par l'Office "national" du film, par Radio-Canada, par le ministère des Communications. Aujourd'hui il y a même un programme spécial appelé "Loisirs-Canada" dont la dimension culturelle est non négligeable.

Quant au domaine de la radiodiffusion et des communications, après la première mesure législative en 1932 et l'établissement de la Société Radio-Canada en 1936, le gouvernement fédéral va plus loin en 1968 par la loi sur la radiodiffusion et la création du Conseil de la radiodiffusion et des télécommunications (C.R.T.C.), organisme chargé de réglementer toutes les entreprises oeuvrant, au Canada, dans ce domaine éminemment culturel. (Les pouvoirs du C.R.T.C. seront augmentés en 1976).

L'année suivante, en 1969, on assiste à la création du ministère fédéral des Communications, puis en 1974 vient le dépôt d'un projet de loi qui court-circuite tout le travail amorcé par le Québec et d'autres provinces depuis quelques années et qui néglige complètement leurs revendications notamment en matière de câblodistribution. Cette loi avait été précédée en février 1971 d'un document du C.R.T.C. qui indiquait l'intention du gouvernement fédéral d'utiliser la câblodistribution pour "sauvegarder, enrichir et raffermir la structure culturelle, politique, sociale et économique du Canada". Ce document devait être l'amorce d'une véritable guerre des communications.

Sur le front international finalement, les années soixante voient le gouvernement fédéral emboîter le pas au Québec pour la coopération culturelle et technique avec les pays francophones.

5) Les dépenses fédérales aux chapitres de la vie municipale,
   du transport et de l'aménagement du territoire

Pour fins de discussions, on peut sans peine regrouper les domaines de l'habitation, de la construction, du transport et de l'aménagement du territoire qui sont tous interliés dans une société fortement urbanisée où les affaires municipales, de juridiction provinciale exclusive, ont une place prépondérante.

Le gouvernement fédéral a commencé à s'occuper de l'habitation en 1918 lorsqu'il mit des fonds à la disposition des provinces pour que celles-ci à leur tour accordent des prêts aux municipalités. Mais c'est en 1935 qu'il adopta sa première législation générale sur l'habitation intitulée Loi fédérale du logement. Vinrent ensuite les lois "nationales" sur l'habitation en 1938 et 1944, puis en 1954.

Comme outil d'intervention, Ottawa met sur pied en 1945 la Société centrale d'hypothèques et de logement dont les fonds supportent notamment les activités du Conseil canadien de l'habitation, de l'Association canadienne d'urbanisme et du Conseil canadien de recherches urbaines et régionales. Les différents programmes d'aide financière ont une grande influence sur le type de milieu de vie des Québécois et sur leurs affaires municipales comme nous le verrons plus loin.

D'année en année depuis 1945, la S.C.H.L. multiplie ses interventions directes auprès des individus, des municipalités ou des gouvernements provinciaux que ce soit pour la construction de logements de tout genre, l'aménagement de terrain, la construction d'équipements communautaires comme les égouts ou les aqueducs ou pour la rénovation urbaine.

A la fin de 1970, Ottawa va plus loin. Il annonce son intention de créer un ministère des Affaires urbaines dont le mandat serait de "mettre au point les moyens les plus appropriés par lesquels le gouvernement fédéral peut influencer l'évolution du processus d'urbanisation au Canada". L'année qui suit voit la réalisation de ce projet.

Lié à la vie urbaine et aux affaires municipales, le transport est une juridiction partagée quand il s'agit d'activités interprovinciales ou internationales. A partir de la Deuxième Guerre mondiale, le gouvernement fédéral multiplie ses activités dans la construction de ports, de voies ferrées, de routes, d'aéroports dont l'établissement modifie profondément le milieu physique québécois et la configuration urbaine pourtant de responsabilité provinciale. En 1974, Ottawa lance un programme d'aide au déplacement des voies ferrées en milieu urbain. L'année suivante, aux $225 millions engagés, il ajoute $100 millions pour un programme d'aide au transport urbain puis, sans consultation, il regroupe ces deux programmes en un seul pour ensuite le laisser tomber et se lancer dans l'achat de trains de banlieue. Les provinces doivent assumer seules les projets engagés. En 1978, Ottawa revient avec un autre programme de transport urbain et $230 millions.

En 1969, avec la création du ministère de l'Expansion économique et régionale, le gouvernement fédéral accroît son influence sur la société québécoise et l'aménagement de son territoire par le biais d'une multitude de subventions aux entreprises industrielles. L'aménagement du territoire québécois est aussi affecté par la politique des parcs "nationaux" et celle de la capitale "nationale" lancée en 1959. Aujourd'hui, la Commission de la capitale "nationale" possède au-delà de 25% du territoire de la ville de Hull et contrôle la presque totalité du développement urbain de cette ville québécoise, notamment à cause des endroits stratégiques où elle possède des terrains. Le gouvernement du Québec ne peut pratiquement rien faire aujourd'hui à Hull sans demander la permission à la C.C.N., organisme composé de gens nommés par Ottawa et non d'élus du peuple.

6) Les dépenses fédérales dans le secteur des richesses naturelles

Parmi les grandes orientations de la *New National Policy* proposée en 1945, certaines avaient trait à la conservation, au développement et à l'exploitation des richesses naturelles, autres secteurs de juridiction provinciale. Le gouvernement fédéral, seul ou avec les provinces, voulait entrer dans ces champs d'activité. Il avait déjà un pied dans la porte depuis 1911 avec la Loi des réserves forestières et des parcs fédéraux. En 1949, un premier geste concret est posé. Le Parlement fédéral adopte une loi sur la foresterie qui confère au gouvernement central l'autorité de conclure différentes ententes avec les provinces pour la conservation et le développement des ressources forestières. L'année suivante, Ottawa crée un ministère des Mines et des Relevés techniques suivi, trois ans plus tard, de la mise sur pied d'un Office fédéral du charbon. En 1958, le gouvernement fédéral inaugure un programme d'assistance financière pour aider les provinces à établir des voies d'accès pour la prospection des ressources naturelles. Huit ans plus tard, il adopte la Loi sur le développement des forêts et la recherche sylvicole dont l'administration est confiée à un nouveau ministère de l'Environnement.

En matière de ressources énergétiques, un nouveau pas en avant est franchi en 1959 par l'établissement de l'Office "national" de l'énergie dont la responsabilité est d'assurer la meilleure utilisation possible des ressources énergétiques du Canada. En 1961, Ottawa organise une conférence dite "nationale" sur les ressources et l'avenir du Canada.

L'agriculture est aussi une activité visée par la *New National Policy*. Bien qu'Ottawa ait une juridiction prépondérante en vertu de l'Acte de 1867, les provinces ont aussi une responsabilité. A partir de la fin de la guerre, le gouvernement fédéral multiplie ses interventions et étend l'occupation de ce champ d'activité. Qu'il suffise ici de mentionner la Loi sur le support des prix agricoles (1945), la Loi sur les prêts destinés aux améliorations agricoles (1945), la Loi des produits agricoles (1951), la Loi sur l'Office de stabilisation des prix agricoles (1958), la Loi sur l'assurance-récolte (1959), la Loi sur le crédit agricole (1959), la Loi sur la Commission canadienne du lait (1966), la Loi sur le Conseil des grains du Canada (1969), la Loi sur les offices de commercialisation des produits de la ferme (1972).

Concernant les gisements minéraux, les droits dévolus au gouvernement fédéral sur le territoire Québécois se limitaient, avant 1967, aux terres lui appartenant. Toutefois, cette année-là, un jugement de la Cour suprême statue que le gouvernement central possède des droits de propriété et une compétence législative sur les terres, y compris les gisements minéraux et autres ressources naturelles du sous-sol marin, situées vers le large à compter de la ligne ordinaire des basses eaux sur la côte jusqu'aux limites extérieures de la mer territoriale. Après la perte des richesses sous-terraines du Labrador en 1927, c'est la perte du sous-sol marin!

7) *Les chevauchements gouvernementaux*

A la revue des actions centralisatrices du gouvernement fédéral aux dépens de l'autonomie interne déjà partielle du gouvernement du Québec, il faut ajouter une de ses conséquences: les chevauchements des programmes gouvernementaux fédéraux et québécois. Deux aspects particuliers doivent être considérés par rapport à la centralisation dont il est question dans cette partie, soit l'illustration du degré de centralisation et l'accroissement de celle-ci par son caractère dynamique et ses conséquences politiques.

D'abord les faits. En juin 1978, deux spécialistes de l'Ecole nationale d'administration publique du Québec, Germain Julien et Marcel Proulx, sous la direction de l'ancien sous-ministre québécois des Affaires intergouvernementales, Arthur Tremblay, publiaient une étude fouillée — la première du genre d'ailleurs — sur les chevauchements des programmes fédéraux et québécois et l'évolution de la situation depuis 1937. Les principales conclusions de l'étude sont les suivantes:

- les programmes en chevauchement se retrouvent dans toutes les grandes missions. Ils vont de 56% dans la mission gouvernementale à 70% dans la mission éducative et culturelle;
- sur les 36 secteurs d'activité gouvernementale, il n'y a présentement que les secteurs des postes et de la défense qui ne sont atteints par aucun chevauchement; ce sont des secteurs de compétence fédérale;
- c'est dans les champs de compétence non-attribuée ("zones grises") que l'on retrouve la plus forte proportion de secteurs à degré élevé de chevauchement. En fait, les neuf champs de compétence non-attribuée, à l'exception de celui de la science et de la technologie, comportent plus de 60% de chevauchement;
- dans les champs de compétence conjointe, une majorité de secteurs (6 sur 10) présentent un degré élevé de chevauchement;
- dans les champs de compétence réservée exclusivement aux provinces, la présence fédérale est très marquée dans la majorité des secteurs (4 sur 6). A l'inverse, il n'y a aucun chevauchement dans les secteurs de compétence fédérale exclusive;
- à la lumière des études sur les chevauchements et les doubles emplois de la Commission Rowell-Sirois, on observe que le nombre de secteurs d'action gouvernementale touchés par des chevauchements de programmes fédéraux et québécois a un peu plus que doublé depuis 40 ans: il est passé de 15 à 34 sur un total de 36. On constate aussi que le nombre de chevauchements de programmes est aujourd'hui neuf fois plus élevé, soit 197 comparativement à 22. Les chevauchements directs (où les 2 gouvernements réalisent des activités de même nature à propos d'un même objet d'intervention) sont passés de 19 sur 22 à 143 sur 197. Ils l'emportent très nettement, tant aujourd'hui qu'au début de la Seconde Guerre mondiale, sur le nombre de chevauchements indirects (ceux où l'un des gouvernements aide l'autre techniquement ou financièrement à mettre en oeuvre un programme d'activités), lesquels incidemment se retrouvent surtout dans les secteurs de compétence provinciale: éducation, santé, services sociaux.

Les chercheurs de l'E.N.A.P. sont catégoriques: les nombreux chevauchements remettent en cause l'idée même de toute décentralisation politique, idée selon laquelle il est un certain nombre de matières où le gouvernement le plus apte à répondre aux besoins de la population est celui qui est situé le plus près des gens, c'est-à-dire le gouvernement provincial. Et en disant cela, les spécialistes ne tiennent même pas compte des responsabilités particulières du gouvernement du Québec à titre de gouvernement national des Québécois. L'orientation et l'ampleur des chevauchements gouvernementaux témoignent en somme de la puissance dynamique et centralisatrice du gouvernement fédéral et des résultats auxquels il est arrivé dans son objectif de centralisation.

Ces chevauchements, cette superposition des deux pouvoirs agacent bon nombre de citoyens qui saisissent souvent mal leur portée politique. Il en résulte des pressions sur les gouvernants du Québec pour qu'ils cessent leur apparente obstination. Il arrive alors que le plus fort des deux pouvoirs, Ottawa, prend le dessus sur l'autre, ce qui amène la dégénérescence du pouvoir politique québécois, donc, un accroissement de la centralisation, une aggravation de la situation de dépendance des Québécois vis-à-vis des *Canadiens* qui contrôlent toujours le pouvoir fédéral.

On peut dire qu'à cet égard, depuis une quinzaine d'années, le gouvernement fédéral a joué d'astuce et de ruse pour s'assurer de la plus grande faveur populaire possible contre le gouvernement du Québec.

Ainsi, en même temps qu'il a intensifié ses actions centralisatrices, le gouvernement fédéral s'est rapproché des citoyens de différentes façons en leur laissant croire qu'il est indispensable et que tous ses gestes vont dans leur plus grand intérêt. Profitant de ses ressources financières considérables, il a multiplié les interventions directes auprès des citoyens (Initiatives locales, Perspectives jeunesse, Horizons nouveaux, etc...) et a perfectionné l'utilisation et la diffusion de ses symboles (drapeau et feuille d'érable), allant même jusqu'à faire de leur affichage une condition essentielle de ses largesses financières.

Il a réussi en quelque sorte à personnaliser et à humaniser la centralisation. Pour les Québécois, le plus odieux est que cette opération colonialiste a été menée et continue de l'être à l'avant-scène par quelques-uns des leurs.

8) *Un mouvement inévitable*

La situation constitutionnelle d'aujourd'hui, issue de la pratique gouvernementale depuis 1867, peut-elle fondamentalement

TABLEAU 1

Secteurs d'action atteints par des chevauchements de programmes en 1937-40 et 1977-78

Missions	Secteurs atteints en 1937-40	Secteurs ajoutés en 1977-78
Economique	—Agriculture —Mines —Pêches —Industries secondaires —Commerce, consommation et corporations —Tourisme —Marché financier —Relations et conditions de travail —Main-d'oeuvre et emploi	—Energie —Forêts —Faune —Eau —Communications —Science et technologie —Immigration —Transport routier et urbain —Transport maritime, aérien et ferroviaire
Educative et culturelle		—Education —Langue et culture —Loisirs et sports
Sociale	—Sécurité du revenu —Santé —Salubrité du milieu	—Services sociaux —Habitation
Gouvernementale	—Sécurité publique —Statistiques —Gestion du territoire	—Justice —Affaires municipales —Affaires du Nord —Développement régional —Affaires intergouvernementales

SOURCE: *Le chevauchement des programmes fédéraux et québécois*, ENAP, Québec, juin 1978.

Répartition des secteurs selon la proportion des programmes en chevauchement et les catégories de compétences constitutionnelles

Degré de chevauchement	75% de chevauchement et plus	Entre 60 et 75% de chevauchement	Entre 30 et 60% de chevauchement	Moins de 30% de chevauchement
Compétence exclusive du fédéral				—Postes —Défense et anciens combattants
Compétence conjointe avec prépondérance fédérale	—Pêches	—Agriculture —Immigration	—Affaires du Nord —Transport maritime, aérien et ferroviaire —Communications	
Compétence conjointe	—Indus. secondaires —Marché financier —Rel. & cond. de trav. —Sécurité publique —Statistiques	—Transport routier et urbain	—Mines —Energie —Commerce, consommation et corporations	—Justice
Compétence conjointe avec prépondérance des provinces		—Santé	—Services sociaux —Sécurité du revenu	
Compétence exclusive des provinces	—Faune —Gestion du territoire	—Eaux		—Forêts —Affaires municipales
Compétence non attribuée	—Main-d'oeuvre et emploi —Science et —Salubrité du milieu —Habitation —Développ. régional	—Tourisme —Langue et culture —Loisirs et sports —Affaires intergouvernementales		technologie

changer et se diriger dans le sens d'une rétrocession, par le fédéral aux provinces, des responsabilités qu'il a accaparées? Peut-elle conduire à une autonomie plus grande de l'Etat du Québec comme le veut la majorité des Québécois? Certainement non! Et pour une raison bien simple dont il a déjà d'ailleurs été fait mention en filigrane à quelques reprises.

Le pouvoir fédéral est d'abord et avant tout un pouvoir *canadien,* quelle que soit l'illusion contraire que peut créer la présence d'éminents Québécois ou autres francophones à Ottawa. Le *French Power* est un mythe que la réalité démographique, sur laquelle nous allons nous attarder par la suite, rend de plus en plus ridicule.

Or, une chose doit être comprise. Les *Canadiens,* de la même façon et pour les mêmes raisons que les Québécois, désirent un gouvernement national fort, qui agit et qui assume son rôle de leadership de la nation. Pour eux, ce gouvernement a toujours été et sera toujours le gouvernement d'Ottawa. C'est le seul à leurs yeux qui soit en mesure de répondre le plus adéquatement à leurs aspirations fondamentales, le seul qui puisse protéger leur identité de l'américanisation, qui puisse assurer l'unité de leur nation et son épanouissement, le seul aussi qui puisse vraiment leur apporter bien-être et sécurité.

Aussi est-il hors de question pour les *Canadiens* d'affaiblir ce gouvernement. Celui-ci l'a bien compris et il n'a jamais reculé en remettant une seule de ses compétences majeures aux provinces. Au contraire, le bien commun exige, selon les *Canadiens,* que le pouvoir fédéral maintienne les positions qu'il a acquises principalement à leur demande et à la suite de leurs pressions. Le renforcement du pouvoir fédéral, donc la centralisation, est logique, nécessaire et à rechercher du point de vue *canadien.* C'est ce qui a été fait et c'est ce qui doit continuer de se faire. John-A. MacDonald n'a-t-il pas dit qu'un gouvernement central fort donnerait le meilleur gouvernement qui soit.

Le problème c'est que les Québécois veulent la même chose mais qu'ils ne sont pas des *Canadiens.* Cela devient alors une question de rapport de force entre les deux nations en présence. En 1867, les *Canadiens* disposaient de la force du nombre. Et encore plus aujourd'hui!

c) La minorisation

Depuis 1867, la situation de minoritaires des Québécois et des Franco-Canadiens ne s'est pas améliorée. Au contraire, tant sur le plan démographique que sur le plan politique, il s'est produit une dangereuse dégradation qu'il est facile de percevoir et de comprendre.

D'abord, le territoire canadien s'est élargi au maximum de ses possibilités, et la population a bien sûr augmenté à cause de cela et aussi sous l'effet combiné de l'immigration et de la natalité. A l'occasion de notre analyse de la réalité humaine canadienne, nous avons fait certaines constatations à propos des effectifs des deux nations. Rappelons-les ici brièvement. En 1871, quatre ans à peine après l'entrée en vigueur de la Constitution, les gens d'ethnie française représentaient 31.07% de la population totale alors que le groupe d'origine britannique comptait pour 60.5%. Cent ans plus tard, en 1971, la situation est la suivante: 60.15% des habitants du Canada sont de langue maternelle anglaise et 66.97% utilisent le plus souvent cette langue à la maison; d'autre part, 28.7% des citoyens canadiens sont d'origine ethnique française mais seulement 26.86% sont de langue maternelle française et 25.71% ont comme langue d'usage le français. Quant aux Québécois, ils représentent en 1971 22.56% de l'ensemble humain canadien comparativement à 26.6% en 1871. Si la tendance se maintient, les démographes prévoient que les francophones ne représenteront plus que 20 à 23% de la population totale du Canada en l'an 2001, dans moins de 25 ans, et que les Québécois auront vu leur importance réduite possiblement à moins de 20%. On peut souligner enfin que la force effective des francophones dans chacune des provinces a considérablement diminué, sauf au Québec et au Nouveau-Brunswick où elle s'est légèrement améliorée. Le tableau numéro 4 illustre clairement cette évolution.

Sur le plan politique, la situation n'est pas meilleure. A l'entrée en vigueur de l'Acte de 1867, la Fédération canadienne comprenait quatre Etats fédérés. Par la suite, et sans que le Québec ait eu quoi que ce soit à dire, six provinces anglophones se sont jointes à la Fédération. Aujourd'hui, le Québec n'est plus qu'une province parmi 10 et, bien que son territoire (qui ne compte plus que pour 1/7 de la superficie totale du Canada) regroupe 27% de la population totale du Canada et plus de 80% de tous les francophones du pays, il ne jouit d'aucun statut juridique reconnaissant son particularisme et son caractère national.

A première vue, plusieurs peuvent ne pas voir l'importance de ce changement, mais ils oublient alors que le Québec n'a plus maintenant qu'une voix sur dix au sein des conférences où se retrouvent

TABLEAU 3

Pourcentages de la population du Canada par origine ethnique, langue maternelle et langue d'usage, le tout en fonction du lieu résidence (Québec ou ensemble du Canada).

	1871	1951	1961	1971	1976
Origine britannique (Canada)	60.5		47.9	43.8	44.6
Origine française (Canada)	31.07		30.8	30.4	28.7
Origine française (Québec)	26.6	23.7	23.2	22.0	
Langue maternelle anglaise (Canada)		59.10	58.45	60.15	61.42
Langue maternelle française (Canada)		29.04	28.09	26.86	25.60
Langue maternelle française (Québec)		23.89	23.41	22.19	21.69
Langue d'usage anglaise (Canada)				66.97	
Langue d'usage française (Canada)				25.71	
Langue d'usage française (Québec)				22.56	

SOURCES: — *Historical Statistics of Canada*, The Macmillan Company of Canada Ltd, Toronto, 1965.
— *Annuaire du Canada 1976-77*, Ministère de l'Industrie et du Commerce, Ottawa, 1977.
— *Recensement du Canada 1951. Population, caractéristiques générales*, volume 1, tableaux 54 et 32.
— *Recensement du Canada 1961. Population, groupes ethniques*, Catalogue 92-545, tableau 35.
— *Recensement du Canada 1971. Population, groupes ethniques*, Catalogue 92-723, tableau 3.
— *Recensement du Canada 1976. Population, caractéristiques démographiques, La langue maternelle*, Catalogue 92-821.

TABLEAU 4

Répartition proportionnelle des gens de langue maternelle anglaise et française par province en 1871, 1961 et 1971.

Province ou territoire	1871*		1961		1971	
	Anglais	Français	Anglais	Français	Anglais	Français
Terre-Neuve	—	—	98.6	0.7	98.5	0.7
Ile du Prince-Edouard	—	—	91.3	7.6	92.4	6.6
Nouvelle-Ecosse	89.0	8.4	92.3	5.4	93.0	5.0
Nouveau-Brunswick	82.0	15.7	63.3	35.2	64.7	34.0
Québec	18.0	78.2	13.3	81.2	13.1	80.7
Ontario	80.0	14.14	77.5	6.8	77.5	6.3
Manitoba	—	—	63.4	6.6	67.1	6.1
Saskatchewan	—	—	69.0	3.9	74.1	3.4
Alberta	—	—	72.2	3.2	77.6	2.9
Colombie britannique	—	—	80.9	1.6	82.7	1.7
Yukon	—	—	74.3	3.0	83.5	2.4
Territoires du Nord-Ouest	—	—	35.6	4.3	46.8	3.3
Canada	64.5**	31.0	58.5	28.1	60.2	26.9

SOURCES: — *La naissance de la Confédération*, Jean-Charles Bonenfant, Editions Leméac, Montréal, 1969.
— *Annuaire du Canada 1976-77*, ministère de l'Industrie et du Commerce, Ottawa, 1977.
— *Historical Statistics of Canada*, The Macmillan Company of Canada Ltd, Toronto, 1965.

* En 1871, les données statistiques n'existaient pas en fonction de la langue maternelle. Seule l'origine ethnique entrait en ligne de compte. Les chiffres des deux premières colonnes de ce tableau sont donc des extrapolations. En 1871, on dénombrait dans les quatre provinces originales du Canada 3 485 761 habitants parmi lesquels 2 110 502 d'origine britannique (60.5%), 1 082 940 d'origine française (31.06%) et 292 319 d'autres origines (8.38%).

** Pour arriver au pourcentage de 64.5%, nous avons fait l'hypothèse qu'environ la moitié (140 000) des habitants d'autres origines avaient comme langue maternelle l'anglais.

le fédéral et les provinces, et que ces conférences, comme l'a souligné l'éminent juriste Jacques Brossard, ont acquis une importance considérable en ce qui a trait à l'évolution politique et socio-économique du Canada. Au sein de telles structures, où chaque membre a une voix égale quelle que soit l'importance de sa population, un rapport de 1 sur 10 plutôt que de 1 sur 5 compte énormément tant du point de vue des intérêts québécois que de ceux de toute la communauté canadienne-française.

Affectant encore plus spécifiquement les Québécois, puisque ceux-ci sont soumis directement à elles, la représentation aux institutions parlementaires fédérales, particulièrement à la Chambre des communes, est élective sur la base proportionnelle. En 1867, la population québécoise élisait 65 des 181 députés du Parlement fédéral, soit 35.9%; quant aux représentants francophones, ils étaient 49 dont 46 Québécois. Aux élections fédérales de 1974, le Québec déléguait 74 députés à la Chambre des communes sur un total de 264, dont 10 anglophones tandis que les autres provinces élisaient ensemble 15 députés fédéraux francophones.* Dans l'ensemble, le nombre de députés représentant les citoyens du Québec a toujours été proportionnel à la population. Ainsi, en 1975, les députés du Québec représentaient 28% des effectifs de la Chambre des communes au nombre de 264, ce qui correspond à peu de chose près à la proportion de la population québécoise dans l'ensemble humain canadien. Cela veut donc dire que dans moins de 25 ans, en l'an 2001, les députés du Québec ne représenteront plus qu'environ 23% du Parlement fédéral puisque, selon les prévisions statistiques, telle sera alors la proportion de la population du Québec.

Alliée à la diminution du pouvoir québécois au sein des organismes intergouvernementaux, cette minorisation de la représentation québécoise au Parlement fédéral a des conséquences graves sur le processus de centralisation. Il est assez facile de comprendre que la présence de plus en plus minoritaire des Québécois à la Chambre des communes comme dans les conférences réunissant les gouvernements fédéral et provinciaux affaiblit la résistance, déjà passablement lâche sinon carrément inexistante, qu'ils peuvent opposer aux actions centralisatrices de l'Etat fédéral, actions généralement souhaitées sinon provoquées par la majorité *canadienne*. L'isolement et la marginalisation toujours croissante du Québec et de ses représen-

---

* D'après les renseignements partiels contenus dans le Rapport du directeur général des élections.

TABLEAU 5

Proportion des députés du Québec à Ottawa et de
la population du Québec.

	DÉPUTÉS	POPULATION
1867	36%	32.3%
1900	30%	30.7%
1925	26%	27.3%
1950	28%	29%
1975	28%	27.1%

Prévision de la population selon Statistique Canada

1981	26%
1991	25%
2001	23%

SOURCE: *Cahier de formation politique du Parti québécois*, Montréal, 1978.

tants au palier fédéral ne peuvent que continuer à favoriser les tendances centralisatrices.

Ajoutons d'autre part que cette centralisation, facilitée et accrue par la minorisation, influe également sur cette dernière. En effet, la diminution de la proportion des Québécois et des francophones dans leur ensemble au Canada est en bonne partie attribuable aux politiques pro-anglophones du gouvernement fédéral qui, dès 1875, avait profité de la faiblesse des moyens financiers des provinces pour accaparer l'entière responsabilité de l'immigration. La centralisation de l'immigration a contribué fortement à la minorisation démographique et par là, politique, des Québécois.

Point n'est besoin d'élaborer plus longuement pour constater le cercle vicieux qui a été créé et voulu par la plupart des auteurs de l'Acte de 1867. De l'interaction de la centralisation et de la minorisation ne résulte, et ne peut résulter pour les Québécois, qu'une dépendance accrue vis-à-vis de la majorité *canadienne*. En somme, une aggravation de leur situation de colonisés.

On ne peut par ailleurs terminer ce chapitre en passant sous silence cette autre réalité, étroitement reliée à la force politique, que représente le poids démographique. Il s'agit en l'occurrence de la proportion de Québécois et de Franco-Canadiens au sein de la fonction publique fédérale. Selon le politicologue André Bernard, entre 1920 et les années soixante, le pourcentage de fonctionnaires fédéraux québécois s'est maintenu autour de 15%. Il était de 12% en 1967. En avril 1977, on recensait 256 000 fonctionnaires fédéraux excluant les militaires, les employés d'Air Canada et du Canadien national; de ce nombre, 69 191 s'identifiaient comme francophones, soit 27%. Dans les fonctions supérieures, on dénombrait, en 1976, 19% des francophones comparativement à 13% en 1971 et 10% en 1966. En 1949, sur les 51 principaux bureaucrates fédéraux, il n'y avait qu'un francophone. Dans les forces armées, la proportion de francophones n'était encore que de 23% en 1976, alors qu'elle était de 18% en 1971 et de 13% en 1961.

En 1960, les francophones ne détenaient que 16% des postes au ministère des Affaires extérieures, l'un des ministères clés. Ces chiffres, bien que non exhaustifs, ne font en somme que confirmer que le pouvoir fédéral était et est encore entre les mains de la majorité *canadienne*.

Chapitre 2

L'identité menacée

Des structures politiques sont considérées comme satisfaisantes dans la mesure où elles répondent aux attentes et aux besoins des citoyens. On vient de voir qu'en rapport avec leur aspiration légitime à l'autonomie ou l'indépendance, les structures politiques canadiennes sont loin de satisfaire la majorité des Québécois. Mais ce n'est pas tout. Reste encore à voir si le comportement du gouvernement fédéral et l'utilisation que la majorité *canadienne* a faite, par son entremise, des instruments collectifs de développement des Québécois ont été à l'avantage ou au désavantage de ces derniers.

Concernant d'abord leur aspiration à la survie et à l'épanouissement de leur identité nationale, disons au départ que le bilan de l'activité fédérale à ce propos n'est pas complètement négatif, comme il n'est pas complètement négatif en ce qui concerne l'aspiration au bien-être matériel que nous analyserons ensuite. En fait, on peut dire que plusieurs gestes et décisions du gouvernement fédéral ont eu des répercussions positives pour les Québécois.

Cependant, il faut se rendre compte que ces gestes auraient très bien pu être posés par le gouvernement du Québec s'il en avait eu les moyens financiers, ou la juridiction, et qu'il n'y a aucune raison permettant d'affirmer qu'en soi les résultats auraient été moins bons. A cause de cette vérité élémentaire, il n'est pas d'intérêt dans le contexte du débat actuel de s'attarder sur l'apport positif des gestes fédéraux en matière de culture. Il importe plutôt d'approfondir les motifs d'insatisfaction en regard de l'action fédérale. De voir, en somme, comment les politiques fédérales ont nui à l'identité québécoise ou l'ont mise en danger, comment elles ont maintenu et accentué le colonialisme culturel qui la caractérisait en 1867 et contre lequel les Québécois pensaient être en mesure de lutter efficacement.

A ce propos, les spécialistes s'entendent pour dire qu'une nation culturellement colonisée est une nation qui subit une domination étrangère, laquelle affecte d'une façon chronique ses éléments objectifs que sont sa langue et sa culture et ses éléments subjectifs que constituent sa conscience commune et sa volonté de durer.

Dans une société culturellement colonisée, on retrouve une langue nationale appauvrie, en état de détérioration plus ou moins avancée et dont l'utilité est passablement secondaire dans les secteurs névralgiques de la vie communautaire. On retrouve aussi des façons de vivre, d'agir, de penser, de se comporter qui n'ont rien d'original et qui ne sont à bien des égards que des emprunts faits à la culture des dominateurs. Suffisamment d'auteurs, d'historiens ont écrit sur la situation culturelle du peuple québécois au moment de l'entrée en vigueur de l'Acte de l'Amérique du Nord britannique pour que l'on ne puisse douter qu'il était alors profondément colonisé culturellement, et cela malgré sa vigoureuse volonté de demeurer distinct.

Cela dit, pour faire d'une façon complète le bilan négatif de l'action fédérale sur l'identité québécoise, il faudrait beaucoup plus que le simple cadre de ce livre. Néanmoins, nous allons essayer de dégager les constatations essentielles en nous inspirant notamment de la réflexion et des données de base contenues dans *La politique québécoise du développement culturel* du gouvernement québécois actuel. Il faut cependant garder à l'esprit que le colonialisme culturel est d'abord et avant tout la conséquence d'une domination politique et socio-économique. On verra plus loin ce qu'il en est à propos de cette dernière.

1. Assimilation et anglicisation

a) La politique fédérale d'immigration

L'un des domaines où l'action fédérale a été particulièrement néfaste pour l'identité québécoise est sans contredit le secteur de l'immigration.

Dans les chapitres précédents, on a déjà souligné le rôle prépondérant du gouvernement fédéral en matière d'immigration et l'orientation pro-anglophone de ses politiques. Cela a notamment amené, comme on l'a vu, une minorisation de la communauté francophone au Canada au profit de la majorité anglophone. On connaît maintenant les conséquences négatives de cette minorisation à l'échelle canadienne sur le plan politique.

Mais il y a aussi l'échelle québécoise. La survie et l'épanouissement de l'identité québécoise supposent qu'à l'intérieur du territoire national la politique d'immigration permet l'intégration des nouveaux citoyens à la majorité et favorise ainsi l'enrichissement national par un apport culturel diversifié.

Or, jusqu'en février 1978, date à laquelle le gouvernement du Québec a récupéré un pouvoir décisionnel de sélection des immigrants, les gestes fédéraux allaient dans le sens contraire, maintenant et accentuant la politique assimilatrice d'avant l'Acte d'Amérique du Nord britannique. En contrôlant seul pendant très longtemps le recrutement et la sélection de l'immigration internationale, le gouvernement fédéral est en bonne partie responsable du fait que les immigrants qui se sont installés au Québec étaient déjà soit plus anglophones que francophones, soit plus anglophiles que francophiles, c'est-à-dire plus disposés psychologiquement à s'angliciser qu'à se franciser.

L'image que présentaient les fonctionnaires fédéraux des bureaux d'immigration à l'étranger n'était pas celle d'un Canada bi-national comprenant un peuple francophone ayant comme territoire national le Québec. Très majoritairement anglophones,* les agents de l'Immigration ont présenté aux étrangers une image faussée de la réalité pan-canadienne et québécoise, tant dans leurs communications orales qu'écrites. Nombreux étaient en conséquence les immigrants qui ignoraient, lors de leur arrivée, que le Québec est habité par des gens de langue, de culture et d'histoire différentes de celles des habitants du reste du Canada. Pour eux, il s'agissait d'un seul territoire national anglophone de langue, de culture, de tradition et d'économie. On leur disait d'ailleurs souvent, la plupart du temps sans malice même, que le parler français dans la "province de Québec" était un dialecte, un patois indescriptible en voie de disparition et que la langue du pays et de la réussite était l'anglais. En arrivant au Québec, les immigrants avaient déjà conscience que

---

* Les francophones ne représentent que 12.5% de la fonction publique fédérale en 1944-45, selon une étude de l'université de Saskatchewan.

l'élément anglophone était le plus puissant et le plus riche. C'est tout naturellement vers lui qu'ils se dirigeaient d'autant plus qu'arrivés au pays, comme l'a souligné le juriste Jacques Brossard dans une étude publiée en 1967, leur intégration individuelle et communautaire se faisait beaucoup par l'entremise de services fédéraux d'inspiration et d'esprit nettement anglo-saxons.

D'autre part, les efforts fédéraux de recrutement ont été beaucoup plus considérables dans les pays anglophones et les pays dont le tempérament culturel et religieux se rapproche plus de celui des Britanniques que dans les pays francophones ou de culture latine. Cela aussi a été confirmé par l'étude menée par le professeur Brossard. Constatant que la politique fédérale d'immigration, et surtout la façon dont elle a été mise en oeuvre, se faisait sur une base discriminatoire et préférentielle, celui-ci souligne qu'une des conséquences majeures a été "d'encourager beaucoup moins l'immigration francophone ou latine dans son ensemble que l'immigration anglo-saxonne".

Le résultat a été que plus de 95% des immigrants qui sont venus au Québec n'étaient pas des francophones, et qu'une très faible proportion des immigrants étaient, dès leur arrivée, plus facilement intégrables par la majorité francophone que par la minorité anglophone. Selon Me Brossard, de 1945 à 1964, le tiers d'entre eux étaient en effet d'origine britannique et le quart environ appartenaient à d'autres groupes ethniques d'origine germanique: Allemands, Néerlandais et Scandinaves.

Seulement 3% des immigrants étaient de langue française (Français, Belges wallons et Suisses romands) et 15% appartenaient aux autres groupes latins ou venaient de pays plus ou moins marqués par la culture française (Afrique du Nord et Proche-Orient, Afrique française et ancienne Indochine). Plus de 25% appartenaient à l'ethnie slave (Polonais, Yougoslaves, Ukrainiens, Tchèques, etc), aux nations baltes, magyare et grecque ou au peuple juif. Ainsi, environ 60% des personnes qui se sont établies au Canada entre 1946 et 1964 étaient de prime abord intégrables par les *Canadiens* et 18% l'étaient par les francophones.

Pour la période 1968-1973, une analyse révèle que les pays de dernière résidence qui ont fourni au Québec une majorité d'immigrants parlant français, n'étaient seulement qu'au nombre de 10 sur un total possible d'environ 65 pays regroupant des francophones. Au cours de cette période, l'immigration venant de ces 10 pays plus facilement intégrables au groupe linguistique francophone n'a représenté que 26.3% de l'immigration totale du Québec. La situation s'est sensiblement améliorée en 1974 et 1975 à cause de l'afflux subit de Haïtiens et de Vietnamiens faisant suite aux crises politiques graves dans ces pays. Néanmoins, en 1974, sur les 10 principaux pays de dernière résidence qui founissaient ensemble 64.4% de l'immigration totale du Québec cette année-là, seulement deux étaient des Etats francophones (France et Haïti). Les pays anglophones étaient quant à eux au nombre de cinq (Etats-Unis, Royaume-Uni, Inde, Hong-Kong et Jamaïque).

Un relevé effectué par l'économiste Rosaire Morin pour l'Action nationale révèle qu'en 1961, 25.6% des immigrants installés au Québec étaient d'origine ethnique britannique, que 23% étaient nés au Royaume-Uni et 11% aux Etats-Unis, que 49.3% ne parlaient que l'anglais et seulement 49.9% étaient catholiques alors que cette religion était à l'époque celle de 88.1% des habitants du Québec.

On peut ajouter qu'en 1961, avec 81% de la population totale d'origine française, le Québec n'avait que 10% d'immigrants d'origine ethnique française depuis l'après-guerre, soit deux fois moins par rapport aux immigrants d'avant-guerre. Par ailleurs, avant 1939, 41% des immigrants entrés au Québec venaient des îles britanniques alors que la proportion de citoyens québécois d'origine britannique n'était que de 10.8% (en 1961).

En 1973, selon la Direction de la recherche du ministère québécois de l'Immigration, 42% des 26 871 immigrants admis ne connaissaient que la langue anglaise comparativement à 20% pour les unilingues francophones. La proportion est semblable pour la période de 1968 à 1974 alors que les immigrants admis étaient unilingues anglais à 38% et unilingues français à 19.5%. En fait, de 1946 à 1966, 26% des immigrants ne connaissaient que l'anglais alors que de 1968 à 1973 ce pourcentage grimpe à 38%. Au cours des dernières années, à mesure que la critique et l'action québécoises se sont intensifiées, la situation a eu tendance à se corriger. Toutefois, en 1976, les unilingues anglais étaient encore plus nombreux que les unilingues français, 30% contre 29%, tout cela sans tenir compte pour l'ensemble des autres facteurs anglophiles.

Que ce soit par son type de recrutement et de sélection ou par le camouflage de la réalité auquel elle donnait lieu, la politique fédérale de l'immigration n'a été en somme qu'une vaste opération assimilatrice visant à profiter au maximum des possibilités offertes par l'Acte de 1867. Celui-ci favorisait le maintien au Québec d'un sys-

TABLEAU I

Répartition des immigrants parlant et non parlant français
admis au Québec, 1968-1974

Année	Parlant français			Non parlant français		
	Total	Français seulement	Français et anglais	Total	Anglais seulement	Ni français ni anglais
			en pourcentage			
1968	35.0	24.1	10.9	65.0	30.0	35.0
1969	29.7	18.1	11.6	70.3	38.6	31.7
1970	30.7	17.8	12.9	69.3	39.1	30.2
1971	28.6	14.8	13.8	71.4	38.9	32.5
1972	29.2	14.5	14.7	70.8	40.0	30.8
1973	31.2	20.0	11.2	68.8	41.8	27.0
1974	37.3	27.6	9.7	62.7	37.8	24.9
1968-1974	30.1	19.5	10.6	68.3	38.0	30.3

SOURCE: *Annuaire du Québec 1975-76,* Editeur officiel du Québec, Québec, 1977.

tème parallèle d'éducation en langue anglaise au profit de la minorité par le biais du droit aux écoles protestantes. Pour la majorité *canadienne,* le pouvoir fédéral devait servir à concrétiser le vieux rêve d'un seul pays, d'une seule nation. La politique d'immigration était l'un des instruments qui furent utilisés, consciemment ou non, tout naturellement en fonction des valeurs et aspirations de la nation majoritaire de l'Etat fédéral.

Quant on analyse la réalité et les chiffres, nous devons reconnaître que l'opération se déroulait rondement au Québec jusqu'à tout récemment. Alors qu'en 1931 les transferts linguistiques des immigrants qui demeuraient au Québec se faisaient à 52% vers le français, 20 ans plus tard, le pourcentage avait descendu à 29.5%. Par contre, en 1961 ces transferts favorisaient l'anglais à 69% et, en 1971, à 63.5%. Les démographes du Registre de la population du ministère des Affaires sociales du Québec indiquaient, en 1974, que la force d'attraction de l'anglais était de 158 fois plus élevée que celle du français et que les immigrants s'intégraient trois fois plus au groupe anglophone qu'au groupe francophone.

b) La politique linguistique fédérale

Associée étroitement à la politique d'immigration, la politique linguistique fédérale fut longtemps caractérisée par un unilinguisme anglais presque total, puis par un objectif de bilinguisme accompagné d'un multiculturalisme qui aurait pour effet de réduire la nation québécoise au rang d'un groupe linguistique parmi d'autres.

Jusqu'à la fin des années soixante, on peut dire que l'action du gouvernement fédéral en matière linguistique s'est limitée à perpétuer le caractère anglophone du pays, consacré par l'Acte de 1867. A ce propos, rappelons que l'article 133 de l'Acte de l'Amérique du Nord britannique stipule qu'au Parlement et dans les tribunaux québécois, l'usage de l'anglais et du français est garanti, et que les textes législatifs doivent obligatoirement être imprimés tant en anglais qu'en français. C'est là un article qui ne s'applique qu'au Québec. La Constitution de 1867 est donc un acte discriminatoire qui, dès le départ, allait justifier tous les gouvernements fédéraux dans leur attitude de base: le Canada est un pays anglophone à l'exception de la "réserve" bilingue du Québec.

Pas surprenant ainsi qu'à la fin du siècle dernier, le pouvoir fédéral ait laissé le champ libre aux provinces anglophones dans l'abolition systématique des droits linguistiques et scolaires des Canadiens français hors Québec. Tout en démontrant que le Parlement fédéral n'était pas le défenseur que l'on croyait des droits des minorités, cette inertie, voire cette complicité ont contribué grandement à affaiblir la position de la langue française au Québec même. Son prestige et son importance étant réduits, la langue française ne pouvait prétendre par la suite devenir au Québec le mode particulier et commun d'expression et de communication de l'ensemble de la population. Les activités assimilatrices des autres provinces accompagnées d'un refus d'intervenir d'Ottawa et même d'un appui tacite ont enraciné la minorité anglophone du Québec dans ses comportements racistes et colonialistes, ce qui eut tendance à favoriser l'assimilation même au Québec et à affaiblir la qualité même de la langue.

Parallèlement, dès le début du nouveau régime en 1867, l'administration fédérale a pris un visage anglais. Non seulement les Québécois et les francophones en général étaient-ils fortement minoritaires mais, en plus, pendant des décennies, l'unilinguisme anglais a été de rigueur. On a refusé, jusqu'à il y a quelques années, de traduire la plupart des documents fédéraux en français et quand on le faisait, ils étaient écrits dans une langue abominable.

171

En soi, cette situation n'a rien d'étonnant, puisque le pouvoir fédéral était et est toujours majoritairement *canadien*. Cependant, au Québec, ce type de présence n'a eu que des effets néfastes faisant en sorte principalement d'affaiblir de l'intérieur et de l'extérieur le caractère original de la personnalité de la nation québécoise. Ainsi, en se présentant aux Québécois sous un visage anglais, les services fédéraux ne pouvaient qu'inciter ceux-ci à considérer leur langue comme inutile et peu digne d'intérêt et, par voie de conséquence, à l'abandonner ou du moins à ne pas veiller à la sauvegarder ou à l'enrichir. Ce faisant, l'attitude fédérale était doublement néfaste puisqu'elle affectait directement le vouloir vivre collectif des Québécois, leur volonté de conserver leur identité, ce qui constitue l'un des éléments premiers de l'existence d'une nation.

Ce même visage anglophone contribuait par ailleurs également à convaincre les immigrants que le Québec n'avait rien d'une terre vraiment francophone et qu'il était inutile de s'efforcer d'apprendre le français et de s'intégrer à la majorité. Le gouvernement fédéral lui-même établissait que l'anglais était la langue majeure du travail, de la promotion et de la réussite.

Pour la minorité anglophone du Québec, le visage fédéral les rassurait et les confirmait dans leur position de domination. L'effet d'exemplarité jouant en leur faveur, ils n'avaient aucune raison de changer d'attitude et d'accorder à la langue française la place que de nombreux Québécois réclamaient pour elle. Au contraire, le visage fédéral était une raison de plus d'amener les Québécois à abdiquer leur langue et à s'assimiler.

En 1969, dans son rapport, la Commission sur le bilinguisme et le biculturalisme a bien situé l'importance de la langue française au Québec en démontrant que la langue du travail et des affaires était plus que jamais l'anglais:

- à Montréal, les francophones formaient alors 60% du personnel mais seulement 17% de la haute administration, laquelle était constituée de 83% d'anglophones;
- plus de quatre administrateurs sur cinq étaient anglophones et unilingues, exactement à l'inverse de leur représentativité dans la population;
- en province, plus de 96% des administrateurs francophones étaient obligés d'être bilingues en vertu de leur contrat. Par contre, la moitié des employés anglophones n'étaient pas obligés de savoir le français;

- les Québécois employés dans les usines manufacturières travaillaient en anglais dans une large mesure. La majorité des contre-maîtres anglophones ne parlaient pas le français et la documentation à l'intention du personnel était le plus souvent rédigée en anglais.

Dans cette optique, il n'est pas exagéré de dire que l'action du gouvernement fédéral en favorisant l'anglicisation du Québec, a contribué à maintenir la position de faiblesse de la langue française, sinon à l'affaiblir, et à détériorer sa nature et sa substance. Le gouvernement fédéral n'est pas le seul responsable de la piètre qualité du français au Québec, mais il est l'un des plus importants.

Certains pourraient penser que les changements qui se sont produits au cours des années soixante ont radicalement modifié la situation mais, en réalité, tel n'est pas le cas. En 1971, selon le politicologue André Bernard, 70% des emplois enregistrés à Montréal exigeaient la connaissance de l'anglais. Bien sûr, le gouvernement fédéral a changé son attitude. Il a effectivement fait des efforts pour se donner un visage français et reconnaître la place de la langue française. On pourrait répondre que ces efforts n'ont pas eu un très grand succès, ni dans la fonction publique (si on en juge par les rapports successifs du commissaire aux langues officielles), ni dans les provinces autres que le Québec, ni dans les sociétés de la couronne, ni dans les associations canadiennes. Que l'on songe simplement à la bataille des Gens de l'air du Québec pour l'emploi du français dans les communications aériennes. Mais là n'est pas vraiment la question. Il faut surtout constater que ces efforts ont été accompagnés de la mise en vigueur d'une politique prônant le bilinguisme et le multiculturalisme dont les effets sont particulièrement nocifs pour l'identité québécoise.

La reconnaissance du statut de langue officielle au français a certes rendu justice aux francophones du Canada et surtout aux Québécois, leur permettant d'être servi chez eux dans leur langue. Cependant, en continuant à prôner le bilinguisme au Québec, le gouvernement fédéral vient en contradiction avec la politique de francisation de la société québécoise prônée par le gouvernement du Québec et qui constitue une nécessité vitale pour tous les francophones d'Amérique.

L'un des exemples d'obstruction fédérale à la politique linguistique québécoise s'est produit en 1977 lorsque le Québec a décidé de convertir les classes d'anglais pour les immigrants en classes de français. Le gouvernement québécois s'est heurté à un violent désaccord d'Ottawa, ce qui a occasionné finalement une perte de fonds fédéraux pour les programmes des Centres d'orientation et de formation des immigrants (C.O.F.I.) administrés par le Québec.

D'autre part, si au début la politique fédérale du bilinguisme avait, pour les Québécois, l'avantage d'être accompagnée de la notion de biculturalisme (ce qui, d'une certaine façon, reconnaissait le caractère binational du Canada et pouvait permettre d'ouvrir des avenues d'organisation de structures politiques intéressantes), aujourd'hui il n'en est plus rien. La mise en place d'une politique de multiculturalisme par le gouvernement Trudeau, tout en reconnaissant qu'il n'y a pas de culture spécifiquement pan-canadienne, ce qui est un fait indéniable, nie la réalité fondamentale des deux nations, des deux majorités nationales. Pour contrer l'aspiration à l'indépendance des Québécois, le gouvernement fédéral a choisi de réduire ceux-ci à un simple groupe linguistique parmi une nouvelle mosaïque culturelle. Comme l'ont souligné plusieurs spécialistes, dont le sociologue Guy Rocher, aujourd'hui sous-ministre au Développement culturel, cette politique ne peut avoir pour effet que de renforcer sur le terrain la communauté anglophone, déjà pôle d'attraction de toutes les autres cultures ethniques, y compris au Québec, et de marginaliser la langue et la culture québécoises. Cela sans compter les effets politiques néfastes pour la majorité des Québécois qui croient en la primauté d'un pouvoir québécois fort face à un pouvoir *canadien* tout aussi fort.

Avec l'immigration et sa politique linguistique, le gouvernement fédéral s'en est pris directement au plus fort des liens nationaux des Québécois, à l'élément premier de la cohésion de leur groupe humain particulier: leur langue. Par ses actions, Ottawa a mis et continue de mettre en danger le fondement même de la nation québécoise, ce par quoi les membres de celle-ci se reconnaissent le plus, ce par quoi se façonne leur âme collective et s'exprime leur personnalité et leur identité.

La langue seule n'est cependant pas toute la nation, ni toute la culture, même si elle en est le principal véhicule et le plus fidèle reflet. Aussi importe-t-il de s'attarder également sur les autres politiques culturelles ou à incidence culturelle du gouvernement fédéral.

2. *Atteintes aux genres de vie et aux valeurs*

La culture est à la fois un ensemble de genres de vie et un système de valeurs. Parler de la culture des Québécois, c'est parler des

174

usages, des modèles de comportement, des coutumes, des habitudes qui les différencient des autres humains, qui en font une communauté humaine distincte ayant ses traits de caractère propres, ses institutions personnelles. C'est aussi parler, par ailleurs, des critères d'appréciation, des normes selon lesquelles les Québécois règlent leur vie et jugent l'importance des personnes, des idées, des comportements, des choses et des biens. La Commission Tremblay avait bien saisi l'importance des valeurs en disant qu'elles constituent l'âme de la culture. Elles sont en fait ce qui lui donne une signification.

Personne ne voudra vraiment mettre en doute l'énorme influence qu'a eue sur la culture québécoise la présence dominatrice des Britanniques, des *Canadiens* et des Américains dont le génie propre a donné naissance, pour ainsi dire, au système socio-économique dans lequel les Québécois et tant d'autres vivent et à ses sous-produits que sont la société de consommation et le matérialisme à l'américaine. En 1867, tout cela n'avait pas atteint le stade de développement que l'on connaît aujourd'hui, mais cette domination étrangère avait déjà profondément marqué l'âme et le visage québécois.

Quand on regarde la situation aujourd'hui, que l'on se rend compte entre autres que le visage culturel québécois témoigne, encore plus qu'il y a un siècle et demi, d'un grand nombre d'emprunts qui se traduisent par le fait que les Québécois mangent, s'habillent, habitent, fredonnent, content, travaillent, s'amusent beaucoup selon des modes qu'ils n'ont pas inventés, il importe d'analyser la responsabilité de l'action du gouvernement fédéral, majoritairement anglophone mais obligé aussi, selon le texte constitutionnel, à se tenir loin de la culture québécoise.

a) L'habitat

Parmi les genres de vie les plus élémentaires des humains il y a, en tête de liste, ceux qui touchent aux modes particuliers d'organisation de la vie matérielle et à l'aménagement du milieu physique. La plupart des spécialistes s'entendent pour reconnaître que le milieu rural québécois constituait, dans l'Amérique du Nord préindustrielle, l'un des habitats culturels les plus originaux. Malheureusement, la situation s'est dégradée à un tel point qu'aujourd'hui l'habitat québécois se caractérise par la déculturation et l'abâtardissement. Cette situation déplorable au plan de la culture québécoise n'est pas en soi imputable au phénomène de l'urbanisation même si celui-ci a profondément transformé la société québécoise et les genres de vie des habitants; elle tient plutôt à l'influence étrangère prédominante qui a influencé et orienté la structure et le type d'habitat au Québec.

La part de responsabilité du gouvernement fédéral vient principalement de ses nombreuses interventions, pour ne pas dire de son omniprésence, dans les secteurs de l'habitation, des affaires municipales et urbaines, du transport, des travaux publics et de l'aménagement du territoire. En février 1978, le gouvernement du Québec rendait public un dossier noir, *L'évolution et les conséquences de l'intervention fédérale dans le domaine des affaires municipales et urbaines.* Ce dossier se fondait sur les conclusions tirées par un groupe de travail sur l'urbanisation (groupe présidé par M. Claude Castonguay) dans un rapport remis au gouvernement en février 1976. Comme dans la plupart des autres secteurs, les conséquences relevées étaient néfastes non seulement directement, à plus d'un point de vue, mais aussi indirectement, en ce qu'elles ont empêché à de nombreuses reprises le gouvernement national des Québécois d'agir dans le sens et avec l'intensité qu'il jugeait à propos et que commandait l'intérêt national.

Plusieurs des gestes néfastes touchant l'habitat culturel des Québécois ont été posés par l'entremise de la Société centrale d'hypothèque et de logement (S.C.H.L.). S'appuyant sur les aspirations de la classe moyenne *canadienne* (anglaise) selon les mots mêmes du rapport Castonguay, les politiques d'habitation appliquées depuis 30 ans par la S.C.H.L. ont, par exemple, favorisé la multiplication, au Québec, depuis la guerre, de banlieues à faible densité de population où foisonnent les demeures unifamiliales de style américain comme les célèbres "split-level" et "bungalow". En privilégiant ce modèle particulier d'habitat urbain sans savoir s'il était conforme à la personnalité québécoise et sans tenir compte de ses répercussions culturelles, la S.C.H.L. provoquait par ailleurs la perte d'une portion appréciable des meilleures terres agricoles et la destruction à maints endroits du milieu physique rural traditionnel, riche patrimoine culturel.

L'action anti-culturelle de la S.C.H.L. ne s'est pas arrêtée là. En fonction de normes pan-canadiennes fixées par des fonctionnaires majoritairement anglophones, l'organisme fédéral a multiplié les interventions directes auprès des municipalités du Québec, leur imposant notamment ses vues dans des domaines comme l'aménagement paysager et la localisation des édifices publics ou commerciaux. Parce qu'il finance plusieurs projets, le gouvernement fédéral s'est approprié le droit d'imposer son manuel pour l'aménagement des espaces extérieurs, d'orienter en quelque sorte l'aménagement de l'habitat québécois. C'est dans la même veine, et avec les mêmes conséquences culturelles néfastes qu'en 1974, qu'il a enlevé au gouvernement québécois la responsabilité de décider seul de l'emplacement et de l'architecture des projets de logements publics ainsi que du choix des quartiers-cibles pour les programmes de rénovation urbaine. Notons qu'au chapitre de l'architecture, expression particulière de la culture d'un peuple, la S.C.H.L. ne respecte pas les traditions architecturales québécoises, notamment en mettant à la disposition des citoyens des plans de maisons dont peu ont une inspiration et une conception authentiquement québécoises.

En somme, comme l'a fait remarquer le rapport Castonguay, "à partir d'une intervention indirecte dans le secteur de l'habitation, le gouvernement fédéral en est venu à déterminer dans une large mesure la forme du développement urbain" au Québec.

Par ailleurs, la localisation des installations de juridiction fédérale, particulièrement dans le domaine des transports, a eu d'importantes répercussions sur le milieu physique québécois, sur la configuration urbaine et sur les habitudes de vie des citadins. On n'a qu'à penser aux ports de Montréal et de Québec, aux aéroports de Dorval et de Mirabel, aux voies ferrées. La récente initiative fédérale de démolir une partie des installations portuaires situées dans l'arrondissement historique du Vieux Montréal est un aveu flagrant des dommages culturels considérables que la présence de ces équipements fédéraux a causés à l'habitat montréalais durant des décennies. Que dire encore du cas de l'aménagement de Mirabel qui a saboté un riche territoire agricole en plus de boulverser les habitudes de vie des nombreux citoyens impliqués. On ne parle pas ici des coûts financiers.

L'action de la Commission de la capitale dite "nationale" a également influé négativement sur l'habitat québécois. L'intégration de Hull à Ottawa a été une agression particulièrement brutale. En une courte période de temps, des pans de quartiers complets ont été rayés de la carte pour permettre la construction d'énormes édifices à bureaux fédéraux. Il en a résulté une modification radicale du cadre de vie environnant, dont l'un des aspects culturels à signaler est le caractère de plus en plus anglophone du nouveau centre-ville de Hull.

Devant tous ces gestes, les Québécois ont certes lieu d'être insatisfaits. Mais on peut se demander aussi comment ils pourront créer une véritable civilisation urbaine, basée sur la qualité de la vie et façonnée à leur image, tant qu'une administration fédérale majoritairement étrangère pourra continuer à sa guise à bouleverser et défigurer leur habitat et à élaborer des politiques sans tenir compte de leurs caractéristiques culturelles. À cet égard, le ministre québécois des Affaires municipales, M. Guy Tardif, a pu tâter une fois de plus le pouls fédéral lorsque dernièrement, à une rencontre entre Ottawa et les provinces dans l'Ouest, il a essuyé un refus catégorique de son homologue fédéral à une suggestion visant à orienter les fonds de la S.C.H.L. pour adapter les projets d'habitation aux caractéristiques et aux genres de vie des citadins québécois.

b) La santé, le loisir et le travail

Il n'y a pas tellement longtemps que l'on a pris conscience au Québec des dimensions culturelles des secteurs de la santé, du loisir et du travail. En réalité, la prise de conscience est encore loin d'être généralisée et enracinée. Ce n'est encore qu'une petite minorité de Québécois qui réalisent les conséquences sur leur santé physique et mentale de leur façon de manger, de dormir, de travailler, de se divertir, de concevoir l'existence. Ils ne sont pas encore légion non plus ceux qui comprennent jusqu'où leurs loisirs ont perdu de leurs caractéristiques spécifiquement québécoises et sont maintenant passablement modelés par une commercialisation le plus souvent étrangère. Combien enfin saisissent la portée abrutissante, anti-créatrice, aliénante, humiliante et improductive même de leurs conditions et de leurs habitudes de travail?

Dans cette optique, il est bien clair que l'on ne peut attribuer au gouvernement fédéral plus de responsabilités qu'il n'en a. Comme plus important agent socio-économique public, il a bien sûr contribué largement, en compagnie de bien d'autres et avec un degré de conscience difficilement évaluable, à l'implantation du type de société dont on constate aujourd'hui les effets néfastes sur les modes de vie. L'irresponsabilité et l'insouciance des gouvernements ne sont toutefois pas un tort uniquement attribuable chez nous au pouvoir fédéral. Cependant, cela ne signifie pas qu'aucun reproche ne peut être fait à ce niveau.

Si la prise de conscience a tardé à venir, elle ne date néanmoins pas d'hier. Voilà maintenant plusieurs années déjà que le gouvernement du Québec se préoccupe de ces problèmes, et son action correctrice ne cesse depuis de s'intensifier. Le gouvernement fédéral aussi est activement impliqué dans le même sens. Mais, en ces secteurs comme en tant d'autres, les chevauchements — car c'est cela qui se produit — conduisent à des situations "conflictuelles" paralysantes plutôt qu'à des efforts concertés en vue de poursuivre les priorités québécoises. Dans cette situation, le gouvernement national des Québécois a peine à mettre en place des politiques cohérentes et efficaces. Le résultat est que l'état de santé de la culture québécoise continue de se détériorer plutôt que de s'améliorer.

Prenons le cas du secteur du loisir. Comme nous l'avons déjà souligné lors de l'analyse du processus de la centralisation, en l'espace de dix ans, nous avons assisté à un envahissement massif du fédéral. En 1975-76, le fédéral chiffre à plus de $100 millions les sommes qu'il a dépensées au Québec dans ce secteur. Plus grave encore, comme le mentionne le Livre vert, *Prendre notre temps,* sur le loisir au Québec, Ottawa utilise pour effectuer ces dépenses les canaux d'un si grand nombre d'organismes et de ministères qu'il est impossible pour le Québec de relier ces interventions à ses propres priorités; sans compter le fait que l'élaboration de ces priorités a souvent été perturbée à cause des gestes fédéraux, souvent isolés, qui créaient notamment des attentes inappropriées chez plusieurs groupes de citoyens.

Nombre d'exemples pourraient ici être cités et les différentes provinces, qui en cela apportent leur appui au Québec, ne peuvent qu'aider à apporter de l'eau au moulin des revendications. On peut également mentionner que le fédéral, lors de ses ingérences, ne se préoccupe nullement d'assurer la promotion des contenus québécois, ce qui contribue à maintenir sinon à accroître le degré avancé de "déculturation" de vastes secteurs du loisir québécois, tel que démontré dans le Livre vert du ministre Claude Charron.

On pourrait dire sensiblement la même chose de l'action fédérale et de ses conséquences sur les politiques québécoises dans le domaine de la médecine préventive. Là aussi on consacre des millions de dollars pour tenter de changer des habitudes d'alimentation, de consommation d'alcool, de médicaments et de drogues diverses à commencer par le tabac, d'exercice physique, etc. Les conséquences néfastes de ces chevauchements n'affectent pas uniquement la culture des Québécois; elles touchent aussi bien sûr, on s'en doute facilement, au bien-être même des citoyens.

c) Les communications

Les média de communication sont à la fois des instruments

puissants et dynamiques de création, des véhicules privilégiés de diffusion, d'éducation et de promotion des valeurs et de la culture en général, ainsi que des agents importants de changement des genres de vie. Que ce soit par leur contenu, leur forme ou leur support, les messages qui s'échangent entre des personnes et des groupes à travers la radio, la télévision, la câblodistribution, la presse, le téléphone, la téléinformatique, ces messages donnent aux cultures modernes des traits particuliers, à maints égards contestables.

Les pouvoirs de réglementation et de contrôle sur les média de communication électronique, que s'est arrogé le gouvernement fédéral, ont été utilisés à plus d'un titre à l'encontre de l'identité québécoise. D'abord, comme le signalait en 1975 l'ancien ministre québécois des Communications, M. Jean-Paul L'Allier, les décisions et les choix du Conseil de radiodiffusion et des télécommunications canadiennes (C.R.T.C.) ont eu pour effet de renforcer les forces assimilatrices qui jouent au Québec même contre la nation québécoise. Ainsi, le nombre de permis d'exploitation de stations de radio et de télévision accordés par le C.R.T.C. est nettement à l'avantage de la minorité anglophone non seulement dans la région de Montréal, mais aussi dans les régions de l'Outaouais, de l'Estrie et de Trois-Rivières.

Aux deux tiers francophone, la population de Montréal dispose de 24 stations de radio dont seulement 13 sont de langue française et deux multilingues. En 1974, le ministre L'Allier notait sur l'île de Montréal l'existence de:

- 5 postes de radio M.A. francophones;*
- 6 postes de radio M.A. anglophones;
- 3 postes de radio M.F. francophones;*
- 4 postes de radio M.F. anglophones;
- 2 postes de télévision francophones;
- 2 postes de télévision anglophones;
- sur câble, 7 stations de télévision de langue anglaise et 4 de langue française.

Et ce n'est pas tout. Les plans de Radio-Canada, sur lesquels Québec n'a aucun droit de regard, visent au nom de la doctrine du bilinguisme à étendre les services de radio et de télévision de langue anglaise et française à toutes les collectivités de 500 personnes et plus.

---

* M.A. signifie modulation d'amplitude et M.F. modulation de fréquence. L'interversion de ces lettres est une mauvaise traduction de l'anglais.

Comme l'indique dans le Livre blanc le ministre d'Etat au Développement culturel, M. Camille Laurin, à partir de quels critères justifier l'implantation de stations de télévision anglaise de Radio-Canada à Chicoutimi et à Trois-Rivières, alors que le service régionalisé de télévision française de la société d'Etat n'a pas encore atteint ces régions et que plusieurs améliorations seraient souhaitables pour la radio?

Cette situation est scandaleuse non seulement en regard de l'injustice qu'elle manifeste mais en fonction aussi de l'impact du déséquilibre qu'elle provoque. Comme le soulignait avec pertinence un dossier élaboré, publié en 1976 dans l'Action nationale par le Mouvement national des Québécois (M.N.Q.), il est reconnu que la percée des postes de radio et de télévision anglophones dans la population francophone est majeure et leur influence parfois même plus grande que celle des stations francophones.

Dans une émission télévisée à Radio-Canada, le 11 février 1975 ("Le 60"), on faisait état de l'impact des postes anglophones sur la population francophone de la région de Montréal. Ainsi, évaluait-on, à certaines heures d'écoute, à plus de 50% la population montréalaise qui s'imprègne de la culture et des valeurs anglo-saxonnes alors même que l'élément anglophone n'atteint pas 23%.

Devant une telle situation autorisée par le gouvernement fédéral, il est pertinent de noter que les transferts linguistiques et l'assimilation ne se font pas uniquement par le système scolaire. Si ce dernier apparaît être, à court terme, comme l'indiquait le M.N.Q., le mode d'assimilation le plus efficace, les communications restent, à plus long terme, un aussi grand outil assimilateur, davantage même puisqu'elles ont pour propriété de pouvoir rejoindre directement tous les foyers de la communauté québécoise.

Pour ce qui est de la câblodistribution, la situation est tout aussi alarmante. Peu soucieux de l'identité québécoise, le fédéral a laissé les câblodistributeurs accentuer la pression déjà énorme qui s'exerce sur elle en introduisant dans les foyers québécois une multitude de postes américains. L'ancien ministre L'Allier, défenseur du concept de la souveraineté culturelle du Québec, remarquait dans une lettre au journal Le Devoir, en avril 1975, que la programmation des câblodistributeurs étant étrangère à notre culture, elle risque d'accentuer le processus d'assimilation. Une étude du service de recherche de la bibliothèque du Parlement du Québec concluait la même chose, en septembre 1974. "L'invasion très rapide des écrans de télévision par le câble menace de se poursuivre au détriment de la diffusion du français et de la culture québécoise", écrivait l'auteur de la recherche.

Que ce soit par le câble ou la télévision conventionnelle, tout autant que par la radio infestée de musique étrangère,il est indéniable que les programmations autorisées et encouragées par le fédéral ont considérablement affecté déjà les valeurs et les modes de vie des Québécois au point où il faille depuis longtemps s'en inquiéter.

Mais là n'est qu'une facette du problème. Il y en a une autre, encore plus pernicieuse peut-être, puisqu'elle affecte directement le vouloir vivre collectif des Québécois, élément essentiel, ne le soulignera-t-on jamais trop, de l'existence même de la nation. En s'appuyant sur l'idée fausse que l'ensemble pan-canadien seul constitue une nation et que le Québec est une simple entité régionale, un particularisme parmi bien d'autres, Ottawa a assigné des objectifs précis à sa politique des communications et a pris les moyens pour tenter de les atteindre. Pour le pouvoir fédéral, les services de communications du pays, en particulier Radio-Canada, doivent servir la promotion de l'unité "nationale" et de la personnalité canadienne. "Tout ce qui menace la dimension canadienne de nos systèmes de communications risque de porter atteinte à l'unité même du pays", lit-on dans un Livre vert publié par le gouvernement fédéral.

Pour certains, la thèse fédérale peut paraître attrayante. En réalité, elle est fondée sur le vieux rêve canadianiste dont nous avons déjà parlé et qui, fondamentalement, est rejeté par la majorité des Québécois. Ceux-ci ne sont d'ailleurs pas dupes. Nombreux sont ceux qui se rendent compte que les politiques fédérales se sont traduites et continuent de se traduire que par une multitude de décisions qui, non seulement conduisent à leur assimilation, mais sapent à la base leur unité nationale, celle de leur nation.

Dans les faits, la thèse canadianiste des fédéralistes québécois à Ottawa joue en faveur de la nation *canadienne*. Les communications représentent aujourd'hui l'un des véhicules les plus puissants de promotion des valeurs sociales et culturelles d'un peuple. Elles constituent un monde, presque sans limite, capable de transformer non seulement les habitudes de l'industrie et du commerce mais aussi celles de la famille et des autres institutions de base d'une nation. Or, le peuple québécois est lui-même "physiquement" encadré par deux grandes nations de souche anglo-saxonne qui ont des valeurs sociales et culturelles différentes des siennes. Laisser à d'autres le soin de réglementer de tels outils, c'est laisser à une majorité anglophone le pouvoir potentiel d'interférer et de provoquer, même à long terme, la dislocation du peuple québécois et sa disparition par minorisation et assimilation.

Même l'ancien Premier ministre libéral Robert Bourassa avait compris cela. "C'est une simple question de bon sens, disait-il en août 1975, puisqu'on ne peut pas confier à une majorité anglophone le soin d'assurer la sécurité culturelle d'une minorité francophone."

Par ailleurs, à ces conséquences néfastes directes de l'action fédérale, il faut ajouter bien sûr les conséquences indirectes tout aussi néfastes que sont les entraves et empêchements que rencontre le gouvernement du Québec depuis des années dans la mise en oeuvre de sa politique des communications. Tout ce que ne peut faire le gouvernement national des Québécois est autant de perdu pour la culture et la nation tout entière.

On pourrait aussi mentionner le déséquilibre culturel qu'occasionne la politique d'octroi des permis du C.R.T.C. Les spécialistes gouvernementaux qui ont analysé la question font remarquer que, tant que les permis au secteur privé ne seront accordés qu'en fonction de l'importance économique des localités ou régions à desservir, on devra déplorer un déséquilibre entre les régions du Québec du point de vue de la quantité et de la qualité des services de radio-télévision.

En conclusion, on peut certes dire que l'action fédérale dans le secteur des communications se classe parmi les plus grandes atteintes qui soient à l'identité québécoise.

d) Les règles sociales fondamentales

De tous les domaines culturels où le régime fédéral et l'action du gouvernement central ont influé sur les valeurs et les genres de vie des Québécois, celui des règles sociales fondamentales est l'un des plus ignorés. Peu de gens, en effet, se sont penchés d'une façon critique sur les considérations culturelles liées au Code criminel et au Code civil aujourd'hui en vigueur au Québec. Pourtant, dans les deux cas, il s'agit d'un ensemble de normes, de règles d'organisation et de contrôle social qui, fondamentalement, sont liées aux valeurs, aux traditions et aux genres de vie.

Selon l'Acte de 1867, le Code criminel est de juridiction fédérale tandis que le droit civil relève des provinces. En rapport avec le droit pénal, cela signifie surtout deux choses:

- d'abord, le texte constitutionnel a consacré la prépondérance du droit criminel britannique sur le peuple québécois de culture et de tradition françaises;

- puis, les Québécois se voient empêchés via leur gouvernement national de se donner des normes de conduite qui correspondent spécifiquement à leurs valeurs, à leurs traditions, à leurs conceptions particulières des humains et des choses.

Le problème du caractère anglo-saxon du droit criminel en vigueur au Québec ne date pas de 1867 et n'est pas spécifiquement imputable au gouvernement fédéral. En fait, c'est à la Conquête et à la décision britannique d'implanter le droit criminel d'Angleterre qu'il faut attribuer la première et plus grande part de responsabilité. Puis, comme responsables, s'ajoutent les Pères de la Fédération qui n'ont pas daigné profiter de l'occasion qui leur était donnée pour corriger la situation en confiant aux provinces la juridiction sur le droit criminel.

La plupart des recherches effectuées sur le sujet traitent des difficultés d'implantation du droit criminel anglais dans la population québécoise, puis du caractère anglo-saxon du Code criminel du Canada dont la première version a été adoptée en 1892.* Cependant, presque rien n'a été écrit à propos des influences sur le contenu même de la culture québécoise. Pourtant, peut-on soutenir que la présence maintenant plus que centenaire d'un droit criminel dont la substance et la forme sont totalement d'inspiration étrangère, n'a pas eu d'effets sur les valeurs et le mode de vie des Québécois? Peut-on aussi soutenir que le Code criminel canadien et toutes les modifications que les gouvernants fédéraux majoritairement anglophones y ont apporté correspondent spécifiquement aux valeurs et à la culture des Québécois? Sans porter de jugement sur le fond, on n'a qu'à songer comment la question de l'avortement est traitée différemment par les médecins anglo-protestants et franco-catholiques du Québec et du Canada pour comprendre le caractère hautement culturel des décisions fédérales en matière de droit pénal, cela, quelles que soient les divergences d'opinion sur cette question. Il ne s'agit pas ici de prétendre que l'ensemble du contenu du Code criminel canadien est inapplicable au peuple québécois et que toutes les décisions fédérales en cette matière ont été mauvaises. Ce qu'il faut savoir et dire cependant c'est que la réglementation de la conduite des Québécois touchant des questions aussi fondamentales que la vie et la liberté devrait être faite par le gouvernement le mieux placé pour agir et décider en fonction des valeurs et des caractéristiques

---

* Dans un rapport soumis en 1976 à la Commission de réforme du droit du Canada, le professeur André Morel de la Faculté de droit de l'université de Montréal signale que le Code criminel canadien de 1892 a été fait à la "manière anglaise". Aucun Canadien français ne prit d'ailleurs part à sa confection.

culturelles spécifiquement québécoises. Majoritairement *canadien,* le gouvernement fédéral n'est pas ce gouvernement et ne le sera jamais.

En ce qui concerne le Code civil québécois, le principal reproche qui puisse être adressé en regard de la situation constitutionnelle est que l'Acte de 1867 a consacré l'état de fait favorisant l'anglicisation et l'altération du droit civil d'inspiration française au Québec.* D'abord, malgré la formation du nouveau pays, le Conseil privé de Londres a continué jusqu'en 1949 à être le plus haut tribunal du Canada pour les causes civiles. Après l'abolition des appels au Conseil privé par le parlement d'Ottawa, la Cour suprême du Canada a pris la relève. Cependant, ce changement n'a pas fondamentalement modifié la situation puisque depuis sa création, en 1875, la Cour suprême du Canada est un tribunal majoritairement composé de juges anglophones, et dont les justifications du droit privé québécois ont été et demeurent celles d'une cour anglaise et d'un esprit britannique étranger à celui de l'Etat du Québec.

Plusieurs juristes, parmi lesquels le professeur Louis Beaudoin de l'université de Montréal, ont étudié l'influence du droit coutumier britannique, le *common law,* sur le droit civil québécois, notamment par le biais de l'action des tribunaux, de la jurisprudence et d'une technique judiciaire d'inspiration anglo-saxonne. Même si, à l'instar des recherches en droit criminel, on n'a pas été jusqu'à étudier en profondeur les effets sur l'essence même de la culture québécoise, l'anglicisation du droit civil québécois semble un fait admis par tous les spécialistes. Depuis juin 1978, c'est même un fait admis par le gouvernement fédéral lui-même. Dans son projet de loi sur la réforme constitutionnelle, le gouvernement Trudeau propose

---

* En 1866, le Parlement du Canada-Uni adopta les dispositions du droit civil en vigueur au Québec en les calquant sur le Code Napoléon. Le texte était une codification des lois civiles françaises qui depuis l'époque de l'Acte de Québec avaient été passablement modifiées. Comme l'a signalé en 1937, à l'occasion du deuxième Congrès de la langue française au Canada, Me Victor Morin, ancien président de la Chambre des notaires et professeur à l'université de Montréal, "cette législation, homogène à son origine, subit continuellement des assauts, dans son esprit comme dans son expression, aux mains de législateurs et d'interprètes influencés par l'infiltration insidieuse de lois étrangères et par l'ambiance anglo-saxonne où nous vivons. Par suite de cette pénétration constante et pernicieuse, son interprétation marque une tendance continuelle à s'écarter de la doctrine des auteurs qui en ont établi et commenté les principes". En 1966, le gouvernement du Québec a entrepris de réviser le Code civil québécois. Une commission spéciale d'experts a été mise sur pied et son rapport a été remis au gouvernement en 1978.

en effet que le droit civil québécois soit de compétence exclusive des juges du Québec. L'article 111 (2) du projet de loi stipule ainsi:

> "Les jugements de la Cour suprême du Canada portant sur une question de droit relative au droit civil de la province de Québec sont de la compétence exclusive des juges venant de cette province; la majorité de ces derniers constitue le quorum et leur jugement est celui de la Cour."

Après un tel aveu, comment alors soutenir que la culture québécoise n'a pas eu à souffrir de l'anglicisation et de l'altération du droit civil particulier en vigueur au Québec depuis plus de 350 ans. A cela, ajoutons que l'Acte de l'Amérique du Nord britannique comporte en soi des dispositions qui restreignent la portée de la juridiction exclusive du parlement du Québec en matière de droit civil.

En fait, le Parlement fédéral peut indirectement modifier le droit civil québécois, et il l'a fait effectivement, en légiférant sur un sujet qui est de sa compétence exclusive comme, par exemple, le mariage et le divorce, les banques, les poids et mesures, les lettres de change et les billets, le taux de l'intérêt, la faillite et la banqueroute, les brevets d'invention et les droits d'auteur. "Les lois du Canada sur ces matières régissent toutes les provinces et elles s'inspirent surtout du droit anglais," a notamment fait remarquer P.-B. Migneault, ancien juge à la Cour suprême, dans une étude sur les rapports entre le droit civil et le *common law* au Québec, étude présentée au Congrès de droit comparé tenu à La Haye, au cours de l'été 1932. Dans son imposant traité, *Les aspects généraux du droit privé de la province de Québec*, publié en 1967, le professeur Louis Beaudoin a pour sa part longuement élaboré sur les tentatives de plus en plus pressantes pour attirer dans le champ de la commercialisation anglaise les contrats du droit privé québécois après l'Acte de 1867. A son avis, on peut sans conteste affirmer que depuis la formation du Canada fédéral, on a cherché à attirer le Québec dans le sillage d'une uniformisation de toutes les lois relatives à la propriété et aux droits civils, tel que stipulé dans le texte constitutionnel (article 94) à propos des provinces anglophones. À cet égard, dans la conclusion de son traité, le professeur Beaudoin a noté:

> "D'aucuns pouvaient interpréter cette tendance vers une notion canadienne uniforme comme un abandon sinon même une trahison juridique de l'essence ethnique d'une population majoritairement canadienne-française. Ces aspirations (naturelles et idéalistes d'un grand Tout canadien) avaient alors facilité le débordement de concepts politiques, économiques, voire même religieux canadiens-anglais sur les propres valeurs québécoises. Ce débordement eut été parfaitement justifié

dans un système fédéral comme le système suisse, où tout dès l'origine tendait vers une concentration des forces économiques, sociales et intellectuelles dans la volonté de forger une unité politique et juridique à laquelle participèrent tous les esprits malgré la diversité de leurs origines ethniques, linguistiques ou religieuses. Mais, il s'agissait d'un droit appartenant au système continental. Il semble, par contre, difficile de réaliser un tel programme dans un fédéralisme comme le fédéralisme canadien qui a été imposé, dans lequel se heurtent en droit privé et sur le terrain social, deux systèmes et deux modes de vie différents.

"Les deux systèmes de droit privé ne sont pas toujours antagonistes dans leurs résultats pratiques, mais ils le sont incontestablement dans leur manière de penser, de vivre et de se développer. Malgré leur apparence les comportements sociaux restent nettement séparés; le mode de vie du Canadien anglais et celui du Canadien français sont assez différents, surtout lorsque les éléments religieux entrent en jeu. Là où parfois ces comportements manquent de netteté, ils n'en exercent pas moins une sorte d'influence clandestine dont les effets apparemment impondérables, sont cependant sensibles."

3. Noyautage de la diffusion culturelle

a) L'éducation, l'enseignement et la recherche scientifique

On a vu dans le chapitre précédent que malgré le texte constitutionnel, le gouvernement fédéral n'a pas hésité à pénétrer de plein pied dans le secteur de l'éducation. Pour comprendre les effets pervers de cette intrusion, il faut avoir bien à l'esprit la relation étroite qui existe entre l'éducation, la culture et la nation. A ce sujet, s'inspirant des notions de base de sociologie et de pédagogie, on peut dire que l'éducation est à la fois la mise en oeuvre des moyens propres à assurer la formation et le développement des individus et le processus par lequel la nation, le groupe, transmet sa culture aux individus et adapte ceux-ci à ses comportements, ses valeurs, ses règles, ses rôles, ses usages et ses moeurs. Comme l'a souligné la Commission Tremblay, éducation et culture sont des notions distinctes mais tellement liées qu'elles sont comme deux aspects d'une même réalité. Pas surprenant alors que les chefs de la nation québécoise aient exigé la juridiction complète sur l'éducation lors de l'élaboration de l'Acte de 1867. Ils savaient très bien qu'il était alors question d'une culture particulière à conserver et à développer, d'un type de civilisation à créer.

Pour une nation, l'éducation s'effectue à travers différentes institutions dont l'une d'elles est son système d'enseignement. Institution passablement complexe et structurée, celui-ci a la délicate mission d'assurer la continuité avec le passé et de préparer l'avenir en fonction notamment des valeurs et des priorités qui sont celles de la nation. Voilà ce que met en cause le gouvernement fédéral quand il s'ingère dans l'enseignement supérieur et dans la recherche scientifique. En intervenant dans ces domaines, l'administration fédérale, majoritairement imprègnée d'une autre culture, d'une mentalité différente, oriente une partie importante de l'enseignement québécois selon ses propres conceptions et priorités tout en empêchant le peuple, par son gouvernement national, d'agir avec l'intensité qu'il souhaite et les orientations qu'il croit devoir prendre pour assurer son développement original.

Dans le domaine de la formation professionnelle par exemple, la présence fédérale gêne considérablement l'élaboration d'une politique d'apprentissage des métiers qui tiennent plus compte des nouvelles réalités socio-économiques, des dimensions culturelles du travail et d'un besoin de formation générale de base devant permettre une meilleure contribution des travailleurs à l'édification d'une société québécoise plus cohérente.

Au niveau universitaire, le gouvernement fédéral a révisé sa stratégie. En 1966, il a accepté de mettre fin à ses subventions directes aux institutions pour les transformer en un programme d'aide à l'enseignement post-secondaire qui prend la forme "d'arrangements fiscaux" avec le gouvernement du Québec. Maintenant, c'est par le biais de la recherche qu'il maintient sa présence au sein des maisons d'enseignement supérieur du Québec. Cela est d'autant plus habile que peu de gens voient à prime abord la relation qui peut exister entre la recherche scientifique et la culture.

Comme le souligne le Livre blanc sur la politique de développement culturel, cette situation tient surtout à des malentendus nés de définitions incomplètes de la culture et de la science. Lorsque l'on réalise que la science consiste à chercher et trouver des explications rationnelles à des phénomènes de la nature et à des réalités humaines, il est difficile de mettre en doute les liens l'unissant à la culture.

Pour une nation, la recherche scientifique ne signifie pas uniquement un apport à son développement économique et à son bien-être matériel. La science joue également, et est appelée à jouer encore plus, un rôle de premier plan dans les comportements, les usages, les façons de vivre des gens. La notion de développement culturel est tout aussi réelle et importante que celle du développement économique. Une culture n'est pas statique; elle vit et se développe et ceci d'autant plus profondément et harmonieusement que ses responsables sont en mesure de profiter de connaissances approfondies et d'effectuer des choix judicieux. Il y a une inter-relation étroite entre la culture et la science. L'une et l'autre s'influencent mutuellement; la science et la technologie transforment la culture alors qu'en fonction de celle-ci des objectifs précis peuvent être assignés à la recherche scientifique.

En 1976-77, le gouvernement fédéral consacrait, sur un budget de recherche de plus de $1 milliard, $174 millions aux universités sous la forme de subventions, de contrats et de bourses dans les secteurs des sciences naturelles et des sciences humaines. L'année précédente, c'était $130 millions que le fédéral avait octroyés pour la recherche universitaire au Canada. De cette somme, les universités québécoises de langue française ont reçu $19.9 millions, soit 15.3%: 90% des fonds provenaient du Conseil "national" de recherches du Canada, du Conseil de recherches médicales et du Conseil de recherches en sciences humaines du Canada. Près de 85% des $31.8 millions versés aux universités du Québec l'ont été au profit des sciences naturelles alors que les chercheurs des niveaux universitaires supérieurs se recrutaient à 73% dans les sciences humaines. Sur le total des sommes versées aux universités du Québec par le fédéral, 62.5% seulement l'ont été à des institutions francophones. Pourtant, à la fin de 1976, la proportion des diplômés de niveau supérieur, formés et résidant au Québec, était de 86% pour les institutions francophones et seulement 46% pour les institutions anglophones. En somme, non seulement les universités francophones ne reçoivent pas la part qui devrait leur revenir en fonction de l'importance de la population francophone du Québec, mais les sommes d'argent versées aux universités anglophones du Québec ont plus profité par la suite à l'extérieur qu'à la société québécoise. Outre la recherche universitaire, le gouvernement fédéral a versé environ $186 millions pour la recherche dans les industries en 1976-77 et, la même année, il dépensait $640 millions dans ses propres laboratoires dont seulement $36 millions au Québec, principalement dans les domaines de l'agriculture, des forêts et de la défense.

Quand on analyse de près l'intervention du gouvernement fédéral, on constate non seulement que la nation québécoise a été privée de sa part de l'aide financière — $20 millions sur $130, soit 15.3% — mais que son gouvernement national ne peut même pas agir aussi vigoureusement et dans le sens qu'il devrait pouvoir le faire. Alors qu'Ottawa verse $32 millions aux universités québécoises et $36 millions à ses laboratoires de recherches en territoire québécois, le gouvernement du Québec, lui, ne peut affecter que $12 millions dans chacun de ces secteurs. Il en résulte inévitablement que les politiques et les décisions fédérales ont pesé d'un poids déterminant sur l'avancement des sciences au Québec; ce qui n'a pas été sans influencer la culture québécoise. Sans compter le fait que le gouvernement du Québec a été ainsi privé de connaissances, d'expertises et de compétences scientifiques et techniques pour résoudre les nombreux problèmes socio-économiques et culturels, n'ayant pu orienter suffisamment à sa guise l'ensemble des recherches.

b) L'histoire et le patrimoine

Un groupe d'humains qui partagent une langue et une culture ne forment une nation qu'à condition d'avoir aussi une histoire commune qui se prolonge dans une conscience collective et dans une volonté de durer en tant que communauté distincte. Cela compris, il n'est pas difficile de saisir toute l'importance que revêt pour un peuple l'enseignement de son histoire et la protection de son patrimoine. Indissociables de la culture, l'histoire et le patrimoine sont là pour l'enrichir, pour la maintenir et pour soutenir d'une part la conscience collective de la spécificité nationale et d'autre part la volonté de durer.

On a déjà vu que le gouvernement fédéral avait commencé, tôt après la signature de l'Acte de 1867, à s'accaparer une responsabilité dans la protection du patrimoine québécois. En fait, grâce au partage des ressources financières qui était (et est encore) à son avantage, il a longtemps été le seul à assurer une présence gouvernementale tangible dans ce domaine. Le gouvernement du Québec avait bien fait voter en 1922 une législation sur les musées et les monuments historiques, mais il a fallu attendre 40 ans pour qu'il soit en mesure d'agir et d'assumer sa responsabilité nationale.

Comme le souligne le Livre blanc sur *La politique québécoise de développement culturel,* l'intervention fédérale en matière de patrimoine immobilier se fonde sur un ensemble de lois, d'organismes, d'ententes avec le gouvernement du Québec. Cette intervention repose aussi sur la faculté d'Ottawa d'utiliser à ses fins les propriétés qu'il détient au Québec et dont l'aménagement interfère avec la mise en valeur des territoires déclarés d'intérêt patrimonial par le Québec. Le gouvernement fédéral détient des lieux stratégiques et, depuis longtemps, il suscite divers programmes de mise en valeur de ces propriétés souvent sans concertation suffisante avec le gouvernement québécois.

Ottawa consacre annuellement des budgets très importants à l'étude et à la mise en valeur des ressources archéologiques québécoises. Sa présence est particulièrement lourde pour l'archéologie historique et la restauration des sites. Ainsi en 1976-77, près de $1 million était affecté à un seul site, celui des Forges du Saint-Maurice, ce qui représentait un budget supérieur à la totalité des sommes que le Québec pouvait consacrer au cours de la même année à l'ensemble de son programme archéologique. En tenant compte des autres investissements fédéraux de conservation, on se rend compte que le Québec n'est pas de taille et qu'il fait figure d'indigent.

Plus grave encore est le fait que le gouvernement du Québec n'est pas en mesure de satisfaire les vrais besoins et les vraies priorités de la nation. Le cadre des ententes entre le fédéral et les provinces l'a souvent obligé à s'associer à des projets non prioritaires et à récupérer en cours de route avec ses propres fonds, des projets abandonnés par le fédéral comme celui de la restauration de la Place Royale, à Québec, qui verra sa réalisation retardée de huit ans à cause de cela.

Au chapitre des musées, l'action fédérale empêche le Québec de poursuivre le développement d'un réseau d'institutions adéquates parce qu'il est impossible de mettre au point un plan concerté prévoyant des priorités et un équilibre, par exemple, entre les régions et au sein des régions. Sur ce point comme sur tant d'autres, la consultation n'a été qu'une farce. Les fonctionnaires québécois ont donné de multiples avis dont il n'a presque jamais été tenu compte. Par ailleurs, l'assurance d'être consulté ne donne pas aux autorités québécoises le pouvoir de décider du volume de ressources publiques pouvant être affectées dans les différents domaines concernés puisqu'Ottawa dissimule ses propres projets d'engagement financier.

Tout cela donne amplement raison d'être insatisfait. En empêchant le gouvernement du Québec d'agir efficacement, le pouvoir fédéral contribue à affaiblir la conscience commune des Québécois et leur volonté de durer comme peuple distinctif. Cela se fait indirectement, imperceptiblement et peut-être même involontairement en rapport avec la protection du patrimoine mais cela se fait aussi ouvertement et délibérément par certains programmes d'éducation à l'histoire. Avec la crise de l'unité canadienne, le gouvernement fédéral a consacré des millions de dollars à *canadianiser* l'histoire, à en présenter des versions tronquées, partielles ou carrément fausses. En 1967, cela a été le "train de la Confédération"; en 1978, sous la direction de la Corporation des Musées "nationaux", c'est le "train de la découverte". L'année précédente, en 1977, le ministère de l'Education du Québec s'était vu contraint d'intervenir pour interdire la diffusion dans les écoles d'une trousse d'enseignement des langues à caractère historique patronnée et diffusée par le Commissaire fédéral aux langues officielles. On pourrait ajouter à ces tentatives plus ou moins déguisées pour endoctriner les Québécois à une conception pan-canadienne de la nation, les efforts fédéraux quant à la notion de patrie. Ainsi, la promotion touristique est l'occasion pour le gouvernement fédéral de promouvoir sa conception, qui est aussi celle des *Canadiens,* de la patrie d'un océan à l'autre.

C'est donc ainsi que, d'une façon subtile et en apparence inoffensive, le pouvoir fédéral tente de miner à la base le nationalisme et le patriotisme québécois. Il s'agit d'une atteinte extrêmement grave à l'identité québécoise.

c) Le sabotage des relations extérieures

L'épanouissement et le développement d'une personnalité individuelle ou collective riche et forte suppose nécessairement des contacts avec d'autres, des relations avec les étrangers. Ce sont ces contacts, ces relations qui accentuent la conscience d'une spécificité propre et qui, par là, amènent celle-ci à progresser grâce à la fois à des acquisitions enrichissantes et stimulantes et à des efforts de dépassement et de recherche d'une amélioration de la condition de départ. On ne peut pas vraiment s'épanouir et acquérir une véritable sécurité culturelle et matérielle en demeurant renfermé sur soi. Tout au plus peut-on éviter l'assimilation et la disparition.

Cela dit, il n'est pas étonnant de constater que la mise en place d'une politique québécoise d'ouverture vers le monde, au début des années soixante,* a coïncidé avec la prise de conscience collective de la piètre situation culturelle, socio-économique et politique d'alors et l'abandon des attitudes traditionnelles pessimistes et négatives. Pouvait-il vraiment d'ailleurs en être autrement à partir du moment où la volonté d'épanouissement et de développement refaisait surface et que le processus de maturation collective s'accélérait?

---

* Dans les années qui ont suivi l'entrée en vigueur de l'Acte de 1867, le Québec développa un embryon de politique extérieure. En 1891, le premier ministre québécois Honoré Mercier fit même un voyage officiel en France et l'Etat du Québec eut des représentants à l'étranger durant une bonne partie de son histoire. Toutefois, ce n'est qu'après 1961, date de reprise des relations directes avec la France, que l'on peut parler d'une véritable politique extérieure québécoise.

Dans cette optique, la critique de l'action fédérale en rapport avec les relations extérieures doit s'axer autour de deux questions principales:

- quel cas a fait le gouvernement fédéral des besoins socio-culturels spécifiques des Québécois avant 1961 et quelles conséquences son attitude a-t-elle eues sur l'identité québécoise?

- quel est le comportement du gouvernement fédéral depuis l'entrée en scène du gouvernement du Québec et quelles en sont les conséquences sur la personnalité collective québécoise?

1) L'indifférence d'Ottawa

À propos de la première question, à l'instar de son attitude dans le domaine de l'immigration internationale, le gouvernement fédéral n'a témoigné avant 1961 d'aucune préoccupation particulière des besoins spécifiques du peuple québécois. Il est admis par tous ceux qui se sont intéressés à la question que la politique fédérale était marquée alors au coin des intérêts de la majorité *canadienne*. Les relations extérieures privilégiaient les pays anglo-saxons, les Etats-Unis et les Etats membres du Commonwealth, et laissaient complètement de côté la France et les pays francophones. Au début des années soixante, a fait remarquer le professeur Louis Sabourin, la France était impliquée dans moins de 2% des échanges commerciaux du Canada. Le visage du Canada présenté à l'extérieur était d'ailleurs essentiellement anglophone. Au ministère des Affaires extérieures, les francophones ne détenaient que 16% des postes clés en 1960. Comme l'a noté Raymond Barbeau en 1962, à l'ambassade canadienne à Washington, par exemple, on comptait un seul francophone sur un personnel de 32 hauts fonctionnaires et il se classait au 26ième rang par ordre d'importance. Sur 65 hauts fonctionnaires du Canada aux Etats-Unis, on ne comptait alors que quatre francophones et aucun à un poste supérieur, et ainsi de suite partout dans le monde. Sur un total de 492 hautes fonctions de représentants à l'étranger — du rang de secrétaire à celui d'ambassadeur — les Canadiens français ne détenaient que 79 postes.

L'un des premiers et plus grands diplomates du Canada fut l'ancien premier ministre Lester B. Pearson, récipiendaire du prix Nobel de la paix. Dans les mémoires qu'il a écrits après son retrait de la vie politique active, M. Pearson n'a pratiquement pas fait état de l'existence spécifique et particulière du peuple québécois au sein de la Fédération canadienne.

Si l'on admet que les relations extérieures du Canada avec le monde anglo-saxon ont été bénéfiques aux habitants anglophones du pays, au peuple *canadien* (anglais), on doit également conclure que l'absence de relations avec la francophonie a affecté négativement le peuple québécois et l'ensemble des Canadiens français. En plus de n'avoir pu profiter d'un enrichissement extérieur qui leur aurait été particulièrement bénéfique au cours de ces années d'isolement et de grande noirceur, les francophones ont vu par le fait même s'accroître l'importance et l'influence des cultures anglophones dans leur propre milieu. Alliée à la politique d'immigration et à la politique linguistique, la politique étrangère du gouvernement fédéral a fortement contribué à affaiblir et angliciser le peuple québécois. Les conséquences néfastes de ce comportement se font sentir encore aujourd'hui d'une façon non négligeable.

2) *les agressions fédérales*

L'attitude d'ignorance du fait francophone et québécois de la part du gouvernement fédéral a cessé au début des années soixante au moment où le gouvernement du Québec a commencé à prendre des initiatives majeures sur la scène internationale. La politique étrangère fédérale a alors radicalement changé pour s'enligner progressivement vers l'acquisition d'un visage officiellement plus francophone au détriment cependant de la personnalité québécoise.

Si l'on fait un rapide survol historique de l'action du pouvoir fédéral depuis l'ouverture de la Maison du Québec à Paris, en octobre 1961, on est amené à constater une série d'agressions d'Ottawa toujours plus pernicieuses les unes que les autres. Pour simplifier au maximum, on peut dire que, jusqu'en 1968, ces agressions ont surtout pris la forme de tentatives de plus en plus vigoureuses pour encadrer l'action québécoise à l'étranger. Comme l'a souligné Claude Morin dans son livre *Le pouvoir québécois... en négociation,* Ottawa ne fit pas résolument obstacle aux velléités internationales québécoises bien qu'il se soit attaché à soupeser chaque mot de chaque phrase de chaque entente et qu'il mit beaucoup de zèle à légitimer le tout par des échanges appropriés de notes diplomatiques ou de lettres, en particulier avec la France. "En somme, Ottawa veilla de très près à ce que le tout se fasse avec son assentiment explicite, allant même, en novembre 1965, soit une semaine avant l'entente culturelle France-Québec, jusqu'à signer de son côté un accord-cadre avec la France." Ces efforts d'encadrement visaient en définitive à ramener dans le giron fédéral la coopération internationale à laquelle s'adonnait le Québec.

A partir de 1968, l'attitude d'Ottawa devint plus agressive. Le fait de ne pas avoir été invité par le Gabon à la Conférence des ministres de l'Education des pays francophones, alors que le Québec lui y avait été invité, amena le pouvoir fédéral à déclencher une véritable offensive en vue de "normaliser" la situation du Québec. Des pressions s'exercèrent sur l'ensemble des pays francophones, notamment d'Afrique, afin qu'ils comprennent que leur interlocuteur privilégié au Canada ne devait pas être le gouvernement du Québec mais celui d'Ottawa, même pour les questions touchant les juridictions exclusivement provinciales. L'offensive ne se limita pas uniquement aux pays étrangers. Le Québec fut lui aussi l'un des théâtres d'opération grâce notamment à l'appui "de gens conciliants et compréhensifs cherchant d'abord, comme l'a dit Claude Morin, une capitulation élégante avant même de savoir si une victoire était possible."

Si l'on peut facilement constater aujourd'hui que les démarches fédérales n'ont pas réussi à dissuader les gouvernants québécois d'agir sur la scène internationale, bien au contraire, on doit néanmoins noter des conséquences fort néfastes pour l'identité québécoise. D'abord, en empêchant leur gouvernement national d'agir avec toute la latitude et l'intensité qu'il le désire, Ottawa prive le peuple québécois des retombées positives importantes pour sa culture spécifique. Il n'est pas exagéré de dire qu'à cause de l'obstruction fédérale plusieurs contacts avec des peuples étrangers n'ont pu jusqu'à maintenant être établis ou ne l'ont été que fort partiellement, privant ainsi la nation québécoise d'une partie de l'oxygène dont elle a besoin pour se développer et s'épanouir.

D'autre part, en empêchant le Québec d'obtenir même au sein du cadre constitutionnel actuel un statut particulier et en voulant, contre nature, en faire une province comme les autres, le pouvoir fédéral bloque le peuple québécois dans l'affirmation de sa personnalité collective unique et originale. Les efforts d'Ottawa pour se donner un visage francophone vont jusqu'à nier cette spécificité culturelle ainsi que le rôle et les responsabilités particulières du gouvernement du Québec. Claude Morin a bien exprimé l'attitude fédérale lorsqu'il disait en 1972:

> "Dans les documents fédéraux officiels, on mentionne quelquefois l'intérêt particulier du Québec envers la francophonie. On s'empresse cependant toujours de laisser entendre que cet intérêt s'est aussi manifesté dans les autres provinces où vivent des minorités francophones. Le lecteur peu attentif aux nuances du dialecte fédéral est susceptible d'en conclure que l'ensemble des Canadiens français, ceux du Québec comme ceux de l'Ontario ou du Manitoba, nourrissent un égal intérêt

envers un rapprochement Canada-pays francophones. (Il n'est pas bon, selon l'orthodoxie fédérale, que le Québec soit la seule province à qui l'on reconnaisse un caractère francophone).

"En outre, on fait assez peu de place, dans ces documents, à la poussée québécoise; on peut même dire qu'il n'en est pratiquement pas question. On préfère pudiquement se référer au renouveau du Canada français. (...)

"Dans le cas des conférences de la francophonie, Ottawa s'efforça toujours de constituer des délégations qui ne donneraient pas une importance relative trop considérable aux Québécois. Pour équilibrer ces délégations, Ottawa en vint à former des groupes de dimensions démesurées en y incluant, outre des représentants fédéraux, plusieurs délégués des autres provinces "francophones" du Canada. Ainsi, lors de la Conférence internationale sur la Fonction publique qui se tint à Lomé (Togo), en janvier 1971, la représentation canadienne comprenait 21 personnes dont cinq délégués québécois. De tous les pays présents, c'était le Canada qui avait le plus grand nombre de délégués. Le Togo, pays d'accueil, avait 13 représentants et la France 11".

Enfin, pour ceux qui pourraient être tentés de ne voir que les avantages de l'ouverture fédérale vers le fait français international, il faut rappeler que ces conséquences positives sont moins grandes qu'il peut y paraître à prime abord. La plupart des démarches fédérales en effet sont dépendantes du Québec pour leur mise en opération maximum. Aussi, les énergies humaines et financières consacrées à la coordination et à la coopération entre les gouvernements fédéral et provinciaux entraînent, pour le moins dans presque chaque cas, des délais qui influent directement sur la nature et la vigueur des retombées positives. Il ne fait aucun doute que ces retombées seraient plus grandes pour les Québécois si le gouvernement du Québec était le seul maître d'oeuvre de la présence nationale sur la scène internationale.

Chapitre 3

Le bien-être et la sécurité compromis

Le fait que les Québécois jouissent aujourd'hui d'un niveau de vie élevé par rapport à l'ensemble des habitants de la terre, et qu'ils y tiennent, ne signifie pas que leur situation socio-économique les satisfait. En réalité, comme nous l'avons déjà vu, les points de comparaison qui s'offrent à eux tous les jours sont là pour leur souligner constamment les inégalités dont ils sont victimes, ainsi que la gravité des problèmes matériels auxquels ils sont depuis longtemps confrontés. Si l'on voulait résumer brièvement les motifs majeurs de mécontentement des Québécois quant à leur situation socio-économique, on pourrait dire que ceux-ci se plaignent principalement de trois choses:

- d'abord, d'une situation dramatique de l'emploi accompagnée d'un coût de la vie passablement élevé qui ne cesse d'augmenter, ce que traduisent des indices depuis longtemps élevés, de chômage, d'inflation et d'endettement;
- en second lieu, d'une infériorité socio-économique séculaire par rapport aux *Canadiens*. Depuis que des statistiques existent au Canada, le taux de chômage a toujours été plus élevé au Québec qu'en Ontario et même que la moyenne canadienne. Le revenu personnel par habitant au Québec a toujours été inférieur à la moyenne canadienne (11.4% de moins en 1970) et le revenu des francophones dans l'ensemble du Canada a toujours été inférieur à celui des anglophones. En 1972, 30.7% des familles pauvres du Canada vivaient au Québec. Dans

cette province, le revenu moyen des résidents d'origine britannique est de 52% supérieur au revenu moyen du groupe francophone majoritaire qui forme 81% de la population. En 1971, les Québécois d'origine ethnique française — ce qui comprend la majeure partie de la nation québécoise — étaient au dernier rang des salariés; en 1961, ils étaient à l'avant-dernier rang;

TABLEAU 1

Taux de chômage selon certains groupes ethniques au Canada

	TOTAL		HOMMES		FEMMES	
Français	10.0	(128.2)	9.9	(133.8)	10.4	
Asiatiques	9.2	(117.9)	8.7	(117.6)	10.2	
Polonais	8.0	(102.6)	7.2	(97.3)	9.4	
Juifs	7.7	(98.7)	6.6	(89.2)	9.8	
Italiens	7.4	(94.9)	6.4	(86.5)	9.6	
Britanniques	7.1	(91.0)	6.5	(87.8)	8.1	
Ukrainiens	7.0	(89.7)	6.2	(83.8)	8.4	
Scandinaves	6.8	(87.2)	6.2	(83.8)	8.2	
Allemands	5.6	(71.8)	4.8	(64.9)	7.2	
Total	7.8	(100.0)	7.4	(100.0)	8.9	(100.0)

SOURCE: *Le chômage au Canada. Recensement du Canada 1971*, Bulletin 5.Z-2, mars 1978.

TABLEAU 2

Le taux de chômage du Québec comparé à celui
de l'ensemble du Canada et à celui de l'Ontario
depuis la fin de la Dernière Guerre mondiale.

	LE CHÔMAGE AU QUÉBEC	TAUX DE CHÔMAGE AU QUÉBEC
1945-1950	16.6% de plus que dans l'ensemble du Canada 52.3% de plus qu'en Ontario	pas de statistiques
1951-1959	33.3% de plus que dans l'ensemble du Canada 74.9% de plus qu'en Ontario	6.0%
1960-1969	33.2% de plus que dans l'ensemble du Canada 83.5% de plus qu'en Ontario	6.5%
1970-1974	36.2% de plus que dans l'ensemble du Canada 79.4% de plus qu'en Ontario	7.0%
1975-1976	20% de plus que dans l'ensemble du Canada 33.3% de plus qu'en Ontario*	8.4%
1976-1977	20% de plus que dans l'ensemble du Canada 40% de plus qu'en Ontario	9.5%

SOURCE: Statistique Canada, vol. 71-201, 1977.

---

* Il s'agit d'une amélioration apparente. Le taux de chômage était, en 1975 de
8.1% et en 1976, de 8.7%. Cette amélioration apparente vient du fait que l'Ontario a été très fortement touchée par le chômage depuis trois ans.

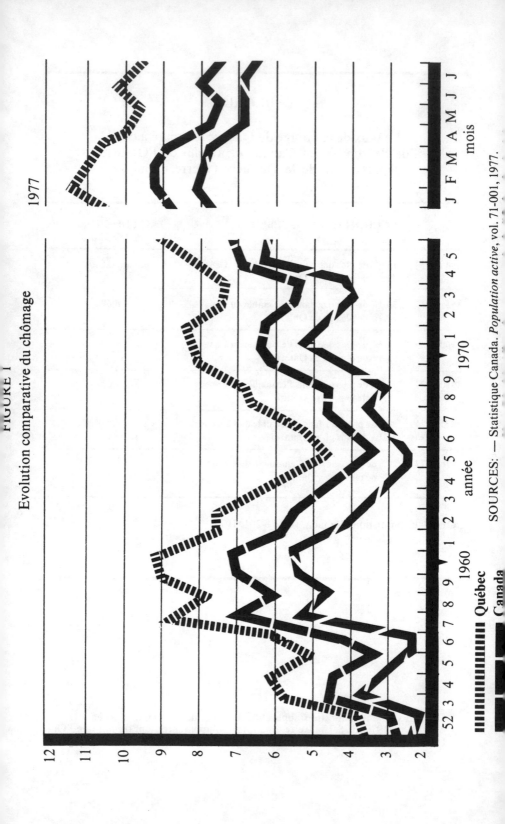

FIGURE 1

Evolution comparative du chômage

Québec
Canada

SOURCES: — Statistique Canada. *Population active, vol.* 71-001, 1977.

- enfin, d'une domination économique étrangère qui en définitive traduit une situation coloniale. Cela se voit et se sent par l'exportation massive des matières premières, par l'importation tout aussi massive de produits fabriqués à l'étranger à partir de ces mêmes matières premières et par le contrôle étranger (Canado-Américain) des principales industries dans lesquelles les Québécois occupent les échelons inférieurs de direction.

Lorsque l'on met sur la table de discussion cette situation, on trouve rarement quelqu'un pour venir la contester. Les chiffres parlent d'eux-mêmes et n'importe quel Québécois ordinaire est d'une certaine façon en position de les confirmer quotidiennement. Il n'en va pas de même cependant quand on aborde les causes et particulièrement la part de responsabilité du gouvernement fédéral. La complexité des problèmes, les lacunes de la science économique qui favorisent la multiplication des opinions contradictoires et des écoles de pensée, ainsi que l'ignorance de la majorité des gens au chapitre des notions de base en science économique, tout cela facilite alors grandement les efforts des tenants du statu quo. Quoi qu'il en soit, avant d'aborder le bilan socio-économique, synthèse du fédéralisme canadien, il importe de préciser et de rappeler encore deux faits.

Premièrement, la situation décrite plus haut n'a pas débuté avec le régime fédéral. Au moment de l'entrée en vigueur de l'Acte de l'Amérique du Nord britannique, les Québécois déploraient déjà la faiblesse de leur économie, leur situation d'infériorité et leur dépendance vis-à-vis des étrangers. A cet égard, tous les spécialistes sérieux, tant du domaine économique que des sciences sociales, s'accordent pour reconnaître l'impact négatif majeur qu'a eu la Conquête militaire de 1760, concrétisée par la défaite de 1837-38.*

---

* Parmi les historiens qui se sont attardés aux suites économiques néfastes de la Conquête pour les Québécois, figurent en tête de liste Michel Brunet et Gérard Filteau. Dans son *Histoire des Patriotes* publiée pour la première fois en 1938, Filteau précise notamment: "Par suite de la Conquête, le commerce du pays était tout entier tombé entre les mains des nouveaux venus et des exportateurs anglais. La constitution de 1791, article 46, avait encore renforcé leur position en confiant à l'Angleterre la réglementation du commerce extérieur et de la navigation. Marchands et armateurs anglais possédaient ainsi le monopole exclusif du commerce. Les Canadiens (français) ne pouvaient faire d'échanges qu'avec l'Angleterre. (...) Les commerçants canadiens (français), incapables de faire face à pareille concurrence, furent rapidement écartés des commerces les plus lucratifs. Toutes les importations et les exportations, le gros et la plus grande partie du détail tombèrent ainsi aux mains des Anglais, tout comme les langues et les institutions financières.

Tous ceux qui ignorent ces événements ou qui refusent d'en tenir compte s'exposent à juger bien superficiellement la situation économique contemporaine. Il ne suffit pas pour tout expliquer et surtout pour tout justifier de parler du rôle néfaste à ce propos du clergé et des collèges classiques, de l'antimercantilisme et du rejet des "méchantes" affaires par les Canadiens français, de leur peur du risque, de leur individualisme et de leur indiscipline congénitale. Rappelons-nous qu'il n'y a pas de génération spontanée et que même les tares culturelles quasi hériditaires, sur lesquelles plusieurs aiment se rabattre, ont des causes et des racines qui ne se trouvent nulle part ailleurs que dans les événements qui ont suivi la Conquête.

"Dans le domaine industriel il en fut de même. Grâce à leurs capitaux et surtout à la protection du gouvernement les Anglais accaparèrent les quelques indutries du pays (...). Le favoritisme gouvernemental assure encore aux Anglais l'exploitation des forêts. La seule participation des Canadiens (français) consistait dans la main d'oeuvre, en autant que l'on manquait d'ouvriers anglais. L'ouvrier canadien-français n'était jamais sûr du lendemain. Il avait beau être sobre, consciencieux, fidèle, adroit, il risquait toujours d'être jeté à la porte et de voir sa situation occupée par un immigrant débarqué de la veille. (...) On n'avait laissé aux Canadiens (français) qu'un champ d'activité: l'agriculture."

A ce propos, Filteau ajoute que le bien-être des Canadiens français aurait nécessité une action concertée pour améliorer l'agriculture et faciliter la colonisation des autres territoires cultivables. Or, "les marchands ne se souciaient pas de cet aspect de la vie économique, les fonctionnaires encore moins (...). Bien plus, on avait tout intérêt à ne rien faire, car améliorer l'agriculture, favoriser la colonisation, c'était, par le fait même, augmenter la force des Canadiens (français); et cela allait à l'encontre des vues du parti officiel (anglais)."

A cela ajoutons quelques phrases de l'historien Michel Brunet.

"L'arrivée des conquérants anglais n'a pas modifié l'espace où peut s'exercer l'activité économique. Mais qui prendra l'initiative de la promouvoir? Qui assurera la mise en valeur des richesses du milieu? Qui en retirera le plus d'avantages? Telles sont les questions essentielles que doit poser l'historien qui ne se limite pas à décrire le développement économique d'un territoire mais cherche à identifier les hommes qui y participent et à évaluer les profits qu'ils en retirent. Depuis la conquête, le développement économique du Québec s'inscrit dans l'histoire économique de l'Empire britannique du *Bristish North America,* du Canada anglais et de l'Amérique anglo-saxonne. Dans ce vaste espace économique, où les pouvoirs politiques travaillent en collaboration avec la bourgeoisie anglo-canadienne et anglo-américaine, les Québécois francophones sont réduits à une rôle subalterne. Souvent, ils assistent en simples spectateurs aux succès économiques de ceux qui ont pris possession de leur patrie. Quelquefois, ils deviennent les victimes sans défense du nouvel ordre économique qu'ils doivent subir. (...) Chaque nouvelle étape du développement de l'économie laurentienne (québécoise) vint consolider la richesse et étendre l'influence de la bourgeoisie anglophone qui en avait pris le contrôle après la conquête. Quelques entrepreneurs canadiens-français réussirent à se bâtir des fortunes personnelles mais ils n'ont jamais constitué une véritable classe bourgeoise, au service de la collectivité dont ils étaient originaires."

Par ailleurs, en second lieu, il ne faut jamais perdre de vue que, conformément à la volonté de John-A. MacDonald et de ses compatriotes, c'est au gouvernement fédéral et non aux gouvernements provinciaux que l'Acte de 1867 a accordé les grands pouvoirs économiques à l'intérieur du régime dans lequel nous nous trouvons encore.

Bien plus, comme on l'a déjà vu, ces pouvoirs ont été considérablement renforcés aux dépens des provinces par une offensive centralisatrice qui n'a presque pas connu de répit et qui se poursuit encore aujourd'hui.

Ces deux faits bien établis, voyons maintenant l'action du pouvoir fédéral sur l'économie et le bien-être des Québécois, en n'oubliant pas cependant qu'il faudrait beaucoup plus d'espace que n'en permet le cadre de ce livre pour aller vraiment au fond des choses.

1. Le fédéral et les faiblesses structurelles de l'économie québécoise

a) La "National Policy" et ses effets pervers

Pour juger de l'action du pouvoir fédéral sur l'économie québécoise, il faut au préalable bien spécifier ce que désiraient au départ les Québécois. Ainsi, en rapport avec leurs aspirations de base, ils voulaient de plus en plus spécifier eux-mêmes leur propre modèle de développement économique en fonction de deux objectifs précis: demeurer au Québec afin de pouvoir conserver leur identité nationale et y vivre convenablement.

Sur le plan des modèles théoriques de stratégies de développement économique, on peut dire qu'au moment de la mise sur pied de la Fédération canadienne, il y avait deux possibilités qui s'offraient aux dirigeants politiques fédéraux. La première, plus facile, consistait à opter pour une croissance rapide, forte et centralisée tandis que la seconde, plus difficile à cause de la grandeur et de la diversité du pays, était de favoriser une croissance spatialement équilibrée et forcément plus lente.

En 1879, le pouvoir fédéral, dirigé par John-A. MacDonald, fait son choix: il opte pour la première approche. Essentiellement, deux causes majeures sont à l'origine de la décision, comme en fait de la création du pays même. Le Canada fédéral s'étend maintenant de l'Atlantique au Pacifique et il s'est agrandi avec la promesse formelle de prolonger jusqu'à ses extrémités la ligne de chemin de fer transcontinentale. Or, la crise économique sévit et le réseau existant, dans lequel plusieurs membres du gouvernement avaient d'ailleurs des intérêts personnels importants, est déficitaire. Pour renverser la vapeur et remplir les engagements politiques, il faut alimenter son achalandage et procéder à sa construction à moindre coût.

D'autre part, l'industrialisation prend de plus en plus d'ampleur, principalement en Ontario qui dispose déjà du pouvoir politique fortement à son avantage, grâce à sa force démographique et économique. Or, les marchés suffisants font défaut. On avait voulu réunir les colonies britanniques d'Amérique du Nord pour pallier à ce problème mais ce n'est pas assez. En 1864, le gouvernement américain sous la pression de ses industriels est devenu plus protectionniste et a refusé de renouveler l'entente commerciale signée dix ans auparavant, après que la Grande-Bretagne eut elle-même supprimé ses tarifs préférentiels en faveur de ses colonies. Les manufacturiers américains vendent à rabais leurs produits sur le marché canadien et acculent ainsi au mur de nombreuses industries locales. Parallèlement, le domaine agricole avait connu de mauvais moments avant 1867, et maintenant l'expansion vers l'Ouest requiert un besoin encore plus grand de stabilité.

C'est cette conjoncture particulière qui amène le pouvoir fédéral à privilégier la voie de la facilité en 1879. Essentiellement, la *National Policy* comporte une politique commerciale protectionniste, basée sur l'élévation du tarif douanier, et le parachèvement du chemin de fer transcontinental, le tout complété et appuyé par une politique d'accueil à une immigration massive et aux investissements étrangers, une union monétaire pour faciliter à la fois les échanges et le drainage de l'épargne intérieure vers les centres à forte activité économique et le renforcement du gouvernement central, afin qu'il soit en mesure d'utiliser les revenus tarifaires pour financer ses grands projets. En somme, il s'agit de créer un marché commun fondé sur l'interdépendance de l'industrie montante et de l'agriculture en incitant, par un tarif douanier protecteur, les entreprises à s'établir au nord plutôt qu'au sud de la frontière américaine. La création du réseau de transport veut aussi renforcer cette politique en aidant à combattre la propension naturelle des échanges nord-sud et en accentuant les échanges est-ouest. Quant à la politique d'immigration, elle vise sur le plan économique à fournir une main-d'oeuvre abondante à prix modique, tout en assurant du même coup un accroissement du marché en contrant également la réticence des gens déjà bien enracinés dans leur milieu à quitter leur coin de terre pour aller travailler dans le centre économique du pays.

A la lumière même de l'énoncé de cette orientation de stratégie, on peut déjà entrevoir que les intérêts québécois n'avaient pas pesé lourd dans la prise de décision. Basée sur l'inégalité des forces en présence, des deux nations, la nouvelle association économique était dès le début orientée dans une direction qui allait affecter considérablement le bien-être des Québécois, par rapport à leurs "partenaires" majoritaires. D'autant plus que depuis lors le pouvoir fédéral a rarement dérogé à cette orientation fondamentale. Elément déterminant de la stratégie, la politique commerciale, élaborée au cours de la période 1867 à 1887, a conservé jusqu'à aujourd'hui ses grandes caractéristiques. Même les additions que furent le rétablissement des préférences impériales britanniques, en 1898, et leur transformation en préférences du Commonwealth, en 1932, ainsi que l'instauration, en 1907, d'une triple structure tarifaire qui ouvrit la voie à la négociation de traités commerciaux (dont les plus importants sont les ententes bilatérales avec les Etats-Unis à partir de 1935 et la signature de l'accord du G.A.T.T. [General Agreement on Tariffs and Trade] en 1947) n'ont pas altéré en profondeur la *National Policy* de 1879. La *New National Policy* de 1945, dont nous avons déjà parlé à l'occasion de l'étude de la centralisation des pouvoirs, n'est d'ailleurs venue que réaffirmer et consolider le modèle fédéral de développement économique.

Pour les Québécois, les effets pervers de cette stratégie de développement ont été considérables et continuent de l'être d'une façon insoupçonnée par la majorité des citoyens. Globalement, on peut rassembler en trois catégories les effets néfastes de la *National Policy*.

1) *Une menace additionnelle à l'identité nationale*

La décision du pouvoir fédéral heurtait dès le début les intérêts culturels des Québécois puisqu'elle les plaçait dans un dilemme pénible qui les amenait à choisir entre rester au Québec et risquer le chômage et la misère ou partir vers l'Ontario et l'Ouest et s'engager à coup sûr dans la voie de l'assimilation. La situation des Canadiens français à l'ouest de l'Outaouais témoigne bien aujourd'hui du danger qui existait et qui existe toujours d'ailleurs. D'autant plus qu'après 100 ans, ce dilemme est encore dans le paysage principalement parce que, comme on l'a déjà souligné, l'ensemble des décisions politico-économiques du pouvoir fédéral n'ont fait que consolider la *National Policy*. Le taux de chômage élevé qui sévit actuellement plus que jamais au Québec (comparativement à l'Ontario et aux provinces de l'Ouest où, dans certains cas, il y a même pénurie de main-d'oeuvre) illustre d'une façon éloquente à la fois la présence persistante de ce dilemme déchirant et la volonté acharnée des Québécois de conserver leur identité culturelle envers et contre tous.

En somme, le modèle de développement économique choisi par le pouvoir fédéral n'était pas en concordance avec les préférences culturelles des Québécois.

2) Une infériorité économique maintenue

L'élément de la *National Policy* qui a surtout retenu l'attention des économistes est bien entendu la politique commerciale et le tarif douanier. A ce propos, les opinions divergent. Plusieurs spécialistes *canadiens* et québécois dont Rodrigue Tremblay, actuel ministre de l'Industrie et du Commerce du Québec, soutiennent que l'existence d'une barrière tarifaire, surtout avec les Etats-Unis, a nui au niveau de vie des *Canadiens* et des Québécois en faisant en sorte que les prix soient plus élevés et que les salaires et les revenus le soient moins. Dans un ouvrage publié en 1976, Rodrigue Tremblay déclarait:

> "Comme les conséquences de cette politique commerciale se sont étalées sur presque un siècle, la plupart des économistes lui attribuent une part importante de responsabilité dans la constitution de l'écart d'environ 25% entre les niveaux de vie américain et canadien."

Toutefois, d'autres économistes pensent plutôt que la barrière tarifaire avec les Etats-Unis a évité au Canada et donc au Québec de connaître aujourd'hui un écart de niveau de vie encore plus grand avec celui des Américains.

Quoi qu'il en soit, cet écart existe pour les Québécois non seulement avec les Américains mais aussi (et c'est là surtout où cela devient inacceptable, même dans l'optique canadianiste), avec les *Canadiens* de l'Ontario et de l'Ouest. A cet égard, ce qu'il faut principalement analyser, ce sont les répercussions de la *National Policy* sur la structure industrielle du Québec dont la base, de l'avis de tous les experts, est des plus faibles, surtout lorsqu'on la compare à la structure industrielle de l'Ontario.

A ce propos, retenons d'abord deux choses: les tarifs douaniers d'une part ont des impacts sur la structure industrielle d'un pays et sur chacune des économies régionales par les effets qu'ils ont sur la localisation des industries et des entreprises; d'autre part, la protection tarifaire au Canada n'est pas uniforme pour toutes les productions manufacturières, ce qui signifie que certaines sont plus avantagées que d'autres.

Si l'on analyse maintenant la réalité dans une perspective évolutive, on note que, dès le début, à cause de l'avance qu'elle avait déjà prise sur les autres régions et à cause de son poids politique plus grand, l'Ontario a été le bénéficiaire privilégié de la politique commerciale fédérale au détriment notamment du Québec. Ce sont les industries ontariennes plus que celles du Québec qui ont reçu la meilleure protection tarifaire en jouissant d'un taux de protection beaucoup plus élevé que la moyenne du Canada. Les conséquences de ce favoritisme ont été triples.

Premièrement, les secteurs fortement protégés de l'Ontario ont drainé vers eux des ressources qui autrement auraient bénéficié à des secteurs québécois non "commercialisable" ou axés vers l'exportation. Parce que les industries ontariennes étaient au départ hautement protégées, elles ont pu se permettre des coûts de production plus élevés notamment au chapitre des salaires, sans risquer leur survie. Deuxièmement, la forte protection tarifaire accordée a permis aux entreprises ontariennes bénéficiaires de demander un prix élevé, étant soulagées de la concurrence extérieure. Enfin, les industries québécoises d'exportation ont été directement désavantagées parce qu'elles étaient contraintes à concurrencer les industries protégées pour obtenir à prix moindre de la main-d'oeuvre, des matériaux et des produits intermédiaires. En somme, cela a permis à l'Ontario d'accroître et de consolider son industrialisation dans des secteurs de pointe à haute productivité, donc à salaires plus bas. La taille et le degré de spécialisation du secteur manufacturier québécois n'ont donc pas, dès l'origine, été favorisés au même titre que ceux du secteur manufacturier ontarien.

Cette protection privilégiée a particulièrement été forte et déterminante en faveur de l'Ontario depuis la Seconde Guerre mondiale alors que le gouvernement fédéral, s'impliquant encore plus dans la gestion économique, s'est résolument engagé dans un plan d'intégration économique avec les Etats-Unis. A partir du moment où le pouvoir central maintenait l'objectif d'une croissance rapide en fonction d'une maximisation générale (et non régionale), il était inévitable que sa politique commerciale modifiée en faveur des Etats-Unis continue de privilégier l'Ontario qui, au surplus, jouit d'un avantage géographique indéniable. Comme l'a expliqué l'économiste Roma Dauphin, Ottawa a haussé la protection accordée aux industries ontariennes et, ce faisant, a réduit le taux relatif de protection des industries québécoises, ce qui a favorisé une entrée nette de capitaux dans le sud de l'Ontario.

"Il est facile à ce point-ci de démontrer que le type de protection accordée à l'Ontario ainsi que la politique canadienne d'immigration allaient permettre à cette province d'augmenter au maximum sa production et de drainer une masse considérable de capitaux à la suite de la hausse de son taux relatif de protection"

déclarait le professeur Dauphin lors d'une intervention sur la souveraineté du Québec et la politique commerciale du Canada au Congrès annuel de l'Association des économistes québécois, en avril 1977. Il ajoutait également, à propos des conséquences des plans d'intégration économique aux Etats-Unis, que l'Ontario était bien sûr susceptible d'attirer une part encore plus grande des capitaux du Canada si certaines de ses industries bénéficient d'un marché dix fois plus grand que celui des industries situées dans les autres provinces.

"Il suffit maintenant, concluait-il, de trouver l'origine géographique de l'influx de capitaux en Ontario pour obtenir une solide explication du taux de chômage endémique du Québec durant toute la période de l'après-guerre."

Est-il par ailleurs surprenant de constater qu'encore aujourd'hui l'Ontario jouit toujours d'une position privilégiée. En 1970, dans une étude sur l'indépendance du Québec et la possibilité d'établir un marché commun avec les Etats-Unis, l'économiste Rodrigue Tremblay soulignait que l'Ontario pouvait compter sur 68% des industries les plus hautement protégées au Canada par rapport à 24% pour le Québec. Seulement 9% étaient également réparties dans les deux Etats fédérés.

TABLEAU 3

Les 53 industries les plus fortement protégées par le tarif canadien [1] [2]

Nom de l'industrie	Le tarif apparent ou nominal %	Le tarif réel ou effectif %	% de la valeur ajoutée [3] par chaque industrie par rapport à la valeur ajoutée au Canada par cette même industrie	
			En Ontario %	Au Québec %
Brasseries	35.9	53.2	46.4	24.9
Distilleries	171.2	641.9	61.2	27.5
Industrie du vin	25.2	45.2	72.8	négl. [5]
Huiles végétales	4.7	35.9	70.6	négl.
Confiseries	17.3	31.6	63.8	27.3
Manufactures de produits de tabac	72.5	213.8	30.7	69.3
Articles divers en cuir	23.1	39.5	49.5	45.8
Industrie du caoutchouc	20.1	40.6	76.8	20.0
Accessoires d'automobile en tissu	30.3	90.9	93.0	négl.
Feutre pressé et aéré	24.2	84.4	90.9	négl.
Préparation des fibres	20.0	67.6	76.5	19.7
Tapis et carpettes [4]	28.2	66.8	52.9	négl.
Fabrication de boîtes en bois	22.5	40.2	69.2	18.8
Industrie du meuble de maison	25.8	45.7	48.1	37.7
Autres industries du meuble	25.8	43.8	72.8	37.3
Industrie du meuble de bureau	26.8	41.8	76.0	29.2
Manufactures de boîtes (carton ondulé)	20.8	59.6	48.1	30.0
Autres transformations du papier	22.2	37.0	67.1	24.8
Sacs en papier et en plastique	20.7	36.6	43.2	37.1
Boîtes pliantes et montées	20.8	31.4	60.5	28.1
Estampage, matricage et revêt (métaux)	21.6	40.8	59.6	26.7
Prod. métalliques d'arch. et d'ornementation	18.0	33.6	55.4	25.1
Carosserie (camion) et remorque	70.7	57.6	66.8	10.0
Mat. roulant de chemin de fer	16.6	33.4	66.1	négl.
Appareils électro-ménagers (radio, TV)	20.7	51.4	87.0	12.1
Gros appareils (électriques ou non)	19.7	41.5	76.3	négl.
Petits appareils électriques	19.7	36.1	85.8	13.3
Batteries	17.4	30.6	66.9	négl.
Abrasifs	20.5	48.1	89.3	négl.
Autres prod. minéraux non métalliques	19.9	40.7	66.5	17.3
Produits du gypse	25.0	39.0	31.7	négl.
Produits en béton	18.3	33.7	49.8	28.5

Nom de l'industrie	Le tarif apparent ou nominal %	Le tarif réel ou effectif %	% de la valeur ajoutée [3] par chaque industrie par rapport à la valeur ajoutée au Canada par cette même industrie	
			En Ontario %	Au Québec %
Savons et composés de nettoyage	19.5	37.4	87.2	9.4
Produits médicinaux et pharmaceutiques	22.5	31.9	51.1	48.3
Balais, vadrouilles, brosses	30.0	61.1	68.9	14.5
Articles en mat. plastiques	19.1	35.3	59.6	33.8
Moulins à farine	8.8	38.1	25.2	32.3
Fab. de gants en cuir	23.1	37.4	21.8	59.1
Manuf. de crépins en cuir	21.3	37.2	19.0	81.0
Textiles synthétiques	30.3	64.0	négl.	50.1
Sacs de coton et de jute	14.7	53.5	19.4	49.2
Linoléums et tissus enduits	24.9	46.4	31.2	68.8
Fabr. de tissus de laine	19.3	42.6	38.2	57.7
Filés et tissus de coton	20.0	40.0	négl.	77.5
Bonneterie et tricot	31.1	77.1	39.4	51.0
Ind. des bas et chaussettes	25.2	40.1	34.1	64.7
Articles en fourrure	25.0	103.4	26.0	62.7
Manuf. de gants en tissus	26.5	37.1	34.6	65.4
Ind. des corsets et soutiens-gorge	28.4	36.4	38.1	62.0
Ind. des cercueils	25.5	34.3	39.0	42.8
Papier-toiture alsphalté	25.0	54.7	37.9	42.0
Fils et câbles électriques	20.3	45.6	40.4	52.3
Bijouterie et orfèvrerie	22.5	46.9	71.7	19.0

(1) Les tarifs effectifs ont été calculés par James R. Melvin et Bruce W. Wokinson pour l'année 1963 — voir *Effective Protection in the Canadian Economy*, Conseil Economique du Canada.

(2) L'arrivée des réductions tarifaires dans le cadre des accords Kennedy a affecté le classement des tarifs effectifs des diverses industries. Cependant, les réductions tarifaires nominales consenties affectent surtout les produits intermédiaires et ont eu pour effet bien souvent de hausser le tarif des produits finis.

(3) Les chiffres sur la valeur ajoutée sont ceux de 1965, BFS-31-205.

(4) Il existe six (6) producteurs de tapis et carpettes au Québec, mais les données statistiques sont tenues confidentielles par le Bureau Fédéral de la Statistique. Pour l'année 1965, cependant, la valeur totale des expéditions de tapis et carpettes pour l'ensemble du Canada fut de $79.9 millions, alors que pour l'Ontario les expéditions se montaient à $43.3 millions, la différence étant produite par trois autres provinces dont le Québec, la Nouvelle-Ecosse et le Manitoba.

(5) Négligeable.

SOURCE: TREMBLAY, Rodrigue, *Indépendance et marché commun Québec-Etats-Unis*, Editions du Jour.

A ces faits, une considération majeure s'ajoute. Les économistes reconnaissent que la croissance d'une région ayant pris une certaine avance sur les autres tend à se poursuivre de plus en plus aux dépens de celles-ci. Cette région devient ainsi un pôle de croissance qui incline à satelliser l'économie des régions voisines. Si l'on veut contrer cette tendance naturelle à la concentration de l'activité économique et redistribuer la croissance entre les régions, il faut une forte volonté politique orientée en ce sens. Le problème c'est que, dans un système politique fortement centralisé comme celui du Canada, la région en avance jouit d'un poids politique considérable qui ne cesse d'ailleurs de s'accroître, ce qui lui permet d'influencer à son avantage les prises de décisions.

TABLEAU 4

Progression du secteur manufacturier ontarien
par rapport à l'ensemble du Canada

	ONTARIO	QUÉBEC
1870	52.1%	34.5%
1926	51.1%	30.7%
1971	53.3%	27.9%

SOURCE: *Rapport Castonguay: L'Urbanisation au Québec,* Editeur officiel du Québec, 1976, p. 91.

Comme l'a déjà signalé le ministre d'Etat actuel au Développement économique du Québec, M. Bernard Landry, une telle situation n'est pas un mal en soi. Il y a bien sûr des désavantages de différentes natures: écologiques (détérioration de l'environnement du territoire de pointe, congestion et pollution de toutes sortes), économiques et humains (économies régionales faibles, chômage élevé, coûts sociaux et financiers des déplacements humains vers les pôles de croissance). Cependant, ils peuvent être surmontés dans une société culturellement homogène où les gens peuvent se considérer chez eux partout et, en conséquence, se déplacer là où les besoins économiques l'exigent et où les salaires sont plus élevés.

Mais voilà cependant où le bât blesse pour les Québécois, comme on l'a vu précédemment. Considérant le Québec comme leur seul foyer et étant bafoués partout ailleurs au Canada, il leur est difficile de quitter leur patrie sans abandonner leur culture, leur mode de vie. Leurs intérêts nationaux exigent donc une économie équilibrée régionalement. Malheureusement, ce n'est pas la voie choisie depuis 1879 avec la *National Policy*. Et pour aggraver le tout, le processus cumulatif auto-suffisant a joué à plein contre eux. Les dirigeants politiques qui se sont succédés au pouvoir, à Ottawa, n'ont fait que consolider la position de force de l'Ontario (et aussi celle de l'Ouest) en greffant à la *National Policy* toute une série de politiques sectorielles et d'interventions diverses. Privilégiant l'objectif de la "maximisation" de la croissance dite "nationale", le pouvoir fédéral entre les mains des *Canadiens* n'a pas hésité à plusieurs reprises, comme nous le verrons par la suite, à sabrer dans les avantages comparés du Québec pour en créer artificiellement d'autres ailleurs.

C'est en fonction de cette stratégie de développement et de cet objectif de croissance que la structure industrielle du Québec s'est développée depuis 1879.* Aujourd'hui, tous les économistes qui diagnostiquent l'économie du Québec s'entendent pour dire que ses principales faiblesses structurelles sont:

- la diminution des secteurs de l'extraction (primaire) et de la fabrication (secondaire) au profit du secteur des services (tertiaire); selon des recherches effectuées par l'O.P.D.Q., ces tendances risquent de se maintenir;
- un effritement lent et graduel des liens interindustriels qui se traduit par la diminution de l'importance de la valeur ajoutée de l'ensemble des secteurs productifs québécois à l'échelle pan-canadienne; de 25.4% de l'ensemble du Canada qu'elle représentait en 1961, la part du Québec était passée à 22.5% en 1974 et passerait selon les prévisions de l'O.P.D.Q. à 18.5% en 1985;
- l'insuffisance des industries manufacturières à haute productivité. En 1972, le Québec possédait 44 industries ayant un niveau de productivité supérieur à la moyenne du secteur

---

* Malgré certaines prétentions contraires, ce modèle de développement économique est toujours celui que privilégie le gouvernement fédéral. Le 27 juin 1978, le premier ministre Trudeau le confirmait explicitement en déclarant à la Chambre des communes:
"Il semble qu'il y ait essentiellement deux façons d'aborder la question de l'aliénation régionale. La première consisterait en un transfert massif des pouvoirs aux régions... Le gouvernement actuel rejette cette solution d'une décentralisation massive revêtant diverses formes... Nous nous tournons vers l'autre solution qui consiste à attirer les régions vers le centre..."

manufacturier canadien. Ces industries représentaient plus de 45% de la valeur ajoutée au Québec et plus de 33% de l'emploi manufacturier total de cet Etat. Pour sa part, l'Ontario avait 58 industries de ce type, qui fournissaient 63.5% de la valeur ajoutée et près de 55% de l'emploi manufacturier de cet Etat;

- la trop forte proportion d'exportation de matières premières, notamment des minerais, et l'insuffisance des exportations québécoises de produits finis. En 1976, seulement 30% des exportations totales du Québec sont des produits finis contre 68.7% et 35.8% en Ontario et au Canada en général. De plus, non seulement le Québec exportait-il une forte proportion de ses biens sous forme de matières brutes (en 1976, 27.5% par rapport à 7.8% seulement pour l'Ontario) mais ce pourcentage s'est fortement accru au cours des dernières années;

- la faible intégration de nombreuses petites et moyennes entreprises (PME) aux grandes entreprises, ce qui a comme conséquence une faiblesse au plan des connaissances techniques. A cela s'ajoute une faiblesse chronique de l'innovation proprement québécoise;

- des marchés trop peu dynamiques pour les industries à productivité élevée. Parmi les 45 industries à haut niveau de productivité du Québec, en 1972, seulement 14 bénéficiaient aussi d'une forte croissance de la production et 18 d'un marché intérieur dynamique. Les chiffres correspondant pour l'Ontario sont passablement supérieurs: 34 et 28 respectivement;

- l'insuffisance des investissements privés qui a amené l'Etat québécois à suppléer par une plus forte croissance des investissements publics.

Il est bien évident que ces problèmes graves sont au coeur même des difficultés économiques que connaît depuis plusieurs années le Québec et de l'écart de niveau de vie qui sépare les Québécois des Ontariens et de la plupart des autres *Canadiens*.

Par ailleurs, un autre élément s'ajoute à tout cela. La politique commerciale ou tarifaire a non seulement influencé la localisation des industries à faible croissance et productivité au Québec, elle a aussi aggravé la faiblesse de ces industries en les forçant à produire pour un marché plus restreint. Comme l'ont signalé à plusieurs reprises d'éminents économistes, les industries qui ont été

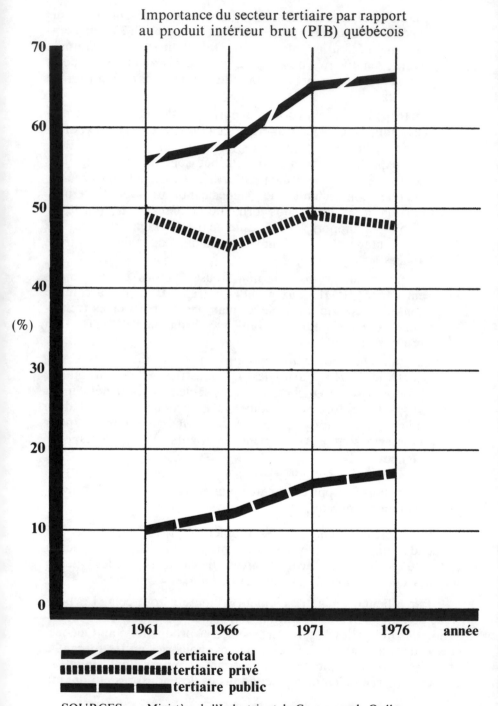

FIGURE 2

Importance du secteur tertiaire par rapport
au produit intérieur brut (PIB) québécois

(%)

1961   1966   1971   1976   année

tertiaire total
tertiaire privé
tertiaire public

SOURCES: — Ministère de l'Industrie et du Commerce du Québec
— Yves Bérubé, Allocution au congrès de l'Ordre des ingénieurs,
Montréal, juin 1978.

FIGURE 3

Le produit intérieur brut (PIB) par secteur.
Part québécoise par rapport à l'ensemble du Canada

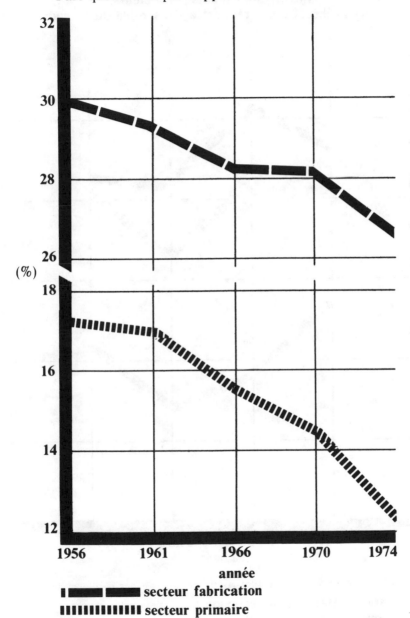

année

▮▬▬ ▬▬ secteur fabrication

▮▮▮▮▮▮▮▮▮▮▮▮▮ secteur primaire

SOURCES: — Direction générale de la recherche et de la planification. Ministère
de l'Industrie et du Commerce (Qué.).
— Statistique Canada. *La population active.*
— Comptes nationaux.
— Yves Bérubé, Allocution au congrès de l'Ordre des ingénieurs,
Montréal, juin 1978.

FIGURE 4

Les investissements par secteurs.
Part québécoise par rapport à l'ensemble du Canada

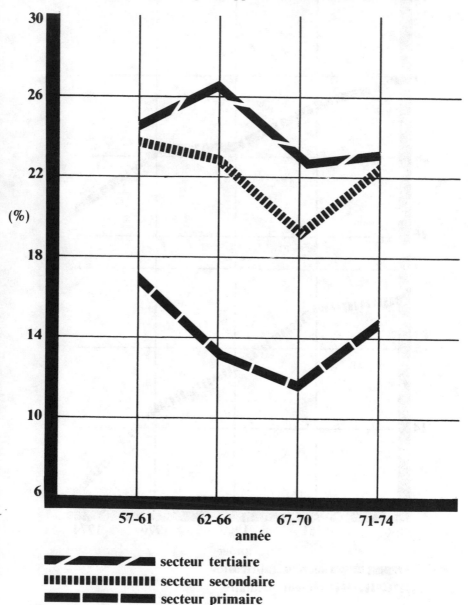

SOURCES: — Statistique Canada. *Investissements privés et publics*.
— Yves Bérubé, Allocution au congrès de l'Ordre des ingénieurs, Montréal, juin 1978.

FIGURE 5

Part québécoise dans les investissements canadiens

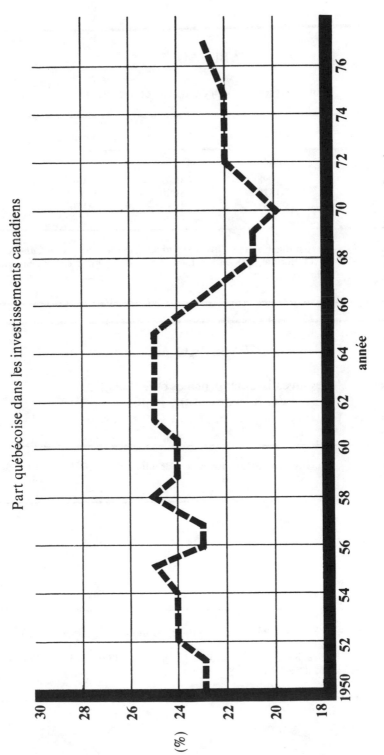

SOURCES: — Statistique Canada. *Investissements privés et publics au Canada*, diverses années.
— Yves Bérubé, Allocution au congrès de l'Ordre des ingénieurs, Montréal, juin 1978.

TABLEAU 5

Investissements per capita (en dollars)

Année	Canada	Maritimes	Québec
1968	987	827	738
1970	1098	1032	783
1972	1320	1090	1030
1974	1831	1583	1503

SOURCES: — Statistique Canada. *Investissements privés et publics au Canada.*
— Yves Bérubé, Allocution au congrès de l'Ordre des ingénieurs, Montréal, juin 1978.

TABLEAU 6

Les investissements privés et les bénéfices des sociétés avant impôt.
La part québécoise par rapport à l'ensemble du Canada

Année	Investissements privés (%)	Bénéfices des sociétés avant impôt (%)
1966	22,5	27,0
1968	21,5	24,3
1970	19,3	22,7
1972	20,8	22,1
1974	22,2	23,5
1976	20,9	23,4

SOURCES: — O.P.D.Q., *Prospective socio-économique du Québec.* Statistique Canada.
— Yves Bérubé, Allocution au congrès de l'Ordre des ingénieurs, Montréal, juin 1978.

FIGURE 6

Importance des investissements en fabrication par rapport à la population

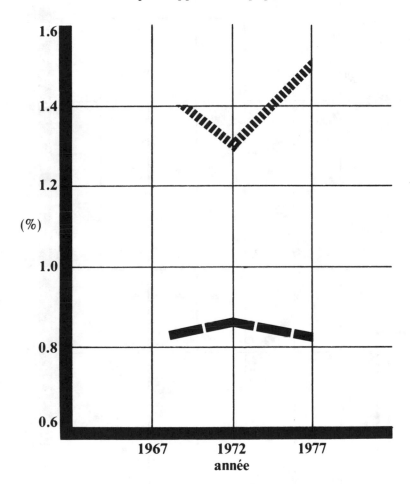

SOURCES: — Statistique Canada. *Investissements privés et publics*.
— Yves Bérubé, Allocution au congrès de l'Ordre des ingénieurs, Montréal, juin 1978.

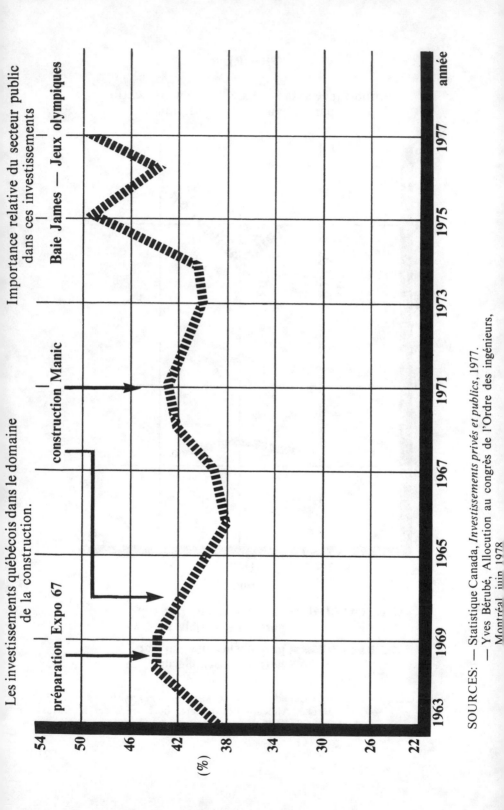

Les investissements québécois dans le domaine de la construction.

Importance relative du secteur public dans ces investissements

préparation Expo 67

construction Manic

Baie James — Jeux olympiques

année

(%)

SOURCES: — Statistique Canada, *Investissements privés et publics*, 1977.
— Yves Bérubé, Allocution au congrès de l'Ordre des ingénieurs,
Montréal, juin 1978

amenées à s'implanter au Québec sont des industries de biens de consommation dont la demande est difficilement extensible et qui exigent des procédés de fabrication de masse pour être productives. Ces industries, celles des textiles, des vêtements, des produits en cuir, du meuble, s'accommodent mal de l'étroitesse du marché canadien et, en conséquence, elles doivent plus souvent encaisser des taux de croissance pitoyables qui se répercutent sur l'emploi et le niveau des prix et des salaires. En d'autres mots, la politique commerciale fédérale limite artificiellement le niveau d'opération et la dimension de ces industries, la grosseur des usines, de sorte que l'efficacité est réduite, la productivité des travailleurs abaissée et les salaires comprimés.

D'autre part, la protection tarifaire pouvant être accordée à ces industries est beaucoup moins forte que celle des industries de pointe; cela est dû à une position de faiblesse évidente face à la concurrence extérieure venant d'entreprises étrangères qui bénéficient de coûts de production considérablement moins élevés; cette concurrence qu'il est difficile de contrer est d'autant plus dévastatrice pour les entreprises québécoises que les accords internationaux signés par le gouvernement fédéral abaissent la protection tarifaire. L'entrée du Japon comme membre du G.A.T.T., en 1954, et une réduction automatique des droits de douane sur les textiles ont provoqué, par exemple, à partir de 1957, une dégringolade dangereuse de l'emploi dans plusieurs des petites villes du Québec. Il devient donc évident que l'absence de la souveraineté politique du Québec empêche les gouvernants québécois d'avoir une voix au chapitre au moment des discussions précédant ces accords. Inévitablement, le gouvernement fédéral ne peut faire autrement que d'être d'abord et avant tout le porte-voix des intérêts *canadiens* et ontariens. Au cours des dernières années, on estime à 50 000 le nombre de travailleurs québécois réduits au chômage dans les secteurs "mous" à cause des importations étrangères et de la politique commerciale pratiquée par le gouvernement fédéral.

3) *Une domination étrangère accrue*

L'un des maillons importants de la *National Policy* reposait dès l'origine sur l'apport considérable de capitaux en vue d'intensifier l'industrialisation et de mener à bonne fin la construction du chemin de fer. La politique tarifaire favorisait l'accueil des investisseurs étrangers en leur réservant des marchés intérieurs captifs pour un éventail étendu de produits et en leur assurant des rendements de capitaux plus élevés que chez eux.

Au début, ces capitaux venaient surtout de Grande-Bretagne, leur accès étant facilité, comme nous l'avons précédemment souligné, par le rétablissement des liens commerciaux préférentiels, en 1898, et leur transfert au profit du Commonwealth, en 1932. Les Etats-Unis étaient aussi dans le décor mais d'une façon moins prononcée, même s'ils étaient déjà, depuis la fin du siècle dernier, les principaux fournisseurs du Canada. En 1914, les investissements d'origine britannique représentent 71% des capitaux étrangers investis au Canada; la part des Etats-Unis est alors de 24%. A peine trois ans plus tard, la situation est de 57% pour les capitaux britanniques et 39% d'investissements américains. A partir de 1925, les investissements étrangers d'origine américaine dépassent les investissements britanniques.

Les années qui suivent la Seconde Guerre mondiale donnent lieu à des changements majeurs à deux points de vue. Affaiblie par le conflit, la Grande-Bretagne est définitivement éclipsée par les Etats-Unis qui doivent faire face à une demande grandissante en matières premières. A cause de cela d'ailleurs, leur présence devient de plus en plus intense sans compter, et c'est là le second aspect à noter, que leurs investissements prennent des formes différentes de ceux des Britanniques. Alors que ceux-ci avaient privilégié pour une bonne part les placements de porte-feuille, sous la forme d'achat de titres, sans nécessairement rechercher le contrôle des entreprises, les Américains, eux, privilégient les investissements directs qui comportent le transfert, potentiel ou réel, du contrôle des entreprises à l'étranger.

En 1968, presque 40% de tous les avoirs industriels du Canada appartenaient à des entreprises dont la part de propriété étrangère dépassait 25%. Ce pourcentage atteignait 58.1% et 62.8% respectivement dans les secteurs névralgiques de la fabrication manufacturière et des mines. A la fin de 1974, on évaluait à 36.2 milliards de dollars le total des investissements étrangers au Canada. Les investissements directs américains à eux seuls représentent environ 29 milliards, soit 80% du total. Tous ces chiffres représentent la valeur comptable des investissements directs étrangers. Les spécialistes estiment que la valeur du marché des entreprises serait de deux à trois fois plus élevée, soit une centaine de milliards de dollars.

Concernant le Québec, les données statistiques sur la place du capital étranger sont rares. En comparant les résultats d'études menées pour le compte de la Commission sur le bilinguisme et le biculturalisme et du ministère de l'Industrie et du Commerce du

Québec, on peut malgré tout se faire une idée de la situation dans le secteur clé de la fabrication:

- en 1969, le contrôle étranger excluant les Canadiens dépasse 60% dans les secteurs suivants: pétrole et houille (100%), produits minéraux non métalliques (63%), caoutchouc (64%), machinerie (83%) et certaines autres industries (71%). Au total, le capital étranger exerce le contrôle sur 40% de l'industrie de la fabrication;

- de 1961 à 1969, le capital étranger a enregistré des gains considérables dans plusieurs secteurs. Pour l'ensemble du secteur de la fabrication, sa place est passée de 34.8% à 40% et ses gains se sont surtout faits aux dépens du capital *canadien* (anglais). Les entreprises étrangères emploient 36% des travailleurs du secteur industriel;

- en 1969, le contrôle *canadien* (anglais) dépasse le contrôle américain dans les industries de l'imprimerie et de l'édition (64%), du papier (70%), du textile (69%), du meuble (70%) et du vêtement (64%). Au total, le capital *canadien* contrôle 42% du secteur de la fabrication. En 1961, il contrôlait 51% de ce même secteur. Au niveau de l'emploi cependant, il mène avec 42% des travailleurs;

- en 1969, le capital québécois (francophone) contrôle 30% ou plus des industries suivantes: imprimerie et édition (30%), matériel de transport (36%), produits métalliques (39%) et bois (39%). Son contrôle sur le secteur manufacturier est à 18% comparativement à 14.1% en 1961. Les entreprises francophones génèrent 22% de l'emploi;

- en 1961, les entreprises québécoises (francophones) ne contribuaient qu'à 4.5% des exportations du Québec, tandis que les entreprises étrangères y participaient dans une proportion de 51.5%, et les entreprises *canadiennes* (anglaises) dans une proportion de 44%. La même année, les entreprises québécoises contribuaient à 15% de la valeur ajoutée du secteur manufacturier tandis que les deux autres groupes se partageaient le reste de la production à part égale.

Devant une telle situation, peut-on douter encore que l'action fédérale n'a fait que contribuer à maintenir sinon accroître la dépendance économique des Québécois, surtout quand on considère la place de porteurs d'eau que les patrons étrangers leur ont réservée en général, tel que nous l'avons déjà noté lors de l'étude de la politique linguistique fédérale. Mais, il y a plus. D'un autre point de vue, il pourrait y avoir lieu de se plaindre du fait que les étrangers ont investi proportionnellement beaucoup plus en Ontario qu'au Québec. Dépendant du jugement que l'on peut porter sur les effets du capital étranger, on pourrait déplorer la perte de 30 000 emplois qui auraient pu être créés.

Les opinions sur les désavantages de l'investissement étranger sont partagées. Si l'on peut identifier facilement des bénéfices économiques appréciables, on ne peut cependant oublier que les coûts, eux, tournent beaucoup autour de la notion de pouvoir. Il s'agit en somme de savoir: qui décide de quoi et où? A ce propos, le rapport de Herb Gray sur les investissements étrangers au Canada, publié en 1972 par le gouvernement fédéral, est explicite:

> "L'ouverture traditionnelle du Canada aux investissements directs étrangers a eu pour conséquence que les priorités du développement industriel du Canada ont en grande partie été déterminées par des compagnies étrangères et par les politiques industrielles d'autres gouvernements. Ceci a conduit à mettre l'accent sur le secteur primaire (extraction des richesses naturelles) au détriment du secteur secondaire (fabrication). (...) Les investissements directs étrangers ont provoqué une intégration verticale du secteur extractif qui a entraîné au Canada la "troncation" des activités, en réservant aux compagnies mères l'élaboration, le raffinage et la fabrication. Cette "troncation" réduit aussi le développement des industries complémentaires. (...) De plus, le secteur primaire ou extractif impose de lourdes exigences à la bourse de contribuables canadiens, en rendant nécessaires des travaux d'infrastructure dans des régions éloignées, des subventions pour le transport, et diverses concessions fiscales pour attirer les investissements."

Ce qui est vrai pour l'ensemble du Canada, l'est encore plus pour le Québec où, contrairement à l'Ontario notamment, le secteur primaire est beaucoup plus développé que le secteur secondaire. En janvier 1974, le ministère québécois de l'Industrie et du Commerce publiait une étude, *Une politique économique québécoise*, dans laquelle on indiquait que les industries hautement productives, lieu privilégié des grandes entreprises étrangères, sont les moins bien intégrées à l'économie québécoise. On peut lire entre autres dans ce document:

> "Les investissements étrangers, à cause des facteurs socio-culturels, n'ont pas créé et ne créent pas au Québec les mêmes effets d'entraînement que dans les autres pays industrialisés. Il y a peu de retombées sur la formation technique et administrative des Québécois. (...) Les liens que les entreprises multinationales entretiennent avec les autochtones québécois sont pratiquement inexistants. Elles s'approvi-

sionnent souvent ailleurs, distribuent par des réseaux étrangers et recrutent leur personnel de cadre en dehors des frontières. (...) Ce manque d'intégration des investissements étrangers explique pour une large part le cantonnement des industries et des hommes d'affaires francophones dans les secteurs plus traditionnels, le manque de débouchés qui s'offrent aux universitaires et l'insuffisance d'administrateurs chevronnés."

On voit donc qu'il importe de garder à l'esprit que la situation du Québec ne peut être analysée sans tenir compte des dimensions culturelle et nationale. Pour les Québécois, la réalité est que seulement 18% des industries de fabrication installées chez eux leur appartiennent. Le reste est entre les mains de gens d'autres nationalités (surtout américaine et *canadienne*) qui ne sont pas particulièrement préoccupés par les aspirations nationales québécoises. La situation est bien différente de celle de l'Ontario par exemple où, malgré tout, les *Canadiens* maintiennent une présence de près de 40% dans le secteur manufacturier. S'ajoute à cela le fait que le gouvernement national dont les Québécois disposent pour faire contrepoids n'est même pas souverain et qu'il n'a pas en main les leviers d'intervention nécessaires. Ceux-ci sont possédés par le pouvoir fédéral dominé par les *Canadiens* et, comme nous venons de le voir, leurs intérêts sont loin de coïncider avec ceux des Québécois. Terminons ici en citant une fois de plus le rapport Gray:

"Il n'est pas possible de laisser l'"économique" à des étrangers, pour nous concentrer sur nos problèmes politiques, sociaux, culturels. Il n'y a pas de compartimentation de ce genre dans le monde réel."

On pourrait donc avec raison ajouter qu'en adoptant la *National Policy* et en favorisant les investissements étrangers massifs, le pouvoir fédéral a fait fi de l'identité culturelle des Québécois. D'abord, la politique commerciale de 1879 a contribué largement selon les économistes à rendre la structure manufacturière peu innovatrice. En comblant cette lacune par l'importation d'une technologie étrangère, on a empêché le développement de la recherche créatrice qui aurait pu conduire à l'invention de techniques spécifiquement québécoises. La *National Policy* a également contribué grandement, en ouvrant la porte aux investissements étrangers, à l'américanisation, à l'anglicisation et à la détérioration de la culture québécoise. Ce ne sont pas seulement des capitaux que l'on a laissé entrer, ce sont aussi une multitude de façons différentes de penser et d'agir. Une culture forte et bien protégée par un gouvernement national fort aurait pu réagir autrement et contrebalancer les effets négatifs, tout en profitant des découvertes des autres. Mais tel n'était pas... et n'est pas encore le cas!

b) Les grandes décisions de consolidation

En mentionnant dans la section précédente que le modèle fédéral de développement économique engendrait un processus cumulatif jouant à l'encontre des intérêts des Québécois, nous avons souligné que cela avait été d'autant plus néfaste que la *National Policy* avait été suivie de toute une série de politiques sectorielles et d'interventions diverses qui n'ont fait que la consolider. En avril 1977, s'adressant au Congrès annuel de l'Association des économistes québécois, le ministre d'Etat au Développement économique du Québec, M. Bernard Landry, déclarait que ces décisions économiques de longue période avaient été aussi déterminantes pour la configuration de la structure industrielle du Québec, notamment parce qu'elles avaient atténué ou détruit des avantages comparés que détenait le Québec. Pour illustrer son propos, M. Landry avait pris quatre exemples majeurs touchant de près les échanges commerciaux et leurs incidences sur la structure industrielle du Québec. Ce sont:

- la politique pétrolière fédérale;
- la canalisation du Saint-Laurent;
- l'accord de l'automobile;
- la politique agricole fédérale.

Passons brièvement en revue chacun de ces exemples.

1) La canalisation du fleuve Saint-Laurent

Après la Deuxième Guerre mondiale, alors que les Américains intensifient leur pénétration au Québec et au Canada en général dans le secteur des matières premières, le gouvernement fédéral relance un vieux projet, le canalisation du Saint-Laurent. On veut permettre aux océaniques d'atteindre directement les Grands Lacs et bien sûr le coeur industriel situé en Ontario, afin de réduire les frais de transport par la suppression des transbordements — celui de Montréal surtout — qui rendent trop onéreuse la route du Saint-Laurent. Au Québec, ce projet avait toujours suscité de sérieuses inquiétudes. En 1928, la Chambre de commerce de Québec avait déjà manifesté son opposition à "tout projet visant à canaliser ou à exploiter le lit ou les eaux du Saint-Laurent". Treize ans plus tard, en 1941, l'économiste nationaliste François-Albert Angers publiait dans l'Action Nationale une virulente dénonciation du projet intitulé "Noyé dans un canal?". L'auteur soulignait que Montréal était devenu la capitale financière du

Canada et un centre industriel important par obligation, étant un lieu de transbordement forcé des marchandises. Il soutenait que l'élimination de cet avantage comparé, que le Québec détenait sur l'Ontario, risquait d'être dramatique pour l'économie québécoise et montréalaise, sans qu'il soit possible d'envisager des avantages compensatoires significatifs. Il concluait en déclarant que la canalisation allait inévitablement favoriser l'industrialisation accrue de l'Ontario aux dépens du Québec.

Ces appréhensions n'ont pas suffi à contrecarrer le projet. En 1954, les Américains acceptent de participer au financement de la Voie maritime qui s'ouvre officiellement en 1959. Aujourd'hui, après 20 ans, les conséquences pour le Québec sont à la fois positives et négatives. Les économistes indiquent que la canalisation a procuré au Québec un accès au coeur industriel de l'Amérique et a rendu plus concurrentiel le minerai de fer québécois sur les Grands Lacs ainsi que les ports du Saint-Laurent comme points de transit pour le transport des céréales.

Cependant, les spécialistes indiquent également que si la Voie maritime a pu contribuer à une exploitation plus rapide des mines québécoises, elle a aussi encouragé la transformation du minerai à l'ouest du Québec plutôt que sur le territoire québécois lui-même. Ce sont les industries sidérurgiques ontariennes et américaines qui ont été les principaux bénéficiaires. Doit-on rappeler ici que l'exploitation des richesses naturelles et leur rachat sous forme de produits finis est une caractéristique classique d'une économie coloniale!

D'autre part, assez curieusement, la fin des travaux de la canalisation du Saint-Laurent a marqué une rupture dans les tendances des investissements au Québec par rapport à l'Ontario. Il semble bien que le recul de Montréal dans le secteur des investissements manufacturiers par rapport à Toronto coïncide avec l'ouverture de la Voie maritime. Comme le notait le ministre Landry, le rapport Toronto/Montréal pour les investissements manufacturiers augmente d'une façon marquée à partir de 1959 (passant de 55% en 1959 à 165% en 1966, période pourtant de pleine expansion pour Montréal). Les investissements manufacturiers de Montréal per capita atteignent en 1956 et 1959, un sommet qui ne sera jamais atteint par la suite y compris en 1966 au summum de l'expansion. D'autres villes ontariennes, comme Hamilton par exemple, profitent de la situation. D'une façon générale, on note qu'avant 1968, la croissance des investissements totaux au Québec était en moyenne de 11.4% contre 9.9% en Ontario; après 1958, cette situation se renverse et depuis l'Ontario connaît des taux qui dépassent largement ceux du Québec.

Bien sûr, d'autres facteurs peuvent être invoqués que l'ouverture de la Voie maritime du Saint-Laurent. Chose certaine cependant, en donnant un avantage additionnel à la région sud-est de l'Ontario, on peut dire que le gouvernement fédéral modifiait les règles de l'investissement. Montréal perdait ainsi un des avantages économiques importants qu'il détenait sur Toronto. Avec les effets d'entraînement considérables et bien connus des centres urbains sur l'économie d'un Etat, l'Ontario acquérait ainsi une capacité additionnelle de croissance.

Le ministre Landry a également fait remarquer que la décision récente d'Ottawa de radier la dette de $625 millions de l'administration de la Voie maritime constituait une subvention directe à deux aciéries de l'Ontario, à l'Hydro-Ontario et aux producteurs de blé de l'Ouest.

2) *La politique pétrolière fédérale*

La politique pétrolière d'Ottawa a retenu l'attention de nombreux spécialistes québécois, notamment en raison de la grande dépendance énergétique du Québec en ce domaine et de son importance majeure sur le plan industriel. Le pétrole représente près des trois quarts de la consommation totale d'énergie. D'autre part, le secteur pétrolier est un secteur de pointe où la productivité est élevée et les salaires rémunérateurs; le progrès technique y est très important, en particulier dans le secteur connexe de la pétrochimie, et les effets multiplicateurs de cette industrie sont considérables.

En 1961, à partir des recommandations de la Commission royale d'enquête sur les problèmes de l'énergie, instituée en 1957, le gouvernement fédéral décide de partager le marché du pays en deux à partir de la rivière Outaouais. C'est la ligne Borden. Depuis 1956, il faisait face à des pressions considérables des producteurs de l'Ouest qui n'arrivaient plus à écouler leurs surplus pétroliers aux Etats-Unis. La fin de la crise du canal de Suez en Egypte avait occasionné une reprise des livraisons de pétrole brut du Moyen-Orient aux Etats-Unis, à un prix moindre que le pétrole canadien. La politique fédérale, qui s'appliquera jusqu'en 1973, visait à encourager le développement de l'exportation et de la production du pétrole de l'Ouest.

Au moment de cette décision, le Québec mettait à profit le grand avantage comparé qu'il avait à importer par bateau le pétrole à bon marché de l'extérieur. Ce pétrole était raffiné à Montréal et les surplus étaient tels que l'on approvisionnait même le marché ontarien en pétrole brut et en produits finis. C'est d'abord cet avantage que venait supprimer le pouvoir fédéral en interdisant le marché ontarien aux entreprises québécoises pour le réserver au pétrole brut de l'Ouest et aux raffineries de l'Ontario. Il s'agissait là d'une rupture du marché commun canadien.

Les conséquences de cette politique, selon toutes les analyses effectuées, peuvent être résumées ainsi:

- développement de l'industrie du pétrole en Ontario, puisque les produits des raffineries du Québec ne pouvaient franchir l'Outaouais, et conséquemment, expansion de la pétrochimie à Sarnia plutôt qu'à Montréal; l'Ontario accapare ainsi la moitié de tous les investissements dans le secteur du pétrole au Canada, privant du même coup le Québec d'emplois rémunérateurs et d'un renforcement de sa structure industrielle déjà déficiente; tout cela, sans compter un affaiblissement des liens interindustriels au Québec;

- stagnation des investissements de l'industrie pétrolière et chimique au Québec, qui se traduit par un ralentissement du développement des raffineries montréalaises; alors qu'en 1961 le Québec est un exportateur puisque sa production atteint 124% de sa consommation, en 1970, il devient importateur, sa production étant déficitaire de 10%; de plus, on peut noter que la mise en place de la ligne Borden a eu comme conséquence de ne faire supporter que par l'industrie pétrochimique montréalaise l'incidence de la politique isolationniste américaine de 1959, les produits fabriqués au Québec avec du pétrole extérieur ne pouvant pénétrer le marché américain contrairement aux produits fabriqués avec le pétrole de l'Ouest en Ontario;

- développement de la capacité de raffinage dans les Maritimes en vue éventuellement d'un déplacement de la ligne Borden plus à l'Est; en 1974, les Maritimes représentaient 20% de la capacité de raffinage du Canada, elles qui se situaient à 9.8% en 1965; elles avaient réussi durant cette période à mettre à profit leur position géographique particulière;

- augmentation des coûts pour les consommateurs québécois et le gouvernement du Québec parce que le gouvernement fédéral demandait aux compagnies de pétrole de minimiser les différences de prix de chaque côté de l'Outaouais.

Inscrite dans la logique de la *National Policy,* la politique pétrolière fédérale a connu une fin brutale lors de la crise du pétrole d'octobre 1973 qui renversa le rapport existant jusque-là entre les prix canadiens et les prix mondiaux. Le pouvoir fédéral intervient alors pour mieux étaler l'accroissement du prix du pétrole de l'Ouest, ce qui fait que le Québec a bénéficié depuis de larges subventions. Toutefois, les avantages réels peuvent être considérés comme tout à fait temporaires selon les économistes qui signalent qu'au début des années quatre-vingt, le prix canadien aura rejoint le prix mondial et que la production de l'Ouest sera, quoi qu'il en soit, insuffisante pour approvisionner le marché montréalais.

De toute façon, les bénéfices reçus ne peuvent d'aucune manière faire le contre-poids des pertes irrémédiables subies par le Québec particulièrement au plan de sa structure industrielle. A cela s'ajoute le fait que ces avantages temporaires ont été en bonne partie payés par les Québécois eux-mêmes à partir des différents prélèvements fiscaux effectués par le gouvernement central après la crise de l'énergie.

3) L'Accord de l'automobile

Au début des années soixante, le Canada possède déjà des bases solides d'une industrie de l'automobile concentrée, il va sans dire, massivement en Ontario. Toutefois, les choses ne vont pas très bien pour les entreprises ontariennes qui n'arrivent pas à atteindre un niveau d'efficacité suffisant; aussi, en 1964, le gouvernement fédéral porte-t-il un grand coup en modifiant substantiellement sa politique commerciale à ce chapitre. En accord avec le gouvernement américain et avec l'autorisation du G.A.T.T., il supprime le 16 janvier 1965 les droits de douane sur les produits de l'industrie de l'automobile à condition que la proportion de la production canadienne (ontarienne à 90%) et donc de l'emploi, dans l'ensemble nord-américain, soit proportionel aux achats d'automobiles faits par les résidents du Canada.

Les conséquences qu'a eu l'Accord de l'automobile sont doubles en ce qu'elles se sont manifestées à la fois au niveau pancanadien et au niveau régional. Elles peuvent être résumées ainsi:

- le Canada, comme entité globale, a pu améliorer sa balance commerciale (exportations vs importations) avec les Etats-Unis, ce qui était l'un des grands objectifs du gouvernement central;

- les consommateurs du Canada ont bénéficié du rétrécissement de l'écart de prix qui existait auparavant et qui était constamment à la hausse; néanmoins, un écart existe toujours entre le prix des voitures vendues aux Etats-Unis et celles vendues au Canada;
- l'Ontario a été le grand gagnant: une hausse remarquable des investissements s'est en effet produite dans cette province dans le secteur de l'automobile ainsi que dans les secteurs liés directement ou indirectement à l'industrie de l'automobile; la productivité de l'industrie s'est accrue considérablement tout comme la production, l'emploi et les salaires; des industries satellites du secteur de l'automobile telles que la fabrication de pièces ont pu ainsi atteindre le stade de la maturité, produire des surplus et exporter; finalement, tout cela a cependant lié plus étroitement le sort de l'économie ontarienne à la conjoncture américaine;
- le Québec a d'abord perdu au change puisqu'avec seulement 8% de l'industrie de l'automobile localisée chez lui, il n'a pu contrer le processus cumulatif engagé en faveur de l'Ontario et profiter lui aussi d'un renforcement de sa structure industrielle par le développement d'un secteur de pointe;
- l'accroissement des activités en Ontario s'est inévitablement accompagné d'une inflation des salaires qui s'est vite diffusée dans les autres secteurs et régions de l'économie du Canada; cela a amené le gouvernement fédéral à décréter des mesures restrictives anti-inflationnistes qui ont eu des effets pervers pour les régions plus pauvres comme le Québec opérant loin du plein emploi; le chômage s'est donc accru au Québec à cause de ces mesures, alors qu'une politique expansionniste aurait été nécessaire;
- la pression à la hausse sur le dollar canadien a également signifié pour le Québec une détérioration de la position concurrentielle déjà précaire de l'industrie des pâtes et papier et une accentuation des difficultés dans le secteur du textile; là encore, ce sont les travailleurs québécois qui ont écopé de la note; des mises à pied massives ont affecté ces secteurs traditionnels.

En somme, comme le soulignait en 1977 le ministre d'Etat au Développement économique du Québec, cette politique commerciale a permis de résoudre le problème de l'inefficacité du secteur de l'automobile mais a aggravé largement les disparités régionales.

Les décisions fédérales n'ont d'aucune façon tenu compte des effets régionaux et sectoriels. Une fois de plus, le Québec a dû faire les frais d'une politique conçue par et pour des Ontariens qui ont réussi, quant à eux, à consacrer leur supériorité industrielle et à accroître leur force d'attraction aux dépens des régions pauvres.

4) La politique agricole fédérale

L'évaluation de l'impact sur le Québec de la politique agricole fédérale dépend du schéma de référence retenu. Selon le point de vue où l'on se place, les désavantages sont plus ou moins évidents. Néanmoins, il semble bien que l'on ne puisse nier certains effets réels des décisions fédérales.

Les interventions d'Ottawa, par exemple, ont eu comme objectif majeur de mettre en valeur avant toute chose l'énorme potentiel céréalier des provinces de l'Ouest puis, par la suite, d'assurer un revenu stable aux agriculteurs de ces régions. En soi, l'objectif n'était pas mauvais. Mais la façon dont on a cherché à l'atteindre — commercialisation privilégiée des produits de l'Ouest, soutien des prix des céréales et donc aussi du revenu des agriculteurs de l'Ouest, subventions au transport coûteux des céréales — a causé des répercussions négatives pour les agriculteurs québécois. Plusieurs économistes soutiennent en effet que les producteurs du Québec ont été longtemps contraints de s'approvisionner en grains à prix plus élevés, et que, surtout, ils n'ont pu jusqu'en 1973, année où le fédéral a finalement consenti à modifier sa politique, exploiter l'avantage comparé de la proximité du grand marché de consommation montréalais en développant la production d'animaux pour fins d'alimentation.

De nombreux spécialistes indiquent d'autre part que la politique céréalière fédérale a freiné d'une façon significative l'évolution de la culture des grains au Québec, contribuant ainsi à maintenir l'agriculture québécoise, et donc les consommateurs québécois, dans un état chronique de dépendance économique. Chose certaine par ailleurs, le fédéral a toujours largement négligé les produits agricoles du Québec dans ses efforts internationaux de mise en marché, ce qui, à coup sûr, a considérablement nui à l'expansion de l'industrie agro-alimentaire québécoise.

Prenons d'autre part en considération l'aide fédérale à l'industrie laitière, concentrée à 40% au Québec. Nous constatons alors que si elle a indéniablement haussé globalement la rentabilité de cette production par rapport à d'autres, procurant ainsi des revenus plus élevés à un certain nombre d'agriculteurs québécois, elle a par contre compliqué la question de l'écoulement des produits. De plus, son application ces dernières années a complètement déséquilibré la production, diminué les revenus de nombreux agriculteurs québécois et mis en péril l'exploitation de plusieurs fermes au Québec.

Les économistes notent également que la politique laitière fédérale est l'un des responsables majeurs de la surspécialisation de l'agriculture québécoise, autre élément de dépendance économique. A cet égard, du point de vue d'une autosuffisance maximale et d'une plus grande indépendance économique, les spécialistes s'accordent pour dire que les interventions fédérales ont été négatives pour le Québec, car elles ne visaient d'aucune manière cet objectif. N'eût été d'Ottawa et de la contrainte du régime fédéral, l'activité agricole au Québec aurait été plus diversifiée et donc les Québécois auraient été moins dépendants des étrangers pour se nourrir trois fois par jour.

Comme conclusion aux mesures fédérales de consolidation de la *National Policy,* référons-nous à l'économiste fédéraliste, Pierre Fortin, de l'université Laval. Témoignant en novembre 1977 devant la Commission fédérale sur l'unité canadienne, celui-ci déclarait que le bénéfice net du Québec au chapitre des politiques fédérales de développement économique à long terme, est presque toujours négatif ou nul. Bien plus, les effets cumulatifs de cas cités et de bien d'autres semblent à son avis avoir renforcé la position relative de l'économie ontarienne parmi les régions canadiennes:

"Il n'est pas facile, en tout cas, d'y déceler un engagement ferme et persistant du gouvernement fédéral à attribuer un rôle significatif aux ressources québécoises", déclarait le professeur Fortin en ajoutant: "il faut se rendre compte que la stratégie fédérale de développement industriel a pu créer des distorsions sérieuses dans les patterns régionaux de croissance économique et qu'elle a aidé à transformer le Québec en assisté social plutôt qu'en une économie génératrice de son propre développement."

Mentionnons que ce jugement portait également sur le résultat des prétendues mesures correctrices du fédéral au plan du développement régional, mesures dont nous analyserons les conséquences un peu plus loin.

2. Les fausses mesures correctrices

a) Les politiques fédérales de stabilisation

En économie, il y a des problèmes de structure qui font qu'un pays est plus ou moins fort en organisation et en équipements collectifs et des problèmes de conjoncture, de situation, qui résultent de circonstances temporaires qui se soldent par un chômage accru ou par une hausse des prix, ou encore par les deux phénomènes à la fois. Les politiques de stabilisation désignent les mesures à court terme que prennent les gouvernements afin de réduire la durée et l'importance du chômage et de l'inflation. Il s'agit en quelque sorte de maintenir à tout moment l'activité économique le plus près possible de son potentiel en évitant l'inflation. Pour agir sur la conjoncture, les administrations publiques disposent de deux instruments: la manipulation des dépenses publiques et la taxation en général, d'une part, et, d'autre part, la masse monétaire en circulation: en d'autres mots, la politique fiscale et budgétaire et la politique monétaire.

Au Canada, la politique monétaire est l'apanage du gouvernement fédéral alors que le pouvoir fiscal est réparti, quant à lui, entre les deux paliers de gouvernement.* Toutefois, comme nous l'avons déjà vu, le processus de centralisation a conduit le pouvoir fédéral à accaparer le gros bout du bâton en matière fiscale.

En regard de l'objectif que poursuit ce chapitre, il importe maintenant d'analyser la façon dont les politiques de stabilisation du gouvernement fédéral ont desservi les intérêts des Québécois dans leur conception et leur application. Ici, il faut rappeler une fois de plus que l'action des gouvernements dans la gestion d'ensemble de l'économie a pris une dimension accrue après 1936, à la suite de la diffusion des thèses de Lord John-Maynard Keynes, dont il a déjà été question à l'occasion de l'analyse de la centralisation des pouvoirs. Auparavant, les gouvernements de régimes capitalistes osaient moins intervenir directement sur l'activité économique.

---

* Comme l'ont souligné les économistes Fréchette, Jouandet-Bernadat et Vézina dans leur livre *L'économie du Québec,* "la politique fiscale relève avant tout du gouvernement fédéral parce que lui seul, à la limite, a le pouvoir de financer sa dette auprès de la Banque du Canada. Les gouvernements provinciaux disposent de peu de moyens d'action dans ce domaine. Ils ne contrôlent ni la monnaie ni la politique commerciale, et leur marge de manoeuvre au niveau final est limitée par leur pouvoir d'emprunt auprès des particuliers et des institutions financières."

A cause de l'importance évidente de la question, nombreux sont les économistes québécois et *canadiens* qui se sont penchés sur les politiques de stabilisation du gouvernement fédéral. A ce propos, tous les auteurs consultés sont unanimes pour dire que du point de vue québécois l'action fédérale est une faillite monumentale.

Dans une communication au Congrès annuel de l'Association des économistes québécois, en avril 1977, le professeur Yves Rabeau de l'université de Montréal déclarait:

> "Les politiques de stabilisation nationale sont, en fait, en partie responsables du maintien systématique du taux de chômage du Québec au-dessus de la moyenne canadienne depuis l'après-guerre."

De son côté, le professeur Pierre Fortin de l'université Laval déclarait, en novembre 1977, devant la Commission sur l'unité canadienne (Pépins-Robarts) que la politique de stabilisation du gouvernement fédéral au cours des 15 dernières années se soldait par une perte de plus de $10 milliards pour les Québécois. L'économiste réputé arrivait à ce chiffre en calculant qu'une baisse du taux de chômage de seulement une demie-unité de poucentage pendant un an au Québec s'accompagne d'une augmentation de $750 millions du produit intérieur brut annuel ou de $400 par famille.*

Ce n'est cependant pas tout de dire que les Québécois ont grandement souffert des politiques fédérales de stabilisation, il faut également expliquer pourquoi et comment il n'a pas été tenu compte de leurs intérêts. En bref, selon les économistes, deux raisons majeures doivent être invoquées:

- premièrement, le gouvernement fédéral, depuis une quinzaine d'années déjà, a choisi de lutter contre l'inflation plutôt que contre le chômage conjoncturel**;

  deuxièmement, les politiques de stabilisation au Canada, même lorsqu'elles ont été bien orientées, ont toujours tenu compte d'une moyenne pan-canadienne plutôt que des besoins différenciés des régions du pays.

En y regardant de plus près, on se rend compte qu'il s'agit en fait des deux côtés de la même médaille, puisque l'inflation et le chômage sont des problèmes qui n'affectent pas de la même façon

---

* Le produit intérieur brut est une mesure de valeur de la production d'une économie à l'intérieur des frontières d'un territoire donné.

** On le constate encore aujourd'hui par les politiques du gouvernement Trudeau qui réduit les dépenses et augmente les taux d'intérêts des banques pour limiter la hausse des prix, au risque d'aggraver le chômage, particulièrement au Québec.

ou avec la même intensité chacune des régions du Canada. Depuis toujours, les politiques fédérales de stabilisation se sont appuyées sur les indicateurs pan-canadiens plutôt que régionaux pour orienter les choix d'intervention. Or, on sait très bien que l'indice canadien des prix à la consommation ou le taux de chômage global du Canada cachent d'importantes disparités régionales et qu'en conséquence le problème de la stabilisation ne peut que se poser différemment selon les grandes régions économiques. Personne n'ignore que le chômage est un problème beaucoup plus grave au Québec (et dans les Maritimes) qu'en Ontario et dans l'Ouest où la préoccupation première va d'abord aux fortes tendances inflationnistes. De plus, même quand le taux de chômage moyen au Canada est élevé, y compris en Ontario, cela signifie aussi que le niveau des sans emploi est encore plus élevé au Québec (et dans les Maritimes).

Malgré cela, le pouvoir fédéral a continuellement refusé de tenir compte de cette réalité dans ses interventions. La raison invoquée est que cela mettrait sur un pied d'inégalité les contribuables et consommateurs du Canada. Argument fallacieux, selon le professeur Robert Lacroix, de l'université de Montréal, parce qu'il est possible de respecter une certaine équité entre les régions. De toute façon l'inégalité existe déjà et il s'agissait plutôt de la réduire. En réalité, le gouvernement fédéral est toujours orienté dans la ligne de la *National Policy* qui l'amène à s'intéresser à la "maximisation" de la gestion économique pan-canadienne et à rechercher la croissance la plus forte sur une base globale. Peut-on oublier que cette gestion pan-canadienne a presque toujours coïncidé et continue de coïncider généralement avec les besoins des régions les plus prospères de la Fédération, en l'occurence, au premier chef, l'Ontario.

Cela compris, il n'est pas surprenant d'entendre les économistes dire que depuis au delà d'une dizaine d'années le gouvernement central s'est désengagé de la lutte au chômage conjoncturel. Quoi de plus normal, puisque le problème de l'économie ontarienne est l'inflation.

L'action du gouvernement fédéral en fonction des moyennes pan-canadiennes a fait l'objet de différentes études. Une d'entre elles, effectuée en 1972 par l'Office de planification et de développement du Québec, portait sur les effets de la politique fiscale du gouvernement fédéral sur la croissance économique du Québec. Elle permet de conclure sans détour ce qui suit:

• les politiques de stabilisation du fédéral ont eu des effets pernicieux sur l'économie du Québec;

- les conjonctures québécoise et canadienne — et par conséquent les besoins — ne coïncident pas toujours. Bien au contraire, au cours de la période de 1955 à 1969, à neuf reprises sur 15, les besoins de la conjoncture québécoise différaient de ceux de la conjoncture canadienne.

Quant à l'examen des intentions de réponses à ces besoins par le gouvernement central, il révèle que ces intentions ne cherchaient pas à répondre à la conjoncture au Québec. Pour la période de 1957 à 1967, sur un total de onze déclarations officielles contenues dans les discours du budget fédéral, sept n'étaient pas en accord avec les besoins québécois, soit qu'elles allaient dans la même direction, mais trop faiblement (trois sur sept), soit qu'elles se situaient carrément dans la direction contraire (quatre sur sept).

En passant ensuite des intentions aux réalisations, les recherches conduisent à deux conclusions majeures:

- d'abord, toutes les grandes catégories de dépenses fédérales au Québec ne sont pas, ou à peu près pas, sensibles à la situation conjoncturelle présente ou passée, même si le chômage atteint des proportions considérables. En fait, le parallélisme entre le chômage et les dépenses fédérales démontre que le gouvernement central a diminué, la plupart du temps, ses dépenses au Québec quand le chômage y augmentait;
- en second lieu, la distribution régionale des dépenses fédérales ne semble pas non plus être affectée par la situation conjoncturelle régionale et là encore même en période de très basse conjoncture.

A titre d'exemple, mentionnons qu'à l'été 1969, le gouvernement fédéral a eu recours à des politiques de plus en plus restrictives afin de freiner l'expansion trop rapide de l'économie canadienne et de lutter contre l'inflation. A ce moment, à cause des suites expansionnistes de l'Accord de l'automobile en Ontario, le taux d'inflation était passé à 4.5% pour l'ensemble du pays. Il était cependant de seulement 3% au Québec où, par ailleurs, le chômage était très élevé. En fait, à partir de 1967, on assiste à une surchauffe de l'économie ontarienne qui se traduit par une tendance inflationniste à la hausse (tableau 14, figure A). Au Québec, au lendemain de l'Exposition universelle de Montréal, on observait l'inverse, soit une période de récession économique (tableau 14, figure A). Devant le danger de voir l'industrie quitter l'Ontario, Ottawa décida de mettre les freins. Le gouvernement fédéral appliqua une politique fiscale très restrictive et releva d'autre part le taux d'intérêt bancaire du Canada pour restreindre la circulation de l'argent et contrer l'inflation (tableau 14, figure B). De telles mesures devaient stabiliser la croissance de l'emploi en Ontario. Cependant, alliées aux lendemains difficiles d'Expo 67, ces mesures provoquèrent une chute catastrophique des nouveaux emplois au Québec (tableau 14, figure C) et une nouvelle flambée du chômage (tableau 14, figure D). En fait, l'économie québécoise fut replongée jusqu'en 1971 dans une situation de stagnation avant même d'avoir véritablement repris le chemin de l'expansion. L'économiste Yves Rabeau a souligné que cette politique fédérale a été coûteuse au Québec non seulement au plan conjoncturel, mais aussi en termes de croissance économique à moyen et à long terme puisque le taux élevé d'inutilisation des ressources québécoises pour la période de 1968 à 1971 s'est accompagné d'une grande faiblesse des investissements.

En fait, selon l'économiste, si chaque fois que l'accélération de l'activité économique commence à se faire sentir au Québec, le gouvernement fédéral se sert ou se voit obligé, à cause de la situation économique en Ontario, de recourir à un freinage de l'économie, il est facile de comprendre que les projets d'investissements au Québec en soient affectés.

Que doit-on conclure lorsque l'on constate que ce scénario se répète constamment depuis la fin de la Dernière Guerre mondiale et qu'il est toujours en vigueur?

La manoeuvre fédérale s'est répétée en effet avec encore plus d'intensité en 1975 devant la hausse exceptionnelle des prix et les pressions exercées sur les salaires. Le fédéral a alors eu recours à un arsenal de mesures anti-inflationnistes (politiques monétaires et fiscales restrictives et Commission de contrôle des prix et des salaires) dont on connaît aujourd'hui les résultats pitoyables. Le Québec a connu une hausse constante de son taux de chômage qui a même atteint des sommets jamais égalés depuis la grande crise économique d'avant-guerre (11.8% en 1978).

L'affaire de la taxe de vente au printemps 1978, suite au discours fédéral du budget, est une autre illustration de l'orientation fondamentale du pouvoir fédéral. En voulant forcer le Québec et les autres provinces à abaisser leur taxe de vente de 3% pour six mois sur l'ensemble des biens de consommation, Ottawa favorisait une fois de plus l'Ontario aux dépens des autres. Tous les spécialistes

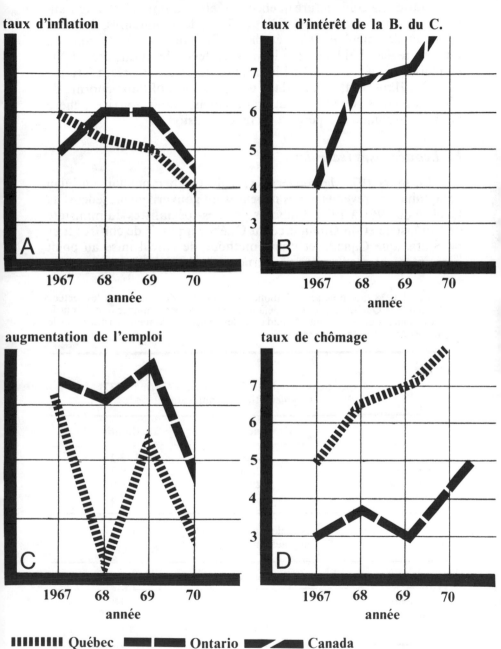

FIGURE 8

Influence des politiques canadiennes de stabilisation
sur l'inflation, le taux d'intérêt, l'augmentation de
l'emploi et le taux de chômage

taux d'inflation

taux d'intérêt de la B. du C.

A

B

augmentation de l'emploi

taux de chômage

C

D

IIIIIIIII Québec   Ontario   Canada

SOURCES: — Statistique Canada. *La population active. Prix et indices des prix.*
— Yves Bérubé, Allocution au congrès de l'Ordre des ingénieurs, Montréal, juin 1978.

étaient d'accord pour dire que la mesure n'aurait des effets de relance véritable que sur les "gros morceaux" majoritairement fabriqués en Ontario. La conjoncture québécoise, elle, commandait d'agir ailleurs, sur les secteurs "mous" des textiles, des chaussures, des vêtements et des meubles. Une étude du Bureau de la statistique du Québec révèle d'ailleurs que la mesure fédérale aurait créé 7 000 emplois au Québec alors que la mesure Parizeau en créera à terme 12 000.* Il aura fallu cependant une pression politique énorme de tous les secteurs de la population du Québec pour y arriver, chose qu'il est utopique d'espérer à chaque occasion.

b) Les dépenses fédérales

En mars 1977, le gouvernement du Québec publiait un bilan comptable des revenus et des dépenses du gouvernement fédéral au Québec de 1961 à 1975. Elaborés par des spécialistes du ministère de l'Industrie et du Commerce du Québec à partir de chiffres tirés de Statistique Canada et d'une méthode de calcul mise au point conjointement par les onze gouvernements du Canada, ces comptes

---

* En mai 1978, un mois après l'abolition de la taxe de vente dans les secteurs "mous", le Québec enregistrait déjà une meilleure performance que l'Ontario. Les données de Statistique Canada sur les expéditions manufacturières et les ventes au détail le prouvent:

Expéditions manufacturières: (mai 1978/mai 1977)
(augmentation en pourcentage)

	Québec	Ontario
Textiles	21.9	13.2
Vêtements	22.8	19.7
Bonneterie	29.7	19.9
Meubles	22.3	17.8

Ventes au détail: (juin 1978/juin 1977)
(augmentation en pourcentage)

	Québec	Ontario
Vêtements	17.0	10.0
Chaussures	25.0	6.4
Meubles	20.4	19.0

économiques révélaient que, durant la période étudiée, l'administration fédérale a perçu au Québec $4.3 milliards (dollars courants) de plus qu'elle n'y a dépensé.

Plus précisément, des calculs révélaient que de 1961 à 1973, le pouvoir fédéral a enregistré d'année en année vis-à-vis du Québec, un important surplus de revenus par rapport à ses dépenses; jusqu'à 1970, ce surplus aura été d'environ $600 à $700 millions annuellement. Il tomba cependant à $515 millions en 1970 pour descendre graduellement jusqu'à $163 millions en 1973. Par ailleurs, pour les années 1974 et 1975, ce surplus s'est transformé en déficits respectifs de l'ordre de $542 millions et de $2.02 milliards. Ce renversement de situation est explicable d'une part par la crise du pétrole qui a amené Ottawa à verser de fortes subventions spéciales au Québec afin de réduire le prix du pétrole importé et, d'autre part, par la portion dépensée au Québec du déficit budgétaire de $4 milliards réalisé en 1975 par le gouvernement fédéral.

Comme il fallait s'y attendre, le gouvernement central répliqua. Après des "observations préliminaires" concluant que le gouvernement du Québec avait mal interprété certains chiffres, Ottawa affirmait en juin 1977 que ce n'était pas à partir de 1975 qu'il y avait eu renversement de situation, mais plutôt à partir du milieu des années soixante, ce qui fait que de 1961 à 1974, le Québec aurait réalisé un bénéfice de $1.7 milliard.

Outre le fait qu'elle repose, selon les experts de l'Office de planification et de développement du Québec, sur une hypothèse inadmissible et non pertinente, cette réplique ne fournissait pas, par ailleurs, de réponse aux précisions apportées par le ministre d'Etat au Développement économique du Québec, M. Bernard Landry, qui, en avril 1977, parlant de l'ampleur réelle du déficit du Québec, indiquait qu'il fallait aussi prendre en considération qu'une partie importante des dépenses fédérales étaient faites sous forme de péréquation et d'assurance-chômage et que ces dépenses étaient reliées à la mauvaise performance de l'économie du Québec. Cela signifie que si le Québec avait réussi par ses propres moyens à atteindre la performance moyenne du Canada, le gouvernement fédéral aurait dépensé moins en transfert et aurait retiré encore plus de revenus. Des études de l'O.P.D.Q. sur ce que l'on appelle le bilan structurel des revenus et dépenses du fédéral indique que le déficit réel du Québec n'aurait pas été de $4.3 milliards mais plutôt de $16 milliards.

Il faut ajouter qu'à l'occasion de cette bataille de chiffres (qui dépasse nettement, somme toute, les connaissances de l'immense majorité des gens), le gouvernement du Québec s'est toujours conformé aux règles établies conjointement par le Comité fédéral-provincial alors que les répliques fédérales sont venues de différentes sources ministérielles. Ces règles acceptées de tous sont d'autant plus importantes, comme l'a souligné le ministre de l'Industrie et du Commerce du Québec, que ce genre de bilan comptable quantitatif ne peut être établi sans faire appel à un certain arbitraire et à des hypothèses que l'on peut discuter. C'est aussi la position de la plupart des spécialistes qui oeuvrent dans ce domaine.

De tout cela, que peut-on conclure avec certitude? L'économiste Pierre Fortin, de l'université Laval, témoignant devant la Commission Pépin-Robarts, déclarait à propos de cette querelle des comptes économiques:

"On peut cependant tirer trois conclusions fermes sur le débat. Premièrement, il est assez farfelu de régler le débat en arguant, comme je l'ai souvent entendu au Canada anglais, que les paiements de péréquation sont la preuve définitive que le Québec est récipiendaire net de fonds fédéraux, parce qu'il se peut que le solde soit tellement négatif dans les autres types d'échanges que le Québec, en fin de compte, se paie à lui-même sa propre péréquation.

"Deuxièmement, il se dégage tout de même un certain consensus à partir des méthodes très diverses utilisées dans le calcul du solde net des échanges économiques entre Ottawa et le Québec, à savoir que le solde désavantageait le Québec avant 1965, et que le déficit a diminué progressivement vers la fin des années soixante, pour se transformer en surplus au cours de la présente décennie. Selon la méthode adoptée, le renversement survient plus près de 1965 ou plus près de 1975. Par conséquent, il est clairement établi que le Québec y perdait au change avant 1965 et pendant les années cinquante. Ainsi, les prétentions québécoises en ce sens étaient fondées.

"Troisièmement, il apparaît incontestable que la cause de la transformation du déficit en surplus à l'époque plus récente dépend de l'explosion des dépenses fédérales dans le domaine des transferts sociaux, dont le Québec a obtenu une part importante, et de la subvention temporaire au prix du pétrole importé. La rentabilité accrue du fédéralisme pour le Québec à cet égard provient de la détermination du gouvernement fédéral à investir massivement dans l'élimination des disparités régionales au début des années soixante-dix, au moyen de ses programmes d'aide sociale, d'allocations familiales, d'assurance-chômage et de sécurité de la vieillesse.

"Fort bien. Mais la question qui vient alors à l'esprit de nombreux Québécois est la suivante: pourquoi avoir ainsi gavé la population de transferts sociaux, dont l'efficacité redistributive est d'ailleurs souvent fort douteuse, alors que ce qu'elle désirait, c'était des emplois et une croissance économique décente? Pourquoi avoir cherché, au moins implicitement, à faire des Québécois des assistés sociaux pendant que la part québécoise dans les dépenses fédérales d'investissement et de

développement demeurait nettement inférieure à la moyenne canadienne? La question est peut-être un peu dure, voire injuste, mais personne ne peut mettre en doute sa pertinence et elle est présente depuis
quelque temps dans l'esprit de nombreux Québécois. Il ne faut pas
être surpris, devant cette orientation fédérale, que le Québec réclame
la primauté constitutionnelle dans les domaines de la politique et du
développement économique parce qu'il voudrait établir des priorités
différentes sur son territoire: la création d'emplois et le développement économique d'abord, et une sécurité sociale plus efficace
ensuite."

En s'exprimant de la sorte, l'économiste qui ne peut être
soupçonné de sympathie particulière pour le gouvernement indépendantiste québécois, accréditait l'intervention faite préalable-
ment par le ministre d'Etat au Développement économique du
Québec. En effet, M. Bernard Landry avait déjà tenté, en avril
1977, d'introduire dans le débat la dimension majeure de la qualité
des dépenses fédérales au Québec. Pour bien comprendre la portée
d'un tel bilan qualitatif, il faut savoir que les dépenses fédérales se
font globalement sous deux formes particulières: les paiements de
transferts (péréquation financière aux autres niveaux de gouvernements, assurance-chômage, etc.) et les dépenses productives
(salaires, investissements et achats de biens et services).

Durant la période 1961 à 1974, le Québec a largement reçu sa
part des paiements de transferts effectués par Ottawa (34.7% des
prestations d'assurance-chômage et $5.8 milliards en péréquation).
Cependant, le hic, c'est que cette catégorie de dépenses compte
pour 85% des dépenses totales du fédéral au Québec. Le gouvernement central n'a donc seulement consacré que 15% de son effort
financier au Québec pour des dépenses qui ont une influence directe ou indirecte sur la production, les revenus, l'emploi, la stabilisation, la formation de capital, la structure industrielle, le développement régional. Ce 15% dépensé dans un territoire où habitent
27% de la population du pays ne peut que contribuer à augmenter
l'écart avec les régions plus riches.

Qui plus est, une étude du Conseil économique du Canada,
publiée en février 1977 et confirmée par des recherches de
l'O.P.D.Q., révèle que toutes les provinces "pauvres" (celles dont le
produit intérieur brut per capita est inférieur à la moyenne canadienne), sauf le Québec, ont reçu une part plus grande que la
moyenne des dépenses fédérales. Le Québec a été favorisé par les
transferts du fédéral aux autres niveaux de gouvernements mais il a
été désavantagé par les dépenses en salaires, en investissements et

TABLEAU 7

Population du Québec en pourcentage de la population du Canada et dépenses fédérales directement créatrices d'emplois en pourcentage de ces mêmes dépenses de l'administration fédérale, 1961-1975

	Population du Québec en % de la population du Canada	Dépenses fédérales directement créatrices d'emplois au Québec en % des mêmes dépenses totales de l'administration fédérale*	Salaires payés par le fédéral au Québec en % des salaires payés par le gouvernement fédéral	Investissements du fédéral au Québec en % des investissements fédéraux au Canada	Achats de biens et services auprès des entreprises au Québec en % de ces mêmes dépenses totales de l'administration fédérale
1961	28,8	14,3	13,4	11,8	16,4
1962	28,9	14,2	13,5	10,0	16,2
1963	29,0	13,6	13,1	5,5	16,2
1964	28,9	13,4	12,6	6,2	16,2
1965	28,9	14,3	12,9	16,0	16,1
1966	28,9	13,9	12,7	13,3	16,1
1967	28,8	14,6	13,1	17,2	16,3
1968	28,6	14,3	12,5	19,2	15,9
1969	28,5	15,0	14,1	17,3	16,1
1970	28,2	14,8	14,0	15,7	16,0
1971	27,9	15,8	13,9	17,5	18,5
1972	27,7	15,6	14,3	21,5	16,1
1973	27,5	15,3	13,9	22,4	15,4
1974	27,3	16,0	14,0	26,7	15,4
1975	27,1	15,8	14,1	24,1	15,6

SOURCES: — *Comptes nationaux canadiens de revenus et dépenses*, Statistique Canada, cat. #13-201.
— *Comptes économiques du Québec, 1961-1975*, ministère de l'Industrie et du Commerce du Québec.

---

* Ces dépenses sont les salaires, les investissements et achats auprès des entreprises.

244

et dépenses fédérales directement créatrices d'emplois en pourcentage de ces mêmes dépenses de l'administration fédérale

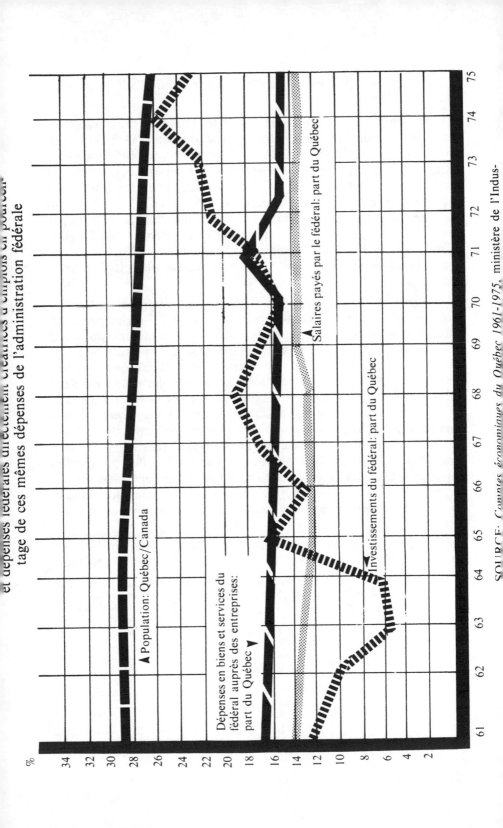

%

Population: Québec/Canada

Dépenses en biens et services du
fédéral auprès des entreprises:
part du Québec ▶

Salaires payés par le fédéral: part du Québec

Investissements du fédéral: part du Québec

SOURCE: *Comptes économiques du Québec 1961-1975*, ministère de l'Indus-

en transferts aux personnes, de sorte que le résultat net est négatif pour le Québec.*

S'appuyant sur cette étude et sur les comptes provinciaux de Statistique Canada, les experts québécois de l'O.P.D.Q. ont procédé à de complexes calculs pour évaluer ce que l'économie québécoise a perdu de l'inégalité relevée par le Conseil économique du Canada. Il ressort de l'hypothèse moyenne (parmi les trois faites par l'O.P.D.Q.) que, pour la période 1961 à 1974, il y a eu un manque à dépenser dans l'économie québécoise de $1.1 milliard par année pour un total de $10.9 milliards. Le marché du travail a ainsi été privé d'environ 56 000 emplois permanents. Le fédéral a donc une responsabilité directe sur le taux de chômage plus élevé au Québec qu'ailleurs.

Quant aux raisons pouvant expliquer ce comportement discriminatoire du gouvernement fédéral, elles relèvent d'un malfonctionnement structurel et chronique du fédéralisme canadien dont l'un des éléments clés est le faible poids des Québécois dans l'appareil décisionnel fédéral. Ainsi, il faut tenir compte du fait que les hauts fonctionnaires chargés d'effectuer les achats de biens et services ont volontairement ou involontairement exercé une discrimination contre le Québec. Les achats se faisant en fonction du niveau de connaissance du milieu des fournisseurs et la majorité des hauts fonctionnaires étant ontariens et unilingues anglais, il est normal que le résultat ait été au désavantage des firmes du Québec et de celles appartenant explicitement à des Québécois (francophones). Sur le terrain, cette discrimination a eu comme conséquence de favoriser un agrandissement des écarts régionaux entre le Québec et l'Ontario.

Jusqu'à maintenant nous avons parlé des bilans quantitatifs et qualitatifs des dépenses fédérales au Québec en termes généraux.

* Selon l'étude du Conseil économique du Canada en matière de salaires versés par le gouvernement fédéral, la perte de revenu total supportée par les Québécois a été pour la seule année 1974-75 de près de $708 millions, soit $115 par habitant. C'est le Québec qui a perdu le plus à cet égard. En guise de comparaison, voici les gains ou pertes de revenu total, en matière de salaires fédéraux reçus en 1974-75, établis par chacune des provinces:

$ par habitant			
T.-N.	—71	Ontario	74
I.P.-E.	80	Man.	2
N.-E.	338	Sask.	—65
N.-B.	27	Alb.	—31
Québec	—115	C. b.	—21

TABLEAU 8

Les dépenses fédérales per capita reçues par les provinces, en pourcentage de la moyenne établie pour l'ensemble de celles-ci, 1972-73 à 1974-75

Provinces	Dépenses fédérales per capita reçues (moyenne des années 1972-73 à 1974-75)	Rang
	%	
I.P.-E.	167.7	1
N.-E.	155.4	2
N.-B.	135.5	3
T.-N.	133.6	4
Man.	107.4	5
Sask.	105.3	6
Qué.	98.5	7
Ont.	93.0	8
Colombie b.	90.7	9
Alb.	88.7	10
Les 10 provinces, moyenne	100.0	

SOURCES: — Irene Banks, Conseil économique du Canada, février 1977.
— Pierre Lamonde. "Le retard du Québec s'explique enfin!", *Le Jour*, 1er avril 1977.

TABLEAU 9

Les dépenses fédérales per capita reçues par le Québec, par catégorie, en 1974-75, et comparaison avec la moyenne des 10 provinces

Catégories	Dépenses fédérales per capita reçues par le Québec en 1974-75	Dépenses fédérales per capita reçues en moyenne par les 10 provinces en 1974-75	Le Québec en % de la moyenne des 10 provinces
	$	$	%
Transferts fédéraux aux gouvernements	461	358	128.8
Salaires	102	185	55.1
Transferts aux personnes	408	410	99.5
Subventions aux entreprises	52	49	106.1
Formation brute de capital	46	54	85.2
Dépenses, toutes catégories	1069	1056	101.2

SOURCES: — Irene Banks, Conseil économique du Canada, février 1977
— Pierre Lamonde, "Le retard du Québec s'explique enfin!", *Le Jour*, 1er avril 1977.

On pourrait avantageusement les combiner à un bilan sectoriel qui démontrerait que, dans de nombreux secteurs névralgiques, les Québécois ont eu à souffrir et ont encore à souffrir d'une injuste répartition des dépenses fédérales, ce qui affecte négativement leur bien-être socio-économique à plus d'un point de vue. C'est ainsi, par exemple, qu'au chapitre de la construction d'infrastructures de transport, le Québec a été nettement défavorisé. Des études effectuées par les spécialistes du ministère des Transports du Québec révèlent en effet qu'entre 1952 et 1973 le Québec n'a reçu que 17.7% des dépenses fédérales pour la voirie. On retrouve d'autre part sur le territoire québécois seulement 12% du réseau ferroviaire du Canada, ce qui fait du Québec la région la moins développée à ce titre, sans compter le fait que les usagers québécois doivent payer une partie des coûts qu'occasionnent la surcapacité du réseau trop fortement concentré dans l'Ouest. D'autres cas, déjà cités, et plusieurs autres encore pourraient très bien venir étayer un bilan sectoriel exhaustif. Mais, l'espace manquant, contentons-nous d'avoir bien identifié les problèmes et leurs causes principales.

c) Les politiques de développement régional

Avec la forte récession économique des années 1957-1961, le gouvernement fédéral a été amené à prendre conscience un peu plus des effets pervers de sa stratégie générale de développement économique et de ses politiques de stabilisation. Il a alors procédé à l'élaboration d'une politique de développement régional pour atténuer les disparités régionales et donc stimuler l'activité économique des régions défavorisées. Divers instruments ont été mis au point pour rendre opérationnelle l'intervention gouvernementale et le principal de ces instruments est le ministère de l'Expansion économique et régionale (M.E.E.R.), créé en 1969.

Au Québec, les politiques du M.E.E.R. peuvent se résumer essentiellement à deux grands types d'intervention: des programmes d'aide directe aux entreprises qui désirent s'installer dans certaines régions désignées où le chômage est très élevé et la collaboration financière du ministère fédéral à des investissements d'infrastructure ou à d'autres projets ponctuels de développement régional et industriel. Le premier type d'aide, communément appelé "subventions au développement régional", constitue une intervention unilatérale du gouvernement central, alors que le second type s'accompagne d'une coordination intergouvernementale qui prend la forme depuis 1974 "d'ententes auxiliaires", terme évocateur qui montre bien le rôle mineur que le pouvoir fédéral veut faire jouer aux provinces dans leur propre développement économique.

La plupart des analyses sur l'impact des interventions du M.E.E.R., effectuées tant par l'Office de développement et de planification du Québec que par le Conseil économique du Canada, concluent à l'insuffisance et à l'inefficacité de ces interventions. D'abord sur le plan financier, les chercheurs de l'O.P.D.Q. ont noté qu'entre 1969 et 1977 le Québec n'a reçu que sa quote-part des dépenses totales du M.E.E.R., soit 27.3%. Pour la période de 1975 à 1977, le Québec a profité d'environ 39% des subventions à l'industrie, mais de seulement 21% des fonds affectés aux ententes auxiliaires. Au total, dans une perspective de lutte aux disparités régionales, cette situation devient anormale puisque par définition les régions pauvres, économiquement faibles, devraient pouvoir bénéficier d'une aide qui ne soit pas nécessairement calculée en fonction de la proportion de leur population.

Quant à l'inefficacité enregistrée, elle provient à la fois de la faiblesse des fonds consentis et des interventions trop ponctuelles et mal coordonnées. A cause de cela, elles n'ont pas eu beaucoup d'impact réel sur l'économie québécoise. Elles ne visaient d'ailleurs malheureusement pas à créer, par exemple, un pôle de croissance autonome qui, à son tour, aurait pu influencer le volume pan-canadien des investissements. Elles ont en somme peu affecté les grands déséquilibres de l'économie québécoise que nous avons mis en évidence. Bien sûr, elles ont permis la création d'emplois, mais toute proportion gardée, pas plus qu'ailleurs. En ce sens, elles n'ont pas nui au Québec. Mais, comme elles n'ont pas non plus clairement favorisé l'économie québécoise, on peut dire que leur impact a été, tout compte fait, neutre.

On pourrait également parler de l'impact du ministère fédéral de l'Industrie et du Commerce. Même si les données sont imprécises, il semble que les chercheurs de l'O.P.D.Q. soient en mesure de dire que le Québec a été encore plus défavorisé qu'avec le M.E.E.R. par rapport à la répartition totale des dépenses. Si, par ailleurs, on peut entrevoir une plus grande efficacité des subventions de ce ministère, à cause de leur plus grande concentration sectorielle, il faut noter cependant qu'il paraît difficile de réconcilier ses politiques de subventions avec celles du M.E.E.R., puisqu'elles favorisent les industries à forte intensité de capital alors que les politiques du M.E.E.R. s'attachent à la forte intensité de main-d'oeuvre.*

d) Les politiques de main-d'oeuvre et d'immigration

Dans le sillage de la *National Policy* et du modèle de développement adopté qui vise la concentration de l'activité économique et qui privilégie la croissance globale, les politiques fédérales de main-d'oeuvre et d'immigration ont toujours été conçues en fonction de l'existence présumée ou désirée d'un marché du travail intégré et homogène au Canada, ou si l'on préfère, d'une mobilité des facteurs de production. Dans cette optique, la sélection des travailleurs immigrants s'est toujours faite en rapport avec des besoins de main-d'oeuvre établis pour l'ensemble du Canada.

Si, en théorie, tout cela se tient d'un point de vue global, il n'en va pas de même pour le Québec. Le niveau d'intégration d'un marché du travail dépend d'abord et avant tout de la mobilité géographique des travailleurs. Or, sur ce plan, on l'a déjà souligné, le Québec s'est toujours clairement distingué du reste du Canada. De nombreuses études sur les mouvements migratoires inter-provinciaux, dont l'une effectuée en 1976 pour le compte du Conseil économique du Canada, ont confirmé ce fait. Les seuls travailleurs du Québec qui acceptent relativement plus facilement d'aller travailler ailleurs, sont ceux de langue anglaise. Quant aux francophones, ils ont toujours été fort réticents à s'expatrier. Des calculs récents indiquent d'ailleurs qu'ils sont quinze fois moins mobiles que les travailleurs anglophones.

Cette réalité particulière qui veut que les Québécois refusent de se déplacer, et ce, pour des raisons non seulement légitimes mais fondamentales, signifie au plan économique qu'il faut créer de l'activité là où la main-d'oeuvre se trouve, c'est-à-dire à l'intérieur du territoire du Québec. On a vu que ce n'est pas dans cette optique que les gestes fédéraux ont été posés, bien au contraire. Reste à voir comment la politique d'immigration a elle aussi joué contre les intérêts du Québec.

---

* L'exemple le plus récent s'est produit au cours de l'été 1978 alors que le M.I.C. fédéral, courcircuitant le M.E.E.R., a accordé une subvention de $40 millions à la compagnie Ford pour qu'elle installe une nouvelle usine en Ontario plutôt qu'au Québec. Pas moins de 5 000 emplois directs et indirects ont ainsi échappé une fois de plus au Québec. Notons qu'en 1975, les dépenses per capita du M.I.C. fédéral étaient de $6 au Québec, de $9 en Ontario et de $7 dans l'ensemble du Canada.

En rapport avec cette question, deux éléments doivent être pris en considération: le volume de l'immigration au Québec par rapport aux autres provinces et surtout l'Ontario et la pertinence de la sélection en rapport avec les besoins spécifiques du Québec.

Il est indéniable que l'immigration étrangère a contribué à la croissance économique, mais cette incidence positive est beaucoup moins importante au Québec qu'en Ontario. Selon les statistiques fédérales, depuis la Dernière Guerre mondiale, le Québec n'accueille que 15 à 20% de l'immigration totale du Canada par rapport à plus de 50% pour l'Ontario. C'est donc dire que l'impact économique total de l'immigration a été nettement concentré en Ontario. Cela signifie donc que l'effet combiné de la politique fédérale et de la force d'attraction naturelle de la région de l'Ontario, déjà plus attrayante parce que plus riche, a largement contribué au renforcement de l'économie ontarienne et à la "marginalisation" de l'économie du Québec. A ce propos, l'économiste Roma Dauphin a fait remarquer, lors de son intervention au Congrès annuel des économistes québécois, que la politique fédérale d'immigration, alliée au type de protection douanière accordée à l'Ontario, a permis à cette province d'augmenter au maximum sa production et de drainer vers elle une masse considérable de capitaux.

D'autre part, des recherches effectuées par les ministères québécois du Travail et de la Main-d'Oeuvre et de l'Immigration révèlent qu'une proportion importante des immigrants admis au Québec avaient été mal sélectionnés. Ainsi, pour la période 1970-1975, entre 30 à 50% des travailleurs immigrants qui sont arrivés au Québec avaient des métiers ou professions qui ne correspondaient pas aux besoins propres de l'économie du Québec. Entre 1968 et 1975, environ 20% des immigrants ont été mal sélectionnés à cause du caractère uniforme et mécanique de la sélection fédérale qui ne tient pas compte de la structure québécoise des postes vacants.

Selon les spécialistes, l'une des principales conséquences de cette situation est que les immigrants connaissent en général plus de problèmes d'adaptation économique au Québec que dans le reste du Canada, ce qui amène d'ailleurs près de 30% d'entre eux à repartir à l'intérieur de leur première année de séjour vers d'autres régions canadiennes ou vers les Etats-Unis.

En toute honnêteté, on doit dire au sujet des problèmes de sélection que la nouvelle entente entre le fédéral et le Québec signée en 1978, même si elle est encore largement insatisfaisante en regard des intérêts québécois, permet néanmoins au gouvernement du Québec d'envisager un certain redressement de la situation. Un fait politique demeure toutefois à l'égard de cette entente: elle n'a été conclue qu'après des efforts longs, pénibles et coûteux de la part de plusieurs équipes gouvernementales québécoises, et il a fallu le pouvoir de négociation d'un gouvernement indépendantiste pour obtenir enfin les concessions désirées et souhaitables.

Par ailleurs, on ne peut passer sous silence, en terminant, l'inefficacité des politiques fédérales de main-d'oeuvre sur le plan économique. Si personne ne conteste leur relative utilité sur le plan social, tous les experts s'entendent cependant pour dire que les programmes fédéraux, en particulier celui de la mobilité de la main-d'oeuvre, n'ont eu que très peu d'impact sur les problèmes fondamentaux du marché québécois du travail. Dans les limites de leurs possibilités, ils n'ont d'aucune façon touché les causes profondes du chômage.

e) Le tamisage des investissements étrangers et la recherche scientifique

Jusqu'au milieu des années cinquante, le gouvernement fédéral ne s'était pour ainsi dire pratiquement pas préoccupé des problèmes causés par le contrôle étranger (américain surtout) sur l'économie et la vie canadienne. Cependant, depuis 1957, on compte un certain nombre d'interventions gouvernementales qui ont été faites dans l'intention de limiter le degré de contrôle étranger et de diminuer certains de ses inconvénients. Comprenons-nous bien; ces gestes n'avaient aucunement comme origine une préoccupation particulière des intérêts nationaux du peuple québécois. En fait, c'était plutôt une prise de conscience d'une partie de l'élite de la nation *canadienne* qui était traduite dans ces interventions fédérales. Parmi les plus significatives, on peut citer:

- les modifications apportées à la Loi sur les compagnies d'assurance canadiennes et britanniques (1957);

- la limitation à 25% de l'appartenance étrangère dans tout le domaine de la radiodiffusion à l'exception de la télédiffusion par câble (1958);

- la limitation à 25% également des actions des compagnies d'assurance, des compagnies de fiducie et des compagnies de prêts à charte fédérale qui peuvent être transférées à des non-résidents (1964-65);

- les modifications à la Loi de l'impôt sur le revenu et à la Loi sur les douanes pour empêcher et limiter le contrôle étranger sur les journaux et périodiques (1965);
- la publication de la première version des principes directeurs pour le bon comportement des entreprises (1966);
- l'extension aux banques des dispositions de 1964-65 touchant le contrôle canadien des sociétés d'assurance (1967);
- l'adoption de la Loi sur les sociétés d'investissement interdisant l'acquisition, par des intérêts étrangers, de sociétés de crédit à la vente, à charte fédérale (1971);
- la création de la Corporation de développement du Canada dans le but d'encourager la participation canadienne (1971);*
- l'entrée en vigueur de la Loi sur l'examen de l'investissement étranger créant une agence de "tamisage" ou de sélection des investissements (1974).

C'est sans contredit cette dernière mesure qui est la plus importante étant donné sa portée plus générale. Elle faisait suite au rapport Gray qui avait finalement été publié le 2 mai 1972, avec un an de retard, après que le gouvernement Nixon eut annoncé le 15 août 1971 que les Etats-Unis allaient dorénavant imposer une surtaxe de 10% sur les importations, y compris celles en provenance du Canada. L'entrée en vigueur de la Loi sur les investissements étrangers s'est faite en deux phases dont la plus importante, concernant la mise en branle de l'agence de "tamisage", a eu lieu en octobre 1975. Il est donc difficile de juger des effets réels de cette loi sur la situation québécoise. Cependant, selon les données du ministère de l'Industrie et du Commerce du Québec, il semble que l'Agence fédérale n'a pas appliqué la loi d'une façon particulièrement restrictive, même si ses divergences de vue jusqu'à maintenant avec le gouvernement du Québec ont été assez minimes dans l'ensemble.

Sur les 223 dossiers étudiés par le bureau du Québec en date du 30 juin 1977, seulement 13% des demandes d'acquisition avaient été refusées, les autres ayant été acceptées, retirées par les requérants ou jugées inadmissibles. Les Etats-Unis étaient toujours en tête des investisseurs étrangers avec 52% des demandes contre 41.4% pour les pays d'Europe.

---

* L'action de la Corporation de développement du Canada est d'ailleurs très faible au Québec.

Par ailleurs, on a déjà signalé que, relié au problème des investissements étrangers, il y avait celui de la faiblesse innovatrice et technologique des industries québécoises et *canadiennes,* incapables à cause de cela de s'imposer suffisamment sur les marchés d'exportation. Même si le Conseil "national" de recherches du Canada date de 1916, on ne peut certes pas parler d'efforts particulièrement intenses de la part d'Ottawa pour inciter le développement de la technologie québécoise ou même *canadienne* face à l'envahissement de la technologie étrangère.

Le comité sénatorial de la Politique scientifique a d'ailleurs montré que, dans l'ensemble, le Canada présentait un dossier peu reluisant au chapitre de l'innovation. En 1977, le gouvernement fédéral a consacré environ 4% de son budget global à des activités scientifiques, soit $1,57 milliard. En 1972, il y avait consacré environ $1 milliard, ce qui constituait alors 7% de son budget.

Plus grave encore pour l'économie québécoise, est l'iniquité qui caractérise dans ce domaine comme dans tant d'autres la répartition régionale des sommes fédérales. Nous avons déjà souligné le fait dans le précédent chapitre. Sans y revenir inutilement, on peut ajouter que des calculs effectués pour le compte du gouvernement du Québec révèlent qu'en 1973, le gouvernement fédéral a dépensé 13.6% de l'ensemble de son budget de recherche au Québec, tandis que la part du Québec dans les effectifs scientifiques intra-muros était d'environ 14.7% (soit les effectifs oeuvrant directement au Québec plus 80% des effectifs francophones de la région Hull-Ottawa).

3. Les coûts socio-économiques de la centralisation

A l'occasion de l'étude de la répartition des pouvoirs, nous avons déjà fait état du problème des chevauchements gouvernementaux et de sa signification en rapport avec le processus de la centralisation; cependant nous avions réservé pour cette partie l'analyse des coûts politico-socio-économiques de ces chevauchements administratifs imputables en large part au pouvoir fédéral. Rappelons au départ simplement que l'étude scientifique menée par les spécialistes de l'Ecole nationale d'administration publique de l'université du Québec révèle que sur les 36 secteurs d'activité gouvernementale deux seulement ne sont pas l'objet de chevauchements et que plus de 60% des programmes du gouvernement du Québec et du gouvernement fédéral se chevauchent considérablement. De cela, quatre conséquences majeures ressortent:

- il y a accroissement du coût de l'action gouvernementale par rapport à ce qu'il en coûterait à un seul gouvernement pour assurer les mêmes services;
- l'impact des interventions gouvernementales au sein de la collectivité québécoise est sérieusement affecté par des incohérences et des contradictions;
- le fardeau des administrés en ce qui a trait à leurs transactions et rapports avec les gouvernements est considérablement alourdi;
- la nature même des services offerts à la population est directement mise en cause du fait que les chevauchements de programmes ont une influence certaine sur le contenu des politiques et des priorités gouvernementales.

Voyons maintenant un peu plus en détail ce que les chercheurs de l'E.N.A.P. ont constaté.

a) Les conséquences financières

De façon générale, la duplication de services gouvernementaux a pour effet d'accroître le coût des "productions" gouvernementales en cause, tant en ce qui concerne les chevauchements directs (où les gouvernements réalisent des activités de même nature à propos d'un même objet d'intervention) qu'en ce qui a trait aux chevauchements indirects (ceux où l'un des gouvernements aide l'autre techniquement ou financièrement à mettre en oeuvre un programme d'activités). En d'autres termes, disent les chercheurs, il serait dans la plupart des cas plus économique de confier à un seul organisme gouvernemental la responsabilité exclusive des services actuellement offerts simultanément par les deux gouvernements.

Les conséquences financières des chevauchements de nature directe sont pour leur part liées aux économies que réaliserait la société québécoise dans son ensemble si un seul organisme gouvernemental administrait les programmes. Pour connaître l'ampleur exacte des économies qui pourraient être réalisées et donc des coûts précis des chevauchements, il faudrait une longue et laborieuse analyse des programmes actuels en chevauchement et de tous ceux qui, dans le passé, l'ont été. Jusqu'à maintenant cela n'a pas été fait et il n'est pas certain qu'il soit prioritaire de le faire. Cependant, on peut très bien se faire une idée de l'ampleur que prendraient ces économies en passant brièvement en revue les trois facteurs dont elles dépendent.

- Entre d'abord en ligne de compte le degré de redondance ou si l'on veut de double emploi des programmes en cause l'un par rapport à l'autre. La plupart des chevauchements donnent lieu à des activités dont la duplication est carrément superflue, c'est-à-dire qu'elle n'ajoute rien à la qualité ou à l'ampleur des services offerts à la population, et qui pourraient en conséquence n'être réalisées qu'une seule fois, coupant ainsi de moitié les sommes qui doivent leur être consacrées. Le cas le plus évident est l'existence de deux ministères du Revenu dépensant chacun près de $100 millions par année pour récupérer les sommes dues aux gouvernements et empêcher les fraudes fiscales.

- Il y a également la possibilité de réaliser des économies d'échelle en confiant à une seule administration les services en duplication qui ne sont pas mutuellement redondants. Une utilisation par leur intégration plus rationnelle du personnel et des équipements affectés de part et d'autre à des activités de nature semblable permettrait d'éliminer le gaspillage que constitue notamment le maintien d'un double réseau de bureaux couvrant les mêmes aires géographiques. C'est le cas, par exemple, des politiques de sécurité du revenu (assurance-chômage, assistance-sociale, pensions de vieillesse, allocations familiales) qui, en plus de compliquer la mise sur pied d'un régime unique de revenu minimum garanti, nécessite la mise sur pied de deux réseaux de bureaux alors qu'un seul coûterait moins cher.

- Il en coûte également très cher actuellement pour assurer l'existence de mécanismes de coordination inter-gouvernementale. En songeant à l'ampleur qu'ont prise les rencontres entre Ottawa et les provinces au cours des dernières années et au nombre de comités conjoints qui ont dû être mis sur pied, on peut certainement conclure à des coûts non négligeables sinon carrément élevés. On évalue à environ 500 le nombre de comités fédéral-provincial auquel le Québec participe sans compter les différents ministères qui ont presque tous leur équivalent à l'autre palier de gouvernement.

En ce qui concerne les chevauchements indirects, on peut souligner que la participation financière du gouvernement fédéral à la mise en oeuvre de programmes administrés par Québec a pour effet d'accroître les coûts d'implantation de ces programmes pour deux raisons principales: d'abord, les négociations entre les deux gouvernements quant au contenu des programmes en cause allongent les délais et augmentent le coût de la conception; puis, une fois les programmes amorcés, l'administration fédérale est amenée à contrôler le respect des conditions associées à sa contribution financière, ce qui occasionne d'autres frais supplémentaires.

b) L'impact altéré des interventions gouvernementales

Parce qu'ils permettent par ailleurs le développement d'incohérences et de contradictions dans l'action des deux gouvernements en cause, les chevauchements ont globalement pour conséquence d'affecter l'impact des interventions gouvernementales dans les secteurs visés. La disparité des priorités et des perspectives orientant les interventions des deux administrations publiques se traduit, au mieux, par une dispersion des efforts et donc un impact beaucoup moins grand auprès des gens et, au pire, par un exercice compromis du rôle de l'Etat dans le secteur concerné. On peut dire en définitive que les effets des chevauchements directs sur l'impact des interventions gouvernementales dépendent directement de l'ampleur et de l'efficacité de la coordination inter-gouvernementale s'y rapportant, laquelle coordination n'est pas, de toute façon dans le contexte canado-québécois, une chose aussi facile que ne le laisse croire une certaine conception du "fédéralisme coopératif".

Au plan des chevauchements indirects, l'impact négatif survient dans le cas des programmes où l'administration fédérale doit approuver les projets financés dans le cadre d'un programme conjoint avant que l'administration québécoise ne puisse s'y engager. Ces mesures de contrôle "a priori" ont pour effet d'accroître considérablement les délais entre le moment où un besoin est identifié et celui où l'on commence à y répondre. L'exemple classique est la construction des habitations à loyers modiques (H.L.M.) pour personnes âgées ou familles à faibles revenus. Entre le moment où une demande est faite par des citoyens via leur municipalité et le début sinon la fin des travaux, il s'écoule souvent une période de temps considérable qui peut correspondre à des années. Dans l'ensemble d'ailleurs, les interventions de la Société centrale d'hypothèques et de logements ont connu au Québec, selon les spécialistes du ministère des Affaires municipales, relativement moins de succès que dans le reste du Canada et cela, en grande partie, à cause de la difficile coordination avec le Québec et les différences de priorités des deux gouvernements. Depuis 1954, 38% des logements construits au Québec ont été financés directement ou indirectement par des programmes fédéraux d'habitation. Cette proportion est de 51% en Ontario et 42% sur le plan pan-canadien.

c) L'augmentation du fardeau des administrés

Du point de vue des "clients" des services gouvernementaux, les chevauchements de programmes de nature directe ont pour conséquence d'accroître le coût des transactions avec l'Etat. Selon les spécialistes de l'E.N.A.P., ce fardeau supplémentaire imposé aux administrés comporte deux volets:

- d'une part, la duplication des services gouvernementaux augmente la quantité d'informations dont les administrés doivent disposer pour être en mesure de profiter des services et de l'aide financière que l'Etat met à leur disposition, et pour se conformer aux lois et règlements auxquels ils sont soumis;
- d'autre part, les chevauchements de programmes multiplient les démarches nécessaires à l'obtention des services, de l'aide financière ou encore des autorisations qu'ils doivent solliciter des autorités gouvernementales.

4) Les conséquences politiques de la centralisation

Dans un précédent chapitre, nous avons souligné que les chevauchements mettaient en cause le principe fondamental qui veut qu'en certain nombre de matières le gouvernement le plus apte à répondre aux besoins des citoyens est celui qui est le plus près d'eux. La réalité politique au Canada et les chevauchements qui en sont l'un des éléments majeurs signifient donc pour les Québécois qu'un grand nombre de services fédéraux sont moins adaptés à leurs besoins qu'ils ne le seraient s'ils étaient dispensés par leur gouvernement national. Cela est aussi vrai, comme nous l'avons vu, tant en ce qui concerne les aspirations culturelles qu'en rapport avec les besoins matériels d'ordre socio-économique.

A ce propos, comme l'a souligné l'économiste Pierre Fortin, à cause de sa forte préoccupation centralisatrice, le gouvernement fédéral a tout naturellement tendance à mettre au point des programmes qu'il peut contrôler lui-même, plutôt que des programmes qui seraient mieux adaptés aux besoins des citoyens. Les exemples les plus récents de cette aberration du système sont l'assurance-chômage et les pensions de vieillesse. Devant la Commission Pépin-Robarts, le spécialiste de l'université Laval a expliqué:

"Plutôt que de mettre au point un plan de sécurité du revenu qui aurait aidé prioritairement les citoyens à revenus insuffisants et qui aurait évité la non-incitation au travail régulier, le gouvernement fédéral a plutôt choisi d'éviter la négociation avec les provinces et d'investir massivement dans l'assurance-chômage et la sécurité de la vieillesse, avec le résultat que les prestations versées par ces deux programmes ont été multipliées par dix et par quatre respectivement, depuis 1967. La dilapidation des fonds publics dans ces deux programmes est d'autant plus incroyable que les sommes impliquées (près de $9 milliards en 1977) sont astronomiques et que les programmes sont profondément injustes (leur expansion n'a pas amélioré la répartition des revenus au Canada) et inefficaces (le design de l'assurance-chômage est fortement désincitatif au travail régulier pour les jeunes et les femmes)."

Pour les chercheurs de l'E.N.A.P., si l'on admet, conformément à la philosophie de base du fédéralisme, qu'il est un certain nombre de secteurs où le gouvernement du Québec est le plus apte à satisfaire les besoins de la collectivité québécoise, on doit conclure que la participation fédérale à la définition des politiques et des priorités d'intervention gouvernementale dans ces secteurs ne peut qu'affecter la pertinence de l'action gouvernementale en rapport avec les besoins de la population du Québec.

On pourrait ajouter également que de meilleurs services aux citoyens, donc une meilleure efficacité gouvernementale, exigent une cohérence d'action. Or, le professeur Jacques Brossard de l'université de Montréal l'a bien démontré; il est de plus en plus difficile dans un Etat moderne de dissocier les diverses activités étatiques. C'est cette réalité qui amène naturellement le pouvoir fédéral à tout centraliser. Et le problème tient au fait que cela se fait dans un sens opposé aux intérêts des Québécois puisqu'alors leur véritable gouvernement national n'est pas en mesure, lui, d'adopter les politiques qui leur conviendraient mieux.

Certains pensent d'autre part que les citoyens trouvent des bénéfices au plan de leur bien-être par le biais de la "saine" concurrence qui s'établit entre les deux niveaux de gouvernement. Cependant, à l'examen, cet argument ne tient pas. Les spécialistes de l'E.N.A.P. ont fait remarquer que dans les faits, par le déséquilibre des forces, il se produit une concurrence déloyale qui oblige le plus faible, règle générale le Québec, à céder la place à l'autre. De plus, il ne faut pas oublier que les clients des services publics n'ont pas le choix de leur fournisseur et que, même si les deux gouvernements fournissent simultanément des services de même nature, la concurrence intergouvernementale ne joue pas.

En regard de l'ensemble du problème de la centralisation et des chevauchements gouvernementaux, on peut conclure sans ambages que les Québécois y trouvent un bien-être sérieusement affecté sur le plan socio-économique qui n'est pas sans conséquences sur le plan culturel. Une nation défavorisée économiquement peut-elle s'épanouir complètement selon son génie propre?

Mais il y a plus grave encore! En contribuant à augmenter les écarts économiques entre le Québec et les régions plus riches, en faisant du Québec "un assisté-social sur le bien-être fédéral", Ottawa diminue en fait le pouvoir politique des Québécois qui seul pourrait leur permettre de combler ces écarts. Si le Québec devient "un gros Nouveau-Brunswick" pour reprendre l'expression maladroite du ministre fédéral des Finances, M. Jean Chrétien, ce sera surtout à cause des politiques fédérales dans la ligne de la *National Policy*. Dans ce cas, quel poids aurait dans l'ensemble canadien cette "province pas comme les autres" qui revendique à bon droit l'égalité qu'on lui avait promise, en 1867, entre les deux nations.

Sources bibliographiques

ASSOCIATION DES ÉCONOMISTES QUÉBÉCOIS, *Economie et indépendance,* Editions Quinze, Montréal, 1977.

BANKS, Irene, "The Provincial Distribution of Federal Government Expenditures 1972-73, 1973-74 and 1974-75", Conseil économique du Canada, février, 1977.

BARBEAU, Raymond, "Le Québec souverain: un pays normal", *Ici Québec,* volume 2, numéro 14, juin-juillet-août, 1978.

BERNARD, André, *What does Quebec Want?,* James Lorimer and Company, Publishers, Toronto, 1978.

BERTON, Pierre, *Le Grand défi — Le chemin de fer canadien* (tome 1 — *Un rêve insensé*), Editions du Jour, Montréal, 1975.

BÉRUBÉ, Yves, "Notes pour une allocution du ministre des Terres et Forêts et des Richesses naturelles au congrès de l'Ordre des ingénieurs", Montréal, 9 juin 1978.

BILODEAU, Rosario, Robert COMEAU, André GOSSELIN et Denise JULIEN, *Histoire des Canadas,* Editions Hurtubise HMH, Montréal, 1971.

BEAUDOIN, Louis, "Originalité du droit du Québec", *La Revue du Barreau de la province de Québec,* 1950.

BEAUDOIN, Louis, *Les aspects généraux du droit privé dans la province de Québec,* Institut de droit comparé de l'Université de Paris, Librairie Dalloz, Paris, 1967.

BEAUDOIN, Jean-Louis, "The Impact of the Common Law on the Civilian Systems of Louisiana and Quebec", publié dans *The Role of Judicial Decisions and Doctrine in Civil Law and in Mixed Jurisdictions* par Joseph Dainow, Bâton Rouge, University of Louisiana State, 1974.

BONENFANT, Jean-Charles, *La naissance de la Confédération,* Les Editions Leméac, Montréal, 1969.

BROSSARD, Jacques, *L'accession à la souveraineté et le cas du Québec,* Les Presses de l'Université de Montréal, Montréal, 1976.

BROSSARD, Jacques, Henriette IMMARIGEON, Gérard V. LAFOREST et Luce PATENAUDE, *Le territoire québécois,* Les Presses de l'Université de Montréal, Montréal 1970.

BROSSARD, Jacques, *L'immigration,* Les Presses de l'Université de Montréal, Montréal, 1967.

COMEAU, Robert, *Economie québécoise,* Presses de l'Université du Québec, Montréal, 1969.

CORBEIL, Roger, *Impact des politiques du ministère de l'Expansion économique régionale,* Office de Planification et de développement du Québec, Québec, 1978.

DESROSIERS, Denise, Joël W. GREGORY et Victor PICHÉ, *La migration au Québec: synthèse et bilan bibliographique,* Direction de la recherche, Ministère de l'Immigration, Québec, février 1978.

DESY, Gilles, *L'impact économique de la Société centrale d'hypothèques et de logements en matière d'habitation au Québec,* Service de la recherche, Ministère des Affaires municipales, Québec, février 1978.

DIRECTEUR GÉNÉRAL DES ÉLECTIONS DU CANADA, *Rapport de la trentième élection générale 1974,* Information Canada, Ottawa, 1975.

En collaboration, "Le Québec vers l'indépendance? L'enjeu économique, Problèmes Politiques et Sociaux", *La documentation française,* numéro 330, 17 février 1978.

FAVREAU, Guy, *Modification de la constitution du Canada,* Imprimeur de la reine, Ottawa, 1965.

FRÉCHETTE, Pierre, R. JOUANDET-BERNADAT et J.-P. VÉZINA, *L'économie du Québec,* Editions HRW Ltée, Montréal, 1975.

FORTIN, Pierre, "Le bilan économique du fédéralisme canadien — Dans de nombreux secteurs, il serait facile d'établir que les politiques fédérales n'ont guère favorisé le Québec", *Le Devoir,* 4 janvier 1978.

GROUPE DE TRAVAIL SUR L'URBANISATION, *L'urbanisation au Québec, (Rapport Castonguay),* Editeur officiel du Québec, Québec, 1976.

HERVEY, Arthur, *The Year Book and almanac of Canada for 1868,* John Lowe and Co., Montréal 1869.

JULIEN, Pierre-André et Marc TERMOTE, *Incidence de l'activité scientifique fédérale sur l'économie du Québec,* I.N.R.S. — Urbanisation, Montréal, avril 1978.

JULIEN, Germain et Marcel PROULX (sous la direction de Arthur Tremblay), *Le chevauchement des programmes fédéraux et québécois,* Ecole nationale d'administration publique, Université du Québec, Québec, juin 1978.

LAMONDE, Pierre, "Sur les comptes économiques du Québec, 1961-1975, Le retard du Québec s'explique enfin!", dans *Le Jour*, 1 avril 1977.

LAVIGNE, André, *L'impact des interventions fédérales en matière urbaine excluant le secteur de l'habitation*, Service de la recherche, Ministère des Affaires municipales, Québec, février 1978.

MALONE, Christopher, *La politique québécoise en matière de relations internationales: Changement et continuité (1960-1972)*, Université d'Ottawa, 1973.

MIGNEAULT, P.-B., "Les rapports entre le droit civil et le "Common Law" au Canada, spécialement dans la province de Québec", *La Revue du droit*, Volume XI, Québec, 1932.

MINISTÈRE D'ÉTAT AU DÉVELOPPEMENT ÉCONOMIQUE DU QUÉBEC, *L'économie, point de vue sur notre réalité*, document synthèse pour le sommet économique du Québec, mai 1977.

MINISTÈRE DE L'INDUSTRIE ET DU COMMERCE DU CANADA, *Annuaire du Canada* 1976-77, (Edition spéciale), Approvisionnements et services Canada, Ottawa, 1977.

MINISTÈRE DE L'INDUSTRIE ET DU COMMERCE DU QUÉBEC, *Annuaire de Québec 1975-1976*, Editeur officiel du Québec, Québec, 1977.

MINISTÈRE DE L'INDUSTRIE ET DU COMMERCE DU QUÉBEC, *Comptes économiques du Québec, estimations annuelles 1961-1975*, Québec, 1977.

MONIÈRE, Denis, *Le développement des idéologies au Québec (des origines à nos jours)*, Editions Québec-Amérique, Montréal, 1977.

MOREL, André, *La réception du droit criminel anglais au Québec: 1760-1892*, Rapport non publié soumis à la Commission de réforme du droit du Canada, Montréal, 1976.

MORIN, Claude, *Le combat québécois*, Les Editions du Boréal-Express, Montréal, 1973.

MORIN, Claude, *Le pouvoir québécois... en négociation*, Les Editions du Boréal-Express, Montréal, 1972.

MORIN, Rosaire, *L'immigration au Canada*, Editions de l'Action nationale, Montréal, 1966.

MORIN, Victor, "L'anglicisation de notre droit civil", *La Revue du Notariat*, Volume 40, numéro 4, novembre 1937.

OFFICE DE DÉVELOPPEMENT ET DE PLANIFICATION DU QUÉBEC, *Politiques fédérales et économie du Québec,* O.P.D.Q., (Collection "Dossiers"), Québec, 1978.

PARTI QUÉBÉCOIS, LE, *Le fédéralisme actuel...,* cahier de formation politique, mars 1978.

Rapport de la Commission royale d'enquête sur les problèmes constitutionnels. (Commission Tremblay), volumes 1 et 2, Province de Québec, 1956.

SABOURIN, Louis, *Canadian Federalism and International Organizations: A Focus on Quebec,* Columbia University, 1971, Published by University Microfilms International, Michigan, U.S.A., 1978.

SMILEY, Donald V., *Constitutional Adaptation and Canadian Federalism since 1945,* Document of the Royal Commission on Bilingualism and Biculturalism, Queen's Printer for Canada, Ottawa, 1970.

TREMBLAY, Rodrigue et collaborateurs, *L'économie québécoise,* Les Presses de l'Université du Québec, Montréal, 1976.

TREMBLAY, Rodrigue, *Indépendance et marché commun Québec-Etats-Unis,* Editions du Jour, Montréal, 1970.

TREMBLAY, Rodrigue, "L'avenir économique du Québec et des Québécois", dans *L'indépendance économique du Canada français,* de Errol Bouchette, Editions La Presse Ltée, Montréal, 1977.

VAUGEOIS, Denis et Jacques LACOURSIÈRE, *Canada-Québec: synthèse historique,* Editions du Renouveau pédagogique, Montréal, 1977.

WALSH, David Francis, *The External Relations of Quebec, 1960-1970: An Aspect of The Jurisdictionnal Crisis Within The Canadian Federal System,* University of Connecticut, 1975, Published by Microfilms International, Michigan, U.S.A., 1977.

DEUXIÈME PARTIE

Vers un nouveau régime politique

1

Les bases d'une nouvelle structure politique

Introduction

Dans le débat actuel sur l'avenir du Québec et du Canada, fédéralistes et souverainistes mettent en évidence les avantages de leur formule respective.

Cependant, depuis le 15 novembre, il apparaît nettement que deux termes sont devenus "tabous" au Québec et même assez largement au Canada anglais. Tout comme les partisans de la souveraineté-association se défendaient depuis quelques années d'être "séparatistes", les partisans d'un système fédéral insistent maintenant sur la nécessité de le renouveler plus ou moins profondément et rejettent le "statu quo constitutionnel".

Evidemment dans chaque camp, on accuse l'autre de vouloir masquer ainsi ses véritables intentions. C'est de bonne guerre!

La souveraineté-association n'est qu'un "écran de fumée" affirment les fédéralistes! Vous voulez détruire le Canada! La souveraineté-association est un "truc électoral" pour faire avaler la pilule du "séparatisme" que les électeurs rejettent!

Le fédéralisme renouvelé est un slogan vide de sens qui vise à créer l'illusion d'une dernière "dernière chance", rétorquent les partisans de la souveraineté-association! Vous savez que le statu quo constitutionnel n'est plus acceptable aux Québécois! Vous ne voulez que bloquer l'évolution des Québécois, faire avorter la démarche collective de tout un peuple!

Les deux camps ont raison et ont tort à la fois. Il est vrai qu'il y a, dans chaque camp, un certain nombre de partisans qui ne voient dans la formule qu'ils proposent qu'un compromis qui doit être concédé à l'opinion publique, qu'un truc électoral qui vise à faire pencher la balance de leur côté.

Cependant, nous pensons que plus fondamentalement, il y a de chaque côté un nombre grandissant de personnes qui proposent vraiment autre chose que le statu quo constitutionnel ou la séparation.

En réalité, l'opinion publique québécoise et celle des principaux protagonistes est en "mouvance" depuis plusieurs années. Le débat entre séparatistes et partisans du statu quo est progressivement devenu un débat entre partisans du fédéralisme renouvelé et partisans de la souveraineté-association.

Autant René Lévesque, confirmé en cela par Pierre Elliot-Trudeau, affirme avec raison présenter une "troisième voie" entre le fédéralisme et l'indépendance intégrale; autant un Rodrigue Biron ou un Claude Ryan peut affirmer proposer également une "troisième voie", entre les positions de MM. Lévesque et Trudeau. En réalité, Trudeau et sa conception d'un fédéralisme rigide, centralisé et uniforme devient de plus en plus excentrique par rapport au vrai débat, du moins au Québec.

Dans tous les sondages, l'opinion publique québécoise rejette les extrêmes et se répartit entre la souveraineté-association et le fédéralisme renouvelé.

En somme, la grande majorité des Québécois demandent à leurs représentants de REFAIRE LES STRUCTURES POLITIQUES DE L'ENSEMBLE CANADIEN. En effet, dans l'option du statu quo, il n'y aurait rien à refaire ou si peu et dans celle du séparatisme, plus d'ensemble canadien à structurer.

La question est de savoir comment. Dans un cadre fédéral nouveau ou dans celui d'une nouvelle association d'Etats souverains, autrement dit d'une Confédération?

Nous allons donc tenter, à partir de la réalité canadienne actuelle, de dégager quelques principes de base sur lesquels à peu près tout le monde, néo-fédéralistes comme confédéralistes, s'entendent, ou devraient s'entendre pour guider la restructuration de l'ensemble canadien.

Chapitre 1

Les droits individuels et les collectivités

Tous les être humains sont égaux. Aucun citoyen du Canada comme du Québec ne doit être considéré comme citoyen de seconde classe. Dans n'importe quel système politique, les libertés fondamentales de la personne doivent être assurées.

Une fois clairement posé ce principe que tous admettront sans difficulté, il reste à voir comment y arriver dans les faits, dans la vie de tous les jours. Nous pouvons mettre en évidence deux ensembles de mesures qui sont à notre avis complémentaires:

1) l'adoption de mesures législatives que constituent les chartes des droits de l'homme et des mécanismes pour en assurer le respect;

2) l'établissement de règles générales d'organisation politique et de mesures législatives particulières de nature à assurer certains droits collectifs.

1. Une charte des droits de l'homme

La Constitution du Canada, contrairement à celle d'autres pays, ne contient aucune charte des droits de la personne. Ce n'est qu'une des anomalies de ce cadre politique vieillot et dépassé. Cependant, le gouvernement fédéral s'est doté en 1960, d'une "Déclaration canadienne des droits." La plupart des provinces s'en sont également donné une. Le Québec par exemple a sa "Charte des droits et libertés de la personne" depuis 1974.

Une telle charte garantit l'exercice des libertés fondamentales: droit d'expression, droit d'association, droit d'exercer la religion de son choix, etc. Elle vise également à empêcher la discrimination qui peut s'exercer contre certains citoyens en fonction de leur sexe, leur âge, leur origine ethnique, leur langue, leur religion, etc., dans différentes activités de la vie comme l'embauche ou la location d'un logement. Une Commission des droits et libertés de la personne a été mise sur pied pour voir à l'application de la Charte et également conseiller le gouvernement sur certaines mesures législatives qui pourraient empiéter abusivement sur les libertés individuelles. Enfin, la Charte a préséance sur les lois qui lui sont postérieures, à l'instar de la Constitution canadienne.

Nous n'avons rien contre l'insertion d'une charte dans la Constitution canadienne. Cela ne changerait pas grand-chose, sauf fournir l'occasion d'en améliorer le contenu et de l'harmoniser avec la Constitution. Cependant, il ne faudrait pas que le gouvernement Trudeau s'imagine régler de cette façon le problème politique canadien ou même avoir fait un pas déterminant pour le régler.

Tout progrès significatif, particulièrement sur le plan du respect des libertés individuelles, passe par une répartition équitable du pouvoir politique entre les différentes collectivités de la population canadienne.

2. Droits individuels et collectifs

Dans toute charte des droits de la personne, il est bon de souligner que c'est par le collectif que l'on arrive à protéger l'individu contre la discrimination. Ainsi, constatant qu'une certaine discrimination s'exerçait contre les handicapés physiques et mentaux, au niveau de l'embauche en particulier, le gouvernement du Québec a décidé récemment d'inclure le handicap physique ou mental comme autre critère interdit de discrimination.

Ainsi, contrairement à ce que certains tenants d'un libéralisme conservateur affirment, les droits individuels et collectifs ne s'opposent nullement. Au contraire, c'est en constatant que certaines catégories de citoyens d'une société sont défavorisés au départ sur le plan de l'occupation, du revenu, de l'instruction, du logement, des conditions de vie et de la participation aux décisions, que l'on peut espérer protéger les droits individuels. Au Canada et au Québec, comme dans d'autres sociétés, il n'est pas indifférent d'être homme ou femme, habitant des Maritimes ou de l'Ontario, travailleur ou patron, francophone, anglophone, Indien ou Inuit. Toutes ces catégories de citoyens ont des chances différentes de succès, dès le début de leur vie. L'inégalité des ethnies, des sexes, des classes sociales, ainsi que les disparités régionales, nient constamment, au jour le jour, l'exercice des libertés individuelles.

Avant que ces inégalités, qui attaquent les libertés des individus, ne soient aplanies, il faudra modifier bien des choses sur les plans économique, social, culturel et politique. En ce sens, une charte des droits de l'homme est un outil essentiel mais insuffisant puisqu'elle conduit à des correctifs cas par cas. Un individu se voit lésé dans ses droits fondamentaux. Il peut faire redresser les torts qu'il a subis par l'organisme chargé de l'application de la Charte. Au mieux, on peut espérer à la longue une évolution des mentalités qui rendrait une telle charte de moins en moins nécessaire.

3. Réformer le système politique

Cependant, une telle approche nous apparaît nettement insuffisante quand les conditions générales de la vie en société sont telles que les préjugés imprègnent jusqu'à la culture et le mode de pensée de larges fractions de la population, voire de toute une nation. Jusqu'à présent, jamais un francophone, même au Québec, n'aurait pu songer à protester parce qu'il était victime de discrimination linguistique. C'était dans l'ordre des choses.

C'est justement l'ordre des choses qu'il faut changer! D'abord sur le plan politique, puisque c'est à ce niveau que se prennent les décisions qui peuvent influer sur les autres plans: économique, social et culturel.

L'objet actuel du débat constitutionnel au Québec et au Canada ne couvre pas tout le champ politique. Il s'agit essentiellement de déterminer la répartition des compétences législatives entre divers organismes qui devront les exercer, seuls ou avec d'autres, dans le meilleur intérêt de tous.

Ce débat est cependant vital puisqu'il pose la question centrale de savoir qui va contrôler ces organismes, ces conseils ou ces parlements; autrement dit, qui va prendre les décisions pouvant modifier les conditions générales de vie qui permettront (ou non) le respect des droits des individus, à quelque groupe qu'ils appartiennent.

Actuellement, le gouvernement fédéral est composé très majoritairement d'hommes, d'anglophones, provenant surtout des classes moyennes ou de la bourgeoisie, et les députés de l'Ontario y ont un poids déterminant. Il en est de même de la haute fonction publique fédérale. Ce déséquilibre est atténué, sur le plan linguistique, par la présence du gouvernement du Québec, et sur le plan régional par les autres gouvernements provinciaux. Cependant, la majeure partie des décisions qui comptent se prennent à Ottawa. Comment espérer qu'un gouvernement d'hommes, d'anglophones, provenant surtout de certaines classes sociales, puisse avec vigueur lutter contre les disparités entre les groupes ethniques, les régions, les classes sociales et les sexes.

4. Majorités, minorités et régions

Quelles sont les dimensions prioritaires qui doivent entrer en ligne de compte dans la réorganisation de l'ensemble canadien?

Nous en retenons essentiellement deux: l'ethno-nationale et la régionale.* Ce sont ces composantes de la réalité canadienne que nous avons mises en évidence dans le premier volume.

La dimension ethno-nationale se concrétise d'abord par l'existence de deux peuples, ou de "deux sociétés" pour reprendre les termes de la Commission Laurendeau-Dunton, appuyés chacun sur une majorité numérique, l'une francophone au Québec, l'autre anglophone dans le reste du Canada. Elle implique également la reconnaissance de trois minorités historiques (minorités au sens numérique du terme). Deux d'entre elles sont constituées des citoyens membres d'une des deux nations qui habitent le territoire où l'autre est majoritaire: ce sont les Franco-Canadiens** et les Anglo-Québécois. L'autre est formée des premiers habitants du pays, Indiens et Inuits qui sont minoritaires à la fois au Québec et dans le reste du Canada et dont certaines familles sont réparties sur les deux territoires.

---

* Claude Ryan, dans un éditorial du Devoir publié le 2 juillet 1977, identifie également ces deux dimensions de base tout en simplifiant la dimension ethnique de façon abusive à notre avis.

** Nous laissons ici ouverte la question de déterminer si les Acadiens forment un peuple distinct des Québécois et des autres Franco-Canadiens. Ce sera à eux de s'autodéterminer. Non-ingérence, mais non-indifférence, a déjà dit un ministre du gouvernement français au sujet du Québec.

Finalement, la dimension régionale est importante, surtout pour les *Canadiens* qui sont dispersés sur un territoire encore plus vaste que celui des Québécois. D'autre part, même si la communauté de langue crée entre les anglophones des autres provinces des liens qui n'existent pas avec les francophones du Québec, l'historien Ramsay Cook a en bonne partie raison d'affirmer que le nouvel Etat fondé en 1867 était "une nation de régions". L'ensemble canadien actuel l'est toujours. Chaque région possède une volonté marquée d'être reconnue et traitée sur le même pied que les autres.

5. *Groupes ethniques*

Pour la restructuration de l'ensemble canadien, nous restreignons volontairement la dimension ethno-nationale aux composantes majoritaires ou minoritaires de cet ensemble.

Cela ne signifie pas que nous méconnaissons l'apport des groupes ethniques au développement de l'ensemble canadien. Comme nous l'avons souligné précédemment, les dizaines de milliers d'immigrants qui sont venus, au cours des années, s'installer au Canada se sont intégrés progressivement à l'une ou l'autre des deux nations et, plus souvent qu'autrement, au peuple anglophone *canadien*. Les statistiques sur la langue d'usage des immigrants sont là pour le prouver. Avec les générations, la plupart d'entre eux sont devenus Québécois ou *Canadiens*.

D'ailleurs, la Commission Laurendeau-Dunton en arrive aux mêmes constatations qui lui sont suggérées par les représentants de ces groupes ethniques eux-mêmes:

"On a cherché à déterminer quelles sont les valeurs unificatrices communes aux Canadiens d'extraction allemande, italienne, chinoise, ukrainienne et autres, mais les discussions ont tourné court, et cette variante du thème multiculturel tendait à se fondre avec l'idée de mosaïque. En fait, la notion d'une "troisième force" n'a guère trouvé de tenants, même chez les "nouveaux Canadiens".

"Nous sommes opposés à toute "balkanisation" et à l'idée de "melting pot". A cause de la complexité ethnique du Canada, la seule unité qu'il convient vraiment de rechercher et de réaliser est l'unité dans la diversité, soit la collaboration harmonieuse de tous les groupes ethniques dans l'ensemble du pays."

TABLEAU 1

Répartition linguistique

Situation linguistique au Québec

	origine ethnique		langue maternelle		langue au foyer	
	milliers	%	milliers	%	milliers	%
Anglais	640	10.6	789	13.1	888	14.7
Français	4 759	79.0	4 866	80.7	4 870	80.8
Autres	628	10.4	373	6.2	270	4.5

Situation linguistique à l'extérieur du Québec

	origine ethnique		langue maternelle		langue au foyer	
	milliers	%	milliers	%	milliers	%
Anglais	8 984	57.8	12 179	78.4	13 558	87.2
Français	1 421	9.1	926	6.0	676	4.3
Autres	5 136	33.1	2 436	15.6	1 306	8.4

SOURCE: Statistique Canada, recensement 1971.

Voilà pourquoi, tout en maintenant cette préoccupation de diversité culturelle, nous ne retenons pas le facteur "autres groupes ethniques" comme base de la restructuration de l'ensemble canadien. Toutefois, cette constatation d'un processus normal d'intégration des immigrants à leur peuple d'adoption ne signifie pas que nous soyons favorables à leur assimilation à l'une ou l'autre des deux majorités, laquelle impliquerait l'élimination de leurs caractéristiques culturelles qui constituent une richesse, tant pour les *Canadiens* que pour les Québécois. Le programme politique du Parti québécois et la politique de développement culturel du gouvernement du Québec en témoignent éloquemment.

6. *Classes sociales, sexes et âges*

Tout comme le nécessaire support au développement culturel des groupes ethniques, l'injuste mise à l'écart de l'élément féminin et des citoyens âgés doit constituer une préoccupation importante de toute réforme politique fondamentale. Cependant, nous ne voyons pas comment nous pourrions retenir ces facteurs comme base d'organisation des nouvelles structures de l'ensemble canadien. On ne peut de toute évidence répartir les institutions politiques d'un Etat en fonction de l'âge ou du sexe. L'augmentation du pouvoir politique de ces catégories de citoyens est cependant nécessaire et on devra en évaluer la possibilité dans le cadre de chacun des régimes politiques proposés, que ce soit dans le cadre d'une fédération ou d'une association d'Etats souverains.

La question du déséquilibre de la répartition du pouvoir entre les classes sociales pose un problème de nature différente. Les travailleurs, qui constituent la majorité de la population, devaient être en mesure d'orienter les actions gouvernementales en fonction de leurs intérêts, indépendamment des luttes syndicales. Or, traditionnellement, le pouvoir politique a été et est encore largement influencé par la classe dirigeante des chefs d'entreprise.

Devant l'écart qui ne cesse de grandir entre riches et pauvres, écart largement relié au clivage entre les deux nations, la question sociale et la question nationale sont intimement liées et toutes deux d'une importance capitale. La quasi inexistence d'une bourgeoisie autre que *canadienne* (anglaise), même au Québec, est un fait révélateur important de cette réalité, qui conditionne le nationalisme québécois dans un sens progressiste qui ne peut qu'influencer positivement l'évolution de l'ensemble *canadien* vers un nouvel équilibre social.

D'une part, nous pensons que l'on ne peut réserver, dans la constitution même d'un pays, le contrôle des outils politiques à telle ou telle classe sociale sans accepter un principe comme celui de la "dictature du prolétariat" ou encore celle du patronat.* En ce sens, nous écartons les classes sociales comme base de la restructuration de l'ensemble canadien.

---

* Cette question demanderait de plus amples développements qui déborderaient le cadre de cet ouvrage.

D'autre part, il est tout à fait légitime pour une classe sociale de viser à utiliser au maximum les outils politiques que sont les parlements et les gouvernements, en fonction de ses intérêts. Contrairement à la situation actuelle, le nouveau régime politique devrait tendre vers une répartition du pouvoir entre les classes sociales qui corresponde à leur importance numérique. Nous évaluerons les différents régimes proposés à la lumière de ce principe de base.

Il nous semble illusoire que, dans sa lutte pour la liberté, l'homme doive uniquement miser sur sa propre initiative et ses efforts personnels, s'il n'a pas les outils politiques pour ce faire. A ce propos, Léon Dion déclarait au Congrès d'orientation du Parti libéral du Québec, en novembre 1977:

> "Ceux que la situation favorisent adhèrent généralement à une conception individualiste de la liberté, tandis que ceux qui ont lieu de se plaindre préconisent plutôt une conception organique (...). Dans cette optique, la lutte pour l'indépendance de la classe, de la nation, etc. apparaît comme une phase préliminaire indispensable à la libération de la personne individuelle."

Si nous proposons, bien sûr, la seconde de ces approches, c'est que nous ne voulons plus d'un Québec des libertés du plus fort!

Chapitre 2

L'égalité des deux nations

Sans contredit, comme on l'a vu précédemment, le concept d'un ensemble canadien reposant sur l'égalité des deux nations et, en particulier, sur l'égalité des deux majorités ou des deux sociétés est au coeur des aspirations des Québécois, qu'ils soient fédéralistes ou souverainistes. Ayant pris racine sous le régime de l'Union, le concept n'a cessé de s'affermir au Québec.

En 1867, les partisans francophones du nouveau régime répétaient au Québec qu'il s'agissait d'une association entre deux "peuples fondateurs" qui allaient côte à côte bâtir un nouveau pays. Ce concept animait également les patriotes canadiens-français qui, un peu plus tard, tentèrent sans succès d'obtenir des droits égaux dans l'Ouest.

Cent ans plus tard, en 1965, la Commission Laurendeau-Dunton, mise sur pied par le gouvernement fédéral, devait également réaffirmer ce concept vital et proposer une restructuration de l'ensemble canadien basée sur "l'égalité des deux sociétés".

Suite aux recherches et aux auditions publiques tenues d'un bout à l'autre du Canada, la Commission résume ainsi la divergence d'opinion des deux sociétés à ce sujet:

> "Voici donc un contraste majeur: à l'exception des séparatistes et des quasi-séparatistes qui considèrent comme utopique l'objectif de l'égalité, les Canadiens de langue française que nous avons rencontrés ont dit à ce sujet: 'C'est une bonne idée. Cependant, elle n'a pas encore été appliquée dans tel ou tel domaine, et il faut qu'elle le soit à l'avenir'.

De leur côté, les Canadiens de langue anglaise, sauf le groupe le plus négatif, ont demandé: 'Que signifie l'égalité des deux peuples? D'où vient cette idée? Sur quelles bases historiques et constitutionnelles se fonde-t-elle?"

En 1977-78, une autre commission d'enquête, la Commission Pépin-Robarts, reprenait le même travail. Nous en attendons les conclusions. La série d'assemblées publiques "d'un océan à l'autre" nous a cependant permis de constater que l'état de l'opinion publique a peu changé si ce n'est un certain sentiment d'urgence face à la montée au Québec du mouvement souverainiste.

Mme Solange Chaput-Rolland, membre de cette commission déclarait d'ailleurs, peu avant sa nomination:

"La thèse des deux nations est récusée par le fédéral, mais elle tire probablement sa légitimité de la force même de ce refus de l'envisager."

Un peu plus tard, l'ex-président du Comité fédéraliste préréférendaire, Claude Castonguay, devait réaffirmer également son accord au principe des deux nations ou des deux sociétés:

"Au lieu de continuer de voir dans le concept des deux nations un fruit de l'esprit et de l'intelligentsia québécois, nos dirigeants politiques fédéraux feraient mieux de reconnaître l'existence de deux sociétés distinctes au sein du Canada (...). Il va bien falloir un jour se résoudre, si l'on veut éviter l'éclatement de ce pays, à reconnaître en son sein l'existence de deux sociétés distinctes."

1. Un droit vital pour les francophones

Il est extrêmement difficile d'être contre un principe aussi moralement sain et universellement défendu que celui de l'égalité des nations ou des peuples.

D'ailleurs, l'article 1 de la Charte des Nations unies, adopté en 1945, ne proclame-t-il pas:

"Les buts des Nations unies sont (...) de développer entre les nations des relations amicales fondées sur le respect du principe de l'égalité de droits des peuples et de leur droit à disposer d'eux-mêmes (...)."

Ceux qui nient ce principe de l'égalité des deux nations se doivent de prétendre que les Québécois ne forment pas un peuple, ce qui est tout à fait insoutenable, ou encore que les résultats d'une guerre coloniale vieille de deux siècles ont préséance sur le droit international.

Les Québécois sont d'ailleurs l'une des rares nations non indépendantes qui possèdent toutes les caractéristiques d'un peuple au sens de la Charte des Nations unies: langue, histoire, culture, mode de vie et de pensée, institutions sociales et intérêts communs; conscience de leur spécificité en tant que groupe national distinct; vouloir-vivre collectif et volonté de durer en conservant ses caractères spécifiques; et même une dimension politique, l'Etat québécois, qui lui permet depuis déjà fort longtemps de prendre certaines décisions pour orienter son avenir.

Cette conscience de former une communauté distincte et la volonté de vivre et de préserver les valeurs qu'incarne cette communauté n'ont fait que s'affirmer depuis 1960 et les débuts de la Révolution tranquille. Elle est admirablement bien résumée par cette phrase de l'ancien premier ministre du Québec, Daniel Johnson:

> "Le fédéralisme de 1867 a été un échec; il faut le remplacer par une nouvelle alliance entre les deux nations, une alliance qui fera du Canada un Etat binational, c'est-à-dire un pays qui ne sera pas seulement une fédération de dix provinces, mais une fédération de deux nations égales en droit et en fait."

Cette phrase prenait d'autant plus de force qu'elle coïncidait avec le rapport de la Commission BB ou Commission d'enquête sur le bilinguisme et le biculturalisme (Laurendeau-Dunton) qui allait dans le même sens.

Ce concept des deux nations a toujours rallié tous les partis politiques au Québec. La position de Daniel Johnson allait demeurer à la base du discours de l'Union Nationale et allait être reprise récemment par Rodrigue Biron.

De même, le Parti libéral québécois, encore sous la direction de Jean Lesage, demandait pour sa part, lors de son congrès d'octobre 1967, que soit rédigée une nouvelle constitution canadienne "basée sur la reconnaissance formelle de la présence au Canada de deux nations". Cette position est actuellement, à peu de chose près, celle de ce parti, du moins si l'on en croit les déclarations et les écrits de son nouveau chef, Claude Ryan.

"Ce que nous voulons, ce dont le Canada et les Etats provinciaux ont besoin, c'est une nouvelle constitution fondée sur la reconnaissance de deux nations égales en droit et en fait; de deux nations qui ont le droit de diriger elles-mêmes leur destinée, de prendre elles-mêmes les décisions qui les concernent." Cette position de Réal Caouette allait devenir, en 1971, celle du Ralliement créditiste du Québec et être reprise à l'occasion par les deux "survivants" de ce parti à l'Assemblée nationale.

Enfin, il va sans dire que ce concept de l'égalité des deux nations est à la base de la formule des Etats associés et de celle plus précise de la souveraineté-association qui constitue la première raison d'être du Parti québécois.

Inutile de dire que ce principe de l'égalité des deux nations reçoit un aussi vaste appui de tous les horizons politiques québécois parce qu'il correspond à un besoin vital de la partie francophone de l'ensemble canadien, et particulièrement des Québécois qui en constituent le noyau principal.

Nous pourrions reprendre tous les arguments de notre chapitre sur ce que veulent les Québécois, mais il suffit de se rappeler que ces besoins sont fondamentalement les mêmes que ceux de toute nation, y compris ceux de la nation *canadienne*.

En somme, pour reprendre l'expression de la Commission Laurendeau-Dunton, nous sommes en présence de deux sociétés qui veulent chacune maîtriser leur propre avenir. Peuvent-elles collaborer entre elles pour y arriver?

2. Un droit largement nié par les anglophones

A Ottawa, il fut un temps, certes pas très long, où tous les partis politiques fédéraux appuyaient la thèse des deux nations. Le premier ministre libéral, Lester B. Pearson, s'est toujours montré sympathique à cette idée comme en témoigne le mandat qu'il avait donné à la Commission d'enquête sur le bilinguisme et le biculturalisme. La conversion du Parti conservateur a été beaucoup plus difficile mais elle fut acquise pour un temps au congrès des penseurs de Montmorency en août 1967, grâce à l'action de Marcel Faribeault. L'une des résolutions adoptées à cette conférence disait:

"Le Canada est composé de deux nations (two founding people)...; la constitution devait être telle qu'elle permette et encourage leur croissance complète et harmonieuse, en complète égalité à travers tout le Canada."

Cette idée devait être reprise à l'occasion par John Diefenbaker et Robert Stanfield qui parlaient de cette égalité des deux nations et de sa compatibilité avec un régime fédéral.

Au niveau du NPD de David Lewis et du Crédit social de Réal Caouette, le principe de l'égalité était également accepté.

Logiquement, une telle unanimité au sujet de la thèse des deux nations et de leur égalité aurait dû amener une réforme profonde des institutions, puisque l'égalité des deux nations, des deux peuples ou des deux sociétés, peu importe le mot, implique en effet la nécessité d'articuler les rapports entre ces deux nations et l'Etat central, les Etats provinciaux, et particulièrement l'Etat québécois.

Le problème est que cette thèse s'est toujours heurtée radicalement à une autre conception du Canada.

En 1936, le premier ministre ontarien, M. George Drew, avait résumé la façon de penser du chauvinisme anglo-saxon en déclarant:

"Il n'est pas inconvenant de rappeler aux Francais qu'ils sont une race vaincue et que leurs droits ne sont des droits qu'en raison de la tolérance de l'élément anglais, lequel en tout respect pour la minorité, doit être considéré comme la race dominante."

Cet énoncé, bien qu'en termes moins "durhamiens", constitue encore la ligne de pensée maîtresse d'une majorité de *Canadiens*. C'est ce que constatait la Commission BB en 1965:

"La plupart des anglophones se méprennent sur la nature des problèmes soulevés par le Canada français contemporain. Pour un très grand nombre, le Canada apparaît essentiellement comme un pays de langue anglaise, avec une minorité francophone à laquelle on a accordé certains droits restreints. En général, ils ne semblent pas, jusqu'ici, avoir compris ou être prêts à accepter les conséquences de "l'égalité des deux peuples."

Devant cette opposition du nationalisme *canadien,* la plupart des politiciens fédéraux ont dû cesser de parler des deux "peuples fondateurs" ou de "l'égalité des deux nations". Majorité électorale oblige!

L'élection de Pierre Elliot-Trudeau en 1968 allait éclipser pendant dix ans le débat fondamental sur la réforme constitutionnelle et éliminer l'accord presque général sur le principe de l'égalité des deux nations. Tenant de l'école de pensée canadianiste, il ramenait à l'avant-scène le vieux rêve d'une nation bilingue à créer.

Richard Arès a très bien résumé la pensée de P. Trudeau: "Dans son ouvrage sur le fédéralisme comme dans ses allocutions politiques postérieures, Pierre Elliot-Trudeau n'a cessé de dénoncer comme une fausseté et une hérésie la thèse des deux nations, qu'il assimile plus ou moins au vieux principe des nationalités". Le concept de l'Etat national, a-t-il maintes fois déclaré, est à rejeter, c'est une idée "inadmissible en théorie et en pratique", une idée "rétrograde et absurde": Un Etat ne se fonde pas essentiellement sur des attributs ethniques."

Pourtant, il a dû accepter une certaine forme d'égalité dans son projet d'un Canada bilingue. Ainsi en 1967 dans son ouvrage sur *Le fédéralisme et la société canadienne-française,* Pierre Elliot-Trudeau écrit:

"Si les Canadiens de langue française ont le pouvoir de s'affirmer comme les associés égaux des Canadiens de langue anglaise, si le fait français peut s'appuyer sur une base qui va d'un océan à l'autre, cela est principalement dû au rapport de force linguistique à l'intérieur du pays. Les origines historiques du pays sont moins importantes qu'on ne le pense généralement, et la preuve c'est que ni l'esquimau ni aucun dialecte indien n'ont de position privilégiée. Par contre, si six millions de personnes dont la langue maternelle est l'ukrainien vivaient au Canada, il est probable que cette langue s'imposerait avec autant de force que le français. En termes de real politik, ce qui fait l'égalité de l'anglais et du français au Canada, c'est que chacun des deux groupes linguistiques a le pouvoir réel de défaire le pays. Ce à quoi ne peuvent encore prétendre ni les Iroquois, ni les Esquimaux, ni les Ukrainiens."

Or cette thèse d'un Canada bilingue a été contestée, non seulement au Québec pour son insuffisance, mais encore plus violemment au Canada anglais pour ses soi-disant excès, avant comme depuis l'élection du parti Québécois le 15 novembre 76.

En fait, on peut qualifier de véritable ressac à ce projet d'un Canada bilingue les événements qui, dans le reste du Canada, ont précédé l'élection du 15 novembre 1976; l'affaire Pratte, l'affaire Sky Shops, l'unilinguisme à Air Canada, la crise du bilinguisme chez les gens de l'Air. On a pu voir durant cette période l'opinion publique canadienne anglaise se déchaîner. On a pu entendre les huées lorsque l'O Canada fut entonné en français, durant un match de hockey à Toronto! On a même vu la popularité de Pierre Elliot-Trudeau, leader du soi-disant "French power", descendre à son plus bas niveau.

Commentant l'élection du Parti québécois, celui-ci devait d'ailleurs pour la première fois reconnaître l'échec de sa politique: "Cela signifie que nous n'avons pas fait assez pour convaincre les Québécois qu'ils étaient bien mieux au sein du Canada. La politique de bilinguisme (...) a créé une réaction anglaise contre "le pouvoir français" à Ottawa." (Le Soleil, 18 février 1977)

De fait, il suffit de relire les coupures de journaux de cette période et en particulier le livre de Jean Bériault, *Anti-Québec* pour se rendre compte de l'égalité linguistique et, à plus forte raison de l'égalité des deux nations. C'est un concept irrecevable pour les *Canadiens* qui le considèrent contraire à "l'Unité canadienne", au "One Canada".

Dans une conférence qu'il prononçait récemment à l'université Dalhousie, le secrétaire du cabinet fédéral des relations fédérales-provinciales, Gordon Robertson, devait faire un constat analogue:

"Au fil des années, les Canadiens français ont constaté que nous du Canada anglais n'étions pas assez grands pour traiter avec eux sur un pied d'égalité, pour reconnaître en eux une communauté digne de tout notre respect, pour leur donner la place qui leur revient dans toutes les régions du pays et dans toutes les sphères d'activité de la société canadienne. Ils ont constaté que nous étions incapables d'établir avec eux, au sein même du Canada, des rapports fondés sur la dignité et le respect."

3. Lever l'ambiguïté

Ce rejet du principe de l'égalité des deux nations par une large fraction de l'opinion publique *canadienne* n'est qu'une conséquence de la profonde ambiguïté qui a entouré la naissance de la Fédération en 1867.

On se rappellera que ce sont des politiciens ontariens, sous la conduite de MacDonald et Brown, qui se firent les plus ardents propagandistes d'une union des colonies britanniques de l'Amérique du Nord. Ils rencontrèrent une forte résistance, tant dans les Maritimes qu'au Québec, l'île du Prince-Edouard refusant temporairement l'arrangement et la Nouvelle-Ecosse y adhérant à la suite d'un renversement de gouvernement sous l'oeil bienveillant de Londres.

Au Québec, Cartier et les conservateurs apportèrent leur concours aux Ontariens en mettant en évidence que le régime proposé donnait de meilleures garanties à leurs compatriotes, à qui de toute façon on laissait peu d'autres choix que celui de l'Acte d'Union. Les libéraux, avec à leur tête Antoine-Aimé Dorion, s'y opposèrent vigoureusement prétendant au contraire que les garanties étaient insuffisantes et que les Canadiens français allaient éventuellement être noyés dans un grand tout anglophone, ce qui n'était pas le cas dans le Parlement d'union où les francophones, avec près de la moitié des représentants, bénéficiaient d'un certain statut d'égalité.

Comme nous l'avons souligné précédemment, il n'y eut pas de référendum et la population ne fut aucunement consultée. Le Parlement d'union vota pour la création d'une fédération des colonies. Vingt-six députés québécois appuyèrent la mesure et vingt-deux la rejetèrent. Pour cette faible majorité de représentants québécois, il s'agissait d'un Pacte solennel entre deux "peuples fondateurs" qui allaient côte à côte développer le pays sur une base d'égalité. Les journaux francophones qui appuyaient la position majoritaire parlaient "d'Etats souverains qui délèguent une partie de leurs droits et compétences à un gouvernement central".

Pour les politiciens ontariens au contraire, il s'agissait essentiellement d'un arrangement économique qui allait permettre l'ouverture à l'Ouest de nouveaux marchés pour leurs industries naissantes. En échange de quelques concessions mineures aux francophones du Québec, la nouvelle nation serait essentiellement anglaise et aiderait l'Empire britannique à faire contrepoids au dynamisme américain. Pour ce faire, le régime fédéral se devait d'être très centralisé.

Ce malentendu fondamental dû aux interprétations divergentes des deux peuples quant à la nature même de la Constitution fut révélé nettement en 1905 où, comme il se doit, le point de vue du plus fort devait triompher après des luttes épiques pour l'égalité des deux nations dans l'Ouest canadien. Le premier Canadien français à occuper le poste de premier ministre du Canada devait s'avouer vaincu devant la majorité anglophone de son propre cabinet. Il devait déclarer devant le Parlement canadien: "notre seule patrie est le Québec puisque, partout ailleurs, nous n'avons pas la liberté".

Ce constat d'échec du rêve canadien-français d'un Canada binational d'un océan à l'autre fut un point tournant. Si deux ou trois autres provinces étaient devenues bilingues à l'image du Québec, le système fédéral aurait peut-être pu permettre aux francophones un statut d'égalité et établir un certain équilibre, malgré des tensions inévitables, entre les deux nations.

Soixante-treize ans plus tard, ce rêve subsiste encore chez certains francophones, mais il ne "colle" plus à la réalité. La faiblesse numérique et la dispersion des communautés francophones hors Québec rendent inacceptables pour les *Canadiens* même des mesures aussi timides que la politique linguistique du gouvernement Trudeau. Pour la majorité des *Canadiens,* les francophones hors Québec sont une minorité comme les autres. Le maximum possible est maintenant l'obtention d'un statut spécial comparable à celui dont jouissent les Anglo-Québécois.

4. *L'égalité des deux majorités*

L'évolution du fédéralisme canadien, en concentrant les forces francophones de plus en plus au Québec, nous oblige à redéfinir le principe de l'égalité des deux nations en terme d'une part, de l'égalité des francophones hors Québec et des Anglo-Québécois et d'autre part, de l'égalité entre les Québécois et les *Canadiens*. Voilà la seule façon maintenant de lever l'ambiguïté fondamentale sur laquelle le fédéralisme canadien s'est édifié.

En 1965, la Commission Laurendeau-Dunton, constatant la tragique inégalité des deux nations au Canada, a eu le courage de reconnaître l'existence de deux majorités: l'anglophone dans l'ensemble de la Fédération et la francophone sur le territoire du Québec.

Actuellement, 90% des francophones du Canada suivant la langue d'usage, et 83% suivant la langue maternelle, habitent le territoire du Québec. A l'avenir, cette proportion ne pourra qu'aller en augmentant. Tous les facteurs jouent et continueront de jouer contre les francophones: immigration plus faible, natalité réduite, plus forte mortalité et taux d'assimilation autour de 50% presque partout à l'extérieur du Québec. Inversement, entre 95% et 98% des anglophones du Canada habitent à l'extérieur du Québec. Sans nier les droits des minorités, il est impossible d'affirmer l'égalité de droits des deux nations sans reconnaître d'abord le principe de l'égalité entre les deux majorités, entre les francophones du Québec et les anglophones hors Québec, entre les Québécois et les *Canadiens*.

Même si ces deux groupes sont inégaux en nombre, cela ne doit pas empêcher quiconque d'affirmer qu'ils sont cependant égaux en droit. Les cinq millions de Danois n'ont pas moins droit à la vie et à l'épanouissement que leur soixante-deux millions de voisins et anciens compatriotes qui habitent l'Allemagne de l'Ouest! A ceux qui penseraient qu'une telle égalité n'est qu'une façade et qu'elle est impossible dans les faits, signalons qu'en 1977 le produit national brut danois était de $7 450 par habitant, alors que celui de l'Allemagne de l'Ouest était de $7 380 par habitant.* En fait l'égalité des deux nations, des deux majorités comme des deux minorités, est possible et elle est souhaitable non seulement pour les Québécois, mais aussi pour tous les Canadiens.

Le projet d'un Canada anglophone, incluant provisoirement une réserve bilingue pour les francophones, est un criant déni de justice envers les Québécois. Si certains individus acceptent de s'assimiler à une majorité, il n'en est pas de même des collectivités et des nations. Le projet d'un Canada bilingue non plus n'est pas satisfai-

---

* Le PNB du Canada en 1977 était de $7 510 par habitant et celui du Québec de $6 660 par habitant. Le PNB par habitant est considéré comme le meilleur indice pour comparer la richesse des nations.

sant en ce qu'il nie une partie de la réalité québécoise tout en demandant aux Canadiens anglais de nier en partie leur propre réalité. Reste le projet d'un Canada bi-national, centré sur l'égalité des deux nations. Certains pensent y arriver dans le cadre d'un nouveau régime fédéral. D'autres comme nous pensent qu'il faut au contraire un régime confédéral, une association entre Etats souverains, pour réaliser cette égalité. Entendons-nous au moins sur une chose. Les différences entre nous sont moins grandes que celles qui nous séparent de ceux qui nient l'égalité des deux nations.

Chapitre 3

Le respect du régionalisme

Nous avons mis en évidence une donnée fondamentale du problème. L'égalité des deux nations est une question non négociable pour la très grande majorité des Québécois. Toute restructuration de l'ensemble canadien passe par la reconnaissance de cette donnée fondamentale.

Nous nous sommes évidemment placés surtout du point de vue du Québec, soulignant au passage l'opposition à ce point de vue qui se manifeste au Canada anglais.

D'un point de vue *canadien* maintenant, la "nation" désigne la plupart du temps l'ensemble des Canadiens "from coast to coast", quelles que soient leur langue et leur origine ethnique. Cette nation est essentiellement une "nation de régions" pour reprendre l'expression de Ramsay Cook, le Québec étant, avec l'Ontario, les Prairies, la Colombie britannique et les Maritimes, l'une de ces régions. Ainsi le régionalisme est un élément essentiel du nationalisme *canadien* que nous devons concilier avec le point de vue québécois et canadien français de "l'égalité des deux nations".

1. *Des régions bien différenciées*

L'historien Ramsay Cook, dans une présentation au Colloque Destinée-Canada, met en évidence cette différentiation régionale que l'on pouvait constater au moment de la création de la Fédération canadienne. Commençant par reconnaître qu'au Québec, "une identité canadienne-française s'était formée pendant plus d'un siècle", il ajoute que "d'autres parties du Canada avaient aussi élaboré leur propre style de vie distinctif, bien qu'elles n'aient pas été aussi différentes entre elles, qu'elles ne l'étaient ensemble vis-à-vis du Canada français''.

"Les Maritimes étaient parmi les plus anciennes colonies de langue anglaise en Amérique du Nord, munies d'économies basées sur la pêche, le bois et le transport; elles possédaient aussi une culture plus avancée que celle du Haut-Canada au milieu du siècle dernier. L'Ontario, quoique loyaliste à l'origine, était une province peuplée d'immigrants du Royaume et des Etats-Unis en particulier. Alors, comme maintenant, ses habitants étaient entreprenants et ambitieux; ils trimaient dur pour diversifier leur économie et se donner des assises propices au développement de leur culture. Sur la côte du Pacifique, séparée de l'Est par des centaines de milles de lacs, de marécages, de prairies et de montagnes, s'étendait la Colombie britannique avec ses communautés de pêcheurs, de bûcherons, de mineurs où influences culturelles britanniques et américaines s'entremêlaient à peu près également. La région située entre les Grands Lacs et les Rocheuses, peu habitée jusqu'à la fin du siècle, était devenue "the last, best west", et accueillait des colons de toutes les parties de l'Europe et de l'Amérique du Nord. Certains venaient des régions plus anciennes du Canada (...) mais la plupart n'avaient que peu de rapports avec le Canada ancien." (Le Devoir, 2 juillet 1977).

Puis, le professeur Cook met en évidence l'évolution de ces régions depuis 1867 et affirme avec justesse: "Depuis 1867, la plupart des Canadiens de toutes les régions ont voulu préserver leur identité régionale à l'intérieur d'un cadre canadien commun."

L'étude des sondages récents, dont les résultats sont presque toujours donnés par région, nous indiquent des différences sensibles d'une région à l'autre, bien que nettement moins marquées que celles qu'elles ont avec le Québec. En voici quatre exemples significatifs:

TABLEAU 1

Les provinces devraient-elles avoir plus de pouvoirs?

	Statu quo	Plus aux provinces	Plus au Fédéral	Sans opinion
Québec	19%	63%	10%	8%
Maritimes	32%	43%	7%	18%
Ontario	39%	36%	14%	11%
Prairies	38%	44%	7%	11%
Colombie britannique	32%	47%	14%	7%

SOURCE: Gallup, *La Presse*, 19 mars 1977.

TABLEAU 2

Qui bénéficie le plus de la "Confédération"?

	Maritimes	Québec	Ontario	Ouest	NSP
Québec	12%	6%	59%	17%	2%
Maritimes	3%	29%	52%	13%	4%
Ontario	7%	31%	45%	15%	2%
Man.-Sask.	6%	53%	33%	8%	0%
Alberta	9%	59%	24%	9%	0%
Colombie b.	9%	55%	28%	8%	0%

SOURCE: *Montréal-Matin*, 16 mai 1977.

TABLEAU 3

Allégeance à la Reine ou République?

	Allégeance à la Reine	République	NSP
Québec	34%	47%	19%
Maritimes	80%	10%	10%
Ontario	69%	20%	11%
Prairies	74%	20%	7%
Colombie britannique	54%	33%	13%

SOURCE: Gallup, *Montreal Star*, 5 novembre 1977.

TABLEAU 4

La religion institutionalisée est-elle une partie importante de votre vie?

	OUI	NON
Québec	66%	34%
Maritimes	60%	40%
Ontario	50%	50%
Prairies	36%	54%
Colombie britannique	37%	63%

SOURCE: Gallup, *La Presse*, 31 mai 1978.

Pendant que près de 2/3 des Québécois pensent que l'on doit donner plus de pouvoirs aux provinces, autour de 40% de *Canadiens* pensent la même chose. On remarque cependant que le sentiment autonomiste est légèrement plus poussé à l'ouest de l'Ontario. A l'est de l'Ontario, on pense que cette province bénéficie le plus du système fédéral actuel. A l'ouest de l'Ontario, on pense que c'est le Québec. Le sentiment monarchique est très faible au Québec, moyen en Colombie britannique, assez fort en Ontario et très fort dans les Maritimes et les Prairies. Quant au sentiment religieux, il demeure fort au Québec et décroît d'est en ouest au Canada anglais.

Le politicologue F.J. Fletcher de l'université York a fait une analyse semblable de tous les sondages Gallup de 1960 à 1976, portant spécifiquement sur les relations entre *Canadiens* et Québécois. Il en conclut que:

> "Parmi les Canadiens anglais, il y a eu des différences régionales persistantes et significatives. Ces différences reflètent des "climats régionaux" distincts dans l'opinion des Canadiens anglais. Une majorité de Canadiens pensent à leur pays en termes de divisions régionales et s'identifient à des régions particulières (...). Les habitants de l'Ontario et des provinces de l'Ouest ont été constamment pessimistes concernant les relations entre les deux communautés et moins prêts à faire des accommodements. Cela est encore plus marqué dans l'Ouest qu'en Ontario."

2. *Le nationalisme* canadien

Pour comprendre le nationalisme *canadien,* il faut se rappeler que le Canada est un pays qui s'est construit contre nature, en réaction à la puissance américaine et malgré l'orientation naturelle nord-sud des relations économiques. Le Québec, au contraire, a commencé à se développer dans la Vallée du St-Laurent pour s'étendre, à l'apogée du Régime français, jusqu'au Golfe du Mexique. C'est dans cette période qu'il a acquis sa cohésion nationale. Chez les *Canadiens* (anglais), cette lutte contre des forces naturelles puissantes, pour bâtir d'est en ouest un nouveau pays, a façonné un sentiment national qui est bien réel et distinct de celui des Québécois. Voilà d'ailleurs pourquoi l'épouvantail "briser le Canada" soulève tant d'émotion, partout au Canada anglais.

En fait, ces réactions à ce que les anglophones appellent la "menace de la séparation" révèlent deux aspects fondamentaux du nationalisme *canadien:* son développement face aux Etats-Unis et son caractère territorial. Nous ne pensons pas que les *Canadiens* tiennent au Québec à cause de la minorité anglo-québécoise, bien que le sort de celle-ci ne les laisse pas indifférents.

Les *Canadiens* qui tiennent au Québec (car il y en a beaucoup qui n'y tiennent pas) nous disent parfois qu'un Canada où cohabitent deux nations est un rempart contre la culture américaine. La présence du Québec aiderait donc les *Canadiens* à se définir une identité collective. D'autres pensent au contraire qu'un nouveau Québec forcera leur nation à mieux affirmer sa personnalité propre. Nous partageons cette opinion de certains nationalistes canadiens anglais, comme James et Robert Laxer ou Abraham Rotstein.

Il y a cependant une constante à tout cela. Le nationalisme *canadien* se bâtit en réaction à la culture américaine, tout comme le pays s'est bâti contre les tendances nord-sud. Là est la dynamique fondamentale, et non dans le caractère bi-culturel du pays. Nous pensons que cette dynamique a une force suffisante pour maintenir la différence qui existe entre les deux pays. D'ailleurs, les *Canadiens* ne sont pas les seuls dans le monde à être adossés à une grande nation de même langue qu'eux. Pourtant, jamais les Belges francophones ne deviendront Français, ni les Autrichiens ne deviendront Allemands.

Sur le front économique, la majorité des entreprises sont américaines, mais il y a toujours eu plusieurs réactions à cette emprise. Sur le front culturel, on relève des signes encourageants. L'industrie cinématographique *canadienne* semble pleine de promesses, de nouveaux organismes culturels dans le domaine du théâtre, de la danse, du disque, de l'édition ont fait leur apparition, l'activité littéraire s'intensifie. Le professeur Abraham Rotstein affirme à ce sujet: "cette croissance culturelle indigène s'est plus ou moins manifestée dans toutes les régions du Canada anglais. Le besoin se fait maintenant sentir un peu partout de formuler une identité canadienne anglaise commune. Cette démarche commune n'en présente pas moins des traits régionaux ou locaux dérivant surtout de ce grand besoin d'auto-différentiation qui soutient toute expression culturelle."

Mais le nationalisme *canadien* est d'abord et avant tout territorial et voilà une deuxième raison pour laquelle il s'oppose à la souveraineté du Québec. Dans la remarquable conférence citée plus haut, le professeur Rotstein caractérise ainsi la psychologie canadienne anglaise en la reliant à la mentalité de défricheur:

"La transformation du no-man's land en sa "terre à soi" apporte avec elle des droits innés ou naturels qui reviennent au survivant. Un sens politique de souveraineté bien méritée sur un espace vaincu, naguère inviolable et sacro-saint, forma le noyau de l'identité politique qui apparut dans la psyché canadienne. Désormais la possession économique et politique de la "terre" ne souffrirait aucune entrave, et toute incursion ou empiètement politique serait combattu."

Il cite plusieurs exemples à l'appui de cette thèse: la réglementation des ventes de terrains à l'étranger; la très vive réaction à la violation, en 1969, des eaux arctiques canadiennes par un navire américain; l'unanimité des Canadiens anglais à ne pas vendre une seule goutte d'eau aux Américains, dont cette déclaration de W.C. Bennett: "l'eau est notre patrimoine et on ne vend pas son patrimoine"; les réactions à l'application du droit américain concernant les investissements en terre canadienne.

3. Le mythe de la désintégration après le "départ" du Québec

En somme, ce nationalisme *canadien,* parce qu'il est d'abord territorial, rend difficile l'accommodement avec les revendications autonomistes ou souverainistes du Québec, mais il démontre certainement que les *Canadiens* forment "une nation de régions" qui possède un vouloir-vivre collectif.

On a hautement exagéré, surtout depuis le 15 novembre 1976, les différences entre les régions à l'extérieur du Québec. On a affirmé qu'un départ du Québec entraînerait un éclatement du Canada dont les régions, une par une, subiraient l'attraction américaine. Selon nous, il s'agit d'un mythe qui exprime beaucoup plus un mécontentement profond dû à un sentiment de violation territoriale appréhendé par les "fenchies", qu'un danger ou un désir réel.

Par exemple, on a beaucoup parlé du sentiment séparatiste en Alberta et en Colombie britannique. Ainsi, le Globe and Mail du 4 décembre 1976, titrait "West's independence can't be underestimated". Le journaliste John Clarke y commente la création du "Committee for Western Independence", création qui s'est effectuée sept semaines avant l'élection du Parti québécois, "mais qui serait devenue plus crédible depuis l'élection du PQ". On se demande comment le journaliste a pu s'en apercevoir si vite du 15 novembre au 4 décembre, mais il affirme que l'appui à un tel comité "augmentera si le Québec obtient plus de concessions de la part du gouvernement fédéral". Il admet cependant implicitement que le séparatisme a toujours été très marginal dans l'ouest: "(le comité) est pris au sérieux et cela est nouveau pour le séparatisme dans l'Ouest".

Nous sommes d'accord avec le fait que, jusqu'au 15 novembre, l'idée de l'indépendance de l'Ouest a toujours été extrêmement marginale, l'objectif de ses rares partisans étant de faire bouger Ottawa dans le sens de leurs intérêts. Depuis le 15 novembre, nous n'avons entendu parler ni du Committee for Western Independence ni d'aucun autre mouvement sécessionniste à l'extérieur du Québec. Le séparatisme de l'Ouest est toujours une idée extrêmement marginale.

De fait, un sondage CTV tenu à la même époque, en décembre 76, vient apporter un démenti éclatant au mythe de la désintégration du Canada anglais advenant le départ du Québec. Seulement 4% proposent que leur province devienne un pays distinct et seulement 5% proposent que leur province fasse partie des Etats-Unis (ce dernier pourcentage atteint cependant 16% aux Maritimes où l'insécurité était évidemment la plus forte). L'immense majorité favorise une option proche du statu quo, c'est-à-dire que le Canada sans le Québec demeure une Fédération constituée des neuf autres provinces.

4. Le régionalisme et les deux nations

Il nous semble assez clair que le nationalisme "territorial" et, dans une moindre mesure, culturel puis économique, constitue une force de cohésion aussi grande que celle qui anime les Québécois, malgré de fortes différences régionales. Autrement dit, la réalité la plus forte est celle des deux nations.

Quand au Canada anglais on tente d'accommoder le Québec à l'aide du régionalisme, on fait une erreur de perspective bien naturelle. Le fait que le Québec soit une région "pas comme les autres," ce que tout le monde admettra sans difficulté par ailleurs, qu'il soit le foyer principal d'une des deux nations, heurte de front le sentiment "territorial" des *Canadiens*.

On va donc tenter de minimiser ou d'ignorer le problème, en insistant sur la similitude des aspirations du Québec et de celles des autre régions. Ramsay Cook, par exemple, met le doigt sur une réalité quand il affirme: "Cette dualité d'allégeance existe dans toutes les régions de notre pays quoiqu'elle soit plus marquée, pour plusieurs raisons, au Québec que partout ailleurs". Mais l'historien ne présente qu'une réalité partielle. Il oublie d'ajouter, à l'instar de Claude Castonguay, que cette dualité est non seulement plus marquée, mais qu'elle diffère fondamentalement de nature. Pour les Québécois, leur gouvernement est d'abord celui du Québec, alors que pour l'Ontarien ou l'Albertain, c'est d'abord le gouvernement fédéral qui constitue le gouvernement "national".

Chapitre 4

Le respect des minorités historiques

Une restructuration de l'ensemble canadien, basée sur l'égalité des deux nations et l'autonomie des régions au Canada anglais, est très certainement souhaitable pour les deux majorités, c'est-à-dire les francophones du Québec et les anglophones hors Québec. Elle ne doit pas cependant avoir pour effet de mener à l'assimilation progressive des trois minorités historiques.

Les francophones hors Québec, et plus récemment les Anglo-Québécois, sont conscients de leur situation de minoritaires au sein d'une société dominée par l'autre nation et veulent, avec raison, maintenir leurs relations étroites avec le foyer principal de leur propre nation. Les quelques 200 000 Indiens et Inuits craignent de se voir intégrés dans deux sociétés étrangères différentes, ce qui rendrait leur unité encore plus précaire. Soumis possiblement à deux administrations distinctes, qui adopteraient des politiques vraisemblablement différentes, pourraient-ils assumer leur propre autonomie?

Ces craintes légitimes doivent être dissipées. Les Québécois connaissent trop la condition de minoritaire en ce pays pour les rejeter du revers de la main. Les *Canadiens* qui veulent préserver leur autonomie face aux Américains ne devraient pas y être insensibles non plus. Les minorités historiques ont le droit, elles aussi, à la vie et à l'épanouissement, il faut l'affirmer sans équivoque!

TABLEAU 1

Langue parlée à la maison

Langue	Québec	Canada anglais	Total	%
Anglais	888 000	13 558 000	14 446 235	(66.9%)
Français	4 870 000	676 000	5 546 025	(25.7%)
Indien ou Inuit	33 000	103 285	137 285	(0.7%)
Autres	227 000	1 203 000	1 430 000	(6.7%)

SOURCE: Statistique Canada, recensement 1971.

La langue parlée à la maison nous apparaissant un meilleur indice de l'appartenance à une nation que l'origine ethnique ou la langue maternelle, nous nous intéresserons donc aux 137 285 Indiens et Inuits qui vivent au Québec ou au Canada anglais, aux 676 000 francophones hors Québec (parmi lesquels les quelques 250 000 Acadiens sont un cas particulier) et aux 880 000 Anglo-Québécois, auxquels il faut ajouter une partie des 227 000 Québécois allophones qui se sont intégrés à cette communauté.

1. Les Indiens et les Inuits: un cas à part

Les Indiens et les Inuits ne peuvent être considérés de la même façon que les deux autres groupes ethniques. Même s'ils sont dix fois plus nombreux, les allophones, qu'ils soient d'origine ukrainienne, allemande, italienne, juive ou autre, se sont intégrés à l'une ou l'autre des deux sociétés, généralement à l'anglophone même au Québec. Ces groupes ethniques doivent être appuyés dans la conservation de leur héritage culturel, mais ils ne constituent pas une minorité historique qui peut prétendre à un rôle politique propre.*

Les Indiens et les Inuits, qu'ils vivent au Québec ou dans le reste du Canada, doivent également être distingués des deux autres minorités historiques. Ce sont en effet les descendants des hommes

---

* Voir notre analyse à la section 1 de ce chapitre.

et des femmes qui, il y a près de 7 000 ans, dès que la fonte du glacier et l'assèchement des sols le permirent, ouvrirent le Québec et le Canada à l'occupation humaine et en assurèrent seuls, durant près de sept millénaires, l'exploration, l'exploitation et la conservation. Cela leur confère des droits antérieurs à ceux des francophones et des anglophones qui vinrent, relativement récemment, coloniser le pays.

Les droits territoriaux des autochtones furent d'ailleurs confirmés par une clause que la France avait inscrite dans l'Acte de Capitulation de Montréal, clause reprise en 1763 dans la Proclamation royale émise par la Couronne britannique. La tendance du droit international de l'époque étant de consacrer le droit du conquérant, il faut admettre que si ces deux puissances coloniales ont reconnu ces droits territoriaux, c'est qu'ils ne devaient soulever aucun doute pour personne. Par la suite, il fut reconnu que l'expansion de la colonisation sur les territoires ainsi protégés ne pouvait être réalisée sans l'extinction de ces droits par traité.

C'est sur cette base que le juge Malouf ordonna en 1973, l'arrêt des travaux de la Baie James, jusqu'à ce que les gouvernements remplissent leurs obligations envers les autochtones.

Enfin, les Indiens et les Inuits sont les plus menacés, non seulement dans leur culture, mais dans leur mode de vie, dans la maîtrise qu'ils devraient pouvoir exercer sur leurs propres affaires et dans leur existence même. Si on examine les chiffres suivants, on constate qu'en 1971 près de 56% des personnes d'origine indienne ou inuit ne parlent plus leur langue dans leur milieu de vie.

TABLEAU 2

Population indienne et inuit au Canada en 1961 et 1971

	a. Selon l'origine ethnique	b. Selon la langue maternelle	% a-b — a	c. Selon la langue utilisée	% a-c — a
1961	220 121	166 531	24%	—	—
1971	312 765	179 820	42%	137 285	56%

SOURCE: Statistique Canada, recensements de 1961 et 1971.

De plus, le pourcentage d'assimilation obtenu en comparant origine ethnique et langue maternelle est passé de 24% en 1961, à 42% en 1971.

La commission Laurendeau-Dunton note une intervention marquante d'un membre de l'Indian Advisory Committee d'Ontario: "Si un Indien veut réussir dans la vie au Canada, il doit s'assimiler. Ils (les Canadiens) les appellent les Indiens non-indiens... En outre, chez nos jeunes, en Ontario, près de 80% des mariages ne se font pas entre Indiens".

Nous ne pouvons accepter ce véritable génocide déguisé, de la même façon que nous croyons à l'autodétermination des Québécois et à leur droit à la souveraineté.

Certains diront que les gouvernements ont beaucoup fait pour assurer la survie des cultures autochtones. Laissons plutôt parler Harold Cardinal, président de l'Indian Association of Alberta qui a écrit deux ouvrages importants sur la situation indienne au Canada: *The Injust Society* en 1969 et *The rebirth of Canada's Indians* en 1977. Dans ce dernier ouvrage, il écrit:

> "Le rôle des politiciens a été de donner l'impression de magnanimité dans leurs programmes et leurs politiques à l'égard des Indiens. Le rôle des fonctionnaires a été de s'assurer que ces programmes et ces politiques se dégradent avant de rejoindre les Indiens. La politique de la pauvreté, adoptée par les fonctionnaires, a été de donner le moins possible à quelques élites et rien du tout à la majorité (...). Nous n'avons aucun pouvoir, rien à dire, pas de voix dans les décisions, aucun contrôle sur notre avenir (...). Rien ne peut changer sans que certaines décisions fondamentales ne soient prises et prises rapidement."

Les Québécois francophones sont bien placés pour savoir que le développement d'une culture ne passe pas précisément par l'extinction définitive de toute souveraineté politique. Dans le dossier autochtone, comme dans tous les autres, le Québec n'a aucune leçon à recevoir du fédéral, il lui faut plutôt faire appel à ce que son propre projet collectif a de meilleur.

La restructuration de l'ensemble canadien doit être l'occasion de fournir aux populations autochtones les outils politiques qu'ils jugeront nécessaires pour maîtriser leur avenir.

2. L'inégalité des Franco-Canadiens et des Anglo-Québécois

Précèdemment, nous avons souligné que l'égalité des deux

nations (non-autochtones) passait d'abord et avant tout par l'égalité des deux majorités que sont les Québécois et les anglophones hors Québec. Cependant chacune des deux nations laisse sur le territoire de l'autre une minorité importante. Ces deux minorités historiques sont, à notre avis, non seulement à peu près égales en nombre, mais aussi égales en droit, pour les mêmes raisons que les deux nations le sont.

Or actuellement, le déséquilibre est frappant si l'on compare l'origine ethnique, la langue maternelle et la langue d'usage à la maison.

TABLEAU 3

Taux d'assimilation des francophone hors Québec et des Anglo-Québécois.

	a-Origine ethnique	b-Langue maternelle	c-Langue d'usage à la maison	Taux % a-c
Anglo-Québécois	640 000	789 000	880 000	34.4%
Francophones hors Québec	1 417 625	924 790	675 210	52.4%
Terre-Neuve	15 410	3 640	2 295	85.2%
I.P.E.	15 325	7 360	4 410	71.3%
Nouv.-Ecosse	80 220	39 335	27 215	66.1%
Nouv.-Brunswick	235 025	215 725	199 085	15.3%
Ontario	737 360	482 040	352 465	52.2%
Manitoba	86 510	60 545	39 600	54.3%
Saskatchewan	56 200	31 605	15 935	71.3%
Alberta	94 665	46 500	22 695	76.1%
Colombie britan.	96 550	38 035	11 510	88.1%

SOURCE: Statistique Canada, recensement de 1971.

On constate d'abord que pour les Anglo-Québécois, le nombre de personnes augmente de 34% quand on passe de l'origine ethnique à la langue maternelle et à la langue d'usage à la maison. Pour les francophones hors Québec, le mouvement est inverse dans toutes les provinces, même au Nouveau-Brunswick où les Acadiens forment environ 37% de la population.

De sorte que, plus nombreux en ce qui concerne l'origine ethnique et la langue maternelle que les Anglo-Québécois, les francophones hors Québec deviennent moins nombreux lorsque l'on considère la langue parlée à la maison. Le phénomène est presque aussi inquiétant que dans le cas des Indiens et des Inuits. Ainsi, 52.4% des francophones hors Québec se sont assimilés puisqu'ils ne déclarent plus le français comme langue maternelle, ou sont en voie de le faire puisque le français n'est plus leur principale langue d'usage à la maison. De plus, on constate que le taux d'anglicisation augmente avec l'éloignement du Québec qui constitue la seule base d'appui possible de la francophonie en Amérique du Nord.

Sur le plan économique d'autre part, c'est l'inverse. L'assimilation serait-elle payante? "A l'exception des deux extrêmes, Terre-Neuve et la Colombie britannique, tous les francophones hors Québec ont une situation économique inférieure à l'ensemble de la population. Lorsque l'on considère qu'une base économique solide est essentielle à toute communauté qui veut se doter de puissants mécanismes d'intervention capables d'influencer les pouvoirs publics, il ne faut pas se surprendre que les francophones hors Québec ont tant de difficultés à faire reconnaitre leurs droits." Voilà ce que conclut la Fédération des francophones hors Québec, après une analyse des revenus comparatifs des anglophones et francophones dans chacune des provinces, à partir du recensement de 1971.

Encore une fois, pour les Anglo-Québécois la situation est toute autre. Trois études récentes, suivant une méthodologie différente, arrivent à peu près au même résultat. Les Anglo-Québécois ont un revenu annuel moyen supérieur de près de $3 000 à celui du Franco-Québécois moyen. De plus, même un anglophone unilingue gagne au Québec annuellement $2 500 de plus qu'un francophone bilingue!

De fait, les Anglo-Québécois, concentrés dans la région de Montréal et, dans une moindre mesure, dans l'Outaouais, détiennent un contrôle disproportionné dans les entreprises, ce qui leur confère un poids économique et politique disproportionné à leur nombre. Au Québec, c'est encore la majorité francophone qui doit être supportée par les gouvernements. Voilà une situation que l'on ne trouve pas ailleurs dans le monde, sauf peut-être en Rhodésie et en Afrique du sud!

Voilà aussi où mène la conception *Canadienne* d'un pays anglophone avec un statut spécial pour la "minorité" québécoise et les autochtones: une majorité à protéger au Québec, et des minorités francophones, indiennes ou inuits assimilées à plus de 50%.

Malgré les déclarations des autorités politiques fédérales, cela commence à ressembler au "melting-pot" américain où, là aussi, on aime bien l'idée d'un folklore indien, noir ou louisianais!

3. Minorités et majorités

Depuis que le gouvernement du Québec a décidé de donner un sens par la Loi 101 au caractère français du Québec, réduisant ainsi les privilèges de l'anglais, on parle, au Canada anglais et au niveau fédéral, d'inscrire les droits des minorités dans la Constitution. Il est curieux de constater qu'on en parlait très peu avant!

En septembre 1977, dans un discours à Vancouver, Ed Broadbent, chef national du NPD, déclarait:

> "Même s'il peut nous sembler désirable de consolider les droits des minorités au Canada, après 100 ans de négligence, nous ne pouvons nous attendre à ce que les Québécois exultent de joie. Ces droits doivent être établis parce qu'ils sont justes. Mais nous ne pouvons nous attendre que leur établissement génère dans un proche avenir des sentiments d'unité des Québécois envers le Canada. De telles attentes seraient non seulement une illusion, mais une dangereuse illusion."

Voilà pourquoi le Premier ministre Lévesque, à la Conférence des premiers ministres provinciaux à St-Andrew au printemps 77, a refusé de souscrire à une telle mesure tant que des ententes de "réciprocité" ne seront établies, assurant aux francophones hors Québec un traitement égal à celui que la Loi 101 offre aux anglophones du Québec. Une deuxième conférence des premiers ministres, en janvier 78, a amené ceux-ci à reconnaître que la Loi 101 était peut-être nécessaire au Québec, que les autres provinces n'étaient pas toutes en mesure d'accorder des droits équivalents, mais qu'ils s'engageaient à agir le plus tôt possible, en particulier dans le domaine de l'éducation.

Cela est évidemment loin d'être suffisant pour contrer l'assimilation galopante chez les communautés francophones hors Québec. Comme celles-ci l'affirmaient récemment: "Nous avons de formidables défis à relever. Aujourd'hui, nous nous retrouvons devant des droits illusoires. Les écoles sont des foyers d'assimilation. Les communications nous échappent. Notre âme collective nous glisse entre les doigts. Enfin, nous devons pénétrer dans la sphère économique pour quitter l'univers morne d'un folklore désuet."

Pour démontrer l'ampleur de ce qu'il faut faire, on n'a qu'à examiner l'impact réel des politiques de bilinguisme du gouvernement Trudeau. Ces politiques, on le sait, ont soulevé un immense ressentiment chez les *Canadiens*, ressentiment qui a d'ailleurs poussé certains membres du Cabinet fédéral à démissionner, et ont alimenté la "guerre des communications aériennes" en 1976. Dans un sondage Gallup, en janvier 1977, les *Canadiens*, dans une proportion variant de 60% en Ontario à 76% en Colombie britannique, ont rejeté toute extension du bilinguisme, même au prix d'une éventuelle sécession du Québec.

Dans les faits, la loi sur les langues officielles a surtout servi à "bilinguiser" les fonctionnaires anglophones fédéraux sans changement réel. Cette loi ne vise d'ailleurs aucunement le développement des communautés francophones. Récemment, le commissaire aux langues officielles, M. Yalden, tout comme son prédécesseur Keith Spicer, déclarait que le bilinguisme n'était pas pris au sérieux au niveau fédéral après cinq ans d'application.

Dans le domaine de la radio et de la télévison françaises, on a nettement augmenté l'accessibilité, mais les émissions proviennent presque toutes du Québec, ce qui amène beaucoup de francophones à regarder la télévision anglaise pour savoir ce qui se passe chez eux.

Dans le domaine de l'enseignement, le fédéral a donné presque deux fois plus de subventions sur cinq ans pour le réseau anglais du Québec ($140 673 771) que pour les écoles françaises hors Québec ($94 008 653)! De plus, ce montant représente un peu plus de la moitié des fonds dédiés aux provinces anglaises, le reste allant à l'enseignement du français aux anglophones et en frais d'administration.

TABLEAU 4

Paiements formulaires versés aux provinces
pour les années financières 70-71 à 75-76

	Enseignement dans la langue minoritaire	Enseignement de la langue seconde	Frais d'administration	TOTAL
Québec	$140 673 771	$41 279 763	$28 881 345	$208 834 879
Autres prov.	$ 94 008 653	$44 244 967	$26 656 311	$164 909 951
Total	$234 682 424	$85 524 730	$55 537 656	$373 744 830

SOURCE: *Les Héritiers de Lord Durnham,* Fédération des francophones hors Québec, avril 1977.

En somme, les francophones hors Québec sont dans une situation catastrophique par rapport aux Anglo-Québécois et ont une aide moindre que ces derniers, au niveau fédéral.

La raison en est simple. Dans le régime fédéral actuel, tout gouvernement fédéral qui inverserait son action en faveur des francophones serait défait aux élections suivantes. Le ressentiment de la population est tel qu'il a même été très difficile pour le gouvernement Trudeau d'en arriver à ces timides mesures qui ne peuvent que ralentir l'assimilation.

Dans tous les pays du monde, les minorités doivent être protégées. Collectivement, une minorité peut s'attendre au mieux à un statut spécial qui lui permette de se maintenir et de s'épanouir.

Elle ne peut s'attendre cependant à l'égalité dans tous les aspects de la vie collective. C'est ce que les Anglo-Québécois commencent à comprendre depuis la Loi 101. Si on donne au consommateur de biens ou de services le droit d'être servi dans sa langue, on ne peut assurer aux Québécois le droit de travailler en français. Aucune société au monde n'est vraiment bilingue. Dans les échanges intergroupes, la démocratie exige que la langue de la majorité soit la langue commune véhiculaire.

Pourtant la Loi 101 donne aux Anglo-Québécois un statut spécial que leur force économique et la proximité de plus de 200 millions d'anglophones ne rendraient probablement pas nécessaire:

- réseau scolaire complet et diversifié, de la maternelle à l'université, accès non restreint au post-secondaire et dans les institutions privées non-subventionnées;
- cinéma, livres, journaux, postes de radio et de télévision en nombre disproportionné à leur importance numérique et alimentés largement sur une base locale;
- institutions de santé et de services sociaux fonctionnant dans leur langue;
- usage de leur langue devant les tribunaux et au Parlement;
- la plupart des services gouvernementaux en leur langue.

Pour que les francophones hors Québec obtiennent un statut analogue, il faut changer le régime politique et leur offrir, non seulement des droits sur un bout de papier, mais des organes politiques dotés de moyens financiers et techniques et pouvant prendre certaines décisions pour orienter leur propre avenir. Il faut également que chacune des deux minorités nationales, tout en acquérant ses propres moyens d'action, continue à maintenir des relations étroites avec sa majorité.

Chapitre 5

Les principes de base d'une restructuration

Contrairement à d'autres qui partent d'un système politique à priori, pour tenter ensuite d'y accommoder les diverses composantes de la réalité canadienne, nous avons préféré analyser en détail cette réalité pour en dégager certains principes réorganisateurs. Nous pourrons en conclure que ces principes laissent deux régimes possibles: un régime confédéral ou un nouveau régime fédéral. Nous expliquerons dans les chapitres subséquents pourquoi notre choix porte sur le premier.

Notre démarche est donc tout à fait opposée, par exemple, à celle de Claude Ryan, qui, dans sa conférence au Congrès d'orientation du Parti libéral du Québec, en novembre 1977, déclarait: "Je voudrais proposer quelques éléments de ce que pourrait être cette troisième voie que nous sommes très nombreux à rechercher. Au départ, il faut poser deux principes fondamentaux qui conditionnent tout le reste: 1) Nous devons viser à conserver au Canada un régime de type fédéral (...)".

Voilà qui restreint singulièrement le débat. Pour notre part, nous pensons que les structures doivent s'adapter aux hommes et aux réalités et non l'inverse. Le régime fédéral n'est aucunement un axiome ou un don divin. Ce n'est d'ailleurs que le cinquième des régimes constitutionnels qui ont été superposés sur le territoire canadien au cours de l'histoire. Le prochain devra l'être avec plus d'ouverture d'esprit et de participation populaire que les cinq premiers, si nous voulons qu'il dure.

1. Indépendance et interdépendance

La réalité canadienne est complexe. L'élément principal est l'existence de deux nations et de deux sociétés distinctes. L'une, au Québec, se compose à plus de 80% d'une majorité francophone, laquelle constitue près de 90% de tout l'élément français du Canada. L'autre, dans le reste du Canada, se compose à près de 90% d'une majorité anglophone, laquelle constitue au delà de 95% de tout l'élément anglais du Canada.

Un élément important est lié au fait que l'une de ces sociétés, le Canada anglais, est fortement régionalisée. Le développement historique, la géographie, le type d'activité économique ont créé dans les Maritimes, en Ontario, dans les Prairies et en Colombie britannique des valeurs culturelles et des modes de vie propres sans mettre en danger la cohésion nationale. Ce nationalisme *canadien,* commun à toutes les régions, est fortement alimenté par une appropriation territoriale du Canada et une réaction à l'envahissement américain. Il se manifeste par des valeurs et des traits culturels communs et une large identité de vue face à l'autre société, face au Québec.

Un autre élément important concerne l'existence de trois minorités historiques: les 137 000 Indiens ou Inuits, les 676 000 francophones hors Québec et les 888 000 Anglo-Québécois.* Les Indiens et les Inuits constituent un groupe de petits peuples que l'histoire a fait cohabiter avec les deux nations majoritaires. Ils ont des droits antérieurs sur leurs territoires et également des droits à leurs propres institutions politiques. Leur survie et leur développement doivent être assurés tout comme pour les francophones hors Québec qui ont droit à un statut spécial égal à celui dont jouissent les Anglo-Québécois.

Nous pouvons schématiser ainsi cette diversité régionale et ethnique.

A ce schéma, il faudrait en plus superposer les autres groupes ethniques dont il faut préserver l'héritage culturel, les classes sociales avec cette bourgeoisie presque uniquement canadienne-anglaise, même au Québec, de façon à obtenir un tableau complet des éléments dont il faut tenir compte.

---

* Chiffre du recensement 1971, selon la langue le plus souvent parlée à la maison.

FIGURE 1 — Schéma de la réalité canadienne

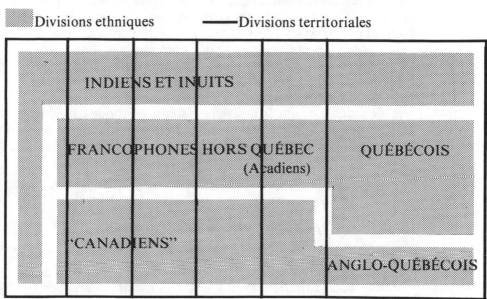

Les trois éléments principaux nous indiquent une tendance à l'autonomie ou à l'indépendance, plus forte dans le cas des deux sociétés et de la minorité autochtone, plus faible dans le cas des deux minorités historiques et des régions.

D'autre part, les éléments d'interdépendance ne manquent pas:
- les francophones hors Québec ont besoin des Québécois pour se développer. Dans une moindre mesure, il en est de même des Anglo-Québécois vis-à-vis de la majorité *canadienne;*
- les peuples autochtones ne peuvent se suffire complétement et ont besoin des gens du Sud; inversement, ceux-ci ont besoin des matières premières du Nord;
- les économies des deux sociétés sont intimement liées, particulièrement entre l'Ontario et le Québec dont les volumes des échanges commerciaux de l'un vers l'autre sont presque identiques;

- tous ont besoin de s'entraider pour maintenir leur identité propre face au puissant voisin américain, dans un monde où l'interdépendance économique est une réalité de plus en plus pressante. De plus, l'ensemble canadien étant en compétition économique avec les Etats-Unis, la Communauté économique européenne et le Japon, nous sommes non seulement "condamnés à être raisonnables" comme le disait récemment à Toronto, Jacques Parizeau en parlant de l'Association Québec-Canada, mais également à restructurer l'ensemble canadien de façon à ce que le nouveau système politique soit plus efficace que le régime actuel avec ses doubles juridictions, ses doubles ministères et ses quelques 500 comités fédéraux-provinciaux.

2. Principes pour une restructuration

Nous pouvons maintenant mettre en évidence nos principes de base pour une réorganisation politique de l'ensemble canadien. Ceux-ci constituent en quelque sorte notre interprétation de la réalité canadienne en termes de besoins vitaux et aspirations fondamentales face au débat actuel.

TABLEAU 1 — Principes de restructuration

1) le respect des droits de la personne et des libertés individuelles est utopique sans une reconnaissance des droits collectifs, lesquels doivent se concrétiser dans les structures mêmes du nouveau régime politique;

2) le nouveau régime politique doit respecter et permettre de réaliser l'égalité absolue des deux nations;

3) le nouveau régime politique doit être compatible avec les différences régionales et le désir d'autonomie et d'égalité des régions;

4) le nouveau régime politique doit accorder le maximum d'autonomie ou de souveraineté aux peuples autochtones, compatible avec leurs aspirations et leurs possibilités réelles;

5) le nouveau régime politique doit accorder un statut spécial aux francophones hors Québec et aux Anglo-Québécois; il doit consacrer dans les faits l'égalité de ces deux minorités;

6) le nouveau régime politique doit favoriser la préservation de l'héritage culturel des groupes ethniques;

7) le nouveau régime politique doit favoriser une répartition du pouvoir entre les classes sociales qui corresponde à leur poids numérique;

8) le nouveau régime politique doit maintenir une inter-relation entre les diverses communautés de l'ensemble canadien, particulièrement sur le plan économique, d'une façon souple et efficace.

3. *Confédération ou fédération renouvelée?*

Evidemment, il y a plusieurs régimes qui sont en mesure, à première vue, de respecter les principes de base que nous venons d'énoncer. Mais ce n'est pas le cas de tous les régimes et en particulier du régime fédéral actuel que certains appellent faussement la "Confédération" canadienne.

Nous pensons avoir suffisamment démontré que le statu quo n'en`respecte vraiment aucun. Sous le régime actuel, les francophones seront de plus en plus minoritaires et leur poids économique continuera à diminuer par rapport aux régions riches du pays. Ces deux facteurs auront comme conséquence de diminuer également leur poids politique et rendra de plus en plus difficile un redressement de la situation. Pour les francophones hors Québec, les Indiens et les Inuits, les perspectives d'assimilation à moyen terme sont presque partout des certitudes. Les régions faibles comme les Maritimes, le Manitoba et la Saskatchewan auront, tout comme le Québec, un écart de plus en plus grand à combler sur le plan économique. Enfin, le régime fédéral actuel n'est ni souple, ni efficace, ce qui accentuera les difficultés de redressement.

Ces inégalités, de plus en plus marquées, nieront les libertés individuelles des citoyens, des groupes concernés, consolideront l'emprise de la bourgeoisie *canadienne* et créeront une situation de plus en plus explosive. Comme le reconnaissait récemment le recteur de l' université Queen's, Ronald L. Watts, dans une étude comparative des régimes fédéraux dans le monde; les cas tragiques du "Pakistan et du Nigeria montrent que les disparités régionales sur le plan du bien-être économique peuvent être une des forces les plus explosives, quand elles coincident avec les clivages linguistiques et culturels". Seuls ceux qui pratiquent la "politique du pire" attendront que nous en soyons rendus là.

D'autre part, l'indépendance du Québec, sans association spéciale avec le reste du Canada, assurerait certainement l'égalité des deux nations et améliorerait ainsi le respect des libertés individuelles, la possibilité d'une nouvelle répartition des pouvoirs entre les classes sociales et probablement un fédéralisme mieux adapté pour le reste du Canada. Cependant, elle risquerait d'avoir des conséquences néfastes sur les minorités nationales et ne constituerait pas non plus la solution idéale sur le plan économique. L'association, sans être indispensable (comme la souveraineté), est cependant souhaitable.

Le choix que les Québécois ont à faire se ramène donc à opter soit pour un régime de type confédéral, soit pour un nouveau régime de type fédéral. Gérald Beaudoin, doyen de la faculté de droit à l'université d'Ottawa et membre de la Commission Pépin-Robarts, se déclare en accord avec ce point de vue et définit ainsi les deux types de régime:

> "Dans une fédération, la souveraineté est divisée et le citoyen est soumis à deux gouvernements et à deux règles de droit. L'ensemble forme un pays, même s'il peut comprendre plusieurs sociétés (...). La pérennité du système fédéral est due à un équilibre qui est toujours à rechercher et à maintenir. Les tribunaux et les Parlements jouent un rôle capital. Rien n'est acquis. On peut imaginer un fédéralisme qui dure, si les éléments qui composent un pays le désirent vraiment et aménagent la Constitution en conséquence. Tout est dans le vouloir-vivre (...).

> "Dans une confédération, deux ou plusieurs Etats mettent en commun certains pouvoirs délégués et en confient l'exercice à des organismes centraux. Le pouvoir réside d'abord dans les Etats qui peuvent constituer autant de pays; les citoyens ne sont soumis qu'à un seul Etat, la citoyenneté peut différer dans chaque Etat. Les organismes centraux n'ont que des pouvoirs délégués. Les Etats peuvent se séparer. Dans une confédération, les Etats sont, en principe, unis par un traité, alors que dans une fédération, une Constitution unit les Etats fédérés. Carré de Malberg définit la confédération comme une société contractuelle entre les Etats demeurant souverains. Il y a entre les deux systèmes une différence de substance."

Il y a, dans les deux systèmes, différentes options possibles: du fédéralisme centralisé à un fédéralisme quasi-confédératif, et d'une confédération relativement intégrée à la simple association de libre échange. Bien qu'entre les deux systèmes, il y ait une *différence de substance,* il y a également une continuité d'une variante à l'autre en fonction du degré d'intégration des Etats constituants, continuité que nous représentons schématiquement comme suit:

Figure 2 — Continuité des régimes constitutionnels

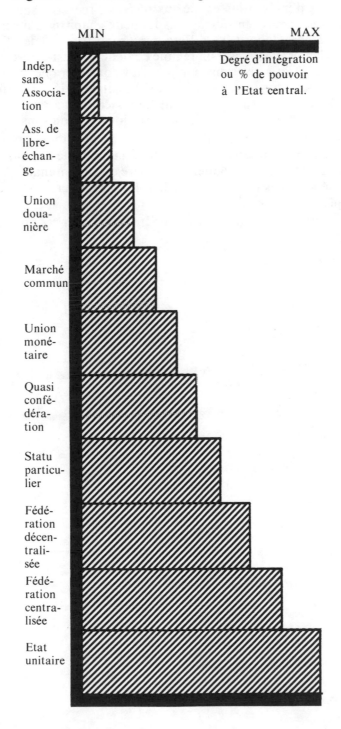

MIN   MAX

Indép.
sans
Associa-
tion

Degré d'intégration
ou % de pouvoir
à l'Etat central.

Ass. de
libre-
échan-
ge

Union
doua-
nière

Marché
commun

Union
moné-
taire

Quasi
confé-
déra-
tion

Statu
particu-
lier

Fédé-
ration
décen-
trali-
sée

Fédé-
ration
centra-
lisée

Etat
unitaire

Ce degré d'intégration est lié aux pouvoirs réels qui sont attribués aux organismes centraux. Dans les deux chapitres qui suivent nous évaluerons d'abord les différentes propositions fédéralistes, puis les variantes possibles d'un régime confédéral c'est-à-dire d'une association d'Etats souverains. On pourra y constater que, bien que différent en substance, un fédéralisme quasi-confédératif comme celui de Gérard Bergeron, a beaucoup de ressemblance avec le type d'association entre Etats souverains que nous préconisons.

Enfin, il est utile de mentionner qu'au point où nous en sommes dans le débat, l'intervalle acceptable à la majorité des indépendantistes va de l'Union douanière à ce genre de Communauté, alors que du côté fédéraliste, il s'étend de la solution Bergeron à un fédéralisme plus décentralisé.

Nous allons maintenant entreprendre de préciser ces options.

Sources bibliographiques

ARÈS, Richard, *Nos grandes options politiques et constitutionnelles,* Editions Bellarmin, Montréal, 1972.

BEAUDOIN, Gérald, "Nationalisme et fédéralisme renouvelé", *Le Devoir,* 12 juin 1978.

BÉRIAULT, Jean, *Anti-Québec, les réactions du Canada anglais au "French power",* Editions Quinze, Montréal, 1977.

BILODEAU, Rosario, R. COMEAU, A. GOSSELIN et D. JULIEN, *Histoire des Canadas,* Editions Hurtubise HMH, Montréal, 1971.

BILODEAU, Rosario et Roger LÉGER, *Classes sociales et pouvoir politique au Québec,* Editions Leméac, Montréal, 1974.

BROADBENT, Ed, *One Country,* discours devant The Men's Canadian Club, Vancouver, 30 septembre 1977.

BULLOCH, John, "Entre séparation et centralisation, la régionalisation", *Le Devoir,* 18 février 1977.

CARDINAL, Harold, *The rebirth of Canada's Indians,* Hartig Publishing Co, Edmonton, 1977.

CASTONGUAY, Charles, "L'avenir du français au Canada et au Québec".

CASTONGUAY Claude, "Au lieu de s'acharner contre la thèse des deux nations, il faut rebâtir le Canada à partir de la réalité des deux sociétés", *Le Devoir,* 18 juin 1977.

CLARK, Gérald, "Canada's view of Québec", série d'articles publiés dans le *Montréal Star,* du 15 au 20 mai 1977.

COMMISSION LAURENDEAU-DUNTON, *Rapport préliminaire de la Commission royale d'enquête sur le bilinguisme et le biculturalisme,* Gouvernement du Canada, Ottawa, 1965.

COOK, Ramsay, "Fédération de minorités, le Canada tire aussi son originalité, non seulement de ses deux langues mais de ses cinq régions", Extraits d'un exposé au Colloque Destinée Canada, *Le Devoir,* 2 juillet 1977.

DION, Léon, *Nationalisme et politique au Québec,* Editions Hurtubise HMH, Montréal, 1975.

DION, Léon, "Liberté et politique au Québec", dans *Le Québec des libertés,* Editions de l'Homme, Montréal, 1977.

FÉDÉRATION DES FRANCOPHONES HORS QUÉBEC, *Les héritiers de Lord Durnham,* Ottawa, avril 1977.

FÉDÉRATION DES FRANCOPHONES HORS QUÉBEC, *Deux poids, deux mesures,* Ottawa, mai 1978.

FLETCHER, F.J., "Public Attitudes and Alternatives Futures" dans *Must Canada fail?,* Editeur R. Siméon, McGill-Queen's University Press, Montréal et London, Ont., 1977.

GAGNON, Henri, *La confédération, y'a rien là!,* Editions Parti pris, Montréal, 1977.

GOUVERNEMENT DU QUÉBEC, *Annuaire du Québec 1975-1976,* Editeur officiel du Québec, Québec, 1978.

GOUVERNEMENT DU QUÉBEC, *La politique québécoise de développement culturel* (volume 1), Editeur officiel du Québec, 1978.

GOUVERNEMENT DU CANADA, *Annuaire du Canada 1976-1977,* Imprimeur de la reine, Ottawa, 1978.

JOHNSON, Daniel, *Egalité ou Indépendance,* Editions de l'homme, Montréal, 1965.

LAXER, James et Robert, *Le Canada des libéraux,* Editions Québec-Amérique, Montréal, 1978.

LECLERC, Yves et Pierre SAINT-GERMAIN, "Sous le choc du 15", Série d'articles publiés dans *La Presse,* du 14 au 18 décembre 1977.

ROTSTEIN, Abraham, *Existe-t-il un nationalisme canadien anglais?,* Conférence à l'Université Laval, 26 janvier 1978.

RYAN, Claude, *Une société stable,* Editions Héritage, Montréal, 1978.

UNION NATIONALE, *Egalité ou indépendance, nous choisissons l'égalité,* document de travail, novembre 1977.

WATTS, Ronald, "Survival or desintegration" dans *Must Canada fail?,* Ed. Richard Suncon, McGill-Queen's University Press, Montréal et London, Ont., 1977.

2

Renouveler le fédéralisme?

Introduction

Depuis le 15 novembre 1976, nous retrouvons une quasi-unanimité du côté fédéraliste dans le refus du statu quo. Là s'arrête cependant l'unanimité. Nous assistons à une floraison de vocables, à défaut d'une floraison d'idées nouvelles: "fédéralisme renouvelé, rénové ou rajeuni", "troisième voie", "statut particulier ou spécial", "amendements à la Constitution", "nouvelle constitution". La plupart du temps, ces différents termes recouvrent des réalités fort diverses, souvent floues et le plus souvent réchauffées à partir des débats d'il y a 10, 20 ou 50 ans.

Il est surprenant de constater que l'idée de fédéralisme renouvelé est apparue à peine 20 ans après l'adoption de l'actuelle constitution. En 1887, Honoré Mercier, Premier ministre du Québec, convoquait la première conférence inter-provinciale regroupant les premiers ministres provinciaux dans le but de contrer le processus de centralisation des pouvoirs vers Ottawa. Les premiers ministres devaient conclure à la nécessité d'une révision de la Constitution:

> "Attendu que la conservation de l'autonomie provinciale est essentielle au futur bien-être du Canada et que pour conserver cette autonomie il appert nécessaire de réviser et de modifier la loi constitutionnelle. La conférence demandait les réformes suivantes: la disparition du pouvoir de désaveu des lois provinciales par le gouvernement fédéral, la réforme du sénat de façon à mieux sauvegarder les intérêts des provinces, la disparition de la clause permettant au Parlement fédéral de placer sous sa dépendance des travaux qu'il déclare arbitrairement d'intérêt général pour le Canada, le transfert de la faillite de la juridiction fédérale à celle des provinces, l'augmentation des subventions aux provinces, etc."

L'idée de renouvellement du fédéralisme devait resurgir périodiquement par la suite, notamment en 1927 où une commission fédérale-provinciale rediscutera de la réforme du Sénat et de la procédure à suivre pour modifier la Constitution. Le Premier ministre du Québec, Alexandre Taschereau, s'y déclarait "surpris de voir qu'après 60 ans d'association, il existe encore certaines frictions entre les provinces et le Dominion au sujet de leurs attributions respectives".

Dans la période d'après-guerre, le gouvernement Duplessis créait la "Commission royale d'enquête sur les problèmes constitutionnels". La Commission Tremblay devait réaffirmer le rôle du Québec comme "foyer national du Canada français". Réitérant leur foi en un "fédéralisme renouvelé", les commissaires font diverses recommandations favorisant l'autonomie du Québec. Le rapport Tremblay a servi de base aux gouvernements Lesage et Johnson qui devaient, jusqu'en 1968, tenter à leur tour de renouveler profondément le fédéralisme canadien, avant que leurs successeurs ne viennent se heurter à l'intransigeance du gouvernement Trudeau. Le "fédéralisme renouvelé", devait alors se muer en "fédéralisme rentable" au niveau du gouvernement Bourassa.

Et nous voici maintenant, pour au moins la quatrième fois, devant une résurgence de l'idée de "fédéralisme renouvelé". Cette situation, et surtout la rapidité avec laquelle elle s'est développée depuis le 15 novembre, alors qu'auparavant le statu quo semblait satisfaire presque tout le monde, nous laisse soupçonner le caractère superficiel et parfois stratégique de ce genre de propositions. Nous faisons nôtre ce commentaire de Jean-Marc Léger: "Lorsqu'un ordre établi se trouve fondamentalement remis en cause, ses tenants et bénéficiaires découvrent souvent l'urgence des réformes dont la nécessité ne leur était guère apparue. Ils proposent ces réformes, le plus souvent ambiguës, comme un moyen terme, comme l'option "raisonnable" entre un statu quo qu'ils se prennent à vitupérer après s'en être longtemps accommodés et un nouvel ordre de choses qu'ils dénoncent comme une aventure lourde de péril". (Le Devoir, 3 mars 1978).

En fait, les propositions articulées sont rares et parmi les autres, on sent parfois pointer le désir d'en finir avec "l'accès de fièvre nationaliste" du Québec, pour revenir le plus près possible de la normale. Mais il y a certaines de ces propositions qui sont faites de bonne foi et qui méritent d'être analysées. Nous allons le faire à partir de la réalité canadienne, des aspirations des deux majorités, des minorités et des régions, que nous avons mises en évidence. Nous allons confronter les propositions fédéralistes avec les principes de base que nous avons soulignés et qui nous semblent recueillir un large support, pour une restructuration de l'ensemble canadien.

Chapitre 1

Le fédéralisme renouvelé d'hier et d'aujourd'hui

Devant une réalité aussi multiforme que celle du fédéralisme renouvelé, nous devons en identifier la source et l'évolution, pour finalement distinguer quatre grandes familles de propositions que nous allons discuter l'une après l'autre par la suite.

1. Tensions dans les régimes fédéraux

Les fédérations sont généralement des systèmes constitutionnels instables qui oscillent entre la tendance à la centralisation ou à l'état unitaire, et la tendance à l'autonomie ou à la sécession des Etats membres.

Il y a peu d'Etats fédéraux dans le monde qui n'ont pas connu des tensions très graves lesquelles, très souvent, ont mené à la sécession de l'un des Etats membres. C'est le cas particulièrement des fédérations formées depuis 1945 par la Grande-Bretagne à partir de ses anciennes colonies. Deux cas sont tristement célèbres car ils se sont terminés en affrontements violents. Il s'agit des conflits entre l'Inde et le Pakistan, puis entre ce dernier et le Bangladesh qui a conduit à la création de trois Etats distincts à partir de la Fédération indienne. On connaît également celui du Nigeria qui, par contre, a maintenu par la force le Biafra comme membre de la Fédération. On parle moins, bien sûr, des sécessions pacifiques comme dans le cas des fédérations des Antilles anglaises, de la Rhodésie-Nyassaland et de Singapour-Malaisie.

Même les fédérations plus anciennes comme les Etats-Unis, la Suisse ou l'Australie ont connu des guerres civiles ou des tentatives pacifiques de sécession comme celui de l'Etat de Western Australia.

Enfin, les fédérations des pays de l'Est comme l'URSS, la Tchécoslovaquie ou la Yougoslavie ont également connu de graves tensions à certains moments.

2. *Divergence d'intérêt dès le départ*

Jusqu'à un certain point, ces tensions sont normales puisque tout régime fédéral tente d'accorder la diversité des intérêts ethniques ou régionaux grâce à une certaine autonomie des Etats membres, avec l'unité de l'ensemble, personnifiée par un gouvernement central plus ou moins puissant.

Une fois cela admis, il faut reconnaître que la Fédération canadienne a ceci de particulier que les tensions s'y sont manifestées très tôt et qu'elles ont changé progressivement de nature en 111 ans, mais sans apporter jusqu'à maintenant de transformations au régime politique qui auraient pu en réduire l'ampleur.

En fait, ces tensions tirent leur source des intérêts divergents des deux nations majoritaires de l'ensemble canadien. Ces intérêts divergents ont été masqués au début par les différences régionales et parce que les communications entre les deux nations étaient restreintes au niveau des élites économiques et politiques.

On se rappellera que pour MacDonald le gouvernement fédéral doit occuper "exactement la même position que le gouvernement impérial à l'égard des colonies" et les "Etats individuels et subordonnés (provinciaux) n'auront que les pouvoirs qui leur seront expressément assignés".

Cette conception de la majorité ontarienne heurtait de front le principe confédératif des "Etats souverains" qui délèguent une partie de leurs pouvoirs à un gouvernement central, véhiculé au Québec pour faire accepter le nouveau régime. Elle ne ralliait pas non plus certains politiciens ontariens dont Oliver Mowatt qui, devenu premier ministre de l'Ontario en 1872, commence une lutte pour l'autonomie provinciale dès 1874. Elle soulevait également de grandes réticences dans les Maritimes. L'Ile du Prince-Edouard refusait de signer l'Acte de 1867 et la Nouvelle-Ecosse n'y adhérait qu'après un changement de gouvernement et sous les pressions du gouvernement britannique.

Cependant, les divergences régionales concrétisées par ce mouvement en faveur de l'autonomie provinciale masquaient une autre divergence plus fondamentale: celle entre les deux nations. Celle-ci allait finir par prendre le dessus. Pour les *Canadiens,* le nouveau pays allait être de langue anglaise avec certaines concessions à la langue française limitées au Québec. Pour les Canadiens français, le nouveau pays devait concrétiser l'égalité des deux nations sur tout le territoire.

3. *Evolution des tensions*

Nous avons mis en évidence précédemment quatre résurgences de l'idée de "fédéralisme renouvelé":

- autour de 1887, avec l'action du Premier ministre ontarien Oliver Mowat et la première conférence interprovinciale convoquée par le Premier ministre du Québec, Honoré Mercier;
- autour de 1927, avec la conférence fédérale provinciale où le Québec fut représenté par le Premier ministre Taschereau;
- de 1956 à 1968, avec la Commission Tremblay mise sur pied à Québec par le Premier ministre Maurice Duplessis, l'action des gouvernements Lesage et Johnson et la Commission Laurendeau-Dunton mise sur pied à Ottawa par le Premier ministre Lester B. Pearson;
- depuis le 15 novembre 1976, suite à l'élection du Parti québécois.

Ces quatre poussées autonomistes n'ont pas apporté de changements constitutionnels, mais elles ont permis dans la pratique de raffermir un peu l'autonomie provinciale, ou plutôt de ralentir la centralisation à Ottawa. Précédant chacune de ces périodes, on constate à l'opposé, des temps de forte tendance à la centralisation:

- dans les premières années de la Fédération sous le règne de John A. MacDonald, le fédéral tente de réduire les provinces à des administrations locales;
- durant la guerre 1914-1918, le fédéral investit le champ de l'impôt direct jusque-là réservé aux provinces;
- de 1936 à 1950, la Commission royale des relations entre le Dominion et les provinces (Commission Rowell-Sirois), mise sur pied par le fédéral, propose une série de mesures centrali-

satrices; certaines seront par la suite appliquées à la faveur de l'effort de guerre de 39-45, notamment au niveau de l'assurance-chômage;

- de 1968 à 1976, le gouvernement Trudeau tente d'imposer sa vision centralisatrice au Québec et aux autres provinces, particulièrement dans les communications, les affaires urbaines, la fiscalité et les relations extérieures.

Ce schéma des tensions au sein de la Fédération canadienne met en évidence trois caractéristiques importantes de l'évolution du fédéralisme au Canada.

a) Déplacement de la tension principale

On constate, dans les quatre phases principales "centralisation-autonomie", une évolution de la nature des revendications provinciales.

Au début, la lutte pour une certaine autonomie politique et juridique est assumée par toutes les provinces, en réaction à la vision centralisatrice de MacDonald. La Fédération s'étant construite par le regroupement de colonies indépendantes les unes des autres, les provinces mettent naturellement l'emphase sur leurs différences régionales. Une certaine autonomie politique et juridique est conquise vers la Première Guerre mondiale.

Une deuxième phase débute par la centralisation des ressources financières à Ottawa qui ne laisse pas aux provinces les moyens nécessaires pour assumer leurs responsabilités prévues dans la Constitution. Celles-ci tentent d'acquérir leur autonomie financière.

Le balancier revient ensuite vers la centralisation à Ottawa suite à la grande crise de 1930 et durant la Deuxième Guerre mondiale, puis amène une troisième réaction des provinces après 1945. C'est alors qu'une divergence entre le Québec et les autres provinces sur la forme d'autonomie nécessaire, devient nettement marquée sous le gouvernement Duplessis.

Pendant que les provinces y compris le Québec tentaient d'obtenir l'autonomie politique, puis financière, les droits des francophones avaient été supprimés au Manitoba en 1890, en Saskatchewan et en Alberta en 1905, et en Ontario en 1917. Puis, les crises de la conscription en 1914-1918 et en 1939-1945 avaient amené les francophones à prendre de plus en plus conscience de leur condition de minorité enfermée et limitée au Québec. C'est donc suite à cette série d'attaques contre le fait français que, de 1956 à 1968, le conflit majeur s'est déplacé et a mis en évidence cette divergence fondamentale d'intérêt entre les deux nations, qui existait au moment de la création de la Fédération, mais était demeurée jusqu'alors masquée en bonne partie aux yeux de la population. Le politicologue John Trent explique cette situation en disant:

> "Les relations entre anglophones et francophones, jusqu'à l'orée des années soixante, avaient été gérées par une très petite élite économique et politique et se caractérisaient par un isolement relativement accusé. Les deux communautés avaient des valeurs, des objectifs et des structures sociales qui différaient, aussi s'affrontaient-elles rarement sur la place publique. Un changement radical dans la culture francophone, incarné par la notion de "Révolution tranquille", a créé un nouveau système de concurrence et de conflit."

Ainsi, la tension principale est devenue un antagonisme entre les deux nations que le gouvernement Trudeau a tenté en partie de nier et en partie de satisfaire, mais seulement au niveau linguistique, jusqu'au 15 novembre 1976. Depuis l'après-guerre, il n'est donc pas surprenant de constater que la plupart des propositions quant à un renouvellement du fédéralisme soient venues des premiers ministres du Québec.

b) De "l'inacceptable" à "l'insuffisant"

Pour les *Canadiens,* les réactions aux périodes de centralisation ont oscillé du "trop peu" au "trop prononcé". Encore aujourd'hui, un nombre surprenant d'hommes politiques et d'universitaires *canadiens* trouvent le régime fédéral trop peu centralisé. Cela explique les échecs successifs des diverses tentatives de réforme.

Le point de vue québécois est tout autre. Les réactions ont toujours oscillé entre "l'inacceptable" et "l'insuffisant", les périodes de centralisation étant de plus en plus inacceptables et les périodes "autonomistes" donnant toujours des résultats insuffisants pour la survie et l'épanouissement des francophones du Canada.

c) Les tensions vont en augmentant

Ces différences de point de vue, parce qu'elles ont conduit à des échecs répétés les tentatives de réforme constitutionnelle, ont aggravé les tensions entre les deux nations. Ces tensions sont de plus en plus évidentes aux yeux du public.

Enfin, elles sont aggravées par la croissance de l'activité des Etats que l'on constate partout dans le monde. Au Canada, cette croissance de l'activité étatique, aux deux niveaux de gouvernements, augmente les occasions de friction et accentue les enjeux puisque le contrôle des instruments politiques devient de plus en plus déterminant pour orienter l'avenir.

En particulier, nous avons mis en évidence dans le volume I l'accroissement effarent des chevauchements de programmes entre les deux niveaux de gouvernements. Ces chevauchements sont autant d'occasions de frictions et accentuent les tensions dans le régime fédéral canadien.

FIGURE 1

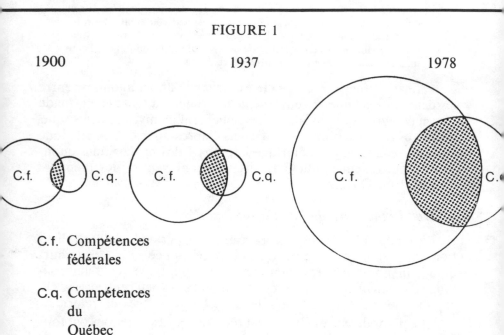

1900   1937   1978

C.f. Compétences
     fédérales

C.q. Compétences
     du
     Québec

Chevauchements de compétences entre les deux niveaux de gouvernement (15 en 1937; 190 en 1978)

4. *Un terme cachotier: le "fédéralisme renouvelé".*

Depuis le 15 novembre 1976, la grande majorité des fédéralistes ont pris conscience de ces tensions qui deviennent intolérables. Le renouvellement du fédéralisme est devenu le mot d'ordre. Même le Premier ministre Trudeau doit présenter son quasi-statu quo en l'affublant de l'étiquette du "fédéralisme renouvelé". A l'opposé, certaines propositions nouvelles d'un "Canada fédéral à deux" sont apparues.

Après une étude des coupures de journaux publiés sur le sujet depuis le 15 novembre, nous en sommes arrivés à distinguer quatre types de propositions:*

Le fédéralisme fonctionnel

Il s'agirait de moderniser la constitution actuelle en y incluant une formule d'amendement, une Charte des droits de la personne, des garanties linguistiques, une section sur les droits des minorités, une définition de la Cour suprême et une nouvelle définition du Sénat. La répartition des pouvoirs entre le fédéral et les provinces devrait viser à réduire les chevauchements, mais surtout prévoir des mécanismes de concertation pour les pouvoirs partagés, en fonction du niveau le plus apte. Cette réforme implique donc certains transferts de pouvoirs aux provinces mais aussi certains transferts des provinces au fédéral. Il s'agit avant tout de rendre le système fonctionnel.

Le fédéralisme décentralisé

Il s'agirait alors, dans le principe de l'égalité entre toutes les provinces, de réduire l'influence du gouvernement fédéral en transférant un nombre important de pouvoirs aux provinces. D'autres mesures pourraient compléter ce schéma de base: élimination du pouvoir de désaveu du fédéral sur les lois provinciales, attribution des compétences résiduelles aux provinces, transformation du Sénat en une "Chambre des provinces" dont les membres seraient nommés en majorité par les gouvernements provinciaux. Le regroupement des provinces en cinq régions contribuerait également à renforcer les provinces face au gouvernement central.

Le statut particulier

Il s'agit dans ce cas, en plus des compétences explicitement reconnues aux provinces et au fédéral, de définir un champ de com-

---

* Pour une autre classification similaire, voir Gérald Beaudoin, le Droit, 20 octobre 1977 et 7 février 1978, et le Devoir, 12 juin 1978.

pétences dont chaque province pourrait s'emparer ou non. De la sorte certaines provinces, et on pense ici surtout au Québec, pourraient se doter d'une autonomie plus grande, en fonction de leurs propres besoins. Dès qu'une province aurait décidé d'occuper un champ de compétence, une part correspondante des impôts lui serait attribuée pour faire face à ses obligations.

Le fédéralisme à éléments dualistes ou confédéraux

Indépendamment du partage des compétences législatives entre l'autorité centrale et les provinces, il y aurait au sein des institutions fédérales, comme le Sénat ou la Cour suprême, une reconnaissance structurale de la présence des deux sociétés ou de l'égalité des deux nations. Les postes importants pourraient obéir au principe de l'alternance. Certaines lois pourraient être soumises à l'approbation de représentants des deux nations. Certains proposent des emprunts importants au régime confédéral. Les impôts seraient laissés entièrement aux provinces ou aux régions qui financeraient l'Etat central et lui délègueraient une part de leur souveraineté.

De ces quatre types de "fédéralisme renouvelé" deux sont proposés et reproposés depuis 1887 et même avant, au tout début de la Fédération canadienne. L'idée de statut particulier remonte à la "révolution tranquille" où elle a dominé au Québec jusqu'en 1968. Un fédéralisme à éléments dualistes et confédéraux, est apparu avec le gouvernement Johnson en 1966 mais n'a jamais obtenu un large appui, la formule des Etats associés ou de souveraineté-association prenant bientôt presque toute la place chez ceux qui souhaitaient un "Canada à deux".

Chapitre 2

Le quasi-statu quo*

Les propositions en provenance des *Canadiens* et des partis politiques fédéraux visent surtout à moderniser la présentation de la Constitution, à inclure certains textes fondamentaux, à modifier légèrement certaines institutions désuètes. L'attribution des compétences entre les deux paliers de gouvernements doit se faire selon "l'instance la plus apte", selon qu'il s'agisse de besoins proches de la population ou de questions d'orientation générale du pays.

Depuis le 15 novembre 1976, plusieurs personnalités, groupes ou partis politiques, se sont prononcés en ce sens, principalement au Canada anglais. Nous allons analyser en détail la récente position du gouvernement Trudeau qui constitue un prototype de ce genre de fédéralisme fonctionnel.

1. Trudeau et l'époussetage de la Constitution

La prise de position officielle du gouvernement Trudeau, énoncée dans le récent Livre blanc, énumère un certain nombre de "défauts" de la Constitution actuelle:

- elle découle en grande partie des lois du Parlement britannique et elle n'est pas encore domiciliée au pays;

---

* L'essentiel de ce chapitre a été publié par l'un des auteurs dans le Devoir des 8 et 9 août 1978.

- ses différentes dispositions sont éparpillées par un grand nombre de statuts distincts, dont plusieurs sont à peu près inconnus de la population canadienne;
- elle ne contient ni préambule, ni énoncé de principes; sa langue est obscure, son style lourd et peu inspirant;
- elle a donc une piètre valeur éducative, et les Canadiens y trouvent peu de choses qui puissent leur inspirer de la fierté;
- elle ne traite pas des droits et libertés fondamentales, et elle protège d'une manière inadéquate les droits linguistiques;
- elle répartit les pouvoirs entre le Parlement fédéral et les législatures provinciales d'une manière qui n'est ni aussi précise, fonctionnelle ou explicite qu'on le souhaiterait;
- elle ne permet pas l'expression d'un éventail suffisamment large de préoccupations d'ordre régional et provincial au Sénat;
- le statut de la Cour suprême n'est pas inscrit dans la Constitution et n'est défini que par une loi ordinaire du Parlement fédéral; ce statut juridique et la procédure de désignation de ses juges sont épisodiquement remis en cause, ce qui porte atteinte au prestige de ce tribunal comme interprète en dernière instance de la Constitution;
- la procédure d'amendement de la Constitution n'est pas adéquatement définie et exige toujours pour certains titres, l'intervention du Parlement britannique.

En confrontant ces différents aspects de l'intervention fédérale avec les besoins que nous avons mis en évidence précédemment, on ne peut que constater le manque d'imagination de ces propositions qui sont loin d'être nouvelles.

Trois de ces éléments sont relativement insignifiants. Il va de soi que toute nouvelle Constitution devra regrouper "des dispositions éparpillées dans un grand nombre de statuts distincts, améliorer la "langue obscure" et le style "lourd et peu inspirant", contenir "préambules et énoncés de principes" de façon à posséder une "valeur éducative" et "inspirer la fierté".

L'élement concernant la réforme de la Cour suprême est un changement mineur réclamé depuis des décennies. Le fait que les membres soient nommés en consultation avec les provinces est insignifiant si la répartition des pouvoirs demeure la même. Une étude récente du gouvernement du Québec démontre que le fait que trois des neuf juges de la Cour suprême proviennent du Québec n'a jamais empêché celle-ci de rendre des jugements presque toujours favorables au gouvernement fédéral dans ses conflits avec les provinces. Le Québec en nommera maintenant quatre sur onze. Comme le disait en juin 1978 le sénateur Martial Asselin, "La Cour suprême va encore pencher du même bord".

Examinons plus en détail les autres points qui, à première vue, apparaissent plus substantiels.

2. La procédure d'amendement et de rapatriement

Le fait que la Constitution canadienne soit encore formée d'actes du Parlement britannique est dénoncé dans le document comme "la marque d'un passé colonial depuis longtemps révolu".

Voilà qui risque de déplaire souverainement aux nombreux monarchistes enragés dont le Canada anglais a encore le fardeau. On se rappellera qu'un sondage Gallup, en novembre 1977, nous indiquait que l'allégeance à la Reine était appuyée à 80% dans les Maritimes, à 69% en Ontario, à 74% dans les Prairies et à 54% en Colombie britannique. Cela ne veut pas dire que toutes ces provinces s'opposeraient au rapatriement de la Constitution, mais plutôt qu'il leur est plutôt indifférent qu'elle soit à Londres ou non.

Cependant, derrière cette affirmation nationaliste "d'indépendance et de pleine souveraineté du Canada", le rapatriement de la Constitution soulève un problème de fond pour le Québec. Comme nous l'avons souligné précédemment, sans une procédure d'amendement adéquate, le rapatriement de la Constitution pourrait mettre en péril l'autonomie provinciale. Actuellement, seul le Parlement de Londres peut modifier six domaines réservés de la Constitution canadienne dont celui, vital s'il en est, du partage des compétences législatives. La tradition veut qu'il l'exerce en fonction d'un accord entre les deux paliers de gouvernements, comme lors de l'adjonction du domaine de l'assurance-chômage aux compétences fédérales en 1944.

Voilà pourquoi la formule d'amendement est si vitale pour le Québec. A défaut d'un droit de veto du Québec sur toute modification des compétences, le rapatriement de la Constitution pourrait signifier une centralisation des pouvoirs à Ottawa en fonction des besoins de la majorité anglophone. Même avec un droit de veto, il serait difficile politiquement à un gouvernement québécois isolé de s'opposer aux actions centralisatrices qui recueilleraient une certaine unanimité au Canada anglais.

Maintenant que les propositions de Victoria, rejetées par le Québec en 1971, semblent refaire surface, il est important de souligner qu'elles pourraient conduire à une centralisation des pouvoirs à Ottawa, malgré un vocabulaire susceptible de plaire à de nombreux Québécois fédéralistes soucieux de la souveraineté du Canada face au Parlement britannique.

3. La Chambre de la fédération: caution à la centralisation

L'aspect le plus "spectaculaire", et c'est tout dire, de la réforme Trudeau, arrive avec le remplacement du Sénat par une "Chambre de la fédération". Les modalités en sont précisées dans un projet de loi soumis à la Chambre des communes à la fin de juin 1978. On se rappellera que dès 1887 une conférence inter-provinciale avait réclamé une réforme du Sénat. On s'attendait donc à une réforme d'envergure susceptible de modifier le fonctionnement du fédéralisme canadien.

Le projet de loi propose plutôt:

- une augmentation de la représentation des provinces de l'Ouest et de Terre-Neuve;
- une nomination des délégués de chaque province, moitié par les partis représentés à la Chambre des communes fédérales proportionnellement aux votes recueillis dans la province à la dernière élection fédérale, et moitié par les partis représentés à l'Assemblée législative de la province concernée proportionnellement aux votes recueillis à la dernière élection provinciale;
- la nouvelle chambre aurait un droit de veto suspensif, c'est-à-dire pourrait retarder de deux mois toute législation fédérale;
- les projets de loi qualifiés de "mesures de portée linguistique spéciale" devraient être approuvés à la fois par la majorité des membres francophones et par la majorité des membres anglophones de la Chambre; par la suite, la majorité des 2/3 serait nécessaire à la Chambre des communes pour renverser une double majorité ainsi obtenue à la Chambre de la fédération.

Cela signifie en particulier que le Québec aurait 24 représentants sur 118 à la Chambre de la fédération. Douze seraient nommés par les partis politiques fédéraux et 12 par les partis politiques provinciaux.

Actuellement, la répartition serait approvimativement la suivante pour le Québec:

8 personnes nommées par le Parti libéral du Canada

2 personnes nommées par le Parti progressiste-conservateur

2 personnes nommées par le Ralliement créditiste du Canada

5 personnes nommées par le Parti québécois

4 personnes nommées par le Parti libéral du Québec

3 personnes nommées par l'Union nationale

Faisons un peu d'arithmétique à l'aide de quelques exemples célèbres qui sont certainement venus à l'esprit du législateur fédéral.

Le projet de loi du ministre Chrétien sur la taxe de vente, ayant été adopté par le Parlement canadien, devrait être soumis à la Chambre de la fédération. Fait exceptionnel, tous les partis politiques québécois et tous les partis d'opposition au niveau fédéral s'y opposent. Ce fait est extrêmement rare, est-il besoin de le souligner. Mais cette unanimité n'est pas suffisante, loin de là! En supposant que tous les représentants des partis fédéraux d'opposition de toutes les provinces suivent la ligne de parti, nous avons, contre le projet de loi, environ 24 voix plus les 12 voix des partis politiques provinciaux du Québec. Il manque encore 24 voix pour atteindre une majorité de 60. Mais supposons qu'on réussisse à obtenir ces 24 voix parmi les partis politiques provinciaux à l'extérieur du Québec et qu'une majorité de membres de la Chambre de la fédération se prononcent contre le projet de loi, son adoption ne sera suspendue que pour deux mois. Devant l'intransigeance du ministre Chrétien dans cette affaire, comment penser que ce petit retard aurait pu le faire revenir sur ses positions.

L'autre exemple est plus simple sur le plan de l'arithmétique. Dans un domaine de juridiction partagée, une province adopte une loi qui, selon le gouvernement fédéral, n'est pas dans "l'intérêt national". Ce peut être la fixation des prix du pétrole par l'Alberta ou encore une politique favorisant le livre québécois au Québec. Le fédéral décide de contrer cette action provinciale par un projet de loi qu'il adopte à la Chambre des communes et qui est soumis à la Chambre de la fédération. A ce niveau, les représentants du gouvernement provincial concerné risquent de se trouver seuls à défendre leur point de vue. Le gouvernement fédéral pourra alors utiliser la nouvelle chambre comme moyen de pression, comme caution morale, pour mettre au pas le gouvernement de la province récalcitrante.

C'est en particulier ce qui se serait produit lors du débat sur la Loi 101 au Québec, si le fédéral avait trouvé dans la Constitution un moyen législatif de réintroduire le "libre choix" de la langue d'enseignement. Dans ce cas, tous les partis politiques du Québec s'étant prononcé contre le "libre choix", il est possible qu'une majorité de francophones aient pu bloquer le projet de loi fédéral à la Chambre de la fédération, en autant que les francophones à Ottawa et les quelques francophones des autres provinces aient appuyé leurs collègues québécois. Mais même dans cette éventualité, il aurait suffi que la plupart des anglophones à la Chambre des communes appuient l'initiative fédérale pour réunir la majorité des 2/3, nécessaire à la Chambre des communes, pour adopter le projet de loi.

En somme, dans la plupart des cas, la Chambre de la fédération sera au mieux inutile et au pire un instrument de plus entre les mains du gouvernement fédéral pour marginaliser une province, même sur une question linguistique. Inutile de dire que le Québec, en tant que seul Etat francophone du Canada, est celui qui a le plus à perdre à ce genre d'arrangement.

4. Les droits fondamentaux et l'assimilation

L'inclusion d'une charte des droits et libertés fondamentales dans la Constitution, énoncée au point 5 du document Trudeau, permettrait, bien sûr, de rationaliser la situation actuelle où le fédéral a sa propre charte de même que la plupart des provinces dont le Québec. A certains égards la charte québécoise est d'ailleurs plus avancée, par exemple en prévoyant le handicap physique et mental et l'orientation sexuelle comme motifs interdits de discrimination.

Une charte de la fédération incluse dans la Constitution aurait normalement préséance sur les chartes des provinces qui ne sont que des lois des Assemblées législatives. Les provinces ne pourraient donc étendre la protection qu'offre leur charte que dans les domaines non contradictoires à la charte de la fédération. Cela n'est pas en soi une grande contrainte puisqu'on peut supposer que celle-ci se bornerait à énoncer des droits et libertés fondamentales acceptés de tous. Cependant son application permettrait l'ingérence du fédéral dans un domaine que chaque province peut très bien assumer, étant le gouvernement le plus près de la population concernée. On peut discuter le pour et le contre de cette proposition, il reste qu'elle changerait très peu la situation actuelle.

Il n'en est pas de même à notre avis de la partie concernant les droits linguistiques. Le document Trudeau affirme:

> "Aussi grave est l'insuffisance des droits linguistiques garantis par la Constitution, puisqu'elle a compromis l'essor de la collectivité canadienne de langue française, entraîné le repli de cette collectivité sur le Québec, et attisé le mouvement séparatiste qui se manifeste dans cette province."

C'est là donner beaucoup d'importance à une "insuffisance des droits linguistiques garantis par la Constitution", surtout si on considère la façon dont les droits déjà existants ont été foulés aux pieds, depuis 1867 jusqu'à maintenant. Par exemple, l'usage officiel des deux langues au niveau des institutions fédérales ne s'étant pas concrétisé en 102 ans d'application du "BNA act," le gouvernement Trudeau devait adopter en 1969, sa "Loi sur les langues officielles", accompagnée d'une politique de bilinguisme et d'aide aux minorités.

Il serait évidemment trop long de reprendre toutes les réactions négatives, hostiles ou même violentes qu'ont suscitées, au Canada anglais, ces timides tentatives de promouvoir l'égalité des langues au Canada. A ce sujet, il est instructif de lire l'excellente synthèse de Jean Bériault intitulée: *Anti-Québec: les réactions du Canada anglais face au French-power.* Les événements récents y sont nombreux et bien documentés dont la campagne contre Yves Pratte à la présidence d'Air Canada, l'affaire Sky Shops impliquant Jean Marchand, le débat autour du français dans les communications aériennes.

Le 13 octobre 1976, James Richardson, alors ministre de la Défense, remettait à M. Trudeau sa démission du Cabinet fédéral. Il démissionnera du Parti libéral en 1978. Par ce geste, il voulait signifier son opposition à l'inscription éventuelle de droits linguistiques dans une Constitution rapatriée et surtout à l'obtention d'un droit de veto permettant au Québec de s'opposer à leur modification. Cela empêcherait, selon lui, les générations futures de reconsidérer la question à la lumière des "circonstances courantes". Une telle prise de position remettait en question l'égalité du français et de l'anglais au Canada et cachait mal un certain espoir d'en finir un jour avec le "problème des francophones".

Le directeur du Devoir de l'époque, M. Claude Ryan, commentant en éditorial cette démission, reconnaissait qu'elle exprimait une facette très réelle de l'opinion tout en ajoutant qu'elle constituait "l'un des gestes de rejet les plus nets et les plus catégoriques dont on ait été témoin à l'endroit du fait français au Canada".

Douglas Fisher, du Toronto Star, était encore plus catégorique en faisant état de conversations avec des députés du N.P.D.: "On s'accordait de façon absolue pour dire que Richardson serait considéré comme un héros par une majorité d'Anglo-Canadiens, car il avait enfin exprimé ouvertement ce que la masse d'Anglo-Canadiens pense".

Mais le summum de ce rejet du bilinguisme en dehors du Québec s'est exprimé dans un livre du commandant J.V. Andrew, paru en mars 1977 et qui a connu un énorme succès au Canada anglais, sous le titre évocateur de *Bilingual today, french tomorrow: Trudeau's Master Plan and how it can be stopped.*

Ce document essentiel pour la postérité, nous explique comment Trudeau a pris le contrôle du Canada et comment, à l'aide de sa politique du bilinguisme, il favorise "la colonisation des neuf provinces anglophones et de la capitale nationale par les Canadiens français (...)":

"Depuis que M. Trudeau est au pouvoir, le gouvernement fédéral a envoyé des agitateurs, payés par le Secrétariat d'Etat, dans chaque communauté à l'extérieur du Québec où il y a quelques Canadiens français. Leur but est d'amener les Canadiens français à exiger des services dans leur langue pour chacun des services offerts par le gouvernement provincial et les administrations locales. On leur dit d'exiger que chaque policier, conducteur d'autobus, téléphoniste, employé des hôpitaux, des villes ou de la province soit capable de s'exprimer en français. On les organise en groupes de pression qui doivent exiger des magasins, des banques et des propriétaires de commerce, l'engagement d'employés parlant français."

C'est donc ainsi que les Canadiens français, qui sont les seuls bilingues ou presque, vont s'emparer progressivement de tous les postes de commande et imposer leur domination.

L'auteur, respectant cependant les aspirations du Québec en arrive à la conclusion que la seule façon d'arrêter le mal consiste à créer deux Etats distincts pour "empêcher les Canadiens français et les Canadiens anglais d'empiéter les uns sur les autres". En somme: avant que le Canada ne devienne français, séparons-nous!

Voilà qui est aberrant et même tout simplement ridicule pour tout Québécois. Ce genre d'opinion est cependant crédible auprès de larges couches de la population canadienne-anglaise.

D'autres sont cependant moins tolérants et veulent en finir avec le "french fact" au pays, tout en conservant la "colonie" du Québec. Telle cette étudiante de l'université de Régina:

> "D'une certaine façon, les Canadiens français me font pitié: ils sont en train de perdre leur culture et on entend parler d'usines au Québec où tous les employés sont français et seul le patron est anglais; il refuse d'apprendre le français... Mais les gens d'ici se demandent: pourquoi devrais-je apprendre le français? Ils ne constituent qu'une province, qu'ils apprennent d'abord notre langue."

Dans trois articles du Montreal Star, le journaliste Claude Arpin a recueilli plusieurs opinions semblables et d'autres plus extrémistes. L'un des fanatiques interviewés proposait deux solutions pour régler le problème du Québec: une guerre ouverte avec, en cas de victoire des anglophones, l'expédition des francophones en France ou encore la dissémination de la population francophone "dans des territoires que nous ne voulons pas occuper".

Au-delà de ces propositions extrémistes, l'opinion moyenne dans l'Ouest est bien caractérisée par le résultat d'une ligne ouverte organisée le 20 octobre 1976, en réaction aux articles de Claude Arpin. Résumant l'opinion moyenne, l'animateur Peter Warren conclut: "Nous avons examiné la Loi 22, le bilinguisme, la Constitution et toutes ces concessions spéciales au Québec, et nous n'aimons pas cela. L'Ouest en a assez parce que le gouvernement fédéral a donné à la Loi sur les langues officielles une interprétation plus large que ne l'autorise le texte de la loi. L'Ouest en a assez de voir des milliards de ses impôts donnés au Québec et d'avoir à se contenter de bonnes paroles. L'Ouest en a assez, parce que certaines personnes ici sont persuadées que tout cela est un sinistre complot en vue de transformer notre pays en un second Empire napoléonien"!

Au niveau des sondages, en 1976, 73% des *Canadiens* trouvaient que le gouvernement fédéral accordait trop d'importance au bilinguisme. Après l'élection du Parti québécois, en janvier 1977, 59% des Ontariens, 67% des gens des Prairies et 76% des gens de Colombie britannique se déclaraient contre toute extension des programmes de bilinguisme même au prix de la sécession du Québec.

Tous ces faits choquent, non seulement le sentiment nationaliste des Québécois, mais aussi le simple bon sens et la justice sociale la plus élémentaire. L'état d'infériorité et la faiblesse politique des francophones hors Québec sont tels que l'on voit mal comment les timides efforts du gouvernement fédéral ont pu susciter une telle réaction.

On se demande surtout comment une telle politique pourrait aboutir à autre chose qu'à un peu moins d'injustice et un certain ralentissement de l'assimilation des francophones hors Québec. Il faudrait faire dix fois plus pour que se concrétise dans la réalité cette égalité linguistique qui constitue pourtant la politique officielle du gouvernement fédéral depuis bientôt dix ans.

Chose certaine, ce n'est pas l'inscription de droits linguistiques dans la Constitution qui pourra modifier une situation aussi pourrie. Elle pourra tout au plus fournir au gouvernement fédéral une arme juridique contre les provinces. Cette arme sera bienvenue au Canada anglais, si elle devait être utilisée contre le Québec pour défendre la minorité anglophone. Elle sera au contraire inacceptable, et donc dangereuse électoralement pour tout gouvernement fédéral, si elle devait être utilisée ailleurs, dans une province anglophone pour défendre les minorités francophones. Dès lors, on peut se douter à quoi pourrait servir une telle Charte des droits linguistiques.

D'ailleurs, le projet de loi déposé par le gouvernement Trudeau à la fin de juin 1978 est très révélateur à ce sujet. On y énonce le droit d'utiliser l'une ou l'autre des deux langues au niveau des cours judiciaires et des législatures fédérale, du Québec, de l'Ontario et du Nouveau-Brunswick; les documents devant y être publiés dans les deux langues. On n'y mentionne aucunement les autres provinces. Dans toutes les provinces, on affirme le droit de choisir la langue d'enseignement dès que le nombre d'enfants le justifie.

En somme, on veut profiter de la réaction négative suscitée au Canada anglais par la Charte québécoise du français, pour arracher certaines concessions mineures de l'Ontario, en faveur de la minorité francophone. Pour les francophones, ce serait échanger un cheval contre un lapin. Le libre choix en Ontario, ou dans une autre province, n'est pas très contraignant puisque tous les immigrants s'inscrivent à l'école anglaise, l'école de la majorité. Au Québec, le fait que 90% des immigrants s'inscrivaient à l'école anglaise a amené tous les partis politiques québécois à rejeter le libre choix de la langue d'enseignement de façon à soutenir le principal foyer de la culture française qui reste en Amérique du Nord.

Evidemment, on y affirme que "les dispositions relatives aux champs de compétence d'une province ne prendraient effet qu'après l'adoption de la charte par cette province". Le contraire serait à l'encontre de la Constitution, en attendant qu'on la modifie! Cependant toute province devrait pour ce faire refuser l'ensemble de la charte. Peut-on avoir l'air longtemps d'être contre les droits et libertés? Il suffira d'attendre qu'un gouvernement québécois assez faible accepte que le Québec redevienne un district bilingue, et le tour sera joué!

5. Un partage des compétences en faveur d'Ottawa

En fait, la clef du problème constitutionnel canadien réside dans un nouveau partage des compétences. La question fondamentale consiste à déterminer qui décide quoi.

L'égalité des deux nations, l'autonomie des autres régions du Canada, la survie et l'épanouissement des minorités dépendra des pouvoirs qui seront attribués à chacun de ces groupes constituants de l'ensemble canadien. Tout le reste n'est que compléments... ou "poudre aux yeux" face à l'essentiel.

Or, c'est précisément sur ce sujet qui risque d'être très controversé que les documents fédéraux se font extrêmement ambigus. On peut cependant, à l'aide du Livre blanc publié en 1968 par le gouvernement fédéral, constater que sa position n'a pas changé depuis 10 ans.

a) La répartition présentée comme secondaire

On peut lire dans le Livre blanc de 1968:

"Les entretiens sur l'aménagement des compétences devraient s'engager, de l'avis du gouvernement du Canada, après l'étude, au cours des conférences constitutionnelles, des autres éléments principaux de la Constitution — les droits du citoyen canadien y compris les droits linguistiques, et les institutions centrales du système fédéral. Nous disons cela parce que l'intérêt des provinces et celui des deux groupes linguistiques du pays ne sont pas et ne peuvent être défendus simplement par l'expédient qui consiste à transmettre aux gouvernements provinciaux des pouvoirs du gouvernement fédéral. Ces intérêts trouvent et doivent trouver une expression dans les garanties constitutionnelles et dans les institutions centrales du système fédéral. Il s'ensuit que pour juger des pouvoirs dont les gouvernements provinciaux ont besoin afin de protéger au premier chef les intérêts linguistiques ou les intérêts provinciaux, on doit nécessairement se placer dans la perspective des garanties constitutionnelles et de la représentation de tels intérêts auprès des organes centraux de l'Etat. Sous prétexte de protéger les droits linguistiques et les intérêts provinciaux, porter atteinte à la capacité du gouvernement fédéral d'agir pour le Canada, alors que les garanties constitutionnelles et les institutions du système fédéral pourraient réaliser l'essentiel, serait véritablement desservir les Canadiens."

Dix ans plus tard, on s'oppose toujours vigoureusement à un transfert de compétences aux provinces et on pense améliorer le fonctionnement du fédéralisme par les autres moyens que nous venons d'examiner. La répartition des pouvoirs est perçue comme secondaire et doit permettre à chaque gouvernement de jouer le rôle qu'il est le plus apte à remplir. Dans une interview du journal La Presse, le 23 juin 1978, le ministre fédéral des relations fédérales-provinciales, Monsieur Marc Lalonde, déclarait:

"On a tendance à exagérer l'importance de cette question de la répartition des pouvoirs (...); l'ensemble de la population, quand on lui présente une série de pouvoirs, nous dit que ça devrait être conjoint."

b) Non aux deux nations!

Le Livre blanc de 1968 affirme:

"De plus, le partage des pouvoirs entre les deux ordres de gouvernement devrait s'inspirer de règles fonctionnelles plutôt que se fonder sur des considérations ethniques. Ces règles fonctionnelles, on pourra les appliquer beaucoup plus aisément une fois résolu le problème de la protection des droits linguistiques."

Dix ans plus tard, le "nouveau" Livre blanc, Le temps d'agir se situe dans la même optique. Nulle part on n'y trouve l'ombre d'une reconnaissance de la collectivité socio-économique et culturelle distincte qui vit au Québec. Le seul caractère spécifique que l'on reconnaît à la province est d'être le lieu principal de la francophonie. Certains droits linguistiques sont reconnus à la francophonie canadienne, de même qu'un veto suspensif futile sur certaines questions culturelles au niveau du Sénat, mais on n'y trouve aucune reconnaissance de la société québécoise surtout pas au niveau du partage des compétences nécessaires à son épanouissement.

c) Les vrais pouvoirs à Ottawa

En 1968, le gouvernement fédéral réclamait la juridiction sur:

"Les principaux domaines de responsabilité essentiels à l'organisation de l'Etat moderne souverain: la politique économique, l'égalité des chances, le développement technologique et culturel, et les affaires internationales. Naturellement, disait-on alors, il s'y trouve des compétences partagées avec les provinces notamment les questions culturelles, la politique économique régionale et les mesures de sécurité sociale. Cependant, les cataloguer maintenant ou déterminer l'ensemble des pouvoirs fédéraux, ce serait s'éloigner de l'énoncé des principes directeurs et anticiper les discussions des futures conférences."

On constate qu'il s'agit là d'une vision centralisatrice de la répartition actuelle des compétences. Le gouvernement central doit avoir les responsabilités dans tous les secteurs déterminants de la vie économique, sociale, culturelle et politique. Les gouvernements des provinces doivent, dans l'optique fédérale, avoir une action complémentaire pour les questions d'intérêt local. On les voit comme des entités administratives régionales, comme de grandes municipalités qui administrent des programmes conçus par Ottawa.

Dix ans plus tard, l'option centralisatrice demeure la même. On considère que le régime actuel est trop décentralisé:

"Le gouvernement estime que la répartition des pouvoirs législatifs prescrite par la nouvelle constitution devra mettre le plus efficacement possible les deux ordres de gouvernement au service de la population. La Fédération canadienne se caractérisant déjà par sa très grande décentralisation, un transfert massif des pouvoirs du gouvernement fédéral aux provinces ne résoudrait pas nos problèmes. Le Gouvernement prévoit plutôt une combinaison judicieuse de changements, dans les deux sens."

d) L'extension des juridictions concurrentes

Le Livre blanc de 1968 cherchait à augmenter les zones grises où Ottawa pourrait augmenter ses pouvoirs:

"Nous devons nous demander sérieusement s'il devrait y avoir moyen, pour le gouvernement fédéral, de chercher à influencer les provinces lorsque l'intérêt national est en cause, et moyen, pour les gouvernements provinciaux, de chercher à influencer le gouvernement fédéral lorsque l'intérêt provincial est en jeu."

Dix ans plus tard, l'optique n'a pas changé:

"Il est possible de clarifier le partage des pouvoirs pour que les citoyens sachent mieux qui doit faire quoi, sans pour autant emprisonner l'un ou l'autre ordre de gouvernement dans quelque carcan constitutionnel. Il faudra donc chercher à supprimer les chevauchements et les doubles emplois qui n'ont pas leur raison d'être. Certains échanges ou transferts réciproques de pouvoirs pourront aussi être envisagés afin de permettre à chaque ordre de gouvernement de légiférer ou d'agir d'une manière plus cohérente dans certains secteurs. Le Gouvernement est disposé en outre à examiner avec les provinces l'*extension des domaines de compétence concurrente,* et la reconnaissance à l'un ou à l'autre ordre de gouvernement d'un pouvoir prépondérant dans des secteurs précis."

Comme le disait le Premier ministre Trudeau à la Chambre des communes le 27 juin 1978, plutôt que de décentraliser des pouvoirs, il faut "rapprocher les provinces du pouvoir", au moyen de la réforme du Sénat et de l'intensification des conférences fédérales-provinciales.

Dans ces organismes, le fédéral a évidemment le gros bout du bâton. Par "l'extension des domaines de compétence concurrente" il pourra s'imposer comme le coordonnateur des politiques "nationales". Il pourra déterminer avec les provinces, comment celles-ci pourront administrer les politiques communes conçues à Ottawa, même dans des champs qui sont actuellement de compétence exclusivement provinciale.

Comme le disait récemment le bras droit du Premier ministre canadien, monsieur Marc Lalonde:

> "L'ensemble de la population, quand on lui présente la série des pouvoirs, nous dit que ça devrait être conjoint. Même dans le domaine de l'éducation, même pour les richesses naturelles qui appartiennent aux provinces depuis toujours".

D'autre part le gouvernement de l'Ontario, toujours bien informé, recevait en avril dernier un rapport de son comité consultatif de la Constitution. Celui-ci curieusement allait exactement dans la même direction, deux mois avant la publication du Livre blanc fédéral:

> "Nous proposerons deux courtes listes, l'une du ressort exclusif d'Ottawa, l'autre réservée uniquement aux provinces. Une liste plus longue de juridictions communes permettra aux provinces d'être consultées et de coopérer aux politiques nationales (...). Notre principe fondamental est qu'il est essentiel de maintenir un gouvernement central fort. La décentralisation des pouvoirs risque de fragmenter davantage le pays (...). La Chambre des provinces (remplaçant l'actuel Sénat) n'enlève pas de pouvoirs à Ottawa. On s'assure tout simplement que le gouvernement fédéral exercera ses fonctions en collaboration avec les provinces."

6. Le temps de réagir

Dix ans après le Livre blanc sur la réforme constitutionnelle, sept ans après l'échec des conférences constitutionnelles à Victoria, deux ans après le refus évident par le Canada anglais de ses politiques de bilinguisme, il est renversant de voir le gouvernement Trudeau énoncer de nouveau les mêmes orientations fondamentales en les affublant de l'étiquette du "fédéralisme renouvelé" dans un document intitulé *Le temps d'agir*. Pour tous les Québécois, qu'ils soient fédéralistes ou souverainistes, c'est plutôt le temps de réagir!

En effet, en échange de garanties linguistiques offrant une protection illusoire aux minorités francophones hors Québec, on propose une série de mécanismes qui mettront en péril l'autonomie du Québec, laquelle constitue la seule garantie d'une certaine protection du fait français au Canada. Que pourra faire un Québec minoritaire dans une Chambre de la fédération sans pouvoirs, et dont l'ensemble des compétences exclusives sera réduit au profit de juridictions partagées dans lesquelles le fédéral pourra intervenir sans restriction?

Voudrait-on que les francophones s'en remettent au gouvernement fédéral où ils sont minoritaires? Or l'expérience du gouvernement Trudeau est justement très révélatrice à ce sujet. Jamais les francophones n'auront été aussi bien représentés à Ottawa et pourtant ce gouvernement est impuissant sur les questions essentielles. Il a échoué dans sa réforme constitutionnelle à Victoria. Son idée d'un Canada bilingue est rejetée massivement au Canada anglais. Ses tentatives pour réduire les disparités économiques régionales, qui sont particulièrement dangereuses pour le Québec, ont également ment achoppé face à la volonté des provinces riches de maintenir leur prépondérance.

En fait le gouvernement Trudeau, misant sur le choc créé au Canada anglais par l'élection d'un gouvernement souverainiste à Québec, espère qu'il pourra cette fois faire accepter ses mini-réformes aux provinces anglophones, tout en contrant la "menace séparatiste" au Québec. *Le temps d'agir* est un dernier appel aux *Canadiens,* en parfaite continuité avec les déclarations du Premier-ministre fédéral peu après le 15 novembre 1976.

Même en échange d'un modèle de fédéralisme qui correspond aux aspirations des provinces anglophones, c'est-à-dire un gouvernement central élaborant les politiques nationales et des gouvernements provinciaux participant à leur élaboration et les administrant, il est probable que la réforme bloquera de nouveau sur la question de l'égalité des langues officielles.

La plupart des premiers ministres des provinces anglophones ont émis de fortes réticences à ce sujet. Monsieur Richard Hatfield, qui est probablement le plus ouvert aux aspirations des francophones, a affirmé le 27 juin 1978:

> "Les anglophones ont peur. Détenteurs de droits acquis, ils ont le réflexe normal de vouloir étendre ces droits le plus possible, tout en ayant tendance à diminuer ou à abolir les droits qui ne les concer-

nent pas et qui appartiennent à d'autres. L'erreur serait de les forcer à faire ce qu'ils ne veulent pas faire".

L'ancien Premier ministre Diefenbaker a été encore plus clair en affirmant que le projet de loi Trudeau ne serait jamais accepté par les provinces parce que "contraire au concept d'un seul Canada". Que les amateurs de fédéralisme renouvelé se le tiennent pour dit! Même une réforme mitigée, qui a été dénoncée comme nettement insuffisante par presque tous les éditorialistes et les hommes politiques du Québec, est encore trop radicale pour les *Canadiens. Et pourtant, y aura-til jamais un gouvernement mieux placé que le gouvernement Trudeau pour la faire?*

Ceux qui rejettent à l'avance la souveraineté-association comme utopique parce que "jamais le Canada anglais ne voudrait s'associer à un Québec souverain" devraient se demander si un véritable fédéralisme renouvelé, qui viserait non seulement l'égalité linguistique, mais celle des deux nations, ne serait pas tout aussi utopique avant un certain référendum.

Ce qu'un Premier ministre canadien ne peut obtenir depuis 10 ans, un Premier ministre d'une province pourra-t-il l'obtenir sans épreuve de force, sans un appui populaire massif lors d'un référendum, surtout s'il doit demander davantage?

Chapitre 3

Décentralisation et
statut particulier

S'opposant à la politique centralisatrice du gouvernement fédéral, la presque totalité des fédéralistes québécois depuis Mercier, appuyés à l'occasion par certains fédéralistes des autres provinces, ont toujours mis l'accent sur l'autonomie provinciale.

Dans cette optique, ils proposent comme mesure essentielle un transfert de certains pouvoirs du fédéral aux provinces. D'autres mesures viennent compléter cette mesure principale: limitation du pouvoir de dépenser d'Ottawa, élimination du pouvoir de désaveu des lois provinciales par le fédéral, attribution des pouvoirs résiduaires aux provinces plutôt qu'au fédéral, remplacement du Sénat par une Chambre de représentants des provinces.

Certains proposent d'effectuer cette décentralisation de façon identique pour toutes les provinces, alors que d'autres visent le même objectif par l'attribution d'un statut particulier aux provinces qui souhaitent un régime plus décentralisé.

1. Qui veut décentraliser? et comment?

M. Trudeau prétend que "le régime fédéral canadien est l'un des plus décentralisés au monde". Il est appuyé en cela par le Nouveau Parti démocratique dont le chef Ed Broadbent déclarait, le 30 septembre 1977: "En ce qui concerne la distribution des pouvoirs constitutionnels et financiers, le Canada est déjà l'un des Etats les plus décentralisés au monde. Sauf dans les questions culturelles, linguistiques et peut-être l'immigration et les communications, je ne vois aucun besoin de changements constitutionnels majeurs". On retrouve le même son de cloche au niveau des chefs conservateurs, dans leur déclaration de Kingston du 19 septembre 1977: "le gouvernement fédéral doit être suffisamment fort financièrement pour influencer l'économie, réaliser l'égalité des chances (...). Nous sommes prêts à étendre les secteurs de juridiction concurrente sur une base de coopération afin d'inclure le domaine du développement culturel".

L'opinion publique dans toutes les provinces canadiennes est cependant beaucoup plus nuancée, selon un sondage Gallup réalisé en mars 1977.

TABLEAU 1

Plus de pouvoirs aux provinces?

	Statu quo ou plus de pouvoirs au fédéral*	Plus de pouvoirs aux provinces	Sans opinion
Québec	29%	63%	8%
Colombie b.	46%	47%	7%
Prairies	45%	44%	11%
Atlantique	39%	43%	18%
Ontario	53%	36%	11%
TOTAL	43%	47%	10%

SOURCE: Gallup, *La Presse,* 19 mars 1977.

* Nous avons additionné les colonnes "statu quo" et "plus de pouvoirs au fédéral"; cette dernière colonne variait entre 7% et 14% suivant les régions.

On constate que, dans toutes les régions, l'opinion publique se partage également, sauf en Ontario où une majorité se dégage en faveur du statu quo ou de la centralisation, et au Québec où une très nette majorité (qui passerait probablement à 80% si on n'examinait que l'opinion des francophones) se prononce pour une décentralisation du régime fédéral. Ce fait est confirmé par le sondage de Radio-Canada publié en juin 1978.

En plus de cette différence marquée entre anglophones et francophones quant au type de fédéralisme, on peut constater, en examinant les déclarations des porte-parole de différentes provinces depuis le 15 novembre 76, une différence de nature quant à la forme de décentralisation souhaitée.

Règle générale, très peu de porte-parole anglophones qui se déclarent en faveur d'une certaine décentralisation proposent d'ajouter des pouvoirs précis aux compétences exclusives des provinces. On songe plutôt à une extension des domaines de juridiction partagée où les politiques sont établies au niveau "national" avec la participation des provinces, les programmes correspondants étant par la suite administrés entièrement par les provinces et financés par des transferts adéquats du fédéral aux provinces. Il s'agit donc principalement d'une *décentralisation administrative* accompagnée d'une concertation politique fédérale-provinciale.

Or cela se fait déjà beaucoup et c'est sans doute ce à quoi pensent les partis politiques fédéraux lorsqu'ils affirment que "le fédéralisme canadien est l'un des plus décentralisés au monde". A titre d'exemple, après quatre années de guérilla judiciaire avec le gouvernement du Québec, le gouvernement fédéral vient de faire reconnaître le champ de la câblodistribution comme étant de juridiction fédérale. Il a aussitôt offert d'établir ses politiques dans ce domaine en consultation avec les gouvernements provinciaux et de leur en confier l'administration courante.

De tels arrangements ne peuvent cependant satisfaire aucun gouvernement du Québec. Tous les premiers ministres québécois, surtout depuis les années 60, ont réclamé à tour de rôle une *décentralisation politique,* et non seulement administrative, du système fédéral par le transfert d'un grand nombre de pouvoirs exclusifs aux provinces.

La raison de cette différence fondamentale est simple: malgré certaines divergences entre les différentes régions, les *Canadiens* considèrent Ottawa comme leur gouvernement national. Celui-ci doit donc posséder les principaux pouvoirs et y associer les provinces de façon à ce que chacune profite au maximum du fédéralisme canadien. Aussi, quand le 22 novembre 1977 le Premier ministre d'Alberta, Peter Lougheed, se déclare "en faveur d'un accroissement généralisé de l'autonomie des provinces", il prend soin d'ajouter, le 29 mars 1978, que "le régime fonctionne bien dans l'ensemble; le problème du Canada tient plus aux attitudes de sa population qu'aux structures du pays". En somme, l'Alberta veut plus de poids dans les décisions fédérales qu'elle considère trop orientées en fonction des provinces centrales.

Pour les Québécois au contraire, le gouvernement national est celui du Québec. Dans cette optique, administrer des programmes fédéraux, même en décider collectivement dans une conférence fédérale-provinciale, serait priver la nation québécoise de la maîtrise de son avenir. Cela est aussi inacceptable que si le gouvernement fédéral, gouvernement national des canadiens anglais, devait s'en remettre à un gouvernement étranger pour toutes les décisions majeures influant sur son avenir.

2. Empêcher la centralisation

Les *Canadiens* (anglais) sont logiques en ne réclamant qu'une certaine décentralisation administrative. Les responsabilités de l'Etat moderne ont crû à un point tel que le développement économique, l'égalité des chances sur le plan social, et même le développement culturel et technologique requièrent l'action d'un gouvernement central fort. La complexité de l'administration publique et les dangers de la bureaucratie exigent d'autre part une décentralisation administrative des politiques nationales à des organismes plus proches du citoyen.

En fait, on peut constater que le fédéralisme canadien suit de plus en plus cette tendance naturelle à la centralisation politique. Dans son ouvrage *La troisième voie,* le juriste Emile Colas le reconnaît:

"Dans notre pays, la croissance du pouvoir fédéral ne provient pas de modifications à la Constitution mais de l'importance politique accrue des responsabilités dévolues par le statut de 1867 à l'Etat fédéral. Dans le cadre de la Défense nationale et de ses annexes, l'Etat central contrôle les recherches atomiques, les recherches spatiales... Dans celui du commerce entre Etats, il a le maniement des mesures anti-crises; il peut procéder à l'adaptation du capitalisme (...). Par ailleurs, les ressources locales, celles des provinces et des comtés fondent progressivement (...)."

A cette amplification de l'importance des responsabilités fédérales de 1867, il faut ajouter toutes celles qui n'étaient pas prévues et qui automatiquement sont attribuées au fédéral en vertu de la clause des pouvoirs résiduaires. C'est le cas notamment des communications, de l'environnement, des communications aériennes, tel que nous l'avons expliqué dans le premier volume.

Enfin, il faut ajouter les domaines à juridiction partagée et même ceux de compétence exclusivement provinciale que le fédéral a pu envahir grâce principalement à son pouvoir de dépenser. Dans les dix dernières années, la marge de manoeuvre budgétaire du gouvernement fédéral a été dix fois plus grande que celle du gouvernement du Québec. Cela signifie que le fédéral a pu affecter dix fois plus d'argent à de nouvelles priorités dans des secteurs de son choix que le gouvernement du Québec.

Nous avons déjà analysé longuement le processus de la centralisation des pouvoirs vers Ottawa. Ajoutons simplement que, depuis la Dernière Guerre mondiale, le gouvernement fédéral est devenu prépondérant dans le domaine de la sécurité sociale et l'a influencé par des transferts budgétaires concernant le régime d'assurance-maladie. Dans le domaine de la main-d'oeuvre, Ottawa dépense près de dix fois plus d'argent au Québec que le gouvernement québécois. Au niveau des affaires culturelles, le Secrétariat d'Etat dépense un milliard et demi alors que le Québec dépense, en 1978, \$81 millions. Pour la recherche scientifique, les dépenses du gouvernement central atteignent \$1.3 milliards; celles du Québec sont de \$29.8 millions. Même dans le domaine de l'éducation, chasse-gardée par excellence des provinces, le gouvernement fédéral distribue aux provinces un total de \$8.6 milliards contre \$29.3 milliards pour l'ensemble des budgets provinciaux.

En somme la négociation dans le cadre fédéral actuel ne peut que ralentir le mouvement naturel de centralisation politique, lequel est d'ailleurs souhaité par la majorité des Canadiens anglais. C'est pour contrer ce mouvement de centralisation que la presque totalité des fédéralistes québécois réclament une décentralisation des pouvoirs vers les provinces. En examinant les prises de position depuis le 15 novembre 76, on constate d'abord qu'elles reprennent en gros les revendications des gouvernements québécois de 1960 à 1971.

On peut schématiser comme suit la liste maximale des revendications* dans l'optique d'une décentralisation.

Doivent passer exclusivement aux provinces:

- l'ensemble des programmes de sécurité sociale (sauf peut-être l'assurance-chômage) et toutes les affaires sociales y compris le mariage, le divorce et la réhabilitation des prisonniers;
- les relations de travail et les politiques de main-d'oeuvre;

---

* Voir en particulier C. Ryan, *Une société stable*, pp. 24 à 26 et *Le temps du débat constitutionnel*, Union nationale, pp. 16-17.
Dans certains cas, on ne revendique ces pouvoirs que pour les provinces qui le désirent et en particulier pour le Québec (statut particulier). Nous reviendrons sur cet aspect de la question.

- toute l'éducation y compris l'enseignement aux adultes, le recyclage de la main-d'oeuvre et les subventions aux universités;
- les subventions à la recherche sicientifique, aux arts et aux lettres et toutes les affaires culturelles;
- les loisirs, les sports et le tourisme;
- le logement, l'urbanisme et l'aménagement du territoire;
- le transport routier;
- les institutions financières autres que les banques;
- les relations internationales dans les domaines de compétence provinciale exclusive;
- le choix d'un régime politique présidentiel ou non.

Devraient être de juridiction partagée:

- l'immigration;
- les communications;
- la recherche scientifique;
- l'environnement;
- le développement économique régional;
- l'agriculture;

Doivent demeurer du ressort du gouvernement central:

- les relations internationales;
- la défense;
- le commerce extérieur;
- les douanes;
- la monnaie et les institutions bancaires;
- les postes;
- les transports maritimes, aériens et ferroviaires;
- les réseaux nationaux de communication et la radio-télévision;
- les normes communes en matière de justice criminelle;
- la citoyenneté et la naturalisation.

Doivent compléter cette nouvelle répartition des pouvoirs:

- l'attribution automatique aux provinces des pouvoirs non prévus (résiduaires);
- la limitation du pouvoir de dépenser du fédéral à ses champs de compétence, à la péréquation et au développement économique régional;

- la limitation du pouvoir déclaratoire permettant au fédéral d'invoquer l'intérêt national pour déclarer tel projet ou telle richesse naturelle comme devant relever du fédéral plutôt que d'une province;
- les nominations à la Cour suprême et au Sénat par les provinces.

Ces dernières mesures ont évidemment pour but de priver le fédéral des principales armes lui permettant à l'avenir de modifier à son avantage le nouvel équilibre dans la répartition des pouvoirs que l'on vise à établir.

En somme, pour les "décentralisateurs" québécois, il s'agit de donner aux provinces une quasi-souveraineté dans les domaines culturels et sociaux et dans l'aménagement du territoire. Le fédéral conserverait la presque totalité des pouvoirs en matière d'économie, de défense et de relations extérieures.

Ces propositions, si elles finissaient par être acceptées par les *Canadiens* (anglais), pourraient-elles contrer le mouvement naturel vers la centralisation des pouvoirs au niveau fédéral?

Cela est théoriquement possible. Cependant, il faut être conscient que ces revendications traditionnelles du Québec devront être acquises de haute lutte car elles vont à l'encontre des intérêts des *Canadiens*. Aucun gouvernement du Québec, aussi déterminé soit-il, n'a encore réussi sur cette base. Même face à une éventuelle sécession du Québec, il est probable que les *Canadiens* refuseraient d'accéder à l'ensemble de ces demandes comme on peut le constater actuellement dans le débat qui entoure les propositions Trudeau.

Devant cet obstacle majeur, enraciné profondément dans l'histoire des deux peuples, il est à prévoir qu'une nouvelle constitution, arrachée après de très vives tensions, sera par la suite très difficile à modifier. Il est donc vital de se demander s'il ne s'agit pas là d'une fausse issue.

Ce type de fédéralisme décentralisé est-il souhaitable pour l'ensemble des citoyens du Canada?

Contrer la centralisation à Ottawa est-il suffisant pour la survie et l'épanouissement du peuple québécois?

3. Non au mythe de l'égalité des provinces: le statut particulier

En fait, un fédéralisme décentralisé de la même façon dans toutes les provinces ne répond certainement pas à la diversité des besoins des *Canadiens* et des Québécois.

Plusieurs partisans d'un fédéralisme renouvelé en sont conscients, tels Walter Gordon, Allan Blakeney, Pierre Fortin, Claude Ryan, Gérald Beaudoin, Jean-Luc Pépin et Claude Castonguay. Ce dernier déclarait en juin 1977:

> "Comment peut-on affirmer que l'Ontario avec ses huit millions de citoyens et sa prépondérance économique est égale à l'Ile du Prince-Edouard? Comment prétendre que l'une ou l'autre est l'équivalent du Québec? Pour celui qui connaît un peu l'histoire des conférences fédérales-provinciales des vingt dernières années, l'affirmation de l'égalité des provinces en tant que principe de base d'une révision du système canadien signifie que l'on n'est disposé qu'à accepter des changements d'ordre mineur.
>
> Pourtant lorsqu'au Québec on parle de distinction entre les provinces, il est clair que ce n'est pas de privilège qu'il s'agit."

Devant ce constat de la diversité de la réalité canadienne, un petit nombre de personnes ont proposé, depuis le 15 novembre, des formes nouvelles de fédéralisme que nous examinerons un peu plus loin. Un plus grand nombre proposent que chaque province puisse se doter d'un statut particulier. Cette proposition est d'ailleurs jusqu'à nouvel ordre celle du Parti libéral du Québec et de son chef Claude Ryan, ainsi que du Ralliement créditiste du Québec. Du côté anglophone très peu de porte-parole, sauf peut-être le Premier ministre de la Saskatchewan, Allan Blakeney et quelques autres, se sont prononcés en faveur de cette idée.

Comme la presque totalité des propositions de réforme du fédéralisme canadien, l'idée de statut particulier est née au Québec où elle a connu une grande vogue dans les années soixante. Cette idée, lancée en 1964 par Jacques-Yvan Morin, devait être par la suite reprise par des corps intermédiaires comme la Corporation des instituteurs du Québec, la Fédération des jeunes Chambres du Québec, la Société Saint-Jean-Baptiste de Québec. Elle devait devenir la position officielle du Parti libéral du Québec au congrès de 1967 grâce à l'union de Paul-Gérin Lajoie et Jean Lesage contre la proposition des Etats associés de René Lévesque.

L'équipe du Devoir, avec Claude Ryan, devait y consacrer son numéro spécial du 30 juin 1967 à l'occasion du centenaire de la Confédération. Dans ce numéro spécial, Claude Ryan affirme notamment:

"Nous croyons qu'il est possible et souhaitable, du moins pour une ou deux générations, de maintenir au Canada un régime fédéral, à condition toutefois que ce régime fédéral consacre dans le droit et dans les faits la position distincte du Québec sous la forme d'un statut particulier (...)

"Nous serions enclins à laisser au gouvernement central à peu près tous les pouvoirs précis dont il dispose présentement en vertu de l'article 91 de l'A.A.N.B.

"(De ces pouvoirs)... il faudrait prévoir, dans le cas du Québec, la possibilité de certains transferts administratifs qui pourraient s'effectuer sans qu'il soit nécessaire de modifier à chaque fois le texte constitutionnel.

"Il est question de dédoublements de services et de frais dans des secteurs comme le placement de la main-d'oeuvre, le crédit agricole, la détention et le travail de réhabilitation auprès des délinquants, les services de police... Il faudrait même prévoir la possibilité de tels transferts dans le cas particulier du Québec.

"Dans plusieurs domaines de caractère social et culturel qui ne furent attribués en exclusivité ni à l'un ni à l'autre des deux ordres de gouvernement en 1867, il faudrait prévoir à la fois la possibilité de solutions nationales et le droit pour le Québec de se retirer de programmes fédéraux moyennant compensation fiscale équivalente. Notamment dans les secteurs suivants:

- allocations familiales;
- régimes de rentes et pensions de vieillesse;
- bien-être social et assistance habitation;
- bourses et allocations aux étudiants;
- contrôle des institutions financières, des sociétés d'assurance et de fiducie, des sociétés commerciales, sauf les banques et institutions qui seraient confiées nommément à Ottawa;
- développement urbain et régional;
- recherche scientifique dans les universités;

"En matière de relations internationales, de radiodiffusion et d'immigration, peut-on décemment soutenir, en 1967, qu'il faille défendre avec un cadenas la compétence exclusive et totale d'Ottawa?

"Il faudrait même préciser qu'en dehors de situations très graves comme l'état de guerre ou la rébellion, le Québec pourrait être libre de se dissocier, sans pénalité financière, de décisions prises par Ottawa en vertu de ses pouvoirs de dépenser, de faire des lois pour la paix, l'ordre et le bon gouvernement du Canada, le pouvoir de décréter que certains travaux sont d'intérêt national, le pouvoir de s'attribuer certains domaines résiduaires qui n'ont pas été prévus dans la Constitution".

Ces positions et celles analogues du chef du PLQ, Jean Lesage, devaient être rejetées en juin 1967 par Jean Chrétien, alors ministre d'Etat au sein du gouvernement fédéral. Pour lui, il s'agit de "séparatisme camouflé". Pierre Elliot-Trudeau devait également les qualifier, le 6 septembre 1967, de "grande fumisterie intellectuelle" et affirmer "qu'il ne croyait pas que les Canadiens anglais soient assez stupides pour accorder une telle faveur au Québec".

Dans l'avant-propos de son ouvrage sur le fédéralisme canadien, P. Trudeau développe son argumentation comme suit:

"Comment concevoir une constitution qui donnerait au Québec plus de pouvoirs qu'aux autres provinces, mais qui ne réduirait en rien l'influence des Québécois sur Ottawa? Comment faire accepter aux citoyens des autres provinces qu'au niveau fédéral ils auraient moins de pouvoirs sur les Québécois que ceux-ci en auraient sur eux? Comment, par exemple, le gouvernement du Québec pourrait-il se donner des pouvoirs en politique étrangère que les autres gouvernements provinciaux ne posséderaient pas, sans que les Québécois n'acceptent de diminuer pour autant le rôle qu'ils jouent en politique étrangère au sein du gouvernement fédéral! Bref, comment faire du Québec l'Etat national des Canadiens français, avec pouvoirs vraiment particuliers, sans renoncer en même temps à demander la parité du français avec l'anglais à Ottawa, et dans le reste du pays."

Précédemment, le 11 décembre 1965, dans un discours à Montréal, il rejoignait l'évaluation du souverainiste Rosaire Morin, alors directeur général des Etats généraux du Canada français et du Conseil d'expansion économique:

"(...) Telles sont les implications de cette demande d'un statut particulier que le reste du Canada n'acceptera jamais et, si elle devient trop pressante, l'obligera à reconnaître que le séparatisme est la seule solution."

Dix ans plus tard, une bonne moitié des partisans du statut particulier ont adhéré à l'option souverainiste, tels Jacques-Yvan Morin, Jean-Guy Cardinal et Claude Morin. Le concept est rejeté par tous les partis politiques fédéraux et a été dénoncé à plusieurs reprises depuis le 15 novembre par les ministres du gouvernement Trudeau. Au Canada anglais, on note un appui mitigé du Premier ministre de la Saskatchewan, Allan Blakeney, qui se déclare, en mars 1978, disposé à "examiner la possibilité d'un régime distinct pour l'une des provinces pourvu que les autres obtiennent en retour d'autres pouvoirs".

Quant à Claude Ryan, maintenant chef du Parti libéral à Québec, il demeure fidèle à l'idée d'un statut particulier pour le Québec, tout en adoucissant légèrement ses positions!

"Dans la mesure où l'on pourra refaire la constitution du Canada sans créer un statut distinct pour l'une des parties constituantes, cela sera préférable.

"Il faut d'ores et déjà prévoir que, dans un certain nombre de domaines, en particulier dans les domaines reliés à la politique sociale et culturelle, et aussi à la gestion immédiate de l'économie, le Québec aura des raisons que n'auront point les autres provinces de vouloir disposer d'une marge de manoeuvre plus grande... Il pourra sortir de tout cela un statut particulier plus ou moins étendu pour le Québec.

"Je ne vois pas comment l'on pourrait envisager autre chose, à moins que ce ne soit la séparation ou la souveraineté complète pour chaque partie, ou à tout le moins pour le Québec."

Quant au pouvoir de dépenser, au pouvoir déclaratoire en rapport avec l'intérêt national, à la clause de la paix, de l'ordre et du bon gouvernement et aux pouvoirs non définis dans la Constitution, il retraite:

"... Il y aura lieu non pas d'abolir tous ces pouvoirs fédéraux, mais d'en entourer l'exercice de précautions et de sauvegardes plus fortes que par le passé."

En somme, par un statut particulier pour le Québec, certains fédéralistes québécois tentent encore de concilier les besoins divergents des deux nations: ceux des Québécois qui veulent que leur gouvernement national, celui du Québec, possède la majeure partie des compétences; et ceux des *Canadiens* (anglais) qui veulent que leur gouvernement national, celui du Canada, conserve la majeure partie des pouvoirs quitte à ce qu'il les exerce dans le cadre d'une concertation avec les provinces et en décentralisant l'administration.

Le moins que l'on puisse dire, c'est que cette idée n'a pas tellement progressé depuis dix ans. En fait, elle a régressé ce qui a même amené son principal protagoniste à mettre déjà un peu d'eau dans son vin.

En fait, le statut particulier apparaît, non sans raison, aux *Canadiens* comme une sorte de régime où le Québec, associé dans un système fédéral où il serait présent de plein droit, pourrait participer, sans s'y soumettre, aux décisions affectant les autres provinces; une espèce d'Etat quasi étranger, quasi souverain, qui interviendrait quand même dans les affaires canadiennes pour continuer à en retirer des bénéfices économiques.

Dans la préface du livre de René Lévesque, *Option Québec*, Jean Blain critique cette option comme suit:

"On en a mis du temps avant de risquer d'insérer un certain contenu sous l'étiquette "statut particulier". Le jour où on l'a fait, l'absurdité de l'option est devenue plus claire: outre que la Fédération canadienne allait souffrir d'une difformité constitutionnelle qui en ferait un objet de curiosité dans le monde, — ce que l'on savait déjà par la seule énonciation de la thèse — les "privilèges" québécois, qui ne sont qu'une fraction de ceux qu'offre la souveraineté, soulèveraient en dehors du Québec les mêmes protestations que l'indépendance; protestations fort justifiées cette fois, puisqu'on demanderait au reste du Canada d'assumer le fardeau d'une portion d'autonomie qui ne bénéficie qu'à nous."

On constate qu'il est extrêmement difficile d'adapter un régime fédéral à une réalité canadienne où une seule des provinces est francophone et constitue une société distincte.

Mais il y a plus grave! Les contorsions que l'on demande au Canada anglais avec un statut particulier, qui apparaîtrait plutôt comme un "statut privilégié", n'auraient pour tout résultat que de ralentir ou au mieux, de stopper la centralisation des pouvoirs à Ottawa. En somme, l'objectif est d'en arriver au même point que le fédéralisme décentralisé, mais seulement dans le cas du Québec. Or, statut particulier ou non, un simple fédéralisme décentralisé, s'il apparaît excessif à la nation *canadienne,* est malheureusement insuffisant pour la survie et l'épanouissement du peuple québécois.

4. Insuffisant pour le peuple québécois

Les Québécois dans le régime actuel font face à plusieurs défis de taille:

- une évolution démographique défavorable;
- un écart économique grandissant avec les provinces riches;
- un poids politique décroissant dans l'ensemble canadien;
- une culture spécifique à défendre et à faire rayonner;
- des inégalités sociales croissantes à l'intérieur du Québec.

Tous ces problèmes sont interreliés et nécessitent une action vigoureuse et coordonnée dans tous les secteurs.

De plus de 50% au moment de l'Acte d'Union, à 26.6% au moment de la Confédération, à environ 22.5% maintenant, les Québécois (francophones du Québec) constitueront dans vingt ans, à peu près 20% de la population canadienne. Fédéralisme décentralisé ou non, l'immigration plus faible au Québec, l'émigration des Québécois vers des provinces anglaises plus riches où le taux d'assimilation dépasse 50%, un faible taux de natalité et une plus forte mortalité continueront de jouer. Les francophones, de plus en plus concentrés au Québec, ou à ses frontières, seront de plus en plus minoritaires.

Sur le plan économique, l'écart entre le Québec et les provinces riches, Ontario, Alberta et Colombie britannique, continuera d'augmenter. Au départ, la tendance naturelle des investisseurs privés est d'aller là où l'activité économique est la plus intense. Le déménagement des sièges sociaux de Montréal à Toronto n'a pas commencé le 15 novembre 1976 et devrait se poursuivre. Le chômage au Québec est toujours de 50% plus élevé qu'en Ontario depuis au moins 1929. Seul le gouvernement fédéral qui dispose, et disposera encore, dans un fédéralisme décentralisé, des principaux leviers économiques, pourra contrer cette tendance. Or cela nécessiterait un réalignement complet de la "National Policy" poursuivie par tous les gouvernements fédéraux depuis 1867. Celle-ci est basée sur le fait qu'un dollar investi dans une région à croissance rapide bénéficie plus à l'ensemble des citoyens du pays qu'un dollar investi dans une région pauvre. Il s'agit par la suite de compenser les déséquilibres régionaux ainsi créés par des formules comme la péréquation ou les programmes de développement économique régional. Le gouvernement fédéral n'a jamais réussi cependant à réaliser une compensation adéquate, comme nous l'avons vu dans le volume 1.

Ne nous illusionnons pas. Le gouvernement fédéral ne veut pas et ne peut pas changer son orientation première. Le poids politique d'une région sur le gouvernement fédéral dépend de son poids démographique et de son poids économique. Alors à ce double point de vue, l'Ontario et l'Ouest seront de plus en plus importants politiquement et électoralement aux yeux de tout gouvernement fédéral comparativement à un Québec ou à des provinces maritimes en déclin.

Il devient ainsi impossible au gouvernement fédéral, par des investissements massifs et des politiques en faveur des régions défavorisées, de contrer la tendance naturelle des investissements dans les régions riches. En retour, cette faiblesse grandissante sur les plans économique et démographique aura tendance à diminuer le pouvoir politique du Québec à Ottawa, qui, contrairement aux Maritimes, constitue le foyer national des francophones du Canada.

Même si, dans un fédéralisme décentralisé, le Québec possédait les principaux pouvoirs en matière culturelle et sociale, ceux-ci ne pourraient permettre de contrer ces tendances fondamentales qui s'exercent dans la même direction depuis plus d'un siècle. Il y a donc le risque que, dans quelques décennies, un Québec plus faible que maintenant ne puisse s'opposer à une nouvelle phase de centralisation des pouvoirs à Ottawa qui serait souhaitée par l'ensemble des autres provinces.

Enfin, sur le plan social et culturel, même s'il possédait les principaux pouvoirs, un Québec bénéficiant de l'assistance sociale fédérale ne pourra réaliser pleinement ses aspirations. La faiblesse structurelle de l'économie du Québec augmente le déséquilibre entre les citoyens et constitue un obstacle de plus sur la voie de l'égalité sociale.

D'autre part, la force de la culture d'une nation dépend des investissements d'énergie et d'argent qu'elle peut y mettre. Il faut se rappeler que l'essor culturel québécois des années soixante s'est produit parallèlement à un élan de fierté nationale et une volonté de prise en charge sur le plan politique et économique. Qu'arrivera-t-il de la culture québécoise si cet élan et cette volonté s'émoussent dans un contexte de dépérissement collectif?

Contrer la centralisation à Ottawa, donner au Québec une souveraineté culturelle et sociale factice et possiblement éphémère, ne pourra suffire aux Québécois bien longtemps! Le problème ne sera pas résolu de cette façon et se posera à nouveau dans quelques années, ou alors il ne se posera plus! Un peuple comme le nôtre a toujours le choix entre deux voies: l'assimilation et l'épanouissement. Après trois cents ans de lutte, parions qu'il choisira la seconde!

Chapitre 4

Eléments dualistes ou confédéraux

Depuis le 15 novembre 1976, quelques propositions nouvelles sont apparues, encore une fois en provenance principalement du Québec. Ces propositions ont cependant reçu peu d'appui, même au Québec.

Gérald Beaudoin, partant du principe de l'égalité des deux nations, propose d'ajouter divers éléments à un système fédéral renouvelé constitué de dix provinces, dans le but de répondre aux besoins des deux sociétés. Emile Colas propose une nouvelle constitution basée sur une quasi-confédération de cinq Etats régionaux fédéraux. Enfin Gérard Bergeron, dans son projet de Commonwealth canadien, propose en fait une quasi-confédération de deux Etats nationaux: le Québec et le reste du Canada.

Il est remarquable de constater que ces auteurs ont cru nécessaire d'emprunter plusieurs éléments d'un régime confédéral ou, si on préfère, de la souveraineté-association, avec toutefois cette différence fondamentale que la souveraineté juridique demeure au niveau de l'Etat central.

Le respect de la réalité canadienne exigerait-il que l'on dépasse le champ étroit du régime fédéral pour sauver "l'esprit du fédéralisme"?

1. Des symboles dualistes

Nous avons précédemment mis en évidence la force du concept des deux nations. C'est une idée dominante au Canada français depuis toujours, que le Canada anglais se refuse généralement à reconnaître, préférant considérer le Québec comme une région bilingue dans un Canada anglophone.

Certains intellectuels anglophones apportent cependant leur appui à la thèse des deux nations. Le "Committee for a new constitution", regroupant des personnalités comme John Harney, Pauline Jewett, Bruce Kidd, John Meisel, Abraham Rotstein, Richard Simeon, Tom Sloan et Melville Watkins, reconnaît le droit du Québec à l'autodétermination, le principe de l'égalité des deux nations, et souhaite une nouvelle constitution définie après négociation entre les deux communautés. Dans l'éventualité où le Québec choisirait la souveraineté-association, le comité pense que le reste du Canada devrait préparer une proposition sur les modalités de l'association.

L'ancien commissaire aux langues, Keith Spicer, prône un Canada à deux sur le plan culturel et linguistique avec droit de veto pour le Québec, et un Canada à cinq sur le plan économique.

Le Maire de Vancouver, M. Jack Vollrich, propose "de répondre aux inquiétudes et aux aspirations du peuple québécois en reconnaissant au Québec son entité nationale et en lui accordant un rôle égal au sein de la Confédération".

John Meisel, politicologue à l'université Queen's, propose certaines réformes des institutions canadiennes pour y inclure des éléments dualistes et constate:

> "La question linguistique, bien que critique, ne constitue qu'une partie du problème. (...) Curieusement, la dimension politique du problème (des deux sociétés) est souvent négligée dans le débat public. Le gouvernement fédéral et les provinces ne sont pas inconscients de la nature politique du problème canadien, mais ils ont été incapables d'y faire face."

M. Gérald Beaudoin, doyen de la faculté de droit de l'université d'Ottawa et membre de la Commission Pépin-Robarts, part du principe de l'égalité des deux nations et préconise un fédéralisme à éléments dualistes. Il constate que le dualisme est déjà présent dans nos institutions depuis longtemps:

- l'alternance aux postes de Gouverneur général, de président du Sénat, d'orateur de la Chambre, où un francophone succède à un anglophone et vice versa;
- la dualité des systèmes de droit privé où le droit civil français s'applique au Québec, et le Common Law britannique dans les autres provinces;

- les droits linguistiques qui reconnaissent l'usage des deux langues dans certaines institutions du Québec et du gouvernement fédéral.

Cependant, tout comme John Meisel, la seule proposition vraiment nouvelle qu'il apporte consiste à transformer le Sénat en une Chambre de représentants des peuples et des régions. Quant à la répartition des pouvoirs, il propose un fédéralisme décentralisé avec un certain statut particulier pour le Québec.

Nous avons eu l'occasion de discuter de cette question de la transformation du Sénat au niveau des propositions plus précises du gouvernement Trudeau. Ce genre de proposition nous semble tout à fait inopérant, à moins de donner de véritables pouvoirs à la nouvelle Chambre Haute ou encore d'introduire le dualisme à la Chambre des communes, là où se prennent en définitive les décisions qui orientent l'avenir des deux peuples.

Gérald Beaudoin affirme que, "dans un Etat fédéral, le dualisme ne peut se refléter de façon absolue dans toutes les institutions comme ce serait le cas, par exemple, dans une confédération de deux Etats indépendants." Fort bien! Mais on se demande à quoi sert de cantonner le dualisme dans des postes ou des organismes sans pouvoirs, sinon pour satisfaire une certaine fierté factice chez les francophones, mais sans rien changer d'essentiel!

On constate encore une fois que le régime fédéral est pris comme un a priori intouchable. Les structures passeraient-elles avant les besoins de la population? Et pourtant M. Gérald Beaudoin se déclarait prêt à ce que le fédéralisme comporte "certains traits confédéraux". Espérons qu'il en arrivera à ne pas limiter ces traits aux détails sans conséquence, pour les étendre à l'essentiel, c'est-à-dire à la façon dont vont être prises à l'avenir les décisions au niveau central. Dans ce cas, sa proposition risque fort de ressembler à celle du politicologue Gérard Bergeron que nous examinerons plus loin.

2. Une quasi-confédération de cinq régions

L'idée de remplacer le système actuel de dix provinces par cinq régions n'est pas nouvelle. Elle a connu un certain succès dans l'Ouest et les Maritimes et reçoit un certain appui du chef du Parti libéral du Québec, et plus récemment du Premier ministre de la Colombie britannique, Bill Bennett. Il s'agit essentiellement de regrouper en deux régions les trois provinces des Prairies et les quatre provinces Maritimes; le Québec, l'Ontario et la Colombie britannique continuant chacune de former à elle seule une région.

Une telle réorganisation correspond déjà à la pratique de plusieurs institutions fédérales ou privées et répond à une certaine réalité économique et culturelle que nous avons mise en évidence précédemment. Elle renforcerait les plus petites provinces face au gouvernement central, permettrait ainsi une expression plus forte du régionalisme et contribuerait à une certaine décentralisation en faveur des régions. Dans les conférences fédérales-régionales, le Québec ne serait plus un gouvernement sur onze, mais un sur six. De plus, le fédéral ne pourrait plus compter sur ces alliés presque inconditionnels que sont les petites provinces dépendant de l'assistance sociale fédérale.

Cependant nous sommes d'accord avec cette évaluation de Gérald Beaudoin:

> "L'idée de regrouper le Canada en cinq grandes régions, pour désirable qu'elle soit en principe, ne semble pas prête à voir le jour. Rien ne nous porte à croire que ce rêve se réalisera. Les Acadiens y sont farouchement opposés au Nouveau-Brunswick. Ils ne sont pas les seuls. On s'y oppose et dans les Prairies et dans les Maritimes."

De plus, cette idée n'est certainement pas suffisante en soi pour assurer dans les faits l'égalité des deux nations, si elle ne s'accompagne pas d'une nouvelle répartition des pouvoirs entre les deux paliers de gouvernements. Autrement le Québec, représentant l'une de ces deux nations, serait tout simplement un peu moins faible dans les conférences fédérales-provinciales. Car il est arrivé très souvent, comme ce fut le cas à la conférence de décembre 1976 sur les questions fiscales, que même l'unanimité de toutes les provinces n'ait pas réussi à renverser des décisions du gouvernement fédéral.

Dans un ouvrage paru il y a quelques mois, le juriste Emile Colas présente une série de propositions intéressantes et détaillées qui pourraient répondre à ces deux objections majeures:

> "Il faut que les Canadiens réalisent que l'on ne peut continuer à réunir autour d'une même table des représentants de gouvernements qui ont des territoires, des populations et des moyens financiers très disproportionnés. Le résultat est désastreux et explique la frustration qui se fait jour régulièrement entre les porte-parole des provinces riches et ceux des provinces défavorisées.
>
> "Cependant l'expérience qui a été tentée de regrouper les provinces Maritimes a jusqu'à présent échoué. Ce n'est que dans l'adversité que les solutions radicales trouvent des candidats. Et la crise constitutionnelle actuelle répond à ces critères. Aussi les territoires actuels des

provinces canadiennes offrent des possibilités considérables. Il suffit de regrouper le Canada en cinq régions ou Etats:

- Etat de l'Atlantique (Terre-Neuve, Nouvelle-Ecosse, Nouveau-Brunswick, Ile du Prince-Edouard).
- Etat de l'Est (Québec).
- Etat du Centre (Ontario).
- Etat de l'Ouest (Manitoba, Saskatchewan, Alberta)
- Etat du Pacifique (Colombie britannique et Yukon)

Ce regroupement reste sujet à des ajustements rationnels. Il faudrait aussi que ce remembrement permette l'absorption des Territoires du Nord-Ouest et du Yukon par les Etats limitrophes.

Comme ces territoires seraient désormais trop grands et trop petits, il y aurait lieu de procéder à la création de fédérations régionales qui pourraient par la suite se regrouper en une confédération nouvelle."

Ainsi par exemple, selon Emile Colas, l'Etat de l'Atlantique, en devenant une fédération régionale, respecterait les différences qui empêchent les quatre provinces maritimes de se regrouper. Dans la nouvelle "confédération", chacune deviendrait une province de l'Etat de l'Atlantique, lequel les représenterait toutes au niveau confédéral. De même, "l'Etat du Québec deviendrait une fédération de régions qui conserveraient leurs caractéristiques propres. Il suffit de connaître le Québec pour apprécier tous les particularismes qui caractérisent chaque région."

Enfin, le problème national spécifique du Québec serait résolu, aux yeux d'Emile Colas, dans le principe de l'égalité des cinq Etats, lesquels seraient largement autonomes dans une "Confédération" les regroupant:

- "Le pouvoir de taxation est entre les mains des Etats qui peuvent abandonner une partie de ce pouvoir à la Confédération.
- "Chaque Etat régional abandonne une partie de sa souveraineté à l'Etat "confédéral" qui ne peut désormais légiférer que dans le cadre de cette souveraineté concédée et reconnue par chaque Etat régional.
- "Tous les citoyens des différents Etats régionaux auraient la nationalité canadienne, il n'y aurait donc qu'une seule citoyenneté. Cela doit assurer la libre circulation des personnes, du capital et des biens au sein de la "Confédération" et, de ce fait, l'économie canadienne ne serait pas détruite. Tout cela pourrait fonctionner dans le cadre d'un marché commun économique où les instances "confédérales" règlementeraient le commerce international et interétatique.
- "Dans le cadre de ces activités, le Canada pourrait définir les tarifs, battre la monnaie, créer et contrôler la banque centrale et les banques privées qui opéreraient sur l'ensemble du territoire de la Confédération, réglementer l'intérêt, les monopoles, les brevets d'invention, les marques de commerce et les droits d'auteur, la faillite commerciale et le transport interétatique.

- "Ce gouvernement "confédéral" devrait aussi définir les pouvoirs requis pour lutter contre le protectionnisme des Etats régionaux et régir la péréquation.
- "Les organismes fédéraux actuels qui oeuvrent en matière culturelle devraient progressivement transférer leurs activités aux organes identiques établis par les Etats régionaux. Cependant, Radio-Canada pourrait être maintenue en autant que cette société de l'Etat "confédéral" assure une programmation bilingue sur l'ensemble du territoire.
- "Un organisme créé par les Etats régionaux pourrait régir l'attribution des ondes, mais les postes privés de radio et de télévision et la câblodistribution seraient du domaine exclusif des Etats régionaux.
- "La "Confédération" posséderait la personnalité internationale mais les Etats membres pourraient participer à toutes négociations afférentes au domaine de leur compétence exclusive."

(extraits de *La troisième voie,* pp. 148 à 150)

Au niveau des organismes centraux du gouvernement "confédéral", on retrouverait selon Emile Colas:

- une Chambre élue suivant le principe un homme, une voix; un Sénat désigné en nombre égal par les Etats régionaux en fonction de leur constitution interne; possiblement une Chambre sociale de représentants des corps intermédiaires; une cour "confédérale".

- les pouvoirs et compétences respectifs des deux Chambres(ou encore des trois Chambres si elles existent) seraient déterminés d'une manière telle que chacune d'elles ait une importance égale tout en possédant des fonctions différenciées.
  Il serait facile de montrer que, de la sorte, seraient écartés radicalement, grâce au tricamérisme, tous dangers de déviation: soit vers la tyrannie du nombre, inévitable si la première Chambre était prépondérante, soit vers l'autarcie des régions, que risquerait de favoriser la seconde Chambre, soit vers un impérialisme spirituel, ou surtout économique, dont la troisième Chambre pourrait devenir l'instrument."

Nous sommes tout d'abord surpris qu'après avoir pris plusieurs pages pour dénoncer le concept de souveraineté-association, M. Colas en arrive à proposer une quasi-souveraineté-association à cinq Etats. L'explication tient probablement au fait que l'auteur, à l'instar du premier ministre fédéral actuel, a une certaine répugnance face à l'idée d'Etat-nation. D'ailleurs, nulle part dans son livre, il ne reconnaît d'existence politique aux deux nations, aux peuples autochtones ou aux minorités, autrement que sur le plan linguistique ou culturel.

Nous pourrions lui faire remarquer que le régime qu'il propose conduirait probablement à long terme à la constitution de cinq Etats-nations, de la même façon que la séparation de l'Allemagne et de l'Autriche dans des structures politiques indépendantes a fini par en faire deux nations différentes. S'il est vrai que la nation socioculturelle appelle très souvent la constitution d'un Etat national ou si on veut d'une nation politique, l'inverse s'est produit également très souvent au cours de l'histoire. L'Etat politique crée à la longue la culture commune, la communauté d'intérêt et la volonté collective de survie et d'épanouissement qui constituent les nations.

Nous tenons toutefois à dire que nous préférons de beaucoup sa proposition à un fédéralisme à éléments dualistes qui s'attacherait à l'accessoire. Elle nous apparaît aller plus profondément au coeur du problème canadien.

Cette proposition permettrait une véritable autonomie des Etats régionaux. Elle rejoint les objectifs d'un fédéralisme véritablement décentralisé sans passer par un détestable statut particulier pour le Québec. Sans aller jusqu'à la souveraineté des Etats régionaux, elle en accorde presque tous les attributs sauf la citoyenneté, la personnalité internationale et la soumission à une constitution qui confie cependant la majorité des pouvoirs aux Etats régionaux. Voilà pourquoi on peut parler de quasi-souveraineté des Etats régionaux et de quasi-confédération pour l'ensemble.*

Il s'agit donc d'un fédéralisme très décentralisé, qui en comporte essentiellement les deux inconvénients majeurs que nous avons soulignés lors de notre étude du fédéralisme décentralisé.

Pour les *Canadiens* (anglais), plus le fédéralisme sera décentralisé, plus les frustrations augmenteront. Ceux-ci, on le sait, veulent un gouvernement central fort, à la limite décentralisé, mais administrativement et non au niveau de la prise de décision des grandes orientations politiques. Il nous semble évident qu'une quasi-confédération de cinq régions irait encore plus à l'encontre des aspirations des *Canadiens* qu'un fédéralisme décentralisé.

Pour le Québec au contraire, un tel régime quasi confédéral offre un peu plus de garanties qu'un simple fédéralisme décentralisé. Mais est-ce suffisant? Les Québécois seraient toujours minori-

---

* Nous utilisons ici la définition normale de confédération, reprise par Gérald Beaudoin, que nous avons donnée à la fin de la première partie. Emile Colas, lui, parle de confédération dans le sens suivant: "la souveraineté appartient à la collectivité composante et non à l'Etat confédéral" (p. 160). Mais dans les faits, il place la souveraineté juridique au niveau de l'Etat central. Il suffit d'analyser son projet de constitution (pp. 150 à 157) pour se rendre compte qu'il s'agit en réalité d'une fédération.

taires au niveau des Chambres et du Sénat de l'Etat central, et ces organismes possèderaient encore les principaux pouvoirs en matière d'économie, de défense et de relations extérieures.

Comme nous l'avons souligné à la fin de l'étude du fédéralisme décentralisé: contrer la centralisation à Ottawa et donner la majeure partie des pouvoirs aux provinces ou aux régions sur le plan social, culturel et de l'aménagement du territoire, n'empêchera pas l'affaiblissement des francophones sur le plan démographique, économique et politique. En retour, ce dépérissement collectif du peuple québécois empêchera son épanouissement, même sur le plan socio-culturel où il serait quasi souverain.

3. Une quasi-confédération de deux nations

Nous en revenons donc à ce problème fondamental qu'un fédéralisme à éléments dualistes ne fait qu'effleurer et qu'une quasi-confédération de cinq régions (ou de dix provinces) ignore presque complètement: comment concilier le principe de l'égalité des deux nations et surtout les aspirations divergentes de deux sociétés bien constituées, avec une structure fédérale* comportant deux niveaux de gouvernements: les provinces, régions ou Etats, et un gouvernement central souverain associant ces provinces, régions ou Etats?

C'est la difficile équation que tente de résoudre le politicologue Gérard Bergeron avec son projet de Commonwealth canadien. Dans un livre publié en 1978, *Ce jour là... le référendum,* il précise que:

"Le Commonwealth nouveau serait fait de l'association d'un Etat du Canada, fédéral et donc décentralisé, et d'un Etat du Québec, unitaire et donc centralisé. La langue officielle serait l'anglais dans le premier Etat, le français dans le second; au niveau du Commonwealth, les deux langues seraient officielles et faisant loi également. Seul le Commonwealth aurait la pleine souveraineté au sens du droit international, avec service diplomatique, armée, douanes, monnaie, divers emblèmes pour la vie internationale. *Toutes les relations avec l'extérieur seraient sous la responsabilité d'organes communs du Commonwealth."*

---

* Nous nous poserons la même question au sujet des structures confédérales ou, si on veut, des régimes de souveraineté-association, dans la troisième partie de ce volume.

Dans ce projet, le Commonwealth n'aurait que les pouvoirs qui lui seraient expressément attribués par la Charte d'association, c'est-à-dire:

- la réglementation générale des politiques monétaire, douanière et fiscale;
- la supervision d'une Banque du Commonwealth frappant une monnaie commune pour les deux Etats;
- la perception des frais de douane; les revenus nécessaires aux financement des organismes communs seraient complétés au besoin par des fonds provenant des deux Etats;
- le commerce international et interne entre les deux Etats;
- toutes les relations internationales, les services diplomatiques et l'armée;
- la planification économique et démographique indicative et incitative qui devrait être adoptée et appliquée par les deux Etats;
- le maintien de l'équilibre démographique entre les deux Etats;
- la liaison des différentes forces policières et possiblement d'autres compétences que les deux Etats conviendraient de lui confier.

Les représentants à l'Assemblée du Commonwealth ou "Diète" seraient élus sur une base régionale avec un coefficient de sur-représentation des régions faibles; les représentants de l'Etat du Québec devant constituer au moins 30% des membres.

Le Conseil directorial (ou Conseil des ministres) serait élu par la Diète et aucun groupement du Conseil et de la Diète ne détiendrait de droit de veto ou de pouvoir d'empêcher. Un tribunal du Commonwealth (Cour suprême) aurait la responsabilité des questions constitutionnelles et de la protection des droits des minorités dans les deux Etats.

Il nous faut qualifier ce projet de quasi-confédération, puisque la souveraineté juridique demeurerait au niveau du Commonwealth. Cependant, à part cette distinction majeure, cette proposition est très proche de la souveraineté-association: le pouvoir réside d'abord au niveau de chacun des deux Etats qui délèguent une partie de leurs compétences à l'organisme central de même que les fonds nécessaires pour les assumer.

Du point de vue du Québec, cette proposition offre plus de garanties que les autres que nous avons examinées jusqu'à maintenant. En plus des pouvoirs en matière culturelle, sociale et quant à l'aménagement du territoire, le Québec obtiendrait une bonne partie des pouvoirs sur le plan économique, sauf au niveau d'une union douanière et monétaire qui serait administrée par le Commonwealth. Cependant, il demeurerait minoritaire dans les décisions touchant aux compétences conjointes en matière économique. Il le serait également dans les relations avec l'extérieur qui seraient entièrement de la responsabilité du Commonwealth. Ce dernier point est donc en deçà des propositions de fédéralisme décentralisé où nous avons vu que les provinces assumeraient leurs relations extérieures dans tous les domaines relevant de leurs compétences.

Du point de vue des *Canadiens* (anglais), contrairement à la proposition d'Emile Colas ou du fédéralisme décentralisé (avec ou sans statut particulier), le reste du Canada pourrait se donner un régime fédéral conforme à ses aspirations. L'Etat du Canada pourrait être centralisé politiquement, mais décentralisé administrativement au niveau des neuf provinces, regroupées ou non en quatre régions. Cet Etat du Canada pourrait plus facilement s'organiser à sa guise sans le Québec comme problème supplémentaire. Il posséderait la majeure partie des compétences étatiques et se coordonnerait avec le Québec uniquement pour les questions d'intérêt commun, au sein d'un Commonwealth où il serait majoritaire.

Dans une critique détaillée parue dans le Devoir du 4 octobre 1977, le professeur Donald Smiley reconnaît ces avantages et affirme que cette proposition constitue "un projet beaucoup plus réaliste que ceux de "scholars" comme Horowitz et Thorburn qui croient que les provinces à majorité anglophone pourraient se fusionner en un système quasi unitaire".

Cependant, il considère que ce projet "conduirait à un mode de gouvernement inefficace" qui "se ferait sentir bien davantage au Canada qu'au Québec parce que le système canadien serait organisé en un fédéralisme à trois niveaux".

Nous pouvons difficilement accepter ce jugement global, si nous comparons ce régime à celui de la Communauté économique européenne que nous étudierons un peu plus en détail par la suite. La CEE regroupe des Etats unitaires comme l'Angleterre ou la France, et des Etats fédéraux comme l'Allemagne. Cette dernière se trouve donc dans une situation analogue à celle où serait placé le Canada anglais dans le Commonwealth canadien, ce qui ne l'empêche pas de tirer grand parti de la Communauté économique européenne et même d'en souhaiter le renforcement.

Dans les exemples que donne le professeur Smiley cette inefficacité viendrait de trois sources essentielles:

- "Les autorités du Commonwealth, à l'inverse du gouvernement fédéral actuel n'auraient presque pas de pouvoir d'intervention autour de la plupart de ces nouvelles questions internationales". Autrement dit, dans le domaine agroalimentaire, l'Etat du Canada, après concertation avec ses provinces, devrait passer par le Commonwealth pour assumer ses compétences extérieures en matière agricole, ce qui poserait d'énormes problèmes administratifs.

- Inversement, on ne voit pas, s'il est vrai comme le prétend Bergeron que "la biculturalisation de notre politique étrangère a été une demi-fraude, pour quelle raison un Commonwealth soumis dans ce domaine à la même majorité anglophone se sensibiliserait davantage au monde francophone".

- Il semblerait impossible "d'obtenir même une parcelle de coordination des politiques fiscales et monétaires (...). Les autorités du Commonwealth auraient encore moins d'influence que le gouvernement central actuel pour faire diminuer les restrictions qu'imposeraient les gouvernements des Etats constituants sur la libre circulation des personnes, des biens et du capital".

Cette dernière objection nous semble devoir être rejetée.* D'une part, au sein de l'Etat du Canada, le gouvernement central se verrait très certainement attribuer la majeure partie des compétences et pourrait très certainement disposer encore plus que maintenant, de tous les moyens d'action nécessaires face aux neuf provinces anglophones. D'autre part, entre le Canada et le Québec, on suppose que la Charte d'association serait suffisamment précise pour pallier à ces problèmes, comme c'est le cas dans les marchés communs ailleurs dans le monde. Le tribunal du Commonwealth devrait également avoir toute l'autorité nécessaire pour faire respecter la Charte d'association.

Quant aux deux premières objections, nous les endossons sans réserve et nous pourrions multiplier les exemples de ce genre. En particulier, le Québec ne pourrait participer directement à des

---

* Une critique détaillée de ce genre d'objection nécessiterait d'entrer dans le détail des mécanismes d'association économique entre Etats souverains. Nous y reviendrons dans la troisième partie de ce volume.

programmes internationaux dans les domaines de l'éducation et des affaires culturelles, ni être représenté directement dans les organismes internationaux correspondants sans passer par un Commonwealth majoritairement anglophone.

On ne peut confier la majorité des pouvoirs à chacun des deux Etats et faire ensuite passer toutes les relations extérieures par le Commonwealth. Pour le Canada anglais, ce serait un régime complètement inefficace. Pour le Québec, ce serait non seulement inefficace mais stérilisant. On enfermerait le Québec sur lui-même, comme c'est le cas actuellement, en lui enlevant toute personnalité internationale.

La solution est pourtant simple! Il faut donner à chacun des deux Etats la responsabilité de ses relations extérieures dans tous les domaines relevant de sa compétence, comme le proposent les partisans d'un fédéralisme décentralisé. Cela signifie que le Commonwealth pourrait avoir une personnalité internationale, mais uniquement dans les questions relevant de sa compétence comme les douanes ou la monnaie.

Dans cette optique, puisque la majorité des relations extérieures seraient assumées directement par l'Etat du Canada ou l'Etat du Québec, on se demande pourquoi, dans le projet de Gérard Bergeron, "seul le Commonwealth aurait la pleine souveraineté au sens du droit international avec service diplomatique, etc." Au contraire, il serait complètement inacceptable que le Québec et le Canada s'occupent chacun de leurs propres relations internationales sans se donner les outils administratifs (services diplomatiques) et la personnalité juridique (souveraineté) pour le faire. On peut sans peine imaginer toutes les difficultés juridiques et autres qui pourraient se présenter quand on regarde la quasi-impossibilité pour le Québec actuel à se faire admettre dans presque tous les organismes internationaux, sans l'accord du gouvernement fédéral, même dans les domaines relevant de sa propre compétence.

Ce n'est donc pas uniquement pour "avoir pignon sur la rue des Nations unies" ou "voir flotter le fleurdelisé aux mâts de la Bienvenue internationale" que la souveraineté juridique est nécessaire, d'ailleurs autant à l'Etat du Canada qu'à celui du Québec.

Comme l'affirme le professeur Smiley "si le projet de Bergeron était mis en vigueur, le Québec et le Canada deviendraient, dans une courte période de temps, tellement frustrés de ces arrangements qu'ils s'en débarrasseraient pour conclure de nouveaux arrangements où chacun aurait une souveraineté sans entraves".

En somme, le projet de Commonwealth canadien pourrait au mieux, avec quelques ajustements, servir de régime transitoire vers une vraie association d'Etats souverains ce qui n'est toutefois pas nécessaire puisqu'il est possible de passer directement d'une association de type fédéral à une association d'Etats souverains.

Chapitre 5

Il faut une autre approche

Nous avons fait un tour d'horizon des principales propositions visant à renouveler le fédéralisme canadien. La plupart ne sont pas nouvelles et datent du grand débat des années soixante, quand ce n'est pas depuis le tout début de la Confédération.

La récolte s'avère assez décevante si on excepte quelques nouvelles propositions provenant de professeurs d'université depuis le 15 novembre 1976. Nous pensons toutefois que la plupart des avenues possibles sont représentées dans les pages qui précèdent. Pourtant aucune ne donne vraiment satisfaction. Faudra-t-il se résoudre à choisir le moindre mal ou serait-ce que, fondamentalement, le régime fédéral est mal adapté à la réalité canadienne?

Nous allons résumer notre argumentation à ce sujet.

1. Des principes de base mal conciliés

Dans les chapitres précédents, nous avons mis en évidence sept options fédéralistes principales. Dans le chapitre 2, nous avons constaté que, parmi les "fédéralistes fonctionnels", il y a opposition entre le concept d'un Canada bilingue de Pierre Elliot-Trudeau et l'opinion dominante du "One Canada" au Canada anglais. Dans le chapitre suivant, nous avons distingué deux types de fédéralisme décentralisé. Enfin, nous venons d'examiner trois options "nouvelles" qui comportent des éléments dualistes ou des éléments confédéraux.

Le tableau suivant résume notre évaluation de ces options en regard des principes mis en évidence à la fin de la première partie.

TABLEAU 1
Schéma des options fédéralistes

Principes / Options	(1) Droits individuels	(2) Egalité des deux nations	(3) Autonomie régionale
IA Fédéralisme fonctionnel à éléments dualistes (P. E.-Trudeau)	Charte des droits dans la Constitution	sur le plan linguistique seulement	faible, uniquement administrative avec concertation
IB Fédéralisme fonctionnel sans égalité linguistique (J. Richardson, J. Diefenbaker)	idem	au Québec seulement	faible, uniquement administrative avec concertation
IIA Fédéralisme décentralisé et égalité des prov. (R. Biron)	idem	Egalité de principe seulement	Moyenne: plus de pouvoirs aux provinces
IIB Fédéralisme décentralisé avec statut particulier (C. Ryan)	idem	idem	moyenne pour certaines provinces, faible pour les autres
IIIA Fédéralisme décentralisé à éléments dualistes (G. Beaudoin, K. Spicer, J. Meisel)	idem	Egalité de principe plus certains symboles	moyenne pour le Québec, un peu moins forte pour les autres
IIIB Quasi-confédération de 5 régions (E. Colas, K. Spicer)	idem	Egalité de principe	forte
IIIC Quasi-confédération de deux nations (G. Bergeron, A. Rotstein)	idem	Quasi-égalité politique	forte pour le Québec, moyenne ou faible pour les autres

* Les points d'interrogation ne signifient pas que nous doutons que les partisans de l'option aient une opinion sur le sujet, mais tout simplement que ceux-ci n'en ont pas exprimé dans les écrits que nous avons consultés.

(4) o-détermination s autochtones	(5) Egalité et statut spécial des minorités angl. et fran.	(6) Support aux groupes ethniques	(7) Support des classes populaires	(8) Efficacité dans l'association
Statu quo	Droits linguistiques dans Constitution et Cour suprême	Multi-culturalisme		Beaucoup de chevauchements, rôle différent des deux paliers de gouvernement
Statu quo	Statu quo	idem	?*	idem
?	Droits linguistiques dans Constitution et Cour sup.	?	?	Peu de chevauchements
?	idem	?	?	Peu de chevauchements, complexité des relations au niveau fédéral
?	idem	?	?	idem
?	idem	?	Faible, Chambre sociale.	Peu de chevauchements, efficacité centrale faible
?	idem	?	?	Peu de chevauchements, efficacité des 2 Etats sauf relations extérieures

On constate, à partir de ce tableau schématique, que des questions comme l'autodétermination des autochtones, le support aux groupes ethniques et aux classes populaires sont à peu près absentes du débat actuel, ce qui ne signifie évidemment pas que personne n'a de préoccupations à ce sujet. Certaines de ces préoccupations se reflètent dans une proposition presque unanime à l'effet d'inclure dans la nouvelle Constitution une Charte des droits et libertés fondamentales. C'est également de cette façon que l'on espère améliorer le sort des minorités francophones au Canada anglais et de la minorité anglo-québécoise. Nous trouvons bien sûr ces propositions insuffisantes.

Il n'est pas surprenant de voir que presque tous les néo-fédéralistes expédient le problème des minorités autochtones, francophones et anglophones au niveau d'une Charte des droits. Pour que la survie et l'épanouissement de ces minorités se réalisent dans les faits, il faudrait aller plus loin et leur consentir des organes politiques leur permettant d'assumer une partie de leur avenir et de défendre leurs droits fondamentaux. Or, de tels organismes sont presque incompatibles avec les juridictions provinciales et fédérales. Par exemple, sur le plan scolaire, le gouvernement fédéral actuel voudrait bien intervenir, mais l'éducation relève des provinces. D'autre part, transférer cette juridiction au fédéral reviendrait à remettre une bonne partie de l'avenir linguistique du Québec entre les mains de la majorité anglophone.

Il en est de même des citoyens qui recherchent l'évolution vers un nouveau système socio-économique bâti dans l'intérêt des classes populaires. Confrontés à la même tradition libérale tenace qui refuse les aspects collectifs des libertés individuelles, aux prises avec deux niveaux de gouvernements dont il faut transformer les orientations, empêtrés dans les juridictions concurrentes et contradictoires qui font qu'un progrès à un niveau peut être compensé par un recul à l'autre, comment pourraient-ils imposer un nouveau projet social?

Il existe cependant un dynamisme émotif inhérent à la question nationale qui, actuellement, accapare le gros des énergies et se heurte à un mur solide. Ce dynamisme constitue une force en réserve pour les lendemains de l'autodétermination politique, en vue de l'autodétermination sociale et économique des Québécois comme des Canadiens. C'est ce que démontrent James et Robert Laxer dans leur récent ouvrage, *Le Canada des libéraux*.

Finalement, les différentes options néo-fédéralistes se distinguent par la façon dont elles comptent respecter et concilier trois principes majeurs:

- l'égalité des deux nations
- le respect de l'autonomie provinciale ou régionale
- l'efficacité du régime d'association.

Or ces principes, nous l'avons constaté, sont impossibles à concilier au Canada dans un régime fédéral. Cela tient principalement aux besoins et aspirations différents des deux nations et des diverses régions qui sont et seront toujours largement contradictoires.

Comme nous allons le démontrer, l'efficacité d'un régime fédéral est maximale, à certaines conditions, dans une conception fonctionnelle du fédéralisme. Pour satisfaire ces conditions, il faudrait abandonner l'idée de l'égalité des deux nations.

2. Le vrai Canada: deux nations et cinq régions

Le problème fondamental du fédéralisme canadien est qu'il fonctionne, tantôt à l'unitaire, tantôt en s'appuyant sur ces dix entités que sont les provinces. Or le Canada véritable est essentiellement à deux nations ou à cinq régions.

Il y a d'abord deux nations, sans compter les peuples autochtones, qui ont chacune des besoins et des aspirations à la fois semblables et divergents, qui ont toujours constitué le trait dominant des relations politiques à l'intérieur de la Fédération canadienne. On aura beau, au Canada anglais, souhaiter un fédéralisme fonctionnel qui ne tienne pas compte de cette réalité, les faits sont têtus et ils feront continuellement resurgir le problème, et avec de plus en plus d'acuité à mesure que la position des francophones se dégradera.

Les *Canadiens* ont minimisé les aspirations des Québécois à l'égalité de ces deux nations. On reconnaît tout au plus que le Québec, en tant que province "pas comme les autres", a droit à un statut spécial limité au plan linguistique et, à la rigueur, au plan culturel. Autrement dit, le Québec a droit au bilinguisme dans un Canada essentiellement anglophone. Mais on pense qu'il n'est qu'une des dix provinces ou une des cinq régions du pays, égale aux autres en principe.

On oublie presque à quel point la thèse de l'égalité des deux nations fait l'unanimité au Québec comme le constatait la Commission Laurendeau-Dunton dès 1965. Tout sondage chez les francophones du Québec donnerait certainement un pourcentage de 90% en faveur de l'égalité des deux nations. Tous les fédéralistes québécois ou presque tentent, de différentes façons, de concrétiser ce principe d'une façon ou de l'autre.

Récemment, devant le Club Richelieu de l'Outaouais, même le sénateur Jean Marchand, ex-bras droit du Premier ministre Trudeau, déclarait partager "98% de l'idéal des indépendantistes sauf leur moyen ultime": "Je trouve épouvantable, dit-il, qu'on n'avance pas plus vite dans les programmes de bilinguisme, je trouve épouvantable qu'on n'ait pas réglé le problème des Gens de l'air. Cela prouve qu'on s'est illusionné sur le Canada, qu'on l'a crû bâti et qu'il ne l'était pas." (Le Devoir, 11 mai 1978). Plus tard, en juin, il déclarait que sur le plan émotionnel il était d'abord et avant tout québécois et que, quant au Canada: "on ne peut ressentir d'attachement pour un arrangement administratif". Voilà un sentiment que partagent la majorité des Québécois!

Le Premier ministre Trudeau lui-même déclarait le 26 mai 1978 que les *Canadiens* sont trop obtus pour comprendre le fait français au Canada. Il se voyait obligé d'introduire certains éléments dualistes dans son projet de réforme constitutionnelle. Qu'on ne soit pas surpris du fait que les Québécois votent Trudeau à Ottawa et Lévesque à Québec! Comme le disait récemment notre collègue Gérald Godin: "Les Québécois veulent une ceinture à Québec et des bretelles à Ottawa pour tenir leur pantalon"! Ils commencent cependant à douter qu'un "pettage de bretelles" à Ottawa ne donne jamais grand chose!

La plupart des néo-fédéralistes voient la solution, cependant, du côté d'un transfert massif de compétences du fédéral aux provinces ou du moins à Québec, de façon à doter leur gouvernement national des pouvoirs nécessaires pour orienter l'avenir du peuple québécois. C'est là la position traditionnelle de tous les gouvernements québécois depuis Mercier et on constate, face à ce problème de l'autonomie régionale, que le Canada n'est pas un Canada à dix mais à cinq ou plutôt à un-plus-quatre. La forme que devrait prendre cette autonomie diffère d'une région à une autre, mais au Québec, elle est radicalement différente. On désire au moins une décentralisation *politique* qui permettrait, grâce aux pouvoirs accrus de l'Etat national, de s'approcher d'un statut d'égalité avec l'autre nation. Dans les autres régions, par contre, on ne désire pas trop affaiblir le pouvoir de l'Etat central, considéré comme Etat national.

Dans les provinces de l'Atlantique, la dépendance est telle que l'on souhaiterait même donner plus de pouvoirs à l'Etat central pour qu'il puisse vraiment redistribuer les richesses du pays. En

Ontario, on est généralement satisfait, mais on souhaiterait une concertation plus grande du fédéral avec les provinces et une meilleure distribution des rôles pour améliorer l'efficacité du système. Dans l'Ouest et en Colombie britannique, on voudrait avoir la possibilité de peser plus fortement sur les décisions du gouvernement fédéral pour contrebalancer l'influence de l'Ontario. D'ici là, on désire sauvegarder l'autonomie provinciale actuelle pour se prémunir contre cette influence prépondérante de l'Ontario.

Ainsi, chacune des régions à majorité anglophone désire une plus grande concertation et une démarcation plus nette des rôles. Le fédéral doit planifier, coordonner et décider des grandes orientations politiques dans tous les secteurs de la vie politique. Cependant, les "décentralisateurs" anglophones voudraient, contrairement aux "centralisateurs", que les provinces ou les régions puissent orienter ces grandes politiques et surtout les administrer, en fonction de l'intérêt régional. Contrairement au Québec, dont l'objectif de décentralisation politique tend vers l'égalité des deux nations, les quatre régions anglophones, malgré leurs traits distinctifs, recherchent au mieux une *décentralisation administrative* dans un fédéralisme de concertation.

3. Le Québec: obstacle à un fédéralisme fonctionnel

Dans le cadre d'un système fédéral, nous soutenons que la domination de l'une ou l'autre de ces tendances accroît l'inefficacité du système et les tensions qui en résultent.

Dans la première partie, nous avons mis en évidence la nécessité d'une association des deux majorités, des minorités historiques et des régions qui constituent l'ensemble canadien. Cette association se doit d'être efficace tout en répondant aux aspirations diverses. Cette efficacité est liée:

- à la possibilité pour les organismes centraux d'assurer la concertation des diverses composantes;
- à la possibilité pour les organes locaux d'assurer la satisfaction des besoins de chaque composante en fonction de ses caractéristiques propres;
- au coût, qui doit être le plus faible possible, de la réalisation de ces deux fonctions principales.

Or actuellement, le régime fédéral est tel que les deux paliers de gouvernement tentent de jouer tous les rôles. Cette concurrence néfaste se fait sur le dos du citoyen qui, comme on l'a vu dans le volume 1, doit en subir les nombreuses conséquences négatives en termes de chevauchements, d'incohérence gouvernementale et de gaspillage financier.

Le vice fondamental du fédéralisme canadien actuel consiste en ce que chaque niveau de gouvernement tente de jouer le rôle de l'autre, pour des raisons qui tiennent beaucoup plus à l'antagonisme entre les deux nations, qu'à l'intérêt régional ou à l'appétit de pouvoir naturel des deux niveaux de gouvernement. Le gouvernement fédéral veut créer une seule société, à la limite bilingue. Pour cela, il a besoin de se rapprocher des citoyens, d'exprimer leurs besoins, en somme d'être présent au Québec, et donc dans les autres provinces, à la manière d'un gouvernement provincial. Le Québec veut atteindre un statut d'égalité avec l'autre société et, pour cela, il a besoin de jouer le rôle de concertation générale du gouvernement fédéral sur son propre territoire.

Voilà pourquoi la grande majorité des affrontements constitutionnels se font entre le gouvernement du Québec et le gouvernement fédéral et très rarement avec les autres provinces. Voilà pourquoi les autres provinces, l'Ontario en tête, souhaitent l'avènement d'un fédéralisme fonctionnel où l'administration serait décentralisée, après que les décisions globales aient été prises au niveau fédéral, en concertation avec les provinces. On propose donc d'étendre considérablement les champs de juridiction partagée, non pas pour augmenter les chevauchements, mais pour permettre à chaque niveau de gouvernement de jouer son véritable rôle dans chaque secteur de la vie collective.

Cette orientation de fond ne date pas d'hier. La Commission Rowell-Sirois, en 1937-40, soulignait:

> "La dualité administrative est inévitable, là où s'exerce une juridiction commune, partagée et contentieuse, caractéristique des Etats fédérés, et qui tend à s'accroître sous l'influence de la complexité et de la solidarité grandissantes de la société moderne. Dans de tels domaines, l'efficacité et l'harmonie administratives dépendent d'une certaine bienveillance, de l'esprit de conciliation, ainsi que d'une coopération sincère et agissante des gouvernements en cause, au point de vue politique et administratif. Ces conditions sont difficiles à obtenir, plus encore à maintenir. (...)

> "Les faits démontrent que, dans une fédération telle que le Dominion du Canada, le gaspillage et les ajustements défectueux sont inévitables jusqu'à un certain point, même si la coopération et l'unité peuvent être maintenues à un très haut degré entre les divers gouvernements. Les administrations doivent donc s'efforcer de confiner le gaspillage à l'inévitable."

Ce problème a pris des proportions qui ne sont aujourd'hui conciliables ni avec les principes les plus élémentaires de la bonne administration de la chose publique, ni avec l'harmonie et la "transparence" des relations des citoyens avec l'Etat.

Or cette "coopération sincère et agissante des gouvernements en cause" et cette "unité maintenue à un haut degré entre les divers gouvernements" va à l'encontre des intérêts supérieurs des Québécois. C'est ce que confirme toute l'histoire des relations fédérales-provinciales depuis 1867. La nation québécoise ne peut laisser la maîtrise de son avenir, au niveau des grandes décisions politiques, à un gouvernement où elle sera de plus en plus minoritaire.

Autrement dit, un fédéralisme fonctionnel est possible et souhaitable pour les *Canadiens,* mais pas pour le Québec.

4. *L'accroissement de l'inefficacité*

Fidèles à cette ligne de pensée qui vise à l'égalité des deux nations, les néo-fédéralistes québécois proposent deux directions principales qui d'ailleurs se complètent: introduire des éléments dualistes au niveau fédéral et décentraliser des pouvoirs vers les provinces ou du moins vers le Québec. Nous classifions ces options (figure I) par ordre croissant de dualisme (de haut en bas) ou de décentralisation (de gauche à droite).

Figure 1

Classification des options néo-fédéralistes

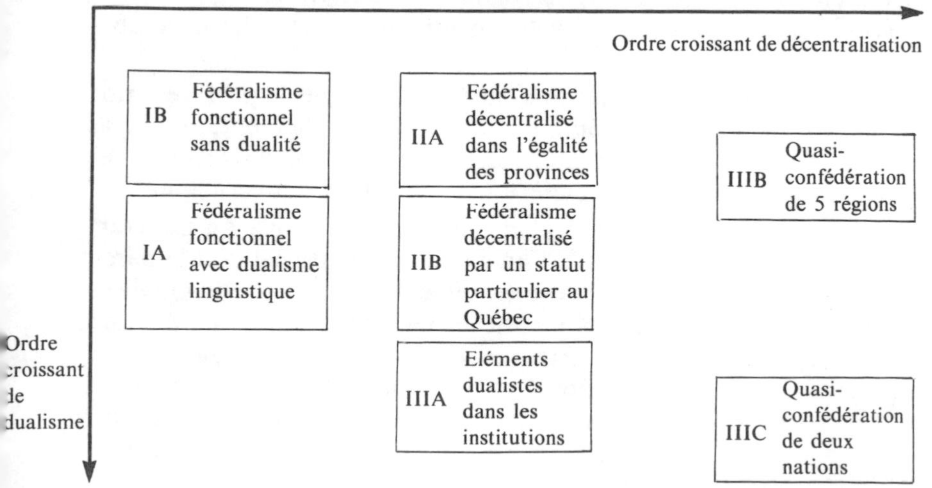

Ces options, comme nous l'avons démontré, sont insuffisantes pour la nation québécoise, mais en même temps, elles imposent au Canada anglais un fardeau que celui-ci juge, avec raison, trop élevé.

a) La dimension dualiste

Considérons d'abord l'introduction d'éléments dualistes au niveau des institutions fédérales. Le Gouvernement Trudeau (IA) propose de reconnaître le principe de l'égalité linguistique dans la constitution et prévoit une double majorité au Sénat, de la part des représentants francophones d'une part, et anglophones d'autre part, sur les questions linguistiques. Un tel vote du nouveau Sénat ne pourrait que suspendre pour deux mois une loi du Parlement fédéral. On augmente légèrement la dualité à la Cour Suprême. Gérald Beaudoin (IIIA) souhaiterait probablement étendre cette dualité et propose de l'ajouter à un fédéralisme décentralisé avec un certain statut particulier pour le Québec. Ce statut particulier (IIB) implique d'ailleurs, au niveau du comportement des députés québécois à Ottawa et de l'administration courante, un certain degré supplémentaire de dualisme, par rapport à l'option Trudeau. La proposition Bergeron (IIIC) pousse à la limite celle de Gérald Beaudoin en basant toute la structure politique sur la dualité.

Pour le moment, hormis cette dernière, ces propositions ne vont pas très loin. Pour qu'elles soient significatives, il faudrait faire intervenir des éléments dualistes dans la prise des décisions au Parlement fédéral. Par exemple, on pourrait déterminer un certain nombre de questions vitales pour le Québec, où les députés francophones, provenant à 90% du Québec et les députés anglophones, provenant à 90% des autres provinces, pourraient se prononcer séparément, comme au temps du régime d'Union de 1840 à 1867, ou encore opposer un droit de veto suivant le principe de la double majorité.

D'une part, on pourrait prétendre que la ligne de parti rendrait ce mécanisme inopérant comme c'est le cas actuellement, alors que tous les députés du parti majoritaire, qu'ils soient anglophones ou francophones, se rangent derrière la proposition gouvernementale.

D'autre part, si le mécanisme devenait efficace, on pourrait évoluer vers deux parlements, l'un francophone perpétuant la paralysie mutuelle par sa concurrence avec le gouvernement du Québec, et l'autre anglophone coordonnant les neuf autres provinces. A ce compte, il vaudrait mieux carrément éliminer la partie francophone du Parlement fédéral et adopter un fédéralisme fonctionnel dans les autres provinces, ce qui nous ramène à la proposition Bergeron.

Avant de pousser le dualisme trop loin, on aurait intérêt à examiner l'expérience belge où la tradition de dualisme est solidement établie entre deux communautés, par contre, presque égales numériquement. Le nouveau régime belge superpose aux instances locales (quelques 200 communes, une cinquantaine de départements ´ et une quinzaine de provinces) trois types d'institutions centrales:

- trois régions socio-économiques: Wallonie (francophone), Flandres (néerlandophone) et Bruxelles (bilingue);
- deux Conseils culturels formés des députés au parlement de l'une ou l'autre culture;
- les ministères du gouvernement central dont certains sont dédoublés en fonction des deux communautés ou des trois régions.

Déjà, il ne semble pas qu'un tel régime puisse réduire les tensions dans la société belge, et sa complexité est largement dénoncée comme source supplémentaire d'inefficacité qui, à son tour, aggrave les tensions.

Le régime fédéral canadien est déjà suffisamment infructueux sans que l'on vienne y ajouter de nouvelles institutions dualistes qui en augmenteront l'inefficacité sans résoudre le problème de fond.

b) La dimension de la "décentralisation"

Si l'on considère maintenant l'objectif de décentralisation politique, on constate que la liste des pouvoirs de juridiction exclusive des provinces doit être importante pour satisfaire les revendications traditionnelles du Québec (IIA). Elle l'est encore plus dans la quasi-confédération de cinq régions proposée par Emile Colas (IIIB). Or une telle décentralisation, en réduisant les compétences fédérales à quelques secteurs exclusifs ou partagés, l'empêchera de jouer son rôle de concepteur et de coordonnateur entre les provinces canadiennes.

Il est à prévoir que l'efficacité de l'ensemble en serait diminuée de façon inacceptable pour le Canada anglais. On verrait alors apparaître, à la place des quelques 500 comités actuels réunissant le fédéral et les provinces et dont le nombre serait réduit, de nouveaux organismes de coordination entre toutes ou quelques-unes des provinces anglophones, au détriment bien sûr des plus faibles d'entre elles. On se retrouverait alors avec trois simili-niveaux de gouvernements dont l'un, l'interprovincial, serait mal coordonné.

Par exemple, qu'adviendrait-il du secteur de la main-d'oeuvre? Une politique cohérente de main-d'oeuvre est vitale pour toute société. Il s'agit essentiellement de l'adéquation des ressources humaines avec les tâches nécessaires au bon fonctionnement de la société. Cela demande une liaison étroite avec la politique de développement économique, avec les conditions de travail et avec l'éducation en ce qui concerne la formation professionnelle et le recyclage de la main-d'oeuvre.

Dans un fédéralisme décentralisé, et encore plus dans une quasi-confédération de régions ou de provinces, la main-d'oeuvre relèverait presque en entier des provinces, mais il faudrait des organismes représentant à la fois les gouvernements central et provinciaux pour coordonner ce secteur avec les politiques de développement économique du gouvernement central. Cependant, à l'intérieur du secteur de la main-d'oeuvre, les provinces anglophones, contrairement au Québec, voudraient probablement développer des programmes favorisant la mobilité de la main-d'oeuvre d'une province à l'autre et mettraient sur pied un organisme interprovincial à cet effet qui devrait travailler en accord avec chaque province et avec le fédéral. Inutile de dire que le Québec n'a aucun intérêt, quant à lui, à favoriser l'assimilation de ses citoyens par une émigration massive dans les provinces anglophones. Il aurait donc ses propres programmes de mobilité à l'intérieur du Québec.

En fait, on constate que l'introduction d'éléments dualistes qui seraient opérants ou encore une décentralisation des pouvoirs trop forte au niveau des provinces, accroissent l'inefficacité du système pour le Canada anglais. Ce n'est donc pas simplement à cause d'une incompréhension du Québec que les *Canadiens* s'opposent et continueront de s'opposer à ces revendications des fédéralistes du Québec.

Passé un certain seuil de dualisme et de décentralisation, l'inefficacité croît à un point tel que, de ce simple point de vue, une association d'Etats souverains devient préférable.

5. Une autre approche est nécessaire

En fait, on constate que le fédéralisme s'adapte mal à la réalité canadienne. Cela ne signifie aucunement que le fédéralisme en soi est condamné à l'échec. Cela signifie plutôt que tous les systèmes politiques ne sont pas tous adéquats dans toutes les situations.

Nous ne sommes aucunement opposés au fédéralisme par principe. Au contraire, nous pensons même que le Québec pourrait éventuellement se doter d'un régime fédéral pour mieux accommoder sa propre diversité régionale et de façon à rapprocher le pouvoir politique du citoyen, si la population venait à atteindre les vingt millions dans quelques décennies.

Comme l'a déjà souligné Jacques Brossard, le problème vient du fait que "le Québec est le seul Etat fédéré *au monde* qui concentre sur son territoire la quasi-totalité de l'un des deux groupes nationaux, réunis par une même fédération, cependant que l'autre groupe est non seulement majoritaire au sein du gouvernement central mais contrôle tous les autres Etats membres":

- la plupart des autres fédérations (Australie, Allemagne, Etats-Unis, Autriche et plusieurs pays d'Amérique latine) sont ethniquement et culturellement homogènes;
- dans trois fédérations, on retrouve deux ethnies:
  — en Suisse, les deux principaux groupes (90% de la population) contrôlent 19 et 5 cantons respectivement, sur un total de 27;
  — au Cameroun, francophones et anglophones contrôlent chacun leur Etat, mais on retrouve dans chacun une diversité d'ethnies et de langues maternelles;
  — en Malaisie, la situation ressemblait un peu au Québec. L'Etat de Singapour, à 80% d'origine chinoise, différait des autres Etats dont les citoyens sont d'origine polynésienne, jusqu'à ce que Singapour quitte la Fédération;
- dans les autres fédérations, on retrouve plusieurs groupes ethniques:
  — l'Inde est relativement homogène sur le plan ethnique mais comporte plusieurs groupes linguistiques;
  — l'U.R.S.S. et la Yougoslavie comprennent plusieurs groupes ethniques et culturels, lesquels disposent pour la plupart de leur propre Etat membre de la Fédération;
  — le Nigeria comporte également plusieurs ethnies dont le peuple Ibo, concentré dans l'Etat du Biafra, et dont la tentative de sécession a été réglée comme on sait;
- les autres Etats polynationaux sont tous unitaires et ne disposent pas comme le Québec d'un territoire politiquement délimité et d'un gouvernement autonome. Il est possible que la Belgique poursuive son évolution vers un régime fédéral, mais alors les deux ethnies auront chacune leur Etat.

Ainsi donc, le cas du Québec dans la Fédération canadienne est unique. Le seul cas vraiment ressemblant a amené Singapour à quitter la Fédération de Malaisie.

Si le Canada n'était formé que de provinces anglophones comme l'Australie ou les Etats-Unis, un simple aménagement du fédéralisme suffirait. A l'opposé, si deux ou trois provinces canadiennes étaient demeurées francophones, ou encore si une troisième ou une quatrième nation contrôlait une ou plusieurs provinces, un équilibre pourrait s'établir.

La dualité canadienne et le déséquilibre entre les deux nations rend toute solution fédérale inadéquate pour l'une comme pour l'autre. Il faut donc une autre approche!

Sources bibliographiques

ANDREW, J.R., *Bilingual Today-French Tomorrow*, BMG Publishing Company, Richmond Hill, Ont., 1977.

ARÈS, Richard, *Nos grandes options politiques et constitutionnelles*, Editions Bellarmin, Montréal, 1972.

BEAUDOIN, Gérald, "La crise constitutionnelle canadienne", *Le Devoir*, 20-22 août 1977.

BEAUDOIN, Gérald, "Nationalismes et fédéralisme renouvelé", *Le Devoir*, 12 juin 1978.

BEAUDOIN, Gérald, "Pour un fédéralisme dualiste", *Le Devoir*, 14 février 1978.

BERGERON, Gérard, *Ce jour-là... le référendum*, Editions Quinze, Montréal, 1978.

BERGERON, Gérard, *L'indépendance: oui, mais...*, Editions Quinze, Montréal, 1977.

BERIAULT, Jean, *Anti-Québec: Les réactions du Canada anglais au "French power"*, Editions Quinze, Montréal, 1977.

BILODEAU, Rosario, R. COMEAU, A. GOSSELIN et D. JULIEN, *Histoire des Canadas*, Edition Hurtubise HMH, Montréal, 1971.

BROSSARD, Jacques, *L'accession à la souveraineté et le cas du Québec*, Presses de l'Université de Montréal, Montréal, 1976.

CANADA WEST FOUNDATION, *Rapport sur la conférence Alternatives Canada* (tenue à Banff du 27 au 29 mars 1978), préparé par Stanley C. Robert, Calgary, 1978.

CHAMPAGNE, Maurice, *Propositions constitutionnelles des fédéralistes canadiens vues à travers la presse*, document de travail, bibliothèque de l'Assemblée nationale, juin 1978.

COLAS, Emile, *La troisième voie: une nouvelle constitution*, Editions de l'Homme, Montréal, 1978.

COMMISSION TREMBLAY, *Rapport de la Commission royale d'enquête sur les problèmes constitutionnels*, volumes 1 et 2, Province de Québec, 1956.

COMMITTEE FOR A NEW CONSTITUTION, *Seizing the moment*, Mémoire à la Commission Pépin-Robarts, novembre 1977.

GAGNON, Henri, *La confédération, y'a rien là!*, Editions parti pris, Montréal, 1977.

GOUVERNEMENT DU CANADA, *Le temps d'agir: sommaire des propositions du gouvernement fédéral visant le renouvellement de la Fédération canadienne,* juin 1978.

GOUVERNEMENT DU CANADA, *Projet de loi sur la réforme constitutionnelle, document explicatif,* juin 1978.

GOUVERNEMENT DU CANADA, *Le temps d'agir, Jalons du renouvellement de la Fédération canadienne,* juin 1978.

GOUVERNEMENT DU CANADA, *Le fédéralisme et l'avenir: déclaration de principe et exposé de la politique du gouvernement du Canada,* 1968.

JOHNSON, Daniel, *Egalité ou indépendance,* Editions de l'Homme, Montréal, 1965.

LAXER, James et Robert, *Le Canada des libéraux,* Editions Québec-Amérique, Montréal, 1978.

LE DEVOIR, *Le Québec dans le Canada de demain* (2 tomes), Editions du Jour, Montréal, 1967.

LÉVESQUE, René, *Option-Québec,* Editions de l'Homme, Montréal, 1968.

MEISEL, John "J'ai le goût du Québec, but I like Canada: Reflections of an ambivalent men", dans *Must Canada fail?,* McGill-Queen's University Press, Montreal and London Ont., 1977.

MORIN, Claude, *Le combat québécois,* Editions du Boréal Express, Montréal, 1972.

MORIN, Claude, *Le pouvoir québécois,* Editions du Boréal Express, Montréal, 1972.

MORIN, Jacques-Yvan, *Le fédéralisme canadien et le principe de l'égalité des deux nations,* Rapport à la Commission Laurendeau-Dunton, Montréal, 1966.

MORIN, Rosaire, "Le statut particulier, illusion d'optique", *L'Action nationale,* octobre 1967.

PARTI LIBÉRAL DU QUÉBEC, *Le Québec des libertés,* Editions de l'Homme, Montréal, 1977.

RYAN, Claude, *Une société stable,* Editions Héritage, Montréal, 1978.

SIMEON, Richard (ed.), *Must Canada Fail,* McGill-Queen's Univeersity Press, Montreal and London Ont., 1977.

SOCIÉTÉ RADIO-CANADA, *Les Québécois et la dualité fédérale-provinciale,* sondage d'opinion, juin 1978.

TRENT, John, *Terrains d'entente et territoires contestés, Etudes internationales,* volume VIII, juin 1978.

TRUDEAU, Pierre-Elliot, *Le fédéralisme et la société canadienne-française,* Montréal, 1967.

UNION NATIONALE, *Le temps du débat constitutionnel,* Québec, 1978.

VAUGEOIS, Denis et Jacques LACOURSIÈRE, *Canada-Québec: Synthèse historique,* Editions du Renouveau pédagogique, Montréal, 1977.

TROISIÈME PARTIE

L'association de deux souverainetés

Introduction

Dans une fédération, même renouvelée, il est impossible d'accommoder des principes aussi importants que l'égalité des deux nations, l'autonomie régionale et l'autodétermination des minorités. Cela est lié à la spécificité de l'ensemble canadien où une des deux nations est concentrée à 90% dans une des dix provinces, alors que l'autre contrôle les neuf autres et est majoritaire par plus des deux tiers au sein du Parlement fédéral.

Cette situation unique au monde, créée par le régime fédéral de 1867, rend encore plus précaire l'avenir de la nation québécoise que sous l'Acte d'Union de 1840 où elle formait 45% de la population du Canada-Uni, ou aux débuts de la Fédération où elle contrôlait l'une des deux plus importantes provinces parmi les quatre qui, à l'origine, signèrent l'Acte de 1867.

Par la force des choses, et encore plus aujourd'hui qu'hier, le gouvernement national du peuple québécois est celui du Québec, alors que le Canada anglais voit le gouvernement fédéral comme *son* gouvernement national qui doit avoir la primauté sur tous les gouvernements provinciaux y compris celui du Québec.

Cette divergence fondamentale a pour conséquence que le Québec a cherché un fédéralisme décentralisé qui assurerait l'autonomie du Québec assortie peut-être de certains éléments dualistes au niveau des institutions fédérales. Les *Canadiens* malgré leurs rivalités régionales recherchent un fédéralisme de concertation où les provinces participent aux décisions fédérales et administrent les politiques ainsi établies.

Ces deux visions sont incompatibles. Si on décentralise des pouvoirs, même jusqu'à créer une fédération de provinces ou de régions quasi souveraines, on demande au peuple *canadien* de mettre de côté ses aspirations les plus fondamentales en affaiblissant son gouvernement national. Si par contre on conserve un fédéralisme centralisé, on peut au mieux ajouter quelques éléments dualistes de façade, mais on met en péril, à long terme, l'avenir du peuple québécois.

La solution peut donc sembler de décentraliser des pouvoirs au Québec seulement, tout en laissant les autres provinces confier d'importantes responsabilités au gouvernement fédéral. On en arrive alors à un statut particulier qui, tout en étant insuffisant pour le Québec, devient inacceptable au Canada anglais parce qu'il apparaît comme un statut privilégié et multiplie les difficultés de fonctionnement dans une optique de concertation entre les provinces et le gouvernement central.

Cette incompatibilité des aspirations des deux nations disparaît dans le cadre d'une association de deux Etats souverains, laquelle combine et pousse à sa limite la décentralisation des pouvoirs pour le Québec, et l'introduction d'éléments dualistes au niveau des institutions centrales.

Autrement dit, l'égalité des deux nations que recherchent les Québécois depuis toujours est impossible s'il n'y a pas *égalité politique et juridique,* c'est-à-dire souveraineté des deux sociétés. Une vraie confédération ou, si on veut, un régime de souveraineté-association assure cette égalité qui est vitale pour la nation québécoise.

Du point de vue du Canada anglais, un fédéralisme de concertation n'est pas possible tant que le Québec n'a pas atteint cette sécurité collective. Une vraie confédération, une association de deux Etats souverains permettra aux autres provinces réunies de se doter d'un tel fédéralisme où leur Etat national aura un rôle prépondérant.

Enfin, le Canada s'est créé contre la géographie, en réaction à la société américaine, et pour des raisons avant tout économiques. Une nouvelle association permettra de maintenir le marché commun canadien, base d'une union solide d'un océan à l'autre. Complétée par des dispositions concernant les relations extérieures, la défense, les transports, les communications et les minorités, et chapeautée par des institutions conjointes, cette association d'Etats souverains assurera un caractère de stabilité analogue à celui qui se développe en Europe occidentale. Cette stabilité sera d'autant plus forte que, pour la première fois, elle sera bâtie dans le respect des aspirations de chacune des deux nations, des régions et des minorités qui constituent l'ensemble canadien.

C'est une telle association que nous comptons définir en puisant d'abord dans notre histoire et surtout dans la réalité québécoise et canadienne d'aujourd'hui. Nous pouvons également nous appuyer sur une dizaine d'associations d'Etats souverains qui sont apparues un peu partout dans le monde depuis une vingtaine d'années.

Le Québec et le Canada ont connu six régimes politiques. Jusqu'en 1763, ce furent le régime colonial anglais dans les Maritimes et le régime colonial français dans presque tout le reste du continent. De 1763 à 1791, toutes les régions devinrent colonies britanniques. De 1791 à 1840, une certaine forme d'autonomie fut accordée aux colonies sous la forme d'un parlement quasi responsable. De 1840 à 1867, ce fut le régime d'Union du Haut et du Bas-Canada. De 1867 à 1931, le régime fédéral naissant fut sous la dépendance de Londres pour enfin acquérir sa pleine souveraineté en 1931. Voudrait-on nous faire croire qu'il est impossible d'en créer un sixième qui, pour la première fois, serait basé sur la volonté librement exprimée des deux partenaires?

Chapitre 1

Une synthèse de deux
démarches essentielles

Nous faisons nôtre cette conclusion de l'ouvrage, *Le Canada des libéraux*, de James et Robert Laxer:

> "Face au même genre de problème dans le passé, les deux sociétés qui occupent la moitié septentrionale du continent ont recréé l'idée d'une stratégie commune à diverses époques de leur histoire. La base d'une telle stratégie dépend aujourd'hui, pour la première fois, de la reconnaissance du fait que les deux sociétés sont égales et permanentes. Sur cette base, une vieille idée, celle du Canada, garde son charme envoûtant."

Nous la faisons nôtre à condition que l'on accepte les conséquences du fait fondamental suivant: dans tout régime fédéral, renouvelé ou non, l'une de ces sociétés, sera de plus en plus minoritaire, inégale à l'autre, et verra par conséquent sa permanence menacée.

L'égalité exige, l'une de ces sociétés étant souveraine, que l'autre aussi le devienne. Pour que cette vieille idée du Canada "garde son charme", elle devra se matérialiser dans l'association de deux souverainetés, dans un nouveau régime politique de type confédéral que nous appellerons l'association Québec-Canada.*

---

* Dans *Option-Québec*, René Lévesque utilisait plutôt le terme "d'Union canadienne". On pourrait également parler de "Communauté canadienne" ou de "Communauté Québec-Canada" par analogie à la Communauté Européenne.

1. Assumer la continuité de notre histoire

Si nous assumons ces deux tendances de l'histoire récente de l'humanité que sont la souveraineté et l'association, c'est tout simplement parce qu'elles ont animé les Québécois et les autres francophones du Canada tout au long de leur évolution historique.

Dans le premier volume, nous avons établi le fait suivant: dans chaque situation où les Québécois ont été placés, ils ont toujours cherché à obtenir le maximum de souveraineté. De 1760 à 1840, ce fut la lutte pour un gouvernement responsable où ils seraient en majorité, dans l'optique d'une éventuelle souveraineté. De 1840 à 1867, ce fut la recherche de certains pouvoirs sur les questions touchant le Bas-Canada, au sein d'un Parlement d'Union où on leur avait assigné un rôle minoritaire. Autour de 1867, ce furent les luttes contre l'Union législative et la recherche d'une vraie confédération. Puis de 1867 à 1905, ce fut la recherche d'un statut d'égalité hors des frontières du Québec, dans le nouveau Canada qui se construisait à l'ouest. Finalement, de 1905 à 1976, ce fut le combat pour obtenir le maximum d'autonomie pour le gouvernement du Québec. En somme, la recherche de la souveraineté politique est une tendance de fond de la pensée politique québécoise qui est apparue très tôt, bien avant la notion d'association ou celle de fédéralisme.

Mais parallèlement, les Québécois ont généralement souhaité maintenir une forme d'association avec les *Canadiens,* conscients qu'ils étaient du caractère inévitable d'une coexistence imposée par le cadre physique et l'histoire. Cette idée d'association avec les *Canadiens* apparaît d'abord sous une forme assez vague en 1833, puis très vite sous la forme plus précise d'une association de type fédéral. Elle s'imposera par la force des choses sous le régime d'Union de 1840, puis sous le régime fédératif de 1867 où elle deviendra l'idéologie dominante. Durant cette période, l'idée souverainiste ressurgira périodiquement avec de plus en plus de force, en même temps que le fédéralisme se fera de plus en plus autonomiste, jusqu'aux années soixante où la "Révolution tranquille" lui donnera une impulsion nouvelle.

Très tôt au début des années soixante, à la tendance souverainiste s'ajoutera la dimension associationniste du courant autonomiste, de "vraie confédération" et de "souveraineté-association". Contrairement à ce que certains fédéralistes véhiculent, ces termes ne sont donc pas apparus depuis le 15 novembre 1976 pour "mélanger la population". Il s'agit au contraire de termes équivalents, utilisés avant la création du Mouvement Souveraineté-association et du Parti québécois. Ils expriment sous une forme nouvelle, une option politique aussi vieille que la Fédération canadienne même puisque, comme nous l'avons déjà vu, dès 1865 les libéraux d'Antoine-Aimé Dorion parlaient d'une "confédération réelle" comme alternative souhaitable aux projets fédéralistes de MacDonald et Cartier.

Les premiers leaders indépendantistes québécois de la fin des années cinquante, Raymond Barbeau, Marcel Chaput, André d'Allemagne et Pierre Bourgeault, doivent mettre presque exclusivement l'accent sur la dimension souverainiste qui est redevenue, après tant d'années de domination de l'idéologie fédéraliste, l'indispensable élément "nouveau" à expliquer à la population. Cependant, ils ne s'opposent pas à une association économique avec le reste du Canada une fois la souveraineté du Québec acquise. Raymond Barbeau évoque d'ailleurs cette possibilité à l'occasion.

C'est cependant en septembre 1957, dans l'Action nationale, que Jean-Marc Léger propose de façon précise, pour la première fois semble-t-il, une option politique qui allait être décrite sous le vocable "d'Etats associés".* Après un plaidoyer en faveur d'un Québec souverain, il souligne que cette affirmation du Québec permettrait de "rouvrir le dialogue et de faire avec les Anglo-Canadiens, *une association, non plus de type fédéral, mais confédéral*".

Au cours des années 1963 et 1964, l'option prendra son essor à un congrès du NPD-QUÉBEC (juin 1963), puis grâce aux paroles et aux écrits d'hommes comme René Lévesque, Jacques-Yvan Morin, François-Albert Angers, Jean-Marc Léger, Lionel Groulx, etc. En 1964, la Société Saint-Jean-Baptiste présente un mémoire en ce sens au Comité parlementaire de la Constitution à Québec où on propose que le Québec devienne un Etat souverain et, à titre d'Etat associé, s'unisse au Canada anglais pour former une véritable "confédération." Le document précisait entre autres:

"Cette association dans l'égalité se reflétera dans les organismes gouvernementaux de la nouvelle confédération: a) *La Chambre confédérale*, où siégeront les représentants des deux Etats associés, représentants élus par le gouvernement national de chaque Etat et chargés de faire les lois, aucune loi cependant n'entrant en vigueur "sans être approuvée par une double majorité, soit une majorité des représentants de chaque état associé", b) *le Conseil suprême de la Confédération*, qui aura la responsabilité de veiller à l'exécution des lois; il sera

---

* Ce terme aurait été utilisé pour la première fois par le philosophe André Dagenais, selon *L'Action nationale*, oct. 1965, p. 135.

composé d'un nombre égal de ministres de chaque gouvernement et présidé alternativement par le premier ministre de chaque Etat associé; c) *la Cour confédérale,* chargée d'entendre les causes où les deux Etats associés seront directement ou indirectement parties."

L'année suivante, la Fédération des Sociétés Saint-Jean-Baptiste du Québec se prononçait ouvertement en faveur de la formule des Etats associés.

La formule est alors si bien implantée que la Commission Laurendeau-Dunton la souligne comme l'une des cinq options politiques qui sont proposées au Québec, à côté du "statu quo fédératif", d'une "réforme de la Constitution", d'un "statut spécial pour le Québec" et du "séparatisme".

2. La souveraineté-association du Parti québécois

La fondation, par René Lévesque en 1967, du Mouvement Souveraineté-association qui devait donner naissance un an plus tard au Parti québécois, vient regrouper les forces autour de cette option. Dans son manifeste *Option-Québec*, René Lévesque, précisant au départ que le Québec devait devenir au plus tôt un Etat souverain, ajoutait:

"Et, si tel est le cas, il n'y a aucune raison pour que les voisins que nous serons ne demeurent pas, librement, des associés et des partenaires dans une entreprise commune, celle qui répondrait à l'autre grand courant de notre époque: les *nouveaux groupements économiques, unions douanières, marchés communs, etc.* (...) A quoi rien n'interdirait d'ajouter des questions qui, dans le présent contexte, n'ont jamais eu l'avantage de subir de franches discussions d'égal à égal: d'une participation paritaire à une politique de défense ramenée à la mesure de nos moyens, et d'une politique étrangère à laquelle une élaboration conjointe rendrait peut-être la dignité et le dynamisme qu'elle a presque entièrement perdus. Un régime dans lequel deux nations, l'une dont la patrie serait le Québec, l'autre qui pourrait réarranger à son gré le reste du pays, s'associeraient librement dans une adaptation originale de la formule courante des marchés communs, formant un ensemble qui pourrait par exemple, et fort précisément, s'appeler l'Union canadienne."

Ces thèmes vont constituer une constante dans la pensée du Parti québécois. Dans une analyse de l'évolution du programme du P.Q., Véra Murray note:

"Quoiqu'à l'origine l'association ait été présentée comme une nécessité inévitable, elle prend progressivement l'allure d'une solution simplement souhaitable parce qu'avantageuse; deuxièmement, si le programme du P.Q. est, dès le début, clair sur le principe de l'association, il laisse toujours une très grande liberté quant aux modalités du projet."

L'édition 1978 du programme du Parti québécois, tel qu'adopté en mai 1977 par le VIème Congrès national, énonce les objectifs suivants:

- "réaliser la souveraineté politique du Québec par les voies démocratiques et proposer au Canada une association économique mutuellement avantageuse." (p. 7, chap. 1, art. 1)
- "exiger d'Ottawa le rapatriement au Québec de tous les pouvoirs, à l'exception de ceux que les deux gouvernements voudront, pour des fins d'association économique, confier à des organismes communs." (p. 7, chap. 11, art. 2a).
- "reconnaître le degré actuel d'intégration des économies québécoise et canadienne (surtout ontarienne) et l'avantage réciproque de conserver le principe de la libre circulation des marchandises entre ces deux marchés; à cette fin renoncer, avec la réciprocité de l'autre partie, à l'établissement de tarifs douaniers entre les deux tout en prévoyant un régime particulier touchant les denrées agricoles." (p. 26, chap. XIII, art. 1)
- "discuter et conclure, si telle est la volonté des parties, un traité d'union douanière formalisant cette renonciation réciproque et procéder à l'harmonisation et à la coordination des institutions et des politiques économiques du Québec avec le Canada de façon à favoriser le développement de l'ensemble tout en sauvegardant les intérêts du Québec." (p. 26, chap. XIII, art. 2)

Il s'agit, comme on peut le constater, d'un programme conforme aux orientations fondamentales du début des années soixante. Cependant, l'option reste largement ouverte. Seule l'idée d'une union douanière est évoquée de façon précise.

Par contre, de nombreuses discussions ont eu lieu dans le parti depuis le début sur des questions comme l'union monétaire, la défense, les relations extérieures et la question des minorités, ce qui devrait permettre au Parti québécois et au gouvernement du Québec de préciser d'ici quelques mois, les grands paramètres de la proposition d'association qui sera soumise à la population.

Nous allons maintenant, à l'aide de ces discussions et des nombreux documents publiés sur le sujet, rendre plus concret ce projet de souveraineté-association.

3. La nature de la souveraineté étatique

La souveraineté politique du Québec constitue la clef essentielle pour dénouer la crise canadienne. Elle peut seule affirmer l'égalité politique et juridique des deux nations en assurant aux Québécois ce dont les Canadiens anglais disposent déjà: la maîtrise de leur avenir.

C'est une notion juridique bien définie dans le cadre du droit international, comme nous l'avons déjà souligné. Rappellons ici que la souveraineté assure à l'Etat souverain:

- d'abord une *autorité plénière* sur le plan interne, c'est-à-dire que l'état souverain est investi de l'ensemble des pouvoirs, qu'il a le monopole des compétences sur un territoire donné;
- ensuite une *entière autonomie* en ce sens que, vers quelque domaine de l'activité humaine que l'on se tourne, l'Etat souverain jouit de la pleine liberté juridique d'agir comme il l'entend: il peut définir ses propres compétences, édicter sa propre constitution et fixer lui-même les limites auxquelles devra s'astreindre sa compétence législative;
- enfin une *autorité exclusive* de toute autre dans le cadre de son territoire: sur le plan international, la souveraineté implique donc l'*indépendance:* suivant la notion d'égalité juridique et de non-ingérence entre Etats souverains, aucun autre Etat ne peut exercer son autorité sur le territoire d'un Etat souverain ou indépendant.

Voilà pourquoi nous préférons souvent parler de souveraineté ou d'indépendance. Quant à l'étiquette de "séparatisme", nous la laissons aux fédéralistes bornés qui s'y complaisent, pour deux raisons principales. D'abord, le terme de "séparation" ne s'applique que dans le cas où un nouvel Etat se crée sur une partie d'un territoire sous la juridiction d'un Etat unitaire; dans le cas d'une Fédération, il faudrait plutôt parler de sécession. D'autre part, le "séparatisme" revêt un sens péjoratif voisin d'"'isolationnisme" qui est une notion tout à fait étrangère au projet que nous sommes en train de définir et qui est de toute façon impossible à réaliser puisque tous les Etats, même souverains, sont de plus en plus interdépendants. Cela est encore plus vrai de deux peuples qui sont contraints de cohabiter sur la même moitié de continent et auxquels le contexte géographique et humain rend difficile la "séparation".

A cet effet, les Etats reconnaissent la nécessité de créer des liens qui limitent jusqu'à un certain point leur autorité plénière, autonome et exclusive, par exemple en adhérant à la Charte des

Nations unies, en signant des accords internationaux ou même en élaborant des traités d'association où ils mettent en commun avec d'autres Etats, certaines compétences au sein d'organismes interétatiques qui leur permettent d'exercer conjointement avec ces autres Etats, une part de leur souveraineté.

L'indépendance ou la souveraineté ne font défaut que le jour où un Etat peut juridiquement imposer son autorité sur le territoire d'un autre Etat sans son accord. Par exemple, dans le cadre de l'Union économique belgo-luxembourgeoise, la Belgique exerce certaines activités étatiques sur le territoire du Luxembourg, sans que cela n'affecte la souveraineté de ce dernier.

La souveraineté implique donc que le Québec exerce pleinement et d'une manière totalement autonome l'ensemble des compétences étatiques, tant celles qui sont actuellement exercées à Ottawa que celles qu'il détient déjà. C'est justement cette souveraineté qui permet au Québec d'envisager une association librement consentie, d'égal à égal avec le partenaire canadien.

Rien n'empêche cependant d'établir les clauses d'un tel accord d'association par une négociation entre les deux partenaires, avant que le Québec n'accède formellement à la souveraineté et soit, par conséquent, habilité à signer le traité d'association.

Il va de soi, qu'en fonction de l'étendue de cet accord d'association, la marge de manoeuvre des deux Etats pourra être plus ou moins grande, mais sans remettre en cause la souveraineté des deux partenaires.

C'est dans ce contexte général que nous allons examiner diverses possibilités d'association entre le Québec et le Canada.

4. Les associations d'Etats souverains

Certains tentent de jouer sur les mots pour faire apparaître la notion de souveraineté-association comme ambigüe ou même contradictoire. Signalons tout de suite à leur intention que nous considérons comme synonymes les termes "souveraineté-association", "indépendance-association", "Etats associés" et "confédération". Une confédération étant définie comme une association d'Etats souverains, nous utiliserons ce terme à l'occasion tout comme celui de "souveraineté-association".

Cette notion est si peu ambigüe ou contradictoire qu'on peut retracer à l'étranger au moins onze exemples de groupes d'Etats souverains, associés par traité, regroupant au total plus de 50 pays:

- en Europe:
  - la Communauté économique européenne* réunissant maintenant neuf pays: Angleterre, France, Allemagne, Italie, Hollande, Belgique, Luxembourg, Irlande et Danemark;
  - l'Union économique belgo-luxembourgeoise;
  - le Benelux regroupant cette dernière et la Hollande;
  - l'Association européenne de libre-échange, regroupant sept pays: Autriche, Norvège, Finlande, Islande, Suède, Suisse et Portugal;
  - le Conseil nordique, regroupant les cinq pays scandinaves: Islande, Norvège, Suède, Danemark et Finlande.
- En Asie:
  - l'Association des nations du Sud-Est asiatique regroupant cinq pays: les Philippines, l'Indonésie, la Malaisie, Singapour et la Thaïlande.
- En Afrique:
  - plusieurs associations africaines inter-étatiques.
- En Amérique:
  - l'Association latino-américaine de libre-échange;
  - le groupe d'intégration sous-régional andin;
  - le marché commun centraméricain;
  - la Communauté et le marché commun des Caraïbes.

Ces diverses associations d'Etats souverains se distinguent par la nature de leurs activités et le degré d'intégration de celles-ci, l'histoire des relations entre les Etats membres et finalement les caractéristiques de ces Etats: population, culture, régime politique, produit national brut, commerce inter-étatique, etc.

a) Les activités et le degré d'intégration

La Communauté économique européenne constitue probablement l'exemple le plus poussé d'intégration économique. Les activités sont presque uniquement concentrées dans le secteur économi-

---

* Nous utiliserons le singulier malgré la désignation officielle "Les Communautés Economiques Européennes" qui peut prêter à confusion puisqu'il s'agit bien d'une seule association d'Etats souverains.

que, mais débordent sur certains aspects de la politique sociale. L'Union économique belgo-luxembourgeoise et le Benelux ont précédé la CEE sur ce terrain et participent à ce mouvement d'intégration économique européen tout en conservant une action concertée au sein de l'Europe des neuf. L'Association européenne de libre-échange se limite à des liens économiques assez faibles. Par contre, le Conseil nordique et l'Association des nations du Sud-Est asiatique (ANSEA) ont des activités plus diversifiées mais moins intégrées.

b) Les caractéristiques des Etats membres

Il faut distinguer les associations européennes qui regroupent des pays économiquement développés (parmi les dix premiers sur le plan mondial) des autres associations qui regroupent des pays en voie de développement. Le commerce inter-étatique est par ailleurs très développé dans la CEE et le CARICOM (Communauté et Marché commun des Caraïbes), beaucoup moins entre les pays de l'Association des nations du Sud-Est asiatique. Sur le plan de la population, la CEE et l'ANSEA regroupent toutes deux des Etats très populeux et de petits Etats, alors que le Conseil nordique et le CARICOM sont plus homogènes, tant sur le plan de la population qu'en ce qui concerne les caractéristiques culturelles, sociales et politiques. Enfin, dans la CEE et l'ANSEA, on retrouve des Etats fédérés à côté d'Etats unitaires.

c) Les analogies historiques

- Peu après son retrait de la *Fédération de Grande-Malaisie,* l'Etat unitaire de Singapour fait son entrée dans l'ANSEA à côté de cet Etat fédéré et de trois autres pays.

- La *Fédération des Indes occidentales* regroupant onze îles, anciennes colonies britanniques des Antilles, créée en 1958, est dissoute en 1961 et remplacée, après deux tentatives infructueuses, par la création en 1973 de la Communauté et du marché commun des Caraïbes (CARICOM).

- *Dans les pays scandinaves,* la Norvège après avoir subi la domination danoise pendant quatre siècles, passait sous contrôle suédois en 1814 pour obtenir son indépendance en 1905. La Finlande, annexée à la Suède jusqu'en 1814, sera par la suite incorporée à la Russie tsariste pour enfin obtenir son indépendance en 1917. L'Islande, colonisée au début par la Norvège, passait sous contrôle danois au XVIème siècle pour finalement obtenir son indépendance du Danemark en 1945. A certaines périodes, le Danemark passe sous contrôle suédois et inversement une partie de la Suède passe sous contrôle danois. A toutes les époques cependant, ces deux pays émergent jusqu'au début du siècle comme puissances dominantes en Scandinavie. Après une expérience d'union monétaire de 1872 à 1924 entre le Danemark, la Suède et la Norvège, les cinq pays adhèrent à l'Association économique de libre-échange et créent le Conseil nordique en 1962.

- Réunis brièvement de 1815 à 1830 dans le Royaume-Uni des Pays-bas, la Hollande, la Belgique et le Luxembourg, suite à une association entre ces deux derniers pays en 1921, commencent à créer des liens économiques entre eux dès 1932, qui aboutiront à une union douanière en 1948 et à une intégration plus poussée à partir de la création du Benelux en 1958 et de l'adhésion de ces trois pays à la Communauté économique européenne (CEE).

En somme, contrairement à ce que pense et véhicule Pierre Elliot-Trudeau, la notion de souveraineté n'est pas "un crime contre l'histoire de l'humanité". Celle-ci révèle plutôt deux moteurs essentiels et complémentaires.

L'un est la tendance irrésistible qu'ont les nations concentrées sur des territoires bien définis, à se doter d'Etats souverains et la majorité des Etats membres de l'O.N.U. l'ont fait depuis 1945, la plupart pacifiquement.

L'autre est cette volonté grandissante de création de blocs regroupant ces Etats sur une base d'égalité et en vue d'avantages réciproques. Dans cette dernière composante se trouve l'essence du fédéralisme ou plutôt du confédéralisme et il s'agit certainement d'une valeur utile à une meilleure organisation mondiale.

Pour suggérer une analogie, considérons les différents Etats sur le globe comme les cellules d'un organisme qui se spécialisent et s'organisent entre elles, pour remplir de mieux en mieux leurs fonctions d'adaptation au monde qui les entoure. C'est ainsi que les regroupements d'Etats basés sur la force doivent se défaire pour se regrouper autrement, comme c'est le cas pour la Fédération canadienne actuelle.

Nous ne reprochons donc pas aux partisans de la Fédération canadienne de défendre le fédéralisme. Nous leur reprochons de défendre une forme d'intégration qui est mal adaptée à la réalité de ces deux nations qui cohabitent au nord des Etats-Unis.

Ce que la plupart des Etats ont réalisé en deux temps, d'abord la souveraineté et ensuite l'association, la longue cohabitation des deux nations principales dans l'ensemble canadien permet de le faire en un seul mouvement. En ce sens, le Parti québécois n'est pas devenu aussi étapiste qu'on le dit!

5. Les principaux paramètres de l'association Québec-Canada

Bien sûr, aucune de ces expériences étrangères n'est tout à fait analogue à la situation Québec-Canada. Il faudra modeler les institutions et les activités de la future association Québec-Canada sur la spécificité de la réalité canadienne actuelle.

Les principaux éléments à retenir de cette réalité nous indiquent les paramètres de l'Association. Ces éléments sont:

- sur le plan historique: le Québec et le Canada anglais ont d'abord été des colonies séparées jusqu'en 1840, au départ sous deux puissances coloniales différentes puis une seule; elles ont été réunies dans un régime d'union, puis une fédération centralisée depuis 130 ans;

- sur le plan démographique: la proportion est à trois contre un (16 millions et 6 millions) en faveur du peuple *canadien* et ce déséquilibre va en augmentant;

- sur le plan géographique: le Québec coupe le Canada en deux si on excepte le pont nordique entre l'Ouest et les provinces Maritimes, par la Terre de Baffin et le Labrador;

- sur le plan socio-économique: ce sont deux économies
  — ouvertes qui dépendent beaucoup de leurs exportations,
  — attirées vers le Sud et soumises à l'emprise des firmes américaines,
  — développées avec un P.N.B. par habitant qui les situe parmi les dix premiers pays du monde,
  — complémentaires surtout en ce qui concerne l'Ontario et le Québec;

- sur le plan socio-culturel: les liens sont très faibles entre les majorités des deux territoires, mais très forts, avec les minorités francophones du Canada dans le cas du Québec, ou avec la minorité anglophone du Québec dans le cas du Canada; les premiers habitants du pays habitent les deux territoires; on note également certaines valeurs nord-américaines communes;

- sur le plan politique: il s'agit de deux régimes de type parlementaire britannique, l'un fédéral (Canada) et l'autre unitaire (Québec), oscillant entre un libéralisme et une social-démocratie, intégrés au système de défense américain, l'un attiré surtout par le Commonwealth et l'autre par la francophonie.

Toutes ces caractéristiques nous indiquent les principaux paramètres d'une éventuelle association:

1) une intégration économique avec ses prolongements dans certaines politiques sociales, de main-d'oeuvre et d'immigration;

2) des aspects de collaboration socio-culturelle liée presque exclusivement au développement des minorités;

3) l'harmonisation de certaines politiques en matière de défense et de relations extérieures;

4) des institutions communes dualistes, bilingues, paritaires et relativement peu complexes.

En développant et en précisant ces lignes de force, certaines expériences étrangères seront utiles comme points de repère:

— la Communauté économique européenne, à cause du niveau de développement économique des Etats membres, du degré d'intégration et du niveau de développement des institutions communes;

— le Benelux, pour les mêmes raisons mais aussi parce qu'il s'agit essentiellement d'une association à deux: Hollande et Union belgo-luxembourgeoise;

— le Conseil nordique, à cause de la diversité de ses activités et d'une assez grande similitude de caractéristiques;

— la Communauté et le Marché commun des Caraïbes, à cause de certains aspects politiques et économiques.

Nous devons cependant garder à l'esprit un élément important. Toutes ces associations se sont construites à partir d'Etats pleinement souverains. Dans le cas de l'association Québec-Canada nous partons plutôt d'une situation d'assez grande intégration.

Cela modifie complètement la dynamique essentielle. Alors qu'en Europe, par exemple, il fallait vaincre l'exclusivisme national, dans notre cas, il faudra vaincre l'uniformité et le manque de liberté des partenaires.

Chapitre 2

L'association économique

On peut distinguer quatre niveaux d'intégration économique dans les différentes associations d'Etats souverains qui existent dans le monde: la zone de libre-échange, l'union douanière, le marché commun et l'union monétaire. D'un niveau à l'autre, il y a de plus en plus de politiques établies en commun ou simplement harmonisées.*

Dans une *zone de libre-échange,* seule la politique commerciale concernant les mouvements de produits entre le Québec et le Canada serait commune aux deux partenaires, ceux-ci conservant des politiques distinctes pour tout le reste. Autrement dit, il n'y aurait pas de droits de douane entre les deux pays, mais chacun établirait ses propres tarifs douaniers et sa propre politique commerciale à l'égard des pays tiers.

Dans une *union douanière,* en plus de l'abolition des tarifs douaniers et des autres restrictions quantitatives aux échanges de produits entre les participants, ceux-ci établiraient ensemble une politique commerciale extérieure et donc un tarif douanier identique à l'égard des autres pays.

---

* Ces termes ne sont que des catégories commodes. Les différentes formes d'intégration économique entre Etats souverains sont variées presque à l'infini. Par exemple, même si dans le Canada actuel, la politique monétaire est unique et donc commune, les produits ne circulent pas tous de façon tatalement libre. On ne peut donc parler de marché commun parfait. Par contre, le terme "union monétaire" s'applique plus facilement. Il est cependant impropre puisque les provinces ne sont pas des Etats souverains.

Dans un *marché commun,* en plus d'une union douanière qui assure la libre circulation des produits entre les pays membres et une politique commerciale commune à l'égard des autres pays, la liberté de mouvement des travailleurs, des capitaux et des techniques serait assurée entre les pays membres. Cette différence importante conduirait à un plus grand nombre de politiques communes ou harmonisées. Le marché commun exigerait des politiques communes dans certains domaines où les règles du jeu seraient exactement les mêmes pour les deux partenaires. Dans d'autres domaines, il suffirait d'harmoniser ou de coordonner les politiques ce qui laisserait subsister des différences possiblement importantes entre les participants.

Dans une *union monétaire,* on ajouterait au marché commun l'existence d'une monnaie commune mais surtout d'une politique monétaire commune aux deux partenaires.

TABLEAU 1

Quatre formes d'intégration économique

ypes de politique	Zone de libre-échange	Union douanière	Marché commun	Union monétair
1. Politique commerciale ntre les pays membres	commune	commune	commune	commur
2. Politique commerciale à l'égard des autres pays	distincte	commune	commune	commun
3. Politique agricole	distincte	commune	commune	commun
4. Politique de concurrence	distincte	distincte	commune ou harmonisée	commune harmonis
5. Brevets, design, marques de commerce, droits d'auteur	distincte	distincte	commune ou harmonisée	commune harmonis
6. Politique fiscale	distincte	distincte	harmonisée	harmonis
7. Politique des transports	distincte	distincte	harmonisée	harmonis
8. Politique sociale	distincte	distincte	harmonisée	harmonis
9. Main-d'oeuvre, immigration	distincte	distincte	harmonisée	harmonis
0. Politique face aux nvestissements étrangers	distincte	distincte	harmonisée	harmonis
1. Politique monétaire	distincte	distincte	distincte	commun

Actuellement, on peut dire que l'Association européenne de libre-échange, comprenant 4 des 5 pays du Conseil nordique, dépasse à peine le niveau de la zone libre-échange.

Par contre, le CARICOM (Communauté et Marché commun des Caraïbes) a dépassé nettement ce stade et est en train d'établir un véritable marché commun.

Enfin, le BENELUX est l'exemple type du marché commun: libre circulation des personnes et en particulier des travailleurs, libéralisation des transports, libre circulation des marchandises, coordination des politiques économiques, financières et commerciales; les quelques prescriptions en matière de libre circulation des capitaux et des paiements qui restent n'ont pas un caractère d'entrave.

Au niveau de la Communauté économique européenne (CEE), on n'a pas terminé l'harmonisation de toutes les politiques, mais l'objectif est, semble-t-il, d'en arriver bientôt à harmoniser les politiques monétaires et peut-être éventuellement à créer une monnaie commune. Sur ce dernier aspect, un protocole spécial entre la Belgique et le Luxembourg créant un régime d'association monétaire est d'ailleurs entré en vigueur dès 1965.

Actuellement, le régime fédéral canadien peut paraître placer le Québec et le Canada dans une sitaution d'union monétaire puisqu'il n'y a qu'une seule monnaie et une politique monétaire commune. Cependant, le Québec n'ayant pas voix au chapitre en cette matière, il ne s'agit pas d'une union monétaire au sens habituel du terme.

Par contre, nous verrons que le Canada actuel n'est pas un marché commun parfait, ni une zone de libre-échange parfaite dans certains secteurs, ce qui n'est pas nécessairement un drame!

Il faut maintenant se demander si les éléments actuels "d'union monétaire" et de "marché commun" Québec-Canada doivent être conservés, compte tenu évidemment du fait que les décisions se prendraient désormais à deux. Autrement dit, est-ce dans l'intérêt des deux parties? Pour cela, il faudra examiner quelques caractéristiques de l'économie des deux Etats.

1. *La circulation des marchandises*

Nous allons d'abord traiter simultanément deux questions qui touchent à la circulation des marchandises, d'abord entre le Québec et le Canada, dans l'optique d'une éventuelle zone de libre-échange, puis entre l'éventuelle association Québec-Canada et les autres pays dans l'optique d'une éventuelle union douanière. Dans les deux cas, la politique agricole pose un problème spécial comme dans certaines expériences étrangères d'association.

a) La situation Québec-Canada

Comme le démontre le tableau suivant, toutes les régions canadiennes profitent du marché québécois et le Québec profite du marché canadien.

On constate que toutes les régions canadiennes, sauf l'Ontario, profitent légèrement plus du marché québécois que le Québec profite du marché qu'elles lui offrent. Par exemple, les Prairies écoulent 5,8% de leur production au Québec alors que celui-ci écoule 4,1% de sa production dans les Prairies. Avec l'Ontario, les chiffres correspondants sont 11,2% (Ontario vers Québec) et 19,3% (Québec vers Ontario). Cela n'a rien de surprenant. Ces chiffres sont évidemment fonction de la population de chaque région.

On constate également que le Québec est la région qui exporte le moins à l'étranger (si on excepte les Prairies) et donc le plus sur le marché canadien. D'autre part, toutes les régions, sauf les Prairies, exportent entre 13 et 37% de leur production manufacturière à l'étranger.*

1) Les échanges Québec-Canada

On peut dire que l'Ontario et le Québec ont un niveau d'interrelation assez élevé, semblable à celui des pays du BENELUX. En 1976, l'Union économique belgo-luxembourgeoise exportait 17% de sa production vers la Hollande, et la Hollande 15% vers l'UEBL. Les données contenues dans le budget ontarien de 1977, en plus de celles citées plus haut, sont révélatrices à cet égard.

On y constate que l'Ontario vend au Québec $4.6 milliards de produits manufacturés ce qui signifie la création d'environ 105 800 emplois en Ontario. Inversement, le Québec vend en Ontario $4.3 milliards de produits manufacturés ce qui correspond à la création d'environ 103 800 emplois au Québec. Lorsqu'on ajoute à ces chiffres les expéditions d'autres produits non manufacturés, on arrive à un total de près de 200 000 emplois de chaque côté.

---

* Ces chiffres peuvent être trompeurs dans la mesure où les Prairies exportent surtout des produits agricoles. On ne peut utiliser les produits manufacturiers comme représentant l'ensemble de la production d'une région.

TABLEAU 2

Distribution des expéditions manufacturières (en milliers et en %) en 1974, par région. (Source: Statistique Canada, 13 avril 1977)

DESTI-NATION / ORIGINE	Atlantique	Québec	Ontario	Prairies	Colombie b. (2)	Autres pays	Total (1)
Atlantique	1 680 (41,1%)	368* (9,0%)	303 (7,4%)	36 (0,9%)	18 (0,5%)	1 403 (34,3%)	4 087 (100%)
Québec	885 (3,9%)	11 096 (49,5%)	4 331 (19,3%)	931 (4,1%)	517 (2,3%)	3 071 (13,7%)	22 396 (100%)
Ontario	1 193 (2,8%)	4 652 (11,2%)	20 845 (50,3%)	2 451 (5,9%)	1 255 (3,0%)	8 422 (20,3%)	41 404 (100%)
Prairies	82 (1,1%)	432 (5,8%)	448 (6,0%)	4 457 (60,1%)	633 (8,5%)	601 (8,1%)	7 146 (100%)
Colombie b.	48 (0,6%)	119 (1,6%)	246 (3,3%)	587 (7,9%)	2 935 (39,5%)	2 786 (37,5%)	7 420 (100%)

(1.) Il manque au total certains produits dont la destination est confidentielle.

(2.) Incluant le Yukon et les Territoires du Nord-Ouest.

* Lorsqu'une autre région exporte plus au Québec que celui-ci dans cette région, le Québec a un avantage puisque la perte du marché québécois pour cette région pourrait causer plus de retombées négatives chez elle qu'au Québec. D'autre part, dès que le pourcentage des exportations d'une région au Québec est élevé, celui-ci a également un avantage en ce sens que son marché est responsable d'une proportion importante de l'activité économique de cette région.

L'Ontario vend surtout au Québec des automobiles, des produits chimiques, des appareils électriques, de la nourriture et des métaux. Le Québec vend surtout à l'Ontario des produits alimentaires, du papier, des métaux, des textiles et des vêtements.

La dépendance réciproque des économies québécoise et ontarienne est énorme et le rapport conclut: "Dans ces échanges commerciaux avec l'Ontario, le Québec est presque en équilibre en termes de bénéfice net, de protection tarifaire et du volume d'échanges".

L'interdépendance du Québec avec les autres régions canadiennes est également importante. Les provinces Maritimes vendent au Québec pour $369 millions de produits manufacturés, ce qui représente environ 9 000 emplois. Les Prairies vendent pour $432 millions, ce qui représente environ 10 000 emplois et la Colombie britannique $120 millions, ce qui représente 3 000 emplois. Inversement, le Québec retire également des bénéfices substantiels de ces marchés, moins en % d'emplois, mais plus en nombres absolus. (Voir tableau 1)

2) *Le commerce extérieur*

D'autre part, si on examine le commerce extérieur, on constate que l'économie du Québec est très ouverte, de même que celle du Canada. Le Québec exporte à l'extérieur au delà de 35% de son produit national brut, alors que le Canada exporte au Québec et à l'extérieur environ le quart de son P.N.B. Un tel coefficient est plus élevé que dans la plupart des pays industrialisés, sauf en Hollande et en Belgique-Luxembourg (UEBL). Il est dix fois plus élevé que celui des Etats-Unis qui exportent de 4 à 5% de leur P.N.B.*

La structure québécoise du commerce extérieur est cependant moins diversifiée que celle du Canada et son rythme d'expansion est plus lent.

Le Canada poursuit actuellement une politique plutôt protectionniste dans plusieurs secteurs en décourageant l'entrée de certains produits étrangers par un tarif douanier élevé et d'autres barrières non tarifaires comme le contingentement ou les taxes "antidumping". Le consommateur paie alors des prix plus élevés en échange de la protection d'emplois dans les industries locales. On évalue actuellement que le consommateur canadien subventionne

---

* Voir à ce sujet P. Fréchette et collaborateurs, *L'Economie du Québec,* Editions HRW, p. 307.

ainsi chaque emploi au Québec jusqu'à concurrence de $1 111 par année, mais ce chiffre est encore plus élevé pour les Prairies ($1 270/an), bien que plus faible en Ontario ($836/an).

3) La question agricole

Enfin, il importe de souligner que le Canada actuel n'est pas une zone de libre-échange parfait* puisque certains produits, particulièrement le blé et le lait dans le domaine agricole, ont un statut spécial qui est lié aux conditions particulières auxquelles les agriculteurs ont à faire face. Il existerait une centaine d'organismes publics ou para-publics de commercialisation au Canada dont les plus importantes sont la Commission canadienne du blé (CCB) et la Commission canadienne du lait (CCL). En général, ces organismes agissent comme acheteurs et vendeurs monopolistiques d'un produit donné. Dans certains cas, les organismes fixent des quotas de production ou de livraison pour chaque producteur agricole.

En particulier, la politique céréalière fédérale subventionne et protège les producteurs de l'Ouest et oblige le Québec à consommer des grains canadiens (ce qui subventionne indirectement les éleveurs). La politique laitière stimule "artificiellement" la production du lait et tente d'assurer un revenu stable aux agriculteurs québécois. Il s'agit donc de mesures protectionnistes orientées vers une région donnée et qui constituent de fait, même si telle n'était pas l'intention des gouvernements, une exception à la libre circulation des biens.

b) Quelques hypothèses d'association

1) Une zone de libre-échange

Le maintien d'une zone de libre-échange sans union douanière permettrait (et probablement forcerait) les deux Etats à réorienter leurs échanges commerciaux avec le reste du monde, en fonction d'intérêts parfois divergents. Cela nécessiterait peu d'institutions communes.

Par contre, on peut se demander si la marge supplémentaire de manoeuvre par rapport à une union douanière serait bien utile aux deux Etats. Par exemple, une politique tarifaire distincte n'est pas toujours la meilleure façon de restructurer l'économie québécoise.

---

* Les politiques d'achat des gouvernements provinciaux, donnant préférence aux produits et aux entreprises locaux, constituent également, de fait, une barrière non tarifaire à la libre circulation des produits entre les provinces canadiennes.

D'autre part, une partie du marché canadien pourrait être perdue pour le Québec (et du marché québécois pour le Canada) dans la mesure où la structure tarifaire canadienne (ou québécoise) pourrait favoriser l'entrée de produits concurrents de produits québécois (ou canadiens). Enfin, l'administration d'un tel accord serait compliquée par le problème de la réexportation. Il faut éviter que les produits en provenance de tiers pays puissent passer par l'un des pays membres à bas tarif pour ensuite se retrouver sans obstacle dans l'autre pays à tarif élevé. Dans ce cas, il faudrait avoir recours à une technique comme celle des certificats d'origine pour que la politique protectionniste de l'un des pays ne soit battue en brèche.

2) Une union douanière

Le maintien d'une union douanière permettrait à chacun des deux Etats de conserver plus sûrement le marché constitué par l'autre. De plus, il assurerait aux deux Etats un pouvoir de négociation plus grand dans le commerce mondial, d'une part en permettant d'offrir un plus grand marché, et d'autre part en présentant une plus grande diversité de produits à exporter.* L'administration en serait simplifiée par l'élimination du problème des réexportations.

Par contre, une telle politique commune ralentirait peut-être une transformation de la structure et du niveau de salaires et d'emplois actuels. Elle impliquerait également un plus grand nombre d'institutions communes, dont la coordination ou la mise en commun des services de douanes. Le problème du poids réel du Québec dans la politique commune se pose, même s'il y avait décision paritaire et donc amélioration par rapport à la situation actuelle. La disproportion entre les deux Etats n'est cependant pas aussi considérable que dans certaines expériences étrangères.

3) Le domaine agricole: une exception

Enfin, nous pouvons constater que les produits agricoles nécessiteront toujours une protection particulière, non seulement face à l'extérieur, mais même au sein du marché Québec-Canada. Un tarif commun s'impose donc, au moins pour les produits agricoles, de même qu'une zone intégrée de libre-échange. Le commerce actuel dans les deux sens est très important. Il est d'environ un milliard annuellement dans chaque direction, uniquement pour les produits

---

* Voir les articles de Roma Dauphin et Carmine Nappi dans *Economie et indépendance,* Editions Quinze, Montréal, 1977, pp. 125-176.

transformés. Signalons en particulier que les industries d'aliments et de boissons de l'Ontario et du Québec bénéficient de taux comparables de protection douanière et seraient également vulnérables à une rupture des échanges actuels.

D'autre part, les plans de contingentement devraient faire l'objet d'une politique commune cas par cas, selon des plans conjoints de commercialisation.* Cela signifie que les échanges agricoles à l'intérieur de l' association ne se feraient pas forcément selon les règles normales.

Dans ce cas, il y aurait deux options de base: soit un organisme commun de commercialisation et de contrôle auquel seraient soumis les organismes nationaux; soit deux organismes agissant en étroite collaboration. La première solution réduirait légèrement l'autonomie des Etats en cause mais garantirait plus sûrement l'application effective des politiques communes et perturberait moins le marché actuel.

2. La circulation des personnes

Si on veut aller plus loin que l'union douanière, on peut chercher à maintenir un marché commun. Cela impliquerait, en plus d'une libre circulation des capitaux,* la libre circulation des personnes entre les pays membres et particulièrement des travailleurs qui constituent un facteur important de production.

Nous devons alors songer à harmoniser ou à établir en commun certaines politiques dans les domaines suivants: main-d'oeuvre, immigration, politique sociale, citoyenneté, contrôle de la circulation des personnes.

A titre d'exemple, le Benelux a supprimé le contrôle des passeports et pièces d'identité aux frontières entre les pays membres, celui-ci ne se faisant qu'aux frontières extérieures. Une politique commune à l'égard de l'admission des étrangers est exercée depuis 1960. Un marché commun du travail a été établi en 1957 par l'éli-

---

* Ces plans conjoints sont par ailleurs contestés en certains milieux parce qu'ils restreignent l'accès à la profession agricole.

* Cette question sera traitée plus loin.

mination des permis de travail. Les services de placement d'un pays s'étendent à l'ensemble du Benelux. Les salariés travaillant dans l'un des pays partenaires bénéficient des mêmes conditions de travail et des mêmes allocations de chômage que les nationaux. Enfin, le travail indépendant (professionnels, artistes, agents à leur compte,...) est libre depuis 1965. Les ressortissants des pays partenaires doivent satisfaire aux mêmes conditions que les nationaux dans leur pays. Cela nécessite une reconnaissance réciproque des diplômes exigés qui est partiellement réalisée.

a) La situation Québec-Canada

1) Le marché commun du travail

Actuellement, l'ensemble Québec-Canada fonctionne presque comme un véritable marché commun du travail. Les restrictions existant d'une région à l'autre sont plutôt faibles et ont trait à la préférence qu'une province donne aux travailleurs de la région pour certains emplois comme dans l'industrie de la construction. On note également plusieurs restrictions au niveau des corporations professionnelles, les avocats, médecins, pharmaciens étant soumis à des exigences différentes d'une province à l'autre. Indirectement, la politique linguistique du Québec pose certaines restrictions aux travailleurs des autres provinces. Cette contrainte est cependant moins forte que celle que subissent de fait les francophones voulant travailler dans une autre province canadienne. D'autre part, la similitude des diplômes ne pose pas d'entrave à la mobilité des travailleurs indépendants. Il y a également un régime unique d'assurance-chômage et une "transférabilité" de certains régimes sociaux.

2) La mobilité des personnes

D'autre part, il existe une mobilité, parfaite en principe, mais limitée en pratique par les éléments qui précèdent, des personnes d'une province à l'autre, même si elles n'ont pas encore acquis la citoyenneté canadienne. Lorsque l'on consulte les chiffres des migrations interprovinciales, on constate une mobilité élevée, environ 15 fois plus grande chez les anglophones du Québec que chez les francophones du Québec. Toutefois, les résidents du Québec, tout comme ceux des Maritimes et des Prairies, se déplacent vers les provinces riches: Ontario, Alberta et Colombie britannique. A titre d'exemple, on peut comparer la région de résidence en 1966 avec celle en 1971, chez les francophones (langue maternelle française) de 5 ans et plus. Cette migration serait donc encore plus accentuée chez les anglophones.

TABLEAU 3

Migration interrégionale entre 1966 et 1971 chez les francophones du Canada

Région	Total sortants	Total entrants	Entrants net
Québec	43 290	31 025	—12 265
Maritimes	13 730	12 555	— 1 175
Manitoba-Sask.	8 080	5 140	— 2 940
Alberta	3 630	4 850	1 220
Colombie b.	2 755	7 950	5 195
Ontario	27 375	37 200	9 285

SOURCE: *Les héritiers de Lord Durnham*, Fédération des francophones hors Québec.

---

3) *L'immigration internationale*

Sur le plan de l'immigration internationale, la politique est commune puisqu'elle est déterminée par le gouvernement fédéral: règles et critères d'admission, normes de contrôle aux frontières, règles d'expulsion, critères pour l'obtention de la citoyenneté canadienne. Cette politique d'immigration a favorisé la croissance du P.N.B. québécois, mais de façon beaucoup moins importante que dans le reste du Canada, puisque le Québec ne reçoit en moyenne que de 15 à 20% de l'immigration annuelle totale au niveau canadien. Cette politique a donc eu pour effet d'accentuer la "marginalisation" de l'économie québécoise. De plus, l'immigration qu'a reçue le Québec répond mal à ses besoins particuliers, tant sur le plan économique que culturel. Plutôt que de combattre les déséquilibres économiques régionaux et linguistiques, elle les a donc accentués.

L'entente Cullen-Couture, établie l'an dernier, devrait permettre au Québec un début de politique distincte permettant l'admission et la sélection des immigrants selon des critères mieux adaptés au pays d'accueil. Elle ne permet pas toutefois un contrôle de la destination des immigrants, sauf une fois qu'ils sont au Québec. La mise en place d'une politique efficace et cohérente d'accueil et d'intégration coordonnée à une politique de main-d'oeuvre ne faisait pas non plus partie de l'accord.

b) Quelques hypothèses d'association

1) La liberté de circulation des personnes

Au delà d'une simple union douanière, la liberté de circulation des personnes est un élément essentiel du maintien d'un marché commun plus ou moins complet.* Dans cette hypothèse, les Etats participants obtiendraient des avantages supplémentaires internes d'allocation des ressources et peut-être de croissance économique. Du point de vue de la croissance, le marché commun constitue un type d'arrangement plus rigide, plus stable et plus durable que l'union douanière. Les politiques à harmoniser ou à établir en commun concernant la mobilité des personnes ne touchent que certains aspects de la main-d'oeuvre, de l'immigration, de la citoyenneté et des politiques sociales qui ne réduisent pas de façon importante la marge de manoeuvre par rapport à la souveraineté complète. Cette liberté de circulation des personnes permettrait enfin d'éviter entre le Québec et le reste du Canada l'établissement de postes frontières qui sont onéreux et vexatoires pour les individus. Les communications entre les Maritimes et l'Ontario demeureraient aussi faciles que maintenant, tant pour les francophones et anglophones des deux Etats, que pour les résidents frontaliers et enfin les touristes.

Les inconvénients viennent de la nécessité de créer un petit nombre d'institutions communes de plus. Un inconvénient plus grave est lié à la plus grande difficulté d'établir des politiques distinctes d'immigration de façon à réduire les disparités économiques et linguistiques. De plus, une mobilité inter-étatique importante pourrait sensiblement réduire l'efficacité d'une politique distincte d'immigration. Cependant, l'impact de la migration interprovinciale est

---

* Un marché commun nécessite également la mobilité des capitaux qui entraîne, par ailleurs, d'autres politiques à harmoniser.

faible et semble décroître. De plus les contrôles frontaliers sont considérés de plus en plus comme assez inefficaces.*

Dans l'optique d'un marché commun, plusieurs options s'offrent, suivant les *catégories de personnes qui jouissent de la liberté de mouvement:* les citoyens actuels, les résidents admis depuis un certain temps ou tous les résidents. Dans les trois cas, chaque Etat demeure libre d'imposer des contrôles non frontaliers aux ressortissants de l'autre Etat, tout en respectant l'esprit du marché commun, par exemple pour fins électorales ou pour l'obtention d'une carte d'assurance-sociale.

2) *La transmissibilité de la citoyenneté*

Chaque Etat peut maintenir sa propre *citoyenneté,* mais celle-ci doit être plus ou moins transmissible selon le degré d'intégration souhaité. Il y a trois niveaux possibles d'entente: la convention d'établissement, une entente d'inter-citoyenneté et enfin, une entente de supra-citoyenneté.

Par une convention d'établissement, les Etats en cause accordent une réciprocité de certains droits aux nationaux des autres Etats concernés. Il n'y a pas d'entente ni sur la nationalité, ni sur la citoyenneté comme telles. Les citoyens d'un Etat sont des étrangers sur le territoire de l'autre pays, même si la convention leur accorde certains privilèges habituellement réservés aux personnes qui possèdent la citoyenneté de l'Etat. La convention européenne d'établissement est un bon exemple de ces conventions.

Par une entente d'inter-citoyenneté, chacun des deux Etats accorderait aux citoyens de l'autre Etat se trouvant sur son territoire les mêmes droits que possèdent ses propres citoyens. Le cas de la Communauté française* illustre assez bien ce genre d'entente.

Enfin, par une entente de supra-citoyenneté superposée aux deux citoyennetés des Etats, c'est-à-dire rattachée à l'association formée par le Québec et le Canada, chaque Canadien et chaque Québécois possèderaient le double statut de citoyen de son Etat et de citoyen de l'Associaiton Canada-Québec. En ce sens, cette formule se rapproche de l'exemple du Commonwealth. Dans la loi canadienne sur la citoyenneté, il est dit à l'article 31:

---

* Les U.S.A. compteraient de 8 à 10 millions de résidents illégaux.

* La Communauté française regroupe essentiellement la France et certaines de ses anciennes colonies dans une association souple, analogue au Commonwealth.

"Toute personne qui, en vertu d'un texte législatif d'un pays du Commonwealth autre que le Canada, est citoyen ou ressortissant de ce pays a, au Canada, le statut de citoyen du Commonwealth".

Généralement, bien qu'ils ne soient pas considérés comme des étrangers, les citoyens du Commonwealth ne jouissent pas d'un statut bien différent de celui des étrangers, si ce n'est que la citoyenneté d'un autre pays du Commonwealth peut s'acquérir avec plus de facilité. Certains pays membres du Commonwealth tel que le Ceylan n'accordent même pas cet avantage aux citoyens du Commonwealth.

Le projet de passeport uniforme de la Communauté européenne constitue un exemple intéressant de premier pas vers une forme de supra-citoyenneté ou encore vers une future citoyenneté européenne. Ce passeport uniforme serait un passeport avant tout national en ce sens qu'il serait délivré par chaque Etat à ses ressortissants. Mais il aurait une présentation uniforme. La Communauté n'a pas compétence pour délivrer un passeport, ce sont les pays membres qui détiennent ce pouvoir. L'effet premier du passeport uniforme est donc essentiellement psychologique: une concrétisation du sentiment d'appartenance à la Communauté pour les ressortissants des pays membres.

3) Harmonisation des politiques d'immigration

Enfin, signalons que l'option d'un marché commun parfait, où la politique d'immigration serait commune, irait au delà de la situation qui prévaut présentement au Canada. Le Québec intervient de plus en plus dans le domaine de l'immigration parce que ses besoins particuliers exigent une politique distincte, adaptée à ses caractéristiques économiques et culturelles. On pourra cependant harmoniser les politiques d'immigration du Québec et du Canada.

3. Les mouvements de capitaux

Un marché commun, en plus d'une union douanière et de la liberté de circulation des personnes, suppose une liberté de mouvement des capitaux entre les pays membres et une politique commune ou harmonisée à ce sujet face aux pays tiers.

Les mouvements de capitaux se font sous forme d'investissements ou de transferts de fonds. Dans le premier cas, ils sont sensibles à la politique fiscale, aux conditions de concurrence dans l'industrie et le commerce, à la politique à l'égard des petites et moyennes entreprises, à la politique des prix et des salaires et à la politique d'achats gouvernementaux. On peut sentir le besoin d'harmoniser certaines de ces politiques. On peut aussi harmoniser les politiques de contrôle face à l'investissement étranger. Enfin, les transferts de fonds posent tout le problème de la canalisation de l'épargne et de la réglementation des institutions financières.

A titre d'exemple, le Benelux assure une grande liberté de mouvement des capitaux. Les quelques prescriptions existant encore en matière de circulation des capitaux et des paiements n'ont pas un caractère d'entrave. Par contre, la France, même à l'intérieur de la CEE, a une politique restrictive face aux investissements en provenance et à destination des autres pays.

a) La situation Québec-Canada

1) Le soutien à l'investissement

En ce qui concerne les conditions influant sur les investissements, le Canada actuel n'est pas un véritable marché commun. Contrairement au Benelux, où les politiques d'achat sont communes, on constate que depuis longtemps, l'Ontario a établi une habitude de préférence des services publics et para-publics à l'égard des produits ontariens. Le gouvernement québécois applique également une "politique d'achat chez nous". Ces politiques d'achat restrictives posent des obstacles à la libre circulation des biens mais servent par contre à amener de nouveaux investissements dans la région.

D'autre part, chaque province a sa propre politique d'aide à l'entreprise qui permet de susciter et d'orienter les investissements. Le Québec met l'accent sur l'aide à la petite et à la moyenne entreprise qui contribuent à créer la moitié des emplois au Québec, et également sur l'aide aux entreprises coopératives.

Parmi les organismes fédéraux qui visent à aider les entreprises, on note principalement le ministère de l'Expansion économique régionale (MEER), le ministrère de l'Industrie et du Commerce (MIC), la Banque fédérale de développement (BFD), la Corporation de développement du Canada (CDC) et la Société pour l'expansion des exportations (SEE).

Cette dernière joue incontestablement un rôle utile dans l'économie québécoise et canadienne. Avec un actif de près d'un milliard et demi et une capacité d'exploitation de l'ordre de sept milliards, la SEE est la plus importante institution du genre au Canada. Ses prêts, ses garanties de prêts et son programme d'assurance crédit facilitent l'exportation canadienne. La Société estime que cet appui a permis le maintien d'environ 200 000 emplois au Canada.

Enfin, au niveau des politiques fiscales, l'impôt sur le revenu des entreprises et des particuliers, la taxe de vente, les droits miniers et l'impôt foncier ont des effets importants sur les mouvements de capitaux et les investissements, effets qu'il serait trop long d'analyser ici. Actuellement, chaque province doit évidemment prendre garde de se donner des désavantages marqués par rapport aux autres de façon à inciter les entreprises à investir chez elle puisque, peu importe la province où elles opèrent, celles-ci ont accès au marché canadien. A l'opposé, une concurrence effrénée entre les provinces à ce sujet risque d'être coûteuse.

Autrement dit, une certaine harmonisation des politiques est nécessaire et fait régulièrement l'objet de conférences fédérales-provinciales ou inter-provinciales. Par contre, on note des différences importantes au niveau de certaines politiques.

Par exemple, l'Alberta n'a aucune taxe de vente. En 1978, le Québec a aboli la sienne sur quatre types de produits (textiles, meubles, vêtements et chaussures). Les autres provinces ont adopté le plan fédéral à l'effet de réduire leur taxe de vente de 2% ou 3% sur tous les produits pendant 6 mois, de façon à stimuler leur économie.

2) La canalisation de l'épargne

Au niveau de la canalisation de l'épargne, les institutions financières servent de réservoirs de fonds importants qu'elles peuvent ensuite prêter aux entreprises ou aux gouvernements. Ces sommes dépassaient les deux cents milliards en 1974. Récemment, on évaluait à près de 50 milliards les sommes déposées dans les institutions québécoises. En fait, depuis plusieurs années, le Québec est exportateur net d'épargne, c'est-à-dire qu'il exporte plus d'épargnes à l'extérieur qu'il n'en importe pour son propre développement.

Les causes de cette saignée de l'épargne québécoise sont liées bien sûr à l'avance prise sur le plan économique par d'autres régions canadiennes. Mais la tendance peut difficilement être renversée si on songe que 90% des actifs des sociétés de fiducie, 95% des fonds mutuels, 75% de l'assurance-vie et générale et 50% des actifs bancaires au Québec sont sous contrôle de non-Québécois. "La majeure partie des épargnes québécoises sont drainées dans des institutions financières dont les centres de décisions, situés hors du Québec, décident de financer ou non un projet précis. Il ne faut donc pas s'étonner si l'épargne québécoise revient au Québec sous forme d'investissements étrangers ou ne revient pas du tout." (Voir *l'Actualité économique*, juillet-septembre 1974, pp. 379-400)

La protection du caractère canadien des institutions financières a fait l'objet de plusieurs lois du fédéral:

- les banques à charte et les sociétés d'assurance-vie ne peuvent transférer plus de 25% de leurs actions à des non-Canadiens; une seule personne ne peut détenir plus de 10% des actions;
- les ¾ des administrateurs d'une banque à charte doivent être citoyens canadiens;
- d'autres réglementations empêchent les sociétés de fiducie et de prêt de tomber sous contrôle étranger.

Ces mesures n'empêchent pas les institutions financières étrangères de faire affaire au Canada (1,8 milliard en 1974), mais elles assurent un contrôle canadien des épargnes. Dans l'optique de la souveraineté-association, le Parti québécois propose des mesures analogues pour le Québec. De plus, les transferts de capitaux entre les deux Etats pourraient faire l'objet d'une règlementation commune.

3) Les investissements étrangers

Si on examine maintenant les investissements étrangers, leur principal avantage est une augmentation de la croissance économique mais au prix d'une dépendance accrue et d'une réduction possible de l'efficacité des politiques gouvernementales en matière économique.

Entre le laisser-faire complet, les nationalisations massives, la conclusion d'accords internationaux, le renforcement de l'industrie nationale et l'imposition de restrictions, la politique des gouvernements s'est surtout concentrée sur la dernière option. La création de la Société générale de financement (S.G.F.) au Québec et de la Corporation de développement du Canada (C.D.C.) vise cependant à renforcer l'industrie nationale par une canalisation publique des capitaux.

A la fin de 1974, on évaluait à $36.2 milliards le total des investissements étrangers directs au Canada dont 80% proviennent des Etats-Unis. Le Canada se situe ainsi aux premiers rangs parmi les pays d'accueil. Selon le rapport Gray, ces soi-disant investissements étrangers se financent pour environ 90% à même des fonds canadiens. Les investissements étrangers sont le plus souvent l'extension de l'activité d'une firme américaine au Canada ou au Québec. Ils contrôlent environ 60% de l'industrie manufacturière canadienne et sont en mesure d'orienter l'évolution des marchés. Enfin, ils se sont concentrés davantage en Ontario qu'au Québec.

Le gouvernement fédéral a tardivement entrepris certaines actions pour réduire l'ampleur de ce mouvement de contrôle de l'économie canadienne par des étrangers:

- en 1965, contre l'acquisition de certains journaux et périodiques par des non-Canadiens;
- en 1966, par la publication d'une première version d'un code d'investissement;
- en 1971, par l'interdiction de l'acquisition des sociétés de crédit à la vente par des intérêts étrangers;
- en 1974, suite à la publication des rapports Watkin et Gray, par la loi sur l'examen de l'investissement étranger qui crée un mécanisme de "tamisage" ou de sélection des investissements.

Bien qu'elle ne soit pas obligée de prendre en considération les recommandations des provinces (l'intérêt "national" prédomine), l'Agence de tamisage les consulte. Des différends surgissent, rarement cependant depuis 1974, lorsqu'un investissement vient en conflit avec les orientations sectorielles d'une politique provinciale ou risque de conférer un avantage marqué à une province au détriment des autres.

De 1974 à juin 1977, le bureau du Québec aurait refusé très peu de demandes d'acquisition d'entreprises ou de projets de création de nouvelles entreprises sous contrôle étranger.

En ce qui concerne la vente d'entreprises, il est important de constater que les propriétaires canadiens-français vendent majoritairement aux Canadiens anglais (50,7%) puis aux Canadiens français (40,8%), mais fort peu aux étrangers (8,5%). Les Canadiens anglais vendent d'abord et avant tout aux étrangers (70,1%), puis à leur groupe (28,4%) et très rarement aux Canadiens français (0,5%). Enfin, les entreprises américaines sont presque toujours achetées par des étrangers.

En somme, on peut simplifier en disant que, si ces pourcentages se maintiennent d'année en année, les Canadiens anglais servent d'intermédiaires pour le transfert d'entreprises québécoises sous contrôle étranger.

Voilà qui ne milite pas tellement en faveur d'une très grande liberté de circulation de capitaux entre les deux Etats si on désire limiter l'emprise étrangère sur l'économie du Québec.

A moins que, comme le suggère le "Committee for a New Constitution", le Canada anglais prenne conscience de la nécessité "d'établir un ensemble de règles, de conditions et de procédures communes de tamisage dans l'intérêt des deux Etats". Selon le Comité, "il n'est pas dans l'intérêt du Canada anglais de favoriser des politiques séparées qui risquent d'accroître le pouvoir du capital étranger à son détriment et à celui du Québec". Jusqu'à maintenant, c'est justement cette politique commune qui semble avoir nui aux intérêts du Québec.

b) Quelques hypothèses d'association

Dans l'hypothèse d'un éventuel marché commun, il faut distinguer trois aspects principaux.

1) Harmonisation de certaines politiques

Au niveau des conditions influençant les investissements, l'harmonisation des politiques fiscales, d'achat public et de subvention aux entreprises peut-être envisagée.

Une non-harmonisation des politiques de subventions pourrait faire en sorte qu'un des deux Etats risquerait de fausser la politique de l'autre en accordant des subventions plus élevées aux industriels pour les amener à s'établir chez lui.

On pourrait également assister à une surenchère dont les seuls bénéficiaires seraient les entreprises. On peut certainement dire la même chose des politiques fiscales, en ce qui concerne les impôts et les taxes s'appliquant directement aux entreprises. Le débat autour de la taxe de vente a permis cependant de constater que, même dans le cadre actuel, cette harmonisation n'a pas à être trop poussée.

En ce qui concerne la lutte au chômage ou à l'inflation, les besoins du Québec sont très souvent différents de ceux de l'Ontario. Les deux Etats auront besoin d'une large marge de manoeuvre quant à leurs politiques fiscales et budgétaires qui constituent le principal moyen de stabilisation de l'économie en période de chômage ou d'inflation.

A ce sujet, il est intéressant de constater que deux économistes, Yves Rabeau et Robert Lacroix, sans partager la même opinion sur la souveraineté du Québec, en arrivent à la même conclusion: "Avec ou sans monnaie québécoise, la politique budgétaire d'un Québec souverain pourrait assurer une lutte plus efficace au chômage conjoncturel québécois qu'au sein du Canada actuel". On peut supposer que le même commentaire s'appliquerait au cas d'une association économique où les politiques fiscales et budgétaires seraient trop étroitement harmonisées.

Quant à la suppression de toute politique d'achat qui serait discriminatoire à l'égard du partenaire, les deux Etats y gagneraient l'accès au marché public canadien actuel et, en principe, une utilisation rationnelle des ressources. Par contre, une telle politique commune favoriserait beaucoup plus les entreprises ontariennes que celles des autres régions du Canada et du Québec qui ont davantage besoin de la protection qu'offre l'accès préférentiel aux achats publics.

On pourrait également songer à ce que chaque Etat se dote d'une politique d'achat offrant la priorité aux entreprises autochtones. Au delà d'un certain seuil de différence entre les montants des soumissions, la priorité serait donnée aux entrepreneurs du pays partenaire plutôt qu'à ceux des pays tiers.

2) Réinvestissement des épargnes

Au niveau de la circulation de l'épargne entre les deux Etats, on peut songer à maintenir un marché unique de l'épargne ou à imposer certaines restrictions à la circulation de l'épargne entre les deux pays.

Le maintien d'un marché unique permettrait d'augmenter les possibilités d'investissement et, en théorie, les bénéfices des institutions financières. Il pourrait en principe permettre de lutter contre les disparités régionales.

Cependant, devant la tendance de la plupart des institutions financières à concentrer leurs investissements dans les régions riches et devant l'importance de réinvestir la majorité des épargnes d'un pays dans son propre développement, on peut conclure que certaines restrictions sont nécessaires.

Déjà la souveraineté du Québec devrait permettre de s'assurer d'un contrôle québécois sur les institutions financières québécoises et ainsi ralentir la saignée de l'épargne. On devrait de plus accepter que chaque pays exige de chaque institution un pourcentage de réinvestissement dans le pays où l'épargne a été recueillie.

3) Contrôle des investissements étrangers

Au niveau enfin des investissements étrangers, les deux Etats pourraient harmoniser leurs politiques de façon à faire front commun pour réduire la main-mise étrangère sur les deux économies.

Une harmonisation des codes d'investissements destinés aux entreprises étrangères, le contingentement dans certains secteurs, le partage d'un objectif de diversification des sources permettraient d'éviter qu'un Etat plus "nationaliste" que l'autre voit les investissements s'effectuer à ses frontières, dans l'autre pays. L'entreprise étant alors dans le même marché, elle pourrait vendre aussi bien dans l'un ou l'autre des pays.

Cependant, la marge de manoeuvre ainsi cédée ne devrait pas aller jusqu'à empêcher chaque Etat de contrôler les acquisitions d'entreprises autochtones par des capitaux étrangers. La logique d'une telle politique exige alors qu'à moins d'une entente spéciale entre les deux pays les restrictions aux acquisitions s'appliquent également aux résidents du pays partenaire, pour éviter que le comportement de ceux-ci ne contredise en fait la politique du pays voisin.

4. La monnaie et la politique monétaire

La Banque centrale du Canada possède des responsabilités importantes: contrôler la monnaie et le crédit dans l'économie d'un pays et gérer les emprunts du gouvernement fédéral et la dette canadienne. La manipulation de la masse monétaire et des taux d'intérêt dans le but de stabiliser l'activité économique constitue l'essentiel de la politique monétaire. Deux aspects de cette politique sont particulièrement importants dans l'optique d'une association.

La stabilisation interne ou la lutte à l'inflation et au chômage

En période de ralentissement économique, le chômage augmente. Pour contrer cette augmentation, on peut tenter de faciliter la consommation et les investissements. Une des façons de le faire est de rendre le crédit plus facile à obtenir en diminuant les taux d'intérêt, ce qui incite les consommateurs et les investisseurs à emprunter plus et donc à consommer ou investir davantage. La Banque centrale peut faire baisser le taux d'intérêt des banques à charte par divers moyens: modifier à la baisse le coefficient des réserves que les banques à charte doivent conserver pour satisfaire à la loi; acheter des obligations au public, les sommes correspondantes retournant dans les banques à charte; imposer des contrôles sélectifs; varier le taux d'escompte ou persuader les banques de réduire le taux d'intérêt. Toutes ces mesures augmentent la quantité de monnaie en circulation et donc la consommation et les investissements. C'est ce qu'on appelle une politique expansionniste.

En période d'inflation, au contraire, la Banque du Canada réduira la masse monétaire ce qui augmentera les taux d'intérêt et rendra l'accès au crédit plus difficile. La consommation et les investissements diminuant, on freinera l'augmentation des prix.

La stabilisation externe liée au taux de change et à la balance des paiements

Toutes les monnaies sont cotées les unes par rapport aux autres. Cette cote varie continuellement en fonction de l'activité économique entre deux pays. Par exemple en 1961, le dollar canadien valait $1.08 américain, alors qu'actuellement, il oscille autour de 85¢ américains.

Si personne n'intervient pour stabiliser le taux de change (taux de change flexible ou fluctuant) celui-ci s'établira en fonction du libre jeu de l'offre et de la demande. La demande pour le dollar canadien est à la hausse quand beaucoup d'étrangers désirent se procurer des marchandises, acquérir des titres ou venir faire du tourisme au Canada. Une demande à la hausse tend à augmenter la valeur du dollar canadien par rapport aux autres monnaies. D'autre part, l'offre de dollars canadiens est à la hausse dans la mesure où les Canadiens veulent acheter aux Etats-Unis et, dans ce cas, le dollar canadien, parce que moins rare aux Etats-Unis, tend à diminuer de valeur par rapport au dollar américain.

Dans un système de taux de change fixe, l'Etat réduit les fluctuations en tentant d'équilibrer l'offre et la demande. Actuellement, les importations canadiennes sont à la hausse, autrement dit, les Canadiens achètent beaucoup à l'étranger ce qui diminue le taux de change (à 85¢ américains). Le Canada pourra ralentir cette baisse en demandant des dollars canadiens, qui deviennent ainsi plus rares, en échange de dollars américains. Inutile de dire qu'alors la Banque du Canada subit une perte importante.

Enfin, signalons que l'Etat peut décider de laisser le taux de change se rétablir de lui-même. En effet, si le dollar canadien vaut 85¢ en dollars américains, les Canadiens vont acheter moins aux Etats-Unis parce que cela leur coûte plus cher, ce qui aura tendance à la longue à augmenter le taux de change. Inversement, les Américains auront tendance à acheter plus au Canada (ce qui stimule l'industrie canadienne) et donc à augmenter également la valeur du dollar canadien. Si actuellement la Banque du Canada a consacré plusieurs dizaines de millions à réduire le taux de change, en rachetant des dollars canadiens pour en accroître la valeur, c'est que celui-ci ne se relève pas par lui-même depuis trop longtemps. Les prix augmentent parce qu'on paie plus cher les produits étrangers, ce qui contribue à l'inflation. La mesure prise par la Banque du Canada, à la demande du gouvernement fédéral, est donc une mesure anti-inflationniste, mais créatrice de chômage, puisqu'un taux de change bas est de nature à stimuler l'industrie canadienne.

On constate donc que les éléments de la politique monétaire influent sur ces deux problèmes majeurs que sont devenus l'inflation et le chômage. Dans la situation actuelle, la politique monétaire relève entièrement du gouvernement fédéral. Dans une nouvelle union monétaire, elle relèverait conjointement des deux Etats qui créeraient une Banque centrale commune et maintiendraient une monnaie commune. A l'opposé, il faut se demander si les deux Etats n'auraient pas intérêt à créer leur propre monnaie, ce qui leur permettrait d'avoir des politiques monétaires distinctes, harmonisées ou non.

Par exemple, depuis plusieurs années, les pays de la CEE et l'ensemble des pays ont commencé à coordonner leurs politiques économiques, y compris les politiques monétaires. Le Commonwealth de Puerto Rico ne possède pas de Banque centrale et ses activités bancaires se font par l'entremise de la Banque fédérale de réserve de New York. Dans le cadre de l'Union belgo-luxembourgeoise (UEBL), un protocole en matière d'union monétaire est entré en vigueur en 1965. Le Luxembourg n'a pas de Banque centrale et la monnaie belge a cours légal au Luxembourg. Celui-ci émet cependant une monnaie locale qui représente environ 6% de la masse monétaire actuellement. La Banque nationale de Belgique émet donc la presque totalité de la monnaie sur les deux territoires. Il est accepté qu'une modification des taux d'intérêt bancaires belges entraîne en règle générale un ajustement semblable au Luxembourg. Le Luxembourg ne peut donc adopter une politique monétaire indépendante, très distincte de celle de la Belgique.

a) La situation Québec-Canada

La politique de stabilisation du gouvernement fédéral s'appuie sur les indicateurs nationaux tels que l'indice des prix à la consommation, le taux de chômage, etc. Or, comme on sait, ces moyennes nationales cachent d'importantes disparités régionales.

Les politiques de stabilisation du gouvernement fédéral sont, semble-t-il, en bonne partie responsables du maintien systématique du taux de chômage du Québec au-dessus de la moyenne canadienne depuis l'après-guerre.

Selon l'économiste Yves Rabeau:

"La croisade anti-inflation de 1969 nous donne un exemple tout à fait récent des effets régionaux pervers d'une politique nationale de stabilisation. En 1968, l'expansion modérée de l'économie canadienne, qui était, en grande partie, reliée à un boom d'investissements dans le secteur de l'automobile — suite à l'Accord de 1965 —, n'avait pas fait sentir ses effets au Québec. Alors que l'emploi non agricole augmentait à un taux de 2,5% au Canada en 1968, il baissait de 0,3% au Québec. A l'été de 1969, avec un taux d'inflation de 4,5% au Canada et d'environ 3% au Québec, le gouvernement central décida d'appliquer les freins par une politique fiscale fortement restrictive. L'économie québécoise, qui n'avait pas encore repris le chemin de l'expansion, fut replongée jusqu'en 1971 dans une situation de stagnation économique. Cette politique fédérale de 1969 a été coûteuse (...) en termes de croissance économique puisque le taux élevé d'inutilisation des ressources au Québec pour la période de 1968 à 1971 s'est accompagné d'une grande faiblesse des investissements."

L'économiste Pierre Fortin ajoute:

"Il est difficile de sous-estimer l'importance d'une politique de stabilisation appropriée du point de vue régional. Une baisse du taux de chômage de seulement ½ unité de pourcentage pendant un an au Québec s'accompagne d'une augmentation de $750 millions du produit intérieur brut annuel du Québec ou de $100 par famille. Si donc les incohérences de la politique nationale de stabilisation au Canada ont valu au pays un taux de chômage plus élevé de ½ de 1% par an en moyenne depuis 15 ans — et ce n'est pas exagéré de le prétendre, compte tenu de la performance américaine — c'est un revenu total de $45 milliards (en dollars de 1977) que les Canadiens ont gaspillé inutilement, dont plus de $10 milliards perdus par les Québécois. Il va sans dire que l'ordre de grandeur d'une telle perte d'emplois et de revenus peut noyer facilement les sommes impliquées dans la vaine querelle des comptes économiques entre Ottawa et Québec, lesquels n'excèdent pas $4 ou $5 milliards, en plus ou en moins."

On peut affirmer que la plupart des économistes, quelle que soit leur tendance quant à l'avenir politique du Québec, s'entendent pour dénoncer l'effet des politiques de stabilisation du gouvernement fédéral sur l'économie du Québec.

Cependant la plupart attribuent plus de responsabilités aux politiques fiscales et budgétaires du fédéral qu'à sa politique monétaire dans cet état de fait néfaste pour l'économie du Québec.

b) Quelques hypothèses d'association

Un Québec souverain et associé doit-il conserver une monnaie commune avec le Canada ou créer sa propre monnaie?

1) Avantages d'une monnaie commune

Une monnaie a essentiellement trois fonctions: elle sert d'intermédiaire dans les échanges, de mesure des valeurs et de réservoir des valeurs. Dans les économies modernes où les monnaies ne sont plus garanties par de l'or (sauf dans les transactions internationales où celui-ci conserve un rôle), leur acceptation ne repose que sur la confiance qu'on leur accorde. A l'intérieur d'un pays, les gouvernements forcent dans une bonne mesure cette acceptation; dès qu'il s'agit toutefois de transactions internationales, leur seul prestige ne suffit plus. Si pour une raison ou pour une autre, le public n'a pas confiance dans une monnaie, il la "fuira". Dans un domaine aussi mystérieux, *les réactions psychologiques ont une grande importance.** Et elles peuvent reposer sur des perceptions souvent très éloignées de la réalité. En optant pour la monnaie commune avec le Canada, on choisit en définitive le connu par opposition à l'inconnu que constitue une monnaie distincte pour le Québec.

Selon le Committee for a New Constitution, "un Québec souverain continuera d'accueillir dans son économie des milliards d'actifs appartenant à des Canadiens anglais. (...) Il est dans l'intérêt évident du Canada anglais de maintenir la valeur de ces actifs et d'établir une monnaie commune et une Banque centrale conjointe".

Dans l'économie, *le rôle de la politique monétaire a probablement perdu de son importance relative depuis trente ou quarante ans,* la possibilité d'établir une politique monétaire également; et ces facteurs réduisent d'autant la nécessité de rechercher le pouvoir monétaire. Les Etats conservent une marge de manoeuvre dans leur politique monétaire et il ne faudrait pas croire que son importance est négligeable. Mais l'action de la politique monétaire fait face à des contraintes lorsqu'on veut s'en servir pour lutter contre l'inflation et encore davantage si l'on veut s'en servir pour stimuler la création d'emplois. Ces contraintes sont plus importantes si une économie nationale a beaucoup de relations avec le reste du monde.

---

* Cependant, il ne faut pas surestimer l'impact défavorable d'une telle "incertitude". On se rappellera que lors de la campagne électorale, on nous prédisait les pires catastrophes avec la "piastre" québécoise de 80¢. Maintenant que le dollar canadien est à 85¢, on en parle moins.

La sensibilité des mouvements internationaux de capitaux aux écarts des taux d'intérêt peut venir contrecarrer les effets désirés de la politique monétaire à l'intérieur d'un pays. Cela pose la même difficulté que la question de la régionalisation des taux d'intérêts au Canada sur laquelle le Conseil économique du Canada s'est penché et qui a fait l'objet d'un vaste débat.

Selon certains économistes, dont Pierre Fortin, "on a eu raison de ne pas chercher à régionaliser les taux d'intérêt par suite de la trop forte mobilité des capitaux". Par exemple, un bas taux d'intérêt au Québec pour combattre le chômage et un haut taux d'intérêt au Canada anglais pour freiner l'inflation auraient l'effet suivant: un investisseur pourrait emprunter au Québec et investir en Ontario, à l'encontre des politiques des deux gouvernements. Il faudrait alors des mécanismes de contrôle pour limiter de tels mouvements de capitaux, ce qui ne semble pas facile à réaliser.

2) Inconvénients d'une monnaie commune

L'union monétaire peut empêcher l'utilisation maximale des ressources et/ou l'isolement relatif de l'économie québécoise par rapport aux perturbations externes. On s'est demandé si le fait d'avoir une monnaie distincte n'était pas de nature à aider des régions où sévit une récession, la dépréciation ou la dévaluation de la monnaie pouvant stimuler les exportations en provenance de la région et défavoriser les importations venant de l'extérieur de la région. *On se dit alors qu'avec une monnaie distincte, le Québec pourrait rétablir sa capacité concurrentielle par l'adoption d'un taux de change plus bas que celui du dollar canadien.*

Tous les arguments à l'appui de cette thèse sont centrés sur le raisonnement suivant: des régions ou des pays différents peuvent désirer, dans le choix entre l'inflation et le chômage, adopter des dosages différents, pour quelque raison que ce soit. Malgré ses faiblesses, la politique monétaire constituerait un instrument de plus dans la poursuite des objectifs fixés, en venant renforcer l'action de la politique fiscale et budgétaire.

Les gouvernements *retirent un certain bénéfice du monopole de l'émission de la monnaie,* et avec sa propre monnaie le Québec récupérerait ce bénéfice qui va actuellement à l'autorité monétaire, c'est-à-dire au gouvernement fédéral. Ce bénéfice est lié à la monnaie de réserve qui constitue en fait un prêt sans intérêt du secteur privé au gouvernement. En 1970, ce profit artificiel représentait 250 millions de dollars.

Il va de soi que l'union monétaire exige des *institutions communes plus nombreuses* et plus développées que la zone de libre-échange ou l'union douanière. Ces institutions sont du même genre que celles d'un marché commun avec, en plus, la nécessité de prévoir l'élaboration d'une politique monétaire administrée par une banque centrale commune.

5. *L'intégration des transports*

Dans l'optique d'un marché commun, la liberté de circulation des biens, des personnes et, jusqu'à un certain point, des capitaux et de la technologie entraîne une libéralisation des moyens de transport qui servent de support aux activités économiques.

Les principaux secteurs où l'on peut songer à établir des politiques communes ou harmonisées, ou même à gérer conjointement des entreprises publiques sont: le transport routier inter-Etat, les chemins de fer, la navigation fluviale et le transport aérien.

Au Benelux, les transports irréguliers de personnes par autobus sont entièrement libres entre les pays et vers les pays tiers depuis 1960. Le transport rénuméré des marchandises par route entre les pays partenaires a été libéralisé en 1962. La navigation fluviale internationale est libre depuis plusieurs années déjà. Toutefois, aux Pays-Bas et en Belgique, la navigation intérieure est partiellement liée à des systèmes d'affrêtements, ce qui ne pose aucun problème important.

Depuis plusieurs années déjà, trois des cinq pays du Conseil nordique exploitent en commun une compagnie aérienne internationale, la Scandinavian Airways, qui a le statut d'entreprise publique et dont les pays sont actionnaires.

La Communauté des Caraïbes (CARICOM), regroupant onze îles, s'est donné pour objectif d'améliorer l'infrastructure du transport maritime. On a créé deux sociétés de navigation: la Compagnie multinationale des Caraïbes et la Compagnie intergouvernementale des Caraïbes, financées presque entièrement par les pays membres du CARICOM.

a) *La situation Québec-Canada*

Actuellement, tous ces secteurs relèvent presque entièrement du gouvernement fédéral. Les interventions du fédéral concernent la construction et l'exploitation des infrastructures (routes, lignes de chemin de fer, ports et aéroports), les subventions aux transporteurs, la réglementation et la tarification (via la Commission canadienne des transports et le Conseil des ports nationaux), et l'exploitation directe d'entreprises de transport (Air Canada et le Canadien national).

Globalement, le Québec a été défavorisé par rapport à l'ensemble canadien au niveau de la répartition des contributions fédérales à la construction et à l'exploitation des infrastructures:

- le Québec n'a reçu que 17.7% des dépenses fédérales pour la voirie entre 1952 et 1973;
- on retrouve seulement 12% du réseau ferroviaire au Québec;
- malgré son potentiel, ce n'est pas le Québec mais l'Ontario qui bénéficie des infrastructures de transports maritimes les plus importantes et ce, avant même la construction de la voie maritime du St-Laurent; la part du Québec représente 23% des coûts contre 30% des revenus d'exploitation;
- le coût total des infrastructures aéroportuaires au Québec ne représentait en 1968 qu'environ 17% de l'ensemble canadien (25% pour l'Ouest), contre 27% des revenus; la construction de Mirabel constitue cependant 35% des nouveaux investissements du fédéral depuis 1968 et a pu rétablir un certain équilibre.

Les subventions versées directement aux transporteurs routiers et aériens sont marginales comparées à celles versées aux transporteurs ferroviaires et aux constructeurs navals. Entre 1960 et 1975, le Québec n'a bénéficié que de 12% des subventions aux transporteurs ferroviaires. Entre 1951 et 1965, les chantiers navals québécois ont reçu cependant 40% des subventions, soit un peu plus que l'Ontario. Ces subventions ont servi principalement à la création de l'importante flotte canadienne des Grands Lacs qui profite, toutefois, surtout à l'Ontario.

Enfin la répartition des activités des transporteurs publics ont cependant favorisé le Québec. Les activités des sièges sociaux et des ateliers d'entretien se concentrent à Montréal et sont responsables de retombées économiques équitables, compte tenu de la population du Québec (27%). Air Canada est responsable de 75% des emplois des transporteurs aériens au Québec et, en 1973, ses dépenses au Québec excèdent de $225 millions les recettes qu'elle y percevait.

En somme, si on excepte le transport maritime international qui a été plutôt négligé, la majorité des interventions fédérales ont agi dans le même sens: doter les régions excentriques (l'Ouest et les

Maritimes) de réseaux adéquats de transport. C'est l'Ontario et le Québec, qui ont subventionné ainsi, pour des centaines de millions de dollars annuellement, ces retombées économiques énormes dans les autres provinces. En retour, ces infrastructures de transport sont une source importante de croissance économique. L'industrie manufacturière québécoise destine les 2/3 de ses ventes hors Québec au marché canadien. L'amélioration des modes de transport subventionne donc indirectement ces entreprises québécoises.

L'avantage principal du Québec réside dans le rôle central de Montréal que l'on peut qualifier de pivôt du système canadien des transports. Toutes les sociétés d'Etat: Air Canada, C.N., Téléglobe, l'administration de la Voie maritime, ont leur siège social à Montréal de même que plusieurs compagnies privées: C.P.R., Bell Canada, Canada Steamship. L'Organisation de l'aviation civile internationale y a également son siège social. Il faut ajouter à cela les ateliers de réparation et d'entretien d'Air Canada, du C.N. et du C.P. et des industries de fabrication du matériel de transport.

b) Quelques hypothèses d'association

1) Gestion nationale des infrastructures

La propriété des infrastructures et des installations de transport revient normalement aux Etats souverains; l'association économique n'impose aucune obligation de co-propriété. Il est donc également normal que la gestion et l'exploitation de ces installations relèvent des Etats membres. Dans le cas qui nous concerne ici, il s'agit essentiellement des installations portuaires et aéroportuaires, car les infrastructures routières relèvent déjà des provinces.*

Mais il ne faut pas pour autant exclure la possibilité d'une formule de co-gestion. Rappelons que ce genre de formule existe déjà pour l'administration de la Voie maritime du St-Laurent qui relève de deux pays souverains.

Le Québec pourrait par contre préférer une gestion purement nationale des installations. Il pourrait en principe fournir une gestion aussi efficace, sinon plus efficace, que celle que fournit actuellement l'Etat fédéral.

---

* Nous ne parlons pas pour le moment des installations ferroviaires qui relèvent en principe des transporteurs (C.P. et C.N.).

La gestion nationale des installations n'écarte pas cependant la nécessité d'une certaine collaboration ou harmonisation, notamment sur le plan des politiques de tarification (droit d'amarrage ou d'atterrissage, etc.), surtout dans le but d'éviter une rivalité coûteuse. Une collaboration normale s'impose également pour toute une série de questions qui dépassent les frontières nationales (contrôle aérien, pilotage, etc.) comme cela se fait entre la plupart des Etats voisins.

2) *Harmonisation des subventions directes aux transporteurs*

Toute subvention nationale à une industrie qui est discriminatoire à l'égard du partenaire va à l'encontre de l'esprit d'une véritable association économique. Une telle subvention se traduit finalement par une forme cachée de protectionnisme au profit de l'industrie nationale. Rappelons que, dans le contexte canadien, cela touche surtout le secteur ferroviaire.

L'harmonisation ne semble pas nécessaire s'il n'y a pas d'incidence à l'extérieur d'un des deux pays, comme c'est le cas dans le transport urbain. Elle s'impose clairement s'il s'agit de subventionner un service entre les deux pays, comme les services aux passagers entre Montréal et Toronto.

3) *Réglementation et tarification conjointe*

C'est surtout au niveau de la réglementation que l'association économique impose des obligations. Nous devons ici faire la même distinction que pour les subventions; c'est-à-dire, entre le transport purement interne et le transport inter-Etat. Dans le premier cas, la réglementation peut demeurer purement nationale; dans le deuxième cas, elle doit nécessairement figurer dans l'association.

Cela plaide en faveur d'un organisme commun de contrôle et de surveillance des transports inter-Etat. Cet organisme aurait, entre autres fonctions, celles de garantir la standardisation du système (normes techniques), d'émettre des permis aux transporteurs intra-association, de surveiller la tarification pour qu'elle respecte l'esprit de l'association; etc. On pourrait par exemple penser à une formule modifiée de la Commission canadienne des transports, à cette importante différence près que le Québec participerait désormais à son fonctionnement.

Le principal argument contre un organisme commun serait le désir du Québec de formuler des réglementations distinctes pour certains modes de transport. Une solution mitoyenne peut être atteinte en donnant plus ou moins de pouvoirs à l'organisme commun.

4) *Exploitation commune des transporteurs publics*

Les deux cas qui nous concernent ici, Air Canada et Canadien national, sont, rappelons-le, deux des plus importantes sociétés fédérales de la Couronne dont les incidences économiques pour le Québec sont pour le moins considérables. Le choix pour le Québec est clair: doit-il, oui ou non, les inclure dans l'association en tant que sociétés publiques autonomes? Bref, doit-on les scinder ou les conserver en commun? Ce choix est d'autant plus fondamental qu'il affecte également, comme nous venons de le voir, les choix sur le plan de la réglementation et des politiques de subvention.

Air Canada: Le quasi-monopole d'Air Canada n'a pas engendré des coûts plus élevés pour les usagers. De plus, cette société d'état s'autofinance très largement.

D'un strict point de vue d'efficacité économique, il ne semble donc pas souhaitable de scinder cette compagnie, d'autant plus que c'est un secteur où les économies d'échelle (et les indivisibilités de certains investissements) semblent d'une importance majeure.

Outre les arguments d'efficacité, la raison principale qui milite en faveur du maintien de Air Canada est son impact actuel sur Montréal. Cet organisme emploie actuellement au delà de 8 000 personnes à Montréal (ce qui représente 40% du total canadien) dont une bonne partie ne se justifie donc pas par des fonctions strictement québécoises.

Le Québec pourrait par contre décider de scinder Air Canada et de se doter d'un réseau national propre afin de pouvoir plus directement promouvoir une plus grande participation francophone à cette industrie. Mais soulignons que cet objectif pourrait également être atteint avec un transporteur commun car cette nouvelle société publique commune (même si elle était dans les faits issue de Air Canada) aurait nécessairement une structure administrative qui permettrait une participation directe du Québec.

Le Canadien national: Comme la plupart des chemins de fer de l'Amérique du Nord, il fait face au grave problème d'une capacité excédant les besoins, ce qui explique largement ses demandes de subventions. Rappelons que cette sur-capacité se situe surtout dans l'Ouest canadien.

Il faut confronter les avantages de la scission (création d'un transporteur québécois, possibilité d'une tarification québécoise, réduction des subventions) aux désavantages (pertes d'emploi à Montréal, retombées négatives pour Montréal, problèmes de suc-

TABLEAU 4

Eléments possibles du traité d'association

SUJET	Compétences de l'association	Compétences nationales*
CIRCULATION DES MARCHANDISES	• libre circulation entre les deux pays sans barrière tarifaire ou autre • tarif douanier et politique commerciale commune face aux tiers pays • organismes conjoints bipartites de gestion de ces politiques	• politiques d'achat distinctes favorisant les produits nationaux • contingentement national de certains produits agricoles avec possiblement une harmonisation au niveau d'un Office conjoint de commercialisation
CIRCULATION DES PERSONNES	• libre circulation entre les deux pays pour tous les résidents des deux Etats sans contrôle frontalier • marché commun du travail; harmonisation des politiques de mobilité de la main-d'oeuvre; "transférabilité" de certains régimes sociaux (assurance-chômage, pensions)... • gestion conjointe d'un réseau unique de postes frontières situés uniquement aux points d'entrée en provenance des pays tiers • politique commune de "transférabilité" de la citoyenneté	• politiques nationales d'immigration, possiblement harmonisées sur certains aspects • contrôles non frontaliers pour fins électorales ou d'admissibilité à certains régimes sociaux

CIRCULATION DES CAPITAUX ET MONNAIE	• harmonisation des conditions de concurrence • préférences à l'autre Etat quant à l'investissement • harmonisation des codes d'investissement face aux capitaux étrangers • Banque centrale gérée conjointement, émettant une monnaie commune et administrant une politique monétaire conjointe	• politiques d'aide à l'entreprise et mesures fiscales distinctes, coordonnées annuellement • contrôle national des institutions financières et politiques de réinvestissement harmonisées • restrictions quant à l'acquisition des firmes autochtones par les ressortissants de l'autre pays
TRANSPORTS	• harmonisation des politiques de tarification et de subvention aux transporteurs • Commission conjointe des transports réglementant le transport entre les deux Etats • gestion conjointe avec les U.S.A. de la Voie maritime du St-Laurent • transformation du Canadien national et de Air Canada en sociétés publiques de l'association, administrées conjointement	• gestion nationale des ports, aéroports, routes • gestion nationale du transport inter-Etat

---

* Mentionnons que dans l'optique de la souveraineté des deux Etats, tout ce qui ne serait pas mentionné explicitement comme compétence de l'association Québec-Canada, relèverait de chacun des deux Etats. Les "compétences nationales" du tableau précédent sont donc mentionnées uniquement en ce qu'elles constitueraient des exceptions à une compétence totale de l'association sur certains aspects.

cession). Soulignons que la plupart de ces avantages ne sont pas incompatibles avec l'existence d'un transporteur commun car, comme dans le cas de Air Canada, une participation plus directe du Québec à la politique ferroviaire lui permettrait en principe d'influencer cette politique dans le sens de ses priorités.

6. *Synthèse de l'option*

A partir de la discussion des différentes hypothèses d'association, nous pouvons dresser un tableau des grandes lignes d'une proposition que le Québec pourrait faire au Canada, quant au traité d'association à conclure sur les questions économiques.

Bien sûr, nous ne pouvons affirmer que cette proposition sera celle du gouvernement du Québec. Nous ne pouvons qu'espérer qu'elle sera retenue dans ses grandes orientations, lesquelles nous semblent s'imposer, tant pour le Québec que pour le Canada. Notre but est surtout ici de concrétiser l'option à l'intention du lecteur.

On constate que cette proposition, tout en diminuant sur certains points les responsabilités de l'association lorsqu'on les compare à celles du gouvernement fédéral actuel, maintiendrait une assez forte intégration économique. Celle-ci se comparerait aux expériences les plus poussées d'intégration économique entre Etats souverains, ailleurs dans le monde. Il s'agit presque d'un marché commun et d'une union monétaire.

Cependant, l'Etat du Québec récupérerait des compétences nouvelles qui incluent toutes les revendications traditionnelles des gouvernements provinciaux du Québec depuis 1960. Mais le gain majeur serait le mode de gestion des compétences mises en commun. Contrairement au régime fédéral actuel, l'association Québec-Canada, prendrait ses décisions sur la base du principe de l'égalité des deux Etats, comme nous le verrons plus en détail au quatrième chapitre.

Chapitre 3

L'association, les minorités et les relations internationales

En dehors du cadre de l'association économique, les deux Etats peuvent convenir de coopérer à un certain nombre d'objectifs communs sur d'autres plans. Nous allons maintenant examiner certaines de ces questions, mais uniquement celles qui nous semblent dictées par la situation spécifique du Québec et du Canada et auxquelles on voudrait apporter une solution durable dans le cadre de l'association Québec-Canada.

La question des minorités nous apparaît entrer dans ce cadre. Il s'agit essentiellement de préciser le rôle de l'association Québec-Canada envers les Amérindiens et les Inuits, les minorités franco-canadiennes et la minorité anglo-québécoise, et également de définir la participation de ces minorités aux activités de l'association.

D'autre part, la situation géo-politique du Canada et du Québec et certaines caractéristiques culturelles de leurs populations conditionnent les choix des deux Etats quant à leurs relations internationales et à la défense. Le Québec et le Canada constituent des Etats tampon entre les deux plus grandes puissances mondiales: l'URSS et les Etats-Unis, ce qui leur confère une position stratégique dans le monde occidental. D'autre part, si l'Etat du Canada est naturellement orienté vers le monde anglophone et l'Etat du Québec vers la francophonie, la présence d'une forte minorité de l'autre univers culturel au sein de chacun des deux Etats milite en faveur d'une certaine harmonisation des activités internationales.

1. Les communautés amérindiennes et inuits

Il serait facile de mettre en évidence les menaces qui pèsent sur les premiers habitants du pays, non seulement quant à leur culture mais aussi à leur mode de vie. Comme le répètent plusieurs porte-parole indiens ou inuits depuis trop d'années: "nous n'avons aucun pouvoir, rien à dire, pas de voix dans les décisions, aucun contrôle sur notre avenir". Nous pensons que la restructuration de l'ensemble canadien doit être l'occasion de fournir aux populations autochtones les outils politiques nécessaires à la prise en charge de leur propre développement.

Les questions principales qui se posent sont la propriété des terres occupées par les Indiens et les Inuits, la gestion de ces territoires et finalement la nature des relations de ces communautés avec chaque Etat séparément ou avec l'association Québec-Canada.

a) La situation Québec-Canada

1) La répartition géographique

Les tableaux suivants donnent les statistiques essentielles concernant la *répartition géographique des Indiens dans l'ensemble Québec-Canada.*

On estime généralement que, pour en arriver à une approximation valable du nombre d'Indiens au Québec, la comptabilité fédérale doit être doublée. Si on tient également compte de la très forte croissance démographique dont font actuellement preuve ces populations, le nombre réel d'Indiens au Québec atteindrait bientôt les 100 000. Dans *La politique québécoise de développement culturel,* on résume ainsi la situation:

"Il est établi, sur la base des chiffres officiels (c'est-à-dire environ 30 000), que près de 35% des Indiens du Québec habitent les régions urbanisées du sud (Hurons, Mohwaks, Abénaquis et Micmacs), tandis qu'environ 55% se retrouvent dans les zones plus septentrionales et moins urbanisées (Attikameks, Montagnais, Cris et Algonquins).

"Ces huit groupes représentent deux grandes familles linguistiques les apparentant, sur ce plan, à divers ensembles vivant aussi bien dans d'autres provinces canadiennes que dans de nombreux Etats américains: la famille iroquoïenne (Hurons et Mohwaks) et la famille algonquienne (Cris, Attikemeks, Montagnais, Abénakis, Algonquins et Micmacs). Si la langue d'origine est en difficulté dans certaines

TABLEAU 1

Bandes, réserves et établissements indiens, par province, Canada, au 31 décembre 1971

Province ou territoire	Bandes	Réserves	Etablissements et autres terres	Superficie approximative
		nombre		acres
Ile du Prince-Edouard	1	4	1	1 661
Nouvelle-Ecosse	12	38	—	28 178
Nouveau-Brunswick	15	24	1	41 764
Québec	41	33	1	192 255
Ontario	108	162 (4)	7	1 656 477
Manitoba	54	92 (4)	4	529 029
Saskatchewan	67	133 (1)	5	1 451 281
Alberta	41	90 (1)	8	1 631 284
Colombie britannique	192	1 620	—	837 638
Yukon	11	—	33	—
Territoires du Nord-Ouest	16	—	30	—
Total	558	2 196	90	6 359 612

(1) Les nombres entre parenthèses représentent des parties de réserves, les provinces de la Saskatchewan et de l'Alberta se partagent une réserve, et quatre autres réserves sont situées sur la frontière de l'Ontario et du Manitoba. On tient compte de ces partages dans le calcul des superficies. Les bandes sont comptabilisées dans les provinces qui les administrent.

(2) Terres dont le statut est indéterminé.

(3) Cette estimation des superficies ne comprend pas la superficie des établissements et des autres terres, puisque celles-ci ne répondent pas à la définition de "réserve" tel que décrite dans la Loi concernant les Indiens.

SOURCE: Ministère des Affaires indiennes et du Nord. *Schedule of Indian Reserves and Settlements* (Canada)

TABLEAU 2

Population indienne, par province, pour certaines années choisies, Canada, 1959-1973

Province ou territoire	1959	1961	1963	1965	1967	1969	1971	1973
Ile du P.-E.	341	348	374	393	409	432	451	463
Nouvelle-Ecosse	3 561	3 746	3 935	4 099	4 287	4 524	4 788	4 986
Nouveau-Brunswick	3 183	3 397	3 629	3 824	4 039	4 280	4 541	4 723
Québec	20 453	21 793	23 043	24 446	25 650	26 985	28 449	29 376
Ontario	42 668	44 942	47 260	49 556	51 731	54 072	56 553	59 405
Manitoba	23 658	25 681	27 778	29 996	32 227	34 422	36 851	39 085
Saskatchewan	23 280	25 334	27 672	30 086	32 579	35 072	37 555	40 118
Alberta	19 287	20 931	22 738	24 587	26 440	28 343	30 021	31 777
Colombie b.	36 229	38 616	40 990	43 250	45 152	46 955	49 194	50 973
Yukon	1 868	2 006	2 142	2 292	2 477	2 661	2 561	2 655
Territoires du N.-O.	4 598	4 915	5 235	5 569	5 911	6 277	6 645	6 933
Total	179 126	191 709	204 796	218 098	230 902	244 023	257 619	270 494

SOURCES: Statistique Canada. *Annuaire du Canada,* Ministère des Affaires indiennes et du Nord canadien, Division des affaires indiennes et esquimaudes.

Population indienne par province, Canada, 1973

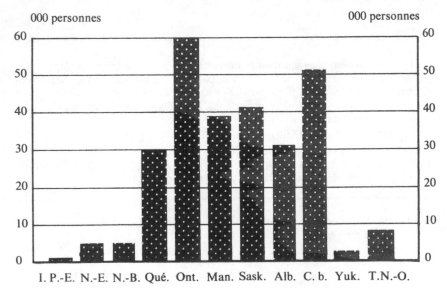

I. P.-E. N.-E. N.-B. Qué. Ont. Man. Sask. Alb. C. b. Yuk. T.N.-O.

448

communautés du sud, il faut savoir qu'elle joue encore le rôle de principal moyen de communication pour la majorité des communautés indiennes. Tous ces gens sont regroupés en une quarantaine de communautés, dont la plupart ont le statut juridique de bandes occupant des réserves, et réparties un peu partout sur le territoire québécois.

"Quant aux Inuits, ils habitent 14 villages échelonnés tout au long de la côte arctique du Québec, formant pour leur part une population évaluée à environ 4 500 personnes. Sur les plans linguistiques et culturels, leur situation géographique nordique les place dans une position peut-être encore plus avantageuse que celle des 55% d'Indiens habitant loin des centres urbains."

2) Les droits des autochtones

Le contentieux autochtone, dont la persistance a pu rendre complexe certains de ses aspects techniques, n'en demeure pas moins pour l'essentiel d'une transparence indiscutable. Il renvoie à des prétentions territoriales fondées sur l'ancienneté de l'occupation, de l'utilisation et de l'exercice d'une souveraineté certaine.

De tels droits furent d'ailleurs confirmés par une clause que la France avait inscrite dans l'Acte de capitulation de Montréal, clause reprise en 1763 dans la Proclamation royale émise par la Couronne britannique. La tendance du droit international ayant toujours été de consacrer le droit du conquérant à l'exercice de sa souveraineté sur les territoires conquis ou occupés, les couronnes française et anglaise n'étaient pas strictement tenues d'inclure de telles clauses garantissant les droits territoriaux autochtones. Si elles l'ont quand même fait, c'est que l'existence de ces droits ne devait soulever aucun doute pour personne.

Cette approche des droits autochtones fut plus tard adoptée par le gouvernement canadien, sous une forme toutefois négative: il fallait en obtenir l'extinction par traité, avant de permettre l'expansion de la colonisation sur les territoires ainsi protégés. Si de tels traités prirent souvent la forme de mascarades, à l'occasion desquelles les autochtones furent lourdement dupés, leur existence même atteste clairement d'une reconnaissance officielle des droits territoriaux autochtones.

Lorsque le Québec, en 1912, fit l'acquisition d'une partie des Terres de Rupert, les lois fédérales et provinciales contenaient encore des clauses transférant au Québec l'obligation d'éteindre par traité les droits autochtones, advenant des développements dans cette portion de territoire ainsi acquise. C'est sur cette base que le juge Albert Malouf ordonna, le 15 novembre 1973, la suspension des travaux d'aménagement hydro-électrique à la Baie James, jusqu'à ce que le Québec remplisse ses obligations envers les Cris et les Inuits.

3) Les réserves et la politique fédérale

Comme l'a écrit la Commission Dorion, la politique fédérale en a toujours été une de strict "encadrement des Indiens qui constituent, encore au XXe siècle, un peuple en tutelle. La situation est délicate du fait que les Indiens eux-mêmes en sont venus, souvent inconsciemment peut-être, à considérer cette relation de dépendance vis-à-vis de l'Etat fédéral comme normale et même souhaitable. Cette attitude a été jusqu'ici de nature à entretenir l'état tutélaire et "assisté" de la communauté indienne."

Le rapport Dorion juge sévèrement l'institution des réserves indiennes: "Dans sa forme actuelle, et compte tenu des lois qui y sont applicables, la réserve constitue une institution anachronique qui correspond à une certaine attitude à la fois discriminatoire et paternaliste à l'égard des aborigènes".

A ce propos, le Rapport recommande ici:

"Que le système actuel des réserves soit remplacé par la création de "municipalités amérindiennes" ayant les droits et prérogatives des municipalités du Québec mais jouissant en plus de certaines mesures de protection;

"Que le mode d'administration et d'élection d'administrateurs soit prévu dans la nouvelle législation sur les Amérindiens;

"Que les Amérindiens se voient reconnaître un titre clair de propriété sur les terres qu'ils occupent et qui constituent aujourd'hui des réserves ou autres établissements;

"Que cette reconnaissance du titre de propriété sur les réserves ou autres établissements et, le cas échéant, l'octroi gratuit de terres additionnelles, se fassent en proportion avec les besoins des Amérindiens."

La politique québécoise de développement culturel amène le gouvernement du Québec à affirmer:

"Le Québec ne doit cependant pas limiter sa perception du dossier à des erreurs historiques à redresser, encore moins à une reconnaissance de droits en vue de mieux les éteindre. En plus de qualités esthétiques certaines, ces cultures recèlent des valeurs grâce auxquelles leurs usagers ont exploité le territoire québécois depuis des milliers d'années, dans le respect de l'environnement et des diverses formes de vie, c'est-à-dire pour tout ce que nos propres modes d'exploitation sont en train de mettre sérieusement en péril. C'est sous cet aspect que les cultures autochtones, à la condition expresse qu'elles puissent de déployer librement, aussi bien dans les domaines politiques, économiques et sociaux que dans celui des arts proprement dits, sont susceptibles de devenir de puissants agents de mise en échec d'une exploitation abusive de la terre, de ses ressources et de ses paysages, qu'en maints quartiers notre société elle-même commence heureusement à récuser."

b) Quelques hypothèses d'association

La nécessité du remplacement du régime fédéral par une association Québec-Canada, entre les deux Etats souverains égaux en droits, nous indique clairement un changement d'attitude analogue envers les premiers habitants du pays. Cela signifie la plus large *autonomie politique* possible dans le respect de l'autodétermination des populations autochtones.

1) Le respect des traités et de la propriété

Les deux Etats pourraient d'abord convenir de respecter tout traité ou entente liant actuellement le gouvernement canadien aux peuples indiens et inuits, leur reconnaître un titre clair de propriété sur les terres qu'ils occupent et le droit à la pleine gestion de ces territoires, et proposer leur aide aux représentants des collectivités locales indiennes et inuits pour le développement de ces territoires.

Tout en demeurant libres de déterminer leur participation à ces plans de développement, les deux Etats devraient harmoniser leur politique à l'égard des Indiens et des Inuits. Plusieurs de ces communautés se répartissent en effet sur le territoire des deux Etats.

2) La reconnaissance politique

Enfin, les deux Etats pourraient reconnaître une existence politique aux Indiens et aux Inuits et leur proposer une participation à l'association Québec-Canada. Un organisme regroupant des représentants des collectivités locales, pourrait déléguer des représentants aux organismes de l'association Québec-Canada, et constituer l'interlocuteur privilégié dans les relations entre ces collectivités et chacun des deux Etats.

Ces propositions rejoignent des préoccupations exprimées à plusieurs reprises par les Inuits du Québec, les Inuits Tapiserat du Canada, le Conseil des Métis et Indiens sans statut et la Fraternité des Indiens du Canada.

Ces derniers, par exemple, réclamaient récemment l'autodétermination économique, sociale et politique, mais à l'intérieur du Canada. Cela signifierait une véritable participation permettant aux peuples autochtones de "contrôler leurs terres et leurs ressources" et d'être représentés directement au Parlement canadien, tout en mettant en place leurs propres institutions politiques sur leurs territoires. Ils songent à une sorte de représentation privilégiée telle que celle que la Nouvelle Zélande a reconnue au peuple Maori. (Le Devoir, 3 mars 1978).

D'autre part, le juriste Jacques Brossard mentionne que les autochtones du Canada et du Québec "ne jouissent pas à l'heure actuelle d'un droit distinct d'autodétermination" en regard du droit international. Dans son étude "L'accession à la souveraineté et le cas du Québec" (p. 544 et 157), il affirme:

> "Ceux-ci ne paraissent pas constituer "un peuple" au sens de la Charte des Nations unies, compte tenu des faits suivants:
>
> 1) leur petit nombre soit au plus 2% de la population totale du Canada moins de 1% au Québec;
>
> 2) leur dispersion territoriale (à travers le Québec comme à travers le Canada);
>
> 3) leurs subdivisions en ethnies diversifiées.
>
> La question indienne doit se régler de façon distincte, à la lumière des traités ou des conventions conclus dans le passé entre les Indiens et les autorités fédérales et provinciales concernées".

En conséquence, dans le respect de ces traités, il semble possible de leur reconnaître pour le moment un statut d'autonomie par la création d'un "Conseil des Indiens et des Inuits du Québec et du Canada" qui remplacerait le ministère des Affaires indiennes du Canada dans la plupart de ses fonctions. La création de deux Conseils, l'un pour le Québec et l'autre pour le Canada, aurait pour avantage de mieux respecter la souveraineté des deux Etats, mais briserait jusqu'à un certain point l'unité des groupes répartis de part et d'autre de la nouvelle frontière.

2. Les minorités franco-canadienne et anglo-québécoise

Chacune des deux nations (non-autochtones) laisse sur le territoire de l'autre une minorité importante.

Le principe de l'égalité des deux nations implique que ces deux minorités sont égales en droits d'autant plus qu'elles sont à peu près égales en nombre.

Il est facile de démontrer la tragique inégalité des francophones hors Québec par rapport aux anglophones du Québec: taux d'assimilation de 50%, revenus plus bas à instruction égale, déficience des services d'enseignement, de santé et d'information.

Bien sûr, une minorité ne peut prétendre à l'égalité linguistique absolue avec la majorité, la démocratie exigeant que la langue commune véhiculaire soit celle de la majorité. Cependant, les francophones hors Québec ont droit à un statut spécial comme celui qu'accorde la Loi 101 aux Anglo-Québécois.

Les deux Etats devraient affirmer ces principes et ces objectifs dans le traité d'association et surtout collaborer à leur réalisation par des moyens concrets. Pour cela, ils pourraient également reconnaître une existence politique égale aux deux minorités. On est jamais mieux servi que par soi-même! Même une minorité surprotégée comme la minorité anglo-québécoise a besoin d'instruments pour survivre et s'épanouir. A plus forte raison, les francophones hors Québec ont-ils un besoin vital de tels instruments.

Une société se juge à la manière dont elle traite ses minorités. L'association Québec-Canada ne saurait être complète, juste et fructueuse si elle ne reconnaît pas concrètement ses responsabilités face aux deux minorités les plus importantes en nombre et pour lesquelles l'histoire et la simple justice nous indiquent le respect le plus absolu.

a) La situation Québec-Canada

Nous ne référons pas ici toute l'histoire des injustices commises à l'égard des Franco-Canadiens, nous nous contenterons d'un seul tableau résumant la situation actuelle comparative des deux minorités.

Les disparités sont frappantes sur tous les plans. Le seul avantage des francophones hors Québec sur les anglophones du Québec quant au nombre de stations de radio et de télévision s'explique par la plus grande étendue de territoire à couvrir. Dans ce domaine, les Anglo-Québécois ont un grand choix de postes, alors que les francophones hors Québec n'ont la plupart du temps qu'un seul choix: Radio-Canada.

C'est d'ailleurs cette présence française de Radio-Canada et quelques autres initiatives du gouvernement fédéral depuis l'adoption de la Loi sur les langues officielles en 1974, qui ont tellement irrité le Canada anglais et, en grande partie, contribué à la crise du bilinguisme dans les communications aériennes en 1976.

TABLEAU 3 Comparaison des francophones hors Québec et des Anglo-Québécois

	Anglo-Québécois	Francophones hors Québec								
		N.B.	ONT.	MAN.	N.-E.	I.P.-E.	SASK.	ALB.	C.b.	T.N.-O.
% de la population selon l'origine ethnique (1971)	10.6%	37.0%	9.6%	8.8%	10.2%	13.7%	6.1%	5.8%	4.4%	3.0%
Taux d'assimilation: origine ethnique *vs* langue d'usage (1971)	−34.4%	15.3%	52.2%	54.3%	66.1%	71.3%	71.3%	76.1%	88.1%	85.3%
% de bilingues (1971)	36.7%	53.0%	81.7%	92.2%	89.5%	91.1%	94.6%	93.4%	96.2%	86.2%
% d'époux utilisant leur langue avec leur conjoint du groupe linguistique majoritaire	73.5%	22.5%	12.2%	8.2%	9.8%	10.9%	4.6%	4.4%	5.5%	13.3%
Différence de revenu annuel moyen avec le groupe majoritaire a) Scolarité 9-13 ans b) Scolarité univers.	$2447. $1887.	−$528/an −$8/an	−$341/an −$1349/an							
% Pop. scolaire réelle Pop. scol. potentielle (élémentaire & second.)	100.2%	75.7%	93.6%	71.2%	70.9%	53.4%	45.8%	65.3%	23.2%	35.8%

...unilingues et bilingues B: 2	1	5	1	1	1	0	0	1	0	0
Com. scol. unilingues* & bilingues sur le total de la province U: 29/250 B: 3/250	4/33 5/33	0/185 8/185	0/48 12/48	0/73 1/73	0/5 1/5	0/160 1/160	0/60 5/160	0/75 0/75	0/36 0/36
% Quotidiens de la minorité/total 23.1%				1.9%					
tirage des journaux hebdos de la minorité 162,000	22,000	44,375	12,000	4,000	2,200	2,500	0	3,500	0
Stations-mères* radio 11 / Stations-mères* T.V. 3	3 1	9 2	1 1	0 1	0 0	1 0	1 1	1 1	0 0
Juges* 25 / Avocats* 1500	10 85	15 100	4 16	1 5	1 1	2 6	3 25	1 44	0 0
Disponibilité* des documents juridiques oui	en partie	en partie	en partie	Non	Non	Non	Non	Non	Non
Hôpitaux à prédominance unilingue* 28 / Hôpitaux bilingues 44	11 2	5 7	5 3	2 3	0 0	0 0	2 0	0 0	0 0
Omnipraticiens* 698 / Spécialistes* 1706	76 60	500 100	17 14	15 2	4 0	3 3	15 15	50 33	1 0
Foyers unilingues* 48 / Foyers bilingues 16	14 7	5 5	3 5	1 2	0 0	1 4	2 0	0 1	0 0
Garderies unilingues* 65 / Garderies bilingues 50	5 3	13 5	0 4	0 0	0 0	0 0	3 0	0 0	0 0

* Utilisant la langue de la minorité: anglais au Québec, français ailleurs.

SOURCE: *Deux poids, deux mesures*, F.F.H.Q. 1978.

Pourtant, ces efforts du gouvernement fédéral sont nettement insuffisants. A titre d'exemple, le fédéral a donné presque deux fois plus de subventions en cinq ans au réseau d'enseignement anglophone du Québec ($140 millions) que pour les écoles françaises hors Québec ($94 millions), les autres sommes destinées aux provinces anglophones (environ $70 millions) allant à l'enseignement du français aux anglophones et en frais d'administration.

b) Quelques hypothèses d'association

Dans l'application de ces quelques mesures, le gouvernement fédéral ne peut aller très loin en raison de la situation actuelle. Le "french power" à Ottawa doit en effet compter sur une majorité de votes anglophones pour se maintenir en place.

Dans l'association Québec-Canada, les représentants du Québec auront les mains libres pour défendre leurs compatriotes francophones. En échange du maintien des services offerts aux Anglo-Québécois, le Québec pourra et devra exiger un rattrapage visant à combler les inégalités inacceptables que nous avons mises en évidence.

1) La Charte des droits

Concrètement, une Charte des droits des minorités devra être intégrée à la Constitution de chaque pays ou au traité d'association, et les deux Etats devront s'engager à la respecter. Cette Charte devra assurer aux deux minorités le droit à des services d'information, d'enseignement, de justice et de santé dans leur langue, de même que celui d'utiliser leur langue dans les communications avec les services de l'administration publique des deux Etats et de l'A.Q.C. et celui de promouvoir leur développement social, économique et culturel, par les moyens jugés par eux appropriés.

2) Les instruments politiques

Mais nous savons qu'une telle Charte ne suffit pas. Chacun des deux Etats pourrait fournir à sa minorité des *instruments politiques et financiers* pour faire appliquer ces droits. Chaque Etat devrait mettre sur pied un Conseil des francophones du Canada et un Conseil des anglophones du Québec. Le premier pourrait s'organiser sur une base fédérale si, comme cela est probable, l'Etat du Canada demeure une fédération des neufs provinces anglophones.

D'autre part, chaque conseil pourrait servir d'interlocuteur privilégié avec les deux Etats et pourrait mettre sur pied des programmes d'échange avec l'Etat "mère-patrie".

Selon le juriste Jacques Brossard, les Anglo-Québécois et les francophones hors Québec, sauf peut-être les Acadiens,

"ne jouissent pas à l'*heure actuelle*, d'un droit à l'autodétermination distinct du reste de leur nation (...). Il serait d'autre part, impossible de détacher du territoire du Québec (comme de celui du Canada), soit avant l'indépendance, soit après, la moindre parcelle de ce territoire, suivant les limites reconnues à l'époque concernée, sans obtenir à cette fin le consentement de l'Etat québécois. La Constitution canadienne et le droit international s'y opposent formellement.

"Pour jouir du droit de sécession, il faut constituer un "peuple" au sens de la Charte des Nations unies; langue, culture, institutions et histoire communes, vouloir-vivre collectif, posséder une *certaine dimension politique,* être regroupé territorialement, pouvoir former un Etat viable.

"Les minorités les plus proches de remplir ces conditions sont les Acadiens du Nouveau-Brunswick, majoritaires dans près de la moitié de cette province. Il leur manque surtout la dimension politique, mais ils pourraient, après quelques années, réussir à l'acquérir. Quant aux Anglo-Québécois, "il est difficile de prévoir qu'ils puissent devenir majoritaires, non seulement le long de la frontière ontarienne, mais à Montréal et dans la région intermédiaire".

Si le Québec et le Canada veulent encourager ces droits à l'autodétermination, qui pourraient mener à une redéfinition des frontières entre les deux pays, ils pourraient adopter des mesures favorisant leur regroupement territorial et leur accordant une dimension politique sur ces territoires (administration régionale semi-autonome par exemple). Il y a des avantages et des inconvénients, qu'il est facile d'évaluer, à une telle politique.

Pour le moment, la mise sur pied des deux conseils mentionnés plus haut ne va pas très loin dans cette direction, puisque ceux-ci n'auraient pas, contrairement à celui des autochtones, un rôle d'administration territoriale.

3) *La radio et la télévision en langue minoritaire*

Enfin, en ce qui concerne les services de radio et de télévision de Radio-Canada (et de certaines stations privées), trois options se présentent dans le but de maintenir des services dans la langue de la minorité:

- placer Radio-Canada anglais et français (et le CRTC qui supervise les postes privés) sous la responsabilité de l'association Québec-Canada;
- placer le réseau français sous la responsabilité de l'Etat du Québec mais avec des stations hors Québec; placer le réseau

anglais sous la responsabilité de l'Etat du Canada, mais avec des stations au Québec;

- placer toutes les stations françaises ou anglaises du Québec sous la responsabilité de l'Etat du Québec et placer toutes les stations françaises ou anglaises du Canada sous la responsabilité de l'Etat du Canada, et établir un protocole d'échange d'émissions et de retransmission.

La première option a l'avantage de faciliter la transition par rapport à la situation actuelle. Elle facilite les communications à l'intérieur de chacun des réseaux de part et d'autre de la frontière. Elle permet de consolider certaines opérations administratives et financières. Par contre, elle rend plus difficile la coordination interne des communications dans chaque Etat. Cet aspect serait cependant atténué par la présence dans le conseil d'administration du réseau français de représentants des deux gouvernements (et de même pour le réseau anglais). De plus, chaque réseau devrait se soumettre aux politiques des communications prévalant dans chacun des deux Etats, ce qui pourrait entraîner certaines complications à moins d'une harmonisation de ces politiques qui ne semblent pas nécessaires par ailleurs.

La seconde option offre les mêmes avantages quant à l'intégrité de chacun des deux réseaux, mais les mêmes inconvénients quant au respect des politiques des deux Etats. De plus, au lieu d'un organisme conjoint, existe dans chacun des deux Etats un organisme qui, par ses activités sur le territoire de l'autre, doit en respecter les politiques. On y perd également les avantages d'une certaine consolidation des deux réseaux sur le plan administratif et financier. Cette solution nous apparaît nettement moins intéressante que les deux autres.

Enfin, la troisième option favorise la coordination de l'ensemble des moyens de communications à l'intérieur de chaque Etat, au détriment de la cohésion interne de chaque réseau. Cette solution a l'avantage d'être conforme à ce qui est proposé pour les autres services gouvernementaux offerts aux minorités: enseignement, justice, santé... Elle oblige cependant chaque Etat à maintenir un réseau de stations dans l'autre langue et à le coordonner aux services offerts par l'autre Etat. Nous croyons d'autre part que cette dernière option garantit mieux aux minorités une plus grande part de programmation locale. Par exemple, le contenu franco-ontarien risque d'être plus faible au sein d'un réseau français géré par le Québec ou l'A.Q.C., que dans des stations françaises relevant d'un réseau géré par le nouvel Etat du Canada. Celui-ci aura alors plus tendance à se tourner vers les Franco-Ontariens pour établir la programmation. Il faudrait alors reconnaître au Conseil des francophones du Canada une participation à la programmation des stations françaises du Canada et au Conseil des anglophones du Québec, un rôle analogue dans les stations anglaises du Québec.

3. *Les relations internationales*

La politique extérieure d'une nation est au service de ses objectifs internes et ceux-ci sont déterminés, entre autres facteurs, par son histoire, sa géographie, son économie et ses buts plus spécifiquement politiques.

L'histoire dicte au Québec les grands "axes" de ses relations internationales: affinités culturelles avec la France et la francophonie, attachement à certaines institutions et traditions britanniques, valeurs nord-américaines. Le Canada anglais partage ces deux dernières orientations.

La géographie et les structures économiques font des deux Etats, et particulièrement du Québec, un "pont" naturel entre l'Europe et le reste de l'Amérique. Elles dictent des relations privilégiées avec l'Europe de l'Ouest et les Etats-Unis et, dans une moindre mesure, avec l'Amérique latine.

Enfin le Québec devrait affirmer ses buts plus spécifiquement politiques: attitude pacifiste, neutraliste et anti-impérialiste, appui aux pays du Tiers-Monde. Une telle attitude divergerait sensiblement de la politique extérieure actuelle du gouvernement fédéral.

Sur le plan de la nature de ses relations extérieures, le Canada actuel adhère à des dizaines de traités de toutes sortes. Les alliances militaires seront traitées plus loin. Les accords économiques principaux sont ceux liant le Canada au Fonds monétaire international (FMI) et au "General Agreements on Trade and Tariff" (GATT). Le Canada adhère à la Charte de l'ONU et à plusieurs de ses organismes affiliés, tel l'UNESCO, et il a signé plusieurs traités d'assistance bilatérale ou multilatérale dans divers domaines. Il participe au développement des pays du Tiers-Monde, via l'ACDI, et maintient des services diplomatiques dans la plupart des pays et des grandes villes du monde.

Un Québec souverain devra décider s'il maintient ou non sa participation à ces divers traités et organismes. Il est probable qu'il décide d'en assumer la plupart en tant que nouvelle partie contractante. Claude Morin, ministre québécois des Affaires intergouvernementales affirme: "Nous postulons qu'une collectivité nationale qui a son identité et ses besoins propres doit se présenter elle-même et non pas compter à ce propos sur les autres".

Cependant, certaines activités internationales pourraient être assurées par l'association Québec-Canada, dans l'extension de certaines compétences qui lui auraient été confiées par les deux Etats. Dans d'autres cas, certaines activités de coopération entre le Québec et le Canada pourraient faire partie du traité d'association.

Voici quelques exemples étrangers: la CEE a conclu récemment une entente de coopération économique avec le Canada, sans passer par l'intermédiaire des Etats membres de la CEE. D'autre part, le traité d'association créant le Conseil nordique prévoit une coopération entre les pays membres dans des domaines tels que l'harmonisation des législations sociales et du droit civil, la coopération culturelle et le développement de l'arctique.

a) La situation Québec-Canada

Les relations extérieures sont surtout assumées par le gouvernement fédéral. Cela n'a pas empêché le Québec, et dans une moindre mesure d'autres provinces comme l'Ontario, de développer des activités reliées à ses compétences constitutionnelles, principalement depuis une dizaine d'années.

1) Les services diplomatiques

Au niveau des services diplomatiques et consulaires, le Canada est présent dans une soixantaine de pays. Son activité se concentre principalement aux Etats-Unis, en Europe occidentale, dans les pays du Commonwealth et, à un degré moindre, en Amérique latine et en Afrique.

Déjà à la fin du 19ième siècle, le Québec établissait en Europe des bureaux pour l'immigration et le commerce. Ces bureaux fermèrent leurs portes lorsque le Canada devint de plus en plus centralisé à la fin du 19ième siècle et au début du 20ième siècle et qu'Ottawa commença à ouvrir des ambassades et des haut-commissariats un peu plus tard. Mais devant la difficulté évidente du gouvernement central à représenter à l'étranger autre chose que l'élément anglo-saxon, le Québec revint à l'idée d'avoir ses propres délégations. Il ouvrit donc diverses délégations: New York en 1943, Paris en 1961, Londres en 1962, Milan en 1965, Dusseldorf en 1970,

Bruxelles en 1972, Tokyo en 1973 et Port-au-Prince en 1976. Il établit également des bureaux dans diverses villes: Chicago en 1969, Los Angeles, Boston, Dallas et Lafayette en 1970, Washington en février 1978 et Atlanta en avril 1978. Il convient aussi d'ajouter que des agents d'immigration québécois oeuvrent actuellement dans les ambassades canadiennes de Rome et de Beyrouth. En outre, le Québec a un agent de coopération à Abidjan. Nous avons maintenant quinze délégations ou bureaux, plus des représentants dans trois autres capitales.

2) *La politique commerciale extérieure*

L'orientation de la politique commerciale extérieure du Canada s'est déplacée du Commonwealth vers les Etats-Unis et les autres pays industrialisés: la CEE et le Japon.

A titre d'exemple, les accords d'Ottawa de 1932, où le Canada et une soixantaine de pays du Commonwealth se sont accordés des préférences tarifaires réciproques, perdent de plus en plus de leur importance. Le Royaume-Uni et l'Irlande ont retiré ce traitement préférentiel au Canada lors de leur adhésion à la CEE. Les importations canadiennes en provenance du Commonwealth ne représentaient plus que 5.9% des importations totales en 1976, comparativement à 9.1% en 1970 et 9.5% en 1967. Les exportations canadiennes vers les pays du Commonwealth ne représentaient que 1.9% du total en 1976 (2.1% pour le Québec).

Cette préférence britannique, de même que la plupart des accords bilatéraux de commerce, si on excepte ceux avec les pays du monde communiste, perdent peu à peu de leur importance devant la généralisation des accords du GATT dont les pays membres représentent ensemble plus des 4/5 du commerce international.

Le Canada a aussi conclu un certain nombre d'accords de nature plus générale qui favorisent les relations économiques entre les pays visés, tel celui avec la CEE en 1976 dont les résultats restent à évaluer. Le Québec participe à l'application de certaines clauses de cet accord.

Enfin, on note un petit nombre d'accords sectoriels bilatéraux, surtout avec les Etats-Unis, dont le Pacte de l'Automobile et le Programme conjoint du matériel de défense. Ce dernier sera discuté plus loin. Quant au Pacte de l'automobile, il a eu un impact considérable sur l'industrie ontarienne mais a causé certains effets pervers sur l'économie québécoise.* On note enfin une série d'accords

---

* Voir à ce sujet l'article de Bernard Landry dans *Economie et Indépendance,* Editions Quinze, Montréal, 1977, pp. 46 à 49.

concernant les produits minéraux, énergétiques, alimentaires et les textiles, destinés à concilier les intérêts des pays exportateurs et importateurs.

3) La coopération culturelle et technique

Sur le plan de la coopération culturelle et technique, le Canada a orienté traditionnellement ses activités vers les Etats-Unis et les pays du Commonwealth. Depuis 1960, l'action du Québec dans la francophonie a amené le gouvernement fédéral à intensifier ses activités vers ces pays, principalement dans le but de contrer les visées autonomistes du Québec dans ses champs de compétence.

Le Québec a néanmoins obtenu un statut spécial de Gouvernement participant au sein de l'Agence de coopération culturelle et technique, organisme important de la francophonie. Récemment toutefois, le gouvernement fédéral a proposé la création d'un "Commonwealth" des pays francophones dont le Québec serait exclu. Il a de plus refusé au Québec l'ouverture d'une délégation générale à Dakar. Ottawa semble donc désormais, encore plus qu'avant, vouloir empêcher le Québec de jouer le rôle international que sa situation de principal foyer francophone d'Amérique suggère.

4) L'aide au développement

Sur le plan de l'aide aux pays en voie de développement, l'Agence canadienne de développement international (ACDI) joue un rôle important. En 1975-76, l'Agence a consacré $621 millions sur une base bilatérale et $215 millions par des canaux multilatéraux. L'aide bilatérale de l'ACDI est liée dans une proportion de 80% à l'acquisition de produits canadiens. Il faut se demander à qui l'Agence profite le plus: aux pays concernés ou aux entreprises canadiennes et multinationales?

La politique canadienne est, depuis 25 ans, axée essentiellement sur l'aide aux pays du Commonwealth, en particulier au sein du Plan Colombo. Ce n'est qu'assez récemment que, devant la poussée québécoise, l'ACDI a réalisé qu'il existait aussi des pays francophones défavorisés : en 71-72 la répartition du budget fédéral visait encore à 80% les pays du Commonwealth.

L'un des avantages de la guerilla autour des relations internationales du Québec aura été de forcer Ottawa à orienter davantage son aide vers les pays francophones puisque, depuis lors, ce déséquilibre se serait quelque peu atténué. Le Québec participe d'ailleurs à plusieurs de ces programmes en fournissant la majorité des ressources humaines et une partie des ressources financières. Plusieurs ententes du gouvernement du Québec avec l'ACDI assurent une présence du Québec comme maître d'oeuvre de plusieurs projets: au Sénégal (programme de santé), au Bénin (Collège polytechnique), au Zaïre (inventaire de l'industrie forestière) et au Maroc (enseignement technique et développement régional).

5) La politique extérieure canadienne

Enfin, le Canada adhère à la Charte des Nations unies et à la plupart de ses organismes affiliés. La politique extérieure du Canada est généralement alignée sur celle des Etats-Unis, même quand quelques divergences mineures surgissent entre ces derniers et les pays d'Europe occidentale qui sont pourtant la "mère-patrie" de la plupart des Canadiens.

Le Canada s'est également distingué par son rôle moteur pour l'intervention des corps de paix de l'ONU dans les conflits armés.

D'autre part, le ministère des Affaires extérieures a toujours été une chasse-gardée des anglophones. Les diplomates canadiens ont longtemps cultivé la plus parfaite indifférence à l'égard du fait français. Par exemple, dans les deux tomes des *Mémoires* de Lester B. Pearson, on ne retrouve le mot Québec qu'à deux ou trois reprises et encore dans un contexte qui montre que la politique extérieure canadienne était bien celle d'une seule des deux nations, au temps de celui qui fut probablement l'une des personnalités les plus remarquables sur la scène internationale. Depuis lors, les francophones ont acquis un rôle plus visible, conséquence, là aussi, de la poussée québécoise issue de la "Révolution tranquille".

b) Quelques hypothèses d'association

Les relations extérieures jouent un rôle fondamental dans l'orientation de l'avenir d'une société, particulièrement sur les plans économique et culturel. Ce n'est pas pour rien que, depuis 1960, l'essor du Québec s'est accompagné d'une intensification des relations internationales, laquelle a révélé le rôle de carcan et d'écran que joue le régime fédéral actuel. Il semble donc vital, autant pour les Québécois que pour les Canadiens anglais, que chacun des deux Etats se donne sa propre politique internationale.

1) Activités internationales conjointes

Règle générale, les activités internationales communes, pouvant être assumées par l'association Québec-Canada, découleraient donc d'une des compétences de l'Association sur le plan économique. S'il y a union douanière, l'AQC pourrait représenter les deux pays aux négociations du GATT et de certains accords commerciaux. S'il y a marché commun, l'AQC pourrait succèder au gouvernement fédéral comme partenaire de l'entente de 1976 avec la CEE. S'il y a union monétaire, l'AQC pourrait représenter les deux Etats auprès du Fonds monétaire international.

Les avantages de confier un tel rôle à l'AQC sont de permettre un front commun devant les pays tiers sur des politiques de toute façon élaborées en commun. Les inconvénients d'une certaine réduction de la marge de manoeuvre de chaque Etat semblent mineurs, puisque ceux-ci ont déjà accepté de se lier par des politiques communes. Une délégation bipartite de l'AQC permettrait alors aux deux Etats de s'entendre sur les modifications possibles à apporter au cours des négociations.

2) *Entente quant aux services diplomatiques*

En ce qui concerne les ambassades et les services consulaires des deux pays, ceux-ci auraient avantage à s'entendre pour des fins d'efficacité. On peut en effet supposer qu'aucun des deux Etats ne maintiendra des services dans tous les pays.

Les deux Etats pourraient harmoniser l'implantation de leurs bureaux de façon à assurer une meilleure couverture géographique, tout en admettant, bien sûr, une représentation des deux pays dans les mêmes capitales ou villes étrangères jugées importantes. Chaque Etat pourrait offrir l'utilisation de ses services aux ressortissants de l'autre Etat dans les pays où celui-ci n'est pas représenté.

3) *La coopération bilatérale.*

Enfin, les deux Etats devraient prévoir dans le traité d'association leurs propres mécanismes de coopérationion bilatérale. En dehors des politiques et des questions économiques concernant les minorités dont l'association économique exige l'harmonisation, on peut noter plusieurs possibilités: aménagement des zones frontalières, développement de l'Arctique, échanges scientifiques ...

4. *Les alliances militaires et la défense*

La question de la défense comporte des aspects politiques, budgétaires et économiques.

Depuis plusieurs années, le programme du Parti québécois propose de "pratiquer une politique pacifiste fondée sur le rejet du recours à la guerre comme solution aux différents internationaux, le désarmement, l'interdiction des expériences et de l'utilisation d'armes nucléaires et bactériologiques et l'évaluation des alliances en matière de défense à la lumière des principes énoncés ci-dessus".

En effet, la souveraineté amènera le Québec à décider s'il maintient ou non une participation aux alliances militaires de NORAD et de l'OTAN auxquelles le gouvernement canadien participe. Coincé géographiquement entre les Etats-Unis et l'URSS (bien que les îles de l'Arctique canadien et le Groënland fassent écran), maîtrisant l'embouchure du Saint-Laurent qui mène au coeur industriel de l'Amérique du Nord, le Québec, tout comme le Canada, occupe une position stratégique délicate. Cette situation n'est pas sans faire penser à celle de la Finlande qui, adossée au géant russe, a quand même réussi progressivement à augmenter son indépendance et à maintenir une politique de neutralité et de non-alignement sur l'un ou l'autre des deux blocs.

Sur le plan budgétaire, la défense compte pour près de 15% des dépenses du gouvernement fédéral et a des retombées économiques considérables en salaires des militaires et des employés des industries d'armement. Ces industries s'approvisionnent en matières premières et en produits finis. En collaboration avec les gouvernements, elles stimulent certains types de recherches.

a) La situation Québec-Canada

1) La participation à l'OTAN et à NORAD

Les obligations militaires du Canada sont principalement liées à sa participation à l'OTAN et à NORAD.

L'OTAN (Organisation du traité de l'Atlantique Nord) comprenait à l'origine (1949) 12 pays: neuf pays de l'Europe de l'Ouest, le Canada, l'Islande et les E.-U. Plus tard, s'ajoutèrent la Turquie et la Grèce. Depuis, la France s'est retirée de l'OTAN, mais non du "Conseil de l'Atlantique Nord", organisme réunissant périodiquement les ministres des Affaires étrangères de l'OTAN.

L'OTAN correspond donc aux années les plus noires de la guerre froide, situation dépassée depuis au moins une dizaine d'années. L'OTAN, on le sait maintenant, est très mal préparée à une guerre classique et n'aurait que peu de chance de résister à une hypothétique invasion de l'Est. De fait, le dispositif dit "de dissuasion" de l'OTAN repose sur une riposte nucléaire qui, elle, ne peut être que d'origine américaine (et, dans une très faible mesure, britannique et française).

Le cas de NORAD est exactement le même que celui de l'OTAN, sur une plus petite échelle. Il s'agit d'un pacte canado-américain de défense mutuelle. Pratiquement, au Québec et au Canada, il prend la forme d'un réseau de radars dans l'Arctique (ligne Dew), plutôt dépassé technologiquement.

En fait, si on excepte les retombées économiques, ces accords semblent servir surtout de symbole pour affirmer la puissance américaine. En effet, en cas de guerre nucléaire, l'hécatombe possible étant causée et assumée par les U.S.A. et l'U.R.S.S., ces accords n'empêcheront certainement pas les missiles nucléaires de circuler au-dessus de nos têtes. D'autre part, dans le cas d'une guerre classique, le Québec, encore plus que le Canada, ne pourrait résister réellement à une attaque portée par une grande puissance. En somme, consacrer un milliard plutôt que 100 millions permettrait au Québec de résister dix jours plutôt que trois. Le Québec aurait normalement intérêt à imiter des pays comme la Suisse et la Suède, dont le neutralisme a réussi à les tenir à l'écart de la Dernière Guerre mondiale.

2) Le budget et les retombées économiques

Pourtant, le Canada a un budget de défense qui dépasse actuellement les 4 milliards de dollars, soit plus de 10% du budget fédéral. Il y employait en 73-74, 113 400 personnes, dont 31 000 civils, ce qui représentait 37% du budget total.

A notre connaissance, la part des dépenses générales en soldes, en immobilisations, en contrats de matériel, etc. qui s'effectuent au Québec est impossible à évaluer, les chiffres n'étant "soigneusement" pas disponibles par province. Ce qui est certain, c'est que les Québécois paient en dépenses militaires environ un milliard de dollars chaque année. Ce montant représente environ 40 000 unités de logements à loyer modique.

Si on examine les retombées économiques au Québec, on constate que celui-ci est défavorisé quant aux effectifs de l'armée mais assez "favorisé" quant à la production du matériel de guerre.

En 1972, environ 14 450 militaires canadiens étaient québécois, soit 17% de toute l'armée (85 000 en excluant le personnel civil). Seulement 32.2% de ces militaires québécois, en 1966, étaient stationnés au Québec (contre 5.2% des militaires anglophones). Au total, 11.1% des Forces armées canadiennes étaient alors au Québec.

Il est à noter que le poucentage de francophones décroît selon les grades: seulement 12.4% des officiers sont francophones alors que 18.8% des troupiers le sont. Aux grades les plus élevés, on retrouvait 65 anglophones sur les 69 brigadiers généraux.

D'autre part, le Québec compte beaucoup d'industries dont une part importante de la production sert à des fins militaires: Aviation Electric, C.I.L., Pratt et Whitney, Canadair, etc. Il existe donc une industrie québécoise importante consacrée à la fabrication de matériel militaire et celle-ci constitue une grande partie de notre industrie de pointe.

En particulier, le programme conjoint de production du matériel de défense, accord conclu entre le Canada et les Etats-Unis, a pour effet de permettre une libéralisation très poussée des échanges de matériel militaire entre les deux pays.

Depuis 1959, et même en faisant abstraction des ventes de matières premières, le Canada a exporté aux Etats-Unis pour une valeur de $4 milliards sous le couvert de cet accord. Le solde des échanges lui a été légèrement favorable (solde positif d'environ $350 millions entre 1959 et 1974). Au Canada, les principaux secteurs d'activité qui ont pu retirer des bénéfices de cet accord sont: l'aérospatiale, l'équipement électrique et électronique (accès à la technologie américaine; obtention d'économies d'échelle; développement de la capacité nécessaire pour décrocher des contrats avec d'autres pays de l'OTAN).

Il semblerait cette fois que le Québec a bénéficié beaucoup plus des retombées que ce ne fut le cas pour l'automobile. Les exportations canadiennes excèdent présentement les 200 millions de dollars par année et, selon certaines informations, plus de la moitié des exportations auxquelles le programme a donné lieu auraient été faites par des sociétés établies au Québec.

b) Quelques hypothèses d'association

Deux options principales s'offrent au Québec. L'une d'entre elles consiste à soutenir que le Québec ne peut s'isoler du système de défense mis en place dans le cadre de l'Alliance atlantique et encore moins créer un vacuum en Amérique du Nord en se détachant du système de défense de ce continent (NORAD). Dans ce cas, il faut se demander si, dans ce secteur, le Québec et le Canada ne pourraient pas demeurer associés.

L'autre option consiste en un retrait de l'OTAN et du NORAD et à "substituer aux forces armées traditionnelles des unités de défense territoriales, également disponibles à des fins non militaires, dans les cas de catastrophe, surveillance côtière, cartographie aérienne, recherche et sauvetage, transport des blessés, organisation de la protection civile, intervention d'appui policier et pouvant collaborer avec l'ONU à sa mission de gardienne de la Paix".

1) Le désengagement partiel

L'avantage d'une option de retrait serait d'abord de placer le Québec en conformité avec une politique pacifiste et neutraliste. Le Québec, en se retirant d'alliances aux objectifs et aux moyens dépassés qui, au pire, risquent de le plonger dans une guerre où il n'aurait rien à faire, s'inscrirait dans une vieille continuité qui s'est manifestée massivement en 1917 et en 1942, contre la participation à la guerre.

D'autre part, le Québec disposerait d'une force peu coûteuse et socialement utile pour participer à la promotion de la paix dans le monde et assurer une indispensable protection de son territoire en temps de paix.

Enfin, comme le Québec contribue à même ses impôts à environ 1 milliard (25%) du budget fédéral de la défense et qu'il ne compte que pour 17% des effectifs de l'armée, le maintien des mêmes effectifs et de l'équipement correspondant coûterait au Québec environ 875 millions, dont 625 millions en équipements (ce qui représente déjà une économie de 125 millions pour le Québec). En réduisant les frais d'équipements inutiles à un corps de paix (missiles, réactés, artillerie lourde), disons de moitié, on en arriverait à une économie annuelle d'un demi-milliard de dollars. Cette somme compenserait largement les exportations annuelles de l'industrie d'armement québécoise, d'autant plus que l'on pourrait les réorienter vers des fins économiquement et socialement utiles.

2) Le maintien de certaines activités

Les inconvénients d'une option de retrait sont surtout d'ordre politique. Les Etats-Unis pourraient user de représailles économiques et commerciales pour empêcher l'accession à la souveraineté du Québec ou au cours de la délicate période de transition. Inutile de rappeler que l'économie du Québec est extrêmement dépendante de celle des Etats-Unis.

TABLEAU 4

SUJET	ÉLÉMENTS POSSIBLES DU TRAITÉ D'ASSOCIATION
COMMUNAUTÉS INDIENNES ET INUITS	• Application conjointe de certains traités liant le Canada aux peuples indiens et inuits; • reconnaissance aux Indiens et aux Inuits d'un titre clair de propriété sur les terres qu'ils occupent; • création d'un Conseil des Indiens et des Inuits du Québec et du Canada, formé de représentants des communautés locales, chargé de coordonner la gestion des territoires, et reconnu comme interlocuteur privilégié dans les relations de ces communautés avec les deux Etats et l'association; • harmonisation des politiques de développement des territoires suite à des ententes avec les représentants des peuples indiens et inuits.
MINORITÉS FRANCO-CANADIENNE ET ANGLO-QUÉBÉCOISE	• Charte des droits des minorités intégrée au traité d'association; • création d'un Conseil des Franco-Canadiens et d'un Conseil des Anglo-Québécois subventionnés par les deux gouvernements en vue de promouvoir le développement des minorités; • maintien ou création de services de radio, de télévision, d'enseignement, de justice et de santé dans la langue de la minorité; • protocole de participation des deux Conseils au développement des services qui leur sont destinés.
RELATIONS EXTÉRIEURES ET DÉFENSE	• Définition d'une certaine compétence internationale de l'association Québec-Canada dans l'extension des politiques mises en commun sur le plan économique et quant au développement des minorités; • harmonisation de la répartition géographique des ambassades et des consulats et ouverture de ces services aux ressortissants de l'autre pays. • Etablissement de mécanismes de coopération bilatérale entre les deux Etats: aménagement des zones frontalières, développement de l'Artique, recherche scientifique, énergie...; • redéfinition de la participation à l'OTAN et à NORAD en fonction de la politique extérieure de chaque pays.

D'autre part, le Canada pourrait exiger le maintien de la participation du Québec en échange d'autres avantages au niveau de l'association économique.

Enfin, le recyclage des industries d'armement pourrait être difficile en cas de retrait brusque de l'OTAN et de NORAD et d'une coupure tout aussi radicale des commandes canadiennes et américaines aux industries québécoises. Malgré les fins détestables de ces industries, le sort de milliers de travailleurs québécois en dépend.

5. Synthèse de l'option

Tout comme nous l'avons fait pour les compétences économiques de l'Association à la fin du chapitre précédent, nous allons maintenant résumer en un tableau une proposition possible quant aux autres compétences que le gouvernement du Québec pourrait proposer de confier à l'association Québec-Canada.*

On constate que ces différentes dispositions permettraient aux deux pays de maintenir une collaboration qui pourrait se révéler précieuse. Sur le plan interne, quant au respect et au développement des minorités, le traité d'association serait l'occasion de leur assurer un certain degré vital d'autonomie. Sur le plan externe, les deux Etats pourraient maintenir une certaine cohésion face aux autres pays, dans la logique des autres politiques mises en commun.

---

* Encore ici, il s'agit d'opinions n'engageant que les auteurs et destinées à concrétiser l'option aux yeux du lecteur.

Chapitre 4

Les institutions de
l'association Québec-Canada

Nous venons de définir les principales questions d'intérêt commun. La future association Québec-Canada détiendrait des pouvoirs assez vastes sur le plan économique qui se compareraient à ceux du Benelux et de la Communauté économique européenne. Elle aurait également un rôle général de soutien des peuples autochtones et des minorités francophones et anglophones, de même que certaines responsabilités sur le plan international qui découlent de ces deux composantes principales. Elle pourrait aussi devenir un instrument de coopération bilatérale entre les deux Etats dans d'autres domaines, à la manière du Conseil des pays nordiques.

Comme dans ces expériences étrangères d'association, il est évident que ce type d'intégration entraîne la nécessité d'institutions communes. Il n'est pas évident cependant qu'une intégration assez poussée conduise nécessairement à une complexité institutionnelle de même niveau. A titre d'exemple, le Benelux, avec un niveau d'intégration économique comparable à celui de la CEE, fonctionne avec des institutions autrement moins lourdes et envahissantes. Le nombre de pays impliqués dans les deux cas a très certainement une influence déterminante sur cet état de fait.

C'est bien sûr d'après la nature du lien entre les pays, l'ampleur des compétences des organes communs, leur degré d'autorité et leur mode de financement que l'on peut dire d'une association si elle est fédérale ou confédérale.

Rappelons que nous nous situons dans l'optique d'une confédération, c'est-à-dire d'une association entre deux Etats souverains. A cet égard, le Québec, comme le Canada, possède juridiquement la plénitude, l'autonomie et l'exclusivité de l'autorité sur son territoire. La souveraineté met donc le Québec, tout comme le Canada, en contact avec les autres Etats et l'ordre international en général.

L'association projetée entre le Québec et le Canada ne saurait donc être que de *nature internationale,* en ce sens qu'elle reposerait sur la volonté librement exprimée par un traité entre l'Etat québécois et l'Etat canadien, tous deux souverains. Ce ne serait pas une association que l'on pourrait qualifier de "fédérale-provinciale".

La souveraineté du Québec constitue à la fois le fondement et la limite d'une association économique entre le Québec et le Canada. Elle en est le fondement puisque l'exercice même de cette souveraineté permettrait au Québec de conclure librement un accord d'association avec le Canada. Elle en est la limite dans la mesure où une trop large intégration institutionnelle et juridique pourrait conduire à nier en pratique cette souveraineté et l'existence du Québec en tant qu'Etat souverain.

Si, par exemple, le Québec admettait que ce traité fondamental relève du système juririque canadien, l'existence même du Québec comme Etat souverain pourrait être remise en question.

Le Québec, représenté par son gouvernement, devrait être partie nettement identifiée à l'accord, en sa qualité d'Etat. Par voie de conséquence, toute autre partie au traité d'association devrait également posséder le statut d'Etat souverain, à moins que les dispositions particulières n'expliquent le statut non étatique de certains intervenants (les autres provinces, ou les Conseils des minorités par exemple).

Le traité de création de l'association entre le Canada et le Québec ("l'acte constitutif") doit couvrir les trois principaux sujets suivants:

— *Les matières d'intérêt commun* ont été mises en évidence dans les deux chapitres précédents.

— *Les moyens juridiques de mise en oeuvre du traité.*

La création d'un espace économique le moindrement intégré ne saurait être envisagée sans qu'un espace juridique concomitant n'y serve de support. Qu'il suffise de citer les exemples du Canada, des Communautés européennes ou du GATT qui forment des espaces économiques dont la mise en oeuvre a dû être prévue soit par une constitution, soit par des traités. En vertu de ce document juridique de base qui crée l'association, les organes qui la composent doivent poser des gestes qui ont eux aussi une valeur juridique.

Une règle adoptée par l'association pourrait faire obligation soit aux seuls Etats membres, soit directement aux citoyens des Etats. Dans la première hypothèse, il appartiendrait alors aux Etats eux-mêmes de mettre en oeuvre par leur propre système juridique les règles ainsi adoptées. Dans la seconde hypothèse, les règles communes entreraient immédiatement en vigueur sur le territoire des Etats membres et obligeraient directement les individus, sans l'intermédiaire d'une réglementation étatique quelconque.

Les conséquences juridiques et politiques de l'application directe des règles communes aux citoyens sont considérables. Cette technique rapprocherait l'association de la forme fédérale. Elle favoriserait par contre l'unité d'application des règles communes. Il en est par exemple ainsi dans les Communautés européennes des règles relatives à la concurrence; elles sont directement appliquées et administrées par les organes communs.

— *Les organes nécessaires à la mise en oeuvre du traité d'association.*

Le traité doit enfin préciser les organes communs nécessaires à sa mise en oeuvre: leurs fonctions, la désignation de leurs membres, et la façon dont ils adopteront leurs actes juridiques.

La nomination des membres peut se faire par les gouvernements des deux Etats, par un des organes de l'association, par élection populaire ou par élection au sein des parlements des Etats membres. Le mode de nomination, la durée des mandats et les qualités des personnes détermineront le niveau d'autonomie des organes de l'association.

Quant à l'adoption des actes juridiques, elle peut se faire par consensus, unanimité ou majorité pondérée. Dans un système de consensus, l'abstention n'empêche pas la décision d'être adoptée. Dans la CEE, on a établi un système de vote pondéré où, malgré la disproportion de population, la France, l'Allemagne, l'Italie et la Grande-Bretagne ont 10 voix, la Belgique et la Hollande 5 voix, le Danemark et l'Irlande 3 voix, et le Luxembourg 2 voix. Une décision est prise lorsqu'elle recueille 41 voix ou l'appui de six Etats membres. La plupart du temps, les votes exigent l'unanimité.

Dans le cas du Québec-Canada, ou on donne le même nombre de voix aux deux Etats ou on soumet le Québec aux décisions du Canada. Dans la plupart des organismes, l'unanimité des deux partenaires devra probablement donc être la règle, tout comme c'est le cas d'ailleurs au sein du BENELUX.

Enfin, on peut distinguer quatre types d'organes suivant leur fonction: décisonnelle, exécutive, de contrôle ou d'interprétation.

1. L'organe décisionnel de l'association

La fonction décisionnelle joue le rôle du pouvoir législatif du parlement d'un Etat, c'est-à-dire l'exercice du pouvoir suprême de décision au sein de l'association. Les organes décisionnels adoptent les actes juridiques obligatoires pour les Etats membres dans le cadre des compétences de l'association.

a) Survol de quelques expériences étrangères

A notre connaissance, toute organisation internationale comporte un Conseil intergouvernemental (le Conseil nordique a cependant fait exception de 1952 à 1971). Composé de représentants des gouvernements de chaque Etat membre, le Conseil prend les décisions fondamentales au nom de l'organisation. Les Etats membres, suivant la pratique généralement suivie, y déléguent leur ministre des Affaires étrangères, les ministres sectoriels y siègeant lorsque les sujets discutés relèvent essentiellement de leur spécialité.

Il s'agit donc du niveau suprême de l'association, non seulement parce que les orientations fondamentales y sont prises, mais également parce que tous les autres organes en dépendent. C'est donc l'organe qui, le cas échéant, prend les décisions à caractère obligatoire et contrôle les autres éléments de l'institution.

Les organisations internationales les plus complexes prévoient par ailleurs un certain nombre d'organes subsidiaires de cet organe intergouvernemental. Ainsi, l'importante fonction de la présidence du Conseil est habituellement exercée à tour de rôle par chacun des membres. Un secrétariat du Conseil peut également être prévu, auquel sont rattachés des services techniques propres. Dans le but de renforcer leur marge de manoeuvre, les Etats membres pourraient décider de la création de services subsidiaires parallèles à ceux de l'organe exécutif et technique.

1) La Communauté économique européenne

La Communauté européenne a institué, outre le Conseil intergouvernemental des ministres, un Comité des représentants permanents qui regroupe les ambassadeurs à Bruxelles de chacun des Etats membres. Ce Comité assure une liaison constante entre les organes de la Communauté et les gouvernements des Etats membres: malgré l'intermittence des travaux du Conseil, les Etats conservent ainsi une présence permanente au sein des institutions. Le rôle des Etats dans la Communauté s'est au surplus accentué par la création, en 1974, du "Conseil européen". Composé des chefs de gouvernement et des ministres des Affaires étrangères, il se réunit trois fois par année avec mandat de favoriser la coopération politique européenne et l'intégration économique. Cette institution parallèle aux organes de la Communauté européenne indique un renforcement du rôle des Etats et un affaiblissement des procèdures institutionnelles au sein de la Communauté.

2) Le Benelux

Chaque Etat membre désigne au moins trois membres de son gouvernement pour faire partie du Comité de ministres. Les décisions y sont prises à l'unanimité, chaque Etat membre disposant d'une voix.

Le Comité a pour mission de veiller à l'application des dispositions du Traité et d'assurer la réalisation des objectifs de l'Union. Les décisions qu'il prend à cet égard sont obligatoires pour les Etats membres. Mais elles ne sont applicables sur les territoires nationaux que conformément aux règles constitutionnelles habituellement applicables aux autres engagements internationaux contractés par les Etats. Chaque règle adoptée au sein du Benelux est donc assimilable, en ce qui concerne les Etats membres, à des accords internationaux.

Le Comité de ministres a institué des groupes de travail ministériels, composés de ministres sectoriels, en vue de la préparation des réunions du Comité, ou même, en certains cas, en vue de l'adoption de certaines décisions. Il appartient en outre au Comité de donner des directives aux organes exécutifs et consultatifs de l'Union, qui lui sont tous subordonnés.

En somme, le Comité de ministres est l'organe suprême et le pivot des institutions du Benelux. Seul cet organe intergouvernemental peut décider de l'orientation et du fonctionnement de l'Union.

3) La Communauté et le Marché commun des Caraïbes (CARICOM)

La conférence des chefs de gouvernement est l'organe suprême de la Communauté et se réunit normalement une fois l'an. Elle est appuyée par le Conseil régional, composé d'un membre de chaque pays et qui a pour objet de superviser la mise en oeuvre de l'accord. Un Secrétariat appuie le Conseil au plan technique. De même, depuis la création du CARICOM, divers comités ministériels permanents ont été mis sur pied. Parmi les plus importants, on retiendra celui de l'Industrie chargé d'élaborer et d'exécuter des programmes régionaux de développement industriel et celui des Transports chargé de la coordination régionale des politiques de transport aérien et maritime.

4) Le Conseil nordique (C.N.)

Le Conseil nordique des ministres (C.N.M.) est parfois appelé en français Conseil des Ministres des pays nordiques, pour bien préciser qu'il ne s'agit pas de ministres supra-nationaux. Ce Conseil permanent qui ne se réunit qu'occasionnellement comporte, en premier lieu, les ministres chargés de la coopération nordique dans chaque pays. Ces derniers peuvent être en même temps titulaires d'un département tel que, par exemple, le département du Commerce ou des Affaires étrangères. A ceux-ci s'ajoutent d'autres ministres en fonction des problèmes à traiter (éducation, affaires étrangères, etc). On les appelle les "ministres spécialisés".

En fait, le C.N.M. est le principal initiateur, préparateur et exécutant des politiques de coopération. Il sert en même temps d'organe de liaison entre les différents gouvernements, les départements, organes et comités intergouvernementaux et se trouve au centre des communications de toutes les institutions à l'intérieur du Conseil nordique.

En soi, cette position stratégique lui confère déjà beaucoup de pouvoirs ne fut-ce que par l'accès aux sources de renseignements qu'elle comporte. De plus, étant donné le pouvoir politique et les ressources dont disposent les délégués gouvernementaux (ils s'appuient sur l'infrastructure bureaucratique nationale), ils sont mieux placés que n'importe quel autre organisme national ou interrégional, pour prendre l'initiative à l'Assemblée parlementaire du Conseil nordique.

b) Quelques hypothèses d'association

Comme dans toutes les expériences étrangères d'association, il semble indiqué que l'organe décisionnel suprême de l'association Québec-Canada soit un organisme intergouvernemental, c'est-à-dire formé d'un certain nombre de ministres délégués par chacun des gouvernements et agissant suivant les instructions de leur gouvernement.

Seul ce mode de nomination respecterait le principe de l'égalité souveraine des deux Etats, compte tenu de la nature et des pouvoirs d'un organe décisionnel aussi vital pour eux. Pour les mêmes raisons, aucun autre mode décisionnel que l'unanimité ne saurait prévaloir au sein du Conseil puisqu'il n'y a que deux partenaires.

Etant donné l'étendue des responsabilités de l'association, chaque gouvernement pourrait déléguer quatre représentants permanents à ce Conseil de l'association Québec-Canada. A l'instar des pays nordiques, l'un de ces quatre ministres pourrait avoir le titre de ministre des Affaires Québec-Canada. Il coordonnerait sa délégation et en exprimerait le vote, et aurait comme tâche principale, au sein de son gouvernement, la supervision de l'ensemble des activités d'association et de coopération.

Si on retient l'idée des trois Conseils des minorités, on pourrait en inviter les présidents à assister, avec statut d'observateur permanent, aux délibérations du Conseil de l'AQC. En effet, en plus des questions spécifiques au développement des minorités et à leur propre budget, les trois Conseils sont vitalement intéressés à des questions comme les politiques d'immigration et de main-d'oeuvre, le développement régional et la coopération dans des domaines comme la recherche et le développement dans les régions arctiques, la conservation de la faune, la recherche scientifique, les échanges inter-universitaires, etc.

D'autre part, en fonction des questions traitées, d'autres ministres des deux Etats pourraient être invités à participer aux délibérations du Conseil, et celui-ci pourrait créer des sous-comités interministériels de façon à orienter ses prises de décisions.

Enfin, le Conseil de l'AQC superviserait et financerait les activités des organes exécutifs, des sociétés autonomes de l'association et des Conseils des minorités. Le financement de ces organismes et du Conseil serait assuré en partie par la perception des tarifs douaniers dont les revenus resteraient à l'AQC, ce qui éliminerait le problème de leur répartition entre les deux Etats. Certaines sociétés publiques autonomes comme Air Canada, s'autofinanceraient largement. Les autres revenus de l'AQC, nécessaires à l'équilibre de son budget, seraient déterminés annuellement par le Conseil, fournis à même les fonds gouvernementaux des deux Etats*, en fonction du mode de répartition prévu au traité d'association. Cette répartition pourrait être paritaire dans certains cas (administration de l'association), en fonction de l'étendue des services dans certains autres (transports) ou exceptionnellement en fonction d'autres critères (rattrapage des minorités).

2. Les organes exécutifs et l'administration de l'association

La *fonction exécutive* comprend l'exercice de certains pouvoirs juridiques délégués par l'organe décisionnel suprême (fonction réglementaire) et la stricte exécution des lois et règlements adoptés par les autres organes (fonction administrative), y compris la supervision des fonctionnaires de l'association.

Habituellement nommé "Secrétariat" lorsqu'il ne comporte pas un appareil développé, parfois qualifié de "Commission" lorsque ses fonctions sont plus importantes, cet organe exécutif assure l'administration de l'organisation et, le cas échéant, la préparation et l'exécution des règles adoptées par le Conseil. S'il est vrai que le Conseil exercerait le pouvoir suprême et contrôlerait l'ensemble de l'Association, le Secrétariat pourrait devenir l'élément moteur de l'organisation, déterminer largement son rythme de travail et, à l'image des fonctions publiques nationales, exercer un pouvoir non négligeable sur les orientations fondamentales du système.

a) Survol de quelques expériences étrangères

1) Le Benelux

Le fonctionnement des organes exécutifs repose sur l'existence de Commissions, compétentes chacune dans un domaine d'activité

---

* Par analogie à l'expérience la plus intégrée, celle de la CEE, la part du Québec au financement de l'AQC représenterait 500 millions par année, soit environ 2% sur un budget de 25 milliards.

qui correspond le plus souvent à celui d'un ministère dans chaque Etat. Composées de fonctionnaires nationaux, ces Commissions appliquent les délibérations du Comité de ministres et en suivent l'exécution par les administrations nationales. Elles sont en outre habilitées à faire des propositions susceptibles de promouvoir le fonctionnement de l'Union.

Le Conseil de l'Union économique assure la coordination de l'activité des Commissions. Chaque gouvernement y délègue ses représentants qu'il choisit parmi ses délégués au sein des Commissions.

Le Secrétariat général est enfin le seul organe administratif commun du Benelux. Il assure la coordination administrative et le secrétariat des institutions ministérielles et exécutives.

2) *La Communauté économique européenne*

La Commission exerce l'ensemble de la fonction exécutive. En pratique, elle participe à l'élaboration des politiques de l'association en vue de leur soumission au Conseil de même qu'à l'exécution et au contrôle de la mise en oeuvre des décisions de ce dernier.

La Commission de la Communauté européenne jouit pour sa part d'un *droit d'initiative* qui est l'un des traits essentiels et particuliers des institutions communautaires. Sauf exception en effet, le Conseil de la CEE ne peut exercer ses pouvoirs de décision que sur proposition de la Commission à laquelle l'initiative est exclusivement réservée. Le Conseil ne peut donc rien décider tant qu'il n'est pas saisi d'une proposition de la Commission; il ne peut, non plus modifier cette proposition qu'en statuant à l'unanimité. Dans le contexte d'une association à deux qui comporterait les difficultés relevées plus haut, cette exception à la règle du vote majoritaire est négligeable.

Ce droit d'initiative exclusif de la Commission européenne comporte toutefois des conséquences importantes. En principe, en effet, la suprématie du Conseil est acquise; il peut contrôler et modifier le cas échéant les décisions de la Commission. En pratique, cependant, des négociations doivent être engagées entre les deux organes et leur coopération est essentielle à l'élaboration même des actes du Conseil, donnant ainsi un pouvoir considérable à la Commission.

La Commission de la Communauté s'est par ailleurs dotée de services techniques et d'une fonction publique considérable, puisqu'elle doit *veiller à l'application* tant des traités constitutifs que des dispositions qui sont prises pour leur exécution. Ainsi, elle peut de sa seule initiative déférer à la cour de justice tout Etat membre qui manque à ses obligations communautaires. Cette pratique diffère des organisations internationales moins intégrées que la Communauté européenne où il appartient aux Etats membres eux-mêmes de constater le défaut d'un Etat et de soumettre la question au tribunal lorsque des sanctions sont prévues.

La Commission dispose en outre de pouvoirs de sanction à l'encontre des entreprises ou des particuliers qui manquent aux obligations imposées par le droit communautaire. Elle a en effet le pouvoir d'infliger de lourdes amendes selon les cas et les conditions prévus par les traités, le tout étant bien entendu sujet au contrôle de la cour de Justice.

En somme, la Commission exerce d'importantes fonctions au sein de la Communauté européenne et, dans cette mesure, constitue le foyer d'un pouvoir réel et relativement autonome.

La Commission de la Communauté européenne est composée de treize membres, désignés d'un "commun accord" par les Etats membres. Ce mode de nomination confirme l'indépendance de la Commission à l'égard du Conseil, puisque ce sont les Etats eux-mêmes, et non le Conseil, qui détiennent le pouvoir de nomination.

3) Le Conseil Nordique

Le secrétariat du C.N.M. a son siège permanent à Oslo et il comporte les quelques cadres suivants nommés par le Conseil nordique des ministres:

- un secrétaire général et un secrétaire général adjoint;
- un chef de service d'information;
- quatre chefs de section: coordination, économie, communications et transport, questions sociales.

Au secrétariat du C.N.M. à Oslo s'ajoute un secrétariat à part, qui dépend directement du C.N.M., ayant son siège permanent à Copenhague et qu'on pourrait appeler section de Coopération culturelle nordique. Il comporte les cadres suivants: un directeur et quatre chefs de section: enseignement, recherche, activités culturelles et affaires administratives.

Le C.N.M. s'appuie en premier lieu sur cinq comités permanents formés de ministres sectoriels, dont les domaines correspondent à ceux mentionnés dans les quatre sections du Secrétariat du C.N.M. à Oslo et la section culturelle du Secrétariat de Copenhague.

A ces comités d'hommes politiques, s'ajoutent et se combinent des comités de hauts fonctionnaires des pays membres qui ont pour mission de préparer les réunions du C.N.M. et d'effectuer des recherches sur la base des décisions prises par le C.N.M. Ces derniers comités, au nombre de treize actuellement, créent à leur tour des sous-comités travaillant sur une base permanente ou provisoire.

b) Quelques hypothèses d'association

Les organes exécutifs et le type d'administration du Benelux et du Conseil nordique des ministres seraient aisément applicables à une association Québec-Canada. Il s'agit d'un appareil extrêmement léger, reposant essentiellement sur la contribution des administrations nationales respectives. Un petit secrétariat général est sous le contrôle direct du Conseil de l'association. Dans la mesure où on ne recherche pas une intégration institutionnelle trop poussée, ce système permet aux Etats membres d'exercer un contrôle constant et efficace sur l'ensemble de la fonction exécutive. Cela n'empêche pas le Benelux de réaliser une intégration poussée sur le plan économique et au Conseil Nordique de faire de même sur les autres plans.

Par contre, un organe exécutif largement autonome comme la Commission de la CEE présente certains avantages. Les membres, n'étant pas des représentants des Etats membres, ne sont pas *a priori* en situation conflictuelle les uns vis-à-vis des autres, et devraient parvenir à un accord plus rapide sur les positions à adopter. On pourrait en espérer une plus grande efficacité et une diminution des tensions dans la poursuite des objectifs communs.

Une telle autonomie peut être nécessaire dans un vaste marché commun de 250 millions de personnes, regroupant onze pays qui partent d'une situation peu intégrée. Cependant, il ne semble pas qu'il conviendrait, dès la phase initiale de l'association Québec-Canada, de confier des outils puissants à des personnalités non élues et indépendantes des Etats, leur permettant ainsi d'exercer une influence irréversible sur l'évolution des institutions communes.

3. Les organes parlementaires de l'association

Traditionnellement, on reconnaît deux fonctions principales aux parlements nationaux des Etats: la fonction d'élaboration des lois et la fonction de contrôle de l'exécutif, en particulier sur le plan budgétaire.

Dans les institutions de nature internationale, rares sont les parlements qui participent avec voix délibérative au processus de création du droit. Les actes constitutifs leur accordent plus volontiers le droit de formuler des avis, préalables ou non, sur des sujets limitativement déterminés.

Cette réserve s'explique par le fait que l'insertion d'un parlement dans le processus décisionnel fondamental que représente l'activité "législative" est une solution à caractère préfédéral et à dynamique intégrative. La compétence législative des Etats membres est ainsi transférée à un organe commun dont les membres ont tendance à représenter les populations plutôt que les Etats. La superstructure qui en résulte correspond alors mieux au système fédéral qu'aux institutions de nature internationale qui ne mettent habituellement les individus en présence que par l'entremise des Etats souverains.

Il est d'ailleurs aisé de reconnaître une incompatibilité fondamentale entre l'existence d'un parlement commun doté de compétences "législatives" étendues et le principe d'un organe suprême à caractère inter-étatique réunissant des ministres délégués par leur gouvernement. Les principes traditionnels d'indépendance et d'égalité des Etats impliquent en effet l'octroi aux Etats eux-mêmes du pouvoir de s'engager de manière obligatoire.

D'une manière générale, on peut donc conclure que l'organe parlementaire commun n'a participé dans la société internationale actuelle que d'une manière limitée à la fonction législative; il agit plutôt comme lieu de discussion publique des questions communes et, de cette manière, institutionnalise la pression sur les gouvernements et les institutions communes. Il conserve une fonction de contrôle quand même importante.

a) *Survol de quelques expériences étrangères*

1) *Le Benelux*

Le *Conseil consultatif interparlementaire du Benelux* est composé de parlementaires des trois pays, dont 21 sont de nationalité belge, 21 de nationalité néerlandaise et sept de nationalité luxembourgeoise. Le Conseil peut notamment délibérer et adresser aux trois gouvernements des avis sur les problèmes qui ont un rapport direct avec l'Union économique.

Chaque année, le Conseil interparlementaire est saisi par les trois gouvernements d'un rapport commun sur la réalisation et le fonctionnement de l'Union économique. Ces rapports sont publiés.

Le *Conseil consultatif économique et social,* dont un tiers est désigné par chacun des trois pays, élabore et peut soumettre, à la demande du Comité des ministres, des avis au sujet de problèmes qui intéressent directement le fonctionnement de l'Union économique. Le Conseil est également habilité à présenter de sa propre initiative, au Comité de ministres, des avis sur ces problèmes.

2) *La Communauté économique européenne*

Le *Parlement européen* se compose actuellement de 198 membres qui sont des parlementaires nationaux, désignés par les parlements respectifs. Toutefois, à l'intérieur du Parlement européen, ces parlementaires sont regroupés par familles politiques (communistes, socialistes, démocrates-chrétiens, libéraux, conservateurs, démocrates-progressistes) et non par nationalité.

L'élection du Parlement européen au suffrage universel, prévue pour 1978, a été retardée en 1979. La future Assemblée comptera 410 membres: 81 chacun pour la France, la République fédérale d'Allemagne, l'Italie et le Royaume Uni; 25 pour les Pays-Bas; 24 pour la Belgique; 16 pour le Danemark; 15 pour l'Irlande et six pour le Luxembourg. (Les petits pays auront donc une représentation plus que proportionnelle à leur population).

Les premières élections se dérouleront selon les modalités établies par les Etats membres en attendant la mise au point d'une procédure électorale uniforme pour l'ensemble de la Communauté, comme le prévoient les traités.

Les députés européens ne devront plus être obligatoirement membre d'un Parlement national, comme c'est le cas à l'heure actuelle. En vue des prochaines élections, des partis et des regroupements politiques sont en train de se constituer, afin de présenter des programmes électoraux communs.

Les pouvoirs de l'actuel Parlement sont assez modestes:

- il a le pouvoir de renverser la Commission puisque celle-ci est responsable devant lui. Il y eut plusieurs motions de censure dans le passé, mais aucune n'a jamais recueilli la majorité nécessaire pour destituer la Commission;
- le Parlement doit être expressément consulté sur les propositions que la Commission soumet au Conseil. Les commissions parlementaires (12) jouent un grand rôle dans ce domai-

ne puisque, selon le sujet traité, elles invitent le membre compétent de l'exécutif à venir s'expliquer devant elles;

- les membres du Parlement peuvent poser des questions écrites et orales tant à la Commission qu'au Conseil, ce qui leur permet d'exercer un certain contrôle;
- le Parlement européen a un pouvoir décisionnel sur la part "libre" du budget communautaire qui a trait au fonctionnement des institutions de la Commission. Ce qui représente environ 5% du budget total, mais sur des sujets importants.

La question des futurs pouvoirs de l'Assemblée européenne est fort controversée. Pour les Européens convaincus, il est impensable qu'un Parlement démocratiquement élu se contente d'un simple pouvoir de contrôle: les demandes du Parlement actuel d'ailleurs, au cours des dernières années, se sont orientées de plus en plus vers l'octroi d'un pouvoir législatif.

L'extension des pouvoirs du Parlement européen suscite maintes appréhensions chez certains, notamment au Royaume-Uni et en France, qui y voient un abandon et une limitation de la souveraineté nationale.

3) Le Conseil nordique

L'Assemblée du Conseil nordique constitue un Parlement de 78 membres, élus annuellement par chacun des Parlements nationaux: 18 de chaque pays, sauf l'Islande qui a droit à six représentants.

Cette Assemblée comporte également les représentants les plus importants des gouvernements nationaux, en tout entre cinquante et soixante ministres et hauts fonctionnaires. Ces représentants des exécutifs nationaux n'ont cependant pas droit de vote à l'Assemblée. Il siègent à titre consultatif, mais ceci s'avère fort important pour la qualité des recommandations du C.N., puisque ce sont ces mêmes ministres et fonctionnaires qui sont souvent à la base de ces recommandations et qui en outre seront chargés de les appliquer éventuellement.

Les représentants des gouvernements nationaux soumettent d'ailleurs, également au cours de la session, un rapport sur la façon dont ils ont tenu compte des recommandations. Ceci permet au Conseil nordique d'effectuer un contrôle et en même temps de renforcer ses moyens de pression à l'égard des gouvernements nationaux une fois que leurs députés ont voté la recommandation à l'Assemblée du Conseil nordique.

Autre élément qui confère encore plus de poids politique à cette Assemblée, les délégations nationales (députés) doivent refléter l'importance des effectifs de tous les partis politiques (y compris évidemment les partis d'opposition) de chaque Parlement national.

Notons enfin que pour respecter le "principe de l'égalité entre les Etats", ces assemblées plénières se tiennent à tour de rôle dans chacune des cinq capitales, à raison de deux sessions annuelles d'environ cinq jours chacune. Les deux sessions annuelles sont devenues la règle depuis 1973. A ces dernières dites régulières, peuvent s'ajouter des réunions exceptionnelles convoquées selon une procédure qui requiert l'accord des cinq délégations.

Le *Présidium* élu à l'assemblée plénière pour un an, comporte un président (normalement le responsable de la délégation nationale du pays où a lieu la plénière) et 4 vicc-présidents (le chef de chacune des 4 autres délégations nationales). Le Présidium traite des affaires courantes entre les sessions et se réunit entre 6 et 8 fois par an; il a pour mission également de suivre l'application des recommandations et de préparer les sessions.

Il est très difficile d'évaluer le rôle moteur du Présidium particulièrement par rapport à l'Assemblée élue d'une part et par rapport au Conseil nordique des ministres d'autre part. Le moins qu'on puisse dire c'est qu'il ne constitue pas un organe suprême, ce que sa permanence relative et son titre pourraient faire croire. En réalité, le Présidium constitue avant tout un organe de liaison supra-national de nature collégiale et sans pouvoir de décision proprement dit.

Les 78 membres de l'Assemblée sont répartis, après concertations préalables, dans cinq commissions permanentes qui se réunissent lors des sessions et en dehors de celles-ci, pour préparer les plénières avec le Présidium précité et les gouvernements des cinq pays membres.

On y traite des questions économiques, juridiques, sociales, culturelles et dans les domaines des transports, des communications et de l'environnement, à la suite des propositions émanant des membres de l'Assemblée du Conseil Nordique ou à la suite de suggestions des gouvernements nationaux par le biais du Conseil nordique des ministres (C.N.M.)

Les recommandations du Conseil nordique ont beaucoup d'importance, en raison du pouvoir de pression et du poids politique qu'elles comportent, mais elles ne revêtent pas en elles-mêmes un caractère obligatoire.

b) Quelques hypothèses d'association

On peut soutenir que plus l'organe exécutif à caractère technique (Secrétariat ou Commission) sera indépendant, plus le besoin d'un contrôle parlementaire commun se fera sentir. A l'inverse, plus le Secrétariat sera dépendant de l'organe décisionnel intergouvernemental, plus le contrôle pourra efficacement être exercé au niveau de chaque Etat par le Parlement national à l'occasion des contrôles habituels exercés sur son propre gouvernement.

Nous avons mis en évidence deux facteurs qui ont amené la CEE à donner énormément de pouvoirs à la Commission: d'une part, la *nécessité de vaincre les résistances nationales* à l'association qui sont encore très fortes et d'autre part, celle d'*assurer une certaine efficacité* dans un grand ensemble formé de 250 millions de personnes et de neuf pays. Il est donc devenu de plus en plus nécessaire de contrôler cette Commission formée de fonctionnaires par des parlementaires démocratiquement élus. Ces deux éléments n'existent pas dans la situation Québec-Canada.

L'*élection d'un Parlement européen au suffrage universel* peut mener logiquement à une nomination de la Commission en son sein, comme dans un Parlement fédéral. Le Conseil intergouvernemental des ministres devient alors l'analogue de nos conférences inter-provinciales, puisqu'il n'a plus d'autorité directe sur l'organe exécutif.

Si ce processus se rend à terme en Europe, nous aurons là quelque chose de nouveau: une confédération d'Etats souverains qui fonctionne "à la fédérale". En effet, la souveraineté juridique restera au niveau de chaque Etat, bien qu'en pratique la marge de manoeuvre de ceux-ci ne devienne assez limitée (beaucoup moins qu'au Canada cependant). Nous ne voyons pas d'inconvénient à ce que l'Europe s'achemine vers un tel régime. Cela ne veut pas dire qu'une telle situation soit pour autant souhaitable pour l'ensemble canadien. En Europe, la coexistence de neuf Etats, dont quatre grands pays de même taille, maintient un certain équilibre. Même dans un régime fédéral, aucun ne serait dépendant d'un autre.

Dans le cas d'une association Québec-Canada, un Parlement élu au suffrage universel pour contrôler un Secrétariat ou une Commission trop autonome, signifierait une dépendance du Québec à l'égard du Canada, niant l'égalité des deux nations, et constituant un excellent motif juridique de contestation possible de la souveraineté du Québec.

A l'opposé, certains pourraient prétendre que la *fonction de contrôle pourrait être assumée au sein des Parlements nationaux.* On pourrait nier en effet la nécessité d'une Assemblée parlementaire si l'association Québec-Canada était peu intégrée.

Cependant, on peut prévoir en incluant le budget des sociétés publiques autonomes, que l'AQC aura un budget important et des décisions vitales à prendre. Il ne semble pas souhaitable que ces décisions puissent être prises par une dizaine de personnes, sans débat public, sans un certain contrôle de la part d'élus du peuple.

Enfin, à l'instar du Benelux et du Conseil nordique, *une Assemblée inter-parlementaire de l'AQC, formée de députés délégués par leurs Parlements respectifs,* présente beaucoup d'avantages.

Elle faciliterait le travail des députés au sein de leur Parlement national sur des questions reliées, et permettrait un débat public des affaires de l'Association sans réduire indûment les pouvoirs du Conseil de l'AQC. Les trois Conseils des minorités pourraient également déléguer des membres à cette Assemblée, ce qui leur permettrait une participation organique aux affaires de l'Association.

L'Assemblée inter-parlemenatire pourrait se réunir une ou deux fois l'an pour une période de deux semaines à un mois et travailler en Commissions parlementaires dans l'intervalle.

Les ministres des deux gouvernements membres du Conseil de l'AQC et des sous-comités du Conseil, ainsi que les membres du Secrétariat général pourraient être interpellés par l'Assemblée pour y répondre de leurs dossiers. Le travail de l'Assemblée devrait être appuyé par un secrétariat et un personnel de recherche.

4. Les organes judiciaires de l'association

La *fonction d'interprétation* est exercée par un organe de nature judiciaire et vise à trancher les différends qui peuvent surgir de l'interprétation du traité d'association ou des actes juridiques adoptés en vertu du traité.

Le choix existe entre un mécanisme permanent d'arbitrage qui exige l'accord des deux Etats et une Cour de justice qui offre plus de sécurité quant à l'unité d'interprétation. Les institutions internationales les plus intégrées préfèrent cette dernière solution lorsque le droit créé par les organes de l'association nécessite une interprétation uniforme de la part des Etats membres.

Même si l'établissement d'un tribunal permanent est possible, sinon souhaitable lorsque les Etats ne s'associent que par des liens assez souples, la pleine utilité d'un tel organe juridictionnel se fait surtout sentir lorsque le système juridique à interpréter est plus complexe et manifeste en conséquence la volonté d'intégration des Etats.

a) Survol de quelques expériences étrangères

1) Le Benelux

Le *Collège arbitral* a pour mission de régler les différends qui pourraient s'élever entre les parties contractantes en ce qui concerne l'application du traité d'Union et des conventions relatives à son objet. Au cas où l'une des parties n'exécuterait pas une sentence du Collège arbitral, des voies de recours sont ouvertes auprès de la Cour internationale de justice de La Haye.

Jusqu'à présent, le Collège n'a pas encore dû intervenir, le Comité de ministres ayant toujours pu résoudre les difficultés qui ont surgi.

La *Cour de justice du Benelux* est composée de hauts magistrats des trois pays. Elle est chargée d'interpréter des règles juridiques communes, soit à la demande d'une juridiction nationale, soit à la demande d'un des trois gouvernements, auquel cas son interprétation n'est que consultative.

2) La Communauté économique européenne

La *Cour de justice de la Communauté européenne* est formée de neuf juges assistés de quatre avocats généraux qui sont nommés conjointement par les gouvernements.

La Cour de justice de la Communauté européenne constitue à cet égard l'exemple le plus achevé de la juridiction internationale. Sa mission, telle que prévue par le traité constitutif, est d'assurer le respect du droit dans l'interprétation et l'application du traité. A cette fin, la Cour agit à la fois comme tribunal administratif en tranchant les différends entre l'administration communautaire et ses fonctionnaires ou en étudiant des cas où la responsabilité de la Communauté est mise en cause. Elle intervient également comme tribunal hiérarchiquement supérieur aux tribunaux lorsque les juges nationaux s'adressent à elle pour une interprétation officielle des règles du droit communautaire qui s'imposent à eux. Elle exerce enfin le rôle de tribunal constitutionnel lorsqu'elle contrôle la conformité des actes des institutions communautaires, des Etats membres ou, le cas échéant, de leurs ressortissants aux règles communautaires.

On peut sans doute affirmer que la Cour de justice de la Communauté européenne constitue un des rouages juridiques essentiels de la Communauté. Elle agit au surplus comme élément intégrateur puissant dans la mesure où elle assure le règne de la légalité au sein de la Communauté et la subordination, tant des Etats membres que de leurs citoyens, au droit commun.

b) Quelques hypothèses d'association

La transposition du système européen dans le cadre de l'association Québec-Canada semble s'imposer et ne présente pas de difficulté particulière si ce n'est celle de la nomination des juges. Une technique pourrait alors être utilisée selon laquelle les juges du tribunal commun seraient nommés d'un commun accord par les deux gouvernements, québécois et canadien; un nombre égal de juges proviendraient de chacun des Etats, le président nommé en sus et alternativement de nationalité québécoise et canadienne, départageant les voix.

5. Synthèse de l'option

La meilleure façon de résumer la proposition que pourrait faire le Québec quant aux institutions conjointes nécessaires au fonctionnement de l'association Québec-Canada consiste à présenter les divers organismes sous forme d'un organigramme qui en indique les inter-relations ainsi que la composition. Les organismes proposés* que l'on retrouve dans l'organigramme de la figure 1 sont:

- Des *comités administratifs* bipartites formés de fonctionnaires délégués par chacun des deux Etats et faisant partie de la Fonction publique de leur pays. Ces comités seraient chargés de veiller à l'application des politiques communes par les ministères concernés de chacun des deux pays ou encore d'harmoniser les politiques des deux Etats sur certai-

---

* Signalons encore ici que cette proposition n'engage que les auteurs et a pour but de concrétiser l'option aux yeux du lecteur.

nes questions prévues au traité d'association. Ces comités seraient coordonnés par une *Commission de coordination administrative* formée elle aussi de fonctionnaires des deux Etats, choisis parmi les membres des divers comités. Cette Commission ferait le lien entre les comités et le Conseil de l'association via son Secrétariat général.

- Le *Secrétariat général* serait formé de fonctionnaires propres à l'association, nommés par le Conseil de l'AQC et travaillant sous son autorité.

Le Secrétariat aurait pour rôle:

— de préparer les dossiers nécessaires aux décisions du Conseil;

— d'assurer la liaison du Conseil avec la Commission de coordination, la Banque centrale, les Sociétés publiques conjointes et les Conseils des minorités;

— de voir à l'exécution des décisions du Conseil par ces organismes;

— de mettre sur pied et d'administrer les services propres à l'association (réseau de postes frontaliers, secrétariats des comités ministériels et des délégations, etc.).

- Le *Conseil de l'association Québec-Canada* serait l'organe décisionnel. Il serait formé de quatre ministres délégués par chacun des deux gouvernements; et ces derniers seraient tenus d'appliquer dans leur Etat les décisions prises par le Conseil lorsqu'elles portent sur une compétence prévue au traité d'association. Ces décisions seraient prises à l'unanimité, chaque Etat disposant d'un vote.

Le Conseil adopterait le budget de l'association, après bien sûr consultation de ses membres auprès de leur gouvernement respectif. Les fonds nécessaires seraient constitués des frais de douane et des transferts effectués par chaque gouvernement confomément au mode de répartition prévu au traité d'association. Cette répartition pourrait être paritaire dans certains cas (administration), en fonction des services reçus (transports) ou suivant d'autres critères (subventions des Conseils des minorités). Le Conseil aurait autorité sur tous les autres organismes, sauf sur l'Assemblée interparlementaire (consultative) et la Cour de Justice de l'AQC.

- L'*Assemblée interparlementaire* serait formée de cinquante députés de chacun des parlements du Québec et du Canada (les parlements des neuf autres provinces du Canada étant représentés par les délégués de leur Parlement fédéral), mandatés par leur Parlement respectif proportionnellement à la représentation des partis en Chambre. Cinq délégués de chacun des trois Conseils des minorités seraient également membres de plein droit de l'Assemblée.

Cette Assemblée interparlementaire de 115 membres aurait un rôle général de contrôle et de lieu de discussion publique des politiques du Conseil. Elle pourrait siéger deux fois l'an et créer des commissions parlementaires qui pourraient se réunir entre les réunions de l'Assemblée. Elle pourrait convoquer un membre du Conseil ou d'un autre organisme pour interpellation sur ses dossiers et faire toute recommandation au Conseil.

- La *Cour de justice de l'AQC* serait formée de neuf juges, quatre citoyens de chaque Etat et un neuvième agissant comme président. La nomination des neuf juges devrait être approuvée par les deux gouvernements. La Cour aurait pour rôle:

  — de trancher tout différend pouvant surgir entre les deux Etats ou entre l'un d'entre eux et un organe de l'AQC au sujet de l'interpétation du traité d'association;

  — d'agir comme tribunal hiérarchiquement supérieur aux tribunaux nationaux pour fins d'interprétation d'un acte juridique de l'AQC;

  — de décider de la conformité des actes des institutions conjointes, des Etats membres ou de leurs ressortissants, face aux règles et aux actes juridiques adoptés par l'AQC;

  — de trancher tout différend entre l'administration de l'AQC et un de ses fonctionnaires.

Comparativement à la complexité du régime fédéral actuel, on constate que les institutions conjointes de l'association Québec-Canada constitueraient un ensemble cohérent, peu complexe, appuyé sur la Fonction publique des deux Etats et soumis à l'autorité des deux gouvernements permettant une certaine efficacité de fonctionnement. Elles disposeraient cependant d'une large autonomie dans le cadre des grandes orientations établies conjointement, et sur une base d'égalité, par les deux gouvernements.

Figure 1
Organigramme des institutions
conjointes Québec-Canada

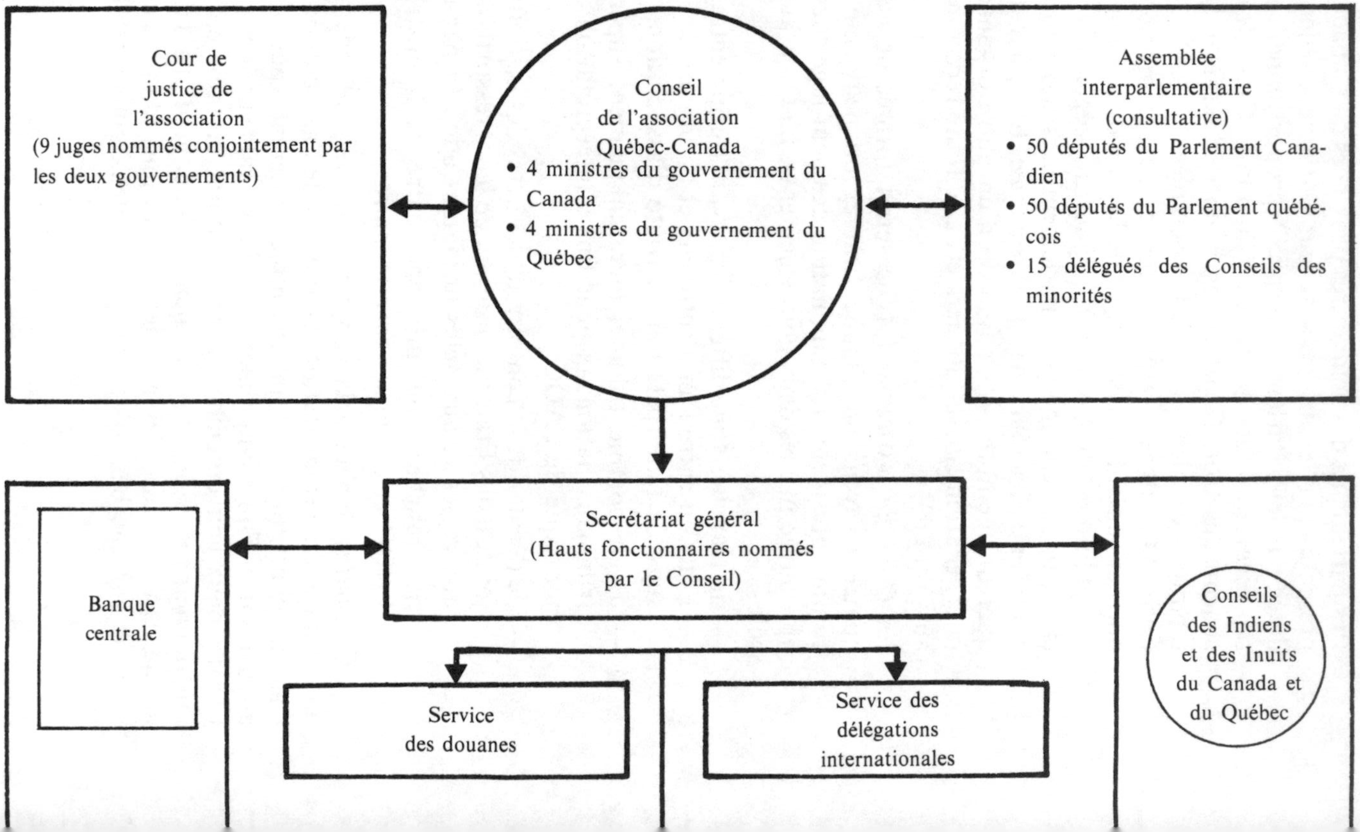

Assemblée interparlementaire (consultative)

- 50 députés du Parlement Canadien
- 50 députés du Parlement québécois
- 15 délégués des Conseils des minorités

Conseil de l'association Québec-Canada

- 4 ministres du gouvernement du Canada
- 4 ministres du gouvernement du Québec

Cour de justice de l'association
(9 juges nommés conjointement par les deux gouvernements)

Secrétariat général
(Hauts fonctionnaires nommés par le Conseil)

Conseils des Indiens et des Inuits du Canada et du Québec

Service des délégations internationales

Service des douanes

Banque centrale

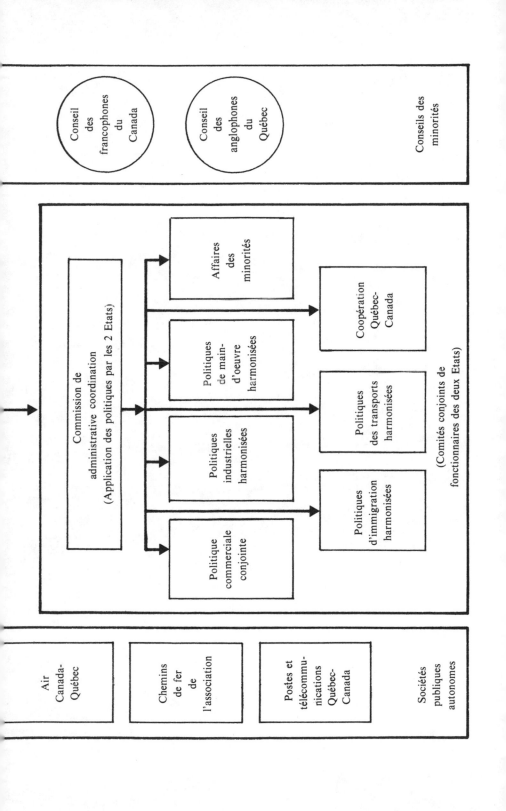

Conseil des francophones du Canada

Conseil des anglophones du Québec

Conseils des minorités

Commission de administrative coordination
(Application des politiques par les 2 Etats)

Affaires des minorités

Politiques de main-d'oeuvre harmonisées

Politiques industrielles harmonisées

Politique commerciale conjointe

Coopération Québec-Canada

Politiques des transports harmonisées

Politiques d'immigration harmonisées

(Comités conjoints de fonctionnaires des deux Etats)

Air Canada-Québec

Chemins de fer de l'association

Postes et télécommunications Québec-Canada

Sociétés publiques autonomes

Chapitre 5

Le futur de l'association
du Québec et du Canada

Il n'est jamais facile d'imaginer ce que l'on n'a jamais vécu. Devant un projet qui propose un changement fondamental qui semble pourtant nécessaire, il est normal que l'on soulève plusieurs objections, sans se rendre compte que parfois ces problèmes sont encore plus aïgus dans la situation actuelle.

Par exemple, on a fait récemment circuler dans les journaux anglophones des caricatures montrant Claude Morin et John Diefenbaker à couteaux tirés dans un Parlement que l'on suppose être l'Assemblée interparlementaire de l'association Québec-Canada. S'imagine-t-on que la situation actuelle offre d'excellentes garanties de bonne entente? La domination d'un des partenaires sur l'autre dans le régime actuel n'est-elle pas la cause des conflits incessants qui ont, depuis toujours, empoisonné les relations entre les deux nations? En 1945, une telle caricature montrant les premiers ministres de Grande-Bretagne, de France, d'Allemagne et d'Italie siégeant à un Parlement européen, aurait été encore plus crédible... et pourtant!

De la même façon, on a beaucoup parlé de cette "muraille de Chine" que les souverainistes voudraient construire autour du Québec. Or celle-ci existe déjà, édifiée par la dynamique interne d'un régime fédéral qui a peu à peu éliminé le français partout pour le confiner presque exclusivement au Québec. La souveraineté-association vise au contraire à "ouvrir le Québec" sur le monde en lui permettant des relations internationales normales sans un intermédiaire qui fasse écran et déforme ces relations.

Autrement dit, on cherche la "paille" dans le nouveau régime sans parler de la "poutre" qui se trouve dans la situation actuelle. Cette attitude, reliée à une certaine crainte de l'inconnu, peut à la limite empêcher tout progrès souhaitable de se réaliser.

C'est pour cette raison que nous avons longuement défini, d'une façon plus précise que jamais auparavant, les grands paramètres de la souveraineté-association. Il nous reste maintenant à montrer en quoi ce régime est préférable à la situation actuelle, autrement dit s'il permet de mieux atteindre les objectifs, les principes de base que nous avons énoncés à la fin de la première partie de ce volume. Nous en profiterons pour considérer les principales objections que l'on oppose souvent à la souveraineté-association.

Pour ce faire, nous allons demander au lecteur un certain effort d'imagination. Surtout s'il est fédéraliste, nous allons lui demander d'accepter pour un moment le fait suivant: un régime de souveraineté-association a été mis progressivement en place depuis 1980 et nous sommes en 1985, au moment où l'on commence à en voir les effets. Même s'il pense que la souveraineté présente probablement "un risque incalculable" et que l'association ne peut être qu'une "forme pâlote des avantages économiques du régime actuel", nous pensons que cet exercice de projection dans l'avenir sera utile au lecteur. Cela permettra de donner à un nouveau régime en voie de construction une chance égale face à un régime encore en place.

On pourra objecter à la fin de ce chapitre que nous avons supposé que tout se passera bien alors qu'au contraire, les tensions de la période référendaire viendraient éliminer tous ces avantages possibles de la souveraineté-association.* Or, si l'on peut admettre l'évidence d'une période de tension, d'ailleurs nécessaire à bien des égards, rien ne permet de soutenir qu'elle se soldera négativement. D'ailleurs, cette question est de l'ordre des moyens pour atteindre un objectif. Etablissons d'abord l'objectif à atteindre. Pour le reste il s'agira, à notre avis, d'abord et avant tout d'une question de volonté.

Nous sommes en 1985

Suite à un référendum positif en faveur de la souveraineté-association tenu en 1980, les représentants des deux pays ont signé

---

* Cette question fera l'objet de la prochaine partie de ce volume.

un traité créant l'Association Québec-Canada. Après quelques années de transferts progressifs des compétences, le nouveau régime est en place pour l'essentiel.

- Sur le plan *économique*, l'Association Québec-Canada a permis de maintenir les éléments essentiels du marché commun canadien actuel et d'y apporter certaines améliorations:
  - libre circulation des marchandises entre le Canada et le Québec;
  - libre circulation des personnes sans passeport ni postes frontières entre les deux Etats;
  - libre circulation des capitaux accompagnée de garanties quant aux réinvestissements dans chaque Etat et au contrôle des investissements étrangers;
  - maintien d'un réseau intégré de transports; gestion conjointe de Air Canada, du Canadian national, des services postaux et des télécommunications;
  - monnaie commune et coordination des politiques monétaires.

- Sur le plan de la *protection des minorités:*
  - reconnaissance de la propriété des Indiens et des Inuits sur leurs terres et de l'égalité des minorités franco-canadienne anglo-québécoise;
  - création de trois Conseils des minorités dotés d'outils financiers et politiques importants pour assurer l'épanouissement des minorités et le respect de leurs droits reconnus au traité d'Association;
  - libre-échange des émissions de radio et de télévision de façon à alimenter les stations dans la langue de la minorité dans l'autre Etat.

- Sur le plan de la *coopération internationale* et de la *défense:*
  - représentations conjointes à certains organismes sur le plan économique (GATT, FMI, ...) et culturel (délégations des Conseils des minorités);
  - harmonisation des services internationaux, lesquels sont accessibles aux résidents des deux Etats;
  - réorientation conjointe des activités de défense en fonction des politiques des deux gouvernements;
  - coopération bilatérale dans plusieurs domaines: aménagement des zones frontalières, développement des régions arctiques, recherche,...

- Sur le plan des *institutions conjointes,* l'Association est administrée en commun par un Conseil paritaire formé de ministres des deux gouvernements, contrôlé par une Assemblée inter-parlementaire formée de députés délégués par les deux Parlements et de délégués des trois Conseils des minorités. Le Conseil est assisté d'un Secrétariat général assurant l'exécution des décisions via une Commission de coordination administrative formée de fonctionnaires des deux Etats, cette dernière assistée par différents Comités administratifs de fonctionnaires des deux Etats spécialisés dans un secteur donné. Le Secrétariat général gère les services de l'Association (postes frontières, délégations,...) et assure la liaison du Conseil avec la Banque centrale, les sociétés publiques conjointes (Air Canada, C.N., Postes) et les trois Conseils des minorités.

Contrairement à l'ancien régime, les deux Etats sont liés sur plusieurs aspects, mais sur une base d'absolue égalité. Chaque gouvernement intervient par les mandats donnés à ses ministres du Conseil de l'AQC. Il en est de même au palier parlementaire. Le Conseil est assisté par une fonction publique légère. L'exécution de ses décisions est assurée par des Comités administratifs bipartites (4 ou 6 personnes) de fonctionnaires nationaux chargés de suivre l'exécution des décisions par la fonction publique des deux Etats. Des sociétés publiques conjointes issues de Air Canada, du Canadien national, du ministères des Postes viennent alléger le fonctionnement et ont été transférées sous la responsabilité du Conseil.

Enfin, le financement des organes propres à l'AQC est essentiellement assuré par les deux gouvernements (si on excepte les droits de douanes qui constituent le seul revenu propre de l'Association). Cependant, au niveau de la répartition des charges financières entre les deux gouvernements, le Traité assure, une fois le budget accepté par le Conseil de l'AQC, que les virements de fonds nécessaires au financement s'effectuent de façon automatique par les deux gouvernements, ce qui élimine les occasions de friction. Les discussions sont parfois vives au Conseil, mais on arrive à établir des compromis plus rapidement qu'avant, puisque la confrontation des besoins se fait à ce haut niveau du Conseil qui est en mesure d'appliquer plus rapidement ses décisions.

1. Efficacité et unité d'action

Ce mode de fonctionnement souple et bien défini de l'AQC a d'énormes conséquences sur l'efficacité du système si on le compare à l'ancien régime fédéral.

a) Un seul rapport d'impôt et un seul régime fiscal

Nous sommes donc en 1985. Cette année le nouveau régime fiscal est en vigueur et tous les citoyens du Québec envoient tous leurs impôts au seul gouvernement du Québec, lequel se charge d'en remettre une partie, près de 2%*, à l'Association Québec-Canada. Un contribuable québécois se prépare donc à expédier au gouvernement du Québec la somme des deux rapports d'impôts, qui était autrefois partagée entre les deux gouvernements. Le gouvernement du Québec a maintenant un budget annuel double qui se chiffre à environ $25 milliards (en dollars de 1978) mais aussi deux fois plus de responsabilités à financer. Notre contribuable se surprend à penser que peut-être cet argent sera mieux administré par un seul gouvernement que moitié par Jean Chrétien et moitié par Jacques Parizeau, avec des priorités différentes. On saura de toute façon qui tenir responsable si ça va bien ou mal! Les Québécois peuvent en effet changer de gouvernement quand ils le désirent, ce qui n'était pas le cas au niveau du gouvernement fédéral, à moins que le Canada anglais ne soit d'accord.

L'administration des impôts coûte presque deux fois moins cher, les deux ministères du Revenu étant fusionnés. On économise ainsi presque la moitié des quelques $200 millions que les deux gouvernements devaient dépenser chaque année pour vérifier les rapports d'impôts, percevoir les sommes dues et réprimer les fraudes fiscales. Enfin, au niveau des entreprises, il y a maintenant un seul régime fiscal, un seul ensemble de règlements et une seule administration gouvernementale. Cela permet de réduire les frais d'administration de chaque entreprise.

---

* Le budget de la CEE s'est élevé en 1977 à 0.6% du PNB communautaire. Le PNB canadien s'élevant à 165 milliards la même année, on peut calculer environ un milliard pour un tel budget, en supposant que l'AQC ait un même degré de complexité. En supposant une répartition à part égale entre les deux Etats, on arrive donc à 0,5/25 milliards = 2%.

b) L'élimination des chevauchements

L'élimination de ce chevauchement des services du ministère du Revenu n'est qu'un des quelques 200 chevauchements qui existaient auparavant entre les programmes fédéraux et provinciaux et que l'on a réussi à éliminer presque entièrement.

Maintenant, il y a trois types de programmes. La majorité des programmes relèvent du gouvernement du Québec (ou de celui du Canada pour les résidents des autres provinces). Ces programmes ne peuvent être en chevauchement avec ceux de l'Association Québec-Canada, et ils ne pourront jamais l'être puisque l'AQC n'a que les responsabilités qui lui sont expressément confiées par le traité d'Association. Autrement dit, l'AQC, contrairement à l'ancien gouvernement fédéral, ne peut plus envahir un champ de compétence propre aux deux Etats, à moins que ceux-ci ne conviennent d'un commun accord de modifier le traité d'Association.

Un deuxième type de programmes découlent des politiques que l'Association rend nécessaire d'harmoniser: certains aspects de la fiscalité, des transports, de l'immigration, de la main-d'oeuvre et du contrôle des investissements étrangers. L'harmonisation signifie que chacun des deux Etats élabore ses propres programmes dans ces domaines. Ceux-ci sont ensuite conciliés au sein des organes de l'AQC. Par exemple, la politique d'immigration du Québec reste différente, mais on tente de la rapprocher de celle du Canada, et vice versa, dans l'intérêt commun. Mais encore ici, sur chacun des deux territoires il n'y a qu'une politique d'immigration qui s'appliquera. Il n'y a donc pas de chevauchement possible.

Enfin, un dernier type de programmes découlent des politiques communes aux deux Etats comme la politique commerciale ou celle des brevets. Dans ce cas, les programmes sont élaborés par les organes conjoints de l'AQC, mais appliqués généralement par chacun des deux Etats sur leur territoire, ou encore par des sociétés ou des services de l'AQC sur les deux territoires. Encore là, il n'y a pas de chevauchement puisque ces compétences ne sont pas détenues par les Etats membres mais uniquement mises en commun au niveau de l'AQC.

Auparavant dans un régime fédéral, il était presque impossible d'éliminer les chevauchements. La tendance au Canada anglais était plutôt, contrairement à celle au Québec, d'augmenter le nombre de champs de compétence partagée pour permettre une meilleure distribution des rôles dans un fédéralisme fonctionnel.

C'est l'option, bien sûr, qui maintenant a été prise par l'Etat du Canada, devenu une fédération de neuf provinces, centralisée politiquement, mais décentralisée administrativement. Tous les champs de compétence correspondant aux politiques communes ou harmonisées de l'AQC relèvent exclusivement du gouvernement du Canada, mais celui-ci consulte régulièrement les neuf provinces à ce sujet. La plupart des autres compétences sont partagées entre les deux niveaux de gouvernements. Par exemple, dans le domaine des politiques de l'Education, les provinces préparent leurs politiques et on les harmonise au niveau du gouvernement fédéral suite à une conférence fédérale-provinciale, puis les provinces administrent les politiques ainsi harmonisées.

De la sorte, le régime fédéral canadien a acquis une cohérence et une efficacité qui favorisent l'unité nationale tout en respectant la diversité des régions. L'absence de chevauchement dans les programmes de l'AQC permet une coordination souple et peu coûteuse avec le Québec.*

c) La réduction du coût de l'administration publique

L'élimination des chevauchements semble déjà avoir eu des effets extrêmement bénéfiques.

D'abord on constate une diminution des coûts liés à l'existence des doubles services et des doubles ministères. Par exemple, au sein de chacun des deux Etats, il n'y a qu'un seul réseau de centres de main-d'oeuvre et d'immigration. Il n'y a de même qu'un seul réseau de bureaux de sécurité sociale qui s'occupent du régime intégré de revenu garanti propre à chaque Etat: assurance-chômage, bien-être social, pensions de vieillesse, allocations familiales. Ces programmes étaient autrefois partagés entre les deux niveaux de gouvernements.

A titre d'exemple, l'administration de l'aide sociale par le gouvernement du Québec coûtait, en 1978, près de 50 millions de dollars par année. Tous les services de sécurité sociale, soit au niveau du gouvernement fédéral, soit au niveau du gouvernement du Québec, coûtaient au total environ $150 millions par année aux contri-

---

* Nous pensons que ces précisions dispensent des critiques justifiées de Donald Smiley au sujet du projet de Commonwealth canadien de Gérard Bergeron que nous avons examiné à la fin de la deuxième partie.

buables québécois en frais d'administration. Maintenant, grâce à l'intégration de tous ces services, ces frais ont été réduits à près de $100 millions au Québec. Au Canada, la politique de revenu garanti est élaborée au niveau fédéral, mais administrée uniquement par les neuf provinces. L'économie est donc proportionnellement du même ordre qu'au Québec.

Il en est ainsi dans presque tous les domaines, de sorte qu'on évalue à plus d'un demi-milliard de dollars l'économie qu'apporte aux Québécois l'élimination des chevauchements. Cette année, au Canada, il y a encore un petit nombre de chevauchements entre les deux niveaux de gouvernements, de sorte que l'économie est proportionnellement un peu moindre, mais elle est substantielle.

d) La simplification des démarches pour les citoyens

Du point de vue du public, les citoyens comprennent mieux le fonctionnement des services gouvernementaux et peuvent mieux situer la responsabilité des gouvernants. Par exemple, un Québécois qui a des problèmes de sécurité de revenu n'a plus à faire la navette entre les bureaux fédéraux d'assurance-chômage et les bureaux provinciaux de bien-être social. Son cas est réglé par un seul règlement et il n'aura qu'à s'adresser à un seul endroit. S'il est insatisfait ou satisfait des services, il saura que le gouvernement du Québec est responsable et il pourra voter et participer à des activités politiques en toute connaissance de cause.

Quant aux services offerts par l'AQC, ils sont bien identifiés et touchent très peu le citoyen directement. La principale différence est que certains services: monnaie, postes frontières, Air Canada, Canadien national, Postes et télécommunications sont identifiés par l'écusson de l'AQC plutôt que par celui du gouvernement du Dominion.

e) L'unité d'action des gouvernements

L'élimination des chevauchements et surtout la façon dont les compétences sont distribuées et exercées ont conféré pour la première fois une unité d'action à chacun des deux gouvernements. Même si certaines politiques budgétaires sont harmonisées au niveau de l'AQC, il n'y a essentiellement qu'une politique budgétaire, qu'une répartition des dépenses au Québec. Au Canada, toutes les politiques budgétaires importantes sont soit assumées par le gouvernement du Canada, soit fortement coordonnées par celui-ci en collaboration avec les provinces.

Cela signifie que chacun des deux gouvernements peut répartir ses dépenses sans que celles-ci interfèrent avec celles d'un autre gouvernement ou même les contredisent, comme auparavant. Il en est de même en ce qui concerne les lois et les règlements.

Par exemple, en 1978, le gouvernement fédéral avait décidé de réduire ses dépenses d'assurance-chômage au Canada d'environ $700 millions, alors que le Québec avait décidé d'investir massivement dans le développement industriel pour lutter contre le chômage. Devant cette action unilatérale d'Ottawa, le gouvernement du Québec avait dû détourner près de $50 millions des sommes prévues pour le développement industriel vers l'assistance sociale pour recueillir les citoyens laissés en plan par l'assurance-chômage.

Précédemment, on avait vu les deux gouvernements mettre des années pour se répartir les tâches dans la région de l'aéroport de Mirabel. Finalement, Québec s'occuperait des infrastructures du parc industriel et Ottawa, des installations aéroportuaires. Or peu après, la réglementation aérienne d'Ottawa venait compromettre le développement du parc industriel en conservant une part importante du trafic aérien à Dorval.

En somme, les quelques 500 comités groupant le fédéral et les provinces retardaient les décisions jusqu'à faire pourrir les problèmes et parfois, menaient même à des politiques contradictoires des deux gouvernements. Maintenant, chaque gouvernement a acquis l'unité d'action indispensable pour s'attaquer rapidement et résolument aux problèmes.

2. Egalité et développement

L'égalité des deux nations est maintenant assurée et celles-ci peuvent procéder à leur développement économique selon leurs propres priorités, tout en s'entraidant au sein de l'Association Québec-Canada.

a) La souveraineté favorise le développement

Sous le régime fédéral d'avant 1980, les *Canadiens* (anglophones) possédaient la souveraineté politique. Leur gouvernement central disposait de tous les outils économiques nécessaires pour développer l'économie et, dans neuf provinces sur dix, leurs gouvernements provinciaux permettaient de rapprocher l'administration des citoyens et de tenir compte des besoins régionaux. Cependant, le régime fonctionnait mal, principalement à cause du gouvernement du Québec qui voulait priver le gouvernement central d'outils indispensables au développement d'une société industrialisée. Ces querelles constitutionnelles et linguistiques drainaient une grande part des énergies de tout le monde, sans qu'on en arrive à une solution satisfaisante pour les deux parties.

Maintenant, le Québec a acquis lui aussi sa souveraineté politique. Il peut orienter son avenir grâce aux mêmes outils économiques que le Canada (en fonction de ses besoins propres). Il est à l'abri de l'évolution démographique défavorable qui le "minorisait" de plus en plus. Maintenant que cette évolution ne présente plus aucun danger pour la survie de la nation, le gouvernement peut entreprendre d'augmenter la croissance démographique. Son épanouissement culturel est de plus en plus visible, mais, plus important encore, le Québec n'a plus besoin de consacrer la majeure partie de ses énergies à des luttes constitutionnelles ou linguistiques. Le Québec n'est plus dépendant de l'assistance sociale des provinces anglophones plus riches et plus dynamiques sur le plan économique. Il consacre désormais la plupart de ses énergies à son développement économique. De plus en plus, cet essor économique du Québec a une influence bénéfique sur le marché commun Québec-Canada et sur la vigueur de l'AQC face à ses concurrents européens, américains ou japonais. D'autre part, le Canada a enfin réussi à rendre son fédéralisme plus efficace et contribue mieux, lui aussi, à la vigueur de l'Association.

b) Le niveau de vie, la taille et la langue d'un pays

Dix ans auparavant, certains fédéralistes avaient commencé à prétendre que la souveraineté du Québec allait être une catastrophe sur le plan économique ou du moins qu'un Québec indépendant serait plus dépendant (économiquement) qu'il ne l'était déjà.

Leur raisonnement appuyé par un certain nombre d'économistes était surtout basé sur le fait qu'un pays plus petit, possédant un marché plus restreint, éprouverait plus de difficulté à vendre ses produits et à attirer de nouveaux investissements.

Or, déjà en 1977, la part du Québec en nouveaux investissements avait été plus forte que celle de l'Ontario. Au début de l'année, un rapport de la firme Standard & Poor's destiné aux prêteurs américains jeta des doutes sur ces belles certitudes. Ce rapport maintenait une excellente cote aux obligations du gouvernement du Québec, malgré le soi-disant "climat d'incertitude politique" que l'on disait exister.

Le rapport concluait son analyse comme suit:

"On voit par ce qui précède que l'indépendance est possible économiquement, mais qu'elle peut coûter quelque chose, économiquement toujours, en particulier à court terme. Cela ne veut pas dire que l'économie du Québec s'écroulerait. Le coût économique et les bienfaits économiques de l'indépendance sont difficiles à mettre en balance de même qu'à évaluer quantitativement. D'autre part, avec le temps, et si la population du Québec continue à tendre vers l'indépendance, il faudra bien s'en rendre compte et cela pourrait donner lieu à un effort coopératif atténuant le plus possible les effets négatifs. Cette possibilité constitue, à l'heure actuelle, une inconnue."

Tableau 1
Les dix pays les plus riches

	P.N.B.* par tête en dollars (1977)	Population en millions (1977)	Superficie en milliers de km carrés	Langues officielles principales
1. Suisse	$8 880	6	41	allem., français
2. Suède	$8 670	8	450	suédois
3. U.S.A.	$7 890	212	9 363	anglais
4. Canada (sans Québec)	$7 820	16	8 908	anglais
5. Danemark	$7 510	5	43	danois
6. Norvège	$7 450	4	324	norvégien
7. Allemagne (ouest)	$7 420	62	248	allemand
8. Belgique	$7 380	10	31	franç., flamand
9. Québec	$6 660	6	1 068**	français
10. France	$6 550	53	547	français

SOURCE: "Trends in Developping countries, Banque internationale de développement", cité dans *Demain nous appartient,* document de formation, Parti québécois, mai 1978.

* Le produit national brut (P.N.B.) mesure la valeur de tous les biens et services produits par un pays. En divisant par le nombre d'habitants, on obtient un indice permettant de comparer la richesse des nations.

** Sans compter le Labrador.

De la même façon, les adversaires de la souveraineté, passaient avec le temps du refrain d'un "Québec séparé détruit économiquement" à celui d'un "Québec indépendant peut-être moins viable". Un Québec souverain serait moins viable, non seulement parce qu'il serait de plus petite taille, mais parce que, de culture française, il aurait moins accès à un univers des affaires anglophones que via un gouvernement fédéral anglophone. André Raynault, entre autres, tentait même d'expliquer ainsi l'infériorité économique des francophones dans le régime fédéral d'avant 1980. Or pourtant on pouvait constater qu'en 1977, parmi les dix premiers pays du monde quant au niveau de vie économique, seuls le Canada et les Etats-Unis avaient l'anglais comme langue officielle, et quatre, la Suisse, la Belgique, le Québec et la France avaient le français comme seule langue officielle ou comme l'une des langues officielles. De plus, la moitié de ces pays avaient une population comparable à celle du Québec et huit sur dix, une superficie moins grande.

Depuis, le Québec a maintenu ce haut niveau de vie et commence à réduire son retard sur le reste de l'Amérique du Nord, et il le fait en français.

c) "Small is beautiful:" vaincre le complexe de la petite taille

L'un des principaux obstacles à la souveraineté du Québec a toujours été, jusqu'en 1980, ce qu'on pourrait appeler le "complexe de la petite taille".

Même si tous les Québécois désiraient l'égalité et le maximum d'autonomie et de souveraineté, beaucoup se croyaient "trop petits" pour se donner un pays, malgré le haut niveau de vie, malgré la superficie du territoire, malgré les compétences et les capitaux disponibles sur place.

De la même façon, les Canadiens des autres provinces se disaient qu'ils seraient amputés d'une partie de "leur" territoire, de "leur" population, de "leur" économie et donc qu'ils seraient "plus petits" sans le Québec. Les "caprices" et même certaines demandes légitimes du Québec devaient donc s'incliner devant cette objection de "taille".

Dans son ouvrage célèbre *Small is beautiful,* publié en 1973, l'économiste britannique E.F. Schumacher s'attaquait à ce complexe de "taille" qu'il attribuait à notre éducation selon laquelle:

- le sens de l'histoire irait de la famille vers la tribu, puis vers les nations et le regroupement des nations jusqu'à ce qu'il y ait un seul gouvernement mondial;*
- un pays, pour être prospère, devrait être le plus étendu et le plus populeux possible;
- les grandes organisations, industries et sociétés permettent des économies d'échelles et deviennent de plus en plus productives en grossissant; elles doivent donc constamment se développer.

Or tout le contraire semble encore se produire. D'abord depuis 25 ans, les Nations unies ont vu doubler le nombre des Etats membres suite à l'accession à la souveraineté de plus de 80 nouveaux pays, certains n'ayant que 100 000 ou 200 000 habitants. Tous ces gens seraient-ils insensés? De plus, on constate que si, d'une part, l'unification de l'Allemagne au temps de Bismark a pu rendre possible la grande prospérité de l'Allemagne, par contre le maintien de cinq petits pays en Scandinavie, pays autrefois unis sous la Suède et le Danemark, ne semble pas avoir nui à leur prospérité. Et l'économiste E.F. Schumacher poursuivait:

> "Aujourd'hui encore, on nous présente généralement les organisations gigantesques comme inéluctables. Pourtant, si nous y regardons de plus près, nous pouvons remarquer que, sitôt l'élément de grande taille créé, naît souvent un effort acharné pour retrouver le petit à l'intérieur du grand. La grande trouvaille de M. Sloan, de la General Motors, a été de structurer cette firme gigantesque de sorte à en faire, en réalité, une fédération de firmes de taille à peu près raisonnable.

> "Abordons maintenant notre sujet sous un angle différent et demandons-nous ce dont on a réellement besoin. Les hommes ont, apparemment, toujours eu besoin d'au moins deux choses en même temps, choses qui semblent, à première vue, incompatibles et exclusives l'une de l'autre. Nous avons toujours besoin à la fois de liberté et d'ordre. Nous avons besoin de la liberté de très nombreuses petites unités autonomes et, en même temps, de la discipline et de la coordination d'unités globales, de grande taille.

> "Mon voeu serait de mettre l'accent sur la dualité des exigences humaines pour ce qui est de la question de la taille. Il n'existe pas de réponse unique. Les différents desseins de l'homme requièrent un grand nombre de structures différentes, des petites aussi bien que des grandes, certaines très fermées sur elles-mêmes, d'autres ouvertes."

---

* On reconnaît là l'un des thèmes favoris de Pierre Elliot-Trudeau: "L'indépendance serait un péché contre l'histoire et l'esprit" (*Montréal-Matin,* 26 novembre 1976).

Pour concilier ces deux facettes de la réalité, il y avait deux types de structures constitutionnelles possibles, pour l'ensemble canadien: fédéralisme renouvelé ou confédéralisme (souveraineté-association). Il est maintenant reconnu que le premier ne pouvait s'adapter à la réalité canadienne. Cette citation de Schumacher nous semble bien mettre en évidence pourquoi certains s'y accrochaient quand même:

"Imaginez qu'en 1864 Bismark ait annexé tout le Danemark au lieu d'une petite partie seulement, et que rien n'ait changé depuis. Les Danois représenteraient en Allemagne une minorité ethnique, s'efforçant peut-être de conserver leur langue nationale grâce au bilinguisme, la langue officielle étant bien entendu l'allemand. Seule la germanisation totale pourrait leur éviter de tomber au rang de citoyens de deuxième classe. Les Danois les plus ambitieux et les plus entreprenants — les plus complètement germanisés — émigreraient, comme mus par une force irrésistible, en direction du sud, au coeur de l'Allemagne. Quel serait alors le statut de Copenhague? Celui d'une ville de province lointaine. Ou bien, imaginez la Belgique faisant partie de la France. Quel serait le statut de Bruxelles? Encore une fois, celui d'une ville de province sans importance. Il est inutile de s'étendre là-dessus. Imaginez maintenant que le Danemark, partie de l'Allemagne, et la Belgique, partie de la France, deviennent soudain ce que l'on appelle maintenant du nom charmant de "séparatistes" et réclament leur indépendance. On assisterait à d'éternelles discussions enflammées sur "ces pays qui n'en sont pas", réputés non viables sur le plan économique, et sur leur soif d'indépendance qui, pour citer un célèbre commentateur politique, serait "de la sensiblerie d'adolescent, de la naïvitique, de la fausse économie, et de l'opportunisme patent."

Protestant contre le gigantisme de certains pays, pauvres ou riches, Schumacher mettait de plus en évidence les conséquences sociales néfastes d'une forme de développement économique axée sur le gigantisme des "grandes" villes et des "grands" pays.

"Dans les pays riches, tels que les Etats-Unis d'Amérique, il donne naissance aux "mégalopodes" déjà mentionnées. Il est aussi à l'origine d'un problème qui s'amplifie rapidement, et devient de plus en plus insoluble: celui des "laissés pour compte", de ces gens qui, devenus des errants, ne peuvent plus s'intégrer nulle part dans la société. Il soulève un autre problème épouvantable, en étroite liaison avec les précédents, celui des crimes, de l'aliénation, de la tension, de l'effondrement social jusqu'au coeur de la famille. Dans les pays pauvres — là encore, avec plus d'ampleur dans les plus grands — il entraîne une migration massive vers les villes, un chômage de masse et, drainant la substance même des zones rurales, fait planer la menace de la famine. Cela a pour conséquence l'avènement d'une "économie à deux secteurs", sans la moindre cohésion interne, sujette à une intense instabilité politique."

C'est peut-être ce qui faisait dire, vers 1967, au sociologue Fernand Dumont: "Je crois pour ma part à la vertu des petites nations: ce sont celles où les valeurs communes ont des chances d'atteindre des racines profondes".

Maintenant, Québécois et Canadiens, dans deux sociétés à taille humaine, sont libres de se développer en fonction de leurs valeurs propres. Ils pourront d'autant mieux le faire qu'ils ont maintenu un grand nombre de choses en commun sans qu'aucun ne domine l'autre ou ne se laisse dominer par l'autre parce qu'il craint d'être trop petit.

3. *Epanouissement des minorités et des groupes ethniques*

Bien que permettant l'autodétermination complète des Québécois et des *Canadiens* dans le cadre d'un régime d'association plus juste et plus efficace, plusieurs se demandaient, avant 1980, si un tel régime n'aurait pas pour effet secondaire d'accélérer l'assimilation des minorités.

a) *Les Indiens et les Inuits*

Les Indiens et les Inuits pouvaient craindre une fois de plus un "arrangement entre blancs" qui non seulement ne leur donnerait pas plus d'autonomie mais qui séparerait leurs peuples, répartis de part et d'autre d'une frontière Canada-Québec, sous deux administrations distinctes.

Or, la liberté de circulation des personnes et des marchandises a été maintenue comme avant par l'Association Québec-Canada. D'autre part, les droits des autochtones ont été reconnus sur leurs terres et ceux-ci ne sont plus sous l'autorité d'un "ministère des Affaires indiennes" mais sous celui de leurs propres Conseils des Indiens et des Inuits du Québec et du Canada. Enfin, des ententes de coopération ont été signées entre les deux gouvernements et les Conseils pour l'accès des autochtones aux services gouvernementaux et le développement des territoires indiens et inuits.

En somme, la mise sur pied du nouveau régime a été l'occasion de reconnaître aux premiers habitants du pays un statut de peuple autonome qui leur permet maintenant d'orienter l'essentiel de leur avenir.

b) Les Franco-Canadiens et
les Anglo-Québécois

Les Franco-Canadiens, tout en souhaitant une émancipation du Québec, faisaient face à une assimilation galopante et pouvaient craindre à la fois une coupure des liens avec le Québec et une plus grande dureté de la majorité anglophone à leur égard qui pouvait constituer un coup fatal.

Or maintenant, la liberté de circulation est maintenue et les échanges se sont intensifiés. Le Québec est clairement reconnu comme foyer national des francophones du Canada. Il dispose de tous les pouvoirs et des moyens financiers nécessaires pour appuyer le développement des Franco-Canadiens, directement ou au sein de l'AQC. D'autre part, tous les anciens programmes du gouvernement fédéral ont été réorientés et confiés au Conseil des francophones du Canada. Des fonds importants sont mis à sa disposition par les deux gouvernements. Ces fonds sont plus importants que ceux attribués au Conseil des anglophones du Québec jusqu'à ce qu'un rattrapage soit effectué. Le Conseil nomme également des représentants au réseau français de la "Canadian Broadcasting Corporation ". Les émissions sont encore à 80% d'origine québécoise, mais le pourcentage d'émissions locales a augmenté. Le Conseil nomme également plusieurs représentants sur les Conseils d'administration des commissions scolaires et des services de santé francophones ou bilingues, et il s'est vu accorder un certain droit de regard sur la définition de ces services dans presque toutes les provinces canadiennes.

Le Conseil des anglophones du Québec joue un rôle analogue au Québec. D'ailleurs depuis peu, on parle de restaurer le libre choix de la langue d'enseignement d'ici quelques années. Presque toutes les nouvelles familles immigrantes s'intègrent maintenant tout naturellement à la majorité francophone. Le CAQ a établi des liens avec plusieurs organismes socio-culturels des autres provinces et maintient une vie culturelle active dans la région de Montréal.

c) Les autres groupes ethniques

Quant aux autres groupes ethniques: Italiens, Grecs, Portuguais, Ukrainiens, ... ils profitent d'un nouveau climat beaucoup plus favorable grâce à l'élimination des tensions linguistiques entre les deux majorités. Anglophones au Canada, de plus en plus francophones au Québec, ils s'intègrent à la majorité sans s'assimiler, faisant profiter leurs compatriotes de l'enrichissement culturel que leur diversité apporte. Les réunions d'organismes ethniques du Québec et du Canada sont d'ailleurs favorisés par les deux gouvernements.

Au Québec, une certaine méfiance face aux "Québécois d'adoption" est en train de disparaître, comme l'avait d'ailleurs prédit Pierre Bourgault en 1978 dans son livre *Oui à l'indépendance du Québec:*

> "On ne peut pas demander à un assiégé de ne pas avoir peur. Mais on peut exiger d'un homme libre qu'il assume toutes ses responsabilités, face à lui-même et face aux autres. Il en va des peuples comme des individus: si un peuple se sent menacé, il a tendance à se réfugier en lui-même et à prononcer des exclusives contre tout ce qu'il ne perçoit pas comme faisant partie de lui-même. Mais le jour où il se sent assez fort pour vivre pleinement sa vie, le jour où il s'est assuré des "frontières sûres", comme on dit quelque part, ce jour-là il peut considérer comme un enrichissement ce fameux corps étranger qu'il rejetait violemment quelque temps auparavant."

4. Amélioration de la situation des travailleurs

Au moment du débat du référendum, certains intervenants, pour des raisons fort diverses, prétendaient que la souveraineté-association allait s'établir sur le dos des travailleurs qui allaient en payer le prix. D'autres soutenaient que la démarche du Québec vers la souveraineté favoriserait les riches, la bourgeoisie canadienne et américaine, et qu'elle amènerait la création d'une bourgeoisie québécoise contraire à une vraie démocratie populaire.

a) La qualité de vie des travailleurs

En 1970, à titre de président général de la CSN, Marcel Pépin avait écrit "la question de la séparation du Québec se posera dans toute son acuité d'ici quelques années à peine. Le seul obstacle actuel, il n'y en a pas d'autres, c'est la question économique". Le 9 juillet 1978, il écrivait:

> "Les travailleurs, je pense, voient assez clair et comprennent aisément que si l'indépendance ou la souveraineté-association devait produire de mauvais effets économiques, ils en subiraient davantage les contre-coups que les classes possédantes et la bourgeoisie".

Il était vrai au contraire qu'en 1978, les travailleurs subissaient davantage que les classes possédantes les contrecoups de la terrible inefficacité du régime fédéral et son injustice à l'égard des franco-phones. Ils étaient les plus durement touchés par l'inflation qui rendait prohibitifs les prix de biens essentiels comme la nourriture, le vêtement et le logement à tel point que les hausses de salaire, arrachées après de longues négociations, ne parvenaient pas à maintenir le pouvoir d'achat des travailleurs. Ils étaient également les plus durement touchés par l'insécurité dans l'emploi et le chôma-ge qui, depuis le début du siècle, se maintenaient au Québec à un des taux les plus élevés parmi les provinces canadiennes. Le gouver-nement fédéral, prisonnier politiquement des provinces riches et des intérêts des dirigeants d'entreprises, paralysé par l'inefficacité du système, était incapable de s'attaquer à ces problèmes. Les travailleurs devaient de plus disperser leurs efforts entre un gouver-nement fédéral hostile à leurs intérêts et un gouvernement du Québec qui leur était sympathique, mais privé des outils essentiels pour restructurer l'économie.

Malgré ce fait, plusieurs travailleurs, comprenant toutefois ces phénomènes, hésitaient devant les changements profonds qui s'im-posaient, peut-être à cause de ce "complexe de la petite taille" dont nous avons parlé plus haut, complexe que les hommes d'affai-res, obnubilés par leur hantise de la "grosse entreprise", se char-geaient d'alimenter.

Depuis la mise en place du nouveau régime, les problèmes vitaux de l'inflation et du chômage ne sont pas totalement réglés, mais la tâche gigantesque de la restructuration de l'économie est commencée. Depuis 1980, tant au Québec qu'au Canada, le gros des énergies s'oriente désormais de ce côté, les problèmes consti-tutionnels et linguistiques ayant enfin été résolus dans un esprit de justice. Les syndicats *canadiens* et québécois continuent leur colla-boration mutuelle et accentuent leurs actions pour que cette restruc-turation s'oriente en fonction des intérêts de la majorité des travail-leurs. Le gouvernement du Québec est d'accord avec ces orienta-tions et les véhicule continuellement auprès du partenaire *canadien* au niveau de l'Association Québec-Canada.

b) Le poids politique des travailleurs

Entre le 15 novembre 1976 et le référendum, certains milieux syndicaux doutaient du "préjugé favorable envers les travailleurs" que le gouvernement du Québec avait affirmé au début de son man-dat. Marcel Pépin écrivait en 1978:

"Comment les travailleurs pourraient-ils donner un blanc seing au Parti québécois alors que ce dernier ne projette en rien une réorganisation sociale et qu'en dépit de son programme électoral,il ne fait aucune proposition pour que les travailleurs aient un véritable pouvoir sur leur lieu de travail? Il est d'évidence aussi qu'un mouvement syndical comme la CSN ne peut pas ne pas poser de question pertinente comme celle de savoir pour qui se ferait l'indépendance. Pour permettre à une certaine bourgeoisie d'avoir encore plus de pouvoir sur eux? Or, l'attitude du Parti québécois envers les travailleurs n'a rien démontré jusqu'à maintenant qui puisse leur permettre de croire que le gouvernement a vraiment en pratique un préjugé favorable envers les travailleurs."

Pourtant, au cours de cette période, le gouvernement du Québec s'était attiré les critiques les plus sévères des organismes patronaux en raison de mesures favorables aux travailleurs comme:

- un relèvement du salaire minimum au taux le plus élevé en Amérique du Nord;
- un début de réforme du code du travail facilitant la syndicalisation et interdisant l'emploi de briseurs de grèves;
- un règlement dans l'industrie de la construction assurant la sécurité d'emploi aux vrais travailleurs de cette industrie;
- des lois protégeant le travailleur-consommateur des abus des entreprises: assurance-automobile, code du consommateur, recours collectif;
- une réforme de la régie des loyers protégeant plus adéquatement le travailleur-locataire;
- une loi assurant la santé et la sécurité au travail;
- un appui soutenu à l'entreprise autogérée Tricofil et au mouvement coopératif;
- un appui aux syndicats dans certains conflits ouvriers comme à la Commonwealth Plywood où, pour la première fois au Québec, un ministre de la Justice et un parti au pouvoir, condamnaient la brutalité policière, et où un ministre du Travail dénonçait l'intransigeance du patron;
- des mesures budgétaires réduisant les impôts des travailleurs et augmentant ceux des cadres supérieurs, des députés et des chefs d'entreprises.

Le gouvernement du Québec pouvait difficilement aller plus loin sans disposer de tous les outils politiques d'un Etat souverain. Il était tiraillé entre la nécessité d'une certaine cohésion nationale en vue de la lutte constitutionnelle qui se préparait et une solidartié encore plus grande qu'il souhaitait avec les classes populaires. De plus, une action trop radicale aurait augmenté le risque, dans cette période tendue, de représailles économiques, dont justement, comme le disait Marcel Pépin, les travailleurs auraient été les premiers à subir les contrecoups.

De leurs côtés, les éléments d'extrême-gauche, profitaient de ces hésitations inévitables pour prétendre que la démarche vers la souveraineté du Québec allait "profiter à la bourgeoisie canadienne". Ceux de ces groupes qui n'étaient pas fédéralistes, prônaient l'indépendance du Québec par la "révolution socialiste" et affirmaient que le Parti québécois ne visait qu'à "remplacer la bourgeoisie canadienne par une bourgeoisie québécoise".

Au contraire, on se rend compte maintenant que Pierre Vadeboncoeur avait raison d'écrire en avril 1978:

> "Il y a d'autres raisons pour vouloir en finir avec le Canada. Celui-ci est d'ailleurs, lui-même, un pays divisé et pratiquement impossible à réunir dans un mouvement politique significatif. Seule une sorte de libéralisme ou de conservatisme ni chair ni poisson peut y tenir de dénominateur commun. (...) Certains prétendent que, dans notre condition, le nationalisme et le besoin d'indépendance politique correspondent aux intérêts de la bourgeoisie et non à ceux des classes populaires. C'est tout le contraire. Les classes populaires sont toujours les plus durement frappées dans une situation où une collectivité de type ethnique est elle-même, si l'on peut dire prolétarisée, minorisée, ravalée, méprisée par une majorité ethnique politiquement dominante."

Heureusement, malgré son activisme, les opinions de l'extrême-gauche ne devaient pas prévaloir. Dans une assemblée de travailleurs où il était question de la Loi 101, un jeune radical, qui se moquait de cette "bataille d'arrière-garde", se faisait répondre par plusieurs ouvriers: "C'est justement par là qu'on se réveille à la situation politique et économique".

Aujourd'hui, de plus en plus de travailleurs participent à ce nouvel élan national du Québec, et cette attitude commence également à influencer les travailleurs *canadiens* dans la construction d'une société plus démocratique, contrôlée par la majorité.

5. Impact psychologique

Durant la période pré-référendaire, certains fédéralistes invoquaient de plus en plus des arguments d'ordre émotif, constatant que les Québécois étaient de moins en moins sensibles à la peur de "catastrophes économiques inimaginables".

On parlait beaucoup "d'unité nationale", du danger de la "pakistanisation du pays", d'un "échec possible de cette grande nation modèle qui constituait pour le monde un exemple de coexistence de deux grandes cultures". Les souverainistes répliquaient en affirmant "qu'il n'était pas question de briser le Canada mais de le débarrasser du carcan du fédéralisme".

Dans une assemblée de militants syndicaux anglophones, on avait posé la question suivante: "Qu'est-ce que la souveraineté-association changerait pour les *Canadiens,* en supposant le maintien de la libre circulation des personnes, la conservation en commun des principaux moyens de transport et de communication et le maintien d'une union monétaire gérée conjointement par le Québec et le Canada?" Un militant des Maritimes avait répondu à peu près ceci: "Quand j'irai voir des parents et des amis à Montréal ou à Toronto et que je franchirai la frontière en train ou en avion, ça me fera une drôle d'impression. Je me dirai que je suis en pays étranger".

Il y avait dans ce genre de réaction psychologique un attachement normal et sain à son pays. Dans d'autres cas cependant, le sentiment face à l'unité "nationale" ressemblait beaucoup plus à une sorte de colonialisme qui ignorait le sentiment national tout aussi puissant des Québécois. Sous le régime fédéral, la plupart des Québécois avaient justement cette même impression en traversant la "frontière": celle de se trouver "étrangers" dans leur propre pays!

Comment concilier ces deux sentiments divergents d'appartenance? Pourrait-on se sentir Québécois d'abord, mais également plus membre de l'ensemble canadien qu'américain, et plus nord-américain qu'européen? Pourrait-on également, au Canada anglais, être Canadien d'abord, puis membre de l'ensemble Québec-Canada et enfin nord-américain? Voilà quelques questions vitales qui étaient au fond du débat à l'approche du référendum.

En fait, l'expérience que vivaient depuis quelques années, les citoyens des pays souverains de l'Europe des neuf pouvait servir d'enseignement. La majorité des gens, tout en demeurant d'abord et avant tout français, allemands, anglais, italiens, devenaient également de plus en plus "citoyens" de l'Europe. On publiait régulièrement, en plus des cartes géographiques indiquant les frontières nationales, des cartes indiquant les frontières économiques de l'Europe des neuf.

Emblème du Conseil
de l'Europe

Finlande

Norvège

Suède

U.R.S.S.

Pologne

R.D.A.

Tchécoslovaquie

Autriche Hongrie

Suisse

Roumanie

Yougoslavie

Bulgarie

Portugal

Espagne

Grèce

Asie

Afrique

Carte et drapeau
de
l'Europe des Neuf
(CEE)

Europe des Neuf (CEE)

Le Conseil européen avait également son propre drapeau qu'il utilisait dans ses activités internationales. On se rappellera que la CEE avait sa propre participation à l'Exposition internationale de 1967.

De fait, c'est ce genre de double allégeance, d'abord à son peuple et à son pays, Québec ou Canada, et ensuite à l'ensemble Québec-Canada, qui s'est peu à peu établie. Toute autre attitude aurait blessé le sentiment national de l'une ou l'autre nation et empêché les relations dans l'égalité qui se sont établies. C'était une condition nécessaire à l'égalité des deux peuples que les *Canadiens* changent d'attitude et cessent de voir le Québec comme une possession, une dépendance. C'est ce changement d'attitude qui a permis aux Québécois comme aux *Canadiens,* de retrouver cette "vieille idée" d'un "Grand Canada" réunissant deux nations, deux pays souverains et égaux, le Québec et le Canada.

En 1978, plusieurs soulignaient l'importance qu'il y a, pour la mentalité d'un peuple, de réussir une bonne fois quelque chose. L'impact de la "Révolution tranquille", quelles qu'aient été les limites de cette dernière, avait été considérable, en particulier pour cette raison.

C'est ce dynamisme du nationalisme québécois, qui n'est pas sans résonnance chez les *Canadiens,* qui explique l'élan sans précédent que le Québec a retrouvé et qui lui permet aujourd'hui, après quelques années dans le nouveau régime, de jouer un rôle normal de plus en plus actif, au sein de l'Association Québec-Canada et sur le plan international.

Sources bibliographiques

AIR CANADA, *Rapport annuel 1976.*

ARÈS, Richard, *Nos grandes options politiques et constitutionnelles,* Editions Bellarmin, Montréal, 1972.

BARREAU, Raymond, "Le Québec souverain: un pays normal", Numéro spécial de *Ici-Québec,* été 1978.

BOURGAULT, Pierre, *Oui à l'indépendance du Québec,* Editions Quinze, Montréal, 1977.

BROSSARD, Jacques, *L'accession à la souveraineté et le cas du Québec,* Presses de l'Université de Montréal, Montréal, 1976.

CARDINAL, Harold, *The Rebirth of Canada Indians,* Hartig Publishing Company, Edmonton, 1977.

CHAPUT, Marcel, *Pourquoi je suis séparatiste,* Editions du Jour, Montréal, 1961.

CHARBONNEAU-CHEVALLAR, Francine, *L'intégration économique dans les Communautés européennes,* Bruxelles, novembre 1977.

CHARBONNEAU-CHEVALLAR, Francine, *L'intégration économique dans l'Union économique BENELUX,* Bruxelles, novembre 1977.

CHEMINS DE FER NATIONAUX DU CANADA, *Rapport annuel 1976.*

COMEAU, Robert, éd., *Economie québécoise,* Presses de l'Université du Québec, Montréal, 1969.

COMMISSION DES TRANSPORTS DU CANADA, *Xème rapport annuel,* 1976.

COMMITTEE FOR A NEW CONSTITUTION, *Seizing the moment,* Mémoire présenté à la Commission Pépin-Robarts, 29 novembre 1977.

CONSEIL EXÉCUTIF DU PARTI QUÉBÉCOIS, *Quand nous serons vraiment chez nous,* Editions du Parti québécois, Montréal, 1971.

DAUPHIN, Roma, "La politique commerciale", dans *Economie et Indépendance,* Editions Quinze, Montréal, 1977.

DEHEM, Roger, *La notion d'association économique,* Institut de recherches C.D. Howe, Montréal, février 1978.

FÉDÉRATION DES FRANCOPHONES HORS QUÉBEC, *Les Héritiers de Lord Durham,* Ottawa, 1977.

FÉDÉRATION DES FRANCOPHONES HORS QUÉBEC, *Deux poids, deux mesures,* Ottawa, 1978.

FORTIN, Pierre, "Le bilan économique du fédéralisme canadien", *Le Devoir,* 4 janvier 1978.

FRÉCHETTE, Pierre, R. JOUANDET-BERNADAT et J.P. VEZINA, *L'économie du Québec,* Editions HRW, Montréal, 1975.

GOUVERNEMENT DU QUÉBEC, *Comptes nationaux du Québec,* Ministère de l'Industrie et du Commerce, 1977.

GOUVERNEMENT DU QUÉBEC, *La politique québécoise de développement culturel,* vol. I, Ministère d'Etat au Développement culturel, Québec, 1978.

GOUVERNEMENT DU QUÉBEC, *Rapport Dorion,* tome 4.

GOUVERNEMENT DU QUÉBEC, *Proposition d'une politique portuaire du Québec,* Comité interministériel sur la politique portuaire, novembre 1977.

GOVERNMENT of ONTARIO, *Interprovincial Trade Flows Employment and the Tariff in Canada,* Appendix to the 1977 Ontario budget.

GRAND'MAISON, Jacques, *Vers un nouveau pouvoir,* Editions HMH, Montréal, 1969.

HARVEY, Pierre, "Comparaison interrégionale des taux de chômage" *L'actualité économique,* octobre-décembre 1971.

LACROIX, Robert, "Les régions et les politiques de stabilisation" dans *Economie et Indépendance,* Editions Quinze, Montréal, 1977.

LANDRY, Bernard, "Le Québec et le fédéralisme: éléments de bilan économique", dans *Economie et Indépendance,* Editions Quinze, Montréal, 1977.

LÉVESQUE, René, *Option-Québec,* Editions de l'Homme, Montréal, 1968.

LEVITT, Kari, *La capitulation tranquille,* Rééditon-Québec, Montréal, 1972.

MORIN, Claude, *La politique extérieure du Québec,* allocution devant l'Institut canadien des Affaires internationales, 7 mars 1978.

MURRAY, Véra, *Parti québécois: de la fondation à la prise du pouvoir,* Editions HMH, Montréal, 1976.

NAPPI, Carmine, "La souveraineté, la structure d'exportation et le choix d'une politique commerciale pour le Québec" dans *Economie et Indépendance,* Editions Quinze, Montréal, 1977.

OBRAN, Edmond, *Un modèle de souveraineté-association? — Le Conseil nordique,* Editions Hurtubise HMQ, Montréal, novembre 1977.

PAQUETTE, Gilbert, "La Communauté canadienne: deux majorités souveraines et associées qui supportent les minorités", Conférence dans les départements universitaires francophones des Prairies, 21 au 24 février 1978, et dans *L'Action nationale,* septembre 1978.

PARTI QUÉBÉCOIS, *La finance,* Dossier-programme de formation, 1973.

PARTI QUÉBÉCOIS, *La politique étrangère,* Dossier-programme de formation, Montréal, 1973.

PARTI QUÉBÉCOIS, *Demain nous appartient,* Dossier de formation politique, mai 1978.

PARTI QUÉBÉCOIS, *Programme officiel du Parti québécois,* Edition 1978.

PÉPIN, Marcel, "Pourquoi des travailleurs hésitent devant la thèse péquiste", *Le Devoir,* 19 juillet 1978.

RABEAU, Yves, "La souveraineté du Québec et les politiques de stabilisation" dans *Economie et Indépendance,* Editions Quinze, Montréal, 1977.

RAPPORT GRAY, *Ce que nous coûtent les investissements étrangers,* Editions Leméac/Le Devoir, Montréal, 1971.

RAYNAULT, André, *Institutions économiques canadiennes,* Beauchemin, Montréal, 1974.

RYBA, André, "Le secteur financier et le développement économique du Québec", *L'actualité économique,* juillet-septembre 1974.

SCHUMACHER, E.F., *Small is beautifull,* Editions du Seuil, Paris, 1974.

SÉGUIN, Maurice, *L'idée d'indépendance au Québec, genèse et historique,* Editions du Boréal-Express, Montréal, 1977.

SOCIÉTÉ SAINT-JEAN-BAPTISTE DE MONTRÉAL, *Le fédéralisme, l'Acte de l'Amérique du Nord britannique et les Canadiens français,* Montréal, 1964.

TINDEMANS, Léo, "L'Union européenne", Rapport au Conseil européen, *Bulletin des Communautés européennes,* supplément 1976.

TREMBLAY, Rodrigue, *La politique commerciale et le développement du Canada — un tour d'horizon,* Cahier 7414, Université de Montréal, Montréal, 1974.

VACHON, Georges A., *Les idées politiques des Canadiens français,* Rapport No. 820-195 établi pour la Commission royale d'enquête sur le bilinguisme et le biculturalisme (Commission Laurendeau-Dunton), 1965.

VADEBONCOEUR, Pierre, "Le social et le national: essai de réduction de certains éléments de confusion", *Le Devoir,* 1er avril 1978.

VADEBONCOEUR, Pierre, *Chaque jour, l'indépendance,* Editions Leméac, Montréal, 1978.

VALLIÈRES, Pierre, *L'urgence de choisir,* Editions Parti pris, Montréal, 1971.

WATKINS, Melville H., *Foreigh Ownership and the Structure of Canadian Industry,* Imprimeur de la reine, Ottawa, 1968.

QUATRIÈME PARTIE

Le référendum québécois

Introduction

Les changements importants sont toujours difficiles à comprendre et à accepter, même quand ils sont nécessaires. Au début, la majorité des gens s'y opposent croyant qu'ils sont irréalisables.

Il y a deux cents ans, en Europe, quel aurait été le résultat d'un sondage offrant le choix entre la monarchie absolue et la république, à des gens qui, vivant dans un régime monarchique depuis toujours, n'avaient jamais vécu la démocratie? Le résultat est facile à imaginer. Qui aurait pu imaginer également, en 1940, que moins de 30 ans plus tard, l'Allemagne, la France, l'Italie et l'Angleterre seraient réunies dans une Communauté européenne et participeraient, avec cinq autres pays, à un Parlement européen? Une poignée d'idéalistes peut-être!

Depuis le 15 novembre 1976, il est extrêmement révélateur de voir des gens qui, du même souffle, réclament un référendum le plus rapidement possible sur l'avenir politique du Québec et accusent le gouvernement de cette province de ne pas faire connaître son option constitutionnelle. Comment peut-on à l'avance être contre une proposition que l'on ne connaît pas? Comment peut-on réclamer un référendum le plus rapidement possible sur une telle question? Comment peut-on être sûr que cette option est à combattre et à rejeter? Comment peut-on affirmer qu'un fédéralisme renouvelé (on ne nous dit pas comment) sera toujours supérieur à toute option impliquant la souveraineté du Québec?

Il est trop clair que ce n'est pas suite à une analyse de la valeur respective des deux options que certains y sont farouchement opposés. C'est tout simplement qu'on considère le fédéralisme renouvelé comme moins impensable, moins impossible qu'une souveraineté-association.

Lorsqu'on discute de cette question avec des fédéralistes, la principale objection qui ressort la plupart du temps n'a pas trait à la prétendue supériorité du fédéralisme sur la souveraineté-association. On nous réplique qu'"un tiens vaut mieux que deux tu l'auras"; que la transition présente "trop de risques économiques"; que "jamais le fédéral ne laisserait faire ça", que les *Canadiens* ne voudront jamais s'associer avec un Québec qui leur aurait donné la gifle de la séparation", etc... Autrement dit, ce n'est pas que ce n'est pas bon! C'est "trop risqué", il y a "trop d'incertitude", c'est "innacessible", "impensable" autrement dit "impossible"!

Et pourtant, c'est possible! La meilleure preuve, c'est que cela s'est fait ailleurs: l'Irlande et l'Angleterre, maintenant réunies dans la CEE; la Norvège et la Suède, maintenant réunies dans le Conseil nordique; Singapour et la Malaisie, maintenant réunis dans l'Association des nations d'Asie du Sud-Est; la fédération des Antilles britanniques qui s'est dissoute pour constituer un régime de souveraineté-association (le CARICOM).

C'est possible en autant que l'on réunisse certaines conditions essentielles:

- que l'on reconnaisse le droit du Québec à l'autodétermination;
- que ce droit s'exerce démocratiquement au moyen d'un référendum qui permette d'interpréter clairement la volonté des Québécois. Pour cela, il faut que le débat dépasse le niveau partisan et que les choix offerts soient bien définis et bien compris par la population;
- que l'on respecte cette volonté populaire ainsi exprimée et que la nation *canadienne* accepte la négociation tout en y apportant ses propres propositions;
- que la souveraineté du Québec ne soit proclamée qu'après la conclusion d'une entente d'association.

Voilà les éléments essentiels de la démarche qui semble pouvoir se réaliser, après deux ans de débats à l'Assemblée nationale du Québec et dans les milieux politiques *canadiens*. Cette façon d'aborder les choses offre toutes les garanties d'une restructuration de l'ensemble canadien faite de façon civilisée et dans le respect de la volonté de la majorité de la population. Il s'agit de permettre aux Québécois, pour la première fois, de faire un véritable choix. Pour cela, le débat entre les deux options principales, la souveraineté-association et le fédéralisme renouvelé, ne doit pas se faire surtout sur la possibilité de leur réalisation, mais sur leur mérite.

Après cinq régimes politiques, 111 ans de tiraillements dans le régime actuel et des années de guérilla linguistique et constitutionnelle, il devrait sembler évident qu'une telle démarche est essentielle pour bâtir un régime politique équitable et durable. L'auto-détermination du peuple québécois est l'élément nouveau qui devrait permettre d'y arriver.

Chapitre 1

L'autodétermination des Québécois

Les Québécois ont toujours été conscients de la nécessité d'une réforme profonde du système fédéral actuel. Nous l'avons, croyons-nous, suffisamment démontré. On pourrait citer de nouveau les déclarations des hommes publics, en particulier des premiers ministres du Québec et des ministres québécois à Ottawa. La liste de ces énoncés revendiquant les droits des francophones ou encore l'autonomie provinciale serait trop longue, bien que surprenante par sa continuité et, aussi, monotone dans ses inlassables répétitions. La persistance de ces réclamations fait inévitablement penser à l'enfant ou à l'adolescent qui assaille ses parents de demandes répétées pour obtenir une faveur quelconque, alors que ceux-ci ont d'autres priorités en tête.

Nos préjugés sexistes aidant, cette attitude des Québécois a fini par créer au Canada anglais cette image dans laquelle on compare le Québec à une femme entretenue, qui menace de s'en aller si on ne lui accorde pas plus d'attention, mais qui ne mettra jamais ses menaces à exécution. Toutes les allégories maritales ont fini par y passer jusqu'au mur d'incompréhension de ce "What does Quebec want?" que l'on nous servait jusqu'au 15 novembre et que certaines personnes mal informées nous servent encore.

1. L'initiative ne peut venir que des Québécois

A l'inverse, les Québécois peuvent se demander quelles sont les causes de ce manque d'intérêt et même de cette hostilité des *Canadiens* au sujet du problème constitutionnel que l'on qualifie d'ailleurs chez eux de "Quebec problem".

On peut même s'en scandaliser et dénoncer cet aspect du séparatisme *canadien.* Cependant, au lieu de tenter de culpabiliser les *Canadiens,* il vaut mieux prendre conscience d'un fait brutal, qu'ils ont parfaitement raison sur ce point! Nous avons été irréalistes! Le problème constitutionnel est d'abord un problème québécois. C'est au Québec qu'il revient de changer d'attitude. C'est à nous de dire clairement et fermement ce que nous voulons et à prendre les moyens pour l'obtenir.

Autrement dit, l'initiative appartient par la force des choses aux Québécois. Elle ne peut venir d'ailleurs que de la volonté des Québécois d'exercer leur droit à l'autodétermination.

Il devrait être évident maintenant, après 111 ans de régime fédéral et de querelles constitutionnelles stériles, que les *Canadiens* se sont déjà autodéterminés depuis 1867, en prenant de plus en plus leurs distances à l'égard de leur mère-patrie. La nation canadienne anglaise possède son Etat national souverain et son gouvernement national, Ottawa. Elle dispose donc des outils nécessaires et vitaux pour maîtriser son propre avenir. Elle a d'autres préoccupations en tête, d'autres objectifs et d'autres chats à fouetter que le problème du Québec!

Sans un gouvernement soi-disant "séparatiste" à Québec, très peu de *Canadiens* entendraient parler du Québec de quelque façon. Ce n'est donc pas de là que viendront surtout les solutions. Nous ne pouvons nous attendre qu'à des réactions.

Quant aux minorités franco-canadiennes, anglo-québécoise, amérindiennes et inuits, elles sont évidemment trop faibles pour changer seules le cours des choses, sans s'appuyer sur l'une ou l'autre des deux majorités. Certaines le savent depuis trop longtemps, d'autres viennent d'en prendre conscience.

En somme, les Québécois ne sont ni trop forts ni trop faibles pour prendre l'initiative de restructurer l'ensemble canadien. Nous sommes donc les seuls à pouvoir proposer un changement qui pourra et devra bénéficier également aux minorités et aux Canadiens anglais.

Passons à notre tour à une petite allégorie maritale. Il y avait une fois un couple dont le mari avait des responsabilités qui accaparaient entièrement ses énergies. Sa femme souffrait de plus en plus de ne pouvoir réaliser sa propre vie professionnelle puisqu'elle devait assister son mari dans des corvées qui lui pesaient. Elle ne pouvait orienter sa vie à sa façon. Après des mois de récrimination pour changer le cours des choses, elle décida de se réaliser complètement. La scène fut orageuse pendant quelque temps, mais cela était nécessaire. Puis, les deux époux, n'ayant pas le choix, décidèrent de vivre leur vie professionnelle chacun de leur côté, tout en conservant une vie commune pour le bien des enfants. Et puis, ce n'était pas si désagréable, il y avait parfois de bons moments. Ils se retrouvèrent transformés et eurent beaucoup d'autres enfants.

Il en est de même des deux nations qui, tout en cohabitant déjà par la force des choses, ont toutes deux le droit d'assumer pleinement leur vie nationale sans nécessairement se "séparer" ou "divorcer". Le contexte politique où nous vivons exige malheureusement que, pour se faire, le Québec s'affirme, et même affronte pour un temps l'autre nation pour laquelle un changement ne vient que bouleverser des habitudes où elle se sent à l'aise. Les Québécois ont pour seule arme ce droit à l'autodétermination. Ils ont le devoir de l'exercer sainement et calmement pendant qu'il en est encore temps.

2. Le droit du Québec à l'autodétermination

Le droit des peuples à disposer d'eux-mêmes, on le sait, fut reconnu en 1945 par les articles 1 et 55 de la Charte des Nations unies.

"(Art. 1) Les buts des Nations unies sont (...) [de] développer entre les nations des relations amicales fondées sur le respect du principe de l'égalité de droits des peuples et de leur droit à disposer d'eux-mêmes (...); (Art 55) En vue de créer les conditions de stabilité et de bien-être nécessaires pour assurer entre les nations des relations pacifiques et amicales fondées sur le respect du principe de l'égalité de droits des peuples et de leur droit à disposer d'eux-mêmes, les Nations unies favoriseront (...)"

Le document fondamental en la matière est la "Déclaration sur les relations amicales entre les Etats", adoptée par l'Assemblée générale des Nations unies en 1970. L'article 5 est acceptable, tant par les fédéralistes que par les souverainistes québécois. Il stipule notamment que:

> "(Art. 5) (...) la création d'un Etat souverain et indépendant, la libre association ou l'intégration avec un Etat indépendant ou l'acquisition de tout autre statut politique librement décidé par le peuple constituent pour ce peuple des moyens d'exercer son droit à disposer de lui-même."

La déclaration affirme clairement le principe de l'égalité de droits des peuples et de leur droit à disposer d'eux-mêmes:

> "En vertu du principe de l'égalité de droits des peuples et de leur droit à disposer d'eux-mêmes, principe consacré dans la Charte, tous les peuples ont le droit de déterminer leur statut politique, en toute liberté et sans ingérence extérieure, et de poursuivre leur développement économique, social et culturel, et tout Etat a le devoir de respecter ce droit conformément aux dispositions de la Charte."

Il reste à déterminer si les Québécois constituent un peuple au sens de la Charte des Nations unies et de la déclaration de 1970.

Dans une étude fouillée de la question, appuyée sur les principales autorités en matière de droit international, le juriste Jacques Brossard retient quatre critères à ce sujet, concernant les membres d'une collectivité qui prétendent au statut de peuple au sens du droit international:

- les éléments objectifs: une langue, une histoire, une culture, un mode de vie et de pensée, des institutions sociales et des intérêts communs;
- une conscience commune de leur spécificité en tant que groupe "national" distinct;
- un vouloir-vivre collectif et une volonté de durer en conservant ses caractères et ses valeurs spécifiques;
- une dimension politique, c'est-à-dire, un Etat, un gouvernement ou un mécanisme quelconque lui permettant de prendre certaines décisions qui orientent son avenir.

Dans le premier volume, nous avons démontré amplement que le peuple québécois répond parfaitement à ces critères. Que l'on parle uniquement des Québécois ou de l'ensemble des francophones du Canada, une réalité saute aux yeux: l'une des deux nations est concentrée très fortement sur le territoire de l'Etat québécois. C'est ce qui a fait dire à tous les premiers ministres du Québec et même aux commissions royales d'enquête comme la Commission Laurendeau-Dunton en 1965, que le Québec est "le centre politique par excellence", "le point d'appui", "l'Etat national", "le foyer national", "le territoire national et le milieu politique fondamental" de la nation canadienne-française.

Ajoutons que le Québec possède déjà tous les éléments fondamentaux qui permettent à un Etat d'acquérir la souveraineté: territoire déterminé, population suffisante et stable, gouvernement structuré qui entretient des relations internationales et exerce à l'occasion des responsabilités particulières à l'égard de l'ensemble de la nation canadienne-française. Celle-ci est originaire d'ailleurs du Québec, si on excepte les Acadiens.

Par conséquent, c'est au peuple québécois, en tant que concentration territoriale et politique de la nation canadienne-française, qu'il revient d'exercer le droit de celle-ci à l'autodétermination.

On pourrait également arguer que les Québécois francophones constituent également un peuple au sens de la Charte des Nations unies (en ce sens qu'ils répondent aux critères énoncés plus haut) et possèdent par eux-mêmes le droit à l'autodétermination. De toute façon, à ceux qui chercheraient à savoir pourquoi on ne demande pas à l'ensemble de la nation canadienne-française d'autoriser les Québécois à exercer ce droit, on répondra que le fait que celle-ci soit concentrée à près de 90% au Québec rend cette suggestion tout à fait inapplicable et superflue en pratique.

D'autre part, même si, en pure logique, la minorité anglo-québécoise, en tant que membre du peuple canadien-anglais, ne devrait pas participer à l'exercice de ce droit, il est clair que, tant du point de vue pratique que politique, l'Assemblée nationale se doit d'inviter tous les citoyens québécois à se prononcer sur l'avenir du Québec.

3. L'ambiguïté au niveau fédéral

On pourrait s'étonner qu'au Canada anglais, et en particulier au niveau de la plupart des partis politiques fédéraux, on semble ignorer ce droit du Québec à l'autodétermination.

C'est que les objections ne sont pas de nature juridique, mais relèvent plutôt de la psychologie nationale. Les *Canadiens,* malgré l'évidence des faits, continuent de considérer les Canadiens français comme une minorité semblable aux autres groupes ethniques dont les membres ont immigré au Canada depuis quelques générations. On oublie le droit à l'égalité du peuple québécois un peu comme l'époux de tout à l'heure refusait de reconnaître que sa femme, en tant que son égale, avait elle aussi le droit de déterminer elle-même son avenir.

Sur le plan de la stratégie politique, les partis politiques fédéraux sauf le Crédit social qui est (ou était?) un parti essentiellement québécois, trouvent dangereux sur le plan électoral de heurter de front la psychologie canadienne-anglaise et d'avoir l'air d'encourager ce qu'ils appellent "le séparatisme québécois". Certains politiciens fédéraux pensent également que la meilleure façon d'éliminer cette menace à la quiétude anglophone, que constitue le Parti québécois, est d'affirmer que le droit du Québec à s'autodéterminer, à la limite jusqu'à la souveraineté, n'existe tout simplement pas.

Les attitudes suivantes sont typiques:

- le vice-président de l'aile québécoise du Parti conservateur ayant demandé, en 1971, que tous les partis politiques fassent connaître leur position sur ce droit à l'autodétermination du Québec, la Gazette de Montréal répondait en éditorial:

"Pourquoi tout parti politique, sauf s'il recherche l'indépendance du Québec, devrait-il prendre position sur cette question abstraite de l'autodétermination? Que le Québec ait ou non un droit à l'autodétermination ne change rien aux événements à venir. Ce n'est pas la question cruciale... De toute évidence, un parti qui endosserait ce principe verrait sa capacité d'influencer les événements se réduire considérablement. Il lui deviendrait difficile de s'opposer à toute mesure ou programme tendant à relâcher les liens du Québec avec le Canada."

- Interrogé sur cette question lors d'une assemblée électorale, le secrétaire d'Etat, Gérard Pelletier, admettait le droit à l'autodétermination,

"si vous voulez dire qu'une province, le Québec ou une autre, se prononce démocratiquement pour une certaine politique. Mais ce droit à l'autodétermination ne peut être poussé jusqu'à n'importe quelle limite." (*Le Devoir*, 20 mai 1971).

Pourtant Pierre Elliot-Trudeau écrivait en 1964 dans *Le fédéralisme et la société canadienne-française*: "Le temps devrait venir (...) où l'on ne pourrait plus tout simplement se gausser de la volonté d'autodétermination des Canadiens français." D'ailleurs, le Premier ministre fédéral déclarait récemment devant les caméras de télévision à quelques reprises, que le Canada ne pouvait exister sans la volonté libre de tous les Canadiens de continuer à vivre ensemble, et également, qu'il n'emploierait pas la force si le Québec décidait démocratiquement et légalement de se "séparer". Cela revient à reconnaître le droit du Québec à l'autodétermination.

On tente parfois de masquer ces motifs politiques et psychologiques derrière un argument juridique voulant que le droit à l'autodétermination pour le Québec ne peut aller jusqu'au droit de choisir la souveraineté politique. Ainsi le Québec aurait le droit de choisir... sauf certaines options.

En effet, l'article 5 de la Déclaration de 1970 des Nations unies ajoute ce qui suit:

> "Rien dans les paragraphes précédents ne sera interprété comme autorisant ou encourageant une action quelle qu'elle soit, qui démembrerait ou menacerait, totalement ou partiellement, l'intégrité territoriale ou l'unité politique de tout Etat souverain et indépendant se conduisant conformément aux principes de l'égalité de droits et du droit des peuples de disposer d'eux-mêmes énoncés ci-dessus et doté aussi d'un gouvernement représentant l'ensemble du peuple appartenant au territoire sans distinction de race, de croyance ou de couleur."

Bref, la Déclaration paraît enlever à certains peuples ce qu'elle prétend accorder à tous les peuples couverts par la Charte. On pourrait même conclure de ce qui précède que si un Etat englobant refuse aux peuples qu'il englobe le droit de s'autodéterminer, ceux-ci se trouvent à l'obtenir, mais que s'il leur accorde ce droit, ils le perdent. C'est en fait au prix de pareilles ambiguïtés volontaires que certains Etats ont pu approuver la Déclaration.

Cependant cette déclaration ne nie pas le droit des peuples de choisir leur statut politique et même de quitter, s'ils en expriment la volonté, les cadres d'un Etat qui les englobe; sinon la déclaration serait vide de tout contenu, la plupart des peuples étant englobés maintenant dans les Etats existants (il n'y a presque plus de colonies). On aurait alors une société internationale figée et immuable.

Enfin plusieurs arguments, dont un seul suffit, détruisent cette prétention juridique que le Québec a le droit de s'autodéterminer, mais non de choisir une option souverainiste.

- Le Canada demeurerait un seul et même Etat et ne serait donc pas démembré, tant des points de vue politique que juridique. D'ailleurs, même du point de vue géographique, il demeurerait uni dans ses régions nordiques (par la terre de Baffin et le Labrador terreneuvien), plus étroitement que ne le sont, par exemple, les Etats-Unis et l'Alaska. D'autre part, il suffirait que le Québec garantisse la libre circulation des personnes et des biens entre l'Ontario et les Maritimes pour que l'objection du "démembrement" disparaisse tout à fait.

- Plusieurs conditions vitales ont changé pour le Québec depuis le "contrat de 1867": une province sur dix au lieu d'une province sur quatre; 28% des députés au fédéral au lieu de 36%; 27% de la population au lieu de près de 40%; 1/7 du territoire au lieu de 5/9. Ces raisons sont suffisantes pour contester l'Acte de 1867.

- On a démontré précédemment que l'Etat canadien, à de nombreuses reprises, ne "s'est pas conduit conformément aux principes de l'égalité de droits entre les peuples", par des pratiques discriminatoires et vexatoires, tant dans le domaine scolaire, que dans l'accès aux tribunaux, ou dans le domaine de l'emploi où les francophones ont été systématiquement écartés de certains postes. D'ailleurs, dans l'ouvrage cité plus haut, P. Trudeau déclarait:

  "A mesure que les Canadiens de langue anglaise devenaient les plus nombreux, ils se mirent à voiler leur intolérance sous le couvert de la règle majoritaire: grâce à cette règle, ils purent supprimer "démocratiquement" le bilinguisme à l'Assemblée législative du Manitoba, violer les droits acquis dans les écoles séparées de diverses provinces, imposer férocement la conscription en 1917, et manquer en 1942 à la parole donnée."

- On a également démontré que l'Etat canadien a constamment violé dans les faits le droit du peuple québécois à disposer de lui-même dans le cadre de la Fédération canadienne, en réduisant constamment les pouvoirs politiques de l'Etat du Québec inscrits dans la Constitution, en imposant la conscription par la force en 1917, puis une deuxième fois à l'encontre d'un référendum massivement négatif au Québec en 1942, et enfin en suspendant les libertés individuelles au Québec en 1970.

- Le consentement éventuel de l'Etat fédéral, qui est de toute façon nécessaire sur le plan de la Constitution, suffirait également à éliminer l'objection. La question n'est pas ici de savoir si ce consentement sera facile à obtenir. Il s'agit plutôt de s'employer avec vigueur à régler le problème de façon civilisée.

En conclusion, les Québécois ont le droit de s'autodéterminer pleinement et même de choisir la souveraineté politique, avec ou sans association, s'ils en expriment la volonté, clairement et démocratiquement.

4. Une belle unanimité au Québec

Alors que dans certains milieux fédéraux on s'obstine encore à vouloir limiter arbitrairement les choix qui s'offrent au Québec, le désarmant à l'avance pour l'empêcher de faire les pressions nécessaires à l'établissement d'un régime politique plus juste, il est réconfortant de voir à quel point les Québécois (et quelques-uns à l'extérieur du Québec), fédéralistes comme indépendantistes, ont découvert ces dernières années l'importance de ce droit inaliénable à l'autodétermination et le reconnaissent explicitement. Relisons quelques déclarations à ce sujet, regroupées dans un excellent ouvrage de Richard Arès:

"Nous sommes une nation. Le Québec est nôtre. Si la Constitution et les autres institutions canadiennes doivent être révisées, ce ne peut être qu'en fonction du droit du Québec à l'autodétermination entière et absolue."

— *René Lévesque (1962)*

"Les Canadiens français désirent la plus grande part possible d'auto-détermination."

— *Paul Gérin-Lajoie (1965)*

"La première chose à faire pour instaurer un climat de confiance et d'amitié entre tous les Canadiens, c'est de reconnaître résolument à chacune [*des deux nations*] un droit naturel, une vocation légitime à l'autodétermination. Il faut que chacune d'elles ait d'abord toute la liberté et tous les moyens d'action nécessaires à se gouverner elle-même en tout ce qui touche à sa vie propre et à ses aspirations particulières. Alors, il leur deviendra possible d'établir ensemble des structures communes et d'y adhérer avec d'autant plus d'élan et de conviction que ces structures viendront non pas contrecarrer, mais faciliter à chacune la réalisation de son destin (...).

"Il y a, pour les nations comme pour les individus, des libertés fondamentales qui ne se quémandent pas et qui ne peuvent faire l'objet d'aucun compromis, d'aucun maquignonnage. Le droit à l'autodétermination, pour la nation canadienne-française, est de cet ordre. C'est un patrimoine collectif que je ne consentirai jamais à remettre en jeu dans aucune négociation... Ce que nous voulons en fait, c'est le droit de décider nous-mêmes ou d'avoir part égale aux décisions dans tous les domaines qui concernent notre vie nationale."

— *Daniel Johnson (1965)*

"On parle beaucoup de l'autodétermination... Si la majorité du Québec décidait librement et démocratiquement de se séparer, il serait insensé, voire criminel, d'essayer de les en retenir par la force. Je m'opposerais de toutes mes forces à une tentative de décider de notre avenir commun par les armes ou par des pressions économiques. Je ne voudrais jamais voir de Biafra au Canada. Au contraire. Si les Québécois décidaient de se séparer, la tâche de tous les Canadiens civilisés serait de trouver des moyens de vivre ensemble dans la paix et dans la coopération."

— David Lewis (1971)

Les onze gouvernements, n'ayant pu parvenir à un accord à Ottawa, décident de se réunir de nouveau en juin 1971 à Victoria. Les discussions qui ont lieu à ce sujet à l'Assemblée nationale du Québec et à la Commission permanente de la Constitution fournissent aux partis politiques l'occasion d'exprimer leur point de vue sur la question de l'autodétermination. Tous le font explicitement, sauf le Parti libéral, dont le chef, Robert Bourassa, refuse de se laisser engager sur ce terrain, sous prétexte qu'il a été élu pour faire fonctionner un régime fédéral et qu'en conséquence rien dans son mandat ne le justifiait "de demander ce droit à l'autodétermination". Cependant, la phrase suivante montre que ce refus n'était que stratégique.

"Je ne vois pas en quoi on pourrait concevoir un refus à un vote majoritaire des Québécois pour la séparation et en même temps concevoir une forme quelconque de stabilité politique au Canada."

— Robert Bourassa (1971)

"Je déplore le refus de reconnaître l'émergence, au Québec, d'une société distincte pouvant légitimement revendiquer le droit à l'autodétermination, c'est-à-dire au libre choix de son avenir politique, et à plus forte raison le droit de se gouverner elle-même dans les matières qui mettent en cause son originalité culturelle et sociale (...).

"L'avenir d'un peuple et son droit naturel à l'autodétermination, à la maîtrise de son propre destin, sont des biens inaliénables.

"Il y en a qui, à l'heure actuelle, dès l'instant où on pose le principe de l'autodétermination et qu'on l'accepte, y voient immédiatement du séparatisme. Ce n'est pas ça. Le principe de l'autodétermination, c'est qu'un peuple puisse choisir entre, à l'heure actuelle, ce qui existe, ce qui peut être meilleur que ce qui existe mais dans un fédéralisme, ou la séparation comme telle."

— Jean-Jacques Bertrand (1971)

"Nous proposons un fédéralisme nouveau, basé sur l'autodétermination pour toutes les provinces canadiennes au sein d'un Etat fédératif, et pas seulement pour le Québec, car en ce dernier cas ce serait du séparatisme. Nous faisons nôtre la thèse des deux nations et, en même temps, nous soutenons qu'il appartient à ces deux nations de décider comment elles entendent cohabiter, dans la plus grande harmonie possible, au Canada et dans les Etats souverains, ainsi que dans les provinces éventuelles."

— Camil Samson (1971)

"Ce droit, la nation québécoise comme toutes les nations du monde, le possède de façon inaliénable. Même pour un gouvernement qui préconise le statu quo constitutionnel pour le Québec ce droit à l'autodétermination reste le fondement, la base même de sa légitimité. En outre, la reconnaissance du droit du Québec à l'autodétermination constituerait une garantie supplémentaire de son libre exercice éventuel."

— *Camille Laurin (1971)*

Enfin, à l'extérieur du Parlement, plusieurs théoriciens fédéralistes reconnaissent également le droit des Québécois à l'autodétermination.

"Il suffirait de déterminer par un texte clair les conditions précises et les modalités techniques selon lesquelles ce principe peut s'exprimer par des voies démocratiques, soumises à nulles contraintes aussi bien "intérieures" qu'"extérieures", pour le dégagement sans équivoque d'une volonté majoritaire dans un sens ou dans l'autre."

— *Gérard Bergeron (1971)*

"La reconnaissance du principe de l'autodétermination dans des unités fédérées de l'Etat fédéral canadien n'impliquerait pas l'approbation par avance d'un processus de sécession. Il ne contribuerait pas plus à l'accélérer qu'à l'arrêter. Son résultat essentiel dans l'ambiance trouble d'aujourd'hui serait de rasséréner l'atmosphère, en mettant toutes les autorités publiques du Canada devant leurs responsabilités essentielles du moment, dans l'éventualité d'une situation pré-constituante désormais pensable, sinon fatale."

— *Laurier Lapierre (1971)*

"La proclamation solennelle du principe d'autodétermination ne signifierait pas, pour le Québec, la séparation automatique d'avec le reste du pays. Sans doute, cette possibilité ne saurait être écartée. Il se pourrait également que, tout bien considéré et devant les nouvelles dispositions d'esprit qui ne manqueraient pas de s'exprimer dans le reste du pays, le Québec décidât de lui-même de demeurer, sous certaines conditions, dans une Confédération renouvelée. La proclamation du principe d'autodétermination obligera cependant à s'attaquer enfin de façon sérieuse et méthodique à la réforme radicale des conditions qui maintiennent les Québécois dans une situation d'infériorité jugée par eux irritante et intolérable (...).

"La déclaration du droit à l'autodétermination permettrait maintenant de répondre à toutes ces objections: oui, il y aura une possibilité pour le Québec de se séparer sans que le gouvernement fédéral y fasse obstacle du moins sur le plan militaire ou par des pressions comme la restriction des droits individuels, des libertés individuelles ou civiques."

— *Léon Dion (1971)*

Finalement, le nouveau chef du Parti libéral du Québec devait se prononcer dans le même sens au congrès de ce parti en novembre 1977.

> "Le Québec, en raison de ses caractéristiques culturelles propres, forme une entité nationale distincte au sein de l'ensemble canadien, cela me parait évident, et je le reconnais au point de n'éprouver aucune hésitation à accepter aussi le droit de cette communauté nationale à déterminer librement la forme de son destin politique."
>
> *— Claude Ryan (1977)*

A l'Assemblée nationale, à l'occasion d'une résolution présentée par l'Union nationale en mai 1978, tous les partis politiques devaient réaffirmer leur appui à l'autodétermination en adoptant la résolution suivante:

> "Que les membres de cette Assemblée réitèrent sans équivoque et avec fermeté leur adhésion au principe selon lequel seuls les Québécois sont habilités à décider de leur avenir constitutionnel, selon les dispositions et les règles que cette Assemblée jugera bon d'adopter."

Le Parti libéral du Québec, tout en soulignant que la résolution "défonçait une porte ouverte", devait tenter d'en réduire la portée en l'amendant pour finalement voter contre.

Voilà quand même une belle unanimité qui devrait faire réfléchir les *Canadiens* et le gouvernement fédéral, ainsi que ceux qui songeraient, ici au Québec, à nier le droit du Québec à l'autodétermination.

Il est quand même surpenant que l'on ait mis sept ans avant de voir l'Assemblée nationale du Québec adopter cette motion de l'Union nationale. Un projet de loi, présenté en juin 1978 par le chef du Parti national populaire, Fabien Roy, va encore plus loin en affirmant solennellement ce droit du Québec à l'autodétermination et devrait être adopté à l'automne 1978. Les articles quatre à sept stipulent notamment que:

> "le peuple québécois est, en fait comme en droit, titulaire des droits universellement reconnus en vertu du principe de l'égalité de droits des peuples* et de leur droit à disposer d'eux-mêmes;
>
> seul le peuple québécois a le droit de choisir son régime politique et son statut juridique;
>
> seule l'Assemblée nationale a droit de statuer sur la nature, l'étendue et les modalités techniques de l'exercice du droit du peuple québécois à disposer de lui-même;
>
> en cas d'atteinte au droit du peuple québécois à disposer de lui-même, à la compétence de l'Assemblée nationale ou au libre fonctionnement des institutions politiques québécoises, le gouvernement du Québec, sur l'avis de l'Assemblée nationale, peut faire appel directement aux

---

* Dans ce projet de loi, le mot "peuple" est pris comme un synonyme du terme "société". Les Québécois dont on parle sont l'ensemble des citoyens du Québec.

organismes internationaux pour rétablir le peuple québécois dans ses droits."

Le gouvernement Bourassa, majoritaire de 1970 à 1976 à l'Assemblée nationale, alignant ses politiques sur le parti frère à Ottawa, s'était réfugié volontairement dans l'ambiguïté, ce qui devait empêcher l'Assemblée d'affirmer ce droit fondamental des Québécois. On comprendra qu'au fond ce retard de sept ans s'explique par la peur d'un simple rejet appréhendé par une majorité électorale *canadienne* (anglaise). Celle-ci, contrôlant un parti politique à Ottawa, contrôlait indirectement le Parti libéral du Québec. Encore une fois, l'esprit du parti avait prévalu sur l'intérêt supérieur de la nation, et c'est ainsi que le fédéralisme rentable et libéral devait empêcher jusqu'à aujourd'hui la reconnaissance d'un des droits les plus fondamentaux des Québécois. Ce droit, une majorité de Québécois l'avaient pourtant réclamé parce que, seul, il permet d'espérer autre chose qu'un statut de dépendance.

Depuis le 15 novembre 1976, le droit de résoudre, d'une façon ou d'une autre, la crise politique canadienne nous est désormais reconnu de longue lutte! Nous allons bientôt l'exercer avec vigueur et sérénité.

Chapitre 2

La nécessaire épreuve de force

Les réticences de certains politiciens fédéralistes face à l'exercice par le Québec de son droit inaliénable à l'autodétermination, qu'ils reconnaissent par ailleurs, révèlent une certaine naïveté ou une certaine faiblesse. On craint que cet exercice ne crée des tensions insupportables qui empêchent par la suite tout dialogue constructif. C'est certainement une préoccupation que tous doivent avoir, mais pas au point de placer le Québec dans une position de faiblesse où il ne pourra obtenir grand'chose de plus que par le passé.

Toute l'histoire des négociations constitutionnelles devrait pourtant suffire à démontrer la nécessité de modifier le rapport des forces en présence. Un nouveau rapport de force, bâti sur la volonté populaire exprimée démocratiquement lors d'un référendum, est le seul moyen pacifique de faire avancer le débat et d'amener une remise en question profonde du régime politique canadien.

Cette situation de fait devrait sauter aux yeux, non seulement de tout souverainiste, mais également de tout fédéraliste sincère qui souhaite un renouvellement véritable du régime politique canadien. Même un fédéralisme renouvelé exigera une pression continue de la part des Québécois. Certains en sont conscients et comptent, semble-t-il, sur le Parti québécois pour l'établir. Alors à quoi riment ces restrictions que l'on pose au droit du Québec à l'autodétermination? A quoi riment ces cris scandalisés quand Québec refuse de négocier avant le référendum, avant que le rapport de forces ne soit établi? Craint-on que la situation ne devienne trop favorable au Québec? Si oui, il y a là, une tragique erreur d'évaluation des forces en présence!

1. Deux poids inégaux sur une balançoire

A plusieurs reprises dans les pages qui précèdent, nous avons mis en évidence les aspirations divergentes des deux nations quant au régime politique canadien.

Les *Canadiens* voient leur gouvernement national à Ottawa. Il faut donc que ce gouvernement soit suffisamment fort pour assurer la cohésion nationale et faire face aux défis qui se posent à un Etat moderne. Dans un fédéralisme fonctionnel, dans presque tous les domaines, ce gouvernement devrait être en mesure de définir les grandes politiques en concertation avec les provinces. Celles-ci pourraient en assurer l'administration et se réserver certaines questions d'ordre purement local.

Les Québécois au contraire voient leur gouvernement national à Québec. Il faut donc que ce gouvernement soit suffisamment fort lui aussi pour assurer la cohésion nationale et faire face aux défis qui se posent à un Etat moderne. Il faut donc, au minimum, décentraliser vers les provinces la plupart des pouvoirs détenus par le fédéral et introduire au niveau fédéral des éléments dualistes qui assurent l'égalité des deux nations.

Ces aspirations divergentes méritent toutes deux d'être satisfaites et nous pensons avoir démontré qu'elles pouvaient l'être dans un régime d'association entre Etats souverains. D'autres sont convaincus qu'elles peuvent l'être dans un régime fédéral très décentralisé ou à éléments dualistes.

Le problème est que ni l'une ni l'autre de ces propositions ne peuvent être acceptées sans changer le rapport de forces entre les deux nations, ce qui n'est pas facile! Certains fédéralistes en sont très conscients. C'est le cas, entre autres, du politicologue Gérard Bergeron qui, dans un récent volume, écrit:

> "Mon langage idéaliste ne me fait pas oublier qu'il faudrait une pression énorme et continue, jusqu'à la séparation imminente, pour que le pouvoir outaouais consente à des "révisions" fondamentales et non à de simples nouveaux "accommodements."

C'est une donnée fondamentale en politique que cette notion de rapport de forces. Trop de gens s'imaginent qu'il suffit d'avoir une bonne idée, voire la meilleure idée sur une question, pour que les gouvernements puissent l'appliquer en un tour de main et régler tous les problèmes.

Par exemple, cette idée que les soins de santé devaient être gratuits et disponibles également à tous, indépendamment de la capacité de payer, est certainement devenue une évidence aujourd'hui. On oublie trop facilement que cela aura pris 40 ans entre le moment où le parti du CCF (ancêtre du NPD actuel) a entrepris de la véhiculer et celui où les gouvernements l'ont enfin appliquée.

Il faut se demander pourquoi? La réponse tient essentiellement au fait que, dans une démocratie, tout gouvernement doit tenir compte de l'état de l'opinion publique. Un gouvernement conservateur attendra qu'une majorité assez nette se soit dégagée avant de faire une réforme. Un gouvernement progressiste prendra le risque de précéder l'opinion publique et essaiera de convaincre une majorité de citoyens de la valeur de ses réformes. Mais même un gouvernement progressiste devra s'appuyer sur une assez forte minorité de citoyens s'il veut avoir une chance de dégager une majorité et pouvoir continuer à faire d'autres réformes.

Or la plupart du temps, toute réforme met en cause des intérêts divergents. Il ne suffit donc pas que cette réforme soit juste ou concilie de façon équitable ces intérêts divergents. Il faut qu'elle apparaisse comme telle à une majorité ou à une forte minorité de la population pour qu'un gouvernement puisse agir. Et pour cela, il faut un élément nouveau, déterminant pour qu'une opinion valable, d'abord marginale, devienne suffisamment forte pour s'imposer.

Il est intéressant d'examiner l'évolution de l'opinion publique québécoise sur la question du libre choix de la langue d'enseignement.

En 1969, suite au conflit linguistique à Saint-Léonard, le gouvernement Bertrand, croyant respecter l'opinion publique majoritaire, décide de faire adopter la Loi 63. Cette loi affirme que tous les citoyens québécois ont le droit de faire éduquer leurs enfants en français ou en anglais, au choix des parents. Suite au dépôt de cette loi, qui sera adoptée après un débat orageux où certains députés rompront la ligne de parti, l'opinion publique est en ébullition. D'un côté, on considère que l'apprentissage des deux langues souhaitée par la majorité de la population exige le libre choix de la langue d'enseignement. De l'autre, on soutient que ce bilinguisme individuel n'implique pas que, collectivement, on doive laisser 90% des immigrants et beaucoup de francophones s'assimiler à l'école anglaise.

Ce débat fut un point tournant. Après la défaite du gouvernement Bertrand, un sondage venait confirmer que la majorité de la population était opposée à l'inscription des immigrants à l'école

Figure 1
Evolution de l'opinion publique de la Loi 63 à la Loi 101

1968: Le libre choix de la langue d'enseignement n'est contesté que par une minorité de partisans du Québec français. Rien ne s'y oppose sur le plan législatif.

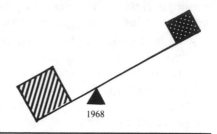

1969: Le gouvernement Bertrand dépose la Loi 63 qui consacre le libre choix. Ce geste a un effet contraire en suscitant un vaste débat. Il déplace le pivot vers le centre en permettant aux partisans du Québec français d'influencer l'opinion publique.

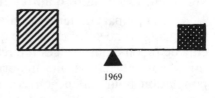

1970: Les partisans du Québec français sont maintenant en majorité mais rien n'est encore acquis sur le plan législatif. Le pivot est toujours au centre.

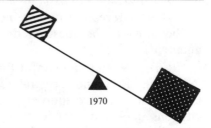

1978: La Loi 101 (et auparavant la Loi 22) vient consolider l'opinion majoritaire, en allant plus loin sur d'autres aspects de la francisation. Cet état de fait est maintenant presque irréversible.

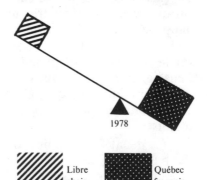

Libre choix   Québec français

anglaise. Le gouvernement Bourassa devra donc respecter cette opinion nouvelle en limitant le libre choix par la Loi 22 de 1974. Mais celle-ci n'ira pas assez loin et contribuera à la défaite de Bourassa en 1976. Moins de 10 ans après la Loi 63, l'Assemblée nationale adoptera la Loi 101 qui fera du Québec un Etat français et limitera l'accès à l'école anglaise aux enfants anglophones du Québec. Aucun des partis représentés à l'Assemblée nationale et même plusieurs représentants de la communauté anglophone ne pourront plus défendre le libre choix tant l'opinion publique y est majoritairement opposée.

C'est généralement ainsi que se font les grands changements politiques. Une situation nouvelle doit être créée qui permet de rompre l'équilibre des forces en présence.

Ainsi, en 1969, personne ne pouvait prévoir que le geste du gouvernement Bertrand allait conduire, dix ans plus tard, à un résultat tout à fait contraire à la Loi 63. Le débat vital autour de cette loi aurait pu tourner à l'avantage des partisans du libre choix; autrement dit, le pivot étant maintenant entre les deux poids, la balançoire aurait dû retomber du côté du plus puissant. En fait, le dépôt de la Loi 63 a tout simplement créé une situation nouvelle permettant une remise en question qui a, cette fois, tourné à l'avantage des partisans du changement. Ceux-ci étant devenus majoritaires et leur poids étant devenu plus grand, il était normal que la balançoire retombe de leur côté à partir de 1970 et qu'ils en arrivent à stabiliser la nouvelle situation en déplaçant le pivot de leur côté.

Actuellement, sur le plan constitutionnel, le poids démographique, politique et économique des *Canadiens* est beaucoup plus fort que celui des Québécois. De plus, le régime fédéral s'est peu à peu modifié par la "minorisation" des francophones et la centralisation des pouvoirs à Ottawa, ce qui a déplacé le pivot de plus en plus du côté du Canada anglais*.

On peut résumer les grandes étapes de cette évolution comme suit:

* Voir Volume 1, troisième partie, chapitre 1.

Figure 2

Evolution du rapport de forces entre Québécois et Canadiens anglais jusqu'au 15 novembre 76

1830: Les francophones sont majoritaires au Bas-Canada mais le gouvernement britannique maintient un équilibre artificiel qui favorise la minorité anglophone.

1830

1840: Les deux nations sont presque égales au parlement d'Union, mais le régime est conçu en fonction des *Canadiens*.

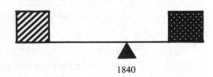

1840

1867: Les Québécois et les Canadiens français sont mis en minorité dans le régime fédéral actuel et celui-ci commence à évoluer.

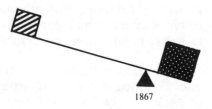

1867

1976: Les Québécois et les Canadiens français sont encore minoritaires et les *Canadiens* tendent à instaurer un régime fédéral fonctionnel qui diminuera l'influence du Québec.

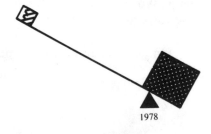

1978

 Québécois   Can. angl.

2. Pour rétablir l'équilibre

Ce rapport de forces entre les deux nations explique bien des phénomènes.

Il a surtout un effet considérable sur l'opinion publique québécoise elle-même en la rapprochant artificiellement de l'opinion *canadienne.* C'est parce qu'ils jugent ce rapport de forces trop défavorable que beaucoup de fédéralistes mettent de l'eau dans leur vin et font des tas de concessions à l'opinion publique *canadienne* avant même de commencer à négocier. Ces fédéralistes se disent que des propositions apparaissant plus raisonnables au Canada anglais auront une chance d'être acceptées, alors que toute proposition allant trop loin dans le sens de l'égalité des deux nations est d'avance vouée à l'échec. C'est pour cette raison qu'une association d'Etats souverains leur apparaît "trop risquée", "prématurée", "irréaliste", "impensable" et donc "impossible".

Gérard Bergeron résume bien cette façon de voir les choses, lorsqu'il écrit:

> "Toutefois, c'est peut-être une bonne affaire pour le Québec que d'arracher un statut d'indépendance. Mais est-ce nécessaire étant donné les énormes coûts sociaux de la conquête d'un tel statut, que, surtout ne voudront peut-être pas assumer une majorité significative des Québécois?"

Tout est là! Si on admet qu'un statut d'indépendance pour le Québec est une "bonne affaire"; si on pense qu'en plus, une "association des souverainetés" ne nuira aucunement au développement des *Canadiens,* au contraire; si on pense enfin que la situation se présente bien pour réduire au minimum les coûts sociaux du débat sur l'avenir constitutionnel du Québec, doit-on se contenter d'un arrangement boîteux qui va déplacer le pivot un peu vers le centre, ce qui fera ressurgir le problème dans 10 ans ou 20 ans? Toutes les énergies investies jusqu'à maintenant dans le débat constitutionnel ne méritent-elles pas mieux que cela?

On semble tenir pour évident qu'un fédéralisme renouvelé sera plus facile à obtenir qu'un régime de souveraineté-association et qu'il y aura par conséquent un coût social moindre. Rien n'est moins évident! Quand une maison tombe en ruines, il peut être moins coûteux de la rebâtir à neuf sur de nouvelles bases, que de la rénover sur des fondations fragiles.

Dans la situation actuelle, il y a deux issues possibles qui ne sont pas plus intéressantes l'une que l'autre. Dans le premier cas c'est le quasi-statu quo, disons sur la base des propositions Trudeau, et rien n'est réglé. Dans le deuxième cas, c'est une forme de fédéralisme renouvelé et la majorité des gens s'imaginent au Canada anglais que la question est réglée. Encore une fois, les *Canadiens* auront eu droit à une vision tronquée des aspirations des Québécois, une demi-proposition inspirée par la peur d'un refus de ce que l'on voulait vraiment. On se dira qu'une minorité d'extrémistes avaient conquis le pouvoir à Québec sous de fausses représentations, mais qu'ils ne représentaient l'opinion que d'une minorité de Québécois. Et par la suite, les véritables changements seront encore plus difficiles qu'avant!

Non! Il est absolument nécessaire que les Québécois disent ce qu'ils pensent vraiment, qu'ils expriment franchement leurs aspirations, sans se laisser obnubiler par l'opinion des *Canadiens*. On pourra toujours tenir compte de celle-ci après le référendum. On pourra alors beaucoup mieux, de façon saine et constructive, tenter de concilier les besoins et aspirations des deux nations clairement affirmés.

Que l'on cesse de se leurrer et de penser que ce sera plus facile en faisant le compromis nous-mêmes avant le référendum. Le Canada anglais est en position de force. Il va "tenir son bout" de sorte que le compromis final sera en deçà des besoins des Québécois, tant que celui-ci ne maintiendra pas une vigoureuse pression.

3. Négociation ou épreuve de force?

Toute l'histoire des négociations constitutionnelles entre Québec et Ottawa dans les années soixante démontre qu'il n'y a pas grand-chose à espérer de ce côté.

- Aucun des "gains" québécois réalisés au cours de cette période ne comportait de garanties de permanence. Le gouvernement fédéral ne s'est résigné à laisser le Québec effectuer ces "gains" que dans la mesure où ceux-ci demeureraient à ses yeux provisoires et parce qu'il ne pouvait s'y opposer à l'époque; pour cette raison, aucun n'a constitué un véritable précédent.

- Dans pratiquement tous les cas où les circonstances firent qu'un arrangement ne touchait que le Québec, le gouvernement fédéral a ultérieurement tenté, d'une façon ou de l'autre, de reconquérir le terrain momentanément perdu. Parfois, le manque de fermeté ou de constance du gouvernement québécois a facilité ces tentatives de reconquête.

- Les tentatives de reconquête commencèrent à se manifester concrètement surtout en 1969 et s'intensifièrent après le changement de gouvernement au Québec, en 1970.

- Les "gains" québécois n'ont pour la plupart été réalisés qu'à la suite de conflits majeurs et déclarés avec Ottawa et n'ont presque jamais résulté seulement de négociations intergouvernementales régulières.

- Ces conflits, qu'on ne peut assimiler à de simples tensions normales, furent beaucoup plus d'ordre politique que d'ordre administratif ou financier et mirent en cause le rôle même du gouvernement québécois et souvent aussi la place du Québec dans la Fédération.

- Certains "gains" apparents du Québec ont en fait apporté à Ottawa des avantages supérieurs et à plus long terme.

- Les "gains" financiers et fiscaux québécois n'ont été que la correction partielle d'un déséquilibre antérieur auquel il aurait de toute façon fallu s'attaquer tôt ou tard.

- La plupart des "gains" québécois ont été réalisés dans des domaines provinciaux déjà occupés par Ottawa ou sur le point de l'être.

- Les "gains" québécois ne sont pas si substantiels qu'ils aient appréciablement accru la force politique du Québec par rapport au gouvernement central ou aux autres provinces.

- Le contentieux Québec-Ottawa est aujourd'hui plus considérable qu'il y a dix ans et aucun problème fondamental n'a définitivement été résolu au cours de cette période.

- La tendance globale révélée par les secteurs étudiés dans la troisième partie du volume 1 peut être résumée par ce commentaire de Claude Morin:

"On a parfois pu avoir l'impression que, depuis 1960, le gouvernement du Québec avait réussi, par négociation avec Ottawa, à étendre le champ de ses compétences. En réalité, la plupart des "gains" québécois considérés comme significatifs à l'époque ont été réalisés non pas dans des domaines jusque-là fédéraux, mais dans des secteurs provinciaux qu'avec le temps et à l'aide de son pouvoir de dépenser Ottawa avait fini par occuper ou qu'il s'apprêtait à contrôler. Dans cette perspective, il s'est donc moins agi d'une "avance" québécoise en terrain fédéral que de la suspension temporaire et partielle, de 1964 à 1968 environ, d'un mouvement de centralisation vers Ottawa des leviers gouvernementaux de commande."

Cette évaluation des débats constitutionnels des années soixante par celui qui fut le principal négociateur du Québec peut difficilement être contestée, comme le soulignent notamment James et Robert Laxer, dans l'un des plus lucides ouvrages écrits au Canada anglais:

"On peut difficilement contredire l'hypothèse de M. Morin à savoir que les Canadiens anglais et les Québécois ont une conception fondamentalement différente du rôle des gouvernements fédéral et provincial. La différence s'inscrit dans l'histoire de la [Con] fédération et dans la place qu'occupent les Canadiens français dans l'Etat fédéral canadien. La différence essentielle et irréductible est la suivante: les Québécois tiennent le Québec pour "la patrie nationale" d'un peuple unique. Cette conception du gouvernement du Québec remonte bien avant la crise actuelle des relations du Québec avec Ottawa et tous les régimes provinciaux québécois, quelle qu'ait été leur étiquette politique, l'ont épousée."

Or, il faut voir comment cette attitude du Québec est perçue par la plupart des *Canadiens*. L'opinion suivante de l'historien Donald Creighton est assez caractéristique.

"Depuis que le Parti libéral fédéral a pris le pouvoir en 1963, le Canada anglais a consacré beaucoup de bonne volonté, d'esprit démocratique, de temps et d'argent à se concilier le Québec. Ces efforts ont été rejetés carrément et de façon méprisante par ceux-là mêmes qui devaient en être les bénéficiaires. Nous sommes arrivés à un moment historique. Nul n'est besoin d'attendre en effet les résultats du référendum promis par René Lévesque: par la législation sur la langue présentée à l'Assemblée législative, le Québec a déclaré juridiquement, autant que moralement, son indépendance.

"Depuis 33 ans, c'est-à-dire depuis que Maurice Duplessis a repris le pouvoir en 1944, le Québec a pratiqué une politique de chantage. Et il a joué ce jeu périlleux avec un succès manifeste, parce que ses pouvoirs d'intimidation et de coercition sont considérables: le Canada français, en effet, représenté tant par le contingent canadien-français au Parlement fédéral que par le Québec, a tiré avantage de la faiblesse du gouvernement fédéral (souvent minoritaire ou faiblement majoritaire) et de sa situation privilégiée, pour promouvoir exclusivement l'intérêt canadien-français. Il a cherché d'abord à étendre l'usage du français et à améliorer la situation des francophones dans l'ensemble du Canada, ensuite à renforcer et à exalter l'autonomie du Québec.

"Le Canada anglais a réagi comme réagissent toujours les victimes inconscientes d'une politique d'intimidation: il a répondu au chantage par des apaisements. C'est-à-dire qu'il a accepté de subordonner le concept d'une nation canadienne à celui d'un Canada français formant une communauté distincte. Ainsi, le projet de drapeau canadien de 1946 n'a pu être ressuscité que 20 ans plus tard, à condition d'en éliminer l'Union Jack; les programmes conjoints du fédéral et des provinces d'après-guerre ont dû être abandonnés graduellement à cause du refus québécois d'accepter l'initiative fédérale en matière de plans et de standards nationaux.

"Ayant réussi à empêcher le Canada de réaliser son indépendance constitutionnelle, le Québec nie maintenant le caractère fondamentalement politique de la [Con] fédération. Les révolutionnaires "tranquilles" nous ont affirmé que le Canada n'était pas d'abord une union politique entre provinces, mais un pacte culturel entre deux groupes ethniques. De toute évidence, ces "révolutionnaires tranquilles" ne pouvaient arriver à leurs fins qu'en rendant le Canada officiellement bilingue et biculturel, ou en faisant l'indépendance du Québec. Les Canadiens anglais n'ont évidemment pas eu le choix. Eux qui avaient investi un siècle de réflexion et d'efforts dans la construction d'une nation ne pouvaient en éviter le démembrement que par des concessions culturelles majeures.

"Le triomphe du Parti québécois n'est qu'une manifestation plus virulente encore de la politique de chantage du Canada français. Certains ont pu croire que quelques accommodements suffiraient à sauver la Confédération, d'autres, qu'il faut une nouvelle Constitution. Mais les politiques d'apaisement se sont avérées un échec et doivent le céder désormais à l'instinct de conservation et à la légitime défense. Les Canadiens anglais doivent décider rapidement et seuls des conditions auxquelles ils accepteront l'indépendance du Québec."

Comment penser, après tant d'années, qu'un changement politique profond soit possible en reprenant le chemin des négociations constitutionnelles, sans que la dynamique canadienne n'ait changé. Quelle naïveté chez ceux qui blâment le Parti québécois d'avoir provoqué une tension insoutenable, alors qu'au contraire une saine tension est absolument nécessaire pour vaincre l'inertie *canadienne*.

L'histoire du gouvernement Trudeau à Ottawa est extrêmement révélatrice à cet égard. Il y a dix ans, le gouvernement Trudeau proposait un fédéralisme fonctionnel très en deçà des aspirations du Québec, en échange d'un bilinguisme "from coast to coast". Nous avons mis en évidence les réactions extrêmement violentes du Canada anglais contre les programmes de bilinguisme du gouvernement fédéral.

Pourtant y aura-t-il jamais à Ottawa un groupe de francophones plus solidement implanté et aussi décidé que le gouvernement Trudeau. Comment un gouvernement provincial pourra-t-il réussir là où un gouvernement fédéral a échoué, si rien ne change dans la dynamique actuelle? D'autant plus que ce qu'il aurait à proposer, au minimum un fédéralisme décentralisé à éléments dualistes, est encore plus inacceptable que le timide bilinguisme du gouvernement Trudeau.

4. L'impact du 15 novembre

Beaucoup de fédéralistes québécois doivent maintenant reconnaître que, sans la pression créée par l'élection d'un gouvernement souverainiste, toute réforme du fédéralisme ne serait pensable que dans la soumission presque totale. Depuis le 15 novembre 1976, une dynamique nouvelle s'est développée au Québec et, dans une large mesure, au Canada anglais.

a) Le droit à l'autodétermination du Québec est reconnu

L'avenir politique du Québec est une chose qui doit se décider entre citoyens québécois, suivant les règles du jeu établies à l'Assemblée nationale. Tous les partis politiques québécois s'entendent là-dessus et rejettent tout référendum organisé par le gouvernement fédéral et, à plus forte raison, tout référendum pan-canadien sur la question. Le Premier ministre Trudeau et certains milieux anglophones reconnaissent implicitement ce droit à l'autodétermination lorsqu'ils déclarent que le Québec ne saurait être maintenu par la force dans la Fédération si une majorité de Québécois optent démocratiquement pour la souveraineté.

b) Le statu quo est devenu irrecevable

Tout le monde au Québec, ou presque, se déclare contre le statu quo constitutionnel. Même le Premier ministre Trudeau doit présenter ses propositions en les qualifiant de fédéralisme renouvelé. Au Canada anglais, les conférences se multiplient et on parle de refaire la Constitution canadienne. La plupart des porte-parole anglophones proposent un fédéralisme fonctionnel, mais un certain nombre tentent de répondre aux aspirations du Québec.

c) Un Québec indépendant est considéré viable

Alors qu'auparavant l'indépendance du Québec était considérée comme une tragédie, une castastrophe, on reconnaît mainte-

Figure 3
L'impact du 15 novembre sur l'opinion publique canadienne

1973: Le climat est au statu quo. Un grand nombre de Québécois se sont rangés du côté des *Canadiens* et recherchent un fédéralisme rentable.

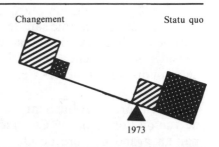

1976: L'élection au Québec d'un gouvernement souverainiste provoque un grand débat et une remise en question. Le pivot s'est déplacé au centre.

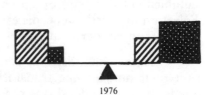

1978: Deux ans plus tard, on constate que la presque totalité des Québécois ont opté pour le fédéralisme renouvelé ou la souveraineté-association. Parmi les *Canadiens*, plusieurs veulent renouveler le fédéralisme, mais bien sûr en fonction de leurs propres besoins.

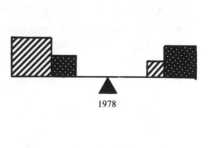

nant qu'un Québec indépendant serait viable tout en soutenant qu'il le serait moins, bien sûr, qu'au sein de la Fédération canadienne. Cela ne signifie pas que le nombre d'indépendantistes ait augmenté considérablement, mais plutôt que l'idée est devenue plus familière, moins étrange, plus "possible".

Voilà une évolution marquante sur trois éléments importants qui aurait été impossible sans le résultat du 15 novembre. De plus en plus de Québécois et de Canadiens, une fois le premier choc passé, considèrent cet événement de façon positive, comme une occasion de résoudre les problèmes très réels qui confrontent la société canadienne.

Bien sûr, cet événement est observé différemment selon le point de vue où l'on se place. Considéré comme un facteur de libération par un grand nombre de Québécois et certains *Canadiens,* il est encore regardé comme un élément de destruction par beaucoup d'entre eux. L'important, pour le moment, est qu'il provoque indiscutablement des remises en question profondes. Autrement dit, l'élection du Parti québécois est un événement marquant qui ouvre la porte au changement. Il reste à savoir lequel.

Certains fédéralistes se comportent comme si cela était suffisant pour amener une transformation déterminante. Ils oublient que la forme de fédéralisme renouvelé que l'on souhaite au Canada anglais ne répond pas aux préoccupations les plus vitales du Québec:

- plus des 2/3 des *Canadiens* ne sont pas prêts à étendre les programmes de bilinguisme, même au prix de la sécession du Québec (La Presse, février 1977);
- 55% contre 38% rejettent tout arrangement particulier pour garder le Québec dans la Fédération (La Presse, février 1977);
- la plupart des hommes politiques du Canada anglais déclarent contraire à "l'unité canadienne" toute réforme basée sur une dualité politique et où toutes les provinces ne seraient pas traitées sur le même pied.

Par contre, d'autres sont conscients du chemin qu'il reste à parcourir. Claude Ryan, alors rédacteur en chef du Devoir, commente une prise de position de Claude Forget dans les termes suivants:

"Il est futile, écrit Claude Forget, d'attendre et encore plus d'espérer,
"un développement ou un déblocage quelconque sur le plan des options
"constitutionnelles soit de la part du gouvernement fédéral, soit de la

"part d'un parti politique fédéral avant l'échéance du référendum." On voudrait que M. Forget eût tort. Malheureusement, les événements des dernières années, et encore davantage ceux des derniers mois, lui donnent raison. Il y a en effet plus de dix ans que le Québec ne cesse de proposer une révision du régime actuel. Rien ne s'est pourtant produit. Même la victoire électorale du PQ n'a semblé inciter aucun parti à entreprendre à ce stade-ci la moindre démarche inédite. M. Forget explique cet immobilisme par le jeu combiné de trois facteurs: rien ne prouve encore aux yeux des partis fédéraux que des gestes radicaux soient devenus impérieux pour stopper le séparatisme; rien ne garantit qu'une ouverture très grande, faite à ce moment-ci, aurait l'effet désiré, et enfin, *toute concession faite prématurément risquerait, toujours dans la perspective des partis fédéraux, de hausser dangereusement les enchères."*

Autrement dit, il faut un autre choc, un autre événement marquant pour faire bouger l'opinion publique canadienne. Cet événement, c'est une volonté québécoise clairement exprimée lors d'un référendum suite à un débat démocratique. La pression doit se poursuivre et s'accentuer.

Pour la première fois, les Québécois pourront enfin répondre à cette question que l'on nous lance avec une pointe d'exaspération et d'inquiétude: "What does Quebec want?". L'élection du 15 novembre n'a pas rempli cette fonction parce que l'on s'est empressé de véhiculer l'idée qu'elle ne reflétait qu'une insatisfaction de la population face au gouvernement Bourassa.

Or cela n'est vrai qu'en partie. La majorité des Québécois n'ont pas endossé l'option souverainiste du Parti québécois à cette élection, mais ils la connaissaient très bien et ils ont quand même fait confiance au parti qui lui sert de véhicule. Cette élection signifie donc deux choses: la population a voulu se donner un "bon gouvernement"; mais elle a aussi voulu se donner la chance de décider de la question constitutionnelle, de s'autodéterminer et d'accentuer ainsi sa pression.

Il y a eu une certaine incohérence ou une erreur d'évaluation de la part des fédéralistes qui ont tenté de minimiser l'impact du 15 novembre. Par cette attitude, on a réduit l'ampleur de la remise en question qui s'est tout de même effectuée depuis, mais qui aurait pu être plus considérable.

Cette remise en question tient au fait que l'on sait très bien que, pour la première fois, il ne s'agit pas d'un chantage du Québec pour obtenir des concessions du Canada anglais. Le gouvernement québécois est décidé à réaliser la souveraineté du Québec, et plus d'un tiers de la population l'appuie dans sa démarche.

Cela n'est toutefois pas suffisant, on le constate. Pour créer un nouveau rapport de forces, il faudra qu'une majorité des Québécois s'expriment vigoureusement et clairement à l'occasion du référendum.

Chapitre 3

Pour un débat démocratique et concluant

Il y a un certain nombre de conditions à assurer pour que le référendum joue un rôle utile et provoque des changements qui sont depuis longtemps nécessaires.

Il faut d'abord que le débat se fasse de façon démocratique, que les opinions contraires s'affrontent franchement, mais que chaque camp conserve une attitude de respect des opinions opposées. Cela suppose en particulier que l'objectif du référendum soit clair, que l'on s'engage de part et d'autre à en respecter le résultat et que les règles du jeu soient équitables pour tout le monde.

Il faut ensuite que le mandat donné au gouvernement du Québec soit non ambigu, autrement dit que le résultat, quel qu'il soit, puisse être interprété sans équivoque de façon à susciter un réalignement des positions politiques.

Il faut enfin, que le mandat soit suffisant, c'est-à-dire que la population du Québec affirme, au minimum, qu'elle ne se considère plus comme une minorité mais comme une société distincte qui désire l'égalité politique avec le Canada anglais. Tout autre position serait interprétée à bon droit comme un aveu d'impuissance. Ce serait la fin du combat québécois.

1. L'objectif du référendum

L'objectif du référendum est clairement défini dans le programme du Parti québécois.

"1. S'assurer, par voie de référendum et au moment qu'il le jugera opportun, à l'intérieur d'un premier mandat, de l'appui des Québécois sur la souveraineté du Québec.

2. Mettre en branle le processus d'accession à la souveraineté en proposant à l'Assemblée nationale, une loi autorisant:

a) à exiger d'Ottawa le rapatriement au Québec de tous les pouvoirs, à l'exception de ceux que les deux gouvernements voudront, pour des fins d'association économique, confier à des organismes communs;

b) à entreprendre, en vue d'atteindre cet objectif, des discussions techniques avec Ottawa sur le transfert ordonné des compétences;

c) à élaborer, avec le Canada, des ententes portant notamment sur la répartition des avoirs et des dettes ainsi que sur la propriété des biens publics, conformément aux règles habituelles du droit international.

3. Assumer méthodiquement l'exercice de tous les pouvoirs d'un Etat souverain, dans le cas où il lui faudrait procéder unilatéralement.

4. Promouvoir le plus possible l'autonomie du Québec, au cours de la période restant à passer sous le régime politique actuel.

5. Soumettre à la population une constitution nationale élaborée par les citoyens au niveau des comtés et adoptée par les délégués du peuple réunis en assemblée constituante.

6. Obtenir la reconnaissance des autres Etats et demander l'admission du Québec aux Nations unies."

L'ordre de ces propositions est important. Il permet d'affirmer que:

- les négociations avec Ottawa se dérouleront sur la base de la souveraineté du Québec et porteront sur:
  - la nature de l'association Québec-Canada;
  - la façon d'opérer la transformation d'un régime fédéral à un régime de souveraineté-association;

- cette négociation ne se déroulera qu'*après* un appui de la population exprimé au moyen d'un référendum et un appui de l'Assemblée nationale au moyen d'une loi;

- cette négociation se déroulera *avant* la reconnaissance des autres Etats et la demande d'admission aux Nations unies ou *avant* toute déclaration unilatérale d'indépendance qui pourrait être rendue nécessaire dans le cas d'un refus du Canada anglais de respecter la décision des Québecois.

Autrement dit, le gouvernement du Québec demandera aux Québécois un *mandat de négociation avec le Canada anglais sur la base de la souveraineté-association.* Ce n'est qu'après ces négociations que la souveraineté du Québec sera proclamée, avec l'accord du gouvernement fédéral si ces négociations réussissent ou sans son accord dans le cas contraire.*

Certains vont préférer voir dans une telle démarche un stratagème politique qui apparaîtrait nécessaire au gouvernement québécois parce qu'il craindrait autrement un échec au référendum. Au contraire, une telle démarche est tout à fait nécessaire, si on veut suivre les canaux constitutionnels normaux. Le juriste Gérald Beaudoin a déjà signalé avec justesse:

> "Sur le plan juridique, un référendum favorable à l'indépendance n'opère pas sécession pas plus que le référendum à Terre-Neuve n'a opéré "per se" l'adhésion de Terre-Neuve au Canada. Si le référendum est favorable à l'indépendance et si le gouvernement Lévesque veut y donner suite, il faut un amendement si l'on entend suivre les canaux constitutionnels normaux.

> "Seul, dans l'état actuel de notre droit constitutionnel, le parlement de Londres peut adopter pareil amendement sur adresse des deux Chambres fédérales."

C'est seulement après l'échec de cette voie constitutionnelle normale, c'est-à-dire un refus du gouvernement fédéral de respecter la volonté populaire du Québec, que celui-ci serait moralement autorisé à procéder unilatéralement. Et M. Beaudoin d'ajouter:

> "Cependant, comme nous l'avons vu plus haut, une déclaration unilatérale d'indépendance peut être validée après coup par le comportement de l'Etat central et des pays étrangers souverains.

> "Un référendum favorable au projet du gouvernement Lévesque lui donne un mandat moral (mais non légal) pour agir. Un référendum défavorable invite le gouvernement à s'abstenir."

D'autre part, indépendamment de ces considérations juridiques, il est évident qu'une telle démarche respecte mieux nos partenaires canadiens qu'une déclaration d'indépendance qui précéderait les négociations au sujet de l'Association. Dans cette dernière hypothèse, on se placerait dans une démarche association (fédérale) — indépendance — réassociation. Une telle démarche présente plus d'inconvénients techniques et psychologiques. Elle ne devrait donc être tenue en réserve qu'en cas de refus de négocier du Canada anglais.

Nous le disons sans équivoque, d'autant plus que le programme du Parti québécois nous semble privilégier cette approche, la *réassociation doit être la première étape* qui suivra le référendum. L'objectif du référendum devient alors très clair: demander aux

---

* Nous évaluerons au chapitre suivant les chances de réussite de cette négociation.

Québécois sur quelles bases doit se fonder l'association nouvelle entre le Québec et le Canada, c'est-à-dire sur la souveraineté politique des deux Etats, et donner au gouvernement québécois un mandat clair et explicite pour entreprendre les négociations sur cette base avec le Canada anglais. Le gouvernement du Québec n'aurait pas le mandat de négocier sur une autre base que celle-là.

2. La "question de la question"

Le problème du contenu, de la forme et des mécanismes d'adoption de la question qui sera posée à la population a fait couler beaucoup d'encre, ce qui témoigne en tout cas que les Québécois sont alertes et éveillés.

La Loi 92 sur la consultation populaire, adoptée par l'Assemblée nationale en juin 78, précise les mécanismes généraux qui entoureront l'adoption de la question référendaire.

Comme dans tous les pays où le référendum existe, le choix de la question relèvera de l'initiative gouvernementale. Il sera cependant soumis pour adoption à l'Assemblée nationale, soit sous la forme d'une motion amendable au cours d'un débat limité à 35 heures, soit sous la forme d'un projet de loi soumis à l'étude article par article à l'Assemblée nationale pour l'adoption suivant les règles parlementaires habituelles.

Dans le premier cas, ce débat de 35 heures constitue déjà une amélioration sur ce qui existe dans la plupart des pays où la question n'est même pas soumise au Parlement. Il ne faut pas oublier que 35 heures de débat à l'Assemblée nationale s'étendent en réalité sur un minimum de deux semaines. En 1975, en Grande Bretagne, la loi régissant le référendum sur l'entrée dans le Marché commun a été étudiée uniquement en comité plénier de la Chambre, et seulement durant deux jours.

Dans le même cas d'un projet de loi, lequel n'est d'ailleurs pas prévu dans le projet de loi fédéral sur le référendum, la possibilité de discussion et d'amendement est encore plus grande puisqu'après un débat en deuxième lecture qui prend au moins une semaine, il y a étude article par article par une commission parlementaire durant au moins un mois, puis étude finale en troisième lecture par l'Assemblée durant au moins une autre semaine.

Une telle procédure offre des garanties plus fortes que partout ailleurs, y compris au niveau du Parlement fédéral,* d'un contrôle par l'Assemblée nationale et l'opinion publique, de façon à ce que la question offre des chances égales aux différentes options.

D'ailleurs, le gouvernement du Québec a tout intérêt à poser une telle question s'il veut que les résultats du référendum soit crédibles auprès de ses adversaires. C'est au prix d'efforts incroyables que le Parti québécois a réussi, après dix ans, à se placer en position d'interroger les Québécois sur leur avenir. Comment peut-on penser en certains milieux qu'il serait assez stupide pour gâcher notre seule chance de décider, pour la première fois, du régime politique dans lequel nous voulons vivre?

Certains auraient souhaité que le libellé de la question soit soumis à un vote des 2/3 de l'Assemblée nationale. Cette proposition n'a pas été retenue parce qu'elle aurait permis à une minorité de députés des partis d'opposition d'empêcher indéfiniment la tenue d'un référendum.

D'autres enfin auraient souhaité que l'on stipule que la question soit formulée de telle façon qu'on puisse y répondre par oui ou par non. Le but est évidemment que la question soit la plus claire possible. Encore une fois, le gouvernement du Québec s'est déclaré en accord avec cet objectif. D'ailleurs le Parti québécois, devançant la plupart des fédéralistes, avait prévu à son programme dès 1969, bien avant qu'il fut question d'un référendum sur la souveraineté-association, de:

> "faire adopter une loi organique sur les référendums, garantissant que les options offertes seront claires et distinctes, de formulation non ambiguë et permettant l'expression de choix véritables."

Toutefois, le fait que la question puisse se répondre par oui ou par non n'est pas la seule façon d'en assurer la clarté. Gérald Beaudoin donne à ce sujet l'exemple du référendum sur l'entrée de Terre-Neuve dans la Confédération:

> "A Terre-Neuve, dans le premier référendum du 3 juin 1947, l'électorat avait à choisir entre: a) le statu quo colonial; b) le principe du gouvernement responsable; c) l'adhésion à la Confédération du Canada. Lors du premier référendum, 44,55% favorisèrent la deuxième option et 41,13% la troisième. Le 22 juillet 1947, un second référendum fut tenu. Il n'y avait plus que deux questions: le rattachement à la Confédération canadienne ou le gouvernement res-

---

* Le projet fédéral prévoit un débat de 40 heures sur la motion énonçant la question mais les députés sont deux fois plus nombreux et disposeront chacun de moins de temps pour s'exprimer.

ponsable. Le premier choix fut accepté par 52,44%, soit par 7 000 voix de majorité (45% de l'électorat total). Le second choix rallia 47,66%.

"Le libellé des questions ou de la question ne doit pas comporter d'ambiguïté. Les vocables employés doivent être expliqués. Ils ne sont pas tous interchangeables. Si le public a le choix entre plusieurs options constitutionnelles, chacune doit être clairement exprimée. C'est avant le référendum que le gouvernement et les partis oppositionnistes doivent le plus concrètement possible s'appliquer à écarter toute ambiguïté."

Dans la Loi 92, le gouvernement du Québec veut laisser ouverte la possibilité de questions qui, tout en étant non ambiguës, permettent des choix multiples. La Loi 92 doit en effet pouvoir s'appliquer à toutes sortes de référendum.

Quant à celui sur l'avenir constitutionnel du Québec, s'il s'agit d'un projet de loi, la question sera: "êtes-vous d'accord oui ou non avec ce projet de loi", lequel décrira l'option gouvernementale sur laquelle on veut consulter la population. S'il s'agit d'une motion, une question à choix multiple est possible comme à Terre-Neuve, mais elle obligerait le gouvernement à tenir un second référendum si aucune des trois ou quatre options ne dégageait une majorité. Le Premier ministre du Québec a indiqué toutefois sa préférence pour une seule question, à réponse, oui ou non.

La question sera donc claire, adoptée après un débat démocratique à l'Assemblée nationale; mais quel en sera le contenu? Il est étonnant que l'on se torture à ce point à ce sujet tant il semble évident que la question doive porter sur l'option gouvernementale. Claude Ryan l'a reconnu il y a quelques mois en affirmant que le Parti québécois devait consulter la population sur ce qui constitue son option depuis le début, c'est-à-dire sur la souveraineté-association.

Gérard Bergeron propose une formulation qu'il considère conforme au programme du Parti.

"Accordez-vous le mandat au gouvernement du Québec d'entamer avec le gouvernement d'Ottawa des négociations en vue d'un statut de souveraineté assorti en même temps d'une association économique avec le reste du Canada?"

Une seule réponse: A) oui: ....
               B) non: ....

Comme le fait remarquer le professeur Bergeron, les mots clés sont évidemment: "entamer... des négociations".

"Il ne s'agit pas d'une habileté ou d'une astuce. C'est ce qui ressort clairement du programme péquiste révisé et du contrat électoral passé avec les citoyens du Québec le soir du 15 novembre 1976."

Une autre possibilité est offerte par la loi sur la consultation populaire. L'option souveraineté-association serait décrite par un projet de loi qui aurait pour but de confier au gouvernement québécois un mandat pour entamer des négociations avec le gouvernement d'Ottawa sur cette base. La population aurait à affirmer son approbation ou sa désapprobation d'un tel projet de loi.

Dans les deux cas, la question serait tout à fait précise et conforme à l'objectif du référendum dont nous avons parlé plus tôt.

En certains milieux, on va même jusqu'à prétendre que le gouvernement retarderait le référendum après les prochaines élections ou tenterait de poser une question moins compromettante sous prétexte que la souveraineté-association ne recueillerait que 33% d'appuis. Aucun gouvernement n'accepterait un tel défi suicidaire, prétend-on!

On peut leur répondre que tous les partis politiques ne sont pas à la remorque de l'opinion publique, à la manière de Robert Bourassa, pour ne pas pouvoir poser un geste sans être sûr à l'avance d'une majorité lorsque cela est nécessaire. On oublie trop facilement que l'engagement du Parti québécois sur cette question est diamétralement à l'opposé de tout opportunisme politique.

Durant les années soixante, il était connu de tous que la population québécoise supportait massivement son gouvernement. Et pourtant, cela n'a pas été suffisant aux yeux du gouvernement fédéral et du Canada anglais. D'une part, cet appui n'était pas explicite et solennel comme lors d'un référendum. D'autre part, les gouvernements québécois ne remettaient pas fondamentalement en cause le régime fédéral canadien.

Il importe, cette fois, que le vrai débat ait lieu. Tout au long de la campagne référendaire, il faut une confrontation des avantages respectifs de la souveraineté-association et du régime fédéral pour que le nombre de partisans de la souveraineté-association augmente et que le Canada anglais prenne conscience de la nécessité des changements. En somme, il faut que le référendum soit un événement marquant qui modifie le rapport de forces.

3. Les règles du jeu

L'objectif du référendum étant clairement défini, la question claire et votée démocratiquement par l'Assemblée nationale, les règles du jeu de la campagne référendaire doivent être parfaitement équitables pour les deux camps. Il importe que le débat se déroule dans une atmosphère saine qui permette la meilleure décision.

La Loi 92 adoptée par l'Assemblée Nationale en juin 78 nous apparaît respecter ces conditions.

- Le projet de loi vise à doter le Québec d'une *loi organique sur la consultation populaire,* c'est-à-dire que cette loi régira tous les référendums qui seront initiés par le gouvernement sur différents sujets.

- En vertu d'une telle loi, le gouvernement, avec le concours de l'Assemblée nationale, pourra initier des *référendums à caractère consultatif, qui sont les seuls compatibles avec l'actuelle Constitution canadienne.*

- Le gouvernement peut tenir un référendum, soit en *référant une question* à la population, soit en lui *référant un projet de loi* adopté par l'Assemblée nationale mais qui n'a pas encore reçu la sanction du lieutenant-gouverneur.

- La question, devant être soumise à un référendum, sera au préalable présentée à l'Assemblée nationale sous forme d'une motion du Premier ministre. Susceptible d'amendements, la motion sera étudiée et adoptée au cours d'un *débat privilégié d'une durée minimale de 35 heures.*

- *Le projet de loi,* devant être soumis à la consultation, *subit auparavant toutes les étapes ordinaires de l'étude d'un projet de loi* par les membres de l'Assemblée nationale.

- Le texte de la question inscrit sur le bulletin de vote doit être rédigé *en français et en anglais,* sauf dans les territoires où la langue de la majorité est amérindienne ou inuit. Sur ces territoires, la question est rédigée *en français, en anglais et dans la langue de la majorité autochtone.*

- Le gouvernement croit que les campagnes référendaires devront être conduites le plus possible selon *les procédures prévues pour la tenue des élections.*

- *Le directeur général des élections* devient le responsable de l'organisation du scrutin référendaire, tandis que *le directeur général du financement des partis politiques* assume la responsabilité du contrôle des dépenses et des revenus.

- Suite à l'adoption de la question ou du projet de loi par l'Assemblée nationale, mais après un délai minimal de 20 jours suivant cette adoption, *le gouvernement émettra un bref* indiquant la date du référendum et le texte de la question qui doit être soumise à la population.

- Sur réception du bref, le directeur général des élections déterminera *le nombre d'organisations* pouvant participer à la campagne référendaire *en fonction du nombre d'options* offertes à la population. Par exemple, si une seule alternative doit être présentée à la population, il y aura deux organisations référendaires, soit un comité du "oui" et un comité du "non".

- Dans les sept jours suivant l'émission du bref référendaire, *les membres de l'Assemblée pourront s'inscrire dans un comité provisoire* qui regroupera les tenants d'une même option, et qui aura pour fonction de déterminer les règlements *du comité national* qui dirigera cette organisation pendant la campagne référendaire et d'en nommer le président.

- Si aucun député ne s'inscrit à l'intérieur d'un comité provisoire, c'est le directeur général des élections qui devra voir à la formation de ce comité.

- Pour assurer la surveillance du scrutin, le président, choisi par le comité provisoire qui regroupe le plus grand nombre de députés, nommera *les scrutateurs* de chaque bureau de scrutin. Quant aux greffiers, leur nomination appartiendra au président choisi par le comité provisoire qui vient au second rang par le nombre de députés.

- Au chapitre du financement, *l'Etat accordera une subvention de départ répartie en parts égales entre chacune des organisations référendaires.* Le montant de ce financement sera fixé par l'Assemblée nationale au moment de l'étude de la question. Un dépliant accordant un espace égal a chaque organisation et comportant un texte explicatif de leur position sur la question référendaire sera publié et distribué à tous les électeurs par le directeur général du financement.

- Seuls *les agents officiels* des comités nationaux pourront faire ou autoriser des dépenses reliées à la campagne référendaire, selon des mécanismes de contrôle semblables à ceux qui prévalent en temps d'élection.

- *Les dépenses de chaque organisation seront limitées à un maximum de $0.50 par électeur.* Les organisations pourront tirer leurs revenus de trois sources: la contribution financière de l'Etat, les contributions des électeurs et les prêts ou transferts d'argent en provenance des partis politiques.

- *Les dispositions de la Loi électorale s'appliqueront* au déroulement du scrutin et au décompte des suffrages. Par exemple, le décompte des suffrages s'effectuera au niveau du bureau de scrutin et de la circonscription électorale.

- Le projet de loi prévoit la mise sur pied d'un *Conseil du référendum formé de trois juges de la Cour provinciale.* Ce conseil a une juridiction exclusive pour accueillir une demande de contestation judiciaire et entreprendre toute procédure judiciaire relative à une consultation populaire et à l'application de la loi de la consultation populaire."

En somme, la Loi 92 obéit aux principes suivants:

- le respect des engagements de l'actuel gouvernement face aux électeurs. En novembre 1976, le programme du Parti québécois l'engageait:
  a) à faire adopter une loi organique (loi-cadre) sur les référendums
  b) à consulter le peuple québécois, par voie de référendum, sur la souveraineté du Québec;
- le respect des institutions électorales du Québec, c'est-à-dire la loi électorale et la loi sur le financement des partis politiques; les campagnes référendaires devraient être conduites pour l'essentiel selon les procédures prévues pour les élections; en conformité avec la loi sur le financement des partis politiques, seuls les électeurs pourront effectuer des contributions à des organisations référendaires, et les revenus, dépenses et déboursés liés aux campagnes référendaires seront contrôlés;
- le respect de nos actuelles institutions parlementaires: le modèle référendaire proposé dans le projet de loi s'inspire fortement du modèle référendaire déjà utilisé, en 1975, en Grande-Bretagne.

Ces principes font l'unanimité des partis à l'Assemblée nationale. Le Parti québécois, l'Union nationale et le Parti national populaire ont voté en faveur du projet de loi. Le Parti libéral du Québec a préféré voter contre pour deux raisons principales. Le PLQ aurait préféré une loi spécifique plutôt qu'une loi organique et il s'est opposé au contrôle des dépenses par des comités nationaux.

Sur le premier point, signalons qu'une loi spécifique portant uniquement sur l'avenir constitutionnel du Québec aurait dû réunir les dispositions de la Loi 92, plus le projet de loi, ou la motion concernant la question référendaire, qui sera présenté plus tard, de toute façon, en vertu de la Loi 92. Le résultat final n'aurait pas été différent. Cette objection est vraiment mineure. D'ailleurs Claude Ryan, dans un commentaire sur le projet de loi 92, peu avant son élection à la direction du Parti libéral du Québec, notait plusieurs "améliorations" par rapport au Livre blanc et ne mentionnait même pas cette question.

Le gouvernement a donc maintenu le caractère "organique" de son projet de loi pour les raisons suivantes:

- il s'agit d'un *engagement formel* de son programme politique;
- il importe de donner à la population un *instrument permanent* de participation à la gouverne de l'Etat;
- ce caractère permanent:
  - permettra à l'électeur québécois de mieux "apprivoiser" les techniques référendaires, d'en mieux comprendre les règles du jeu qui ne varieront pas à chaque référendum;
  - liera le gouvernement du Québec à l'occasion de la tenue de chaque référendum; un gouvernement ne pourra pas "piper les dés" lors d'un référendum spécifique;
  - permettra aux fonctionnaires indépendants du gouvernement, tel le directeur général des élections ou du financement des partis politiques, d'acquérir une expérience dans l'organisation et la surveillance des campagnes référendaires;
- enfin, personne n'accepterait qu'un gouvernement change les règles du jeu chaque fois qu'il y a une élection générale au Québec; pourquoi serait-il plus acceptable qu'un gouvernement puisse changer les règles du jeu chaque fois qu'il entend soumettre une question à la consultation de la population? Une loi-cadre garantit la permanence des règles du jeu.

D'autre part, sur la question du contrôle des dépenses, le Parti libéral aurait voulu permettre à toute personne ou organisme de pouvoir faire des dépenses sans un contrôle par les agents officiels des comités nationaux, arguant que la liberté d'association et d'expression allait être brimée. Pourtant, lors d'une campagne électorale, aucune dépense ne peut être effectuée si elle n'est contrôlée par l'agent officiel d'un parti politique. Le PLQ prétendait que dans le cas d'un référendum cela brimerait la liberté des personnes ou des organismes qui, sans vouloir s'associer à un comité national, voudraient intervenir dans le débat. Evidemment, la perspective de se voir flanqué à droite par le Ralliement créditiste de Camil Samson et à gauche par la Ligue marxiste-léniniste n'apparaît pas très réjouissante au PLQ, mais le même problème existe dans le camp souverainiste.

Comme le prévoit la Loi 2 sur le financement des partis politiques, le contrôle des dépenses doit au contraire être assuré pour respecter un autre droit plus fondamental: celui de l'électeur d'être informé équitablement des options en présence sans subir un "lavage de cerveau" du camp qui a le plus d'argent. Ce serait en effet une drôle de démocratie, celle qui permettrait aux plus fortunés de maintenir leur pouvoir en inondant les citoyens de propagande.

La Commission des droits et libertés de la personne, tout en manifestant vigoureusement son appui au principe du contrôle des dépenses, a soumis quelques suggestions pour assouplir le fonctionnement des comités nationaux, lesquelles ont été retenues par le gouvernement:

- des groupes pourront s'affilier à l'un ou l'autre des comités nationaux dont ils partagent l'objectif, tout en menant une campagne indépendante; ils nommeront un agent officiel qui assurera le contrôle de leurs dépenses;
- des dépenses pourront être engagées sans contrôle, à l'extérieur de comités nationaux ou de leurs groupes affiliés jusqu'à concurrence de $300., par des personnes ou des groupes indépendants qui pourront ainsi intervenir dans le débat au moyen de petites assemblées ou de conférences de presse, mais sans publicité massive;
- les organismes pourront continuer à expédier leurs publications normales à leurs membres et y commenter la campagne référendaire;
- enfin, il n'est jamais venu à l'idée de personne, sauf à ceux qui font de la démagogie, de contrôler le contenu des interventions; seule la quantité est plafonnée et équilibrée entre les différentes options qui recoivent des fonds de l'Etat au sein des comités nationaux et de leurs affiliés.

A ce sujet, il est utile de constater que la Loi 92 offre des garanties supérieures au projet de loi fédéral qui se voulait pourtant "une leçon de démocratie". Celui-ci permet à une option d'avoir plus de chance que l'autre. Il s'assure à l'avance que, dans tout référendum qui porterait sur l'indépendance du Québec, les fédéralistes auraient l'avantage de la publicité à la radio et à la télévision puisqu'ils auraient droit à 80% (50% aux partis fédéraux — 30% aux partis fédéralistes provinciaux) non seulement des émissions gratuites mais également de tout le temps d'antenne payé, alors que les indépendantistes n'auraient droit qu'à 20% du temps d'antenne.

En somme, le projet de loi 92 assure des règles du jeux équitables, qui garantissent la liberté d'expression des intervenants, en même temps que le droit à l'information et le respect de l'intelligence du citoyen. On peut d'ailleurs constater que ces règles du jeu sont maintenant bien acceptées par la plupart des intervenants potentiels et par la population.

4. Pour la qualité du débat

Un objectif précis, une question directe et non ambiguë, des règles du jeu équitables seront-ils suffisants pour assurer un débat sain, démocratique et concluant?

En tout cas, personne ne pourra accuser le gouvernement du Québec de ne pas avoir fait tout ce qu'il est humainement possible de faire. On ne pourra pas non plus l'accuser d'avoir "pipé les dés" ou d'avoir mis toutes les chances de son côté. Par exemple, il aurait pu accepter certaines propositions pour abaisser l'âge du vote de 18 à 16 ans, ou encore pour limiter le vote aux citoyens résidant au Québec depuis trois ou cinq ans (au lieu d'un an), ou pour rédiger le bulletin de vote uniquement en français.

Ces dispositions, qui auraient pu avantager le gouvernement, auraient cependant risqué d'empoisonner l'atmosphère et de nuire à ce débat de qualité que tous souhaitent. Nous avons mis en évidence, plus haut, la nécessité d'une épreuve de force pour changer la situation actuelle; le poids de l'opinion *canadienne* est devenu lourd à ce point qu'il y a une énorme force d'inertie à vaincre.

Cela ne nous fait pas oublier que le débat référendaire sera potentiellement explosif et qu'il pourrait dégénérer si les adversaires d'un moment ne conservent pas un certain respect l'un envers l'autre. Nous n'oublions pas non plus qu'après le référendum il faudra continuer à vivre ensemble dans une société qui aura besoin de cohésion pour assumer son destin quel qu'il soit.

Certaines conditions nous semblent essentielles pour la qualité du débat démocratique.

a) Le respect réciproque des intervenants

Une campagne référendaire n'est pas une élection. Ce ne sont pas des candidats qui sont en jeu, ce sont des options importantes et vitales.

On peut donc espérer éviter les "combats de coqs", les "engueulades" et les attaques mesquines qui empoisonnent souvent les campagnes électorales ou orientent les enjeux et les énergies sur de faux débats.

La grandeur du sujet l'exige! Ceux qui ne se sentent pas capables de porter le débat au niveau des idées et des sentiments les plus respectables auraient avantage à s'abstenir, mais nous osons penser qu'ils se marginaliseront d'eux-mêmes aux yeux de la population.

b) Le dépassement de l'esprit de parti

Dans ce débat, il faudra également dépasser l'esprit de parti. Bien sûr, le résultat du référendum aura une influence sur la campagne électorale qui suivra dans un an ou deux et sur l'avenir politique des différents partis. Il faudra avoir la force de privilégier l'avenir du peuple québécois. C'est l'esprit de parti qui, nous l'avons souligné, a privé les Québécois depuis 1840 d'une cohésion nationale qui aurait été essentielle à un petit peuple, minoritaire en Amérique du Nord. Le débat devrait donc permettre de faire ressortir non seulement les différences mais les ressemblances, autrement dit le projet national commun.

A titre d'exemple, accuser l'un ou l'autre camp de sombres desseins quant aux libertés individuelles et aux droits des minorités n'est pas autre chose qu'une tactique partisane qui ne peut que jeter de l'huile sur le feu. Il faudra plutôt, puisque tout le monde s'entend pour respecter ces droits fondamentaux, expliquer comment chaque option compte en assurer la réalisation.

A quoi servirait également de mettre en évidence le lien de tel ou tel groupe avec les milieux financiers puisque les dépenses seront réglementées. Il faudra plutôt dire comment chaque option pourrait avantager ou non tel groupe ou telle classe sociale.

Enfin, à quoi servirait de brandir l'épouvantail "séparatiste" ou la menace de "l'assimilation-demain-matin"! Il faudrait, nous semble-t-il, identifier les outils essentiels au Québec, sur lesquels tout le monde s'entend, pour mieux mettre en évidence les choix réels. Voulons-nous être minoritaires dans un grand ensemble ou majoritaires dans un plus petit pays qui nous ressemble? Voulons-nous décider ce qui sera mis en commun avec le reste du Canada et orienter nos impôts en fonctions de nos propres priorités ou continuer à partager nos décisions et nos ressources entre deux niveaux de gouvernements? Voulons-nous l'égalité politique entre les deux nations ou nous contenter de moins en échange d'autres avantages?

Personne ne gagnera à embrouiller les questions en dénaturant l'option de l'autre comme c'est souvent le cas dans un débat partisan. Quel que soit le résultat du référendum, il faut que les Québécois en ressortent plus forts qu'avant. Parions que ceux qui ne respecteront pas cet objectif fondamental perdront l'appui d'une bonne partie de la population. Du moins, on peut l'espérer!

c) L'engagement au respect absolu des résultats

S'il est une condition essentielle pour un débat référendaire adulte, démocratique et concluant, c'est bien l'engagement public explicite de chacun d'en respecter les résultats.

Le camp fédéraliste a beau "chercher des poux" pour tenter de faire croire le contraire, le Parti québécois s'est engagé très explicitement à respecter le résultat du référendum. Nous avons entendu le Premier ministre du Québec en donner l'assurance à l'Assemblée nationale à plusieurs reprises alors que cela n'était même pas nécessaire. Il est tellement évident que, si le référendum venait appuyer l'option du gouvernement du Québec, celui-ci s'empresserait d'agir. Encore une fois, c'est ce pourquoi nous travaillons d'arrache-pied depuis dix ans et même plus. Dans le cas contraire, on voit mal comment le gouvernement québécois pourrait réaliser la souveraineté-association sans appuis suffisants, face à un gouvernement fédéral qui n'aurait qu'à refuser. La population pourrait d'ailleurs arrêter ce processus à l'élection qui suivrait.

Ces exigences politiques ne sont malheureusement pas aussi contraignantes au niveau du gouvernement fédéral et des autres porte-parole de la nation *Canadienne*. La possibilité demeure que ceux-ci puissent refuser de reconnaître la volonté du peuple québécois. Personne au Québec ne peut exiger bien sûr des *Canadiens* qu'ils acceptent telle ou telle forme d'association avec le Québec. Mais ce serait une hypocrisie incroyable, après avoir réclamé toutes sortes de conditions pour la tenue d'un référendum équitable, après avoir exigé un respect des résultats du gouvernement du Québec alors que la simple réalité politique l'impose de toute évidence, que le Canada anglais, et le gouvernement fédéral en particulier, rejettent du revers de la main la volonté d'un peuple qui aurait opté pour la souveraineté-association. Il y aurait-là une attitude colonialiste inacceptable qui autoriserait le gouvernement du Québec à faire appel aux Nations unies pour faire respecter son droit normal à l'autodétermination.

Nous n'en sommes pas là et nous n'y serons probablement jamais! Le gouvernement fédéral doit cependant être très explicite à ce sujet. A plusieurs reprises, le Premier ministre Trudeau a souligné que, dans le cas où une majorité de Québécois appuieraient la thèse du Parti québécois, il ne serait pas question de retenir le Québec de force dans la Fédération canadienne.

Cependant, à d'autres moments, il affirme que si M. Lévesque ne se sent pas lié par une défaite disons à 45% ou 49% au référendum, puisqu'il se déclare prêt à en tenir un deuxième au besoin, il ne voit pas pourquoi lui se sentirait lié par une victoire de M. Lévesque acquise à 51% ou 55%. Cette question mérite une plus ample analyse. Nous appuyons l'opinion suivante de Gérald Beaudoin, membre de la Commission Pépin-Robarts:

> "Y aura-t-il plus d'un référendum? M. Lévesque a promis un référendum durant son mandat actuel. Il n'écarte pas l'idée qu'il puisse y en avoir d'autres plus tard. Si le résultat du référendum est serré, ce référendum sera-t-il suivi d'un autre, comme ce fut le cas à Terre-Neuve? Si le référendum est massivement défavorable à l'indépendance, il est à prévoir qu'il ne sera pas suivi d'un autre. Cette question relève de la science politique."

Cette constatation infirme l'argument de M. Trudeau. En effet, le gouvernement québécois s'est engagé à respecter le résultat du référendum. 45% de "oui" à la souveraineté-association c'est-à-dire 56% des Québécois francophones (ceux qui détiennent le droit à l'autodétermination), empêcheraient quand même le gouvernement du Québec de réclamer la souveraineté-association. Celui-ci est donc lié aux résultats. Cependant, rien n'empêche par la suite un autre gouvernement (ou le même gouvernement dans le cadre d'un autre mandat de 4 ans, tel que l'exige la Loi 92) de reposer la même question, sous une autre forme peut-être, à l'occasion d'un deuxième référendum quelques années plus tard.

Il faut être ni plus ni moins exigeant envers M. Trudeau. 51% de "oui" à la souveraineté-association, c'est-à-dire environ 64% de Québécois francophones, devraient suffire à lier le gouvernement fédéral, lequel aura de toute façon participé à la campagne référendaire. Rien n'empêche que quelques années plus tard, un autre gouvernement québécois puisse tenir un référendum sur le même sujet pour renverser ce résultat et ramener le Québec dans le giron fédéraliste.

Bien sûr, M. Trudeau sait très bien qu'aucun peuple ayant acquis sa souveraineté politique n'est revenu en arrière. Il fait donc de la stratégie politique. Avant la campagne référendaire, le gouvernement fédéral doit cependant affirmer sans équivoque son respect le plus absolu du résultat du référendum si nous voulons un débat vraiment utile et démocratique.

Chapitre 4
L'après-référendum

Peut-être sommes-nous trop optimistes, mais nous pensons que les principales conditions sont réunies pour une campagne référendaire, certes remplie d'affrontements "virils", mais permettant de maintenir le débat dans les limites démocratiques:

- assise solide, basée sur un droit à l'autodétermination largement reconnu et excluant l'usage de la force ou de pressions économiques*;
- objectif bien identifié: donner ou non un mandat de négociation sur la base de la souveraineté-association;
- question non-ambiguë et adoptée démocratiquement;
- règles du jeu équitables, largement acceptées suite au débat sur la Loi 92;
- non-intervention du gouvernement fédéral par un référendum qui aurait court-circuité le référendum québécois et nié le droit à l'autodétermination du Québec;
- attitude digne des trois principaux leaders québécois, MM. Lévesque, Ryan et Biron qui sauront influencer leurs troupes dans la même direction.

C'est également l'opinion d'un observateur "non-branché" mais sainement inquiet comme Gérard Bergeron:

---

* Le "coup" de la Sun Life a été très révélateur à ce sujet. Une compagnie ne peut "faire chanter" impunément les Québécois, comme en témoigne la baisse de 40% du chiffre d'affaires qu'a subie la Sun Life depuis son annonce, "curieusement motivée", de déménager son siège social à Toronto.

"A partir de leurs convictions profondes et diamétrales, les deux parties ne s'accordent pas d'autre droit que d'utiliser des moyens de persuasion démocratiques. C'est la ligne de M. Lévesque et de ceux qui comptent le plus dans son équipe. C'est la ligne qu'a adoptée M. Trudeau et qui est plus profitable à sa cause que lorsqu'il se met à folâtrer en philosophie de l'histoire."

Dans ces conditions, toutes les chances sont que personne ne sorte brisé de la campagne référendaire et qu'une certaine cohésion nationale persiste, permettant d'en assumer les résultats.

Dépendant de ces résultats, quatre situations distinctes peuvent se présenter: une défaite, un mandat insuffisant, un mandat suffisant et un refus de négocier, un mandat suffisant et le début des négociations.

1. Une défaite?...mais pour qui?

Les résultats du référendum présentent en réalité trois possibilités différentes du point de vue politique:
— entre 20% et 32% de oui (15 à 40% de francophones)*
— entre 32% et 50% de oui (40 à 62% de francophones)
— entre 50% et 64% de oui (62 à 80% de francophones)

Dans le premier cas, on peut parler de défaite cuisante de l'option souveraineté-association puisque d'une part, l'appui populaire (moins de 32%) se révèlerait plus faible que dans la plupart des sondages et, d'autre part, moins de 40% des Québécois (francophones) appuieraient l'option gouvernementale. Ce recul de l'option souverainiste sera nettement mis en évidence par les mass-média.

L'analyse suivante de cette possibilité est extrêmement lucide: dans *Le défi québécois* de Jean-Marie Monnet:

"Les jeunes contestataires américains qui avaient chahuté la convention démocrate de 1968 à Chicago avaient inventé un slogan qui s'appliquera parfaitement au référendum à venir: "The whole world is watching". Le monde entier regardera le Québec, qui ce jour-là aura peut-être gagné ou assurément perdu sa crédibilité, sa qualité d'existant. La politique internationale est un jeu trop dur pour qu'on prenne le temps de s'apitoyer sur les tentatives de suicide, surtout les tentatives ratées suivies d'un retour dans le giron hospitalier d'un Canada nid de coucou."

---

* En supposant que tous les anglophones votent "NON", ce qui est exagéré puisque, selon certains sondages, 8% de non-francophones appuient l'option.

Pour les *Canadiens,* une telle défaite sera un énorme soulagement. On en conclura qu'on avait raison de considérer les Québécois comme une minorité au sein d'une nation anglophone, puisqu'eux-mêmes se voient ainsi.

C'est alors que les partisans du fédéralisme renouvelé se seront préparé des "lendemains qui déchantent". Ceux qui s'imaginent que le Canada anglais, heureux de l'avoir échappé belle, sera devenu conciliant, risquent d'avoir de mauvaises surprises. Toute l'histoire des rapports entre les deux nations montre le contraire.

On reprendra donc les négociations constitutionnelles sur les mêmes bases que durant les années 1960 avec, d'un côté des représentants canadiens sûrs d'eux et détenant le gros bout du baton et, de l'autre peut-être un nouveau gouvernement québécois plus faible, qui pourra *peut-être* arracher quelques concessions mineures pour sauver la face avant, éventuellement, un hypothétique retour au "fédéralisme rentable".

Il y a également ce risque qu'évoque François-Marie Monnet dans son livre *Le Défi québécois:*

> "trop de jeunes hommes et trop de femmes, appartenant à ce qu'il est convenu d'appeler l'élite du pays, ont pris l'habitude de ne concevoir leur vie future que dans la perspective d'un Etat souverain du Québec, pour qu'une majorité de "NON" ne crée pas automatiquement ce climat de désaffection à l'égard des formes démocratiques de gouvernement qui est si propice à l'éclosion du désordre et du terrorisme(...).

> "L'intérêt de l'"ordre" est que René Lévesque gagne son référendum. Proclamerait-il alors unilatéralement l'indépendance du Québec à l'issue de la consultation, que les Canadiens anglais ne prendraient pas les armes pour réduire les "sécessionnistes" (on peut même envisager que les gouvernements de certaines provinces de l'Ouest lui enverraient des télégrammes de félicitations)."

Même s'il faut nuancer cette affirmation, elle met au moins en évidence le fait qu'au mieux, la situation ne sera pas facile pour un nouveau gouvernement québécois qui prendrait la relève du Parti québécois. D'autre part, l'évolution du Québec vers l'égalité politique sera retardée d'une dizaine d'années, sinon d'une génération. Une chance historique aura été ratée, et il est même possible qu'elle ne se représente jamais. Heureusement, ce scénario sombre est le moins probable.

Même sans avoir fait connaître jusqu'à maintenant le contenu précis de la souveraineté-association, que plusieurs associent à une "séparation" brutale, l'option du Parti québécois recueille presque toujours autour de 33% des appuis et au delà de 40% chez les Québécois (francophones). Il est probable que ces pourcentages augmenteront à mesure que l'option sera mieux connue de la population.

D'autre part, une majorité de Québécois croit à tort qu'un appui de leur part opère automatiquement la souveraineté et que par contre, l'association est trop hypothétique. Or le Parti québécois ne peut, nous l'avons démontré plus haut, demander à la population autre chose qu'un mandat pour entreprendre les négociations sur la base de la souveraineté-association. Les électeurs vont bientôt se rendre compte qu'ils n'ont pas à appuyer le principe de la souveraineté du Québec dans n'importe quel type de contexte.

Le seul sondage à avoir posé directement la question en terme de *mandat pour entreprendre des négociations, sur la base de la souveraineté-association,* celui effectué il y a un an par CROP pour le compte du Reader's Digest,* donne le résultat suivant:

	Québec	Francophones	Non-francophones
Oui:	50%	56%	21%
Non:	34%	28%	64%
Ne savent pas:	15%	15%	13%
Refus de répondre:	1%	1%	2%

2. Un mandat insuffisant?

En fait, une deuxième éventualité se présente pour le moment comme plus probable: entre 32% et 50% des Québécois supportent leur gouvernement. Le mandat est donc insuffisant pour déclencher des négociations avec Ottawa sur la base de la souveraineté-association.

Cependant, on ne peut parler de défaite du Parti québécois. Le support populaire est plus fort que dans tous les sondages et de plus, on a l'opinion de plus de 90% des citoyens. Un référendum est plus qu'un "sondage solennel". Enfin, entre 40 et 62% des francophones trouvent le fédéralisme inadéquat.

Il s'agit très certainement d'un net progrès de l'option souverainiste. La pression pour un changement profond s'accentue sur le

---

* Au moment de mettre sous presse, un autre sondage vient confirmer ces résultats.

Canada anglais, mais pas au point de provoquer des discussions sur la base de la souveraineté-association. Les *Canadiens* se demandent quelle position adopter: la ligne dure, le fédéralisme renouvelé ou la souveraineté-association.

C'est à ce moment probablement, et à ce moment seulement, qu'un fédéralisme renouvelé devient possible. Tout dépend de la réaction du Canada anglais. Le refus de toute concession aurait probablement pour effet de faire passer plusieurs québécois du fédéralisme renouvelé à la souveraineté-association. Le recours à la force ou aux pressions économiques demeure impensable comme nous le démontrerons plus loin.

Il est donc probable que la ligne modérée l'emporte chez les *Canadiens.* Dans ce cas, un plus grand nombre d'anglophones pourraient commencer à prétendre que la souveraineté-association serait préférable, pour eux, à un fédéralisme trop décentralisé, tout simplement parce que c'est le cas. Autrement dit, il se passerait ce qui ne se passe pas maintenant: un véritable débat constructif au Canada anglais qui provoque de profondes remises en question. Mais il est probable que la majorité des *Canadiens* préfèreront proposer des amendements au régime fédéral ou encore attendre que les Québécois se branchent définitivement.

C'est durant cette période que les néo-fédéralistes québécois feront des pressions sur le gouvernement du Québec pour qu'il négocie un renouvellement du fédéralisme qui semblerait encore suffisant à la majorité des Québécois. La meilleure chance des néo-fédéralistes québécois est de profiter de cette période pour tenter de battre le Parti québécois aux prochaines élections et ainsi prendre le contrôle des opérations. Les néo-fédéralistes pourraient prétendre que le référendum leur a donné raison et qu'il vaut mieux confier la négociation d'un nouveau fédéralisme à un parti qui y croit.*

Nous pensons au contraire, qu'un pourcentage entre 32% et 50% de "oui" au référendum ne peut signifier qu'une chose: l'opinion publique est en mutation mais elle n'est pas encore mûre pour une décision finale. Il ne reste alors qu'une chose à faire pour le gouvernement national des Québécois. Trouver des moyens, dans le cadre d'un deuxième mandat électoral de 4 ans, de faire se poursuivre le débat au Québec et d'alimenter celui qui se fera au Cana-

---

* Il est étonnant d'ailleurs que l'Union nationale ne voit pas cette opportunité, inconfortable toutefois, de se démarquer des deux camps: d'abord appuyer le PQ au référendum pour éviter une défaite des "nationalistes", puis tenter de le battre à l'élection suivante, toujours au nom de la volonté populaire.

da anglais, puis tenir un deuxième référendum qui, cette fois, risque d'être décisif.

A ceux qui penseraient qu'une telle incertitude prolongée de quatre ans aurait des conséquences désastreuses sur l'économie, on pourrait répondre d'abord qu'ils exagèrent. Les soi-disant incertitudes qu'allaient provoquer l'élection du gouvernement indépendantiste ne se sont pas concrétisées et l'économie du Québec est actuellement sur la voie d'un redressement lent mais qui se compare avantageusement à celui que connaissent les économies voisines.

En démocratie, il importe d'abord et avant tout de respecter la volonté populaire. L'opinion d'un peuple de six millions d'individus se transforme moins rapidement que celle d'un seul individu. Lorsque des changements profonds doivent être faits, il vaut mieux prendre son temps que de faire des demi-réformes ou encore des réformes qui seront inapplicables parce que mal comprises ou mal acceptées. Le peuple québécois attend son indépendance depuis près de 300 ans. Il importe de ne pas la rater.

3. L'impensable refus de négocier

Lorsque les Québécois seront prêts, et il faut qu'ils le soient au moment du référendum, nous aurons atteint le seuil d'une troisième possibilité: plus de 50% des citoyens québécois (plus de 62% des francophones du Québec) ont confié à leur gouvernement le mandat d'entreprendre les négociations avec Ottawa sur la base de la souveraineté-association. Est-il pensable que celui-ci refuse de négocier?

Il faut alors distinguer les négociations portant sur l'accession à la souveraineté de celles portant sur le traité d'association puisque l'attitude d'Ottawa pourrait être différente dans les deux cas. Auparavant, nous examinerons quelques expériences étrangères.

a) Quelques précédents

Dans un ouvrage extrêmement fouillé sur la question, Jacques Brossard analyse la plupart des exemples étrangers d'accession à l'indépendance. De 1830 à 1945, le principe des nationalités a conduit à la souveraineté les nations d'Amérique à quelques exceptions près. En Europe, la Belgique (1831), la Norvège (1905), la Hongrie (1918), l'Irlande (1921-1949) et l'Islande (1944) ont acquis leur indépendance en vertu de ce principe. On a vu également s'effectuer la décolonisation dans les empires coloniaux européens qui a mené à la souveraineté la plupart des nations d'Afrique, d'Asie et d'Océanie depuis 1919 et surtout depuis 1945. Enfin depuis 1945, on a assisté à plusieurs tentatives d'autodétermination et de retrait d'une fédération mais certaines ont échoué (Katenga 1960-63, Biafra 1967-70, Rhodésie du sud 1965-?); la plupart de ces tentatives récentes ont toutefois réussi pacifiquement: Pakistan (1947), Sénégal (1960), Syrie (1961), Jamaïque (1962), Singapour (1965).

Tous ces exemples très diversifiés qui impliquent la majorité des Etats représentés aux Nations unies, nous démontrent que tôt ou tard, la négociation intervient entre les deux parties. Ils nous apportent également plusieurs éléments de jurisprudence internationale et de démarches politiques qui s'appliquent en partie à la situation Québec-Canada.

Nous allons examiner plus en détail quelques cas qui se rapprochent de celui du Québec, soit par la forme de leur accession à l'indépendance (Jamaïque 1962, Singapour 1965) soit par leur caractère de pays occidentaux (Norvège 1905, Islande 1944).

1) La Norvège (1905)

La Norvège fut enlevée au Danemark en 1814 et unie à la Suède au sein d'une union réelle. Le roi de Suède régnait aussi sur la Norvège et assurait l'unité de la politique étrangère. Pour le reste, les deux gouvernements demeuraient séparés. Chacun des deux Etats avait son armée et sa marine. Il y avait toutefois, à la base même de l'Union, un malentendu: les autorités suédoises l'interprétaient comme une annexion déguisée, destinée à compenser la perte de la Finlande, et tentaient d'imposer leurs vues aux Norvégiens.

Le gouvernement et le Parlement norvégiens réclamèrent la création de comités conjoints afin de préparer la dissolution pacifique de l'Union, chargèrent un certain nombre de leurs concitoyens éminents de faire valoir leur point de vue auprès des Etats étrangers les plus directement concernés, offrirent la Couronne de Norvège à un prince danois et tentèrent de nouveau d'engager des pourparlers avec la Suède. Devant le refus de celle-ci, le Parlement norvégien prit finalement sur lui, le 7 juin 1905, de déposer le roi de Suède en tant que roi de Norvège et de déclarer, unilatéralement, la dissolution de l'Union et l'indépendance de la Norvège. "Cet acte unilatéral de dissolution de l'Union choqua profondément les Suédois qui ne s'attendaient pas à un acte aussi "entêté et courageux. Par le passé, la Suède avait toujours considéré futiles les menaces norvégiennes."

Les principaux événements se déroulèrent rapidement.

- 7 juin 1905: déposition par la Norvège du roi de Suède, et déclaration unilatérale d'indépendance;
- refus de la décision norvégienne par la Suède accompagné de réactions nuancées des autres Etats;
- 25 juillet 1905: le Parlement suédois accepte d'engager avec la Norvège des discussions sur la dissolution légale de l'Union à la condition que celle-ci tienne un référendum ou une élection sur le sujet;
- 28 juillet 1905: le Parlement norvégien accepte de tenir un plébiscite sur l'indépendance;
- 13 août 1905: l'électorat norvégien affirme sa volonté d'indépendance par un vote à 99%;
- 24 septembre 1905: accords de Karlstad sur certains éléments d'association (trafic, lacs et cours d'eau, sort des Lapons) et sur les modalités d'accession à l'indépendance;
- 9 et 13 octobre 1905: approbation des accords par les deux Parlements;
- 26 octobre 1905: dissolution officielle de l'Union;
- 1906 et 1907: accords sur une série de questions économiques, sur l'extradition et sur les communications.

Dès 1919, explique Jacques Brossard en citant un commentateur étranger, on se mit à reparler d'ententes et d'association. En effet,

"l'indépendance de la Norvège a fait sauter un obstacle majeur à la coopération entre les deux pays en éliminant une source importante de conflit et d'aliénation. Quand deux groupes ont développé un certain antagonisme, quelles qu'en soient les raisons, l'intensification des contacts n'est pas nécessairement la meilleure façon de les rapprocher. Un vieux proverbe américain s'applique: "De bonnes clôtures font de bons voisins"*

Malgré les tensions causées par la neutralité de la Suède au cours de la Seconde Guerre mondiale, et bien que la Suède n'appartienne pas à l'O.T.A.N. comme la Norvège, les deux Etats se

---

* "Good fences make good neighbours".

sont rapprochés au cours du dernier demi-siècle et font partie depuis 1953 du Conseil nordique, qui les associe au Danemark, à la Finlande et à l'Islande.

2) L'Islande (1944)

Placée en 1380 sous la souveraineté danoise, l'Islande accéda à un statut autonome presque complet en 1918 tout en demeurant unie au Danemark par une union réelle où il n'y avait de responsabilité vraiment commune que la responsabilité internationale.

L'Union a pris fin en 1944 par une décision unilatérale du gouvernement islandais, sans cet accord commun qui était stipulé par l'Acte d'union. La dissolution de l'Union fut en fait déclarée par l'Islande le jour même de l'invasion du Danemark par l'Allemagne (en avril 1940). Elle devint effective en juin 1944 après qu'un référendum l'eût approuvée par 70 725 voix contre 370. Les deux pays coopèrent maintenant étroitement au sein du Conseil nordique.

3) La Jamaïque (1962)

La Jamaïque, pour sa part, était encore une colonie de la Couronne britannique lorsqu'elle se sépara de la fédération des Indes occidentales, elle-même colonie de la Couronne, et elle n'acquit son indépendance que par la suite: ce cas diffère donc des autres, lui aussi.

Le Parlement britannique ayant approuvé l'Union fédérative de la Jamaïque, de Trinidad et Tobago et de huit autres îles des Antilles britanniques, la Fédération des Indes occidentales fut créée le 3 janvier 1958. La Jamaïque était de loin la région la plus vaste, la plus peuplée et la plus riche de la Fédération (57% du territoire, 52% d'une population totale de 3 millions, 54% du revenu national en 1957).

Par suite de tensions économiques et politiques, le peuple jamaïcain vota en faveur de la sécession de la Jamaïque le 19 septembre 1961. En conséquence de cette décision, la Fédération toute entière fut officiellement dissoute par un arrêté en conseil britannique le 31 mai suivant. La Jamaïque et Trinidad accédèrent ensuite à l'indépendance et furent admis à l'O.N.U. en septembre 1962. Depuis 1973, la plupart des anciennes colonies britanniques des Antilles sont réunies dans la Communauté et le Marché Commun des Caraïbes (CARICUM), suivant un régime d'association entre Etats souverains.

4) Singapour (1965)

Constituée en 1948, la fédération de Malaisie(Malaysia)avait accédé à l'indépendance en 1957. En 1963, trois nouveaux Etats s'unirent à la Fédération; Singapour, Sarawak et Sabah. Ces deux derniers Etats se trouvent situés à Bornéo, à plusieurs centaines de milles de la Malaisie, cependant que l'île de Singapour n'est séparée de la Malaisie que par le détroit de Johore. Par suite d'accords conclus avant leur entrée dans la Fédération, la Constitution fédérale fut amendée de façon à doter ces trois nouveaux Etats de compétences plus étendues que celles des membres originaires et de façon à les soustraire à l'application de certaines lois fédérales; leurs sources de revenus furent en conséquence accrues par rapport à celles des autres membres; par contre, ils furent moins fortement représentés au Parlement fédéral. Il s'agissait donc là de statuts particuliers.

Le pouvoir central souhaitait néanmoins que les nouveaux Etats s'assimilent à la Fédération tout comme les autres, et il tenta d'imposer son autorité à Singapour, notamment par le biais des partis politiques. D'autre part, la composition ethnique de la Malaisie (50% de Malais, 37% de Chinois et 11% d'Indiens) différait nettement de celle de Singapour (14% de Malais, 75% de Chinois et 8% d'Indiens). Minoritaires en Malaisie (37%) et dans l'ensemble de la fédération de Grande Malaisie (42%), les Chinois se trouvaient donc majoritaires à Singapour (75%). La population de la Malaisie est actuellement de 10 millions et celle de Singapour de deux millions. Les tensions ethniques et politiques ne firent que s'accroître. Le 9 août 1965, en vertu d'un accord conclu deux jours plus tôt entre des ministres fédéraux et des ministres de Singapour, l'Etat de Singapour se détacha légalement de la Fédération et accéda pacifiquement à l'indépendance. Depuis lors, Singapour est devenu l'un des principaux centres économiques de l'Asie, et fait partie, avec la Malaisie, d'une communauté de cinq pays: l'Association des nations du Sud-Est asiatique.

Selon Jacques Brossard, ces "dispositions adoptées ont donné lieu à diverses critiques: elles omettaient en effet de prévoir la solution de certains problèmes (ainsi la succession aux dettes postérieures à l'entrée de Singapour dans la Fédération). Prises à la lettre, elles risquaient d'obliger le nouvel Etat envers d'autres organisations internationales que celles auxquelles il désirait appartenir; etc. D'autre part, on n'a pas manqué de trouver étonnant que le régime du nouvel Etat souverain se fonde en partie sur une loi fédérale de l'Etat prédécesseur. Quoi qu'il en soit, si l'on peut discuter de la procédure suivie et du libellé de certaines dispositions, il demeure que l'accession de Singapour à l'indépendance fut négociée, légale et pacifique et n'a fait l'objet d'aucune controverse."

Jacques Brossard conclut, après l'examen de tous les cas d'accessions à l'indépendance depuis 1830:

"Dans les deux cas, qu'il s'agisse de la voie légale ou de la voie illégale d'accession à l'indépendance, il faudra que les Québécois négocient avec les Canadiens: soit avant l'indépendance, en vue d'obtenir l'amendement constitutionnel requis (à l'exemple de Singapour ou du Pakistan), soit après la déclaration unilatérale d'indépendance, afin de régulariser la situation et de régler les problèmes relatifs à la succession d'Etat (à l'exemple de la Norvège ou du Bangla Desh). Bien entendu, dans le deuxième cas, la violence pourrait l'emporter sur la négociation; mais la violence elle-même, après avoir causé des pertes inutiles et absurdes, serait forcément suivie de négociations."

b) La négociation est une certitude

Il est donc hautement préférable et dans l'intérêt des deux parties d'entreprendre les négociations le plus tôt possible après un référendum québécois concluant, surtout en ce qui concerne l'association économique, comme nous le verrons plus loin. Nous osons croire qu'il s'agit là d'une certitude dans le cas du Québec.

Bien sûr, lorsqu'un peuple dominé entame le processus de son accession à l'indépendance par rapport au peuple dominant, c'est moins le peuple dominé que le peuple dominant qui s'avère ne pas être "prât" pour l'indépendance.

On ne peut donc pas s'attendre à ce que les porte-parole du Canada anglais se déclarent prêts à négocier avant d'être placés devant les résultats d'un référendum positif. De leur point de vue, ce serait encourager le "séparatisme". D'ailleurs, même placés devant le fait accompli, il est probable qu'ils aient un premier mouvement de refus comme ce fut le cas notamment en Suède.

Tout comme le Premier ministre Trudeau, les premiers ministres des provinces anglophones affirment qu'ils refuseront de négocier l'association économique avec un Québec souverain. C'est leur droit et nous reviendrons sur cette possibilité. Cela ne signifie pas toutefois qu'ils refuseraient de négocier l'accession à la souveraineté du Québec. Tôt ou tard, nous l'avons constaté, les Etats y viennent parce qu'il y va de leur intérêt.

L'usage de la force ou des pressions économiques est exclu pour les raisons suivantes:
- les déclarations du Premier ministre Trudeau et de certains porte-parole anglophones sont très claires à ce sujet;

- l'opinion publique s'y oppose fortement tant au Québec qu'au Canada anglais (Sondage Gallup, février 1977);
- les compagnies anglo-canadiennes au Québec, sans compter les puissants intérêts américains, s'opposeront à tout bouleversement qui nuirait au commerce.

Le refus de négocier aurait de grands désavantages pour les entreprises et il est certain que celles-ci feront des pressions pour pousser le gouvernement fédéral à la négociation. Il est probable que l'opinion *Canadienne* aille dans la même direction devant la volonté manifeste des Québécois.

Le sondage Gallup de février 1977 est encourageant à cet effet. Si les Québécois répondaient "OUI" au référendum, 57% des francophones contre 28% et 41.5% des anglophones contre 48% pensent qu'Ottawa "devrait négocier la séparation". Ces chiffres devraient augmenter quand l'option souveraineté-association sera mieux connue. Ils augmenteront encore plus devant l'évidence des faits et la nécessité indéniable de faire quelque chose suite au référendum.

Si près de la moitié des anglophones, encore sous le choc du 15 novembre, pensent que l'on devrait négocier, il est à prévoir qu'une bonne majorité de l'opinion publique obligera ses gouvernements à le faire, suite à un référendum québécois positif. En attendant, les exigences du combat politique indiquent aux fédéralistes de brandir le spectre du refus de négocier.

c) L'association économique se fera

S'il est presque certain que le peuple *canadien* va négocier l'accession du Québec à la souveraineté, il pourrait refuser de discuter d'association économique. C'est ce qu'affirment la plupart des porte-parole du Canada anglais depuis le 15 novembre 1976. Encore là, le contraire serait surprenant. Si la majorité des premiers ministres des provinces anglophones affirmaient rechercher l'association économique avec le Québec, il est probable que le référendum serait nettement en faveur de la souveraineté-association, comme en témoigne un sondage dans un comté baromètre (Le Devoir, 18 juillet 1977). Plus l'association apparait réalisable, plus la souveraineté-association devient souhaitable aux yeux des Québécois. C'est là un fait significatif.

D'autre part, l'opinion *canadienne* est beaucoup plus nuancée que celles de ses premiers ministres, selon un sondage Gallup tenu en février 1977. En ce qui concerne la nécessité, dans l'éventualité d'un "OUI" au référendum, de faire une union économique Québec-Canada, 44.8% des anglophones contre 39% et 76.1% des francophones contre 11.3% pensent que la chose est souhaitable.

Encore une fois, si, tout en étant encore sous le choc du 15 novembre, *une majorité de canadiens (anglais) trouvent l'association économique souhaitable,* il est certain que cette majorité augmentera avec le temps, surtout devant une volonté manifeste des Québécois.

Le gouvernement ontarien en est sûrement conscient, lui qui a fait faire une première évaluation du degré d'intégration des économies québécoises et ontariennes, annexée au budget ontarien de 1977.

On y constate que l'Ontario vendait en 1974, $4.6 milliards de produits manufacturés au Québec ce qui signifie la création de 105 800 emplois en Ontario. Inversement, le Québec vendait la même année $4.3 milliards de produits manufacturés en Ontario, entraînant la création de 103 800 emplois au Québec.* D'autre part, la balance commerciale entre l'Ontario et le Québec était de 320 millions en faveur de l'Ontario. Enfin, le coût du tarif douanier pour protéger les produits ontariens coûtait au Québec $365 830 000, alors que le coût correspondant pour les produits québécois coûtait à l'Ontario $368 527 000.

La dépendance réciproque des économies québécoise et ontarienne est donc énorme. Comme le rapport conclut: "Dans ses échanges avec l'Ontario, le Québec est presque en équilibre en terme de bénéfices nets, de protection tarifaire et de commerce interprovincial."

Il ressort clairement de ces données que l'Ontario, tout comme le Québec, devra rechercher une association économique après le référendum. Celle-ci comportera, comme nous l'avons déjà souligné, au moins une union douanière (et probablement aussi une union monétaire qui offre un caractère plus stable). Le contraire serait néfaste pour les deux économies. Après le référendum, les hommes d'affaires qui ont une grande influence sur les gouvernements de l'Ontario et du Canada seront les premiers à exiger le maintien d'une association économique avec le Québec.

Certains, comme André Raynault, soutiennent que tel n'est pas le cas pour les autres provinces et donc pour l'ensemble du

---

* Si on ajoute à ces emplois, ceux créés par d'autres échanges économiques, on arrive facilement à 200 000 emplois de chaque côté.

Canada. Le Québec exporte environ 30% de sa production dans les autres provinces, alors que chacune séparément exporte moins de 13% (pour l'Ontario) au Québec.

L'erreur fondamentale de ce raisonnement est que l'on ne peut considérer les provinces séparément. Il est impensable que l'Ontario s'associe sans que les autres provinces le fassent, car celles-ci sont encore très dépendantes de l'économie ontarienne. De plus, les relations économiques du Québec avec les autres provinces sont non négligeables et peuvent les inciter à l'association avec le Québec. La présence du marché québécois est responsable de la création de 25 000 emplois dans les autres provinces, uniquement au niveau des produits manufacturés.

C'est ce qui fait conclure à l'économiste Roma Dauphin:

> "*Le reste du Canada acceptera la proposition du Parti québécois d'une association économique, du moins à court terme.* En effet, une société dont les citoyens sont convaincus de la valeur des principes démocratiques ne peut accepter une évolution trop radicale et rapide de son encadrement juridique et des politiques économiques sans mettre en danger ces valeurs elles-mêmes. Or le rejet de la proposition québécoise et l'abolition du marché commun canadien exigeraient, tant au Québec que dans le reste du Canada, un changement radical dans l'allocation actuelle des ressources de ces deux régions.

> "Le fait que la perte de marché représente un pourcentage beaucoup plus élevé au Québec que dans toute autre province canadienne ne doit pas être considéré comme un argument capable de saper la stratégie mise en place par le Parti québécois."

Il reste donc la possibilité que, par un geste émotif, contraire à leurs propres intérêts, les *Canadiens* refusent de négocier l'association économique avec le Québec, suite au référendum. L'incohérence d'une telle proposition saute au yeux. Ainsi, le peuple *Canadien* refuserait une association avec le Québec après avoir fait tant de pressions pour la conserver, pour garder le Québec dans la Fédération canadienne? Nous osons croire qu'une majorité de *Canadiens* seront assez lucides pour constater une telle incohérence, contraire à toute logique et à leurs intérêts les plus vifs. Sinon, il s'agirait là d'une attitude répressive et colonialiste inqualifiable. Le Canada anglais voudrait donc garder le Québec contre sa volonté dans la Fédération uniquement par un désir de possession d'un territoire qui ne lui appartient pas, du seul territoire où un peuple d'une autre culture peut encore s'épanouir!

Une telle attitude émotive serait bien sûr néfaste pour tout le monde, non seulement sur le plan économique mais également pour la survie des minorités. Et après quelques années, si on se fie à la plupart des expériences étrangères, on commencerait, une fois les sentiments apaisés, à établir une nouvelle association. Comme nous l'avons souligné plus haut, la démarche irréprochablement démocratique et dénuée de toute animosité malsaine du gouvernement du Québec devrait convaincre les *Canadiens* de faire l'économie de ces pertes de temps inutiles et coûteuses.

A ceux qui nous disent qu'il y a quand même une possibilité que le Canada anglais refuse l'association économique, nous répondons que c'est un risque minime que les Québécois se doivent de courir. Comment être absolument certain qu'une démarche politique va réussir sans l'avoir au moins essayée? Attendons la réaction des *Canadiens* après le référendum et nous verrons bien de quelle façon réajuster notre démarche au besoin.

4. Un mandat suffisant: la réassociation

Suite à un mandat suffisant (50% ou plus) de négociation sur la base de la souveraineté-association, confié par les Québécois à leur gouvernement, il est presque certain que le peuple *canadien* se résoudra à la discussion.

Dans cette hypothèse, le juriste Jacques Brossard fait un inventaire de toutes les questions à considérer.

a) Les questions de forme

Certaines questions devraient faire l'objet de discussions préliminaires entre le gouvernement fédéral et le gouvernement du Québec:
- l'organisation des discussions et des négociations;
- l'adoption de la nouvelle constitution du Québec;
- la forme et les mécanismes d'adoption des ententes;
- le mode de consentement du Canada anglais;
- la forme des transferts de souveraineté.

Sur ces questions de forme, il nous semble que la délégation *canadienne* devrait être dirigée par le gouvernement fédéral mais comporter des représentants des provinces; cependant ce sera au Canada anglais d'en décider. La délégation du Québec devrait être dirigée par le gouvernement québécois. Des représentants des minorités autochtones, de la minorité anglo-québécoise et des minorités franco-canadiennes pourraient être invités aux discussions.

Les ententes devraient être ratifiées par le Parlement fédéral d'une part et par le gouvernement du Québec d'autre part. En cas de divergences manifestées dans l'opinion publique sur certaines questions importantes, on pourrait procéder à un autre référendum soit au Québec, soit au Canada anglais, ou encore auprès des deux populations simultanément.

Ces ententes porteront essentiellement sur trois types de questions:

- la succession d'Etat sur le plan interne;
- la succession d'Etat sur le plan externe;
- le traité d'association.

b) Le contenu des accords à négocier

La négociation proprement dite devrait commencer par le *contenu et les structures de l'association,* lesquels ont un effet sur les deux autres ententes.

Nous avons consacré toute la troisième partie de ce volume à une proposition québécoise concernant le *traité d'association.* Le Canada anglais devra élaborer sa propre proposition qui différera probablement de celle du Québec sur certaines questions. Il faudra alors faire des compromis de part et d'autre pour en arriver à une entente finale d'association, sur la base, cependant, du principe de la souveraineté des deux Etats.

Dépendant du contenu du traité d'association, on devra déterminer le contenu d'une entente concernant *la succession d'Etat sur le plan externe:* succession du Québec aux traités conclus par le Canada (voie maritime, traités commerciaux, alliances militaires,...); admission du Québec à l'ONU et dans les organismes internationaux; reconnaissance du Québec par les autres Etats.

Enfin on passera à l'entente sur la *succession d'Etat sur le plan interne:*

- partage des avoirs et biens publics
- partage des dettes
- droits acquis
- questions relatives au territoire
- droits des minorités

- réaffectation des fonctionnaires fédéraux
- continuité du régime juridique
- transfert ordonné des compétences au Québec ou à l'association Québec-Canada.

Toutes ces questions sont délicates mais ne devraient pas poser de problèmes insurmontables. Par exemple, sur la question du partage des actifs et des dettes, René Lévesque, Jacques Parizeau et Jacques-Yvan Morin émettaient l'opinion suivante, dès 1971, dans une série de huit articles publiés dans le Toronto Star:

> "Parizeau et Morin sont tous deux d'avis qu'il y a deux grandes méthodes d'évaluation possibles: selon la première méthode, on déterminerait les parts d'après les populations respectives du Québec et du Canada; selon la seconde, il y aurait répartition au prorata selon le revenu per capita dans chacun des deux pays. (...)"

Si la répartition est basée sur la population, a dit Parizeau, la part du Québec pourrait être de 29%. Si elle est basée sur le revenu personnel, elle serait d'environ 25%. Je suppose qu'il y aura une marge de discussion entre ces deux chiffres et qu'on en arrivera à un accord entre 26⅞% et 27⅛%.

Selon Jacques-Yvan Morin, la jurisprudence internationale établit clairement qu'un Etat sécessionniste a droit à une partie de l'actif du pays auquel il appartenait et qu'il doit assumer la dette nationale dans la même proportion. "Je suppose que si nous demandons 27% de l'actif, nous devons nous attendre à assumer également 27% des dettes." L'actuel ministre de l'Education, spécialiste du droit international, a de plus fait remarquer que, dans certains cas, l'Etat sécessionniste peut déclarer qu'il n'est pas responsable de certaines dettes de guerre. Le Québec pourrait également soutenir qu'il n'a pas à endosser les dettes contractées par Ottawa en vue du financement de certains projets exceptionnels dans d'autres provinces. Il a cependant ajouté: "Pour ma part, je crois que le Québec devrait assumer sa juste part de la dette nationale s'il reçoit en retour la part des revenus qui lui revient équitablement."

Jacques Parizeau croit qu'il ne serait pas, en fait, si terrible pour le Québec d'avoir à assumer plus du quart de la dette nationale actuelle, qui est de 26 milliards de dollars au total. "Cela ne signifie pas, explique-t-il, que nous devons rembourser cette somme du jour au lendemain, mais plutôt que nous devons simplement en assumer les frais. Et le poids n'en serait pas exorbitant, puisque nous obtiendrons en même temps le contrôle de la gestion des impôts." A l'inverse, sur le plan du partage des actifs, "on pourrait déclarer par exemple que le Canada possède 73% des lignes de chemin de fer du Québec et que le Québec possède 27% des lignes du reste du pays", laisse entendre Parizeau. "Mais personne ne va s'amuser à déménager de l'autre côté de la frontière trois ou quatre milles de voie ferrée et à ramener au Québec le quart des lignes du reste du pays. Il est donc évident qu'on en viendrait à une forme d'entente pour laisser les immobilisations là où elles sont et pour en déterminer la valeur."

Jacques Parizeau a cité Air Canada comme exemple des multiples solutions auxquelles pourront aboutir de telles négociations. Selon lui, Air Canada pourrait poursuivre ses activités en tant qu'entreprise conjointe, un peu à la façon des lignes aériennes SAS dans les pays scandinaves; de cette façon, le gouvernement québécois détiendrait, disons, 27% du capital-actions. Ou bien, le Québec pourrait décider de faire cavalier seul dans le domaine du transport aérien, comme il le fera certainement pour ses lignes intérieures. On en viendrait à un accord sur la cession des aéroports et des édifices que possède Air Canada sur le territoire québécois, après en avoir établi la valeur, ainsi que sur la vente de 27% des appareils et des autres possessions de la société. Ou bien encore, on pourrait calculer la valeur de tout l'actif d'Air Canada et le Québec toucherait la part qui lui est due sous forme d'argent liquide. "On choisira l'une de ces trois solutions, déclara Parizeau; soit une partie du capital-actions, soit une partie des valeurs matérielles, soit une compensation en argent liquide."

"Il y a aussi le cas des propriétés du fédéral existant exclusivement hors du Québec et dont les contribuables québécois ont payé une partie" de poursuivre Parizeau. "Prenez par exemple Eldorado Mining ou la société Polymer. Je ne pense pas qu'on mettra ces usines sur des patins à roulettes et qu'on les poussera à travers la frontière du Québec. Ainsi, puisque dans ce cas, le Québec ne peut prendre possession des biens corporels, nous devons accepter soit une portion du capital-actions, soit un crédit."

c) L'accession à la souveraineté

Voilà pourquoi le Parti québécois prévoit des négociations assez longues pouvant durer plusieurs mois. Tous les pays qui ont acquis leur indépendance depuis 1830 sont passés par là et y sont parvenus. Il suffit que la volonté de négocier existe de part et d'autre.

A la fin des négociations, suivant les modalités établies au préalable, le gouvernement fédéral demandera au Parlement de

Londres un amendement à la Constitution canadienne qui reconnaît le retrait du Québec de la Fédération canadienne. Celui-ci fera adopter sa constitution par la population et pourra proclamer son indépendance.

L'Etat du Québec pourra par la suite notifier les pays étrangers de son accession à la souveraineté en vue d'obtenir leur reconnaissance, demander son admission à l'ONU, dénoncer ou reconduire les traités conformément à l'entente sur la succession externe.

L'Etat du Québec et l'Etat du Canada entreprendront simultanément la mise sur pied des organes de l'association Québec-Canada. Le gouvernement fédéral transférera tous ses pouvoirs, sauf ceux exercés conjointement avec l'Etat du Québec dans l'association, de façon progressive et ordonnée à l'Etat du Québec conformément à l'entente de succession interne et au traité d'association. Il conservera cependant toutes ces mêmes compétences transmises au Québec, face aux autres provinces, et pourra établir avec celles-ci de nouveaux modes de fonctionnement, rapatrier de Londres sa Constitution et la transformer en fonction des besoins du Canada anglais.

Voilà à notre avis la démarche la plus probable. Elle est non seulement logique, et équitable pour toutes les parties, mais elle est sans risques importants. Elle correspond, surtout, à la réalité de ces deux nations, et des minorités, qui actuellement, se paralysent mutuellement dans cette Fédération déséquilibrée, alors qu'ils peuvent et doivent unir leur destin librement, sans perdre leur identité, dans la plus stricte égalité.

Sources bibliographiques

ARÈS, Richard, *Nos grandes options politiques et constitutionnelles,* Editions Bellarmin, Montréal, 1972.

ASSEMBLÉE NATIONALE, *Le référendum, bibliographie sélective et annotée,* Bibliothèque de la législature, Québec, 1978.

BEAUDOIN, Gérald, "Les aspects constitutionnels du référendum", *Etudes internationales,* vol. VIII, numéro 2, juin 1977.

BERGERON, Gérard, *Ce jour là... le référendum,* Editions Quinze, Montréal, 1978.

BROSSARD, Jacques, "Le droit du Québec à l'autodétermination et à l'indépendance", *Etudes internationales,* vol. VIII, numéro 2, juin 1977.

CREIGHTON, Donald, "Finies les concessions", *Revue Actualité,* 1978.

DAUPHIN, Roma, "La souveraineté du Québec et la politique commerciale du Canada" dans *Economie et Indépendance,* Editions Quinze, Montréal, 1977.

DESHAIES, Guy, "La majorité opterait pour la souveraineté, si le PQ pouvait garantir l'association", *Le Devoir,* 18 juillet 1977.

LAXER, James et Robert, *Le Canada des libéraux,* Editions Québec-Amérique, Montréal, 1978.

MINISTÈRE D'ÉTAT À LA RÉFORME PARLEMENTAIRE, *Projet de loi sur la consultation populaire: notes explicatives,* Québec, février 1978.

MONNET, François-Marie, *Le Défi québécois,* Editions Robert Laffont, Paris, 1977.

MORIN, Claude, *Le pouvoir québécois... en négociation,* Editions du Boréal Express, Montréal, 1972.

MORIN, Jacques-Yvan, *La portée universelle du combat des Québécois pour l'autodétermination,* Discours à la IVème Conférence des communautés ethniques de langue française, Québec, 2 avril 1978.

PARTI QUÉBÉCOIS, *Programme officiel du Parti québécois,* Edition 1978.

PARTI QUÉBÉCOIS, *Comment se fera l'indépendance,* Editions du P.Q., 1971.

RYAN, Claude, *Une société stable,* Editions Héritage, Montréal, 1978.

SIMEON, Richard, ed., *Must Canada fail?*, McGill-Queen's University Press, Montreal and London Ont., 1977.

STANDARD & POOR'S, *Les obligations du Québec cotées AA*, document exclusif, Standard & Poor's, 8 juin 1977.

TRUDEAU, Pierre Elliot-, "Le Canada ne survivra pas par la force", *Le Soleil*, 25 novembre 1976.

Conclusion générale

Le sens de l'option

A la fin d'un ouvrage comme celui-ci, nos pensées doivent se tourner résolument vers l'avenir, celui de notre peuple et de notre pays le Québec. Quelles seront les conséquences, pour nous comme pour les autres, du geste déterminant que comme Québécois nous aurons bientôt à poser, de l'option que nous aurons à choisir collectivement?

1. Un premier et véritable choix

Pour la première fois de leur histoire, les Québécois auront à choisir leur avenir collectif.

Transplantés en terre d'Amérique il y a quatre siècles par la volonté des rois et des marchands de France, nous étions devenus deux siècles plus tard une nation différente de la mère patrie, façonnée par les conditions difficiles de ce "nouveau monde" à construire. Nous étions devenus des "Canayens". De plus en plus, nous réclamions le contrôle des affaires de la colonie, la maîtrise de notre propre avenir. Au moment où les colonies espagnoles, portugaises et anglaises d'Amérique allaient se constituer en de nouvelles nations indépendantes, la conquête de 1763 vint empêcher cette option décisive qui aurait dû s'imposer, comme elle allait bientôt s'imposer naturellement à nos voisins américains.

Insérés de force dans le plus puissant empire de l'époque, nous allions commencer cette longue marche, d'abord axée sur la survivance et le repli sur soi, qui devait prendre très tôt la forme d'une lutte pour le gouvernement responsable et autonome au sein de l'Empire britannique. Le soulèvement de 1837-38 témoigne du fait que nous avions choisi la non-dépendance mais que l'on ne nous considérait pas libres de le faire.

Encore majoritaires chez nous à cette époque, nous allions être rattachés à un ensemble plus vaste où nous serions un "peuple annexé" dont l'essentiel de l'avenir collectif allait être décidé par d'autres. Notre lutte pour la survivance devait donc bientôt se réorienter dans un Canada fédéral où, minoritaires, nous voulions croire à un pacte solennel entre deux nations qui allaient bâtir un nouveau pays à l'ouest sur un pied d'égalité. C'est ainsi que, sans cette consultation populaire pourtant réclamée au Québec par les opposants à l'Acte de 1867, nous allions devoir par la force des choses, par la volonté des autres acceptée par 26 de nos 48 représentants, tenter de relever un défi impossible: obtenir un statut d'égalité sans contrôler nos propres outils politiques et économiques.

Pendant 111 ans, nous avons relevé ce défi qui demandait une condition préalable irréaliste: l'accord et le support actif de la nouvelle nation anglophone. Quel intérêt celle-ci aurait-elle pu trouver à partager ce nouveau pays avec nous? L'inévitable s'est donc peu à peu imposé. Nous avons été refoulés dans ce qui était destiné à être la "réserve bilingue" du Québec. Du même souffle, on nous refusait l'égalité au sein du nouveau pays et on nous demandait même de partager notre foyer national, notre propre pays, notre seule chance de survie.

D'abord avec les luttes autonomistes d'avant 1960, puis avec la "Révolution tranquille" des années soixante et enfin avec l'essor du mouvement indépendantiste des années soixante-dix, l'instinct de conservation a finalement pris le dessus. Nous ne voulons plus survivre, nous voulons vivre!

C'est notre droit le plus strict et nous n'avons pas à nous en excuser. Nous sommes devenus, par la force des choses, "Québécois d'abord et avant tout, et au besoin exclusivement". Nous rejetons toute animosité, tout ethnocentrisme, tout isolationnisme, mais nous voulons des relations normales, égalitaires entre le Québec et le Canada, et avec les autres pays du monde. Sans animosité personnelle envers qui que ce soit, nous voulons continuer à relever le défi de l'égalité mais avec des chances de réussite. Nous avons besoin de nos outils collectifs, d'abord sur le plan politique et ensuite sur le plan économique. En un mot, le Québec doit être aussi souverain que le Canada pour que nous puissions penser associer ces deux souverainetés sur une base d'égalité.

Pour la première fois de toute notre histoire, nous allons pouvoir décider démocratiquement de notre avenir. Cela, nous le devons d'abord au premier gouvernement national des Québécois, mais aussi à tous les partis politiques représentés à l'Assemblée nationale du Québec qui, à plusieurs reprises, ont rejeté unanimement toute ingérence extérieure dans ce choix décisif, et reconnu le droit à l'autodétermination des Québécois. Le référendum est légitime et le gouvernement du Québec l'est tout autant. L'avenir du Québec doit se décider d'abord et avant tout entre Québécois.

Parce que justement c'est la première fois, ce choix sera très certainement décisif. L'option que feront les Québécois orientera, d'une façon ou d'une autre, tout leur avenir collectif. Ce sera la fin d'une époque de dépendance et, si les Québécois le veulent, le commencement d'une nouvelle vie collective.

2. La fin de la dépendance

A l'heure de ce choix décisif, le premier qui s'offre vraiment en toute liberté, les Québécois ont devant eux plusieurs options qui se ramènent essentiellement à deux: le fédéralisme renouvelé ou la souveraineté-association, comme l'indiquent clairement tous les sondages, dont le dernier en date (Radio Canada, juin 1978).

Ce fait en soi est extrêmement révélateur, de même que tous ces sondages qui indiquent qu'entre les quatre options (statu quo, fédéralisme renouvelé, souveraineté-association et indépendance) le statu quo ne recueille qu'entre 14% et 18%. Cela signifie d'abord que les Québécois, très majoritairement, ont identifié la source principale de leurs problèmes: le régime fédéral actuel. Ils veulent donc le modifier profondément soit en récupérant une partie de leurs pouvoirs de décision comme dans un fédéralisme renouvelé, soit en devenant complètement "maîtres chez eux" dans une forme de souveraineté-association. Autrement dit, l'option de l'école "canadianiste" qui demandait aux Québécois de s'imposer *comme individus* au sein d'un Canada essentiellement anglais et vaguement bilingue, est définitivement rejetée.

C'est là, sans contredit, une grande victoire sur nous-mêmes qui n'aurait pas été possible sans l'essor du mouvement indépendantiste et la victoire du 15 novembre 1976. Le mérite du Parti québécois aura été de relier des faits qui pouvaient apparaître isolés: notre sous-développement économique, le taux systématiquement plus élevé du chômage, le niveau de scolarité plus bas des Québécois, le nombre plus grand de maladies et une plus faible longévité qui accompagnent généralement une plus grande pauvreté, notre sous-développement culturel et social dans plusieurs domaines dont l'habitation, les transports, les services médicaux. Tous ces faits, partout dans le monde, sont des marques des sociétés dominées politiquement et économiquement, des sociétés qui laissent à d'autres le soin de prendre les grandes décisions les concernant.

Comment penser que tous ces problèmes puissent être dûs à de mauvais gouvernements. Il y a eu de mauvais et de bons gouvernements au Québec, comme il y en a eu en Ontario, au Manitoba, au niveau fédéral ou dans d'autres pays. Là n'est pas la question, à moins de prétendre que les Québécois sont incapables de se gouverner eux-mêmes ou moins aptes à le faire que les Canadiens anglais. Ce serait là une attitude raciste inqualifiable.

Au contraire, nous avons tout ce qu'il faut pour nous gouverner nous-mêmes: richesses naturelles abondantes, ressources financières suffisantes (nous exportons de l'épargne et finançons à 90% les soi-disant investissements étrangers), ressources humaines qualifiées, depuis la "Révolution tranquille", qui ne demandent que le défi d'un pays à bâtir.

Mais voilà: dans le régime actuel, depuis longtemps, ces richesses naturelles sortent à pleins bateaux et vont créer dix fois plus d'emplois ailleurs; ces épargnes sont sous contrôle extérieur et vont financer les projets des autres; ces ressources humaines servent à augmenter les profits des entreprises étrangères, à "boucher les trous" laissés par le déséquilibre de notre économie, ou encore pire ne servent carrément à rien!

Comme nous l'avons mis en évidence à plusieurs reprises, ce gaspillage "sans bon sens" est tout simplement le prix de notre *dépendance politique*. En laissant la majeure partie de nos centres de décisions à d'autres, comment prétendre que ceux-ci ne vont pas s'en servir dans leur intérêt plutôt que dans le nôtre?

C'est ainsi que le gouvernement fédéral dépense 34% des sommes consacrées à l'assurance-chômage au Québec, mais seulement 15% de ses budgets d'investissement. Le Québec est le moindre des soucis du fédéral sur le plan économique. On pourrait multiplier les faits pour le démontrer. Nous l'avons fait abondamment dans cet ouvrage. Encore une fois, ce n'est pas parce que nous avons eu de mauvais gouvernements à Ottawa. Dans ce régime fédéral où nous sommes minoritaires, les régions riches du pays auront toujours plus de poids politique, et les écarts avec le Québec sur le plan du développement économique et de l'emploi ne pourront aller qu'en s'accentuant.

Le maintien du fédéralisme actuel signifie une dépendance de plus en plus grande pour les Québécois; voilà pourquoi 85% des Québécois rejettent le statu quo et se tournent vers un "fédéralisme renouvelé" ou une souveraineté-association. Or, si le fédéralisme c'est la dépendance, il faut être conscient que *le fédéralisme renouvelé, c'est la dépendance renouvelée.*

Voilà ce qu'une majorité de Québécois ont encore à découvrir. On ne sait pas encore ce qu'un fédéralisme renouvelé pourrait donner, mais cela peut sembler préférable au régime actuel et moins risqué que la souveraineté-association.*

---

* D'ailleurs, nous avons fait état d'un sondage qui démontre que, si le gouvernement du Québec pouvait garantir l'association, une majorité de Québécois opteraient pour la souveraineté-association.

On craint encore le coût de l'indépendance, mais on a commencé à prendre conscience du coût de la dépendance:

- chevauchements des programmes fédéraux et provinciaux, causés en bonne partie par le fait que le fédéral dépense un tiers de son budget dans des champs de compétence provinciale, et qui nous coûtent des centaines de millions par année;
- dédoublement de ministères et de services publics qui paralysent les deux niveaux de gouvernement dans des luttes stériles et empêchent une unité d'action encore plus nécessaire au Québec;
- dépenses fédérales qui font du Québec une province sur le bien-être social qui ne peut restructurer son économie;
- politiques de stabilisation qui, selon un économiste fédéraliste, ont fait perdre au Québec dix milliards de dollars en quinze ans;
- gaspillage d'un demi-milliard de dollars dans une défense "nationale" mal adaptée aux besoins du Québec;
- marge de manoeuvre budgétaire très mince qui interdit au gouvernement du Québec d'orienter son développement.

Nous pourrions multiplier les exemples qui ont été largement développés dans cet ouvrage, mais là n'est pas le plus important. Nous avons démontré que le renouvellement du fédéralisme est une solution irréaliste pour stopper ce gaspillage et donner aux Québécois les outils nécessaires à leur développement. Il faudrait décentraliser des pouvoirs aux provinces à un point tel que le nouveau régime deviendrait, avec raison, tout à fait inacceptable aux *Canadiens*. Ceux-ci, tout comme les Québécois, veulent que leur gouvernement national ait des pouvoirs suffisants. Ce gouvernement national est à Ottawa, alors que celui des Québécois est à Québec. Voilà pourquoi les luttes autonomistes de tous les gouvernements du Québec se sont soldées par des échecs répétés et des pertes financières pour le Québec (un demi-milliard de dollars, uniquement au niveau du retrait des programmes conjoints). C'est le régime fédéral qui est mal adapté à la réalité des deux nations et on ne peut le renouveler.

Lorsqu'un édifice n'est plus habitable et commence à crouler, on peut penser qu'il est plus facile de le rénover; mais il est des cas où il vaut mieux refaire les fondations et rebâtir sur des bases plus solides. C'est dans cette direction, sur la base de la souveraineté des deux nations, qu'il faut restructurer l'ensemble canadien. Ceux qui craignent pour leur bien-être matériel devraient relire les déclarations d'industriels américians comme Rockfeller ou celles de Paul Hellyer, ancien ministre du cabinet fédéral, qui déclarait le 18 octobre 1977: "Le Québec a les ressources pour survivre s'il se sépare du reste du Canada. Le Québec est assez grand, il possède assez d'industries et de ressources naturelles pour réussir". En fait, un Québec souverain serait parmi les dix ou quinze pays les plus riches du monde. Jamais aucun peuple n'a-t-il été aussi bien placé pour réussir son indépendance!

Autrement dit, nous sommes devant un choix fondamental, que chacun d'entre nous a eu à faire en tant qu'adolescent, au seuil de l'âge adulte. Nous avons à choisir entre "faire notre vie" tout en restant en bon terme avec nos parents ou continuer à les laisser décider de notre avenir à notre place. Les partisans du fédéralisme renouvelé pensent que le problème sera réglé en négociant des heures de sorties plus "libérales".

Dans le cas de l'avenir d'un peuple, une telle diversion est bien plus que le report du véritable choix à plus tard. C'est déjà choisir la dépendance, c'est renouveler sa dépendance! Un "non" au référendum ne pourra conduire à autre chose. Le Canada anglais en conclura que sa conception du Canada est acceptée par les Québécois et que ceux-ci vont se contenter de quelques arrangements mineurs. Au Québec même, aurons-nous la chance de renverser une telle décision par la suite? Ce serait faire preuve d'une irresponsabilité tragique que d'en être sûr!

Ce référendum est vital, en sommes-nous tous conscients? Un "non" risque d'amener la fin de la lutte nationale des Québécois. Appelés à décider de notre avenir démocratiquement, pour la première fois de notre histoire, nous aurions choisi de renouveler notre dépendance, sans y être contraints par les événements. Cela signifierait une inqualifiable démission devant l'opinion publique mondiale. Celle-ci aurait raison de se désintéresser du sort de ce petit peuple, longtemps courageux mais trop bien nourri, qui a préféré de lui-même abandonner ses droits, ses nerfs ayant flanché au moment du choix décisif.

L'option, la seule compatible avec toute l'évolution des Québécois, la seule compatible avec les intérêts supérieurs de la nation, c'est la souveraineté franche et généreuse, c'est la main tendue d'une saine association, d'égal à égal. L'option qui s'offre aux Québécois, c'est la fin de quatre siècles de dépendance.

3. Une nouvelle vie collective

Nous n'avons jamais connu l'existence collective normale que vivent la plupart des peuples de la terre. Comment penser que ces quatre siècles, marqués par une mentalité de survivance et de dépendance, n'ont pas laissé de traces? Ces empreintes visibles sur notre âme collective rendent peut-être plus difficile notre accession à la souveraineté, mais elles peuvent, lorsque nous réussirons à surmonter ce handicap, être la source d'un essor sans précédent dans tous les domaines de la vie collective.

Nous n'avons connu, jusqu'à maintenant que la dépendance politique. Nous ne nous sommes jamais gouvernés entièrement seuls. Combien parmi nous pensent que le développement du Québec ne peut venir que d'ailleurs, que le Québec ne peut se développer sans le support du gouvernement fédéral, sans les retombées économiques des autres provinces plus dynamiques, sans les soi-disant investissements étrangers que nous finançons pourtant pour l'essentiel, sans le leadership du voisin ou du chef d'entreprise? C'est là une attitude de gens habitués à la dépendance.

Tous les peuples dynamiques du monde comptent d'abord et avant tout sur leurs propres moyens et développent eux-mêmes leurs ressources lorsqu'elles s'avèrent insuffisantes. Les apports de l'extérieur sont des compléments et on prend soin de ne pas leur laisser toute la place. L'accession à la souveraineté signifiera que nous avons, collectivement et individuellement, atteint ce stade de maturité. Nous pouvons faire du Québec un gigantesque chantier, géré par nous, pour nos besoins, et devenir fiers de nos réalisations.

On nous a imposé, par la force des événements, un type de société. Pierre Elliot-Trudeau a déjà affirmé que les Canadiens français n'avaient jamais rien compris à la démocratie. Rien n'est plus faux. Dès le lendemain de la conquête, les patriotes réclamaient le gouvernement responsable, le gouvernement du peuple par le peuple. La démocratie, c'est d'abord le gouvernement des Québécois par les Québécois. Mais il est vrai que les Québécois n'ont jamais rien compris au capitalisme, les anglophones ayant pris les commandes des entreprises comme conséquence naturelle de la conquête. Nous avons subi le capitalisme étranger sans participer à son développement. Nous nous sommes donné par contre des organismes paroissiaux, des coopératives, des caisses populaires, mais il n'y a pas, à quelques exceptions près, de grandes entreprises québécoises.

L'accession du Québec à la souveraineté, en nous redonnant la maîtrise de nos outils politiques, nous forcera à définir notre projet de société. Celui-ci ne peut être axé principalement sur le modèle du Canada anglais ou des Etats-Unis. Comment penser qu'une classe de capitalistes québécois pourrait, même avec l'aide de l'Etat, faire concurrence aux multinationales qui contrôlent l'économie québécoise. La nouvelle économie québécoise, qui devra se construire à côté de l'ancienne, puisera dans nos racines collectives. L'Etat du Québec devra inventer un modèle original de social-démocratie, un "socialisme" d'ici pour reprendre l'expression de Fernand Dumont, axé d'abord sur le développement du mouvement coopératif, des entreprises co-gérées ou auto-gérées et des entreprises publiques. Les Québécois ne peuvent s'orienter vers le capitalisme, les étrangers occupant presque toute la place, mais ils sont aussi allergiques à l'omniprésence de l'Etat. C'est un problème et une chance: celle de construire une société originale axée sur l'initiative des communautés appuyées par cet instrument collectif complet que sera l'Etat québécois.

Nous avons baigné dans un univers anglophone et nous sommes obnubilés par le voisinage des 200 millions d'américains et de *canadiens*. Quand on est rendu à survaloriser la culture américaine, à considérer notre langue comme plus ou moins utile, à envoyer nos enfants à l'école anglaise pour qu'ils accèdent à un univers "supérieur", à concevoir notre réalité comme celle d'un peuple de transition entre l'Amérique et l'Europe ou encore comme un appendice au Canada anglais qui se glorifie de les maintenir différents des américains, nous avons une mentalité de colonisé.

Sur le plan individuel, il est certes utile de posséder une autre langue, l'anglais en particulier. Sur le plan collectif, nous sommes un peuple nord-américain et français qui a son génie propre. Comme les 70 peuples normaux qui ont acquis leur indépendance depuis 1945, nous avons notre part à faire dans l'évolution du monde, d'abord au sein de la francophonie et ensuite de l'Amérique du Nord. L'existence d'un peuple français souverain en Amérique est tout le contraire d'une idée d'arrière-garde, d'une tentative de repli, d'ethnocentrisme ou d'isolement. Toutes les nations de la terre, en regroupant des individus qui partagent une même culture, apportent aux échanges internationaux des idées diversifiées qui contribuent à l'évolution de l'humanité. Ce sont des relais entre les humains de différentes cultures qui leur permettent d'échanger et de s'améliorer. Nous pouvons faire du Québec un lieu de création sur le plan artistique et scientifique qui apportera, dans l'égalité avec les autres peuples, sa contribution originale à l'évolution de l'humanité.

Nous avons dû longtemps nous replier sur nous-mêmes pour survivre. Par un mécanisme d'auto-défense, nous avons appris à nous méfier des "étrangers". Très tardivement, nous avons pris conscience de l'existence des cultures autochtones. Nos relations avec les peuples indiens et inuits se font encore par l'intermédiaire de l'anglais et n'ont pas encore atteint le stade des échanges fructueux. Portés à surestimer et à craindre les "maudits anglais" du Québec qui nous dominaient économiquement, nous commençons, en même temps que se construit le Québec français, à prendre conscience de la diversité culturelle et sociale des Anglo-Québécois et du désir d'un nombre croissant d'entre eux d'être d'abord des Québécois. Notre méfiance et parfois même notre xénophobie, même à l'égard de nos cousins de France, ont contribué à couper les ponts avec les nouveaux immigrants et les groupes ethniques du Québec. Préoccupés par le combat vital de notre souveraineté, nous avons pour un temps négligé le nécessaire support à nos frères franco-canadiens du reste du "Canada".

L'accession à la souveraineté transformera cette mentalité d'assiégé. Un Québec français ayant assuré sa sécurité collective ne pourra, comme dans la plupart des pays normaux, qu'établir de nouveaux rapports avec les minorités autochtones et anglo-québécoise, ainsi qu'avec les divers groupes ethniques du Québec. Tous Québécois à part entière, utilisant la langue nationale dans la vie collective de la nation, les minorités et les groupes ethniques verront leur culture propre soutenue. Ils enrichiront le Québec d'apports culturels diversifiés. Les Québécois auront également les mains libres pour supporter les autres communautés françaises du Canada et d'Amérique. Le Québec jouera pleinement son rôle de foyer principal de la francophonie sur ce continent.

Nous avons longtemps accepté, face au Canada anglais, un rôle de peuple annexé. Par un mécanisme de compensation, nous avons fini par nous glorifier d'un statut totalement grotesque de "sauveur du Canada". Nous étions ceux qui empêchaient le Canada de se disloquer, de devenir américain. Beaucoup de Canadiens anglais ont également cru à cette fabulation ou l'ont entretenue. En même temps, les luttes autonomistes du Québec sur les plans constitutionnel et linguistique ont exaspéré les *Canadiens*. Nous nuisions de fait à leur nécessaire cohésion nationale. Nous détournions des énergies qui auraient pu s'employer ailleurs de façon constructive. Enfin, l'attitude revendicatrice du Québec, liée à ses difficultés économiques et d'affirmation culturelle, lui ont fait une réputation de province grassement entretenue, déraisonnable, et aux exigences toujours croissantes mais jamais satisfaites.

Une nouvelle association entre les deux nations, basée sur leur souveraineté respective, viendra dissiper ce climat malsain. C'est là une magnifique chance qui s'offre aux Québécois et aux *Canadiens*. Ces derniers pourront réarranger le reste du pays à leur guise en se donnant un fédéralisme plus fonctionnel, plus efficace, en se donnant les instruments d'une cohésion nationale plus forte, respectueuse de la diversité des régions. En maintenant la communauté économique canadienne, en coopérant harmonieusement sur d'autres plans, en coordonnant leur action de façon souple au sein de l'association Québec-Canada, les deux pays, créeront une nouvelle unité qui pourra relever le défi de la concurrence des autres blocs économiques. Un Québec libéré de ses entraves actuelles et un Canada plus cohérent pourront contribuer davantage et de façon dynamique, au bien-être des populations.

L'option, c'est essentiellement de guérir un organisme malade, dont la situation anormale nuit à sa propre santé et à celle des peuples et des groupes ethniques qui l'entourent.

L'option, c'est faire du Québec un Etat cohérent, dynamique, libre de complexes. L'option, c'est satisfaire nos aspirations fondamentales, celles de toute nation: la cohérence et l'identité culturelle, le bien-être matériel et la sécurité collective, la maîtrise de notre avenir. Voilà le choix fondamental qui s'offre maintenant, et pour la première fois aux Québécois. Il n'y a qu'une seule option compatible avec la vie!

Table des matières

Volume 2
Vers un nouveau régime politique

Achevé d'imprimer sur les presses de
L'IMPRIMERIE ELECTRA*
pour
LES ÉDITIONS DE L'HOMME LTÉE
*Division du groupe Sogides Ltée

Imprimé au Canada/Printed in Canada

Charlebois, qui es-tu?, B. L'Herbier,

Comité (Le), M. et P. Thyraud de Vosjoli,

Des hommes qui bâtissent le Québec,
 collaboration,

Drogues, J. Durocher,

Epaves du Saint-Laurent (Les),
 J. Lafrance,

Ermite (L'), L. Rampa,

Fabuleux Onassis (Le), C. Cafarakis,

Félix Leclerc, J.P. Sylvain,

Filière canadienne (La), J.-P. Charbonneau,

Francois Mauriac, F. Seguin,

Greffes du coeur (Les), collaboration,

Han Suyin, F. Seguin,

Hippies (Les), Time-coll.,

Imprévisible M. Houde (L'), C. Renaud,

Insolences du Frère Untel, F. Untel,

J'aime encore mieux le jus de betteraves,
 A. Stanké,

Jean Rostand, F. Seguin,

Juliette Béliveau, D. Martineau,

Lamia, P.T. de Vosjoli,

Louis Aragon, F. Seguin,

Magadan, M. Solomon,

Maison traditionnelle au Québec (La),
 M. Lessard, G. Vilandré,

Maîtresse (La), James et Kedgley,

Mammifères de mon pays,
 Duchesnay-Dumais,

Masques et visages du spiritualisme
 contemporain, J. Evola,

Michel Simon, F. Seguin,

Michèle Richard raconte Michèle Richard,
 M. Richard,

Mon calvaire roumain, M. Solomon,

Mozart, raconté en 50 chefs-d'oeuvre,
 P. Roussel,

Nationalisation de l'électricité (La),
 P. Sauriol,

Napoléon vu par Guillemin, H. Guillemin,

Objets familiers de nos ancêtres, L. Ver-
 mette, N. Genêt, L. Décarie-Audet,

On veut savoir, (4 t.), L. Trépanier,

Option Québec, R. Lévesque,

Pour entretenir la flamme, L. Rampa,

Pour une radio civilisée, G. Proulx,

Prague, l'été des tanks, collaboration,

Premiers sur la lune,
 Armstrong-Aldrin-Collins,

Prisonniers à l'Oflag 79, P. Vallée,

Prostitution à Montréal (La),
 T. Limoges,

Provencher, le dernier des coureurs
 des bois, P. Provencher,

Québec 1800, W.H. Bartlett,

Rage des goof-balls (La),
 A. Stanké, M.J. Beaudoin,

Rescapée de l'enfer nazi, R. Charrier,

Révolte contre le monde moderne,
 J. Evola,

Riopelle, G. Robert,

Struma (Le), M. Solomon,

Terrorisme québécois (Le), Dr G. Morf,

Ti-blanc, mouton noir, R. Laplante,

Treizième chandelle (La), L. Rampa,

Trois vies de Pearson (Les),
 Poliquin-Beal,

Trudeau, le paradoxe, A. Westell,

Un peuple oui, une peuplade jamais!
 J. Lévesque,

Un Yankee au Canada, A. Thério,

Une culture appelée québécoise,
 G. Turi,

Vizzini, S. Vizzini,

Vrai visage de Duplessis (Le),
 P. Laporte,

ENCYCLOPEDIES

Encyclopédie de la maison québécoise,
 Lessard et Marquis,

Encyclopédie des antiquités du Québec,
 Lessard et Marquis,

Encyclopédie des oiseaux du Québec,
 W. Earl Godfrey,

Encyclopédie du jardinier horticulteur,
 W.H. Perron,

Encyclopédie du Québec, Vol. I et Vol. II,
 L. Landry,

ESTHETIQUE ET VIE MODERNE

Cellulite (La), Dr G.J. Léonard,
Chirurgie plastique et esthétique (La),
  Dr A. Genest,
Embellissez votre corps, J. Ghedin,
Embellissez votre visage, J. Ghedin,
Etiquette du mariage, Fortin-Jacques,
  Farley,
Exercices pour rester jeune, T. Sekely,
Exercices pour toi et moi,
  J. Dussault-Corbeil,
Face-lifting par l'exercice (Le),
  S.M. Rungé,
Femme après 30 ans (La), N. Germain,

Femme émancipée (La), N. Germain et
  L. Desjardins,
Leçons de beauté, E. Serei,
Médecine esthétique (La),
  Dr G. Lanctôt,
Savoir se maquiller, J. Ghedin,
Savoir-vivre, N. Germain,
Savoir-vivre d'aujourd'hui (Le),
  M.F. Jacques,
Sein (Le), collaboration,
Soignez votre personnalité, messieurs,
  E. Serei,
Vos cheveux, J. Ghedin,
Vos dents, Archambault-Déom,

LINGUISTIQUE

Améliorez votre français, J. Laurin,
Anglais par la méthode choc (L'),
  J.L. Morgan,
Corrigeons nos anglicismes, J. Laurin,
Dictionnaire en 5 langues, L. Stanké,

Petit dictionnaire du joual au français,
  A. Turenne,
Savoir parler, R.S. Catta,
Verbes (Les), J. Laurin,

LITTERATURE

Amour, police et morgue, J.M. Laporte,
Bigaouette, R. Lévesque,
Bousille et les justes, G. Gélinas,
Berger (Les), M. Cabay-Marin, Ed. TM,
Candy, Southern & Hoffenberg,
Cent pas dans ma tête (Les), P. Dudan,
Commettants de Caridad (Les),
  Y. Thériault,
Des bois, des champs, des bêtes,
  J.C. Harvey,
Ecrits de la Taverne Royal, collaboration,
Exodus U.K., R. Rohmer,
Exxoneration, R. Rohmer,
Homme qui va (L'), J.C. Harvey,
J'parle tout seul quand j'en narrache,
  E. Coderre,
Malheur a pas des bons yeux (Le),
  R. Lévesque,
Marche ou crève Carignan, R. Hollier,
Mauvais bergers (Les), A.E. Caron,

Mes anges sont des diables,
  J. de Roussan,
Mon 29e meurtre, Joey,
Montréalités, A. Stanké,
Mort attendra (La), A. Malavoy,
Mort d'eau (La), Y. Thériault,
Ni queue, ni tête, M.C. Brault,
Pays voilés, existences, M.C. Blais,
Pomme de pin, L.P. Dlamini,
Printemps qui pleure (Le), A. Thério,
Propos du timide (Les), A. Brie,
Séjour à Moscou, Y. Thériault,
Tit-Coq, G. Gélinas,
Toges, bistouris, matraques et soutanes,
  collaboration,
Ultimatum, R. Rohmer,
Un simple soldat, M. Dubé,
Valérie, Y. Thériault,
Vertige du dégoût (Le), E.P. Morin,

LIVRES PRATIQUES – LOISIRS

Aérobix, Dr P. Gravel,
Alimentation pour futures mamans,
  T. Sekely et R. Gougeon,

Améliorons notre bridge, C. Durand,
Apprenez la photographie avec Antoine
  Desilets, A. Desilets,

Arbres, les arbustes, les haies (Les),
  P. Pouliot,
Armes de chasse (Les), Y. Jarrettie,
Astrologie et l'amour (L'), T. King,
Bougies (Les), W. Schutz,
Bricolage (Le), J.M. Doré,
Bricolage au féminin (Le), J.-M. Doré,
Bridge (Le), V. Beaulieu,
Camping et caravaning, J. Vic et
  R. Savoie,
Caractères par l'interprétation des visages,
  (Les), L. Stanké,
Ciné-guide, A. Lafrance,
Chaînes stéréophoniques (Les),
  G. Poirier,
Cinquante et une chansons à répondre,
  P. Daigneault,
Comment amuser nos enfants,
  L. Stanké,
Comment tirer le maximum d'une mini-
  calculatrice, H. Mullish,
Conseils à ceux qui veulent bâtir,
  A. Poulin,
Conseils aux inventeurs, R.A. Robic,
Couture et tricot, M.H. Berthouin,
Dictionnaire des mots croisés,
  noms propres, collaboration,
Dictionnaire des mots croisés,
  noms communs, P. Lasnier,
Fins de partie aux dames,
  H. Tranquille, G. Lefebvre,
Fléché (Le), L. Lavigne et F. Bourret,
Fourrure (La), C. Labelle,
Guide complet de la couture (Le),
  L. Chartier,
Guide de la secrétaire, M. G. Simpson,
Hatha-yoga pour tous, S. Piuze,
8/Super 8/16, A. Lafrance,
Hypnotisme (L'), J. Manolesco,
Information Voyage, R. Viau et J. Daunais,
  Ed. TM,
Interprétez vos rêves, L. Stanké,

J'installe mon équipement stéréo, T. I et II,
  J.M. Doré,
Jardinage (Le), P. Pouliot,
Je décore avec des fleurs, M. Bassili,
Je développe mes photos, A. Desilets,
Je prends des photos, A. Desilets,
Jeux de cartes, G. F. Hervey,
Jeux de société, L. Stanké,
Lignes de la main (Les), L. Stanké,
Magie et tours de passe-passe,
  I. Adair,
Massage (Le), B. Scott,
Météo (La), A. Ouellet,
Nature et l'artisanat (La), P. Roy,
Noeuds (Les), G.R. Shaw,
Origami I, R. Harbin,
Origami II, R. Harbin,
Ouverture aux échecs (L'), C. Coudari,
Parties courtes aux échecs,
  H. Tranquille,
Petit manuel de la femme au travail,
  L. Cardinal,
Photo-guide, A. Desilets,
Plantes d'intérieur (Les), P. Pouliot,
Poids et mesures, calcul rapide,
  L. Stanké,
Tapisserie (La), T.-M. Perrier,
  N.-B. Langlois,
Taxidermie (La), J. Labrie,
Technique de la photo, A. Desilets,
Techniques du jardinage (Les),
  P. Pouliot,
Tenir maison, F.G. Smet,
Tricot (Le), F. Vandelac,
Vive la compagnie, P. Daigneault,
Vivre, c'est vendre, J.M. Chaput,
Voir clair aux dames, H. Tranquille,
Voir clair aux échecs, H. Tranquille et
  G. Lefebvre,
Votre avenir par les cartes, L. Stanké,
Votre discothèque, P. Roussel,
Votre pelouse, P. Pouliot,

LE MONDE DES AFFAIRES ET LA LOI

ABC du marketing (L'), A. Dahamni,
Bourse (La), A. Lambert,
Budget (Le), collaboration,
Ce qu'en pense le notaire, Me A. Senay,
Connaissez-vous la loi? R. Millet,
Dactylographie (La), W. Lebel,
Dictionnaire de la loi (Le), R. Millet,
Dictionnaire des affaires (Le), W. Lebel,
Dictionnaire économique et financier,
  E. Lafond,

Divorce (Le), M. Champagne et Léger,
Guide de la finance (Le), B. Pharand,
Initiation au système métrique,
  L. Stanké,
Loi et vos droits (La),
  Me P.A. Marchand,
Savoir organiser, savoir décider,
  G. Lefebvre,
Secrétaire (Le/La) bilingue, W. Lebel,

PATOF

Cuisinons avec Patof, J. Desrosiers,

Patof raconte, J. Desrosiers,
Patofun, J. Desrosiers,

SANTE, PSYCHOLOGIE, EDUCATION

Activité émotionnelle (L'), P. Fletcher,
Allergies (Les), Dr P. Delorme,
Apprenez à connaître vos médicaments,
  R. Poitevin,
Caractères et tempéraments,
  C.-G. Sarrazin,
Comment animer un groupe,
  collaboration,
Comment nourrir son enfant,
  L. Lambert-Lagacé,
Comment vaincre la gêne et la timidité,
  R.S. Catta,
Communication et épanouissement
  personnel, L. Auger,
Complexes et psychanalyse,
  P. Valinieff,
Contact, L. et N. Zunin,
Contraception (La), Dr L. Gendron,
Cours de psychologie populaire,
  F. Cantin,
Dépression nerveuse (La), collaboration,
Développez votre personnalité,
  vous réussirez, S. Brind'Amour,
Douze premiers mois de mon enfant (Les),
  F. Caplan,
Dynamique des groupes,
  Aubry-Saint-Arnaud,
En attendant mon enfant,
  Y.P. Marchessault,
Femme enceinte (La), Dr R. Bradley,
Guérir sans risques, Dr E. Plisnier,
Guide des premiers soins, Dr J. Hartley,

Guide médical de mon médecin de famille,
  Dr M. Lauzon,
Langage de votre enfant (Le),
  C. Langevin,
Maladies psychosomatiques (Les),
  Dr R. Foisy,
Maman et son nouveau-né (La),
  T. Sekely,
Mathématiques modernes pour tous,
  G. Bourbonnais,
Méditation transcendantale (La),
  J. Forem,
Mieux vivre avec son enfant, D. Calvet,
Parents face à l'année scolaire (Les),
  collaboration,
Personne humaine (La), Y. Saint-Arnaud,
Pour bébé, le sein ou le biberon,
  Y. Pratte-Marchessault,
Pour vous future maman, T. Sekely,
15/20 ans, F. Tournier et P. Vincent,
Relaxation sensorielle (La), Dr P. Gravel,
S'aider soi-même, L. Auger,
Soignez-vous par le vin, Dr E. A. Maury,
Volonté (La), l'attention, la mémoire,
  R. Tocquet,
Vos mains, miroir de la personnalité,
  P. Maby,
Votre personnalité, votre caractère,
  Y. Benoist-Morin,
Yoga, corps et pensée, B. Leclerq,
Yoga, santé totale pour tous,
  G. Lescouflar,

SEXOLOGIE

Adolescent veut savoir (L'),
  Dr L. Gendron,
Adolescente veut savoir (L'),
  Dr L. Gendron,
Amour après 50 ans (L'), Dr L. Gendron,
Couple sensuel (Le), Dr L. Gendron,
Déviations sexuelles (Les), Dr Y. Léger,
Femme et le sexe (La), Dr L. Gendron,
Helga, E. Bender,
Homme et l'art érotique (L'),
  Dr L. Gendron,
Madame est servie, Dr L. Gendron,

Maladies transmises par relations
  sexuelles, Dr L. Gendron,
Mariée veut savoir (La), Dr L. Gendron,
Ménopause (La), Dr L. Gendron,
Merveilleuse histoire de la naissance (La),
  Dr L. Gendron,
Qu'est-ce qu'un homme, Dr L. Gendron,
Qu'est-ce qu'une femme, Dr L. Gendron,
Quel est votre quotient psycho-sexuel?
  Dr L. Gendron,
Sexualité (La), Dr L. Gendron,
Teach-in sur la sexualité,
  Université de Montréal,
Yoga sexe, Dr L. Gendron et S. Piuze,

SPORTS (collection dirigée par Louis Arpin)

ABC du hockey (L'), H. Meeker,
Aikido, au-delà de l'agressivité,
  M. Di Villadorata,
Bicyclette (La), J. Blish,

Comment se sortir du trou au golf,
  Brien et Barrette,
Courses de chevaux (Les), Y. Leclerc,

Ouvrages parus à L'ACTUELLE JEUNESSE

Ouvrages parus à L'ACTUELLE

Ouvrages parus aux
PRESSES LIBRES

Books published by HABITEX

Aikido, M. di Villadorata,
Blender recipes, J. Huot,
Caring for your lawn, P. Pouliot,
Cellulite, G .Léonard,
Complete guide to judo (The), L. Arpin,
Complete Woodsman (The),
  P. Provencher,
Developping your photographs,
  A. Desilets,
8/Super 8/16, A. Lafrance,
Feeding your child, L. Lambert-Lagacé,
Fondues and Flambes,
  S. and L. Lapointe,
Gardening, P. Pouliot,
Guide to Home Canning (A),
  Sister Berthe,
Guide to Home Freezing (A),
  S. Lapointe,
Guide to self-defense (A), L. Arpin,
Help Yourself, L. Auger,

Interpreting your Dreams, L. Stanké,
Living is Selling, J.-M. Chaput,
Mozart seen through 50 Masterpieces,
  P. Roussel,
Music in Canada 1600-1800,
  B. Amtmann,
Photo Guide, A. Desilets,
Sailing, N. Kebedgy,
Sansukai Karate, Y. Nanbu,
"Social" Diseases, L. Gendron,
Super 8 Cine Guide, A. Lafrance,
Taking Photographs, A. Desilets,
Techniques in Photography, A. Desilets,
Understanding Medications, R. Poitevin,
Visual Chess, H. Tranquille,
Waiting for your child,
  Y. Pratte-Marchessault,
Wine: A practical Guide for Canadians,
  P. Petel,
Yoga and your Sexuality, S. Piuze and
  Dr. L. Gendron,

Diffusion Europe

Belgique: 21, rue Defacqz — 1050 Bruxelles
France: 4, rue de Fleurus — 75006 Paris

Imprimé au Canada
Printed in Canada